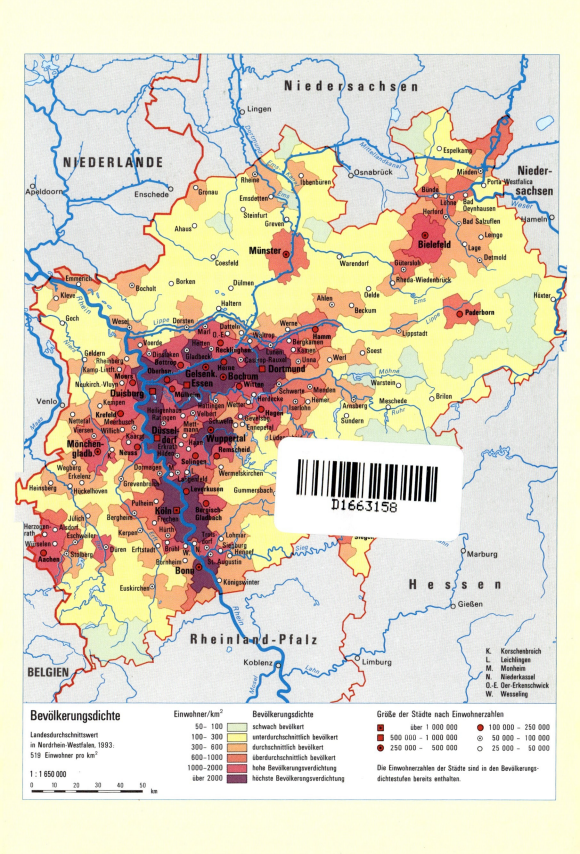

Bevölkerungsdichte

NIEDERLANDE

Niedersachsen

Nieder-sachsen

Hessen

Rheinland-Pfalz

BELGIEN

Bevölkerungsdichte

Landesdurchschnittswert
in Nordrhein-Westfalen, 1993:
519 Einwohner pro km²

1 : 1 650 000

0   10   20   30   40   50
                              km

Einwohner/km²	Bevölkerungsdichte
50– 100	schwach bevölkert
100– 300	unterdurchschnittlich bevölkert
300– 600	durchschnittlich bevölkert
600–1000	überdurchschnittlich bevölkert
1000–2000	hohe Bevölkerungsverdichtung
über 2000	höchste Bevölkerungsverdichtung

Größe der Städte nach Einwohnerzahlen

▣ über 1 000 000	● 100 000 – 250 000
▣ 500 000 – 1 000 000	⊙ 50 000 – 100 000
◉ 250 000 – 500 000	○ 25 000 – 50 000

Die Einwohnerzahlen der Städte sind in den Bevölkerungs-
dichtestufen bereits enthalten.

K.   Korschenbroich
L.   Leichlingen
M.   Monheim
N.   Niederkassel
O.-E. Oer-Erkenschwick
W.   Wesseling

D1663158

Ewald Gläßer, Martin W. Schmied, Claus-Peter Woitschützke

Nordrhein-Westfalen

Perthes
Länderprofile

Geographische Strukturen, Entwicklungen, Probleme
(vormals Klett/Länderprofile)

Wissenschaftliche Beratung:
Prof. Dr. Gerhard Fuchs, Universität-Gesamthochschule Paderborn

Perthes Länderprofile

Geographische Strukturen, Entwicklungen, Probleme

Ewald Gläßer, Martin W. Schmied,
Claus-Peter Woitschützke

Nordrhein-Westfalen

Neubearbeitung

mit einem Anhang
Fakten – Zahlen – Übersichten

119 Karten und Abbildungen sowie 34 Übersichten und
89 teils mehrteilige Tabellen

Justus Perthes Verlag Gotha

Die Deutsche Bibliothek – CIP-Einheitsaufnahme

Nordrhein-Westfalen:
mit einem Anhang Fakten – Zahlen – Übersichten;
89 Tabellen / Ewald Gläßer ; Martin W. Schmied ; Claus-Peter Woitschützke. –
2., völlige Neubearb. – Gotha : Perthes, 1997
  (Perthes Länderprofile)
  ISBN 3-623-00691-2

ISBN 3-623-00691-2

2., völlige Neubearbeitung
© Justus Perthes Verlag Gotha GmbH, Gotha 1997
Alle Rechte vorbehalten.
Fotomechanische Wiedergabe nur mit Genehmigung des Verlages
Druck: Druckhaus „Thomas Müntzer" GmbH, Bad Langensalza
Einbandgestaltung: Klaus Marin und Uwe Voigt, Arnstadt und Erfurt

Inhaltsverzeichnis

Verzeichnis der Abbildungen

Vorderes Vorsatz
Nordrhein-Westfalen: Höhenschichten
Nordrhein-Westfalen: Bevölkerungsdichte

Hinteres Vorsatz
Nordrhein-Westfalen: Energieversorgung
Nordrhein-Westfalen: Landwirtschaft

Verzeichnis der Tabellen

Verzeichnis der Übersichten

Anhang

Vorwort

Eine Dekade ist seit dem Erscheinen der 1. Auflage des Länderprofils „Nordrhein-Westfalen" vergangen. Allein diese zeitliche Spanne würde eine Novellierung rechtfertigen. Doch sind es vor allem die dramatischen und revolutionierenden politisch-territorialen, ökonomischen und ökologischen Umwälzungen, die Europa, Deutschland sowie damit auch Nordrhein-Westfalen erfaßt haben und eine Neuauflage zwingend notwendig werden ließen. Auch wenn Nordrhein-Westfalen eines der am weitesten von den Beitrittsländern bzw. der ehemaligen DDR entfernt liegenden alten Bundesländer ist, so haben doch die Veränderungen, die Deutschland durch den Vereinigungsprozeß erfahren hat und derzeit noch erfährt, direkten und indirekten Einfluß auf die wirtschaftsräumlichen Gegebenheiten in diesem bevölkerungsreichsten Bundesland. Es sei in diesem Zusammenhang für Nordrhein-Westfalen nur auf die demographischen Wanderungsprozesse von Ost- nach Westdeutschland (aber auch auf deren Gegenbewegung), auf die veränderten großräumigen Verkehrsströme mit einer wachsenden Bedeutung der West-Ost-Orientierung sowie auf die neuen räumlichen Tendenzen von Handel und anderen Dienstleistungen verwiesen. Ebenso deutliche Spuren haben in den zurückliegenden Jahren die globalen ökonomischen Veränderungen im Wirtschafts- und Raumgefüge des Landes hinterlassen. Denn die sich unter so griffigen Schlagworten wie zum Beispiel „Globalisierung", „Computerzeitalter" oder „Informationsgesellschaft" abzeichnenden wirtschafts- und gesellschaftspolitischen Wandlungen fordern den Blick auf die neue oder zumindest erheblich gewachsene Bedeutung der Dienstleistungsbranchen (z. B. Medien, Telekommunikation oder Umwelttechnologie) heraus. Letztlich ist es erforderlich, in einer Zeit, in der mehr als 900 000 Personen in Nordrhein-Westfalen arbeitslos gemeldet sind, sich mit diesem bedrückenden Phänomen eingehend zu beschäftigen.

Die anhand der genannten Beispiele nur grob skizzierten Änderungen in der nordrhein-westfälischen Wirtschaftslandschaft bedingen, daß die hier vorliegende 2. Auflage keine überarbeitete Fassung der Erstpublikation sein kann. Vielmehr mußte in weiten Teilen ein völlig neues Konzept verfolgt werden. Gleichwohl ist es nicht möglich, im vorgegebenen Rahmen alle wirtschaftsgeographisch relevanten Gesichtspunkte und Sachzusammenhänge in der notwendigen Ausführlichkeit zu behandeln. Die Autoren hoffen jedoch, ein in sektoraler und struktureller Hinsicht weitgehend ausgewogenes Bild Nordrhein-Westfalens zu liefern.

Die einzelnen Themengebiete dieses Bandes wurden in Vorlesungen und Seminaren am Wirtschafts- und Sozialgeographischen Institut der Universität zu Köln immer wieder aufs neue besprochen. Dabei wurden viele Anregungen für die Abhandlungen und Darstellungen gewonnen. Ein besonderer Dank gilt neben den Studenten den Mitarbeitern des Instituts. Namentlich die Herren Dipl.-Kfm. Axel Seidel, Dipl.-Vw. Peter Stephan Rauen, Andreas van Overbrüggen und Michael Dornbusch haben neben technischer Hilfestellung wertvolle inhaltliche Anmerkungen und Beiträge eingebracht. Die

Herren Dipl.-Geogr. Dietmar Hermsdörfer und Dipl.-Ing. Stephan Pohl haben die neuen Abbildungen mit Umsicht und Sorgfalt angefertigt. Für wertvolle inhaltliche Anregungen und Hinweise ist dem wissenschaftlichen Berater der Buchreihe „Länderprofile" des Justus Perthes Verlages Gotha, Herrn Prof. Dr. Gerhard Fuchs, Paderborn, besonders zu danken. Schließlich ist dem Lektor, Herrn Dr. Klaus-Peter Herr, vom selbigen Verlag Dank auszusprechen, ohne dessen formelle Betreuung die zeitlich parallel verlaufenden Tätigkeiten Kartographie, Satz, Niederschrift und Korrekturen nicht möglich gewesen wären.

Frechen, Köln und Neuss im Sommer 1997

EWALD GLÄSSER
MARTIN W. SCHMIED
CLAUS-P. WOITSCHÜTZKE

1 Über ein halbes Jahrhundert Nordrhein-Westfalen

Das heutige Bundesland Nordrhein-Westfalen entstand vor 51 Jahren. Es ist das demographisch und wirtschaftlich bedeutendste Bundesland geblieben, obwohl sich innerhalb des letzten halben Jahrhunderts die sozio-ökonomische Struktur entscheidend geändert hat. So konnte man Nordrhein-Westfalen in der Hochphase des Steinkohlebergbaus (Mitte der 1950er Jahre) noch als „Land der Kohle und des Stahls" bezeichnen, während man heute von einem „Land mit Kohle und Stahl" sprechen muß. Der Strukturwandel Nordrhein-Westfalens vom Industrie- zum Dienstleistungsland steht damit im Mittelpunkt einer wirtschaftsgeographischen Betrachtung, da er maßgeblich ist für die Bereiche Demographie, Arbeitsmarkt, Verstädterung, Verkehrswirtschaft, den ländlich-agraren Raum und vor allem für die ökonomisch-ökologischen Konflikte.

Ohne die Kenntnis wenigstens einiger Grundtatsachen der landesgeschichtlichen Entwicklung wären allerdings zahlreiche Züge der Wirtschafts- und Kulturlandschaft Nordrhein-Westfalens nicht oder kaum verständlich. Im Landeswappen Nordrhein-Westfalens spiegeln sich noch die Wahrzeichen jener drei Landesteile wider, aus denen das heutige Bundesland entstand:

- der Rhein als Lebensader der Rheinlande in Form eines silbernen Wellenbalkens auf grünem Grund,
- das sich aufbäumende Sachsenroß als altes Wahrzeichen Westfalens und
- die rote Rose auf silbernem Grund, die das Fürstentum und nach 1918 der Freistaat Lippe als Staatswappen führten.

Der künstliche Zusammenschluß so unterschiedlicher Räume wie der nördlichen Rheinlande und Westfalens zu einem Bundesland resultierte aus dem Zusammenbruch des Deutschen Reiches gegen Ende des Zweiten Weltkrieges und einer Verordnung der britischen Besatzungsmacht im Juli 1946. Danach bildeten zwei ehemals preußische Provinzen, nämlich die nördlichen Rheinlande (ohne die Regierungsbezirke Koblenz und Trier, die zur französischen Zone gehörten) und Westfalen, zusammen das neue Land, dem dann im Januar 1947 der einstige Freistaat Lippe-Detmold angegliedert wurde. Wenn auch ein großer Teil des jetzigen Nordrhein-Westfalen schon durch den Wiener Kongreß von 1815 preußisch und damit eine politisch-territoriale Einheit geworden war, so blieben doch viele Elemente sowohl der rheinischen als auch der westfälisch-lippischen Traditionen und damit auch entsprechende Merkmale des Kulturlandschaftsbildes bis heute erhalten. Diese Tatsache zeigt sich z. B. in den beiden Landschaftsverbänden Rheinland und Westfalen-Lippe mit ihren Verwaltungssitzen Köln und Münster. Als nichtstaatliche Selbstverwaltungsorgane führen sie praktisch die Arbeit der einstigen preußischen Provinzialstände fort, indem sie z. B. für eine Reihe von überörtlichen Einrichtungen (Krankenhauswesen, Straßenbau, Wasserwirtschaft, Landschaftsschutz usw.) verantwortlich sind.

Nordrhein-Westfalen als ein mehr zufällig zusammengesetztes Staatswesen mehrerer Regionen ist nicht zuletzt durch das Rheinisch-Westfälische Industrierevier bzw. das Ruhrgebiet verbunden. Dieses in

Deutschland einzigartige Industriegebiet, das Teile der heutigen Regierungsbezirke Düsseldorf, Münster und Arnsberg umfaßt, bildet eine Klammer zwischen den historischen Landesteilen Rheinland und Westfalen.

Die zahlreichen Landschaftseinheiten Nordrhein-Westfalens, von der Niederrheinischen und Westfälischen Bucht bis zu den Mittelgebirgsräumen des Rheinischen Schiefergebirges, sind fast ausnahmslos von einer alten, z. T. recht individuellen Kulturlandschaftsgeschichte geprägt, deren Wurzeln bis weit in die vor- und frühgeschichtliche Zeit zurückreichen und anhand zahlreicher Zeugnisse und Bodendenkmäler zu verfolgen sind. Wenn hier auch auf derartige historischgenetische Entwicklungsprozesse nicht eingegangen werden kann, so sei doch wenigstens zum Ausdruck gebracht, daß entsprechende Kenntnisse durchaus auch für die heutige Zeit von nicht zu unterschätzender Bedeutung sind. So sollte z. B. die politisch-administrative Seite etwa bei kommunalen Neugliederungen oder Raumordnungsmaßnahmen und sogenannten Sanierungsprogrammen die historisch gewachsenen Siedlungs- und Landschaftszusammenhänge stärker berücksichtigen und zum Tragen kommen lassen.

Auch die heutigen Grenzen Nordrhein-Westfalens sind größtenteils alte Territorialgrenzen. So ist im Nordwesten die Grenze zwischen den Niederlanden und dem Westmünsterland schon im 16. Jahrhundert festgelegt worden, während der südlich anschließende, linksrheinische Grenzverlauf zu den Niederlanden im wesentlichen auf den Wiener Kongreß von 1815 zurückzuführen ist. Jüngeren Datums ist die Grenze zu Belgien, die erst nach dem Ersten Weltkrieg, d. h. nach der durch den Versailler Vertrag bestimmten Abtretung der einst deutschen Gebiete von Eupen und Malmedy, Rechtsgültigkeit bekam. Dagegen folgen Nordrhein-Westfalens Grenzen zu den benachbarten Bundesländern Rheinland-Pfalz, Hessen und Niedersachsen wiederum weitgehend einstigen Herrschaftsgrenzen. Die Südgrenze im Mittelgebirgsraum Ahreifel-Zitterwald wird maßgeblich durch die ehemaligen kleinen Grafschaften bzw. Fürstentümer Blankenheim, Gerolstein und Aremberg bestimmt, und im Rechtsrheinischen ist es die Südgrenze des früheren Herzogtums Berg, welche das danach benannte Bergische Land sowie das Siegerland vom Westerwald und damit von Rheinland-Pfalz trennt. Allerdings war das Siegerland ebenfalls erst im Jahre 1815 an die preußische Provinz Westfalen angegliedert worden, nachdem es eine kurze Zeit zum Herzogtum Berg und vorher zum Fürstentum Nassau gehört hatte. Weiter östlich entspricht die heutige Landesgrenze zwischen dem zu Nordrhein-Westfalen zählenden Rothaargebirge und dem Wittgensteiner Land einerseits und den zu Hessen gehörenden Bergländern an der oberen Lahn und oberen Eder andererseits den alten Südostgrenzen der einstigen Grafschaft Wittgenstein und des kurkölnischen Herzogtums Westfalen. Schließlich reicht im Osten das heutige Land Nordrhein-Westfalen bis an das Wesertal im Raum Höxter-Corvey, was mit der früheren Ostgrenze des Hochstiftes Paderborn ursächlich in Verbindung steht. Weserabwärts greift dann unterhalb der Porta Westfalica die Nordostgrenze Nordrhein-Westfalens, und zwar entsprechend dem alten Fürstentum Minden, noch einmal über die Weser hinaus. Da das Nachbarbistum Osnabrück im Jahre 1815 von Westfalen getrennt und dem Königreich Hannover zugeschlagen worden war, wurde es auch 1946 dem Land Niedersachsen angegliedert. Gleichermaßen betraf dieses die Grafschaft Bentheim und das ehemals münsterische Amt Meppen.

Die 1815 erfolgte Eingliederung der Provinzen Rheinland und Westfalen in den preußischen Staat ist für die innere und äußere Gestaltung des späteren Bundeslandes Nordrhein-Westfalen von besonderer Bedeutung gewesen. Im rheinischen Raum wurden schon 1822 u. a. die Regierungsbezirke Köln, Düsseldorf und Aachen geschaffen, die mit Ausnahme von Aachen (1972 dem Regierungsbezirk Köln angeschlossen) bis heute bestehen. Seit 1824 führte auch der Provinziallandtag seine Sitzungen in Düsseldorf durch. Ebenso hat sich in Westfalen die 1816 vorgenommene Gliederung in die Regierungsbezirke Münster, Arnsberg und Minden bis heute erhalten, mit der Ausnahme, daß 1947 das Land Lippe der Provinz Westfalen angeschlossen und der Regierungssitz von Minden nach Detmold verlegt wurde.

In der Rheinprovinz lebten im Jahre 1816 gut 1,8 Mio. und in der Provinz Westfalen knapp 1,5 Mio. Einwohner. Die größte Bevölkerungsdichte wiesen noch in der ersten Hälfte des 19. Jahrhunderts, d. h. also vor dem Aufstieg des Ruhrgebietes, die alten und traditionsreichen Gewerbelandschaften auf, so die Räume Aachen-Monschau, Mönchengladbach-Krefeld, der bergisch-märkische Raum sowie das Siegerland und das Ravensberger Land. Als bevölkerungsreichste Stadt in beiden Provinzen muß – wie schon Jahrhunderte zuvor – die rheinische Metropole Köln mit rund 95 000 Einwohnern in den Jahren um 1850 vorgehoben werden. Erst in weitem Abstand folgten Aachen und Düsseldorf mit 32 000 bzw. 22 000 Personen sowie im Rechtsrheinischen die Städte Elberfeld und Barmen (seit 1929 zur Stadt Wuppertal vereinigt) mit 21 500 bzw. 19 000 Einwohnern. In Westfalen selbst gab es seinerzeit noch keine Städte mit Bevölkerungszahlen dieser Größenordnungen. So zählte die Provinzialhauptstadt Münster damals nur rund 15 000 Einwohner, die alte Hellwegstadt Dortmund (wie Köln und Aachen einst Freie Reichsstadt) lediglich 4200 Bewohner. Auch so gewerbereiche Orte wie etwa Remscheid, Iserlohn und Bielefeld lagen in der Größenordnung von 5000 bis 7000 Einwohnern.

Diese Situation änderte sich dann rasch im Zusammenhang mit der schwer- und großindustriellen Entwicklung an Rhein und Ruhr in der zweiten Hälfte des 19. Jahrhunderts, als die industrielle Revolution auf der Grundlage von Steinkohle und Eisen die beiden Provinzen Rheinland und Westfalen zu der weitaus bedeutendsten Industrieregion Deutschlands werden ließ. Zugleich wurde das Ruhrrevier mit seiner rapiden Ausdehnung von Zechen- und Hüttenstandorten, von Verkehrsbändern und Werkssiedlungen zu dem bereits genannten Bindeglied zwischen Rheinland und Westfalen. Der 1920 gegründete und räumlich weit über den damaligen großindustriellen Ballungsraum hinausreichende „Siedlungsverband Ruhrkohlenbezirk" (SVR, 1979 umbenannt in „Kommunalverband Ruhrgebiet", KVR) hatte und hat diesbezüglich die Funktion einer echten Klammer. Diese verbindende Funktion des Industriegebietes zwischen Rhein, Ruhr und Lippe hat trotz zahlreicher Rückschläge, verursacht durch den Ersten Weltkrieg, die Weltwirtschaftskrise von 1929, die nahezu totale Zerstörung im Zweiten Weltkrieg bis zu der momentanen konjunkturellen und strukturellen Krise, auch heute noch eine grundlegende Bedeutung im sozio-ökonomischen Gefüge Nordrhein-Westfalens.

2 Grundlagen zum Wirtschaftsstandort Nordrhein-Westfalen

Nordrhein-Westfalen ist mit knapp 18 Mio. Einwohnern das bevölkerungsreichste deutsche Bundesland. Sein Anteil an der Gesamtbevölkerung Deutschlands beträgt 21,8% und ist damit größer als der aller fünf „Neuen Länder" zusammen (19,1%). Das Bruttoinlandsprodukt (BIP) als Meßzahl für den Wert aller innerhalb einer Periode erzeugten Sachgüter und Dienstleistungen erreichte 1994 in Nordrhein-Westfalen einen Wert von über 743 Mrd. DM, was einem Anteil von 22,4% am gesamten BIP Deutschlands entsprach. Allerdings können diese Zahlen nicht hinwegtäuschen über die gravierenden Probleme und Schwierigkeiten, mit denen gerade Nordrhein-Westfalen zu kämpfen hat. Die noch längst nicht abgeschlossenen Umwandlungs- und Erneuerungsprozesse ergeben sich zum großen Teil aus der historischen Entwicklung der Wirtschaftsstruktur mit der einstigen Dominanz der Montanindustrien an Rhein und Ruhr. Vor allem dem Ruhrrevier bzw. dem Rheinisch-Westfälischen Industriegebiet kommt diesbezüglich eine tragende Bedeutung zu, denn gerade hier konzentrieren sich die sozio-ökonomischen Probleme einer lange Zeit durch Altindustrien geprägten Region.

Insgesamt gesehen zeigt die Wirtschaftsstruktur Nordrhein-Westfalens nach den gewerblich-industriellen Umschichtungsprozessen der letzten Jahrzehnte ein vielschichtiges Bild. Im Produzierenden Gewerbe stellten Anfang der 1990er Jahre die Wirtschaftssektoren Maschinenbau, Chemie, Elektrotechnik, Eisenschaffende und Stahlindustrie, Bergbau und Ernährungsgewerbe zwar die wichtigsten Bereiche. An der Reihenfolge wird aber bereits deutlich, daß Nordrhein-Westfalen nicht mehr das Land *von* Kohle und Stahl, sondern das Land *mit* Kohle und Stahl ist; allerdings mit zunehmenden Beschäftigungsrisiken vor allem im Montanbereich. Im Zuge der vielzitierten und zunehmenden Globalisierung der Wirtschaftsprozesse und Märkte werden immer mehr traditionelle Produktionsstandorte auf die Probe und in Frage gestellt. Das betrifft den Strukturwandel in Nordrhein-Westfalen in besonderem Maße. Es stellt sich in diesem Zusammenhang auch die Frage nach den gerade für den internationalen Wettbewerb relevanten qualitativen Standortfaktoren. Letztere umfassen z. B. die unternehmensbezogenen Dienstleistungen, eine zeitgemäße Infrastrukturausstattung bei Verkehrs- und Kommunikationsnetzen, Bildungs- und Forschungseinrichtungen, Qualifikation und Motivation der Mitarbeiter sowie stabilen wirtschafts- und sozialpolitischen Rahmenbedingungen. Damit wird zugleich der Trend hin zum Dienstleistungsland deutlich. Heute sind über 60% der Erwerbstätigen Nordrhein-Westfalens im Dienstleistungssektor tätig. Eine äußerst wichtige Rolle spielen hierbei die Aufbauleistungen des Landes im Wissenschafts- und Hochschulsektor. Mit 53 Hochschulen, fünf Instituten der Fraunhofer-Gesellschaft, elf Max-Planck-Instituten und drei Großforschungseinrichtungen verkörpert Nordrhein-Westfalen heute ein sehr attraktives Hochschul- und Forschungsland in Europa.

2.1 Lagerstätten als traditionelle Standortfaktoren

Die Rohstoffgewinnung steht mit den gewerblich-industriellen Nutzungen seit jeher in engen Wechselbeziehungen, und noch deutlich spiegelt sich im räumlichen Verteilungsbild wichtiger städtischer Zentren die an das Vorhandensein von Rohstofflagerstätten gebundene Frühphase der Industrialisierung wider. Das mehr oder weniger starre gewerbliche Standortgefüge, das sich in den Ursprüngen bis ins frühe Mittelalter zurückführen läßt, erfuhr erst vor wenigen Jahrzehnten aufgrund der veränderten Rohstoffversorgungssituation und der modernen Transportsysteme einen starken Wandel. Dies bedeutet jedoch nicht, daß den Geopotentialen des Landes, also den mineralischen Rohstoffen, den Böden, dem Grundwasser u. a. m., keinerlei standortprägende Bedeutung mehr zukäme. Im Gegenteil, die heimischen Rohstoffe stellen nach wie vor ökonomisch äußerst wichtige Wirtschaftsgüter dar, die weder beliebig regenerierbar noch ersetzbar sind. Insbesondere die in der Nachkriegszeit verstärkt einsetzende Substitution heimischer Rohstoffe, sei es die Verwendung von Erdöl anstelle der Steinkohle oder die Zunahme der überseeischen Erzimporte, hat die Abhängigkeit der rohstoffverarbeitenden Industrie vom Weltmarkt drastisch verstärkt. Die Folgen waren teilweise enorme Rohstoffpreissteigerungen, die spätestens seit dem „Ölschock" Anfang der 70er Jahre ein wachsendes Rohstoffbewußtsein initiierten.

Während die unsichere Marktlage bei Kohlenwasserstoffen und verschiedenen metallischen Rohstoffen hinreichend bekannt ist und diskutiert wird, werden räumlich wesentlich näher liegende Probleme der Rohstoffversorgung vielfach außer acht gelassen. Braun- und Steinkohle, Salze und vor allem die für die Bauwirtschaft so bedeutsamen Steine und Erden sind unter quantitativen und qualitativen Gesichtspunkten die wichtigsten Rohstoffe, die in Nordrhein-Westfalen derzeit wirtschaftlich abgebaut werden. Auch diese „Massengüter" stehen keines-

wegs unbegrenzt zur Verfügung; vielmehr machen sich bereits heute aufgrund konkurrierender Flächennutzungen in Teilregionen Versorgungsengpässe bemerkbar. Dabei gibt es rein geologisch gesehen ausreichende Vorkommen, allerdings wird es in dem dicht besiedelten und von zunehmenden Arealkonflikten geprägten Nordrhein-Westfalen immer schwieriger, rohstofftragende Flächen tatsächlich für den Abbau zu nutzen. Dies gilt übrigens für die gesamte Palette heimischer Rohstoffe, also auch für die Steinkohle- und in wesentlich stärkerem Maße für die Braunkohlevorkommen.

Lagerstätten und Standortwirkung

Bei der Abwägung der Flächennutzungskonkurrenzen spielt die Standortgebundenheit der Rohstoffgewinnung eine besondere Rolle. Denn im Gegensatz zu anderen Industriezweigen können die Rohstoffbetriebe nicht verlagert werden, da sie räumlich unmittelbar an die von Natur aus vorgegebenen Lagerstätten gebunden sind.

Entsprechend der naturräumlichen Großgliederung Nordrhein-Westfalens sind auch die an bestimmte erdgeschichtliche Formationen gebundenen Rohstofflagerstätten ungleich verteilt. Es lassen sich grob gesehen drei Arten der Gesteins-, Mineral- und Lagerstättenbildung unterscheiden: die magmatische (z. B. Erze), die sedimentäre (z. B. Kohle oder Salze) sowie die metamorphe Genese. Unter der letztgenannten ist die Umwandlung bereits vorhandener Mineralien etwa durch Hitze und Druck zu verstehen. Das Verteilungsbild der ökonomisch nutzbaren Vorkommen resultiert somit im wesentlichen aus der Tatsache, daß Nordrhein-Westfalen während seiner geologischen Geschichte periodisch vom Meer bedeckt war und in Zeiten tektonischer Unruhen vulkanische Kräfte wirksam wurden, die nicht nur die Bildung von

Erzlagerstätten förderten, sondern zudem das geologische Schichtengefüge stark beeinflußten.

Lagerstätten im Mittelgebirgsraum

Infolge einer ausgesprochenen Vielseitigkeit an geologischen Formationen weisen vor allem die Mittelgebirgslandschaften des *Rheinischen Schiefergebirges* zahlreiche Bodenschätze auf. Derzeit stellen Steine und Erden (Tonstein, Kalkstein, Dolomit und Sandstein, Schiefer, Vulkanite u. a.) die hauptsächlich abbaubaren Rohstoffe des Mittelgebirgsraumes dar. Darüber hinaus lassen sich weitere Lagerstättenbereiche metallischer Rohstoffe ausweisen, deren Abbau zwar nach heutigen Verhältnissen keine wirtschaftliche Rolle mehr spielt, jedoch bis in die jüngste Vergangenheit hinein äußerst bedeutsam war. Gemeint sind die Eisen-, Blei-, Zink- und Kupfererzvorkommen, die in der vorindustriellen Zeit erste Ansätze gewerblich-industrieller Nutzungen bedingten. Erst der verstärkte Einsatz von hochwertigeren Erzen aus dem Ausland ließ den Bergbau in den Verarbeitungszentren des Mittelgebirges, man denke hier nur an die weit zurückreichende Geschichte der Siegerländer Erzverhüttung, unrentabel erscheinen und zum Erliegen kommen. Noch in den ersten Jahrzehnten des 20. Jahrhunderts entfielen auf das Siegerland zwischen 30 und 40% der in Deutschland geförderten Eisenerze. Im Jahre 1993 waren in Nordrhein-Westfalen schließlich noch zwei Erzgruben in Betrieb, nämlich Wohlverwahrt-Nammen in Porta Westfalica und die Grube Dreislar im Sauerland. Die erstgenannte förderte 1992 rd. 109 000 t Eisenerz, das hauptsächlich als Zuschlagstoff im Hochofenbetrieb und als Zuschlagmaterial für die Zementindustrie diente. In der Grube Dreislar wurden 1992 knapp 75 000 t Schwerspat gewonnen, die fast ausschließlich Verwendung in der Lithopone-Herstellung (Anstrichstoffe) und in der Barium-Chemie Verwendung fanden (Geol. Landesamt Nordrhein-Westfalen, 1994).

Einen ähnlich starken Niedergang erlebte der Buntmetallbergbau. Daß dessen Traditionen jedoch nachhaltig bis zur Gegenwart fortwirken, zeigt z. B. die einzigartige Konzentration des Messinggewerbes im Bereich der sog. Stolberger Industriegasse im Aachener Wirtschaftsraum. Ausschlaggebend für die Entwicklung des dortigen Metallgewerbes, dessen Produkte, wie Kupfer- und Messingbleche, Drähte, Kabel u. ä., auch heute noch einen dominanten Wirtschaftsfaktor darstellen, waren nicht nur günstige physiogeographische Voraussetzungen (Rohstoffe und Energie), sondern auch, wie etwa im Bergischen Land, die gezielte Ansiedlung von gewerblich geschulten Glaubensflüchtlingen seit Ende des 16. Jahrhunderts. Im 17. Jahrhundert standen im Stolberger Raum bereits rd. 40 „Kupferhöfe", die das beste Messing in ganz Europa produziert haben sollen (vgl. Kap. 3.3.4).

Die Rohstoffvorkommen des *Weserberglandes* sind weniger vielfältig und nutzbar als im Rheinischen Schiefergebirge. Dort spielen allerdings die Gewinnung von Ton, Sand- und Kalksteinen, der Abbau von relativ oberflächennah anstehenden Steinkohlen bei Ibbenbüren sowie der Bergbau auf die bereits genannten Eisenerze in Porta Westfalica noch eine mehr oder weniger große wirtschaftliche Rolle.

Die Steinkohlelagerstätten

Der sich gegen Norden fortsetzende Schiefergebirgsblock wird in den Tieflandsbuchten von mächtigen Sedimenten des Erdmittelalters und der Erdneuzeit überlagert. Kiessande, Tone, Kalke und Salze sowie vor allem die Kohle sind die wichtigsten Rohstoffpotentiale dieser Räume.

Die Kohle, d. h. die Braunkohle der Niederrheinischen Bucht und die Steinkohle am Nordrand des Rheinischen Schiefergebirges, nimmt dabei gesamtwirtschaftlich gesehen die überragende Stellung ein.

Nordrhein-Westfalen verfügt über das größte Steinkohlevorkommen Westeuropas. Insgesamt förderten 1993 in Nordrhein-Westfalen aber nur noch 16 Steinkohlebergwerke, davon 14 im Ruhrrevier sowie je eins im Aachener und Ibbenbürener Revier. Im gesamten Ruhrrevier (Rhein-Ruhr-Gebiet und nördlich anschließendes Münsterland) steht ein Kohlevorrat von 44 Mrd. t an, wobei hier nur die Flöze mit einer Mindestmächtigkeit von 120 cm und bis zu einer Tiefe von 1500 m berücksichtigt sind. Die Fördermenge betrug 1993 nicht mehr als 45,7 Mio. t.

In absehbarer Zukunft könnten die in der Steinkohle gebundenen Mengen Flözgas bzw. die Vergasung von Steinkohle in situ wirtschaftlich an Bedeutung gewinnen. Neue technische Verfahren mit übertägigen Bohrungen geben zu dieser Prognose Anlaß. Mit den auf diese Art und Weise zu erschließenden Erdgasmengen könnte sich das Ruhrrevier zu einem der bedeutendsten europäischen Erdgasfelder entwickeln.

Im Aachener Revier mit einem Steinkohlevorrat von 23 Mrd. t wurde im Frühjahr 1997 das letzte Bergwerk stillgelegt. Der Abbau erfolgt im Nordrevier, und zwar auf dem sog. Erkelenzer Horst, während im südlichen Teil mit der reich gefalteten Wurm-Mulde die Steinkohlegewinnung seit 1992 erloschen ist. Das Ibbenbürener Revier mit einem Kohlevorkommen von ca. 2 Mrd. t verzeichnete 1993 eine Förderung von 2 Mio. t. Derzeit vollzieht sich der dortige Steinkohleabbau in drei Flözen mit einer durchschnittlichen Mächtigkeit von 1,4 m bei einer mittleren Abbauteufe von 1385 m. Aufgrund der vorherrschenden Anthrazite dient die Ibbenbürener Kohle vor allem zur Stromerzeugung und als Hausbrand.

Eine ökonomische Bewertung des Kohlebergbaus sollte sich allerdings nicht nur mit Vorrats-, Produktions- und Umsatzgrößen begnügen, sondern auch deren Rolle als Energieträger herausstellen. Denn das stark industrialisierte Nordrhein-Westfalen ist mit seinen vielfältigen energieabhängigen Produktionsprozessen von einem jederzeit ausreichenden und preiswerten Energieangebot abhängig. Und hier leistet die heimische Kohle immer noch und wohl auch in Zukunft einen wichtigen Beitrag zur Energiebedarfsdeckung.

Bekanntermaßen kann der deutsche Steinkohlebergbau im internationalen Wettbewerb nicht mithalten. Während in den letzten Jahren die Einfuhrpreise ausländischer Steinkohle zwischen 90 und 100 DM/t schwankten, lagen die Gestehungskosten der inländischen Kohle bei knapp 300 DM/t. Daraus resultiert nun ein kostspieliges Subventionssystem, das den deutschen Bergbaubetrieben 1996 7,5 Mrd. DM gewährte. Dieser Betrag soll allerdings bis 2005 auf 5,5 Mrd. DM gesenkt werden. Die Frage nach dem zukünftigen Mengengerüst der Inlandskohle wird demnach heftig diskutiert. Von bergbaulicher, aber auch von energiepolitischer Seite wird häufig hervorgehoben, daß auch nach der Jahrtausendwende eine inländische Produktion von jährlich rd. 35 Mio. t Steinkohle unerläßlich sei, damit der „Erhalt des Zuganges" zu diesem heimischen Energieträger gewahrt bleibe. Die Zahl der Zechen soll nach den gegenwärtigen Vorstellungen für die dann konzentrierte „Deutsche Steinkohle AG" (Eingliederung der Saarbergwerke AG in die Ruhrkohle

AG) von 18 (1997) auf 12 (2005) reduziert werden.

Der linksrheinische Braunkohlebergbau

Das Rheinische Braunkohlerevier im Städtedreieck Köln-Aachen-Mönchengladbach spielt in den energiewirtschaftlichen Dispositionen Nordrhein-Westfalens eine zentrale Rolle. Mit einer Ausdehnung von etwa 2500 km^2 und einem Lagerstätteninhalt von ca. 55 Mrd. t gilt es als das größte zusammenhängende Braunkohlevorkommen Europas. Nach dem heutigen Stand der Technik gelten von den ausgewiesenen Ressourcen 35 Mrd. t als wirtschaftlich gewinnbar. In den letzten Jahren wurden in den drei Teilregionen Ville-Rücken, Hambach und Westrevier im Aachener Wirtschaftsraum gut 100 Mio. t/a abgebaut, die zu fast 90% zur Stromerzeugung eingesetzt wurden. Weitere Veredelungsprodukte der Rohkohle sind die Herstellung von Briketts, Braunkohlestaub (gemahlene Trockenbraunkohle als Brennstoff vor allem in Drehöfen), Wirbelschichtbraunkohle (ein körniges Trockenkohleprodukt mit geringem Schwefel- und Aschegehalt) sowie Braunkohlekoks und Synthesegas. Der derzeitige Anteil der rheinischen Braunkohle an der Stromerzeugung für Nordrhein-Westfalen liegt bei immerhin 40%.

Die Problematik des Braunkohlebergbaus liegt vor allem in der erheblichen Flächenbeanspruchung sowie in der Notwendigkeit, die Rohstoffe im Tagebau in Tiefen bis zu 500 m fördern zu müssen. Ein alle Seiten zufriedenstellender Kompromiß bei den nahezu zwangsläufig auftretenden Arealnutzungskonflikten zwischen der Braunkohlegewinnung einerseits und dem Landschaftsschutz, der Land-, Forst- und Wasserwirtschaft sowie weiteren Nutzungen andererseits steht im Brennpunkt der öffentlichen Diskussion (vgl. Kap. 3.3.3).

Salzlagerstätten

Träger der umfangreichen Salzvorräte des Landes ist die geologische Formation des Zechsteins. In dieser erdgeschichtlichen Epoche vor ca. 250 Mio. Jahren konnte sich als Rückstand eingedampfter Meere die „Niederrheinische Salzpfanne" entwickeln, die auch weite Teile Westfalens und der Niederlande tangiert. Am Niederrhein erreichen die Steinsalzlagerstätten eine durchschnittliche Mächtigkeit von 200 m. Ihre Oberfläche liegt bei Duisburg-Homberg etwa 300 m, bei Rees jedoch schon 1500 m und im nördlichen Münsterland zwischen 800 und 1200 m tief. Eine wirtschaftliche Bedeutung hat in Nordrhein-Westfalen heute in erster Linie das sog. Werra-Steinsalz, das vor allem im südwestlich Wesel liegenden Borth in 700–800 m Tiefe abgebaut wird. Mit einer Jahresförderung von 2,8 Mio. t Steinsalz (1994) gilt Borth als das größte Steinsalzbergwerk Europas. Die Rohstoffe werden z. T. in eigenen, d. h. zur Solvay-Gruppe gehörenden Chemieunternehmen verarbeitet. Im nordwestlichen Münsterland, im Raum Epe, wird Steinsalz in Form von Sole gewonnen. Und zwar wird in die bis 900 m tiefen Bohrlöcher Süßwasser eingepreßt, das die Salze löst und als Sole zutage fördert. Die mit der Aussolung entstehenden Hohlräume eignen sich sehr gut für die unterirdische Speicherung von Erdöl und Erdgas. Gleichermaßen trifft dieses für die Kavernen im Salzabbaugebiet bei Xanten zu. Noch Anfang der 1990er Jahre stammten über 50% der gesamten Steinsalz- und Soleerzeugung Deutschlands aus den Gewinnungsbetrieben in Borth, Epe und Xanten. Davon ging der größte Teil in die Chemische Industrie, und nur noch 5% wurden als Speisesalz verbraucht.

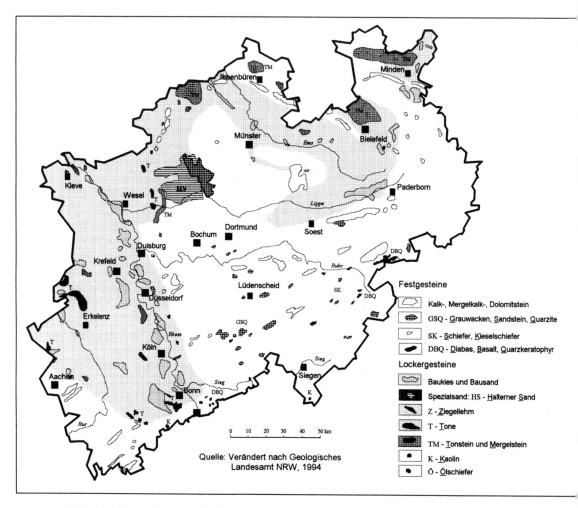

Abb. 2.1: Lagerstätten von Steinen und Erden in Nordrhein-Westfalen

Steine und Erden

Mit seiner städtisch-industriellen Massierung hat gerade Nordrhein-Westfalen
einen hohen Bedarf an nutzbaren Fest- und
Lockergesteinen. Jährlich werden hier
über 100 Mio. t Sand und Kies sowie
ca. 50 Mio. t Kalk- und Dolomitgestein
abgebaut (nach Geol. Landesamt Nordrhein-Westfalen, 1995). Dank günstiger
geologischer Voraussetzungen stehen der
gewerblichen Wirtschaft in Nordrhein-

Westfalen aus heimischen Vorkommen
zahlreiche mineralische Rohstoffe in verkehrsgünstiger Lage zur Verfügung (vgl.
Abb. 2.1). Wenn trotzdem wirtschaftliche
Schwierigkeiten bzw. mancherorts Engpässe in einer kostengünstigen Rohstoffversorgung auftreten, dann ist dies weniger
auf eine nahende Lagerstättenerschöpfung
als vielmehr auf die im Konfliktfeld
Ökonomie – Ökologie verstärkt auftretenden Flächennutzungskonkurrenzen zurückzuführen. Unter den nutzbaren Locker-

gesteinen steht heute die Produktion von Sanden und Kiesen mengen- und wertmäßig an erster Stelle. Ihre Jahresproduktion in Deutschland betrug 1993 rd. 420 Mio. t; daran war allein Nordrhein-Westfalen mit 25% beteiligt. Hauptabbaugebiete sind die Flußterrassenkörper vor allem in der Niederrheinischen Bucht und im Niederrheinischen Tiefland. Neben diesen quartären Sedimenten besitzt Nordrhein-Westfalen noch weitere große Vorräte aus früheren Erdzeitaltern, besonders aus der Oberkreidezeit und dem Tertiär. Zu letzteren zählen auch die besonders wertvollen Quarzsande, die in der Glas- und Keramikindustrie Verwendung finden.

Bei den Festgesteinen, von denen in Nordrhein-Westfalen neben den Karbonatgesteinen hauptsächlich Grauwacken, Sandsteine, Quarzite, Schiefer, Diabase und Basalte gewonnen werden, zeigt sich eine große Vielseitigkeit des wirtschaftlichen Einsatzes. So bilden z. B. die an zahlreichen Stellen des Landes gewonnenen Karbonatgesteine die Rohstoffbasis für eine Reihe weiterverarbeitender Industrien. Man denke nur an die westfälische Kalk- und Zementindustrie bei Beckum, Erwitte, Paderborn und Ochtrup oder die Herstellung von Straßenbaustoffen im Weserbergland. Bei der Zementproduktion besaß Nordrhein-Westfalen 1993 mit 12 Mio. t einen Anteil von über 35% der deutschen Gesamtproduktion.

Der Gewinnung von Natursteinen kommt neben der wirtschaftlichen auch eine besondere kulturhistorische Bedeutung zu. Da das Baumaterial aus Transportgründen früher in der Regel aus der näheren Umgebung beschafft wurde, konnte das Natursteinmaterial, im Schiefergebirge war es neben dem Schiefer die Grauwacke, im Siebengebirge u. a. der Trachyt, in der Weserregion der Kalk- und Buntsandstein oder in der Westfälischen Bucht der Grün-

und Kalksandstein, ganzen Landstrichen einen spezifischen bau- und kulturhistorischen Charakter verleihen.

2.2
Die Bevölkerung als das Humankapital des Landes

Die Fragen einer bevölkerungsgeographischen Forschung bilden zweifellos einen zentralen Bezugspunkt in dem Bemühen einer wissenschaftlichen Charakterisierung Nordrhein-Westfalens. Hinter ihnen verbirgt sich praktisch einer der Hauptschlüssel zum richtigen Verständnis der sozioökonomischen Entwicklungsprozesse des Landes. Nicht nur die Abstimmung zwischen Gesellschaft und Raum, d. h. die Entwicklung und Verteilung von ländlichen und städtischen Siedlungen, sondern auch die Herausbildung spezieller Wirtschafts- und Verkehrsverhältnisse wie auch die Verteilung und Bereitstellung wichtiger Infrastruktureinrichtungen werden maßgeblich von demographischen Strukturen bestimmt. Ferner bildet die Bevölkerung in ihren mannigfaltigen Strukturen das sogenannte Humankapital, das nach wie vor einen wichtigen Standortfaktor für alle Wirtschaftsbereiche darstellt. In einer detaillierten Untersuchung der Bevölkerungssituation, die Wirtschaftswissenschaft, Soziologie, Geographie und weitere Wissenschaftsdisziplinen gleichermaßen tangiert, werden gesellschaftliche Verhaltensweisen und Grundmuster deutlich, deren Auswertung vor allem der regionalen und überregionalen Raumordnung und Landesplanung zugute kommt. Dabei liefert eine Analyse der Vergangenheit und der Gegenwart wichtige Aufschlüsse für wirtschaftliche Prozesse und politische Handlungsfelder in der Zukunft.

2.2.1
Die Bevölkerungsentwicklung bis 1945

Nordrhein-Westfalen ist mit seinen 17 893 000 Einwohnern (1995) nicht nur das bevölkerungsreichste Bundesland Deutschlands, sondern beheimatet mit dem Ruhrgebiet auch den größten städtisch-industriellen Wirtschaftsraum Europas. Auf nur 3865 km² Fläche (nach LDS-Abgrenzung) leben fast 4,9 Mio. Menschen, was einer Bevölkerungsdichte von 1262 Personen/km² entspricht. Die Spitzenwerte innerhalb des Ruhrgebietes erreicht die rund 180 000 Einwohner zählende Stadt Herne mit gut 3500 Einwohnern/km². Mit dieser Bevölkerungsdichte übersteigt Herne den Landesdurchschnitt von 522 Einwohnern/km² um das 6,7fache. Dabei boten das Rheinland und Westfalen noch in der ersten Hälfte des 19. Jahrhunderts ein „Bild der Rückständigkeit und wachsender Verelendung" und schienen aufgrund zunehmender Armut einer Katastrophe ungeahnten Ausmaßes zuzusteuern

(vgl. KÖLLMANN 1974, S. 218). So war Deutschland bis etwa 1850 per Saldo ein Auswanderungsland. Erst mit dem Beginn einer stärkeren Industrialisierung setzte sich im heimischen Wirtschaftsraum eine mehr ortsgebundene Entwicklung durch. Die standortgebundene, zur Verdichtung neigende industrielle Produktion brachte in der ersten Industrialisierungsphase die Konzentration nichtlandwirtschaftlicher Arbeitsplätze und mit ihnen ein Städtewachstum größten Ausmaßes. Erste Schwerpunkte setzten Baumwollspinnereien in Elberfeld und Barmen (1929 vereinigt zu Wuppertal) sowie in den niederrheinischen Textilzentren Aachen, Mönchengladbach und Krefeld. Aber viel wichtiger als die Entwicklung im Textilbereich waren der Aufbau des Eisengewerbes und des Maschinenbaus sowie die Tatsache, daß sich mit dem Ruhrgebiet ein neuer räumlicher Schwerpunkt der Industrialisierung abzeichnete. Dort wurden binnen kurzer Zeit Dörfer zu Städten und Städte zu Großstädten (vgl. Kap. 3.3.1). Die Bevölkerungsentwicklung im Ruhrgebiet

Übersicht 2.1:
Das Phänomen Ruhrgebiet

Die sogenannte „Industrielle Revolution", d. h. vor allem der infolge weiterer Technisierung steigende Arbeitskräftebedarf in der zweiten Hälfte des 19. Jahrhunderts, löste immense Wanderungsströme aus den wenig industrialisierten Mittelgebirgsregionen und den damals z. T. deutschsprachigen Regionen Osteuropas in die rasch wachsenden Industriezentren an Rhein und Ruhr aus. Allein für den Zeitraum 1860 bis 1925 schätzt man, daß insgesamt etwa 24 Mio. Menschen in Deutschland an Wanderungsprozessen beteiligt waren.

Das Beispiel der erst 1903 gegründeten Stadt Gelsenkirchen mag verdeutlichen, in welcher Geschwindigkeit sich diese Wachstumsprozesse im Ruhrgebiet während jener Zeit vollzogen haben. Bei einer Bevölkerung von knapp 2000 Personen im Jahre 1856 hat sich die Einwohnerzahl nach der Abteufung der ersten Schachtanlage bis 1871 vervierfacht und sich auf der gleichen Fläche im Zeitraum 1871–1910 sogar fast verelffacht (1 : 10,6). Ein ähnliches Bevölkerungswachstum erreichte im gleichen Zeitraum keine andere heutige nordrhein-westfälische Stadt; es folgten in einem Verhältnis von etwa 1:4 das Industrie- und Verwaltungszentrum Düsseldorf sowie die Montanstädte Essen, Duisburg und Dortmund. Die genannten Zahlen verdeutlichen zugleich den Stellenwert der Industriebereiche Bergbau, Schwerindustrie und Maschinenbau, den diese Branchen für den Verstädterungsprozeß während der Hochindustrialisierung innehatten. Die alten Textilstädte Elberfeld (1:2,3), Barmen (1:2,2), Krefeld (1:2,1) und Aachen (1:1,8) hingegen konnten in der Bevölkerungsentwicklung mit den Montanstädten nicht mithalten.

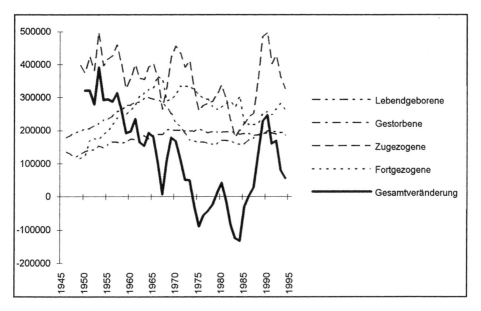

Quelle: Zahlen nach LDS NRW (Hrsg.): Stat. Jb. u. Stat. Taschenb., versch. Jg.

Abb. 2.2: Komponenten der Bevölkerungsentwicklung Nordrhein-Westfalens 1945–1994

stellt durch die erheblichen Wanderungsbewegungen im 19. Jahrhundert ein besonderes Phänomen innerhalb Nordrhein-Westfalens dar.

Insgesamt war die Bevölkerung des heutigen Nordrhein-Westfalens im Zeitraum 1816–1920 von 3 Mio. auf 10,4 Mio. gestiegen. In der ersten Hälfte des 20. Jahrhunderts ebbte die Bevölkerungszunahme merklich ab. Die Zuwanderungen in die Industriezentren ließen nach, weil das industrielle Wirtschaftswachstum keine derartig hohe Zahl neuer Arbeitskräfte mehr benötigte. Außerdem sank entsprechend dem Modell vom demographischen Übergang mit zunehmendem Wohlstand der Bevölkerung auch die Geburtenrate Nordrhein-Westfalens, so daß sich auch das natürliche Bevölkerungswachstum verminderte.

2.2.2
Die Bevölkerungsentwicklung seit 1945

Das demographische Geschehen Nordrhein-Westfalens innerhalb der letzten 50 Jahre soll differenziert nach der natürlichen Bevölkerungsentwicklung (Geburtenraten, Sterberaten) und nach den Wanderungen analysiert werden (Abb. 2.2).

Die natürliche Bevölkerungsentwicklung

Das Muster der natürlichen Bevölkerungsentwicklung Nordrhein-Westfalens verläuft annähernd parallel zur Entwicklung Westdeutschlands. Die 1950er Jahre sind in Nordrhein-Westfalen von kontinuierlich stark steigenden Geburtenzahlen (1950: 204 717; 1959: 275 612) und von langsamer steigenden Sterbezahlen (1950:

136636; 1959: 164562) geprägt, was in jedem Jahr zu einem deutlichen Geburtenüberschuß geführt hat. Die niedrigen Geburtenzahlen zwischen 1950 und 1955 haben ihre Auswirkungen in den noch schlechten wirtschaftlichen Verhältnissen und in dem durch Krieg und Kriegsgefangenschaft verursachten Männerdefizit. Der Anstieg der Geburtenzahlen setzte sich in den 1960er Jahren zunächst fort und erreichte 1964 mit 300425 Geburten seinen absoluten Höhepunkt. Wegen der nur leicht steigenden Sterbezahlen stellt das Jahr 1964 zugleich auch den absoluten Höhepunkt eines Geburtenüberschusses in Nordrhein-Westfalen mit 124140 dar. Danach setzte infolge des „Pillenknicks" eine starke Abnahme der Geburtenzahlen ein, die 1984 mit 158309 ihren bisherigen Tiefpunkt fand. Dabei waren besonders starke Rückgänge in Zeiten wirtschaftlicher Krisen wie 1973–1975 und 1978–1979 zu verzeichnen. Da die Zahl der Todesfälle stets um die 200000 schwankte, kam es im Zeitraum von 1972 bis 1989 zu einem Geburtendefizit, das mit 40829 im Jahr 1975 am größten war. Der durch die relativ günstige wirtschaftliche Situation mitbedingte „Kleine Baby-Boom" zu Beginn der 1990er Jahre sorgte wieder für einen geringen Geburtenüberschuß von 8094 Personen im Jahre 1992. Die sinkenden Realeinkommen der Jahre 1993 und 1994 sowie der immer stärker durchschlagende Geburtenausfall durch den Pillenknick der Generation der jungen Eltern senkten jedoch die Geburten wieder um über 10000 auf 186075 Geborene im Jahr 1994, was zu einem Geburtendefizit von 6590 führte.

Folgende Tendenzen für die natürliche Bevölkerungsentwicklung bleiben für Nordrhein-Westfalen seit 1960 festzuhalten:

1) Die Zahl der Geburten orientiert sich in ihrer statistischen Gesamtheit stark an den durch volkswirtschaftliche Rahmendaten vorgegebenen individuellen Einkommensverhältnissen.

2) Pharmazeutische Verhütungstechniken („Pille") sorgten Mitte der 1960er Jahre für einen starken Rückgang der Geburtenrate auf maximal zwei Drittel des Rekordwertes von 1964.

3) Die Zahl der Todesfälle ist gekennzeichnet von der gestiegenen Lebenserwartung (71 Jahre bei Männern, 78 Jahre bei Frauen) und von dem gestiegenen Anteil der Personen, die älter als 60 Jahre alt sind.

Im heutigen demographischen Geschehen ist vor allem folgendes Charakteristikum dieser neuen Gesellschaftsform wichtig: Das generative Verhalten wird den sich ändernden Lebens- und Wirtschaftsweisen angepaßt, wodurch die Zahl der Ehen, die kinderlos sind oder nur ein Kind aufweisen, eine deutlich steigende Entwicklung nimmt. Die Gründe des veränderten generativen Verhaltens waren bereits häufig Gegenstand wissenschaftlicher Publikationen, wobei die Erklärungsansätze vielfach interdisziplinär aus ökonomischen, soziologischen oder psychologischen Fachbereichen stammen. Aus der Vielzahl der in Frage kommenden Faktoren wurden in erster Linie das geänderte Selbstbewußtsein der Frau, die teilweise kinderfeindliche Einstellung der Gesellschaft sowie materielle Belastungen als Hauptursache der rückläufigen Geburtenentwicklung genannt.

Außen- und Binnenwanderungen

Deutlich lebhafteren Veränderungen im Zeitablauf waren die Außenwanderungen unterworfen. In den 1950er Jahren läßt sich aufgrund des unregelmäßigen Wanderungsverhaltens der Nachkriegszeit und des beginnenden „Wirtschaftswun-

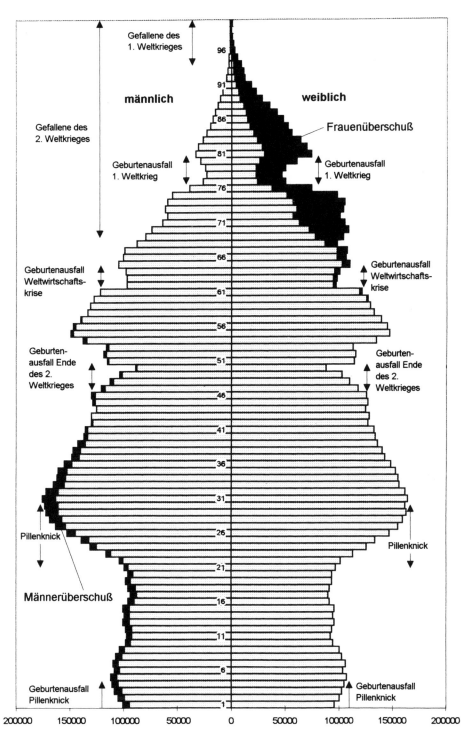

Abb. 2.3: Der Altersaufbau der Bevölkerung Nordrhein-Westfalens am 1. Januar 1995

ders" kein einheitlicher Trend erkennen. Im Jahre 1953 erreicht der Wanderungsgewinn allerdings die bisherige Rekordmarke von 323 528 Personen, was vor allem auf die damals hohe Arbeitskräftenachfrage des Ruhrgebietes mit seinem Steinkohlebergbau und der Eisen- und Stahlindustrie zurückzuführen ist. Aufgrund der einsetzenden Krise in den genannten großen Industriezweigen kehrte sich in den Jahren zwischen 1960 und 1967 der Trend zugunsten eines Wanderungsverlustes von 91 347 Personen im Jahre 1967 um. Nordrhein-Westfalen und mit ihm besonders das dominierende Ruhrgebiet verloren an Anziehungskraft, was zu verstärkten Fortzügen in andere Bundesländer, aber auch ins Ausland führte.

In den folgenden sieben Jahren setzte durch eine zweite große Einwanderungswelle von ausländischen Gastarbeitern (Zuzüge aus dem Ausland 1972: 202 762) ein weiterer Wanderungsgewinn von 146 335 im Jahre 1970 ein. Die erste große Ölkrise 1973/74 mit ihrer hohen Arbeitslosenzahl und der starken Wirtschaftsrezession wirkte dagegen auf Zuwanderer besonders aus dem Ausland wenig attraktiv, so daß sich im Jahre 1975 wieder ein Wanderungsdefizit von 48 180 einstellte. Nach einer Erholungsphase bis zum Jahr 1980 (Wanderungsgewinn: 66 495 Personen) wiederholte sich der konjunkturbedingte Wanderungsverlust während der Wirtschaftskrise zu Beginn der 1980er Jahre. Mit einem Wanderungsverlust von 102 679 Personen im Jahre 1984 wurde wiederum ein negativer Spitzenwert erreicht. Gegen Ende der 1980er Jahre verbesserte sich dann die wirtschaftliche Situation in Nordrhein-Westfalen und den anderen Bundesländern, so daß sich die Zahl der Zuwanderungen wieder erhöhte. Deutlich verstärkten sich die Zuzüge infolge der Ausnutzung des damaligen Asylrechts und der Zuwanderungen von Arbeitssuchenden

aus Ostdeutschland im Zuge der Wiedervereinigung. So kam es im Jahre 1990 zu einem Rekordzuzug von 497 739 Personen, was gleichbedeutend mit einem Wanderungsgewinn von 240 476 Personen war. Durch den anhaltend starken Zustrom von Asylanten, Aussiedlern aus der ehemaligen Sowjetunion und Zuwanderern aus Ostdeutschland wurde der Wanderungsgewinn während der beschäftigungspolitisch schwierigen letzten Jahre nur leicht abgebremst.

Aus der geschilderten Entwicklung lassen sich zwei grundsätzliche Wanderungstendenzen für Nordrhein-Westfalen ableiten:

1) Ab- und vor allem Zuwanderungen orientieren sich direkt an der allgemeinen wirtschaftlichen Situation bzw. der Arbeitsmarktsituation. In dem Maße, in dem der Standortfaktor Rohstoff an Bedeutung verloren hatte und die räumlichen Bevölkerungsbewegungen weniger von den Grundstoffindustrien, sondern von der Expansion moderner Verarbeitungsbetriebe bestimmt wurden, gewannen jüngere Verdichtungsräume insbesondere in südlichen Bundesländern an Attraktivität.

2) Unabhängig von der unter 1) genannten Entwicklung führen Asylsuchende und Aussiedler seit der zweiten Hälfte der 1980er Jahre zu einem starken Zuwanderungsdruck, der den Arbeitsmarkt und das sozialökonomische Gemeinwesen extrem belastet.

Das leichte Geburtendefizit von 6590 Personen im Jahre 1994 wurde durch 328 153 Zuzüge (davon 143 150 aus dem übrigen Bundesgebiet und 185 003 aus dem Ausland) bei nur 265 017 Fortzügen (davon 140 074 in das übrige Bundesgebiet und 124 943 in das Ausland), was einem Wanderungsgewinn von 63 136 Personen entspricht, mehr als ausgeglichen.

Der gesamte Bevölkerungszuwachs betrug 1994 56 546 Personen (vgl. Abb. 2.2 und 2.3).

Die besonders in Nordrhein-Westfalen gravierenden regionalen Unterschiede im Wanderungsverhalten führt das Institut für Landes- und Stadtentwicklung (ILS) auf die unterschiedlichen regionalen Beschäftigungsbedingungen zurück. Von den Abwanderungen in erster Linie betroffen ist derzeit der Ballungsraum Ruhrgebiet, der mit seinem hohen Besatz an Altindustrien die höchsten Arbeitslosenzahlen zu verzeichnen hat. Dagegen weist der Ballungsraum Rheinschiene, dem vorwiegend Städte mit erheblichen Verwaltungsfunktionen angehören, sogar noch einen Anstieg der Bevölkerungszahlen und geringere Beschäftigungsprobleme auf (nach Angaben des Landesamtes für Datenverarbeitung und Statistik Nordrhein-Westfalen).

2.2.3
Die ausländische Bevölkerung in Nordrhein-Westfalen

Das Phänomen ausländischer Arbeitnehmer in Deutschland ist keineswegs eine aktuelle Erscheinung, sondern war in bescheidenem Umfange bereits vor Jahrhunderten faßbar. In zahlreichen Regionen des Landes, man denke z. B. nur an die Mennoniten in Krefeld, wurde die Ansiedlung von Glaubensflüchtlingen im Zuge der damaligen merkantilistischen Wirtschaftsweise bereits im 17. Jahrhundert mit Hilfe gezielter Anwerbung gefördert. Mengenmäßig fielen allerdings die Zuwanderungen erst im Zeitalter der Industrialisierung stärker ins Gewicht. In den letzten Jahren ist die sozio-ökonomische Problematik von Ausländerzuwanderungen erneut in den Vordergrund lebhafter Diskussionen gerückt. Denn trotz Anwerbestopp an

sogenannten Gastarbeitern standen auch in den krisenbehafteten 1970er und 1980er Jahren den Abwanderungen mehr Zuwanderungen entgegen, so daß die Zahl der Ausländer stetig gestiegen ist und im Jahre 1995 mit 1,913 Mio. Personen ihren vorläufigen Höchststand erreicht hat. Mit den raumstrukturellen, sozialen, kulturellen wie wirtschaftlichen Auswirkungen von Ausländerwanderungen hat man sich in zahlreichen Publikationen auseinandergesetzt und Möglichkeiten einer Integration von Ausländern diskutiert. Daß seit längerem auch die Bundes-, Landes- und Kommunalpolitiker und -planer nicht mehr mit einer kurzen Verweildauer der Ausländer rechnen, zeigt sich deutlich in den Leitlinien zur Ausländerpolitik. Entsprechende Modellrechnungen gehen von einem Anstieg des Ausländeranteils in Nordrhein-Westfalens von etwa 1,9 Mio. Menschen im Jahre 1995 auf 2,6 Mio. Menschen im Jahre 2010 aus. Die Gruppe der türkischen Bewohner dürfte dann einen Anteil von über 40% an allen Ausländern einnehmen.

Hauptkonzentrationsgebiete der Ausländer sind die Städte und Gemeinden der Rheinschiene, vor allem Köln mit einem Ausländeranteil von 19,4 % im Jahre 1995 und Düsseldorf mit 18,9% (vgl. Abb. 2.4). In insgesamt dreizehn (1982: sechs) kreisfreien Städten wurden 1994 Ausländeranteile von 12% und mehr erreicht. Von den Kreisen wiesen 1995 lediglich Mettmann, Neuss, Aachen und der Märkische Kreis zweistellige Ausländeranteile auf. Die niedrigsten Ausländerquoten verzeichneten im Jahre 1995 dagegen die Kreise Euskirchen (5,4%), Höxter (4,6%) und Coesfeld (4,2%). Neben einer regionalen Differenzierung der Ausländerdichte sind auch hinsichtlich der Nationalitätenstruktur räumliche Unterschiede feststellbar. Abgesehen von der türkischen Bevölkerung, die in nahezu allen Kreisen und

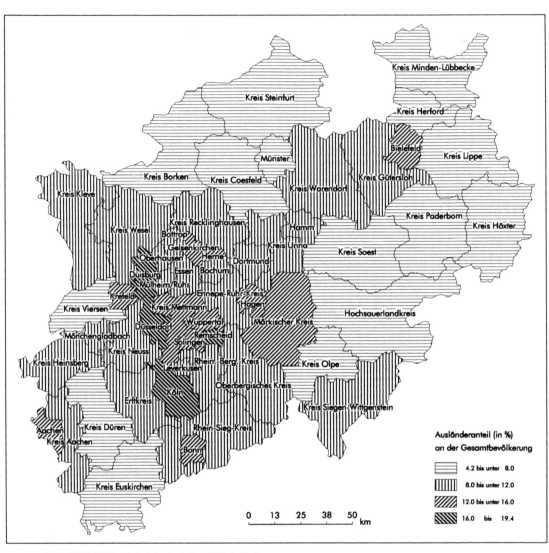

Quelle: LDS NRW (Hrsg.): Kreisstandardzahlen 1995, S. 18–21

Abb. 2.4: Ausländeranteil in Nordrhein-Westfalen 1994

kreisfreien Städten des Landes die stärkste Gruppe stellt, sind durchaus noch weitere Konzentrationen vorhanden (vgl. Tab. 2.1). Die besondere Wirtschaftsstruktur des Verwaltungsbezirkes hierfür allein verantwortlich zu machen, ist nicht ohne weiteres zulässig. Vielmehr liegt die Vermutung nahe, daß nationalitätsspezifische Konzentrationen auf eher zufallsbedingte Ansiedlungen in den Anfangsjahren der sogenannten Gastarbeiterbewegung zurückzuführen sind (nach Angaben des Landesamtes für Datenverarbeitung und Statistik Nordrhein-Westfalen).

Nationalität	Anteil an der ausländischen Bevölkerung (%)		
	Verwaltungsbezirk		Nordrhein-Westfalen
Türkei	Gelsenkirchen	61,6	35,4
	Hamm	58,6	
	Duisburg	58,0	
	Herne	57,4	
	Unna	54,6	
	Bottrop	53,6	
Italien	Solingen	25,1	7,5
	Remscheid	16,4	
	Soest	15,6	
Griechenland	Märkischer Kreis	16,0	5,9
	Wuppertal	13,1	
	Olpe	12,6	
Alt-Jugoslawien[1]	Coesfeld	32,1	15,6
Portugal	Hagen	15,7	2,0

[1] Alt-Jugoslawien umfaßt die heutigen Staaten Slowenien, Kroatien, Jugoslawien (Serbien einschl. Vojwodina und Kosovo sowie Montenegro), Bosnien-Herzegowina und Mazedonien.

Quelle: verändert nach LDS NRW (Hrsg.), Kreisstandzahlen 1996, S.12–15

Tab. 2.1: Konzentrationen von Ausländern in Nordrhein-Westfalen 1995 (ausgewählte Beispiele)

2.2.4 Aussiedler in Nordrhein-Westfalen

Seit dem Ende des Kommunismus in den ehemaligen Ostblock-Staaten und besonders nach der Öffnung der innerdeutschen Grenze stieg die Zuwanderung von Deutschstämmigen nach Nordrhein-Westfalen sprunghaft an. In den Jahren von 1990 bis 1993 hat Nordrhein-Westfalen insgesamt 284278 Aussiedler über die Landesstelle in Unna-Massen aufgenommen. Weil die Aussiedler nach der ersten Aufnahme ihren Wohnort frei in Deutschland wählen können, ist die Zahl der endgültig in Nordrhein-Westfalen aufgenommenen Aussiedler mit 181200 Personen im gleichen Zeitraum deutlich niedriger. Mit dem 1990 geänderten Aufnahmeverfahren, das Aussiedlungsanträge im Herkunftsland verlangt und die Aufnahme von einem positiven Bescheid des Bundesver-

waltungsamtes abhängig macht, ging die jährliche Aufnahme von Aussiedlern kontinuierlich von 125100 Personen im Jahre 1990 auf 46923 im Jahre 1993 zurück. Ferner trat im genannten Zeitraum auch eine erhebliche Veränderung in puncto Herkunftsländer ein. Dominierten 1990 noch mit 52,6% die deutschstämmigen Polen vor den deutschstämmigen Bewohnern aus der ehemaligen UdSSR (39,2%), so zogen 1993 fast ausschließlich (96,6%) Bewohner aus der letztgenannten Gruppe nach Deutschland. Dort haben sich offensichtlich die Lebensverhältnisse für die Deutschstämmigen noch nicht ausreichend verbessert. Wegen fehlender Arbeitsmöglichkeiten reisen sie sogar aus den mit der russischen Regierung vereinbarten Ansiedlungsgebieten aus. Insgesamt wird die Zahl der potentiellen Aussiedler insbesondere aus Rußland noch auf zwei bis drei Millionen Menschen geschätzt. Die Altersstruktur der Aussiedler ist wesentlich jünger als die der einheimischen Bevölkerung: 1993 waren 35,4% von ihnen unter 19 Jahre und lediglich 11,7% über 60 Jahre alt. Dies führt u. a. dazu, daß der Anteil der Erwerbspersonen mit etwa 50% unter ihnen noch relativ niedrig ist (vgl. Der Ministerpräsident des Landes Nordrhein-Westfalen (Hrsg.) 1994, S. 13).

2.2.5
Bevölkerungsprognose bis 2040

Trotz der unsicheren Wanderungsentwicklung wurde im Auftrag der Landesregierung Nordrhein-Westfalen eine Bevölkerungsprognose bis zum Jahre 2040 erstellt, in der die genannten soziodemographischen Faktoren Eingang gefunden haben. Neben der Prognose der Wohnbevölkerung sind für Land, Kommunen und Wirtschaft vor allem die sich verändernden Altersstrukturen von besonderer Bedeutung. In das Jahr 1996 ging Nordrhein-Westfalen mit fast 17,9 Mio. Einwohnern. Im Laufe des Jahres 1998 soll die Wohnbevölkerung erstmals über 18 Mio. steigen. Den Höhepunkt wird das Land 2006 mit 18,187 Mio. Einwohnern erreichen. Danach geht es trotz eines prognostizierten Wanderungsüberschusses wieder bergab mit den Einwohnerzahlen, da die geburtenschwachen Jahrgänge der 1970er und 1980er Jahre selber wiederum wenig Kinder gebären. Im Jahr 2019 wird fast wieder der Stand von heute erreicht. Weitere 21 Jahre später wird Nordrhein-Westfalen nur noch 16,275 Mio. Einwohner haben, es sei denn, die Zuwanderung wird wieder erheblich erleichtert.

Heute gibt es bekanntlich nicht für jeden Arbeitswilligen einen Arbeitsplatz (vgl. Kap. 2.3). In den nächsten 43 Jahren könnte aufgrund der Bevölkerungsprognose der Fall eintreten, daß es keinen Arbeitsplatzmangel mehr gibt, denn die Zahl der Einwohner im Alter von 19 bis 60 Jahren, in dem normalerweise einer Erwerbstätigkeit nachgegangen wird, sinkt von derzeit 10,4 auf 8,7 Mio. Weniger arbeitende und verdienende Menschen bedeuten aber auch weniger privaten Konsum und Wirtschaftskraft und bei einer angenommenen unveränderten Steuerquote weniger Einnahmen für die öffentlichen Kassen. Außerdem soll durch gesetzliche Regelungen zur Verlängerung der Lebensarbeitszeit insbesondere bei Frauen der Rückgang der Erwerbstätigenzahlen vermindert werden. Wenn es nicht gelingt, den Schuldenberg von Bund, Ländern und Gemeinden bis zum Jahr 2020 abzubauen (bis dahin bleibt die arbeitsfähige Bevölkerung in etwa auf dem heutigen Stand), gestalten sich die Sanierungsmöglichkeiten anschließend weitaus schwieriger.

Während Mitte der 1990er Jahre mit großen finanziellen Anstrengungen Kindergärten gebaut und Personal dafür ausgebildet wurden, läßt sich schon jetzt voraussehen, daß in einigen Jahren zahlreiche Kindergärten in Altenheime umgewandelt werden müssen. Die Zahl der Kinder im Kindergartenalter von drei bis sechs Jahren erreichte 1996 mit 615 000 ihren Höhepunkt und sinkt nach der Prognose dann bis zum Jahr 2004 um rund 100 000 sowie um weitere 100 000 bis zum Jahr 2032. Im Jahr 2040 befinden sich nur noch 373 000 Kinder im Kindergartenalter. Ein ähnliches Bild zeichnet sich folglich auch für die Schulen ab. Die Zahl der sechs- bis zehnjährigen Kinder (Primarstufe) steigt von derzeit 802 000 bis zum Jahr 2000 auf 835 000, fällt danach aber innerhalb von sechs Jahren auf 735 000 und bis zum Jahr 2040 auf 536 000. Dies bedeutet, daß nach der Jahrtausendwende Grundschullehrer verstärkt eingespart werden können. Diese Entwicklung trifft die weiterführen-

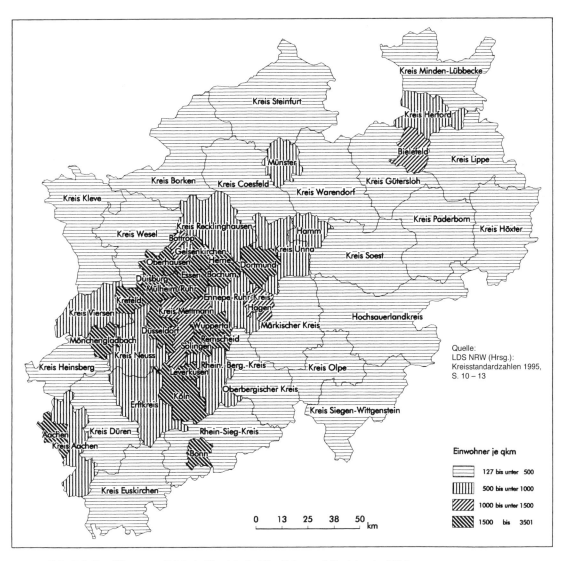

Abb. 2.5: Bevölkerungsdichte in Nordrhein-Westfalen auf Kreisbasis 1994

den Schulen mit zeitlicher Verzögerung: Bis 2004 steigt die Zahl der zehn- bis sechzehnjährigen Schüler (Sekundarstufe I) von derzeit 1,1 Mio auf 1,3 Mio. und fällt dann auf 911 000 im Jahre 2040. Auch die Zahl der Studenten wird langfristig selbst bei weiter steigender Studierneigung sinken, was die derzeit zu annähernd 100% überfüllten Hochschulen entlastet.

Am anderen Ende der Alterspyramide zeigt sich das Bild genau umgekehrt. Die mittlere Lebenserwartung steigt nach der Prognose noch einmal um weitere zwei Jahre auf 73,5 Jahre für Männer und 80,5 Jahre für Frauen an. Die Zahl der Einwohner im Alter von 75 und mehr Lebensjahren, die in erster Linie auf Alten- und Pflegeheime angewiesen sind, wird laut Prognose von derzeit 1,142 Mio. auf 1,992 Mio. Personen im Jahre 2040 steigen. Und auch die Zahl der Pensionäre und Rentner nimmt stark zu. Heute sind fast 3,9 Mio. Einwohner 60 Jahre und älter. Diese Zahl wird mit 5,3 Mio. im Jahr 2031 ihren Höhepunkt erreichen und bis 2040 nur leicht auf 4,9 Mio. zurückgehen.

Die Prognose läßt mit Einschränkungen auch einen Blick in die Zukunft der Regionen Nordrhein-Westfalens sowie in die Städte und Kreise zu. So können etwa Paderborn und Unna mit außergewöhnlich starken Bevölkerungszuwächsen rechnen, während Dortmund und Essen einen Rekordrückgang zu erwarten haben. Regional zeichnen sich Zuwächse auch für das Kölner Umland, das westliche Münsterland und den Westteil des Regierungsbezirks Detmold ab. Bevölkerungsverluste erleiden das gesamte Ruhrgebiet und die nördliche Rheinschiene (vgl. zu diesem Kapitel ZIMMERMANN 1996, S. 105–107).

2.2.6
Das Muster der Bevölkerungsverteilung

Die aktuelle räumlich-demographische Situation ist in erster Linie das Ergebnis von großmaßstäbigen Bevölkerungsumverteilungen der letzten Jahrhunderte. Vor allem die sogenannte Industrielle Revolution seit der ersten Hälfte des 19. Jahrhunderts hat das bestehende Siedlungsgefüge mit einer neuen Dynamik erfüllt. Die stärker differenzierte Arbeitsteilung, d. h. die Schaffung zahlreicher Arbeitsplätze im Sekundär- und Tertiärbereich, ließ die Städte der Rheinschiene und des Ruhrgebietes anwachsen und Nordrhein-Westfalen rasch zum bevölkerungsreichsten Land Deutschlands werden.

In den einzelnen Teilregionen des Landes ist die Bevölkerungsdichte sehr unterschiedlich. Auffallend sind die hohen Bevölkerungsdichten in den Kerngebieten des Verdichtungsraumes Rhein-Ruhr (vgl. Abb. 2.5 und Farbkarte im Vorderen Vorsatz diese Buches). Trotz der zahlenmäßig hohen Abwanderung, d. h. vor allem der Rückkehr vieler ehemaliger Gastarbeiter in ihre Heimat, sowie der als Suburbanisierung bezeichneten Stadt-Umland-Wanderung, wohnen im Bereich des Ruhrgebiets nach der Abgrenzung des LDS 4,9 Mio. Menschen; das sind mehr als 6% der Gesamteinwohnerzahl Deutschlands. Die höchsten Dichten wiesen 1995 die Städte Herne (3501 Einw./km^2), Essen (2938), Oberhausen (2926), Gelsenkirchen (2800) und Bochum (2758) auf. Im Landesvergleich folgen dann die beiden Rheinmetropolen Düsseldorf und Köln mit 2639 bzw. 2379 Einw./km^2. Außerhalb des Verdichtungsraumes Rhein-Ruhr verzeichneten nur noch wenige Städte ähnlich hohe Dichtewerte. Neben dem mehr peripher gelegenen Aachen sind dies die Solitären Verdichtungsgebiete Münster, Bielefeld, Paderborn und Siegen.

Diesen überaus dicht besiedelten Regionen stehen relativ schwach bevölkerte Räume gegenüber, so z. B. die Eifel oder die Kreise Höxter (128 Ew./km^2), Hochsauerlandkreis (144) oder Euskirchen (145). Insgesamt gesehen lebten 1995 35,9% der nordrhein-westfälischen Bevölkerung in Gemeinden bis zu 50000 und 47,1% in Großstädten mit über 100000 Einwohnern. Von den 30 Großstädten des Landes mit über 100000 Einwohnern präsentiert sich Köln mit 963817 (1995) als der zahlenmäßig größte Verdichtungsraum. Es folgen die Städte Essen (617955), Dortmund (600918), Düsseldorf (572638), Duisburg (536106) und bereits mit Abstand Bochum (401129), Wuppertal (383776), Bielefeld (324067), Gelsenkirchen (293542) und Bonn (293072). Aber auch manche mittelgroße Stadt hat ganz

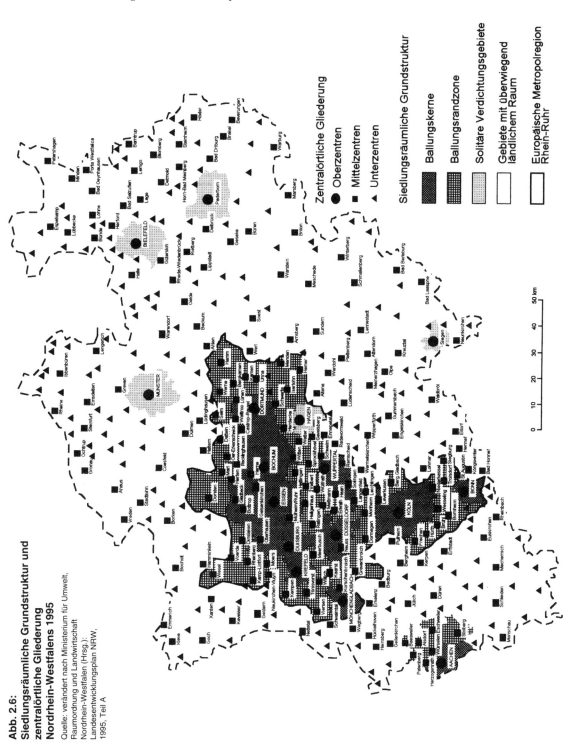

Abb. 2.6:
Siedlungsräumliche Grundstruktur und
zentralörtliche Gliederung
Nordrhein-Westfalens 1995

Quelle: verändert nach Ministerium für Umwelt,
Raumordnung und Landwirtschaft
Nordrhein-Westfalen (Hrsg.):
Landesentwicklungsplan NRW,
1995, Teil A

im Gegensatz zur großstädtischen Entwicklung einen bemerkenswerten Aufstieg genommen. Für das Anwachsen dieser Zentren sind wohl insbesondere die Migrationen der 1970er Jahre zwischen Ballungskernen und -randzonen verantwortlich. Während in den Großstädten des Landes teilweise erhebliche Bevölkerungsverluste auftraten, verlief die Entwicklung in den Randgemeinden genau umgekehrt. Legt man die nach siedlungsstrukturellen Merkmalen abgegrenzten Zonen des Landesentwicklungsplanes 1995 (LEP) des Landes Nordrhein-Westfalen zugrunde (vgl. Abb. 2.6), so lassen sich anhand wichtiger sozio-ökonomischer Daten folgende räumliche Strukturen ausweisen:

1) 64,7% der Einwohner Nordrhein-Westfalens lebten 1995 in Verdichtungsgebieten (Ballungskerne 41,0%, Ballungsrandzonen 19,0% und Solitäre Verdichtungsgebiete 4,7%). Im Gegensatz dazu besaßen die Verdichtungsgebiete nur einen Anteil von 22,1% an der Katasterfläche Nordrhein-Westfalens von 1995 (Ballungskerne 6,7%, Ballungsrandzonen 12,9%, Solitäre Verdichtungsgebiete 2,5%).

2) Die Verdichtungsgebiete konzentrierten im Jahre 1995 48,9% der Siedlungsfläche des Landes auf sich (Ballungskerne 28,1%, Ballungsrandzonen 16,3%, Solitäre Verdichtungsgebiete 4,5%).

3) 76,5% der landwirtschaftlichen Nutzfläche und 81,8% der Forstfläche befanden sich im Jahre 1995 in den Ländlichen Zonen.

4) 68,6% aller Beschäftigten hatten ihren Arbeitsplatz 1993 in den Verdichtungsräumen (nach Angaben des LDS, des Instituts für Landes- und Stadtentwicklungsforschung und des Ministeriums für Umwelt, Raumplanung und Landwirtschaft des Landes Nordrhein-Westfalen).

2.3
Der Arbeitsmarkt in Nordrhein-Westfalen

Bekanntlich bilden Bevölkerungs-, Wirtschaftsentwicklung und Arbeitsmarkt ein äußerst enges Beziehungsgeflecht (Abb. 2.7). So steht der Arbeitsmarkt z. B. in einem direkten Zusammenhang mit der regionalen Bevölkerungsstruktur, da sich aus ihr primär das Arbeitskräfteangebot bildet, das wiederum durch Wanderungen modifiziert wird. Ferner stellt der Arbeitsmarkt das Medium zwischen Bevölkerung und Wirtschaft einerseits sowie Zu- und Abwanderungen andererseits dar. Letztlich dient er als „Puffer" zwischen den Formen der Mehrarbeit (Sonderschichten, Überstunden usw.) und denen der Minderarbeit (Arbeitslosigkeit, Kurzarbeit usw.). Mit seinen beiden Hauptkomponenten, der Erwerbstätigkeit bzw. Beschäftigung und der Arbeitslosigkeit, stellt der Arbeitsmarkt ein verbindendes Element zwischen Bevölkerungs- und Wirtschaftsstruktur eines Raumes dar (SCHMIED 1991, S. 4–5, 184).

2.3.1
Erwerbstätigkeit und Beschäftigung

Die Tabelle 2.2 verdeutlicht, daß die Erwerbsquote Nordrhein-Westfalens im Zeitraum von 1976 bis 1990 stetig angestiegen ist, was seine Ursachen in der höheren Erwerbsfähigkeit, d. h. einem steigenden Anteil der Personen von 15 bis 65 Altersjahren, und einer steigenden weiblichen Erwerbsneigung hat. Durch diverse Vorverrentungsmaßnahmen sank dann im Zeitraum 1991 bis 1995 die Erwerbsquote leicht auf 44,8% ab.

Die Entwicklung der Beschäftigten in Nordrhein-Westfalen ist der Tabelle 2.3 zu entnehmen. Der Trend einer Beschäfti-

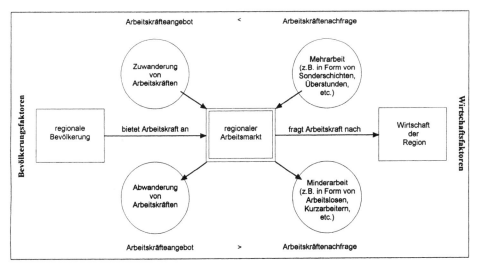

Quelle: SCHMIED 1991, S. 5

Abb. 2.7: Die Stellung des regionalen Arbeitsmarktes zwischen Bevölkerungsfaktoren und Wirtschaftsfaktoren

gungsverlagerung zugunsten des tertiären Sektors ist deutlich zu erkennen.

Die Tabelle 2.4 verdeutlicht allerdings, daß entgegen dem oben geäußerten Trend besonders in Nordrhein-Westfalen die Wirtschaftsgruppen des Verarbeitenden Gewerbes noch einen relativ hohen Stellenwert hinsichtlich der Beschäftigung (hier: sozialversicherungspflichtig Beschäftigte) haben.

Beschäftigtenstatistiken haben den Vorteil, daß sie als arbeitsstättenbezogenes Kriterium die Pendlersituation implizieren. Dadurch hebt sich die Bedeutung der nordrhein-westfälischen Großstädte als Arbeitsmärkte besonders hervor, wie Abbildung 2.8 verdeutlicht. Köln, Düsseldorf, Essen und Dortmund treten als Zentren mit mehr als 200000 Beschäftigten klar hervor. Interessant ist ferner, daß Remscheid und Solingen mit über 15% die größten Ausländeranteile an allen sozialversicherungspflichtig Beschäftigten aufweisen.

Das hat seine Ursache in der arbeitsintensiven Industriestruktur der Städte.

Ein Vergleich der Abbildung 2.8 mit der Verwaltungsbezirksdarstellung Nordrhein-Westfalens auf Grundlage der Erwerbstätigen (Abb. 2.9) verdeutlicht, daß sich durch eine Erwerbstätigendarstellung nur schwer wirtschaftliche Effekte aufzeigen lassen. Letztere Darstellung hat eine ähnliche Struktur wie eine vergleichbare Darstellung der Einwohner. Dies liegt an den relativ gleichmäßig großen Erwerbsquoten, die in der Regel zwischen 40% und 45% betragen. Die großen wirtschaftlichen Zentren als Standorte von Arbeitsplätzen treten in dieser Abbildung nicht so stark wie bei einer Beschäftigungsdarstellung hervor. Bei einer zeitlichen Betrachtung der Erwerbstätigen in den Verwaltungsbezirken läßt sich feststellen, daß im Zeitraum von 1993 zu 1994 die Zahl der Erwerbstätigen in ganz Nordrhein-Westfalen um 1,1% gesunken ist. Räumlich geglie-

Jahr (April, Mai Juni)	Bevölkerung							Auf 100 Personen entfallen n Erwerbspersonen
	insgesamt	Erwerbspersonen		Nichterwerbspersonen				
		zusam-men	männ-lich	zusam-men	männ-lich	darunter Rentner u. dergl.		
						zusam-men	männ-lich	
	1000							Anzahl n
1976	17099,3	6987,6	4607,2	10111,7	3556,7	2855,0	1251,8	40,9
1977	17062,2	7017,7	4617,2	10044,5	3523,2	2807,8	1237,1	41,1
1978	17015,2	7009,9	4601,4	10005,3	3510,6	2937,2	1286,7	41,2
1979	16995,4	7091,9	4639,5	9903,5	3464,1	2961,9	1285,1	41,7
1980	17035,3	7176,1	4694,3	9859,2	3464,3	3013,9	1322,2	42,1
1981	17047,2	7264,0	4726,1	9783,2	3428,0	2965,4	1279,4	42,6
1982	17022,2	7357,7	4738,4	9664,5	3403,0	2736,7	1184,6	43,2
1983	16909,0	7360,8	4693,8	9548,2	3381,4	·	·	43,5
1984	16784,5	7482,1	4740,8	9302,4	3266,4	·	·	44,6
1985	16686,7	7494,1	4726,8	9192,6	3233,1	2955,0	1260,6	44,9
1986	16664,3	7511,0	4726,8	9153,3	3227,1	2981,8	1265,9	45,1
1987	16672,8	7543,6	4728,9	9129,2	3233,2	3059,0	1313,3	45,2
1988	16771,1	7629,2	4772,6	9141,9	3272,3	3166,3	1362,4	45,5
1989	16911,8	7654,0	4766,5	9257,8	3355,2	3262,3	1397,6	45,3
1990	17201,9	8058,9	4916,2	9143,0	3368,6	3119,0	1365,7	46,8
1991	17384,2	7985,3	4860,3	9398,9	3528,0	3388,0	1434,7	45,9
1992	17557,9	8106,9	4904,0	9451,0	3587,3	3336,2	1499,6	46,2
1993	17705,5	8168,8	4933,5	9536,7	3647,0	3342,0	1516,2	46,1
1994	17769,1	8129,8	4890,8	9639,3	3719,6	3378,0	1542,1	45,8
1995	17825,1	7989,0	4809,4	9836,1	3836,4	3459,6	1602,7	44,8

Quelle: verändert nach LDS NRW (Hrsg.): Stat. Jb. NRW 1996, S. 240   · = Zahlenwert unbekannt oder geheimzuhalten

Tab. 2.2: Erwerbsbeteiligung der Bevölkerung Nordrhein-Westfalens 1976–1995

Tab. 2.3: Die Entwicklung der Beschäftigung in Nordrhein-Westfalen 1970–1994

Sektor	1970		1994	
	Beschäftigtenzahl	Anteil (%)	Beschäftigtenzahl	Anteil (%)
I	20 176	0,3[1]	131 991	1,8
II	3 685 603	54,8	2 617 829	35,7
III	3 019 774	44,9	4 583 034	62,5
insgesamt	*6 725 553*	*100,0*	*7 332 854*	*100,0*

[1] Bei der Arbeitsstättenzählung 1970 wurden nur landwirtschaftliche Betriebe erfaßt, die steuerlich als Gewerbebetrieb galten. Der tatsächliche landwirtschaftliche Beschäftigungsanteil betrug ca. 4 %.

Quelle: eigene Berechnung nach LDS NRW (Hrsg.): Die Gemeinden Nordrhein-Westfalens, Ausgabe 1996, Abschnitt 1

Tab. 2.4: Sozialversicherungspflichtig Beschäftigte in Nordrhein-Westfalen am 30. 6. 1995 nach Geschlecht, Wirtschaftsabteilungen und Wirtschaftsgruppen

Quelle: LDS NRW (Hrsg.): Stat. Jb. NRW 1996, S. 234

Wirtschaftsabteilung/ Wirtschaftsgruppe	Sozialversicherungspflichtig Beschäftigte					
	insgesamt			darunter Ausländer/-innen		
	insgesamt	männlich	weiblich	zusammen	männlich	weiblich
Land- und Forstwirtschaft, Tierhaltung und Fischerei	46 002	33 516	12 486	6 629	5 891	738
Energiewirtschaft und Wasserversorgung, Bergbau	179 440	162 440	17 000	17 663	17 381	282
Verarbeitendes Gewerbe	1 951 164	1 483 748	467 416	231 333	183 305	48 028
davon: Chemische Industrie und Mineralölverarbeitung	173 052	135 102	37 950	11 704	9 530	2 174
Gewinnung und Verarbeitung von Steinen und Erden; Feinkeramik und Glasgewerbe	63 670	55 162	8 508	8 517	7 893	624
Eisen- und Nichteisen-Metallerzeugung	94 511	85 101	9 410	15 890	15 176	714
Gießerei	36 988	32 504	4 484	9 047	8 219	828
Ziehereien und Kaltwalzwerke, Stahlverformung, Schlosserei, Schweißerei, Schmieden, anderweitig nicht genannter	115 429	98 319	17 110	19 773	17 707	2 066
Stahl- und Leichtmetallbau	113 750	100 037	13 713	11 401	10 887	514
Maschinenbau	243 614	206 598	37 016	20 679	18 226	2 453
Fahrzeugbau	156 321	135 200	21 121	22 913	20 535	2 378
Herstellung von Büromaschinen, Datenverarbeitungsgeräten und -einrichtungen	11 611	8 495	3 116	587	434	153
Elektrotechnik	197 928	137 303	60 625	18 746	11 371	7 375
Textilgewerbe	49 434	29 936	19 498	7 559	5 255	2 304
Bekleidungsgewerbe, Polsterei- und Dekorationsgewerbe	36 688	10 283	26 405	3 402	1 038	2 364
Nahrungs- und Genußmittelgewerbe	154 626	82 451	72 175	18 951	10 558	8 393
Andere Wirtschaftsabteilungen des Verarbeitenden Gewerbes	503 542	367 257	136 285	62 164	46 476	15 688
Baugewerbe	370 816	334 275	36 541	44 700	43 317	1 383
Handel	877 440	415 144	462 296	55 802	33 920	21 882
Verkehr und Nachrichtenübermittlung	281 942	202 381	79 561	24 033	19 760	4 273
Kreditinstitute und Versicherungsgewerbe	221 645	104 078	117 567	3 907	1 676	2 231
Dienstleistungen, soweit anderweitig nicht genannt	1 407 121	500 511	906 610	138 292	61 677	76 615
Organisationen ohne Erwerbscharakter, private Haushalte	175 798	56 333	119 465	9 415	4 074	5 341
Gebietskörperschaften und Sozialversicherung	334 345	156 106	178 239	12 640	6 950	5 690
Ohne Angabe	25	18	7	1	–	1
Insgesamt	*5 845 738*	*3 448 550*	*2 397 188*	*544 415*	*377 951*	*166 464*

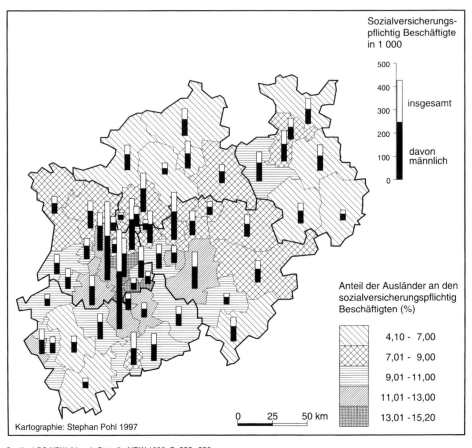

Sozialversicherungs-
pflichtig Beschäftigte
in 1 000

insgesamt

davon
männlich

Anteil der Ausländer an den
sozialversicherungspflichtig
Beschäftigten (%)

4,10 - 7,00

7,01 - 9,00

9,01 - 11,00

11,01 - 13,00

13,01 - 15,20

0   25   50 km

Kartographie: Stephan Pohl 1997

Quelle: LDS NRW (Hrsg.): Stat. Jb. NRW 1996, S. 235–236

**Abb. 2.8: Sozialversicherungspflichtig Beschäftigte in Nordrhein-Westfalen 1995
nach Verwaltungsbezirken**

dert, lassen sich nur in ländlichen Kreisen noch Steigerungen der Erwerbstätigkeit erzielen, was sowohl durch eine unterdurchschnittliche Wirtschaftsrezession, aber auch durch eine Suburbanisierung (vgl. Kap. 7.2.2) im Berufsleben stehender Personen zustande kommen kann.

Im Jahre 1995 waren über 90% der knapp 7,3 Mio. Erwerbstätigen in Nordrhein-Westfalen abhängig Beschäftigte (Tab. 2.5). Diese knapp 6,6 Mio. Personen wiederum setzten sich zu 8,4% aus Beamten, zu 53,7% aus Angestellten und zu 37,9% aus Arbeitern zusammen, wobei der

Anteil der Angestellten seit den 1980er Jahren stetig zu Lasten der Beamten und der Arbeiter gestiegen ist (Zahlenangaben nach LDS Nordrhein-Westfalen).

2.3.2
Die Arbeitslosigkeit

Im Jahresdurchschnitt waren 1996 fast 826 000 Personen Nordrhein-Westfalens als arbeitslos gemeldet. Nicht nur diese hohe Zahl an sich, sondern auch die Steigerung um 42% seit 1992 haben zu der

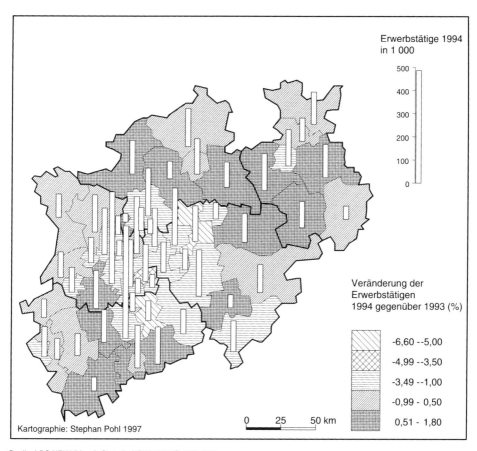

Erwerbstätige 1994
in 1 000

500
400
300
200
100
0

Veränderung der
Erwerbstätigen
1994 gegenüber 1993 (%)

-6,60 - -5,00
-4,99 - -3,50
-3,49 - -1,00
-0,99 - 0,50
0,51 - 1,80

0   25   50 km

Kartographie: Stephan Pohl 1997

Quelle: LDS NRW (Hrsg.): Stat. Jb. NRW 1996, S. 246 –247

Abb. 2.9: Erwerbstätige in Nordrhein-Westfalen 1994 nach Verwaltungsbezirken

hinreichend bekannten Krisenstimmung geführt. Die Höhe der Arbeitslosigkeit beeinflußt direkt und indirekt das wirtschaftliche Geschehen. Eine direkte Beeinflussung zeigt sich beispielsweise in den Kaufkrafteinbrüchen der arbeitslosen Personen. Indirekte Einflüsse manifestieren sich in den hohen Transferleistungen von Bund, Ländern und Gemeinden und den damit verbundenen Auswirkungen wie Rückgang der öffentlichen Nachfrage sowie Steuern- und Abgabeerhöhung gegenüber Unternehmen und Privatpersonen, was wiederum die Güternachfrage bremst.

Formen und Ursachen der Arbeitslosigkeit sowie Ansatzpunkte zu ihrer Bekämpfung

Die unterschiedlichen Ausprägungsformen der Arbeitslosigkeit darzustellen und zu gliedern, ist ein recht schwieriges Problem, bei dem es keine allgemeingültigen Lösungen gibt. Hier soll ein Gliederungsversuch, der an J. PÄTZOLD (1991) angelehnt ist, vorgestellt werden. Er unterscheidet die Arbeitslosigkeit nach Zeitdauer und Typus und kommt so zu sechs verschiedenen Ausprägungen der Arbeitslosigkeit (Tab. 2.6 und Übersicht 2.3).

Wirtschafts-abteilungen	Erwerbstätige						
				davon			
					abhängig Beschäftigte		
	ins-gesamt	Selb-ständige	Mithel-fende Familien-ange-hörige	zu-sammen	Beam-tinnen und Beamte	Ange-stellte	Arbeite-rinnen und Arbeiter
Land- und Forstwirt-schaft, Fischerei	146,7	53,8	23,4	69,5	/	25,1	43,4
Bergbau und Verar-beitendes Gewerbe	2045,6	93,7	10,1	1941,8	/	773,2	1166,4
Energie-, Wasser-versorgung	79,3	/	/	77,1	/	45,6	31,4
Baugewerbe	517,3	54,4	(5,2)	457,7	/	143,8	312,4
Handel und Gast-gewerbe	1383,8	188,0	24,5	1171,3	/	769,9	400,8
Verkehr und Nach-richtenübermittlung	358,2	21,9	/	334,8	69,8	128,3	136,7
Kredit- und Versi-cherungsgewerbe	290,3	22,9	/	265,9	10,7	244,9	10,3
Grundstückswesen, Vermietung, Dienstleistungen für Unternehmen	393,6	72,5	/	316,1	/	243,5	79,1
Öffentliche Verwal-tung u. ä.	696,2	–	–	696,2	284,7	318,8	92,7
Öffentliche und pri-vate Dienstleistungen	1 388,7	119,8	12,8	1 256,1	180,3	849,8	226,0
Insgesamt	*7299,7*	*(6 27,0)*	*(76,0)*	*(6586,5)*	*(545,5)*	*(3542,9)*	*(2499,2)*

Erläuterung: – nichts vorhanden (genau null); ( ) = Aussagewert eingeschränkt, da Wert Fehler aufweisen kann; / = keine Angabe, da der Zahlenwert nicht sicher genug

Quelle: verändert nach LDS NRW (Hrsg.): Stat. Jb. NRW 1996, S. 242

Tab. 2.5: Erwerbstätige (1000) in Nordrhein-Westfalen im April 1995 nach Wirtschaftsabteilungen und Stellung im Beruf

Die beiden kurzfristigen Formen der Arbeitslosigkeit, die friktionelle und die saisonale Arbeitslosigkeit, bezeichnet man als „Sockelarbeitslosigkeit". Bei einer völligen Auslastung des Produktionspotentials beträgt die Arbeitslosenquote (Anteil der Arbeitslosen an den abhängigen, zivilen Erwerbspersonen) in Nordrhein-Westfalen

0,5% bis 1%. Daraus folgt, daß man bei einer solch niedrigen Arbeitslosenquote bereits von Vollbeschäftigung sprechen könnte.

Die geschilderten sechs Formen der Arbeitslosigkeit benötigen unterschiedliche Bekämpfungsmethoden, die in Tabelle 2.7 veranschaulicht werden.

Übersicht 2.2: Statistische Erwerbs- und Beschäftigungsbegriffe

Die Erwerbstätigkeit ist im Gegensatz zur Beschäftigung ein personenbezogenes und nicht häufbares Merkmal. Erwerbstätig sind alle Personen, die

– in einem *Arbeitsverhältnis* stehen,
– *selbständig ein Gewerbe oder eine Landwirtschaft* betreiben,
– einen *anderen festen Beruf* ausüben (z. B. Soldaten, Zivildienstleistende, Auszubildende) oder
– *mithelfende Familienangehörige* sind.

Die Höhe des Ertrages für die Tätigkeit und die Arbeitszeit spielen keine Rolle. Hausfrauen und Hausmänner sowie ehrenamtlich Tätige gehören dagegen nicht zu den Erwerbstätigen. Erhoben werden die Erwerbstätigen durch Befragung bei den Volkszählungen oder die Mikrozensen. Erwerbstätige, die mehrere Tätigkeiten ausüben, werden bei der Zählung nur einmal erfaßt. Im Gegensatz dazu schließt der Begriff „Erwerbspersonen" auch noch die Erwerbslosen mit ein, d. h. diejenigen Personen, die eine auf Erwerb ausgerichtete Tätigkeit suchen, unabhängig davon, ob sie beim Arbeitsamt als Arbeitslose gemeldet sind oder nicht. Alle anderen Personen – darunter auch Rentner und Pensionäre – werden als Nichterwerbspersonen bezeichnet. Eine wichtige Kennziffer ist die Erwerbsquote, die den Anteil der Erwerbspersonen an der Bevölkerung darstellt.

Im Gegensatz zum wohnortbezogenen Begriff „Erwerbstätigkeit" sind die Begriffe „Beschäftigung" bzw. „Beschäftigte" arbeitsstättenbezogen. Sie werden nur im Rahmen der Arbeitsstättenzählung ermittelt und lediglich fortgeschrieben. Als Beschäftigte gelten alle voll- und teilzeitbeschäftigten Personen, die am Stichtag der Zählung in einem Arbeitsverhältnis standen und in der Lohn- und Gehaltsliste geführt wurden. Hierzu zählen auch:

– *der tätige Inhaber*,
– *die mithelfenden Familienangehörigen*,
– *Reisende und Vertreter*,
– *Personal auf Bau- und Montagestellen*,
– *Leiharbeiter*.

Nicht inbegriffen sind Wehr- oder Zivildienstpflichtige und im Ausland beschäftigte Personen. Personen, die an mehreren Arbeitsstätten tätig sind, werden hier mehrfach gezählt.

Aufgrund der relativ geringen Zählungshäufigkeit wird ersatzweise auch der Begriff des „sozialversicherungspflichtig Beschäftigten" verwendet. Als sozialversicherungspflichtig beschäftigte Arbeitnehmer gelten alle Arbeitnehmer einschließlich der zu ihrer Berufsausbildung Beschäftigten, die kranken- und rentenversicherungs- oder beitragspflichtig nach dem Arbeitsförderungsgesetz sind oder für die Beitragsanteile zu den gesetzlichen Rentenversicherungen zu entrichten sind. Erhoben werden die sozialversicherungspflichtig beschäftigten Arbeitnehmer somit durch die Sozialversicherungsstatistiken. Dies ermöglicht stets aktuelle Erhebungen. Nicht zu dieser Beschäftigungsgruppe, die in der Regel etwa 80% der Beschäftigten beinhaltet, zählen Selbständige, mithelfende Familienangehörige, Beamte sowie schließlich Arbeitnehmer, die aufgrund einer nur geringfügigen Beschäftigung keiner Versicherungspflicht unterliegen.

Die Entwicklung der Arbeitslosigkeit unter Berücksichtigung globaler Aspekte

Die Abbildung 2.10 stellt den Verlauf der Arbeitslosenzahlen und der Arbeitslosenquote in Nordrhein-Westfalen von 1962 bis 1996 dar. Da eine Betrachtung des nordrhein-westfälischen Arbeitsmarktes jedoch nicht ohne Rückgriff auf die Entwicklung in Deutschland und schon gar nicht unter Vernachlässigung der globalen politischen und wirtschaftlichen Geschehnisse erfolgen kann, sollen deren Auswirkungen auf den Arbeitsmarkt in Nord-

Typus / Zeitdauer	Gesamtwirtschaftliches Phänomen	Teilwirtschaftliches Phänomen
kurzfristig	*Friktionelle Arbeitslosigkeit* (Fluktuationsarbeitslosigkeit, Such-arbeitslosigkeit)	*Saisonale Arbeitslosigkeit* (tritt primär in einzelnen Wirtschafts-zweigen auf)
mittelfristig	*Konjunkturelle Arbeitslosigkeit* (als Folge temporärer Nachfrage-einbrüche)	*Strukturalisierte konjunkturelle Arbeits-losigkeit* (als Folge temporärer Nachfrageein-brüche mit unterschiedlicher branchen-mäßiger und regionaler Intensität)
langfristig	*Wachstumsdefizitarbeitslosigkeit* (als Folge einer anhaltenden Wachs-tumsschwäche)	*Strukturelle Arbeitslosigkeit* (Profildiskrepanzen zwischen Arbeits-kräfteangebot und -nachfrage auf Teil-arbeitsmärkten infolge begrenzter Mobili-tät)

Quelle: verändert nach SCHMIED 1991, S. 225; PÄTZOLD 1991, S. 219

Tab. 2.6: Eine Klassifikation der Arbeitslosigkeit

rhein-Westfalen geschildert werden. An-hand der Kurvenverläufe läßt sich feststel-len, daß sowohl die absoluten als auch die relativen Zahlen seit 1962 auf ein immer höheres Niveau gestiegen sind. So ist bis 1973, als die Arbeitslosenquote bei 1,2% lag, ein niedriges Niveau zu beobachten. Daher kann trotz des konjunkturell beding-ten kurzzeitigen Anstieges der Arbeitslo-sigkeit zwischen 1966 und 1968 von einer fast vorhandenen Vollbeschäftigung ge-sprochen werden. Der Anstieg der Arbeits-losigkeit war aufgrund der ersten welt-weiten Rezession seit dem Zweiten Welt-krieg ausschließlich konjunkturell begrün-det, was unter anderem auch durch den Sechs-Tage-Krieg hervorgerufen wurde. Während dieser rezessiven Phase der wirt-schaftlichen Entwicklung wurde im Rah-men der sog. „Konzertierten Aktion" das

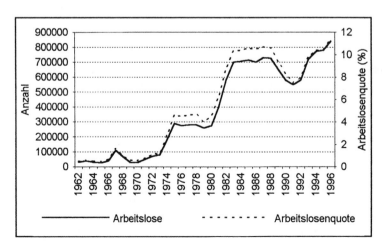

Abb. 2.10:
Entwicklung der Arbeitslosen-zahlen und -quoten in Nordrhein-Westfalen 1962–1996

Quelle:
eigene Darstellung nach Zahlenangaben des Landesarbeitsamtes NRW

– *Saisonale Arbeitslosigkeit:* Sie wird durch jahreszeitlich auftretende Faktoren wie Witterungswechsel, Ferientermine usw. beeinflußt. Diese Faktoren bewirken im Jahresverlauf Produktions- und Auslastungsschwankungen, insbesondere in Branchen mit starker Wetterabhängigkeit, so z. B. in der Landwirtschaft, dem Baugewerbe oder dem Tourismus und Fremdenverkehr.

– *Friktionelle Arbeitslosigkeit:* Sie hat ihre Ursachen in der zwischenbetrieblichen Fluktuation von Arbeitnehmern. Meist ist sie kurzfristig und stellt daher kein arbeitsmarktpolitisches Problem dar. Ursächlich ergibt sich diese Art der Arbeitslosigkeit aus mangelnder Transparenz des Arbeitsmarktes für den Arbeitsuchenden, d. h. es entstehen gewisse Suchzeiten, bis ein adäquater Arbeitsplatz gefunden wird, insbesondere dann, wenn die Mobilitätsbereitschaft begrenzt ist. Eine exakte wertmäßige Bestimmung friktioneller Arbeitslosigkeit gestaltet sich äußerst schwierig, denn die gesamtwirtschaftliche Lage bestimmt maßgeblich die Erfolgsaussichten der Arbeitsplatzsuche, d. h. in Zeiten hoher Arbeitslosigkeit dürfte der Anteil friktioneller Arbeitsloser geringer ausfallen als in Zeiten niedriger Arbeitslosigkeit.

– *Strukturelle Arbeitslosigkeit:* Wie der Begriff „strukturell" schon andeutet, hat diese Art der Arbeitslosigkeit ihre Ursachen in der Divergenz zwischen Angebot und Nachfrage auf dem Arbeitsmarkt. So kann strukturelle Arbeitslosigkeit zum einen durch eine Veränderung der Arbeitsplätze und der damit verbundenen Anforderungen an die Arbeitssuchenden verbunden sein und zum anderen durch einen Strukturwandel auf Seiten der Arbeitnehmer in Form von Veränderungen von Ausbildungsmerkmalen oder Altersstrukturen. Die strukturelle Arbeitslosigkeit gilt als ein erhebliches arbeitsmarktpolitisches Problem, da die Anpassungsfähigkeit an geänderte Anforderungen meist eine nicht unerhebliche Komponente beinhaltet, bis eine Nivellierung zwischen nachgefragter und angebotener Qualifikation stattgefunden hat. Insbesondere im Rahmen eines strukturellen Wandels, wie er im Ruhrgebiet stattgefunden hat und derzeit noch stattfindet, zeigen sich die längerfristigen Auswirkungen dieser Art der Arbeitslosigkeit. Als Spezialfall der strukturellen Arbeitslosigkeit ist die technologische Arbeitslosigkeit anzusehen. Hierbei erfolgt die Freisetzung von Arbeitskräften aufgrund von Veränderungen in der Produktionsweise, wobei gerade in den letzten Jahren durch Einführung der schlanken Produktion (lean production) vermehrt Arbeitsplätze durch den Einsatz neuer Techniken „wegrationalisiert" worden sind.

– *Konjunkturelle Arbeitslosigkeit:* Sie hat ihre Ursachen in der konjunkturellen Schwankung der gesamtwirtschaftlichen Produktion. In Folge einer rezessiven Konjunkturphase treten Unterauslastungen der Kapazitäten auf, und damit verbunden ist eine verringerte Beschäftigung.

– *Strukturalisierte konjunkturelle Arbeitslosigkeit:* Hierbei handelt es sich um eine konjunkturelle Arbeitslosigkeit, die jedoch nur in einigen Wirtschaftszweigen bzw. in einigen Regionen in einem nennenswerten Umfang auftritt.

– *Wachstumsdefizitarbeitslosigkeit:* Sie ist eine Kombination aus konjunktureller und struktureller Arbeitslosigkeit als Folge einer anhaltenden Wachstumsschwäche. Die Wachstumsdefizitarbeitslosigkeit stellt damit die Horrorvision jedes Arbeitsmarktes dar, da nur umfassende und übergreifende Wirtschaftsreformen zu ihrer Bekämpfung eingesetzt werden können.

Übersicht 2.3: Arbeitslosigkeitsformen

Gesetz zur Förderung von Stabilität und Wachstum der Wirtschaft (kurz: Stabilitätsgesetz) verabschiedet. Aus einer ordoliberalen Wirtschaftspolitik der 1960er Jahre erfolgte mit dem Stabilitätsgesetz ein Wechsel zum Keynesianismus, der eine aktive Konjunkturpolitik des Staates (deficit spending) vorsah, die zunächst auch erfolgreich schien.

Der sprunghafte Anstieg der Arbeitslosenquote von 1,2% im Jahre 1973 über 2,9% im Jahre 1974 auf 4,6% im Jahre 1975 ist eng verbunden mit dem endgültigen Zusammenbruch des Bretton-Woods-Währungssystems im März 1973 und der 1. Ölkrise (1973/74). So führte die um sich greifende Angst vor einer Rezession in den USA zu einer expansiven Geldpolitik, die

Typus / Zeitdauer	Gesamtwirtschaftliches Phänomen/ Gesamtwirtschaftliche Strategien	Teilwirtschaftliches Phänomen/ Teilwirtschaftliche Strategien
kurzfristig	*Friktionelle Arbeitslosigkeit* kurzfristige Sucharbeitslosigkeit als Folge mangelnder Transparenz über den Arbeitsmarkt. Bekämpfung: Verbesserung des Stelleninformations- und Vermittlungssystems.	*saisonale Arbeitslosigkeit* Folge jahreszeitlicher Produktions- und Nachfrageschwankungen. Bekämpfung: z. B.: Produktive Winterbauförderung; Schlechtwettergeld zur Aufrechterhaltung der Beschäftigung im Baubereich.
mittelfristig	*konjunkturelle Arbeitslosigkeit* Folge eines temporären Rückganges der gesamtwirtschaftlichen Güternachfrage. Im Grenzfall völlig synchron verlaufende Konjunkturentwicklung in allen Branchen, Regionen etc. In der Praxis jedoch komplizierte Konjunkturbewegungen. Formen: – „Hausgemachte" konjunkturelle Arbeitslosigkeit als Folge eines Rückganges der Binnennachfrage. – „Importierte" konjunkturelle Arbeitslosigkeit als Folge eines Rückganges der Auslandsnachfrage bzw. eines Anstieges der Importnachfrage. Bekämpfung: Expansive Konjunkturpolitik Ziel: Expansive Beeinflussung der gesamtwirtschaftlichen Güternachfrage durch (1) Expansive Fiskalpolitik – Staatsausgabenerhöhungen, – Steuersenkungen, – Resultat: Konjunkturbedingte Budgetdefizite: (2) Expansive (zinsorientierte) Geldpolitik, Erhöhung der Bankenliquidität und Senkung des Zinsniveaus zur Anregung der privaten Investitionsnachfrage. (3) Expansive Außenwirtschaftspolitik Abwertung der heimischen Währung durch Regierungsbeschluß (im System fester Wechselkurse) und/oder durch Devisenmarktinterventionen der Zentralbank zur Erhöhung des Außenbeitrages.	*strukturalisierte konjunkturelle Arbeitslosigkeit* Folge eines allgemeinen Güternachfragerückganges mit unterschiedlicher, branchenmäßiger, regionaler, beruflicher und anderer Ausprägung. Bekämpfung: Prinzipiell globale konjunkturpolitische Maßnahmen (vgl. nebenstehende Strategien), gegebenenfalls regional, sektoral bzw. branchenmäßig differenzierter Instrumenteneinsatz.
langfristig	*Wachstumsdefizit-Arbeitslosigkeit* Gesamtwirtschaftliche Arbeitsplatzlücke infolge eines anhaltend „zu geringen" Wirtschaftswachstums.	*Strukturelle Arbeitslosigkeit:* Merkmalsdiskrepanzen zwischen Arbeitskräfteangebot und -nachfrage auf Teilarbeitsmärkten, bei nichtausreichender Mobilität der Arbeitskräfte.

Typus / Zeitdauer	Gesamtwirtschaftliches Phänomen/ Gesamtwirtschaftliche Strategien	Teilwirtschaftliches Phänomen/ Teilwirtschaftliche Strategien
	Ursachenfaktoren: (1) Stagnationsarbeitslosigkeit als Folge einer anhaltenden Verlangsamung des Wirtschaftswachstums bei unverändertem Arbeitsproduktivitätsfortschritt, bedingt durch: – nachfrageseitige Störungen (dauerhafte Nachfragesättigung), – angebotsseitige Störungen (Stagnationstendenzen infolge unrentabler Produktions- und Investitonsbedingungen). (2) Technologische Arbeitslosigkeit: Als Folge einer fortwährenden Beschleunigung der Arbeitsproduktivität bei unverändertem Wirtschaftswachstum. (3) Demographische Arbeitslosigkeit als Folge des Auftretens geburtenstarker Jahrgänge am Arbeitsmarkt bei unverändertem Wirtschaftswachstum. Bekämpfung: (1) Offensive Strategie: langfristige Förderung des wirtschaftlichen Wachstums durch – Ausweitung der Staatsnachfrage zum Ausgleich privater Sättigungstendenzen und/oder – langfristige Verbesserung der Produktions- und Angebotsbedingungen für die privaten Investoren („angebotsorientierte Wachstumspolitik"). (2) Defensive Strategien: Verringerung des Arbeitsvolumens bei nicht ausreichendem Wirtschaftswachstum, durch – Verringerung des Erwerbspersonenpotentials (Herabsetzung der flexiblen Altersgrenze, Einführung eines 10. Berufsbildungsgrundschuljahres, Verringerung der Erwerbsbeteiligung weiblicher Arbeitnehmer, Rückführung ausländischer Arbeitskräfte) und/oder Herabsetzung der Jahres- bzw. Wochenarbeitszeit. (3) Strategie der Verringerung des Arbeitsproduktivitätsfortschritts, insbesondere durch „zurückhaltende" Lohnpolitik (Lohnsteigerungen unterhalb der „produktivitätsorientierten" bzw. „kostenniveauneutralen" Marge).	Ursachenfaktoren: Kontinuierliche und diskontinuierliche Veränderungen der Produktionsbedingungen (insbesondere durch technologischen Wandel) und Güternachfragestruktur. Beschleunigung des Strukturwandels führt zu erhöhtem Mobilitätsbedarf. Ausprägungen: (1) Regionalspezifische Arbeitslosigkeit infolge begrenzter regionaler Mobilität der Produktionsfaktoren, bei – unterdurchschnittlichem regionalem Wirtschaftswachstum, – überproportionalem regionalem Arbeitskräfteangebot. (2) Berufs- bzw. qualifikationsspezifische Arbeitslosigkeit: infolge – produktionsbedingter Veränderungen der qualifikationsspezifischen Arbeitskräftenachfrage infolge technischen Wandels und/oder Güterstrukturwandels, – qualifikationsmäßig fehlstrukturiertes Arbeitskräfteangebot infolge fehlerhafter Ausbildung. (3) Branchenspezifische Arbeitslosigkeit: Überdurchschnittliche branchenmäßige Freisetzung von Arbeitskräften infolge: – unterdurchschnittlichem Branchenwachstum, – überdurchschnittlicher branchenspezifischer Steigerungen der Arbeitsproduktivität. (4) Geschlechtsspezifische Arbeitslosigkeit: Insbesondere Frauenarbeitslosigkeit als Folge überproportionaler und/oder verstärkter Erwerbsbeteiligung der Frauen. (5) Altersspezifische Arbeitslosigkeit, speziell, – Jugendarbeitslosigkeit infolge des Auftretens geburtenstarker Jahrgänge am Arbeitsmarkt, Arbeitslosigkeit älterer Arbeitnehmer infolge überproportionaler Freisetzungen. Bekämpfung: (1) Regionale Arbeitslosigkeit: Förderung der regionalen Mobilität der Arbeitskräfte,

Typus / Zeitdauer	Gesamtwirtschaftliches Phänomen/ Gesamtwirtschaftliche Strategien	Teilwirtschaftliches Phänomen/ Teilwirtschaftliche Strategien
		Erhöhung des regionalen Arbeitsplatzangebotes unter anderem durch Förderung der Industrieansiedlung, Ausbau des Verkehrsnetzes, − regional differenzierte Lohnpolitik. 2) Berufs- bzw. qualifikationsspezifische Arbeitslosigkeit: Förderung der beruflichen Mobilität der Arbeitskräfte, − bedarfsgerechte Bildung und Ausbildung, − qualifikationsmäßig differenzierte Lohnpolitik. (3) Sektorale bzw. branchenspezifische Arbeitslosigkeit − Verzicht auf dauerhafte Erhaltungssubventionen und/oder protektionistische Maßnahmen, − Förderung des sektoralen Umstrukturierungsprozesses. (4) Geschlechtsspezifische Arbeitslosigkeit: Förderung der Beschäftigung weiblicher Arbeitnehmer (z. B. Quotenregelung). (5) Altersspezifische Arbeitslosigkeit: − Förderung der Beschäftigung älterer Arbeitnehmer.

Quelle: verändert nach SCHMIED 1991, S. 226–227, PÄTZOLD 1991, S. 256–258

Tab. 2.7: Die Ursachen der einzelnen Formen der Arbeitslosigkeit und Ansatzpunkte zu ihrer Bekämpfung

in Verbindung mit dem Festkurssystem von Bretton Woods zu massiven Kapitalzuflüssen in den verbundenen Ländern führte und damit auch der in Deutschland betriebenen stabilitätsorientierten Geldpolitik entgegenwirkte. Hier spielte auch die Ölkrise eine bedeutende Rolle, denn die Fakturierung in US-$ und die gleichzeitige Ölpreiserhöhung im Zuge der Krise um nahezu 400% führten zu einer erheblichen Dollarschwemme. Als Auslöser für die Ölkrise kann der Jom-Kippur-Krieg angesehen werden, in dem ägyptische und syrische Truppen am jüdischen Feiertag Jom Kippur (1973) Israel angriffen. Wie im Kurvenverlauf feststellbar, verharrte trotz der sich wieder normalisierenden Weltwirtschaft die Arbeitslosigkeit auf dem erreichten Niveau von über 4%. Diese Niveauverschiebung läßt sich somit nicht mehr allein mit konjunkturellen Einflüssen erklären. Hier zeichnet sich bereits eine sich verfestigende strukturelle Arbeitslosigkeit ab. Dies läßt sich auch mittels der Zahlen der Erwerbstätigen in Nordrhein-Westfalen belegen. So verringerte sich die Zahl der Erwerbstätigen von 1973 mit nahezu 7 Mio. auf 6,73 Mio. im Jahre 1976.

Der nächste zu beobachtende Anstieg der Arbeitslosigkeit vollzog sich von 1980 bis 1983, als in Nordrhein-Westfalen die Arbeitslosenquote von 4,4% auf 10,4% hochschnellte. Als ursächlich können hier wieder politische und wirtschaftliche Ereignisse im Weltgeschehen angesehen werden. So führte der Ausbruch des Krieges zwischen Iran und Irak zu einer Ölpreiserhöhung und damit zu einer Unsicherheit hinsichtlich der Frage, ob bzw. inwieweit andere ölexportierende Staaten den Angebotsausfall ausgleichen konnten. Außerdem spielte die Abwendung von der bisherigen expansiven Phase hin zur restriktiven Geldpolitik eine nicht unerhebliche Rolle (Monetarismus), denn im Zuge dieser Hochzinsphase blieben Investitionen aus.

Das Verharren der Arbeitslosigkeit auf hohem Niveau bis Ende der 1980er Jahre ist ebenfalls nicht durch konjunkturelle Einflüsse erklärbar, denn die jährliche Wachstumsrate des nordrhein-westfälischen Bruttoinlandsproduktes betrug nahezu 3%, so daß auch hier wieder eine sich verfestigende strukturelle Arbeitslosigkeit anzunehmen ist. Das Absinken der Arbeitslosigkeit von 1989 bis 1991 ist im wesentlichen aus dem Beitritt der ehemaligen DDR zur Bundesrepublik Deutschland zu erklären, denn der enorme Nachholbedarf der ostdeutschen Bevölkerung führte zu beträchtlichen Nachfrageimpulsen, die mit einer starken Beschäftigung verbunden waren. Im Zuge dieser Erscheinung wurden in Deutschland und damit auch in Nordrhein-Westfalen zunächst keine negativen Impulse der Weltwirtschaftkrise, die durch die Kuwait-Krise eingeleitet wurde, sichtbar. Während sich in anderen Staaten bereits rezessive Erscheinungen ankündigten, schien Deutschland in der Euphorie der Wiedervereinigung nicht von der Krise berührt zu sein. Erst als sich durch die Einführung des Solidaritätszuschlages und

der Erhöhung der indirekten Steuern (Mehrwertsteuer, Mineralölsteuer etc.) die Nachfrage abschwächte und durch die Kostenexplosion im Gesundheitswesen sowie durch die hohen Ausgaben für den ostdeutschen Arbeitsmarkt die Lohnnebenkosten der Unternehmen erheblich anstiegen, kam es zu einer Rezession mit den bekannten Randerscheinungen von Rationalisierungen und einem Anstieg der Arbeitslosigkeit in ein bis dahin nicht gekanntes Ausmaß. Im Februar 1997 waren 918 000 Personen in Nordrhein-Westfalen arbeitslos gemeldet. Die Arbeitslosenquote betrug 12,7%. Auch die hohen staatlichen Subventionen bzw. Transferleistungen für die neuen Bundesländer forderten in Nordrhein-Westfalen ihren Tribut (Zahlenangaben nach Landesarbeitsamt Nordrhein-Westfalen und LDS Nordrhein-Westfalen).

Regionale Disparitäten der Arbeitslosigkeit

Im Jahre 1990 waren vor allem diejenigen Arbeitsamtsbezirke von hohen Arbeitslosenquoten geprägt, die einem besonders ausgeprägten Strukturwandel unterlagen (Abb. 2.11 und Abb. 2.12). So hatten mit Bochum, Dortmund, Duisburg, Essen, Gelsenkirchen und Köln ausschließlich die großen Industriestädte des Ruhrgebietes sowie Köln als multifunktionale Stadt Arbeitslosenquoten von über 11%. Die Probleme der Ruhrgebietsstädte sind dabei durch den noch nicht vollständig vollzogenen Strukturwandel eines Altindustriegebietes leicht zu erklären. Jedoch überrascht der hohe Wert von Köln angesichts der Tatsache, daß die zweite große rheinische Metropole, nämlich Düsseldorf, mit einer Arbeitslosenquote von 8,3% sogar knapp unter dem damaligen Landesdurchschnitt von 8,4% lag. Dies verdeutlicht, daß die Kölner Probleme nicht nur struktureller

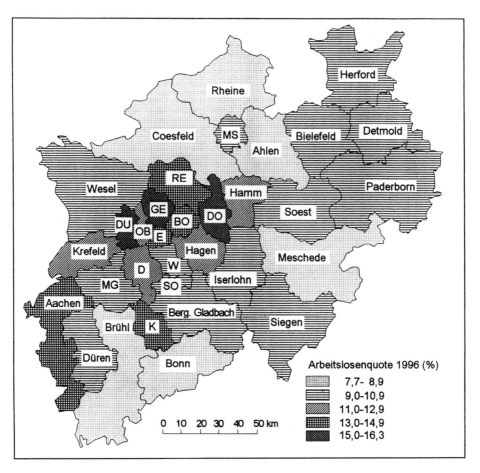

Quelle: eigene Darstellung nach LDS NRW (Hrsg.) Stat. Jb. NRW 1996, S. 252–253

Abb. 2.11: Arbeitslosigkeit in Nordrhein-Westfalen 1996 nach Arbeitsamtsbezirken

Art, sondern zu einem beträchtlichen Teil auch hausgemacht erscheinen. Köln zählt im Vergleich zu Düsseldorf deutlich höhere Ausländeranteile und Bewohner unterer Einkommensschichten. Eine äußerst großzügige städtische Sozialpolitik führte gar zu erheblichen Zuwanderungen von Sozialhilfeempfängern aus dem Umland. Das Flair einer Großstadt mit multikulturellen Akzenten tut ein übriges, um diesen Zustand zu verstärken. Überdies verharrten in Köln auch zu lange traditionsreiche Groß-

unternehmen, die im Zuge von Schrumpfungstendenzen immer mehr Beschäftigte freisetzen mußten. Düsseldorf als aufstrebende Technologiestadt mit einem hohen Anteil an Investitionen aus Ostasien orientierte sich deutlich früher zu den Wachstumsbranchen im Industrie- und Dienstleistungssektor (vgl. Kap. 3.1.3). Als Gründe für diese interessante Entwicklung sind zu nennen: die Lage am Rhein, die zeitweilige Residenzfunktion seit Ende des 15. Jahrhunderts, das schon in vorindu-

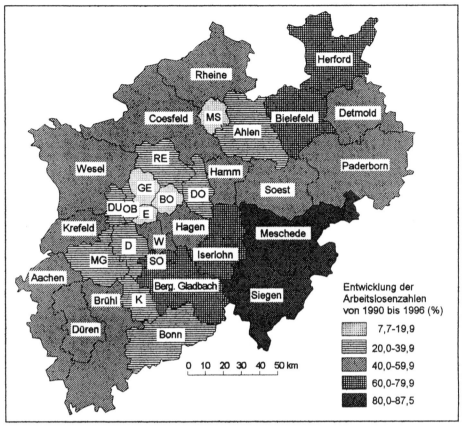

Quelle: eigene Darstellung nach LDS NRW (Hrsg.) Stat. Jb. NRW 1996, S. 252–253

Abb. 2.12: **Entwicklung der Arbeitslosenzahlen in Nordrhein-Westfalen 1990–1996 nach Arbeitsamtsbezirken**

strieller Zeit aktive Hinterland mit dem bergischen Städtedreieck Wuppertal, Remscheid und Solingen, die guten Eisenbahn- und Straßenanschlüsse, der Verwaltungssitz von Konzernen der Grundstoffindustrie des Ruhrgebietes seit dem 19. Jahrhundert, die Landeshauptstadtfunktion von Nordrhein-Westfalen seit 1946, der Sitz von Landesbehörden und der Landeszentralbank, der leistungsfähige Flughafen.

Im Jahre 1996 war die Arbeitslosigkeit im Landesdurchschnitt von 8,4% (1990)

um 3%-Punkte auf 11,4% angestiegen. Interessant ist jedoch, daß sich der Abstand zwischen den scheinbar strukturschwachen Gebieten, die 1990 noch Arbeitslosenquoten von über 11% aufwiesen, und den scheinbar strukturstarken Gebieten deutlich verringert hatte. So hatten gerade die Arbeitsamtsbezirke, die 1990 noch sehr niedrige Arbeitslosenquoten aufwiesen (z. B. Bielefeld 6,3%, Detmold 6,8%, Herford 6,4%, Iserlohn 6,7%, Meschede-Brilon 5,2%, Siegen 5,5%, Solingen

5,8%), Steigerungen ihrer absoluten Arbeitslosenzahlen im Zeitraum 1990–1996 von teilweise über 70% (Solingen 75,6%, Meschede-Brilon 80,6%, Siegen 87,5%) zu verzeichnen. Ruhrgebietsstädte wie Gelsenkirchen mit 19,8% und Essen mit nur 7,7% Arbeitslosenanstieg im genannten Zeitraum, aber auch Köln mit 21%, verbuchten nur relativ geringe Zunahmen. Düsseldorf konnte mit einer Arbeitslosenquote von 11,7% im Jahre 1996 seinen Abstand gegenüber Köln (13,4%) nicht halten. Hier stieg die Arbeitslosenzahl zwischen 1990 und 1996 um 39,8% an. Diese Ergebnisse deuten auf einen verstärkten Kampf gegen die strukturelle Arbeitslosigkeit in den großen Industriestädten mit ehemals extrem hohen Arbeitslosenquoten hin. Die strukturellen Gegensätze zwischen Regionen mit ehemals hoher und niedriger Arbeitslosigkeit waren kleiner geworden. Der insgesamt jedoch starke Anstieg der Arbeitslosigkeit verdeutlicht die Tatsache, daß sich im Jahre 1996 in weiten Teilen des Landes die strukturelle und die konjunkturelle Arbeitslosigkeit überlappte. Diese Wachstumsdefizitarbeitslosigkeit ist besonders schwer zu bekämpfen, da sich die Maßnahmen gegen konjunkturelle und strukturelle Probleme ergänzen müssen (vgl. Tab. 2.7). Überdies verlangen die vorgeschlagenen Maßnahmen einen breiten Konsens in Wirtschaft, Politik und Gesellschaft, der nur schwer herzustellen ist (Beispiel: Maßnahme „zurückhaltende Lohnpolitik") (Zahlenangaben nach Landesarbeitsamt Nordrhein-Westfalen und LDS Nordrhein-Westfalen).

Die Frauenarbeitslosigkeit

Mitte der 1990er Jahre war die Arbeitsmarktlage durch eine Annäherung der Situationen von Frauen und Männern gekennzeichnet. Im Jahre 1995 zeigten sich bei den Arbeitsmarktdaten nur geringe Unterschiede. Die Frauenarbeitslosigkeit belief sich im Jahresdurchschnitt auf 322 910, der Stand des Jahres 1994 wurde geringfügig (um 450 Frauen bzw. 0,1%) unterschritten. Der Rückgang bei den Männern war etwas größer (um 5118 Personen oder 1,1%), ihr Jahresdurchschnitt lag bei 456 036 Arbeitslosen im Jahre 1995. In absoluten Zahlen ausgedrückt ging die Anzahl arbeitsloser Frauen von 1990 (300 774 Meldungen) bis 1993 geringfügig (um 1324) zurück, bevor 1994 mit 323 356 arbeitslosen Frauen in Nordrhein-Westfalen ein historischer Höchststand erreicht wurde. Der Frauenanteil an der Gesamtarbeitslosigkeit stieg von 1983 (42,3%) bis 1990 (47,8%) fast kontinuierlich an, in der ersten Hälfte der 1990er Jahre reduzierte sich ihr Anteil dann wieder auf 41,5% (Jahresdurchschnittswert 1995). Im Vergleich zu ganz Deutschland sind die genannten Anteilswerte der Frauenarbeitslosigkeit in Nordrhein-Westfalen etwas geringer, dort betrugen sie 1995 42,3%. Der Grund für das bessere Abschneiden von Nordrhein-Westfalen liegt im überproportionalen Beschäftigungsabbau des konjunkturabhängigen Produzierenden Gewerbes. Hier waren in Nordrhein-Westfalen überwiegend Männer betroffen. Die Abbildungen 2.13 und 2.14 verdeutlichen diese Aussagen. Der steigende Beschäftigungsanteil der Frauen (1995: 41,0%) ist eng mit dem demographischen Geschehen (vgl. Kap. 2.2) in Zusammenhang zu bringen. So führten deutlich geringere Geburtenzahlen, die hohen Scheidungsraten und die immer kürzer andauernden nichtehelichen Lebensgemeinschaften zu einer höheren Selbständigkeit der Frauen, die sich in einer deutlich steigenden eigenen Erwerbsbereitschaft ausdrückt. Der Frauenanteil an der Arbeitslosigkeit ist fast stetig gesunken und lag 1995 mit 41,5% nur

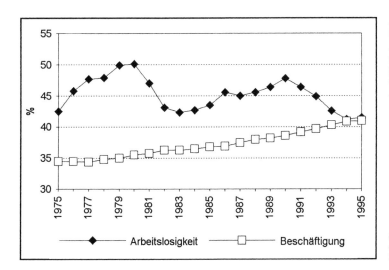

Abb. 2.13:
Frauenanteil an Arbeitslosigkeit und Beschäftigung in Nordrhein-Westfalen 1975–1995

Quelle: eigene Darstellung nach Zahlenangaben des Landesarbeitsamtes NRW

geringfügig über dem Beschäftigungsanteil. Dieses Bild spiegelt sich auch in der geschlechterspezifischen Arbeitslosenquote wider, denn 1995 lag die Frauenarbeitslosenquote mit 10,5% erstmals leicht unterhalb der Männerarbeitslosenquote (10,7%). Die Ursache für diesen Trend ist wiederum in der relativ schwächeren Rezession in den traditionellen Frauenberu-

fen zu suchen. Regional betrachtet war die Arbeitslosenquote der Frauen in zwölf der 33 nordrhein-westfälischen Arbeitsamtsbezirke 1995 niedriger als die der Männer (vgl. Abb. 2.15). In den meisten Fällen traf das auf Bezirke in Verdichtungsräumen zu, wobei diese Regionen, bis auf Münster und Bonn, zusätzlich relativ hohe Arbeitslosenquoten infolge diverser Strukturpro-

Quelle: eigene Darstellung nach Zahlenangaben des Landesarbeitsamtes NRW

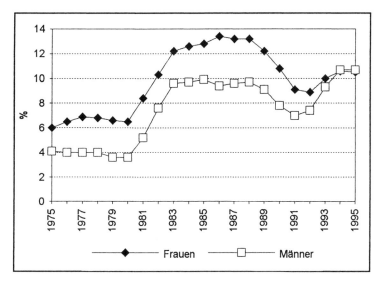

Abb. 2.14:
Geschlechterspezifische Arbeitslosenquote in Nordrhein-Westfalen 1975–1995

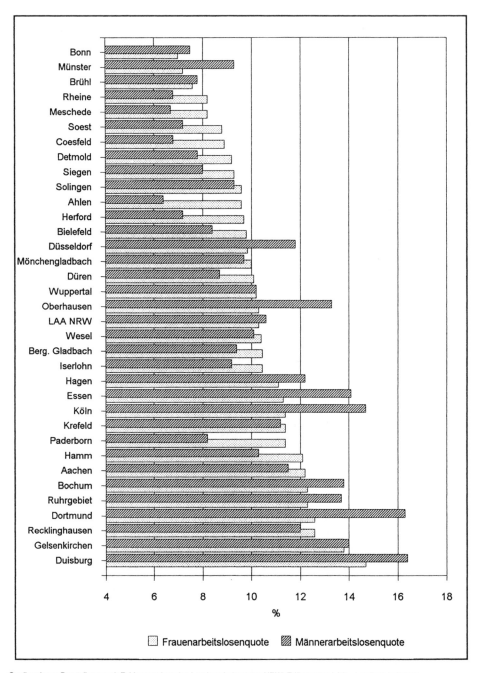

Quelle: eigene Darstellung nach Zahlenangaben des Landesarbeitsamtes NRW; Erläuterung: LAA = Landesarbeitsamt

**Abb. 2.15: Gegenüberstellung der Arbeitslosenquoten von Frauen und Männern
in Nordrhein-Westfalen nach Arbeitsamtsbezirken 1995**

bleme aufwiesen. Verluste im sekundären und zunehmende Beschäftigung im tertiären Sektor verbessern die Arbeitsmarktsituation für Frauen offenbar stärker als für Männer. Auf der anderen Seite bietet eine breit gefächerte und industriell geprägte Wirtschaftsstruktur (z. B. Ostwestfalen-Lippe, Sauer- und Siegerland) bessere Arbeitsmarktchancen für Männer (vgl. HEROLD 1997, S. 72–83, Zahlenangaben nach Landesarbeitsamt Nordrhein-Westfalen und LDS Nordrhein-Westfalen).

Altersspezifische Arbeitsmarktstrukturen

Langjährig gesehen ist das Gewicht von jüngeren Personen innerhalb der Gesamtarbeitslosigkeit zurückgegangen. So hat sich in den letzten zehn Jahren die Konzentration der Arbeitslosigkeit auf die unter 25jährigen besonders deutlich reduziert (vgl. Abb. 2.16). In beiden Altersgruppen (unter 20 Jahren und 20–25 Jahre) zeichnete sich ein positiver Trendverlauf ab, die Zahl der Arbeitslosen unter 20 Jahren sank von 47 921 im Jahre 1985 auf 22 227 im Jahre 1990 und hielt sich dann bis 1995 mit rund 22 000 Personen relativ konstant. Der für diese Altersklasse

ausgewiesene Anteil an der Gesamtarbeitslosigkeit fiel von 3,9% im Jahre 1990 auf 3,1% im Jahre 1993 und blieb dann ebenfalls konstant. Die Entwicklung jüngerer Arbeitsloser im Alter von 20 bis unter 25 Jahren verlief ähnlich: Ihre Anzahl stieg von 1985 bis 1987 um 34% und fiel dann bis zum Beginn der 1990er Jahre auf 73 167 Personen. Im Jahre 1995 lagen mit 78 468 Arbeitslosmeldungen von Personen zwischen 20 und 25 Jahren rund 11 200 Meldungen weniger vor als im Jahre 1985.

Diese positive Entwicklung ist aber nur zum Teil einer verbesserten Arbeitsmarktlage zuzuschreiben. Durch demographische Veränderungen schrumpft der Anteil junger Menschen an der Gesamtbevölkerung (vgl. Kap. 2.2), wobei diese Jahrgänge auch in den nächsten Jahren zahlenmäßig noch kleiner werden. Bei den Personen von 20 bis unter 25 Jahren blieb die Arbeitslosenquote trotz sinkender absoluter Zahlen in der ersten Hälfte der 1990er Jahre konstant bei rund 10%. Die Quote der unter 20jährigen sank zwischen 1984 und 1992 von 9,9% auf 6,8%, stieg aber dann bis 1995 auf 10,5% an. Beide Arbeitslosenquoten weisen auf eine Verschlech-

Abb. 2.16: Altersstruktur der Arbeitslosen in Nordrhein-Westfalen 1985–1995

Quelle: eigene Darstellung nach Zahlenangaben des Landesarbeitsamtes NRW

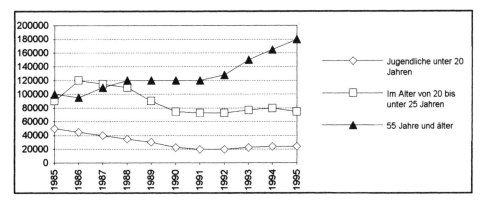

terung der Situation junger Menschen in der ersten Hälfte der 1990er Jahre hin.

Besonders schwierig stellt sich die Situation beim Eintritt in die erste Erwerbstätigkeit dar. Gemessen an der Zahl der Abschlußprüfungen meldete sich 1995 rund ein Fünftel der erfolgreichen Ausbildungsabsolventen arbeitslos. Im Jahre 1990 war es nur etwa ein Zehntel gewesen. Die Arbeitslosigkeit beim Berufseintritt macht jedoch nur einen vergleichsweise kleinen Teil der gesamten Arbeitslosigkeit jüngerer Menschen aus. Insbesondere bei den jugendlichen Arbeitslosen (den unter 20jährigen) setzt sich die Arbeitslosigkeit zu fast 90% aus Personen ohne abgeschlossene Ausbildung zusammen.

Bei den älteren Arbeitnehmern macht sich der gegenteilige Trend bemerkbar. In demographischer Hinsicht steigt ihr Anteil an der Gesamtbevölkerung, unter arbeitsmarktlichem Blickwinkel sind sie seit Mitte der 1980er Jahre verstärkt von der Verdrängung und der Ausgliederung vom Erwerbsleben bedroht. Die Zahl der älteren Arbeitslosen (55jährig oder mehr) stieg von 100000 (1985) um 85% auf 184700 im Jahre 1995. Die überdurchschnittliche Arbeitslosenquote dieser Gruppe betrug 1995 22%, ihr Anteil an der Gesamtarbeitslosigkeit stieg von 1993 bis 1995 um zwei Prozentpunkte auf 23,7%. Angestiegen ist auch die Zahl der älteren Arbeitslosen ab 58 Jahre, die von der Statistik nicht mehr erfaßt werden, weil sie dem Arbeitsmarkt nicht mehr zur Verfügung stehen (§ 105c Arbeitsförderungsgesetz). Die genannten Zahlen belegen einen im Vergleich zu den jüngeren Arbeitnehmern gegenläufigen Trend; während es immer weniger jüngere Erwerbslose gibt, steigt der Anteil älterer Menschen an der Arbeitslosigkeit. Insbesondere die Langzeitarbeitslosigkeit ist eng mit dem Faktor Alter verknüpft, wobei dieser Zusammenhang in den letzten Jahren zunehmend an

Bedeutung gewann (vgl. HEROLD 1997, S. 72–83, Zahlenangaben nach Landesarbeitsamt Nordrhein-Westfalen und LDS Nordrhein-Westfalen).

Langzeitarbeitslosigkeit

Langzeitarbeitslosigkeit ist der sichtbarste Ausdruck für überdurchschnittliche Vermittlungsschwierigkeiten. Als langzeitarbeitslos sind alle Personen anzusehen, die ein Jahr oder länger arbeitslos gemeldet sind. Die Fähigkeit zur raschen Wiedereingliederung in den Arbeitsmarkt wird sowohl von der Wirtschafts- und Arbeitsmarktlage als auch von persönlichen Merkmalen bestimmt. Insgesamt ist die Zahl von Langzeitarbeitslosen in Nordrhein-Westfalen seit 1990 ansteigend (Abb. 2.17). Im Jahre 1995 wurde mit 293900 Langzeitarbeitslosen ein historischer Rekordwert erreicht. Ein immer größerer Teil der Langzeitarbeitslosen sind ältere Menschen, teilweise mit Behinderungen. Etwa 36% der Langzeitarbeitslosen im Jahre 1995 waren 55 Jahre und älter (100700), weitere 42% (118100) zwar jünger als 55 Jahre, aber entweder gesundheitlich eingeschränkt und/oder ohne abge-

Abb. 2.17: Entwicklung der Langzeitarbeitslosenzahl in Nordrhein-Westfalen 1980–1995

Quelle: eigene Darstellung nach Zahlenangaben des Landesarbeitsamtes NRW

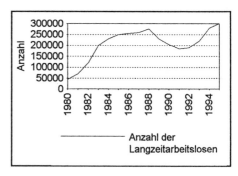

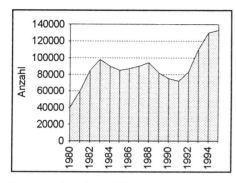

Quelle: eigene Darstellung nach Zahlenangaben
des Landesarbeitsamtes NRW

**Abb. 2.18: Arbeitslose Ausländer in
Nordrhein-Westfalen 1980–1995**

schlossene Berufsausbildung. Nur 22%
(61 300) der Langzeitarbeitslosen weisen
keine dieser Risikofaktoren auf (vgl. HER-
OLD 1997, S. 72–83, Zahlenangaben nach
Landesarbeitsamt Nordrhein-Westfalen
und LDS Nordrhein-Westfalen).

Ausländerarbeitslosigkeit

Auch Ausländer waren in der ersten Hälfte
der 1990er Jahre verstärkt von Arbeitslosigkeit betroffen (Abb. 2.18). Seit 1990
stieg ihre Zahl um 79%. Im Jahre 1995
wurde mit 132 570 Ausländern ohne Arbeit

ein neuer Höchststand erreicht. Noch dra-
matischer ist ein anderer Zahlenvergleich:
Im Zeitraum von 1985 bis 1995 stieg die
Zahl ausländischer Arbeitsloser um fast
60% oder annähernd 50 000 Personen. Die
Zahl aller Arbeitsloser in Nordrhein-
Westfalen lag hingegen nur 12,6% über
dem Stand von 1985. Im gleichen Zeitraum nahm ihr Anteil an der Gesamtarbeitslosigkeit von 11,4% auf 17% zu, ihr
Beschäftigungsanteil erhöhte sich aber
lediglich von 7,7% auf 9,2%. Die Arbeitslosenquote der Ausländer verlief seit 1980
parallel zur allgemeinen Arbeitslosenquote,
es machten sich ebenfalls Rezessionen und
Aufschwünge bemerkbar, allerdings war
das Niveau der allgemeinen Arbeitslosenquote deutlich niedriger (Abb. 2.19).
Im Jahre 1995 erreichte die Arbeitslosenquote der Ausländer mit 19,6% den bisherigen Rekordwert. Die Arbeitslosenquote
der deutschen Bevölkerung war 1995 mit
9,7% nicht einmal halb so hoch. Von der
Gruppe der ausländischen Arbeitslosen
standen besonders die Jugendlichen und
die Frauen schlecht dar. Die unter 20jäh-
rigen Ausländer stellten 29% aller Arbeitslosen dieser Altersklasse, aber nur 15% der
Beschäftigten. Ein steigender Anteil der
Frauenarbeitslosigkeit entfiel auf auslän-

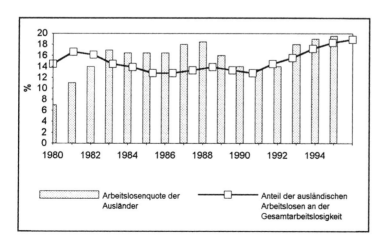

Quelle: eigene Darstellung
nach Zahlenangaben des
Landesarbeitsamtes NRW

**Abb. 2.19:
Entwicklung der
Arbeitslosenquote
bei Ausländern
in Nordrhein-
Westfalen
1980–1995**

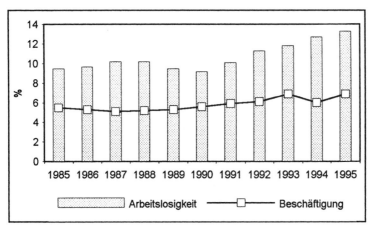

Abb. 2.20:
Anteile der Ausländerinnen an der Frauenarbeitslosigkeit und -beschäftigung in Nordrhein-Westfalen 1985–1995 (jeweils September)

Quelle: eigene Darstellung nach Zahlenangaben des Landesarbeitsamtes NRW

dische Arbeitnehmerinnen. Die Abbildung 2.20 belegt, daß Anfang der 1990er Jahre rund 10% der weiblichen Arbeitslosen einer ausländischen Nationalität angehörten. Bis zum Jahre 1995 stieg dieser Wert auf 13,3% (42 560 arbeitslose Ausländerinnen) an. Zwar hatte sich der langfristige Trend zur erhöhten Frauenbeschäftigung auch bei Ausländerinnen bemerkbar gemacht, hier war die Zunahme aber erheblich schwächer (vgl. HEROLD 1997, S. 72–83, Zahlenangaben nach Landesarbeitsamt Nordrhein-Westfalen und LDS Nordrhein-Westfalen).

Prognosen für den Arbeitsmarkt

Die Arbeitslosigkeit ist eine Maßgröße, die von verschiedenartigsten konjunkturellen und strukturellen Wirtschaftsfaktoren eines Raumes beeinflußt wird. Neben binnenwirtschaftlichen Einflüssen fließen über den Außenhandel, über Währungssysteme und internationale Aktienmärkte viele globale Entwicklungen in den nordrhein-westfälischen Arbeitsmarkt ein. So ist es kein Wunder, daß in der Vergangenheit, im Gegensatz zu anderen demographischen Daten, gerade der Arbeitsmarkt besonders von erheblichen kurz- und mit-

telfristigen Schwankungen bestimmt wird. Prognosen können daher nur relativ kurzfristig angesetzt werden. An dieser Stelle sollen daher nur qualitative Tendenzen dargestellt werden:

1. Die Globalisierung wird immer stärker auch die Wirtschaft Nordrhein-Westfalens erfassen. Eine verbesserte internationale Orientierung der Unternehmen, hier vor allem auch der kleinen und mittleren Unternehmen, ist vonnöten. Hier liegen gewisse Chancen auf eine Schaffung neuer Arbeitsplätze, wenn es gelingt, die durch Auslandsverlagerungen verlorengegangenen operativen Arbeitsplätze durch neu zu schaffende dispositive Arbeitsplätze (aufgrund der Unternehmensexpansion) zu kompensieren.

2. Eine Intensivierung der wachsenden Branchen (Gen- und Biotechnologie, Medien etc.) muß vorangetrieben werden. Diese qualitativ hochwertigen Arbeitsplätze müssen durch geeignete Ausbildungsgänge ergänzt werden. Als Multiplikatoreffekt können in diesen Branchen eventuell auch neue Arbeitsplätze mit niedrigerem Ausbildungsstand entstehen. Als Beispiel sind hier Hilfstätig-

keiten (produktionsorientierte Dienstleistungen) zu nennen, die nicht mechanisiert werden können.

3. Ein weiteres „Gesundschrumpfen" und „Schlanker-Werden" von Betrieben und ganzen Branchen wird nicht mehr in der Intensität der Jahre 1993 bis 1997 vorangehen, da bereits vielfach die Rationalisierungspotentiale überreizt worden sind. Dennoch werden potentiell mögliche neue Stellen Mangelware bleiben, so lange Manager nicht an innovativen Ideen mit wachstumsfördernden Tendenzen, sondern an defensiven Kosteneinsparungsstrategien gemessen werden.

4. Wirtschaftshemmende Konstellationen in Bundes- und Landespolitik werden zu einer Verlangsamung der dringend notwendigen staatlichen Investitionen (Verkehr, Ausbildung, Gewerbeflächenbereitstellung etc.) und damit der allgemeinen Wirtschaftsförderung beitragen. Potentielle Stellen entstehen so entweder gar nicht oder erst verspätet.

5. Subventionen in Wirtschaftszweige, die schon seit den 1960er Jahren starke Schrumpfungstendenzen aufweisen (Beispiele: Steinkohlebergbau, Massenerzeugnisse der Eisen– und Stahlproduktion) werden weiterhin den dringend notwendigen Strukturwandel zu industriellen Wachstumsbranchen und zu produktionsorientierten Dienstleistungen verzögern. Das investierte Kapital wird an ökonomisch gesehen falscher Stelle eingesetzt. Die Zahl der nicht geschaffenen neuen Arbeitsplätze wird weiterhin die Zahl der durch Subventionen erhaltenen Arbeitsplätze bei weitem übersteigen.

6. Gesetzliche Grundlagen zur Liberalisierung der wirtschaftlichen Rahmenbedingungen (z. B. Flexibilisierung der Arbeitszeiten, Ladenschluß) werden auch weiterhin nicht, nur in Teilen oder

verspätet durchgeführt werden. Dies ist ein großer Nachteil für potentielle Investoren – auch und vor allem aus dem Ausland.

Diese Aufzählung von Trends ist bei weitem nicht vollständig und abschließend. Festzuhalten bleibt, daß sich trotz einiger günstiger Potentiale für neue Arbeitsplätze tendenziell der Kampf um den Arbeitsmarkt über die Jahrtausendwende verschärfen wird. Die Konflikte zwischen „überbeschäftigten" und arbeitslosen Personen, zwischen hohem Einkommen aus Erwerbstätigkeit und einer Grundversorgung aus Sozialhilfe, zwischen einer langsam sinkenden Zahl junger Arbeitnehmer und einer deutlich steigenden Zahl an Rentnern, zwischen einer intellektuellen Oberschicht und sozialen Randgruppen sowie zwischen unterschiedlichen ethnischen Gruppen werden wachsen. Vor allem von dauerhafter Arbeitslosigkeit werden Personen bedroht sein, die zu mehr als einer der im folgenden genannten „Problemgruppen" zählen:

– Personen über 45 Jahre,
– Frauen,
– Behinderte,
– Ausländer,
– Personen ohne oder mit sehr geringwertiger Ausbildung,
– immobile Personen,
– unflexible Personen,
– Personen mit Mängeln in EDV- und/oder Sprachkenntnissen sowie
– Personen ohne einschlägige mehrjährige Berufserfahrung.

Maßnahmen zur Arbeitsmarktförderung

Trotz der Globalisierung wird die Bedeutung von Standortpotentialen wie Verkehrserschließung, Gelände für Gewerbeansiedlungen bzw. Bürogebäude, Bodenpreise, Gewerbesteuerhebesätze etc. für die zukünftige Wirtschafts- und Arbeitsmarktentwicklung Nordrhein-Westfalens weiterhin groß sein. Daher ist es für private Unternehmen wichtig, ihre Unternehmenspolitik hinsichtlich dieser Standortpotentiale auszurichten. Für die Administration besteht folglich die Aufgabe, gemeinsam und in Zusammenarbeit mit der Bundesregierung und den EU-Behörden Maßnahmen zu ergreifen, um die Sekundärpotentiale Nordrhein-Westfalens zu verbessern und damit neue Industriebetriebe in Wachstumsbranchen sowie weitere Handels- und Dienstleistungsbetriebe für den Standort „Nordrhein-Westfalen" zu gewinnen. Denn nur durch ein derartig erzeugtes Wirtschaftswachstum bzw. eine schnelle Durchführung des Strukturwandels, d. h. verstärkte Ansiedlung von hochspezialisierten Betrieben in den Wachstumsbranchen (vgl. Kap. 3.1.3), lassen sich positive Arbeitsmarkteffekte wie die Erhöhung der Beschäftigtenzahl, Senkung der Arbeitslosenzahl etc. kurz- bis mittelfristig erreichen. Als Maßnahmen, die zu einer derartigen Verbesserung der Standortqualität beitragen, wären insbesondere die Anpassung der sehr günstigen Verkehrslage an modernste Techniken und den allgemein gestiegenen Verkehrsbedarf zu nennen. Dies sollte durch Ausweitung des Flugverkehrs vom Flughafen Köln/Bonn, Ausbau von Schnellbahnsystemen zu anderen europäischen Wirtschaftsräumen, Ausbau der „älteren" Verkehrsträger Kraftverkehr, Binnenschiffahrt und der (konventionellen) Eisenbahn sowie durch die Bereitstellung von geeigneten Büro- und Gewerbegrundstücken zu günstigen Bodenpreisen und mit geeigneter Verkehrserschließung geschehen. Ferner müssen die bestehende Wirtschaftsförderung und die sonstigen administrativen Handlungsfelder zur Bekämpfung der Arbeitslosigkeit auf das Ziel der Verbesserung der Standortqualität ausgerichtet werden.

Ähnliche Ansprüche erhebt auch die Förderung von Unternehmensgründungen und die Betreuung junger Unternehmen. Die Gründungsoffensive „GO" von Landesregierung Nordrhein-Westfalen, Wirtschaftskammern, einigen Banken und Verbänden wirbt mit dem Slogan: „Stellen Sie sich selbst ein!" Die Landespolitiker aller Parteien und auch das Landesarbeitsamt sind einer Meinung, daß im neuen Unternehmertum ein großes Beschäftigungspotential liegt. Neue Unternehmen bringen direkte, vor allem aber auch indirekte Arbeitsplätze. Jeder Gründer sorgt statistisch gesehen nach sechs Jahren für zehn Arbeitnehmer. Allerdings werden derzeit rund 40% der neu gegründeten Unternehmen in den ersten beiden Betriebsjahren wieder liquidiert. Da die neuen Unternehmen meist in neuen, zukunftsweisenden Geschäftsfeldern entstehen, sind diese Arbeitsplätze häufig vielversprechender als diejenigen in den Schrumpfungsbranchen. Die Gründungsoffensive „GO" verfolgt deshalb folgende Strategie: Sie will eine gesellschaftliche Neubewertung der unternehmerischen Tätigkeit (Imageverbesserung des Unternehmers) einleiten. Entsprechende Projekte sollen in den Schulen gestartet werden. Erhofft wird ein doppelter Effekt: Einerseits die unternehmerischen Neugründungen, andererseits die Förderung des dringend benötigten Nachwuchses für Firmenchefs. Immer mehr Betriebe, vor allem im Mittelstand und im Handwerk, werden aufgegeben, weil die Nachfolge des Unternehmensgründers nicht geklärt werden konnte. Allein in Nordrhein-Westfalen betrifft dies bis zum Jahr 2005 rund 70 000 Unternehmen. Vor allem will „GO" die Informationssituation verbessern. Bei den Kammern stehen nicht nur Berater zur Verfügung, die denen helfen, die sich selbständig machen wollen. Seit September 1996 können beispielsweise bei den

Kammern auch sogenannte „Coaches" angefordert werden, die maximal 20 Tage in zwei Jahren den Neu-Unternehmer unterstützen. Die Kosten werden zur Hälfte vom Wirtschaftsministerium in Düsseldorf übernommen (vgl. WIEDEMANN 1997a, S. 4, WIEDEMANN 1997b, S. 4). Sicherlich sind die geschilderten Maßnahmen sinnvoll. Es sollte aber vor einer Überbewertung dieses Potentials gewarnt werden. Die jetzigen jungen Unternehmer sind für eine Selbständigkeit nicht ausgebildet worden und häufig überfordert. Einer Zahl von 157000 Unternehmensgründungen im Jahre 1995 in Nordrhein-Westfalen steht die Zahl von 134000 Liquidationen gegenüber, wobei letztere Zahl einen stärker steigenden Trend aufweist. Ob die Kaufkraft groß genug ist, die neuen Unternehmen am Leben zu erhalten, muß zum Teil bezweifelt werden. Die Möglichkeit, sich eine gesicherte Existenz und eine ausreichende Altersversorgung als junger Unternehmer aufzubauen, ist statistisch gesehen nur unwesentlich größer als gescheitert bei einer Schuldenberatung zu landen. Letztendlich müssen derartige Initiativen der Politik als verzweifelte Versuche angesehen werden, den Arbeitsmarkt positiv zu beleben. Dennoch sollte „GO" konseqent betrieben werden. Allerdings erscheint es nur in Kombination mit den genannten Verbesserungen von Forschung, Ausbildung, Infrastruktur und Standortqualität langfristig nennenswerte Erfolge zu versprechen.

Entsprechend dem Zeitgeist von immer schneller aufeinanderfolgenden technischen Neuerungen und politischen, ökonomischen, sozialen und damit auch räumlichen Veränderungen sollte sowohl von Unternehmen als auch besonders von der Administration in allen Ebenen eine größere Bereitschaft zur schnelleren Entscheidungsfindung, kürzeren Verfahrenszeiten und damit zu einer schnelleren Durchsetzung von raumrelevanten Entscheidungen erwartet werden, wenn der Standort „Nordrhein-Westfalen" im nationalen und europäischen Konkurrenzkampf als Teil des europäischen Wirtschaftszentrums (vgl. Kap. 10.3) seine bisherige Bedeutung halten bzw. vergrößern will. Das Phänomen der Arbeitslosigkeit wird aber auch in fernerer Zukunft ein bedeutendes Problem unseres Alltags bleiben (vgl. SCHMIED 1991, S. 305, 318–319).

3 Nordrhein-Westfalen als Industrieland

Bereits in der Einleitung zu Kapitel 2 war das heute vielschichtige Bild der gewerblich-industriellen Struktur Nordrhein-Westfalens herausgestellt worden (vgl. auch Abb. 3.1). Danach präsentiert es sich längst nicht mehr einseitig als das Land der Kohleförderung und der Schwerindustrie. Schon seit geraumer Zeit ist es ein primäres Anliegen der nordrhein-westfälischen Wirtschaftspolitik, die einstige Dominanz der klassischen Montanindustrie zugunsten einer mehr diversifizierten Industriestruktur an Rhein und Ruhr zu brechen. Heute hat das Land ein recht ausgewogenes Wirtschaftsspektrum. Immerhin haben über 40 der 100 größten deutschen Unternehmen hier ihren Sitz. Zugleich sind aber auch mehr als 600000 kleinere und mittlere Unternehmen innerhalb der Landesgrenzen tätig, und laut „Landesentwicklungsbericht..." (1994, S. 19) hatten 1993 allein die rd. 145000 Handwerksbetriebe Umsätze von über 140 Mrd. DM zu verzeichnen. Unter dem Gesichtspunkt einer zunehmenden Globalisierung der Märkte hat die Wirtschaft mehr und mehr offensive Strategien zu entwickeln. Nordrhein-Westfalen als exportstärkstes Bundesland wird diesbezüglich vor allem auf wachstumsintensive Industriezweige, so besonders auf neue Technologien, setzen müssen.

3.1 Der industrielle Strukturwandel

Nordrhein-Westfalen war und ist als Land der Montanwirtschaft international bekannt. Allerdings besaß diese Umschreibung als Kennzeichen der Dominanz des Bergbaus wie der stahlerzeugenden und -verarbeitenden Industrie nur so lange Gültigkeit, wie die Stahlerzeugung als eine der Schlüsselindustrien der deutschen Wirtschaft angesehen werden durfte. Heute befinden sich die Zweige der Montanwirtschaft mehr und mehr auf dem Rückzug, obgleich sich zumindest die Stahlindustrie im internationalen Wettbewerb durchaus behaupten könnte. Mit dem Problem weltweiter Konkurrenzen hat sich in noch stärkerem Maße ein weiterer klassischer Wirtschaftszweig auseinanderzusetzen, nämlich das Textilgewerbe, das über Jahrhunderte hindurch entscheidend die industrielle Entwicklung des Landes beeinflußt hat.

An die Stelle der Wachstumsindustrien der frühen Industrialisierung sind nach dem Zweiten Weltkrieg andere Branchen mit teilweise hohen Wachstumsraten getreten. Hierzu gehörten vor allem die Petrochemie, der Maschinen- und Fahrzeugbau sowie die Elektroindustrie. Nicht zuletzt haben diese Branchen, die unter heutigen Gesichtspunkten nicht mehr unbedingt zu den innovativen Bereichen zu zählen sind, wesentlich dazu beigetragen, daß der industrielle Sektor an Rhein und Ruhr nach wie vor eine bedeutende Stellung einnimmt. Immerhin wurden 1995 in Nordrhein-Westfalen 22,3% des Bruttosozialproduktes der Bundesrepublik Deutschland erwirtschaftet; weiterhin waren hier 1994 24,5% aller Beschäftigten des Produzierenden Gewerbes tätig. Diese Angaben können allerdings nicht darüber hinwegtäuschen, daß der Anteil der Industriebeschäftigten seit 1985 um rd. 5,5 Prozentpunkte sowie auch der Beitrag zum Bruttosozialprodukt um 7,7 Prozentpunkte gesunken ist.

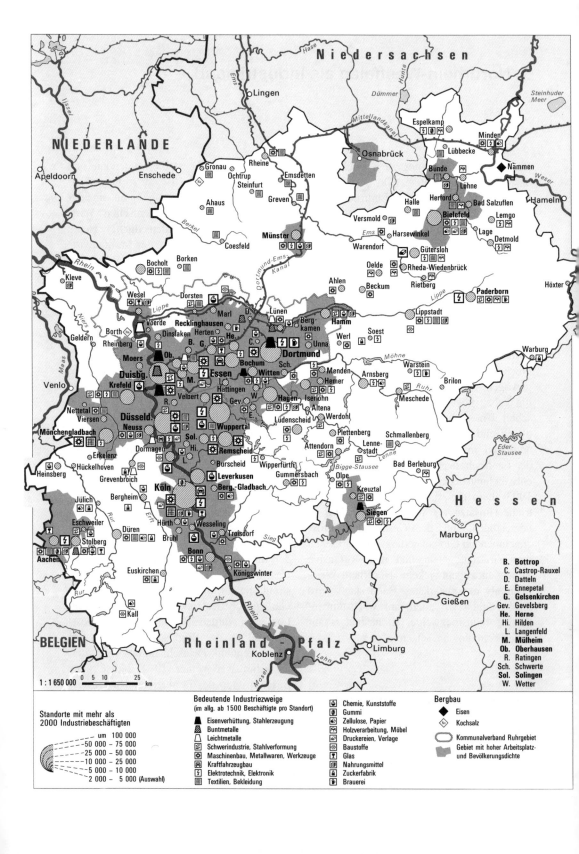

Niedersachsen

NIEDERLANDE

Steinhuder Meer

Lingen
Dümmer

Apeldoorn   Enschede

Rheine
Gronau   Emsdetten   Osnabrück   Espelkamp   Minden   Nammen
Ochtrup   Steinfurt   Lübbecke   Bünde   Weser   Hameln
Ahaus   Greven   Halle   Herford   Bad Salzuflen   Lohne
Coesfeld   Münster   Versmold   Harsewinkel   Bielefeld   Lemgo
Borken   Warendorf   Gütersloh   Lage   Detmold
Bocholt   Borken   Oelde   Rheda-Wiedenbrück   Höxter
Kleve   Ahlen   Beckum   Rietberg   Paderborn
Wesel   Dorsten   Marl   Lünen   Bergkamen   Hamm   Lippstadt
Voerde   Recklinghausen   Herten   He.   Werl   Soest
Borth   Dinslaken   B. G.   C.   Unna   Warstein   Warburg
Rheinberg   Ob.   Bochum   Dortmund   Sch.   Menden   Arnsberg   Brilon
Moers   Essen   Witten   Hemer   Meschede
Duisbg.   M.   Hattingen   Hagen   Iserlohn
Krefeld   Velbert   Gev.   Altena   Werdohl
Nettetal   R.   Lüdenscheid   Lennestadt   Eder-Stausee
Viersen   Düsseld.   Wuppertal   Plettenberg   Schmallenberg
Mönchengladbach   Neuss   Sol.   Remscheid   Attendorn   Bad Berleburg
Erkelenz   Dormagen   Hi.   Wipperfürth   Olpe
Hückelhoven   Burscheid   Gummersbach   Bigge-Stausee
Heinsberg   L.   Leverkusen   Kreuztal   HESSEN
Grevenbroich   Köln   Berg-Gladbach   Siegen
Jülich   Bergheim   Wesseling   Marburg
Eschweiler   Hürth   Troisdorf   Gießen
Stolberg   Düren   Brühl   Bonn
Aachen   Euskirchen   Königswinter
    Kall
BELGIEN   Rheinland-Pfalz   Limburg
    Koblenz   Lahn
    Mosel

1 : 1 650 000   0   5   10   25 km

Standorte mit mehr als 2000 Industriebeschäftigten

um 100 000
50 000 – 75 000
25 000 – 50 000
10 000 – 25 000
5 000 – 10 000
2 000 – 5 000 (Auswahl)

Bedeutende Industriezweige
(im allg. ab 1500 Beschäftigte pro Standort)

▲ Eisenhüttung, Stahlerzeugung
▲ Buntmetalle
△ Leichtmetalle
⚙ Schwerindustrie, Stahlverformung
⚙ Maschinenbau, Metallwaren, Werkzeuge
🚗 Kraftfahrzeugbau
⚡ Elektrotechnik, Elektronik
▦ Textilien, Bekleidung

Chemie, Kunststoffe
Gummi
Zellulose, Papier
Holzverarbeitung, Möbel
Druckereien, Verlage
Baustoffe
Glas
Nahrungsmittel
Zuckerfabrik
Brauerei

Bergbau

◆ Eisen
◇ Kochsalz

⬭ Kommunalverband Ruhrgebiet
▨ Gebiet mit hoher Arbeitsplatz- und Bevölkerungsdichte

B.   Bottrop
C.   Castrop-Rauxel
D.   Datteln
E.   Ennepetal
G.   Gelsenkirchen
Gev. Gevelsberg
He. Herne
Hi. Hilden
L.   Langenfeld
M.   Mülheim
Ob. Oberhausen
R.   Ratingen
Sch. Schwerte
Sol. Solingen
W.   Wetter

In der gegenwärtigen wirtschaftspolitischen Diskussion wird die schwierige Lage Nordrhein-Westfalens hauptsächlich auf zwei Ursachen zurückgeführt. Einerseits sind es die Folgen des skizzierten Strukturwandels, die sich zwangsläufig aus der notwendigen Abkehr von anscheinend überholten Industriestrukturen ergeben, andererseits befindet sich die Wirtschaft allgemein in einer Sanierungsphase des Kapitalstocks, die eine bessere Anpassung an veränderte Kosten- und Preisrelationen gewährleisten soll. Das heißt, dauerhaft unwirtschaftlich gewordene Produktionen werden durch ertragsversprechende Innovationen ersetzt.

Der industrielle Strukturwandel hat sich in Nordrhein-Westfalen innerhalb der einzelnen Branchen mengenmäßig wie auch im zeitlichen Ablauf unterschiedlich vollzogen. Hatten bis Mitte der 1950er Jahre noch alle wichtigen Gewerbezweige eine mehr oder minder große Zunahme der Beschäftigungszahlen zu verzeichnen, so änderten sich diese Verhältnisse nach 1957 recht schnell. Nunmehr konnten nur noch wenige Industrien, die sogenannten Wachstumsindustrien der Nachkriegszeit (Chemie, Mineralölverarbeitung, Maschinen- und Fahrzeugbau, Elektrotechnik), nennenswerte Produktionserweiterungen erzielen, während insbesondere der Steinkohlebergbau sowie das Textil- und Bekleidungsgewerbe seit Ende der 1950er Jahre radikale Beschäftigungseinbußen erlitten. Aber auch andere Industriezweige blieben in der Entwicklung bald hinter den Erwartungen zurück, so daß das Produzierende Gewerbe mit rd. 2,6 Mio. Beschäftigten (1994) längst nicht mehr die dominierende Stellung in der nordrhein-westfälischen Wirt-schaftsstruktur einnimmt. Diese Spitzenposition weist nunmehr der Dienstleistungsbereich mit ca. 4,5 Mio. Beschäftigten auf.

3.1.1
Die veränderte Rolle für die Grundstoffe der Industrialisierung

Drei Industriezweige, die sich in ihrer wirtschaftlichen Entwicklung gegenseitig gefördert haben, können als die eigentlichen Wegbereiter für den neuzeitlichen Industrialisierungsprozeß angesehen werden. Die Steinkohle löste als Primärenergiegrundlage die bisherigen Hauptenergiequellen Holz bzw. Holzkohle und Wasser ab. Eisen und Stahl, in der anfänglichen Massenproduktion ohne Kokskohle kaum denkbar, stellten wichtige Grundstoffe für den sich entwickelnden Maschinenbau dar; und schließlich beeinflußte die Textilindustrie über den Bedarf an Textilmaschinen die Eisen- und Stahlerzeugung sowie als Vorläufer der Mechanisierung die Entstehung weiterer Gewerbezweige. Die genannten Branchen besitzen darüber hinaus aber noch andere, unter dem Gesichtspunkt der gegenwärtigen Wirtschaftspolitik ungünstige gemeinsame Merkmale. Denn nach einer lang anhaltenden Expansion führte das Aufkommen weltweiter Konkurrenzen zu einem deutlichen Absatzrückgang und einem Niedergang zahlreicher Produktionsstandorte. Der daraus resultierende tiefgreifende Strukturwandel soll nach Abschluß umfangreicher Rationalisierungsmaßnahmen sowie räumlicher Konzentrationen zur Erhöhung der Konkurrenzfähigkeit führen (vgl. Fusionsprozeß im Stahlbereich im Jahre 1997).

⇐

Quelle: Klett-Perthes (Hrsg.): Alexander, Kleiner Atlas Nordrhein-Westfalen, 1994

Abb. 3.1: Bedeutende Industriezweige in Nordrhein-Westfalen (Stand 1993)

Die Umstellung der Energiebasis auf
Kohle hatte für die räumliche Struktur der
nordrhein-westfälischen Wirtschaft weit-
reichende Folgen; denn alle, in stärkerem
Maße energieabhängigen Industriezweige
verließen nun die traditionellen Mittelge-
birgsstandorte und siedelten sich in der
Nähe der abbauwürdigen Kohlefelder an.
Diese lagen zunächst entlang der mittleren
Ruhr. Erst später gesellten sich mit den
Bergbauzonen im Aachener Raum und im
Weserbergland nahe Ibbenbüren zwei weitere Reviere hinzu. Aus dem gegenseitigen
Abhängigkeitsverhältnis zwischen Bergbau, Industrie und Bevölkerung erwuchs
bald als einzigartiges Ballungsgebiet und
Schmelztiegel zahlreicher Volksgruppen
das Rheinisch-Westfälische Industriege-
biet.

3.1.2
Das energiewirtschaftliche Konzept

Die enormen Energieressourcen in Form
von Stein- und Braunkohle bestimmen die
Energiepolitik des Landes seit langer Zeit.
Allerdings hat sich die Bewertung dieser
Energievorräte in den letzten Jahrzehnten
stark gewandelt: Von einem einstmals ausgesprochen positiven Standortfaktor für die
wirtschaftliche Entwicklung Nordrhein-
Westfalens sind sie inzwischen zu einem
problematischen Moment geworden. Nordrhein-Westfalen sieht sich nicht nur innerhalb des Landes, sondern auch innerhalb
der Bundesrepublik Deutschland sehr pola-
risierten Auffassungen gegenüber.

Dies zeigt sich bei der durchaus wirtschaftlichen Braunkohle in heftigen politischen Auseinandersetzungen um die Genehmigung neuer Abbauflächen, so vor
allem dem Projekt Garzweiler II (vgl. Kap.
3.3.3).

Der Streit um die Steinkohle entzündet
sich an Problemen der Wirtschaftlichkeit,

die sich aufgrund gegensätzlicher struktur-
politischer und ökonomischer Argumente
ergeben. Denn mit der Steinkohle sind in
Nordrhein-Westfalen nach wie vor viele
Arbeitsplätze verbunden (1995 waren im
nordrhein-westfälischen Steinkohlebergbau 65 600 Personen beschäftigt). Auf der
anderen Seite ist sie aber auf den Weltmärkten nicht konkurrenzfähig. Daher
bedarf sie einer enormen staatlichen Unterstützung (vgl. Kap. 3.3.1). In Zeiten der
Energieverknappung und -verteuerung –
erinnert sei nur an die Ölschocks der 70er
Jahre – waren diese Subventionen politisch
recht einfach durchzusetzen. Das Argument der Energiesicherheit stand im Vordergrund: Allein die Kohle biete eine
langfristig sichere und kalkulierbare
Energiegrundlage, die es durch eine entsprechende aktive Kohlepolitik zu fördern
und zu erhalten gelte. Daraus entwickelte
sich in Nordrhein-Westfalen die sog.
„Kohle-Vorrang-Politik".

Insbesondere seit Beginn der 90er Jahre
bläst der deutschen Steinkohle jedoch ein
harter Wind ins Gesicht. Die tiefgreifenden global-politischen Veränderungen lassen das Argument der Energiesicherheit
zurücktreten. Hinzu kommt eine stärkere
Gewichtung des ökologischen Arguments,
das sich gegen eine Energiegewinnung aus
emissionsträchtigen Stein- und Braunkohlen wendet. So hat auch die nordrhein-
westfälische Landespolitik bereits in der
Kohlerunde 1991 den unumgänglichen
Anpassungsprozeß in den Kohlegebieten
anerkannt (vgl. Landesentwicklungsbericht
Nordrhein-Westfalen 1994). Diesen Veränderungen entsprechend wandelt sich
auch das energiewirtschaftliche Konzept
des Landes, welches heute durch Schlagworte wie rationelle Energieverwendung,
Energieeinsparung und erneuerbare Energieträger gekennzeichnet ist.

Betrachtet man die Energiebilanz des
Jahres 1994, wird die Bedeutung der landes-

	Stein-kohle	Braun-kohle	Mineral-öl	Erdgas	Kern-energie	Sonstige	Außen-handel	PEV
Nordrhein-Westfalen								
Mio. t SKE	36,1	27,9	45,9	25,6	1,1	2,3	−5,9	133,0
%	27,1	21,0	34,5	19,2	0,8	1,7	−4,8	100,0
Bund								
Mio. t SKE	73,0	63,5	193,8	87,6	48,6	11,8	0,7	479,0
%	15,2	13,3	40,5	18,3	10,1	2,5	0,1	100,0
Bund ohne Nord-rhein-Westfalen								
Mio. t SKE	36,9	35,6	147,9	62,0	47,5	9,5	6,6	346,0
%	10,7	10,3	42,7	17,9	13,7	2,7	2,0	100,0

Quelle: LDS: Energiebilanz NRW 1994, Düsseldorf 1996

Tab. 3.1: **Primärenergieverbrauch (PEV) in Nordrhein-Westfalen und der Bundesrepublik Deutschland 1994**

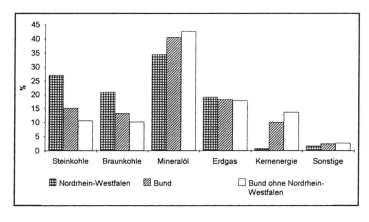

Abb. 3.2:
Anteile der Energie-träger am Primär-energieverbrauch in Nordrhein-Westfalen und der Bundesrepublik Deutschland 1994

Quelle: LDS: Energiebilanz NRW 1994, Düsseldorf 1996

und bundesweiten Energiepolitik für Nordrhein-Westfalen deutlich. Denn das Land ist nach wie vor als das energiewirtschaftliche Zentrum in Deutschland anzusehen. Beispielsweise arbeiteten 1994 rd. 35% aller in der Energiewirtschaft Beschäftigten (einschließlich Bergbau und Wasserversorgung) in Nordrhein-Westfalen.

Über 50% der inländischen Primärenergiegewinnung und sogar 71% der Stein- und Braunkohleförderung entfielen 1994 auf Nordrhein-Westfalen. Mit einem Primärenergieverbrauch von 133 Mio. t Stein-kohleeinheiten (SKE) lag der nordrhein-westfälische Anteil am Gesamtverbrauch Deutschlands bei 28%.

Wie Tabelle 3.1 und Abb. 3.2 zeigen, wird dieser Primärenergieverbrauch in Nordrhein-Westfalen fast zur Hälfte von der Kohlewirtschaft gedeckt; Mineralöl nimmt nur gut ein Drittel der Bedarfsdeckung ein. Im übrigen Bundesgebiet erreichen Mineralöle eine Versorgungsquote von 43%, Stein- und Braunkohle dagegen nur 21%. Während sich die Verbrauchsstrukturen bei Erdgas kaum unterscheiden,

	Stein-kohle	Braun-kohle	Heizöl	Erdgas	Kern-energie	Sonstige	Ins-gesamt
Nordrhein-Westfalen							
TWh	67,8	75,3	1,7	12,4	3,5	9,7	170,4
%	39,8	44,2	1,0	7,3	2,0	5,7	100,0
Bund							
TWh	144,6	146,1	8,8	36,1	151,2	40,0	526,8
	27,4	27,7	1,7	6,9	28,7	7,6	100,0
Bund ohne Nord-rhein-Westfalen							
TWh	76,8	70,8	7,1	23,7	147,7	30,3	356,4
%	21,6	19,8	2,0	6,6	41,5	8,5	100,0

Quelle: LDS: Energiebilanz NRW 1994; BMWi: Energiedaten 1996

Tab. 3.2: Brutto-Stromerzeugung nach Energieträgern in Nordrhein-Westfalen und der Bundesrepublik Deutschland 1994

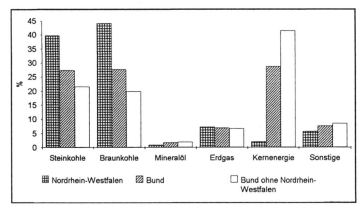

**Abb. 3.3:
Anteile der Energie-träger an der Brutto-Stromerzeugung in Nordrhein-Westfalen und der Bundes-republik Deutschland 1994**

Quelle: LDS: Energiebilanz NRW 1994; BMWi: Energiedaten 1996

wird der energiewirtschaftliche Unterschied zwischen Nordrhein-Westfalen und den anderen Bundesländern bei der Kernenergienutzung besonders deutlich: In Nordrhein-Westfalen entfallen nur 1% des Primärenergieverbrauchs auf diesen Energieträger, im Bund (ohne Nordrhein-Westfalen) sind es 14%. Zurückzuführen ist dieser Unterschied im wesentlichen auf den hohen Kohleanteil an der Verstromung in Nordrhein-Westfalen.

Auch in der Stromerzeugung zeigt sich deutlich die Bedeutung und Besonderheit

Nordrhein-Westfalens in der deutschen Energielandschaft: Mit 170,5 TWh wird in dem Bundesland ein Drittel des Gesamtaufkommens erzeugt. Der Strom stammt zu 84% aus der Verwertung von Stein- und Braunkohle (s. Tab. 3.2. und Abb. 3.3).

Die traditionellen Energieträger

Auch wenn Nordrhein-Westfalen nach wie vor als das Energiezentrum Deutschlands gilt und die nordrhein-westfälische Energiewirtschaft durch die Kohleressourcen geprägt ist, so haben sich doch beträchtliche Wandlungen in den letzten Jahren ergeben. Dieser Prozeß ist Mitte der 90er Jahre nicht nur nicht abgeschlossen, sondern scheint erst richtig zu beginnen. Der Strukturwandel wird forciert werden durch die Konsequenzen aus der Europäischen Wirtschafts- und Währungsunion. Denn diese zielen letztlich auf eine Liberalisierung des europaweiten Energiemarktes ab, was für ein Land wie Nordrhein-Westfalen starke Auswirkungen haben wird.

Die bisherigen Veränderungen werden an verschiedenen Zahlen deutlich. Beispielsweise ist die Energiegewinnung in Nordrhein-Westfalen zwischen 1979 und 1994 um ein Drittel zurückgegangen. Der Export von Primärenergie ist ebenfalls um rd. ein Drittel gefallen. Auch im Verbrauch gibt es deutliche Verschiebungen. Der Primärenergieverbrauch hat mit knapp 7,5 t SKE je Einwohner 1994 (Deutschland insgesamt 5,9 t) den niedrigsten Wert seit Erstellung der nordrhein-westfälischen Energiebilanzen (1978) erreicht. Seit Mitte der 80er Jahre ist ein deutlicher Abwärtstrend zu beobachten. Ebenso zeigt sich in Nordrhein-Westfalen eine gewisse Abkopplung von der Entwicklung des BIP und des Energieverbrauchs.

Auch hinsichtlich der Struktur des Primärenergieverbrauchs kam es zu deutlichen Veränderungen. Im Vergleich zum Jahr 1979 ging der Anteil des Mineralöls am Primärenergieverbauch von 40,4% auf 34,5% zurück; die Steinkohle dagegen stieg leicht von 26,6% auf 27,1%, nachdem sie zwischenzeitlich über 30% erreicht hatte. Der Anteil der Braunkohle stieg von 16,5% auf 21,0%. Besonders deutlich sind die Strukturverschiebungen wiederum in der Stromerzeugung. Hier stieg der Steinkohleanteil von 29,1% auf 39,8%, was auf die lange verfolgte „Kohle-Vorrang-Politik" zurückzuführen ist.

Neben den bereits skizzierten Veränderungen in der nordrhein-westfälischen Energiewirtschaft ist noch auf den sog. „Kohlekompromiß" zwischen Bund, Ländern und den für den Bergbau Verantwortlichen aus dem Jahre 1997 hinzuweisen. Nach einem Vorstoß der Bundesregierung einigten sich die Beteiligten darauf, die staatliche Unterstützung für den Steinkohlebergbau deutlich zu reduzieren. Bis zum Jahre 2005 sollen aus den dann noch existierenden 10 oder 11 Zechen rd. 30 Mio. t Steinkohle gefördert werden. Die Zahl der Beschäftigten soll sich in diesem Zeitraum mehr als halbieren. Werden die Vereinbarungen wie geplant umgesetzt, wird dies weitreichende Konsequenzen für die nordrhein-westfälische Energiepolitik haben.

Anders als in den revierfernen Regionen des Südens und Nordens, die auf Grund mangelnder Energierohstoffe bzw. versiegender Erdöl- und Erdgaslagerstätten die Kernenergie vorantrieben, ist die Kernenergienutzung in Nordrhein-Westfalen stets sehr behutsam angegangen worden. 1995 wurde aus Kernkraft kein Strom mehr gewonnen. Der letzte kommerzielle Kernreaktor Nordrhein-Westfalens in Würgassen an der Weser wurde 1994 endgültig stillgelegt. An kerntechnischen Einrichtungen existieren noch die Kernforschungsanlage in Jülich sowie das Brennelemente-Zwischenlager in Ahaus. Der Thorium-Hochtemperaturreaktor (THTR) in Hamm-Uentrop ist seit 1988 stillgelegt. Auf Grund der Probleme bei der Entsorgung kerntechnischer Abfälle sind von der Landesregierung keine weiteren Anlagen in Nordrhein-Westfalen geplant.

Im Jahre 1995 gab es in Nordrhein-Westfalen 48 konventionelle Wärme- und 2 Wasserkraftwerke. Mit einer installierten Leistung von 28718 MW stehen hier somit 24% der gesamten deutschen Kraftwerkskapazität. Sie sind entsprechend der Kohlevorkommen schwerpunktmäßig in zwei

Regionen konzentriert, d. h. im Ruhrrevier und im linksrheinischen Braunkohlegebiet (vgl. Farbkarte im Hinteren Vorsatz dieses Buches).

Regenerative Energien

Regenerative Energiequellen entstehen durch die Sonnenaktivitäten, Gravitation der Planeten sowie den Isotopenzerfall im Erdinneren. Über den Aufbau von Biomasse, Wind und Wasser, Sonneneinstrahlung u. a. m. werden erneuerbare Energieströme zur Verfügung gestellt, die zur Energiegewinnung genutzt werden können. Die wohl bekanntesten Formen dieser anthropogenen Energiewandlung sind Wasserkraftwerke, Windräder, Solarzellen und Solarkollektoren. Darüber hinaus gibt es noch eine Vielzahl weiterer Möglichkeiten zur regenerativen Energiegewinnung, wie z. B. mittels geothermischer Kraftwerke oder Gezeiten- und Wellenkraftwerke. Letztere kommen aber auf Grunde der geologischen und geographischen Voraussetzungen in Nordrhein-Westfalen zur Energieerzeugung nicht in Frage.

Unabhängig von der Umwandlungsart zeichnen sich die regenerativen Quellen durch ihre Unerschöpflichkeit, eine geringe Energie- bzw. Leistungsdichte, ein zeitlich schwankendes Angebot sowie durch eine nahezu globale Verfügbarkeit aus. Schließlich sind sie prinzipiell während ihrer Nutzung CO_2-frei bzw. CO_2-neutral, was sie insbesondere hinsichtlich der Diskussion um den globalen Treibhauseffekt interessant macht.

Auf Grund der geschilderten Bedeutung der Energiewirtschaft für Nordrhein-Westfalen hat die Landesregierung bereits 1987 ein Programm mit dem Namen „Rationelle Energieverwendung und Nutzung unerschöpflicher Energiequellen" (REN-Programm) vorgestellt. Ziele dieses Programms sind eine verbesserte Energieberatung, der

Abbau rechtlicher Hindernisse, Hilfen zur Markteinführung sowie der Ausbau der Forschungs-, Entwicklungs-, Demonstrations- und Breitenförderung (Landesentwicklungsbericht NRW 1994). Bis einschließlich 1994 wurden über 12 000 Projekte mit einem Volumen von 180 Mio. DM gefördert, wobei rd. ein Drittel der Mittel in den Bau und Ausbau von Bio- und Deponiegasanlagen geflossen ist.

Trotz der politischen Bekenntnisse und der zum Teil beeindruckenden Entwicklung in der Nutzung regenerativer Energieträger darf nicht übersehen werden, daß deren Beitrag zur Energiedeckung in Nordrhein-Westfalen sehr gering ist. Zwar wird durch die „Sonstigen" nach Tabelle 3.1 immerhin 1,7% des Primärenergieverbrauchs in Nordrhein-Westfalen gedeckt, jedoch sind darin auch Beiträge nicht-regenerativer Quellen wie beispielsweise die Klärschlamm- und Deponiegasnutzung enthalten. Die eigentlichen erneuerbaren Quellen steuerten zum Primärenergieverbrauch 1994 nur 423 000 t SKE oder 0,3% des Gesamtverbrauchs bei (vgl. Tab. 3.3).

Insgesamt gab es Ende 1994 in Nordrhein-Westfalen 392 netzgekoppelte Photovoltaik-(PV-)Anlagen mit einer Nennleistung von 1,5 MW. Damit waren hier rd. ein Siebtel der Anlagen und der Leistung in Deutschland installiert. Nach Bayern und noch vor Baden-Württemberg lag

	Brenn-holz	Wasser-kraft	Windkraft, Photovoltaik, sonstige Erneuerbare	PEV
1 000 t SKE	196	181	46	423
%	46,3	42,8	10,9	100

Quelle: LDS: Energiebilanz NRW 1994, Düsseldorf 1996

Tab. 3.3: Beitrag regenerativer Energieträger zum Primärenergieverbrauch (PEV) in Nordrhein- Westfalen 1994

Nordrhein-Westfalen damit auf dem zweiten Rang in der PV-Nutzung in Deutschland (GRAWE/WAGNER 1995). Mitte des Jahres 1995 wurden in Nordrhein-Westfalen 502 Windkraftanlagen mit einer installierten Leistung von 110 MW gezählt. Mit 14% der Anlagen und 10% der Leistung stand das Binnenland damit an dritter Stelle in der Windkraftnutzung in Deutschland, allerdings weit hinter den führenden Küstenländern Schleswig-Holstein und Niedersachsen (REHFELDT 1996).

Wasserkraftnutzung ist aufgrund der relativ einfachen Technik sowie der hohen Wirtschaftlichkeit die meistverbreitete Form der regenerativen Energieerzeugung. Während der Beitrag der beiden vorgenannten Techniken zum Stromaufkommen trotz einer enormen Dynamik noch vernachlässigenswert gering ist, werden mittels Wasserkraft in Deutschland immerhin rd. 6% des Stromaufkommens erzeugt, 85% davon werden allein in den beiden Ländern Bayern und Baden-Württemberg gewonnen. Nordrhein-Westfalen liegt auf Grund der ungünstigeren naturräumlichen Voraussetzungen mit einem Anteil von 4% noch hinter Rheinland-Pfalz auf dem vierten Rang.

Trotz dieser eher ernüchternden Zahlen ist auf das gewaltige Potential regenerativer Energieerzeugung hinzuweisen. Dieses äußert sich in hohen Steigerungsraten in der Anwendung, wenn auch von einem sehr geringen Niveau aus. Für ein Land wie Nordrhein-Westfalen, in dem der Energiewirtschaft eine traditionell hohe Bedeutung zukommt, in dem entsprechende Unternehmen mit ihrem Know-how konzentriert sind und welches sich letztlich auch inmitten eines grundlegenden Strukturwandels befindet, kann die Erforschung und Anwendung regenerativer Energieerzeugung eine große Bedeutung erlangen.

3.1.3
Hochtechnologie und neue Produktionsstrukturen

Die Strukturwandlungen, die mit beschleunigten Beschäftigungsverlusten und leerer werdenden öffentlichen Kassen einhergehen, stellen sich in Deutschland regional mit unterschiedlicher Schärfe dar. Sie erzwingen jedoch in allen Wirtschaftsräumen die konsequente Aktivierung des vorhandenen Standortpotentials, vor allem im hochtechnologisch-wissenschaftlichen Bereich. Vor diesem Hintergrund werden bereits seit Mitte der 1980er Jahre bundesweit im Rahmen der Wirtschafts- und Technologiepolitik gezielt die Förderung des Wissens- und Technologietransfers sowie der Aufbau von Technologieinfrastrukturen als eine der grundlegenden Maßnahmen zur Sicherung von Zukunftsperspektiven verfolgt.

Technologie-Infrastruktur in Nordrhein-Westfalen

Das Land Nordrhein-Westfalen gilt als einer der differenziertesten deutschen Technologie-Standorte, dessen quantitativ hervorragend ausgebaute Infrastruktur insbesondere für den Technologietransfer anerkannt ist (Abb. 3.4). Mit dem „Technologieprogramm Wirtschaft" beabsichtigt das nordrhein-westfälische Ministerium für Wirtschaft und Mittelstand, Technologie und Verkehr (MWTV) die Bündelung und Zusammenführung sog. innovativer Potentiale in Unternehmen, Hochschulen und Forschungseinrichtungen. Vorrangiges Ziel ist es dabei, „Produkte und Produktionsverfahren in den traditionellen Industriebranchen durch die Integration neuer Technologien so zu optimieren, daß sich deutsche Unternehmen im globalen Wettbewerb auch weiterhin behaupten können" (LEB NRW 1996, S. 27 f). Eingebunden in

0 10 20 30 40 50 km

Großforschungs-
einrichtungen

Universitäten

Fachhochschulen

Fraunhofer-Institute

Max-Planck-Institute

Forschungs- und
Entwicklungszentren

■ Technologie- und Gründerzentren
□ geplante Technologiezentren
⊡ Technologieagenturen und
  -initiativen
▲ Industrie- und Handelskammern

Quellen: Eigene Darstellung nach Angaben von Technologiezentren im Land Nordrhein-Westfalen e.V., Bochum (1997); AGIT, Aachen 1997; KVR, Essen 1997; Landesregierung Nordrhein-Westfalen, Düsseldorf 1994

Abb. 3.4: Technologieinfrastruktur in Nordrhein-Westfalen

den Forschungs-, Entwicklungs- und Transferkomplex sind unterschiedliche Institutionen, die zum Teil als Schnittstellen zwischen Forschung und Praxis problem- und anwendungsorientiert arbeiten und künftig zu einem Hochtechnologie-Netzwerk zusammenwachsen sollen. Anfang 1995 bestand die technologieorientierte Infrastruktur im wesentlichen aus den folgenden Einrichtungen (LEB NRW 1994, S. 43):

– 50 Technologieberatungs- und -transferstellen an Universitäten und Fachhoch-

schulen (vgl. Kap. 4.5), bei Industrie- und Handelskammern, Handwerkskammern und beim Deutschen Gewerkschaftsbund;

– 16 außeruniversitären Forschungseinrichtungen wie den Max-Planck- (10 Einrichtungen) und den Fraunhofer-Instituten (6 Einrichtungen);

– drei Großforschungseinrichtungen, nämlich dem Forschungszentrum Jülich (KFA), dem Forschungszentrum Informationstechnik (Gesellschaft für Mathematik und Datenverarbeitung, GMD) St.

Augustin/Bonn und der Deutschen For-
schungsanstalt für Luft- und Raum-
fahrt/DLR in Köln-Porz;
– 31 Forschungs- und Entwicklungszentren bei Unternehmen bzw. Institutionen;
– 46 Technologie- und Gründerzentren;
– 26 Technologieagenturen und -initiati-
ven sowie
– dem Zentrum für Innovation und Technik (ZENIT) in Mülheim/Ruhr, das als
Berater der Landesregierung in Fragen
der Technologiepolitik fungiert und An-
sprechpartner für nationale und internationale Technologieförderungen ist.

Das technologisch-wissenschaftliche Potential konzentriert sich deutlich an den
Hochschulen, den genannten Großforschungseinrichtungen, den außeruniversitären Instituten und Laboratorien. So ist
die DLR in Köln mit über 4000 Mitarbeitern das nationale Zentrum für Luft-
und Raumfahrt, die RWTH Aachen verkörpert mit 10 000 Beschäftigten, davon
3000 Wissenschaftlern, und über 35 000

Studenten die größte Technische Hochschule in Westeuropa, und das Forschungszentrum Jülich ist mit 4700 Beschäftigten,
davon rund 1000 Wissenschaftlern, derzeit
die größte der 13 Großforschungseinrichtungen in Deutschland.

Technologiezentren und -politik

Technologie- und Gründerzentren (kurz TZ
oder TGZ genannt) entstanden als Instrumente der Wirtschaftsförderung in Deutschland etwa ab Mitte der 1980er Jahre, wobei
die ersten Impulse von Aachen und Berlin
ausgingen. In dieser ersten Phase wurden
auch in Nordrhein-Westfalen mehrere TZ
eingerichtet, vorzugsweise im Umfeld der
Hochschulen (z. B. Aachen, Köln, Bochum, Dortmund, Hagen). Mit Beginn der
1990er Jahre kam es innerhalb des Landes
zu einer zweiten Gründungswelle. Bis
1997 hatte sich die Zahl der TZ in Nordrhein-Westfalen bereits auf 63 Einrichtungen erhöht, sechs weitere sind im Planungs-
bzw. Aufbaustadium. In Nordrhein-Westfalen entstanden damit deutlich mehr der-

---

Mit den TZ wird die Grundidee verfolgt, innovative Aktivitäten zu bündeln und damit Synergieeffekte zu erzeugen, die in den lokalen und regionalen Wirtschaftsraum ausstrahlen. Unter dem
Dach von Betreibergesellschaften bilden die TZ eine organisierte räumliche Zusammenfassung
von neugegründeten Unternehmen, die auf zukunftsträchtige, innovative Produkte im Hochtech-
nologiebereich ausgerichtet sind. Als Servicezentren bieten die TZ Dienstleistungen, Gewerbeflächen und vor allem moderne bedarfsgerechte Kommunikationsstrukturen als Starthilfe an; sie be-
raten ferner u. a. in Gründungs-, Technologie-, Finanzierungs- und Marketingfragen. TZ dienen in
erster Linie der Förderung neuer Technologien in kleinen und mittleren Unternehmen, um deren
Wettbewerbsfähigkeit im globalen „Technologiewettlauf" zu stärken. Dabei steht der beschleunigte
Technologietransfer, also die Umsetzung wissenschaftlicher Forschungsergebnisse in neue Produkte und Verfahren, im Vordergrund. Der Technologietransfer soll darüber hinaus Impulse für
den Strukturwandel und die Modernisierung der lokalen bzw. regionalen Wirtschaft geben. Mittelfristig wird über die TZ die Schaffung neuer Arbeitsplätze angestrebt und letztlich muß aus
kommunaler Sicht langfristig auch die Erhöhung des Steueraufkommens gesehen werden. Die
Gründung von TZ erfolgt meist vor Ort auf Initiative der Entscheidungsträger, hierzu gehören
Kommunen, Industrie- und Handelskammern, Handwerkskammern, private und öffentliche Unternehmen und Banken. In der Regel sind diese Institutionen später auch Gesellschafter dieser Einrichtungen.

Übersicht 3.1: Aufgaben der Technologie- und Gründerzentren

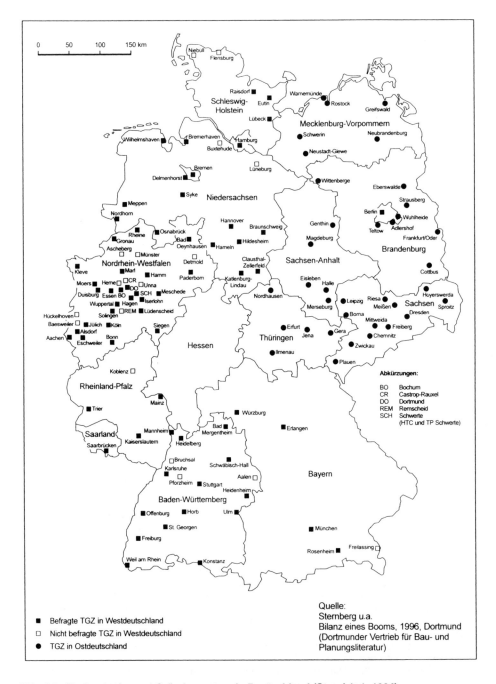

Abb. 3.5: Technologie- und Gründerzentren in Deutschland (Stand 1. 1. 1994)

artige Einrichtungen als in anderen Bundesländern (vgl. Abb. 3.5). Mit Hilfe der TZ soll der Strukturwandel gerade in den montangeprägten Wirtschaftsräumen durch die zielgerechte Umsetzung neuer technologischer Erkenntnisse in marktorientierte Produkte und Dienstleistungen aktiv unterstützt werden. Die nordrhein-westfälische Technologiepolitik folgt dabei dem Leitgedanken, daß Zukunftstechnologien nicht isoliert gesehen werden können, denn innovative Produkte und Produktionsverfahren werden zunehmend durch die Verknüpfung mehrerer Technologien und die Kooperation mehrerer Technologieträger geschaffen (z. B. Biosensorik, Mechatronik, Optoelektronik, Bio- und Gentechnik). Nach Ansicht der Landesregierung ist es „deshalb immer wichtiger, Technologieträger in Unternehmen, Universitäten, Forschungsstätten und Verbänden miteinander in Kontakt zu bringen und Lernprozesse anzustoßen." (LEB NRW 1994, S. 43)

Technologiezentren auf dem Prüfstand

Seit dem Aufkommen der sog. „High-Tech-Branchen" etwa ab 1980 gehören die TZ zu den populärsten Instrumenten der Technologie- und Wirtschaftspolitik, vor allem auf kommunaler Ebene. Als Schnittstelle zwischen Forschung und wirtschaftlicher Umsetzung gelten sie als Drehscheibe des Technologietransfers, als Instrument zur Stärkung der Wettbewerbsfähigkeit, als „Keimzellen des innovativen Mittelstandes und Zukunftswerkstätten der deutschen Wirtschaft (Technologiezentren im Land Nordrhein-Westfalen e. V., 1997). Diese Superlative stoßen nicht uneingeschränkt auf Zustimmung. So betonen STERNBERG u. a. (1996) in einer TZ-Wirkungsanalyse zwar die überzeugenden betriebswirtschaftlichen Aspekte, verweisen jedoch darauf, daß die TZ bezüglich ihrer regional-wirtschaftlichen Aufgaben

hinter den Erwartungen zurückbleiben. Auch die Industrie- und Handelskammern bescheinigen, daß sie die TZ als unverzichtbare Institutionen bei problemadäquaten Hilfestellungen für kleine und mittlere Unternehmen zur Sicherung deren Wettbewerbs- und Innovationsfähigkeit sehen, ihre „Breitenwirkung" jedoch noch unterentwickelt sei. Vor allem wird bemängelt, daß alle technologieorientierten Einrichtungen des Landes „weder systematisch miteinander verknüpft noch in der Regel mit ausgeprägten Tätigkeitsschwerpunkten versehen" seien, so daß „von einer Netzwerkinfrastruktur keinesfalls gesprochen werden" könne (CRONE-ERDMANN 1997, S. 9). Trotz aller kritischen Stimmen müssen die TZ heute als eines der wichtigsten Instrumente der Strukturpolitik angesehen werden. Denn die von den TZ im Idealfall initiierte schnelle Aufbereitung neuer technologischer Themengebiete in den Regionen, die Sensibilisierung von Wissenschaft und regionaler Wirtschaft für die Entwicklung und den raschen praxisnahen Einsatz neuer Technologien und technologischer Produkte, ist gerade für viele traditionsbehaftete Unternehmen des Landes eine überlebenswichtige Strategie. Der Arbeitsmarkteffekt von TZ ist jedoch wenigstens bis 1995 eher bescheiden zu bewerten. Landesweit waren in den TZ bis 1995 rd. 1000 Unternehmen mit über 7000 Beschäftigten registriert. Werden die Multiplikatoreffekte sowie jene Unternehmen berücksichtigt, die nach erfolgreicher Gründung bereits wieder aus den TZ ausgeschieden sind, sollen über 13000 hochwertige Arbeitsplätze mit diesen Einrichtungen in Nordrhein-Westfalen geschaffen worden sein.

Technologiezentren in Altindustrieräumen

Zwei TZ-Schwerpunkträume erscheinen besonders interessant, da von ihnen durch ihre Lage in den krisengeprägten altindu-

	Forschungseinrichtung		
	Rheinisch-Westfälische Technische Hochschule (RWTH) Aachen	Fachhochschule Aachen einschl. Abteilung Jülich	Forschungszentrum Jülich (KFA)
Institute, Lehrstühle, Laboratorien	260	170	70
Professoren, Wissenschaftler	450	240	1500[2]
Studenten, wissenschaftliche Angestellte	33 500	10 700	4500[3]
Forschungsschwerpunkte (Auswahl)	Maschinenbau, Elektrotechnik, Medizin, Informatik, Werkstoffe, Nachrichten-, Kunststoff-, Umwelttechnik	Bauingenieurwesen, Elektro-, Nachrichten-, Raumfahrt-, Medizintechnik, Maschinenbau, Chemie, Biotechnik	Informationstechnik, Umwelttechnik, Bio- und Medizintechnik, Werkstofftechnik

[1] Weitere Forschungsinstitute und -labors:
   Fraunhofer-Institut für Lasertechnik (ILT);   Fraunhofer-Institut für Produktionstechnik (IPT);
   Fraunhofer-Institut für Naturwissenschaftlich-Technische Trendanalysen;
   Helmholtz-Institut für Biomedizinische Technik; Institut für Kunststoffverarbeitung (IKV);
   Werkzeugmaschinenlabor (WZL).
[2] Wissenschaftler
[3] Angestellte

Quelle: Aachener Gesellschaft für Innovation und Technologietransfer mbH, Aachen 1997

Tab. 3.4: Forschungseinrichtungen und -schwerpunkte im Raum Aachen[1]

striellen bzw. montanstrukturierten Regionen in besonderem Maße positive Effekte für die regionale Wirtschaft und den Arbeitsmarkt erwartet werden.

Beispiel 1: Technologieregion Aachen

Die gezielte Zusammenarbeit von Wissenschaft und Wirtschaft und die Ausrichtung auf Hochtechnologie werden im Raum Aachen seit Jahren erfolgreich praktiziert. Die einstige Kohleregion (vgl. Kap. 3.3.4) gilt heute mit ihrer selbst im europäischen Maßstab einzigartigen Forschungskonzentration und -vielfalt als führendes Technologiegebiet in Deutschland und als Vorbild für den erfolgreichen strukturellen Wandel. Die wissenschaftlich-technologische Infrastruktur der Region basiert dabei entscheidend auf drei Einrichtungen (Tab. 3.4):

– der Rheinisch-Westfälischen Technischen Hochschule Aachen (RWTH) im Oberzentrum Aachen,
– dem Forschungszentrum Jülich (ehemals Kernforschungsanlage, KFA) und
– der Fachhochschule Aachen (mit Abteilung in Jülich), einer der bedeutendsten ihrer Art in Nordrhein-Westfalen.

Einschließlich hochspezialisierter Forschungseinrichtungen in Instituten (z. B. Fraunhofer-Institute für Produktionstechnologie und Lasertechnik, Helmholtz-Institut für Biomedizische Forschung), Laboratorien und Entwicklungabteilungen von Unternehmen (z. B. Philips, Akzo, Ericsson, Mitsubishi) sowie 11 Technologie- und Servicezentren waren 1997 im Raum Aachen über 22 000 Mitarbeiter im wissenschaftlich-technologischen Sektor tätig. Im Gegensatz zu vielen anderen deutschen

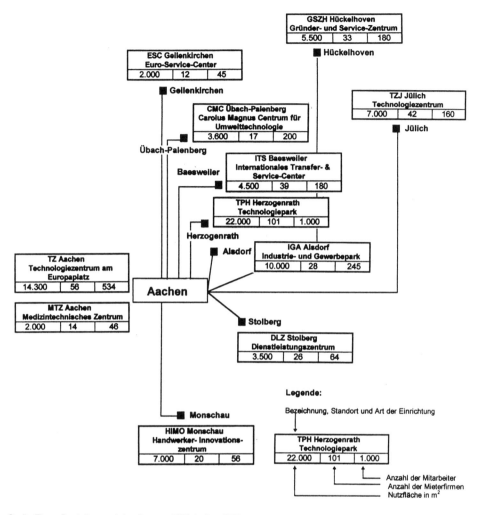

Quelle: Eigene Darstellung nach Angaben von AGIT, Aachen 1997

Abb. 3.6: Dezentrale Technologie- und Servicezentren in der Technologieregion Aachen

TZ-Standorten wurde im Raum Aachen durch die Aachener Gesellschaft für Innovation und Technologietransfer mbH (AGIT) gezielt der Aufbau eines dezentralen TZ-Netzwerkes realisiert. Das als „Aachener Modell" bekannt gewordene Netzwerk kooperierender Zentren, das national und international zum Vorbild wurde, umfaßt derzeit in den 11 TZ über 2700 Beschäftigte in fast 390 Unternehmen (Abb. 3.6). Einschließlich der nicht direkt in den TZ arbeitenden Unternehmen wurden über das Netzwerk bis 1996 rund 4500 neue Arbeitsplätze geschaffen. Mit der Dezentralisierung verfolgt die AGIT vorrangig das Ziel, die von den Zechenstillegungen betroffenen Gebiete wie etwa die Kreise Aachen und Heinsberg zu stärken.

Beispiel 2: Ruhrgebiet

Nach einer Bestandsanalyse des Kommunalverbandes Ruhrgebiet (KVR) hatten im
Revier bis 1996 26 TZ ihren Betrieb aufgenommen, drei befinden sich noch in der
Planung. Sieben Jahre zuvor existierten
erst neun Einrichtungen, so daß die TZ-
Entwicklung im Ruhrrevier als eine sehr
junge und sehr dynamische charakterisiert
werden kann. Denn im Zusammenhang
mit der Internationalen Bauausstellung
Emscher Park (IBA) kam es von 1994–
1996 zu einem regelrechten Gründungs-
boom, bei dem allein 12 TZ in der Region
entstanden. In den gesamten 26 TZ konnten bis 1996 602 Unternehmen bzw. Institute mit etwa 4600 Mitarbeitern angesiedelt werden. Die Gründer der jungen Unternehmen sind auch hier vielfach Hoch-
schulmitarbeiter oder Teams aus Groß-

unternehmen, die ihre Arbeiten auf diese
Weise kommerziell nutzen („spin-offs").
Die zur Verfügung stehenden Mietflächen
umfaßten rd. 155000 m^2 (Gesamtfläche rd.
209500 m^2), ihre Auslastung wurde vom
KVR mit 84% angegeben. Die einzelnen
TZ unterscheiden sich größenmäßig erheblich. Sie reichen von 1894 m^2 (Hagener
Technologie- und Gründerzentrum) bis
31150 m^2 (TZ Dortmund). Entsprechend
der wissenschaftlich-technologischen Infrastruktur vor Ort (d. h. also den Hochschulen und außeruniversitären Forschungseinrichtungen, vgl. auch Kap. 4.5) und
dem jeweiligen Marktpotential im Einzugsgebiet weisen die TZ sehr unterschiedliche Fachschwerpunkte auf. Dominante Bereiche sind Energie-, Umwelt-,
Informations- und Kommunikationstech-
nik, Mikroelektronik, neue Werkstoffe,
Logistik und Medizintechnik (Tab. 3.5).

Tab. 3.5: Technologiezentren im Ruhrgebiet 1996

Technologie-zentren	Gründungs-jahr	Gesamt-fläche (ca. m^2)	Unternehmen/Institute im Technologiezentrum		
			Anzahl	ca. Beschäftigte	Fachschwerpunkte
Ingenieurzentrum Bochum	1995	3 000	9	70–80	Bauwesen
TZ Ruhr, Bochum	1991	15 600	55	420	Medizin-, Meß-, Umwelt-technik, Automatisation
TZ Eco Textil, Bochum	1997	6 850	–	–	Umwelttechnologie, Texti-lien, Faserverbundstoffe u. a.
Bottroper Grün-der- und Techno-logiezentrum	1994	7 100	10	76	Industrieelektronik, IuK-Techniken,
TZ Castrop-Rauxel	1992	3 000	16	42	Medizintechnologie, Pharmazie
TZ Dortmund	1985	31 150	64	850	Logistik, Materialfluß, Werkstoffe, Elektronik u. a.
GTT-Technolo-giezentrum Duisburg	1987	6 600	26	260	Mikroelektronik, Telekommunikation,

Fortsetzung Tabelle 3.5

Technologie-zentren	Gründungs-jahr	Gesamt-fläche (ca. m²)	Unternehmen/Institute im Technologiezentrum		
			Anzahl	ca. Beschäftigte	Fachschwerpunkte
Zentrum für Existenzgründung und Technologie ZET Ennepetal	1993	2 109	12	52	Soft- u. Hardware, Umweltschutz, Werbetechnik u. a.
Essener Technologie- u. Entwicklungs-Centrum, ETEC Essen	1985	22 000	95	860	Energie-, Verfahrens-, Umwelttechnologie, Medizintechnik u. a.
Wissenschaftspark Gelsenkirchen	1995	16 000	19	168	Regenerative Energien, Umwelt- u. Geotechnik, IuK-Technologie u. a.
Innovationszentrum Wiesenbusch IWG Gladbeck	1995	11 000	14	74	Produktionstechnik, Maschinen- u. Anlagenbau, Umwelttechnik u. a.
Hagener Technologie- u. Gründerzentrum, Hagen	1986	1 894	10	48	IuK, Elektrotechnik, Telekommunikation, Maschinenwesen u. a.
TZ a. d. Fernuniversität Hagen	in Bau	7 333	–	–	Informatik, Automation, Umwelttechnologie, Elektrotechnik u. a.
HAMTEC – Hammer Technologie- u. Gründerzentrum Hamm	1989	5 500	24	110	Energie, Medizin- und Umwelttechnik, Anlagensicherheit u. a.
Öko-Zentrum NRW, Hamm	1997	4 500	–	–	ökologisches Bauen
Zentrum für Entsorgungstechnik u. Kreislaufwirtschaft ZEK, Hattingen	1996	6 000	4	65	Entsorgungstechnik und Kreislaufwirtschaft
Gründerzentrum Herne	1988	1 900	14	70	Energie, IuK-Technik, Logistik, Robotertechnik, Software u. a.
Medientechnisches Zentrum (MediaTec) Herne	1993	3 000	19	50	IuK-Technik, Produktionstechnik

Fortsetzung Tabelle 3.5

Technologie-zentren	Gründungs-jahr	Gesamt-fläche (ca. m²)	Unternehmen/Institute im Technologiezentrum		
			Anzahl	ca. Beschäftigte	Fachschwerpunkte
Anwenderzentrum Herne	1995	5030	5	65	Umwelttechnologie, Recycling
Innovationszen-trum Herne	1996	8500	7	o A	Automation, Logistik, Qualitätssicherung u. a.
Zukunftszentrum ZZH Herten	1995	3400	17	100	Umwelttechnologie
Gründer- u. Technologie-zentrum Kamen	1994	4800	15	60	innovative Dienstleistun-gen, Freizeitgerätetechnik, Versorgung
Zentrum für Umwelt- u. Verpackungs-technologie LUNTEC, Lünen	1995	7700	24	150	Werkstoffe, Umwelttechnik, Verpackung, Logistik, Informatik
Technologie- u. Chemiezentrum (TechnoMarl) Marl	1989	3500	24	120	Umweltschutz, Ökologie, Automation, Meß- und Regeltechnik u. a.
TZ Eurotec-Center Moers	1992	8600	19	140	Mechatronik, instrumentelle analytische Chemie, Berufsbildung
TZ Umweltschutz Oberhausen	1994	20000	19	198	Umwelttechnologie, -schutz, Telekommuni-kation, Multimedia, Dienstleistungen
TZ Schwerte	1994	8600	36	300	Reha-Technik, Wasser/ Abwasser, Umwelttechnik, Werkstoffe u. a.
Innovations- u. Technologie-zentrum Unna	1987	5000	30	140	Medizin-, Sensor-, Sporttechnik
Forschungs- u. Entwicklungs-zentrum Witten/ Herdecke	1996	7000	15	96	Medizin, Umwelt-, Entsor-gungs- u. Biotechnologie, Energie
Gesamt : 29		*236666*	*593*	*4595*	

Quelle: Kommunalverband Ruhrgebiet, Regionalinformation Ruhrgebiet, April 1996

3.2
Der Flächenbedarf an Gewerbe- und Industrieflächen

Bei der Darstellung Nordrhein-Westfalens als Industrieland stellt sich die Frage, in welchem Umfang es flächenbezogen industriell genutzt wird. Die amtliche Statistik der Katasterflächen 1995 gibt nur ungenügend Aufschluß. Nach ihr sind rund ein Prozent der Katasterfläche Nordrhein-Westfalens, d. h. etwa 34 000 ha, als Betriebsflächen anzusehen. Dieses Kriterium ist jedoch vor allem aus Planungsgründen viel zu undifferenziert. Planungsrechtlich konzentrieren sich gewerblich-industrielle Betriebe zwar auf alle vier Bauflächen (Wohnbauflächen, W; gemischte Bauflächen, M; gewerbliche Bauflächen, G; Sonderbauflächen, S). Hier sollen jedoch nur die gewerblichen Bauflächen interessieren, die die originäre Grundlage für das industrielle Leben Nordrhein-Westfalens bilden. Die gewerblichen Bauflächen werden in den Flächennutzungsplänen der Gemeinden häufig in die Baugebiete GI (Industriegebiete) und GE (Gewerbegebiete) differenziert. Vereinfacht ausgedrückt ist in Industriegebieten laut § 9 Baunutzungsverordnung (BauNVO) jede gewerblich-industrielle Nutzung möglich, und zwar insbesondere diejenigen Nutzungen, die in den anderen Gebieten unzulässig sind. Die Gewerbegebiete dienen vorwiegend nach § 8 BauNVO der Unterbringung von nicht erheblich belästigenden Gewerbebetrieben, worunter vor allem auch die Geschäfts-, Büro- und Verwaltungsgebäude zu zählen sind. In der Realität sind jedoch auch den Industriegebieten durch diverse umweltrechtliche Bestimmungen recht enge Grenzen gesetzt.

In Nordrhein-Westfalen existierten 1996 rund 160 000 ha G-, GE- und GI-Flächen. Ziel der folgenden Untersuchung ist es, den Flächenbedarf an neuen Gewerbe- und Industrieflächen bis zum Jahre 2020 zu ermitteln. Unter den zahlreichen in der Literatur dargestellten Verfahrensmöglichkeiten der Gewerbe- und Industrieflächenprognose wurde ein nachfrageorientiertes Verfahren entwickelt, das seine Basis im GIFPRO-Gutachten hat (vgl. STARK u. a. 1979, WUSCHANSKY 1985; vgl. hierzu Tab. A 11 und die dazugehörige Übersicht A 1 im Anhang).

In den folgenden Ausführungen soll die Berechnung des Bedarfs an Gewerbe- und Industrieflächen in Nordrhein-Westfalen im Vordergrund stehen. Gleichzeitig werden die Ergebnisse und Zwischenergebnisse hinsichtlich ihrer ökonomischen und wirtschaftspolitischen Aussagefähigkeit kommentiert. Die hier dargestellte Prognose gibt lediglich an, welche Flächen theoretisch in Nordrhein-Westfalen benötigt werden. Ob diese Flächen aus ökonomischen, ökologischen und raumplanerischen Gründen tatsächlich auch ausweisbar sind, bedarf spezieller Untersuchungen, die hier nicht geleistet werden können.

Bei den im folgenden dargestellten Ergebnissen ist ferner zu berücksichtigen, daß besonders der rückläufige Industriesektor eher geringere Flächenbedarfe anmelden wird. Die konjunkturellen und strukturellen Gründe werden an anderer Stelle erläutert (vgl. Kap. 2.3.1, 3.1, 4.1, 5.1, 7.2.2). Ein dazu gegenläufiger Trend ist allerdings die moderne eingeschossige Bauweise von Industrieanlagen, die wiederum eher größere Flächen benötigt.

Der prognostizierte Bedarf an Gewerbe- und Industrieflächen wird aus der Addition von Neuansiedlungsbedarf, Verlagerungsbedarf und Erweiterungsbedarf der Flächeneinheit und des Prognosezeitpunktes bestimmt, von der die Zahl der freigesetzten und wiederverwendeten Flächen subtrahiert wird. Als Ergebnis dieser Berechnung bleibt festzuhalten, daß ganz Nordrhein-Westfalen bis zum Jahre 2000 insge-

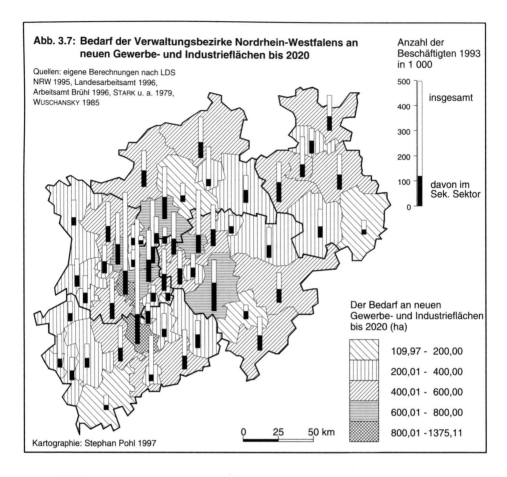

Abb. 3.7: Bedarf der Verwaltungsbezirke Nordrhein-Westfalens an neuen Gewerbe- und Industrieflächen bis 2020

Quellen: eigene Berechnungen nach LDS NRW 1995, Landesarbeitsamt 1996, Arbeitsamt Brühl 1996, STARK u. a. 1979, WUSCHANSKY 1985

Anzahl der Beschäftigten 1993 in 1 000

insgesamt

davon im Sek. Sektor

Der Bedarf an neuen Gewerbe- und Industrieflächen bis 2020 (ha)

109,97 - 200,00
200,01 - 400,00
400,01 - 600,00
600,01 - 800,00
800,01 - 1375,11

0   25   50 km

Kartographie: Stephan Pohl 1997

samt 5932 ha, bis zum Jahre 2010 14 407 ha und bis zum Jahre 2020 22 881 ha neue Gewerbe- und Industrieflächen benötigt. Bis zum Jahr 2020 werden sich somit die Gewerbe- und Industrieflächen in Nordrhein-Westfalen voraussichtlich um 14,3% auf knapp 183 000 ha erhöhen.

Interessant ist in diesem Zusammenhang auch die unterschiedliche Verteilung des prognostizierten Gewerbe- und Industrieflächenbedarfs auf die einzelnen Verwaltungsbezirke. In absoluten Zahlen lassen sich sechs Gruppen differenzieren (vgl. Abb. 3.7 und Tab. A 11 – s. Anhang):

1) Verwaltungsbezirke mit einem prognostizierten Bedarf an Gewerbe- und Industrieflächen von 1000 und mehr ha bis

zum Jahre 2020: In diese Gruppe fallen lediglich die beiden großen konkurrierenden Metropolen Nordrhein-Westfalens, Köln (1375 ha) und Düsseldorf (1104 ha), die als multifunktionale Großstädte im sekundären wie auch im tertiären Sektor eine hohe Beschäftigtenzahl aufweisen und zudem mit 13,5% (Köln) bzw. 11,6% (Düsseldorf) auch eine hohe Arbeitslosenquote (1996) haben.

2) Der Vorsprung dieser beiden kreisfreien Städte ist so groß, daß die systematisch folgende Gruppe (Verwaltungsbezirke mit einem prognostizierten Bedarf an Gewerbe- und Industrieflächen von 800 bis unter 1000 ha) unbesetzt bleibt.

3) Verwaltungsbezirke mit einem prognostizierten Bedarf an Gewerbeflächen

und Industrieflächen von 600 bis unter 800 ha: Diese Gruppe muß aus strukturellen Gründen in drei Untergruppen unterteilt werden:

3.1) Kreise mit einer hohen Zahl an Industriebeschäftigten und einer mittelhohen Arbeitslosenquote (Märkischer Kreis, Mettmann).

3.2) Kreisfreie Städte mit einer großen Zahl an sekundären und tertiären Beschäftigten sowie einer hohen Arbeitslosenquote (Dortmund, Essen).

3.3) Kreisfreie Städte, die durch eine sehr große Zahl an Industriebeschäftigten in Schrumpfungsbranchen und durch sehr hohe Arbeitslosenquoten gekennzeichnet sind (Duisburg, Recklinghausen).

4) Verwaltungsbezirke mit einem prognostizierten Bedarf an Gewerbe- und Industrieflächen von 400 bis unter 600 ha: Diese Gruppe muß aus strukturellen Gründen in zwei Untergruppen unterteilt werden:

4.1) Verwaltungsbezirke mit einem starken tertiären Sektor (Bochum, Unna, Wuppertal, Neuss, Wesel, Steinfurt, Bielefeld, Rhein-Sieg-Kreis, Lippe, Minden-Lübbecke, Erftkreis).

4.2) Verwaltungsbezirke mit ausgewogenen Beschäftigtenzahlen im sekundären und tertiären Sektor (Gütersloh, Ennepe-Ruhr-Kreis, Borken, Siegen-Wittgenstein, Hochsauerlandkreis).

5) Verwaltungsbezirke mit einem prognostizierten Bedarf an Gewerbe- und Industrieflächen von 200 bis unter 400 ha: Diese Gruppe muß aus strukturellen Gründen in drei Untergruppen unterteilt werden:

5.1) Kleinere Verwaltungsbezirke mit einem starken tertiären Sektor (Soest, Aachen, Gelsenkirchen, Krefeld, Viersen, Paderborn, Mönchengladbach, Hagen, Düren, Rheinisch-Bergischer-Kreis, Kleve, Oberhausen, Heinsberg, Hamm, Bonn, Münster).

5.2) Kleinere Verwaltungsbezirke mit ausgewogenen Beschäftigtenzahlen im se-

kundären und tertiären Sektor (Oberbergischer Kreis, Warendorf, Herford, Kreis Aachen, Mülheim an der Ruhr, Solingen, Herne).

5.3) Kleinere Verwaltungsbezirke mit einem starken sekundären Sektor (Leverkusen).

6) Verwaltungsbezirke mit einem prognostizierten Bedarf an Gewerbe- und Industrieflächen bis unter 200 ha: Verwaltungsbezirke mit einer sehr geringen Gesamtbeschäftigtenzahl (Coesfeld, Remscheid, Olpe, Euskirchen, Höxter, Bottrop).

3.3
Industriewirtschaftsräume

Mit dem Wandel des Energieangebots, d. h. mit der Ablösung der Steinkohle als Hauptenergieträger, lockerte sich zwangsläufig auch das räumliche Verteilungsbild der industriellen Produktion. Beispielsweise suchten stromintensive Betriebe vermehrt Standorte in Kraftwerksnähe auf, was insbesondere für die Rheinschiene mit den zahlreichen Betrieben der Nichteisen-Metallerzeugung zutrifft. Neben dem weitverzweigten Elektrizitätsnetz sind weitere Versorgungsleitungen, so der Leitungsverbund für Mineralöl und andere Produkte, die Ansatzpunkte für eine moderne gewerblich-industrielle Entwicklung geworden. Vor allem der Leitungsverbund für Ethylen, dem wichtigsten Grundstoff zur Herstellung von Kunststoffen, nimmt in diesem Zusammenhang eine bedeutende Stellung ein. Zahlreiche Firmen, wie die Chemischen Werke Hüls (CWH) in Marl, die Veba-Chemie in Gelsenkirchen oder die Bayer AG in Leverkusen, gehören diesem Leitungsnetz an.

Im Zuge eines Dezentralisierungsprozesses der Industrie konnten sich außer der markanten Rhein- und Ruhrzone weitere Wirtschaftszentren mit unterschiedlichen

Produktionsstrukturen und teilweise stark spezialisierten Fertigungen stabilisieren und weiterentwickeln. Zu diesen relativ eigenständigen Industrieregionen gehören insbesondere der Aachener Wirtschaftsraum (vgl. Kap. 3.3.4), persistente Industriegebiete im rechtsrheinischen Schiefergebirge (vgl. Kap. 3.3.7) sowie auch Ostwestfalen-Lippe (vgl. Kap. 3.3.8).

3.3.1
Das Ruhrgebiet im Strukturwandel

Das Ruhrgebiet als einer der bekanntesten industriellen Ballungsräume der Erde vermochte seit der zweiten Hälfte des 19. Jahrhunderts durchaus eine kulturhistorische wie sozio-ökonomische Klammer zwischen Rheinland und Westfalen zu bilden. Schon aus diesem Grunde sei hier dem Ruhrgebiet als dem zugleich größten Bevölkerungsballungsraum Deutschlands eine gewisse Priorität eingeräumt. Neben der heute – wenigstens nach räumlichen Gesichtspunkten gesehen – etwas irreführenden Bezeichnung „Ruhrgebiet" werden auch Begriffe wie „Ruhrkohlenrevier",

„Ruhrkohlenbezirk", manchmal auch „Rheinisch-Westfälisches Industriegebiet" oder im Volksmund einfach „Revier" bzw. „Kohlenpott" verwandt. Noch in der ersten Hälfte des 19. Jahrhunderts gab es kein Ruhrrevier, aber danach hat es nur weniger Jahrzehnte bedurft, um aus dem Raum zwischen Ruhr, Emscher und Lippe das größte europäische Schwerindustriegebiet auf der Grundlage von Steinkohle, Eisen und Stahl werden zu lassen.

Jahrzehntelang galt das Ruhrgebiet als das Aushängeschild auch der bundesdeutschen Wirtschaft in der Nachkriegszeit, praktisch als das Paradebeispiel des sogenannten deutschen Wirtschaftswunders. Heute zählt das Ruhrgebiet zu den altindustriellen Regionen. Es ist seit Jahrzehnten umwälzenden Veränderungen unterworfen, indem der lange Zeit absolut dominierende, mittlerweile am Dauertropf öffentlicher Subventionen hängende Montansektor mehr und mehr einer Diversifizierung zugunsten wettbewerbsfähiger Wirtschaftszweige weichen muß.

Die Steinkohlekrisen seit Ende der 1950er Jahre, die starke Bevölkerungsabwanderung in den letzten Dekaden, die

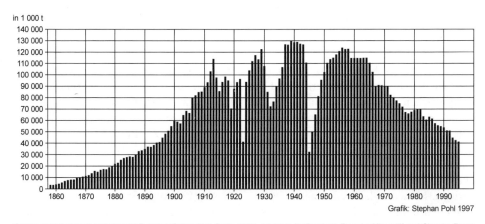

Grafik: Stephan Pohl 1997

Quelle: verändert nach KVR (Hrsg): Foliothek Ruhrgebiet, Berlin 1995; Jahrbuch für Bergbau, Energie, Mineralöl und Chemie, Essen, versch. Jg.

Abb. 3.8: Entwicklung der Steinkohleförderung im Ruhrgebiet 1860–1995

Stahlkrisen nach 1974 (zwischen 1974 und 1990 gingen ca. 100 000 Arbeitsplätze in der Stahlindustrie verloren) sowie die überdurchschnittlich hohen Arbeitslosenquoten sind sichtbare Signale für den notwendigen Strukturwandel.

In den 1950er Jahren waren noch mehr als 50% der nordrhein-westfälischen Wirtschaft direkt oder indirekt von Zechen und Hochöfen abhängig. Heute stellt der Steinkohlebergbau nur noch knapp 4% des BIP des Bundeslandes, und bei Stahl ist die Größenordnung ähnlich. Arbeiteten 1958 in 155 Schachtanlagen rd. 560 000 Bergleute, so sind es derzeit nur noch 70 000 in vierzehn Zechen. Und diese Zahl soll sich in den nächsten Jahren nochmals halbieren.

Bekanntlich werden die Regressionstendenzen der letzten Jahrzehnte vor allem auf die weltmarktmäßig gesehen zu teure Steinkohleförderung (1995 wurde jede Tonne deutscher Steinkohle mit 192 DM subventioniert, d. h. mit etwa dem Zweifachen des Weltmarktpreises) und die Absatzschwierigkeiten in der Stahlproduktion zurückgeführt. Andererseits gibt es Expertenmeinungen, die wiederum von einer positiven Zukunft des „Schwarzen Goldes" sprechen, wobei in erster Linie neue Technologien bzw. Veredelungsformen zu dieser Prognose Anlaß geben. Zum richtigen Verständnis der sozio-ökonomischen Problematik des Ruhrgebietes benötigt man zweifellos eine Reihe von Grundkenntnissen der funktionalen, strukturellen und auch geschichtlichen Entwicklungsprozesse, die im folgenden kurz angesprochen seien.

Die Steinkohle als der lange Zeit dominante Standortfaktor

In seiner West-Ost-Ausdehnung reicht das Ruhrgebiet auf der linken Niederrheinseite von etwa Kamp-Lintfort bis nach Hamm im Osten sowie im Süden von der Ruhr bis teilweise nördlich der Lippetalung. Über diese grobe topographische Abgrenzung geht das Areal des „Kommunalverbandes Ruhrgebiet" (Nachfolger des 1920 mit Sitz in Essen gegründeten „Siedlungsverbandes Ruhrkohlenbezirk") bedeutend hinaus. So umfaßt der Kommunalverband Ruhrgebiet (KVR) auch Randgemeinden, die damals und heute noch nicht von der Ruhrindustrie erreicht worden sind, mit deren industrieller Erschließung aber möglicherweise gerechnet werden kann.

Mitgliedskörperschaften des KVR sind die kreisfreien Städte Duisburg, Essen, Mülheim a. d. R., Oberhausen, Bottrop, Gelsenkirchen, Bochum, Dortmund, Hagen, Hamm und Herne sowie die Kreise Wesel, Recklinghausen, Ennepe-Ruhrkreis und Unna. Im Jahre 1994 lebten im Kommunalverbandsgebiet mit seinen 4500 km² rd. 5,4 Mio. Menschen, wobei eine durchschnittliche Einwohnerdichte wenigstens im Kernraum von ca. 2700 Menschen pro km² erreicht wurde. Davon zählten allein 11 Großstädte weit mehr als 100 000 Einwohner. Aber diese Zahlen beleuchten nur die eine Seite des Reviers, nämlich die industriellen Kernzonen mit ihren jungen Städten vor allem in der Emscherzone, wo Zechenanlagen, Kokereien, Hochöfen, Chemiewerke und andere Fabrikanlagen, Schienenstränge, Kanäle und Werkssiedlungen unterschiedlichen Alters das Landschaftsbild bis in die jüngste Zeit hinein bestimmten. Darüber hinaus zeigt das Ruhrgebiet, und das wird in der Charakterisierung des scheinbar so wenig attraktiven „Kohlenpotts" oft verkannt, auch noch ländlich-agrare Züge mit mehr oder minder großen Waldflächen und Naherholungsgebieten vor allem an den Nord- und Südflanken. Als Beispiel sei hier nur erwähnt, daß eine so bedeutende Industriestadt wie Dortmund in den 70er Jahren innerhalb ihrer Stadtgrenzen noch zu 40% Landwirtschaftsfläche aufwies. Nach Angaben des KVR verzeichneten wenigstens

in den 1980er Jahren die meisten Revierstädte einen höheren Grünflächenanteil je
Einwohner als andere nordrhein-westfälische Großstädte. In Zahlen ausgedrückt
heißt das: In den 11 kreisfreien Städten des
KVR entfielen durchschnittlich 216 m²
Grünfläche auf einen Einwohner; in Köln
waren es 177 m² und in Düsseldorf sogar
nur 158 m². Innerhalb des Verbandsgebie-
tes verbuchten die Städte Hamm mit 940,
Bottrop mit 556 und Hagen mit 491 m² das
meiste Grün pro Kopf der Bevölkerung.

In seiner heutigen Ausdehnung hat das
Ruhrgebiet Anteil an vier großen Natur-
räumen, nämlich am Rheinischen Schiefergebirge beiderseits des Ruhrtales, an den
Hellwegbörden von Duisburg bis Dortmund
sowie am westfälischen Münsterland im
Norden und dem Niederrheinischen Tiefland im Westen. Von entscheidender Bedeutung für die bergbauliche Entwicklung
im Revier war bekanntlich die Tatsache,
daß die kohleführenden Karbonschichten
entlang der Talwindungen der mittleren
Ruhr an der Erdoberfläche ausstreichen und
somit gerade hier schon dem mittelalterlichen Abbau bzw. Abgraben in Form des
sogenannten Pingen-, Pütten- und späteren
Stollenbaus zugänglich waren. Infolge der
tektonischen Prozesse der Postkarbonzeit
hat sich eine äußerst komplizierte Struktur
der kohlehaltigen Schichten ergeben. So ist
z. B. eine ganze Anzahl von „Sätteln" und
„Mulden" entstanden, die für den Steinkohleabbau von größter Bedeutung sind; im
Vergleich etwa zu den nordamerikanischen
Steinkohlefeldern bringen sie eine außeror-
dentliche Erschwerung mit sich und treiben
damit auch die Förderkosten in die Höhe.
Letzteres ist mit dafür verantwortlich, daß
die Förderung einheimischer Steinkohle
schon seit Jahren bedeutend teurer ist als
der Import ausländischer Kohle.

Im Ruhrgebiet sinken bekanntlich die
produktiven Karbonschichten nach Norden
hin in immer größere Tiefen ab. Nördlich

der Linie Essen–Bochum–Dortmund–
Unna schieben sich über das Karbon die
münsterländischen Kreideschichten als
Deckgebirge, wobei jene Mergel, Sande
u. ä. m. schon wenig nördlich der Lippe
über 1000 m Mächtigkeit erreichen. Weiterhin charakteristisch für die Ruhrkohle
ist bzw. war, daß gerade die für die Großindustrie so wertvollen Kohlearten, d. h.
die zur Verkokung und für die Kohlechemie sehr geeigneten Fett- und Gaskoh-
len, in größeren Tiefen lagern als etwa die
für den Hausbrand einst so wichtigen Eß-
und Magerkohlen (vgl. Kap. 2.1).

Generell gesehen lassen sich vier
Hauptgruppen an Kohlearten im Revier
unterscheiden, nämlich

1) die Flamm-, Gasflamm- und Gaskoh-
   len mit einem Anteil an den Gesamt-
   vorräten von ca. 22%,
2) die Fettkohlen (rd. 59%),
3) die Eßkohlen (rd. 15%) und schließlich
4) die Magerkohlen und Anthrazit (ca. 4%).

Bestimmen lassen sich die einzelnen
Gruppen nach dem jeweiligen Grad der
Inkohlung, wobei letztere den Anteil an
Kohlenstoff in Relation zu anderen, meist
flüchtigen Bestandteilen angibt und damit
auch über die jeweilige Verwendung bzw.
Veredelungsform der Steinkohle entscheidet. Besonders hoch ist also der Anteil an
Fettkohlen im Revier, was sich für die
Erzeugung von Koks und damit von Roheisen günstig auswirkte. Die Inkohlung
selbst ist noch längst nicht abgeschlossen;
vielmehr vollzieht sich auch heute noch
eine weitere Entgasung. Die dabei entwei-
chenden Grubengase sind hochexplosiv
und haben als „Schlagende Wetter" im
Laufe der Bergbaugeschichte immer wieder zu Katastrophen geführt, die viele
Menschenleben forderten.

Die „Nordwanderung" der Ruhrzechen
bis über die Lippe hinaus erforderte ständig zunehmende Teufen und den Einsatz

Die Planungsstrategie „Anschlußbergwerk" sei an folgendem Beispiel erläutert (vgl. auch Abb. 3.9): Von der „Stammzeche" aus, dem Bergwerk „General Blumenthal" in Recklinghausen reicht das Abbaurevier bis in den Raum Haltern. Dem ca.100 km² großen Grubenfeld mit einer Belegschaft von rd. 4000 Personen und einer Tagesförderung von 10 000 t Steinkohle (Anfang der 1980er Jahre) wurde das neue Grubenfeld „An der Haard" (Größe 37 km², Belegschaftsstärke knapp 2200 Personen, Tagesförderung 5500 t Kohle) angeschlossen. Aus dem Bereich Haltern gelangt die Kohle auf ihrem unterirdischen Transportweg zunächst in Großraumwagen (25 m³ Inhalt), die von 160-Kilowatt-Batterielokomotiven gezogen werden, zur Großkippstelle nördlich des Schachtes Blumenthal 8. Von hier aus wird die Kohle mittels einer Großdrehkippanlage auf ein Förderband umgeladen, das sie 300 m höher transportiert. Anschließend übernehmen vollautomatisch gesteuerte Zugeinheiten den Weitertransport bis zu Schacht General Blumenthal 11 in Herne-Wanne. Die Kohle aus dem Grubenfeld „An der Haard" gelangt mit Hilfe eines Bandstraßensystems auf das Niveau der Hauptfördersohle von General Blumenthal und von dort ebenfalls zu Förderschacht 11 in Herne-Wanne. Wenn die Kohle hier ans Tageslicht kommt, hat sie aus dem Abbaubereich Haltern einen Transportweg von 30 km und aus dem Haardbereich eine Strecke von 25 km zurückgelegt.

Übersicht 3.2: Planungsstrategie „Anschlußbergwerk" am Beispiel des Grubenfeldes „An der Haard"

neuer Techniken. Im traditionellen Revier zwischen Ruhr und Emscher wird im Jahre 2000 voraussichtlich nur noch ein unwesentlicher Teil der Steinkohle gefördert werden. Schon Anfang der 90er Jahre förderte die Ruhrkohle AG (RAG) die Hälfte der Gesamtmenge (1995 rd. 38 Mio. t, vgl. Tab. 3.6) aus der münsterländisch-niederrheinischen Zone, wobei als Kohleabbaugebiete vor allem die Räume um Haltern, Wesel und Goch in Frage kommen. Um die sich dabei abzeichnenden Konflikte zwischen Ökonomie und Ökologie bzw. Flächenkonkurrenzen zwischen Bergbau und anderen Nutzungen zu minimieren, verfolgt die RAG das Konzept der sog. „Anschlußbergwerke". Das heißt mit anderen Worten, daß unter Tage die neueren Zechen an alte, weiter südlich gelegene angeschlossen werden. Über Tage werden somit dann nur Schächte für die Wetterführung und die Ein- und Ausfahrt für die Belegschaft errichtet. Die Kohleförderung selbst und die Veredelungsformen gehen dann im bisherigen Zentralrevier, also vornehmlich im Emscherbereich, vonstatten.

An der Konzeption der „Anschlußbergwerke" möchte die RAG bis weit ins nächste Jahrtausend festhalten. Von 10 bis 12 Wetter- und Seilfahrtschächten abgesehen, sollen neue Förderanlagen vorerst nicht erschlossen werden. Vielmehr läuft in dem sogenannten Alt-Revier der Kohleabbau aus. Die letzten Zechen auf Essener und Dortmunder Boden wurden bereits 1986 bzw. Anfang 1987 geschlossen. Damit entstanden erneut großräumige Industriebrachen, wie sie in den letzten Jahren besonders die Emscher-Zone geprägt haben. Aber auch das Nordwandern der Zechen und die Konzeption der „Anschlußbergwerke" brachten zahlreiche Interessenkonflikte mit sich, wobei hier nur die immer bedeutsamer werdende Wassergewinnung angesprochen sei. So hat sich mit dem Kohleabbau unter der Haard der Bergbau mittlerweile bedenklich dem Wassergewinnungsgebiet „Halterner Sande" genähert. Letzteres gilt mit einer Fläche von rd. 850 km² als eines der größten Grundwasser-Reservoire Europas, dessen „Wasserwerksgalerien" und Rohrleitungssysteme durch den vorrückenden Bergbau

Ruhrkohle AG
Vorrat (technisch gewinnbar): 11 764 Mio. t

	1970	1980	1995
Förderung (Mio. t)	84,9	63,1	38,2
Anzahl der Bergwerke	52	26	14
Leistung unter Tage pro Mann und Schicht (t)	3,8	4	5,5
Beschäftigte	186108	129421	65604

darunter: Gesellschaft Auguste Victoria
Vorrat (technisch gewinnbar): 188 Mio. t

	1970	1983	1995
Förderung (Mio. t)	.	2,9	3,5
Anzahl der Bergwerke	1	1	1
Beschäftigte	5300	5678	4916

Bergwerke	Förderung 1995 (1000 t)	Beschäftigte 1995
(1) Auguste Victoria	3541	4916
(2) General Blumenthal/Haard	3537	4824
(3) Ewald/Schlägel & Eisen	3928	4934
(4) Friedrich Heinrich/Rheinland	3524	4773
(5) Fürst Leopold/Wulfen	2387	3302
(6) Haus Aden/Monopol	2373	3795
(7) Heinrich Robert	2682	3739
(8) Hugo/Consolidation	2547	3537
(9) Lohberg/Osterfeld	2979	4539
(10) Niederberg	2562	3223
(11) Prosper Haniel	3939	4384
(12) Walsum	3287	4173
(13) Westerholt	2052	3474
(14) Westfalen	2425	2962

Quelle: Jahrbuch für Bergbau, Erdöl und Erdgas, Petrochemie, Elektrizität, Umweltschutz, Essen, versch. Jg.

Tab. 3.6: Steinkohlebergbau im Ruhrrevier

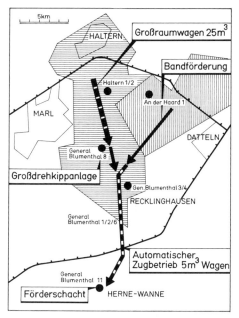

Quelle: Eigene Darstellung

Abb. 3.9: Planskizze eines „Anschlußbergwerkes" im nördlichen Ruhrgebiet

gefährdet sind. Ein möglicher Kompromiß in der Konfliktlösung könnte dergestalt sein, daß die direkt unter dem Wassergewinnungsgebiet liegenden Kohlenfelder nicht abgebaut werden, praktisch als eine Art Sicherheitspfeiler erhalten bleiben.

Bergbaugeschichtliche Grundzüge

Die zum Verständnis der heutigen sozioökonomischen Problematik des Ruhrgebietes wichtigsten Grundzüge der jüngeren Kulturlandschaftsgeschichte bzw. der Entwicklung von Bergbau und Kohleindustrie lassen sich folgendermaßen skizzieren: Urkundlich nachweisbar ist ein Kohleabbau im Ruhrtal zuerst im Jahre 1298, wo das offen zutage tretende Karbon im Tagebau, d. h. in sogenannten Pingen (trichter- und grabenförmige Vertiefungen), geschürft wurde. In einer zweiten Berg-

bauphase, und zwar von der Mitte des 15. bis gegen Ende des 16. Jahrhunderts, herrschte der „Püttenbau" vor, wobei unter „Pütt" (lat. puteus = Brunnen) ein nur wenige Meter tiefer Schacht zu verstehen ist. Die dritte Phase bis in die Hälfte des 19. Jahrhunderts läßt sich durch den Stollenbau charakterisieren. Hierbei wurden entlang der Talhänge tunnelförmige Gänge in die Kohleflöze vorangetrieben. Einzelne dieser Stollen sollen schon im 17. Jahrhundert bis 400 m Länge erreicht haben. Um 1800 gab es nach DEGE (1983) beiderseits der Ruhr etwa 150 fördernde Stollenbetriebe, die zusammen jährlich ca. 170 000 t Steinkohle produzierten.

In den dreißiger Jahren des 19. Jahrhunderts begann schließlich der Tiefbau als vierte Phase der Kohlegewinnung, indem nun mit dem Einsatz der Dampfmaschine und mit anderen technischen Innovationen jene Schacht- bzw. Zechenanlagen entstanden, die sehr rasch große Teile des Reviers prägen sollten. Zum Beispiel konnte man das mächtige und stark wasserführende Deckgebirge teilweise nur mit Hilfe des Gefrierverfahrens durchbrechen. Ein weiterer Markstein zur großindustriellen Expansion war der 1849 erfolgreich durchgeführte Verhüttungsversuch mit Ruhrkoks in Mülheim, allerdings hier 100 Jahre später als in England und 50 Jahre später als in Oberschlesien. Dabei sollte auch zum Ausdruck gebracht werden, daß derartige Pionierleistungen im Ruhrgebiet in entscheidendem Maße auf einzelne Unternehmerpersönlichkeiten, auf deren Know-how, Wagemut und Kapital zurückzuführen sind. Diesbezüglich sind vor allem Namen wie Haniel, Krupp, Stinnes, Thyssen u. a. m. zu nennen.

Während in den frühen Kohleabbauperioden, so in den oben genannten Phasen 1 und 2, nur durchschnittlich 5 bis 6 Arbeitskräfte pro Betrieb tätig waren, kam es bei den Tiefbauzechen bereits um die Mitte des

Innerhalb des Ruhrgebietes ist die einstige Gemeinde bzw. Stadt, der seit 1929 zu Oberhausen gehörende Stadtteil Osterfeld, zur nördlichen Emscherzone (Hamborn, Sterkrade, Osterfeld, Bottrop, Gladbeck, Buer, Herten und Recklinghausen) zu rechnen. Sie hat ihr bergbauliches Gepräge und ihre hochindustrielle Entwicklung seit der zweiten Hälfte des 19. Jahrhunderts erfahren. Die kulturlandschaftliche Situation der Gemarkung Osterfeld vor der „industriellen Revolution" kommt in Abbildung 3.10 zum Ausdruck. Danach liegt der Kern des alten Kirchdorfes als eine Art Terrassenrandsiedlung am Übergang von der überwiegend ackerbaulich genutzten Nieder- und Mittelterrasse zur sumpfig-nassen Talaue der Emscher. Der weitaus größte Gemarkungsteil wird allerdings von den kargen und trockenen Kies- und Sandböden der Hauptterrasse eingenommen, die noch zu Beginn des 19. Jahrhunderts als reines Marken- und Allmendland (Osterfelder Heide, Rothebusch, Vonderberg, Klosterhardt u. a.) entgegentraten. Östlich des Siedlungkernes mit seiner Pfarrkirche, mehreren altbäuerlichen Hofstellen und Handwerkshäusern liegt ebenfalls in der Gemeinde Osterfeld ein weiterer alter Siedlungsbereich mit der Bauerschaft Vonderort, die zugleich über zwei, für den gesamten Emscherraum kulturhistorische sehr bedeutende grundherrschaftliche Häuser, die Burg Vondern und das Rittergut Hove, verfügt. Insgesamt zählte Osterfeld im Zeitraum 1806/07 lediglich 92 Haus- und Hofstellen, davon 32 in der Bauerschaft Vonderort; die Einwohnerschaft betrug ca. 500 Menschen. Von besonderem siedlungs- und wirtschaftshistorischem Interesse ist die in Abbildung 3.11 verzeichnete ehemalige St. Antoni-Hütte am Elpenbach im Ortsteil Klosterhardt, die bereits 1758 in Betrieb genommen wurde. Sie gilt als die älteste Hütte des gesamten Ruhrgebietes, weshalb sich das heutige Oberhausen auch als Wiege der eisenverarbeitenden Großindustrie im Ruhrgebiet bezeichnet. Wirtschaftliche Voraussetzungen für den Verhüttungsbetrieb auf kurkölnischem Territorium (Vest Recklinghausen) waren nicht die Steinkohle, sondern die Raseneisensteinvorkommen, die relativ guten Holzkohlegewinnungsmöglichkeiten und schließlich die Wasserkraft des Elpenbaches. Aus dem 1808 erfolgten Zusammenschluß dieser Hütte mit zwei weiteren, nämlich den Hütten „Gute Hoffnung" in Sterkrade und „Neu Essen" an der Emscher bei Schloß Oberhausen, entwikkelte sich später die weltweit bekannte Gute-Hoffnungs-Hütte (GHH). Auf Betreiben der GHH wurden ebenfalls in Osterfeld, und zwar im Jahre 1846, die ersten Arbeiterwohnungen errichtet. Es entstand die Kolonie Eisenheim I, die als älteste Werkssiedlung des gesamten Ruhrgebietes anzusehen ist.

Die ersten Steinkohlebohrungen im Jahre 1853 veränderten das noch ländliche Siedlungsbild und die sozio-ökonomische Situation der Gemeinde Osterfeld grundlegend. In einer zeitgenössischen Chronik des Ortspfarrers Terlunen heißt es: „Überall sah man Bohrhütten, so daß etwa 300 Mann das ganze Jahr im Bohren beschäftigt waren, die aus allen Gegenden, aus Bielefeld, aus dem Münsterlande, von weither hierher kamen, weil sie davon gehört hatten..." Im Jahre 1872 begann die GHH mit dem Abteufen des ersten Schachtes der Zeche Osterfeld, dem 1878 der Schacht II folgte. Schon 1893 hatte die Steinkohleförderung über 1 Mio. t erreicht.

Um die Jahrhundertwende kamen zu dieser Großzeche die Schachtanlagen Vondern I und II sowie 1913 die Zeche Jacobi auf der Klosterhardt. Gleichzeitig entstanden Kokereien, eine Reihe von Eisenbahnanschlüssen sowie ein für das ganze Ruhrgebiet bedeutender Rangier- und Sammelbahnhof in Vonderort (1891), weiterhin der Rhein-Herne-Kanal (1914) in der Emschertalung und vor allem zahlreiche Arbeiter- und Werkssiedlungen. Die Emschertalung selbst wurde entwässert, das Flußbett begradigt und tiefer gelegt, so daß die heutige Emscherrinne praktisch zum größten Abwassersammler des nördlichen Ruhrgebietes wurde. Die sprunghafte und nahezu planlose Entwicklung von einem ländlich-agraren Kirchdorf zur Bergbaustadt spiegelt sich deutlich in Tabelle 3.7 wider. Allein für den Zeitraum 1895–1910 ist ein Wachstum der Einwohnerzahl Osterfelds um 261% zu verzeichnen. Die unterschiedlichen Zuwachsraten sind natürlich eng mit den jeweiligen Industrialisierungsphasen verknüpft. In diesem Zusammenhang sind auch die einzelnen Werkssiedlungs- bzw. Koloniebauten einzuordnen (vgl. Abb. 3.11). Ein zweites großes Einwohnerwachstum liegt in den Jahren 1950–1961 mit gut 53%. Vor allem um die Jahrhundertwende strömten zahlreiche Arbeitskräfte aus Osteuropa in die Emscherzone. Den stärksten Anteil an dem Massenzuzug hatten die Polen, die 1910 rd. 14% der Einwohnerschaft Osterfelds ausmachten. Seinerzeit betrug der Ausländeranteil insgesamt 23%. Auch heute ist die Gruppe der Ausländer mit rd. 18% der Gesamtbevölkerung besonders hoch.

Die abnehmenden Bevölkerungszahlen in den letzten Jahrzehnten sind im wesentlichen auf die ökonomischen Krisen vor allem im Steinkohlebergbau zurückzuführen. Nach den Zechenstillegungen seit den 60er Jahren war das Bergwerk Osterfeld mit der angeschlossenen Kokerei längere Zeit die einzige kohlefördernde Anlage Oberhausens. 1988 beschloß dann der Aufsichtsrat der Ruhrkohle AG die Einstellung der Kokserzeugung auf der Kokerei Osterfeld (bereits 1984 war die Stillegung der Kokerei Jacobi erfolgt) sowie auch die Aufgabe des Kohleförderstandorts Osterfeld. Ende August 1992 gelangte in Osterfeld die letzte Steinkohle zu Tage. Lediglich der Nordschacht diente in den folgenden Jahren dem neu entstandenen, jenseits der Oberhausener Stadtgrenze liegenden Bergwerk Lohberg zur Seilfahrt und Bewetterung. Das Gelände der ehemaligen Zeche und Kokerei Osterfeld ist der 1999 stattfindenden Landesgartenschau vorbehalten.

Übersicht 3.3: Das Fallbeispiel Osterfeld – Aufstieg und Niedergang eines Bergbauortes

Tab. 3.7: Einwohnerzahlen für Osterfeld 1845–1996

Jahr	Einwohner
1845/Gemeinde Osterfeld	775
1875	3 008
1890	5 385
1900	12 177
1905	20 148
1915	30 869
1921/Stadtwerdung	32 794
1929/Eingemeindung nach Oberhausen	
1939/Stadtteil Osterfeld	31 383
1946	32 821
1955	54 459
1961	54 582
1970	49 865
1980	43 478
1985	41 486
1990	41 594
1995	41 442*
1996	41 201*

* davon knapp 18% Ausländer

Quellen: Statistische Unterlagen der Stadt Oberhausen

(insbesondere aus dem ostelbischen Raum) an, worauf an späterer Stelle noch zurückzukommen sein wird. In den bisher ländlich-agraren Räumen vollzog sich nun in wenigen Jahren eine hektische Entwicklung, indem Zechen- und Fabrikanlagen, Eisenbahntrassen und Werkssiedlungen bzw. Kolonien großenteils planlos aus dem Boden gestampft wurden. Diese Situation trifft insbesondere für die Zonen südlich und nördlich der Emscher zu, worauf in Übersicht 3.3 anhand eines konkreten Beispiels kurz eingegangen wird. Es handelt sich hierbei um das einstige Kirchdorf Osterfeld, das recht eindrucksvoll den Aufstieg und die heutige Problematik eines Bergbauortes an der Emscher dokumentiert.

Das Ruhrgebiet in seiner wirtschaftsräumlichen Gliederung

Am geläufigsten ist eine wirtschaftsräumliche Zonierung des Ruhrgebietes von Süden nach Norden, d. h. von der Ruhrzone über die Hellwegzone, die südliche und nördliche Emscherzone bis zur Lippezone. Dieser Süd-Nord-Gliederung wäre dann noch als fünfte die Rheinzone westlich des Stromverlaufes anzuschließen. In der Ruhrzone mit den alten Zentren Hattingen, Witten, Wetter, Schwerte usw. wird schon

19. Jahrhunderts zu 400 bis 500 Arbeitern pro Schachtanlage. Die wie Pilze aus dem Boden schießenden Zechen sowie die Kohleverarbeitungs- und verhüttungsformen zogen in kurzer Zeit immer mehr Arbeiterschichten zunächst aus den umliegenden Räumen, dann aus fast allen deutschen Landesteilen und darüber hinaus

Kartengrundlagen
1) Übersichtskarte der getheilten Osterfelder Gemeinheiten, Reg. Bez.
   Münster, Kreis Recklinghausen, 1:10 000, angef. durch den Geometer
   Baumann" (um 1847)
2) "Karte des Parzellar Katasters der Gem. Osterfeld, Reg. Bez. Münster,
   Landr. Kreis Recklinghausen, Bürgermeisterei Bottrop. Aufgenommen
   im Jahre 1823 durch den Geometer Doellinger " (1:10 000)
3) Urkarten der Gem. Osterfeld, Flur I Gem. Osterfeld (3 Blätter), Flur II
   Gem. Vonderort (4 Blätter), aufgen. 1822 im Maßstab 1:2 500
4) Verzeichniß der Güterbesitzer und ihres Flächeninhaltes der Gem.
   Osterfeld (Fluren I und II) von 1822
5) Teilungs-Rezesse der Osterfelder Gemeinheiten (1834, 1838, 1847)

Legende
Heide und Bruch
Heide durchsetzt von Gehölzen
Gehölz (Nieder- und Hochwald)
Kultiviertes Landwirtschaftsareal
Markengrenzen

Entwurf: E. Gläßer
Zeichnung: E. Butschan

Abb. 3.10: Osterfeld und seine Gemeinheiten (Marken) um 1830/40

Quelle: nach Unterlagen der Stadtverwaltung Oberhausen

Abb. 3.11: Oberhausen-Osterfeld um 1980

lange kein Kohlebergbau mehr betrieben. Jedoch lassen noch heute viele Zeugen im Landschaftsbild die einstige Ausdehnung des Reviers erkennen. In der nördlich anschließenden Hellwegzone mit den alten Handelsstädten Duisburg, Mülheim, Essen, Bochum und Dortmund wurden dann – wie bereits hervorgehoben – in den 30er Jahren des 19. Jahrhunderts die mergeligen Deckschichten durchbohrt und die verkokbaren Fettkohlen erschlossen. Kennzeichnend für die Hellwegzone waren also im Gegensatz zur Ruhrzone die „Tiefbau-" oder „Mergelzechen" mit großen, fabrikartigen Anlagen an der Erdoberfläche. Hinzu kamen bald die Hüttenwerke für die Eisen- und Stahlerzeugung. Dadurch, daß die großindustrielle Expansion in der Hellwegzone auf eine gewachsene, mittelalterlich geprägte Städtereihe stieß, vollzog sich hier der Bau von Zechen, Hütten, Walzwerken, Gießereien mit den entsprechenden Verkehrsstrassen und Werkssiedlungen um die alten Stadtkerne herum. Heute ist der Bergbau auch in der Hellwegzone erloschen. Anders verlief dagegen, wie das Beispiel Osterfeld zu zeigen versuchte, die großindustrielle Entwicklung in der Emscherzone. In wenigen Jahren verwandelten sich die Dorfsiedlungen entlang der Emscher in ein mehr oder minder planloses Gewirr von Zechen, Kokereien, Fabriken, Arbeiterkolonien, Werksbahnen usw., die jenes triste Bild vom „Kohlenpott" verursachten, das vielerorts – allerdings fälschlicherweise – als typisch für das gesamte Ruhrgebiet angesehen wird. Mit Ausnahme des schon etwas peripher gelegenen Recklinghausen (einst Hauptort des „Vestes Recklinghausen", d. h. des kurkölnischen Territoriums zwischen Lippe und Emscher) sind die Emscherstädte, etwa Oberhausen, Bottrop, Gelsenkirchen und Herne, sehr jungen Alters. Sie sind entweder aus älteren Dorfkernen hervorgegangen, z. B. Herne, Gel-

senkirchen oder Bottrop (alte Flurbezeichnungen kommen noch in Namen wie Wanne-Eickel, Schalke usw. vor), oder sie sind planmäßig und in kurzer Zeit regelrecht aus dem Boden gestampft worden. Für letztere ist z. B. Alt-Oberhausen mit seinem typischen Schachbrettmuster ein treffendes Beispiel.

In die Lippezone mit ihrer Städtereihe Dinslaken, Dorsten, Marl, Datteln, Lünen und Hamm drang der Steinkohlebergbau schon gegen Ende des 19. Jahrhunderts vor. Auch heute noch sind für diese Wachstumszone die z. T. engen Verzahnungen zwischen den ländlich-agraren und städtisch-industriellen Lebensbereichen kennzeichnend. Nach 1900 begann dann auch die Kohleförderung auf der linken Niederrheinseite. Mittlerweile reicht das linksrheinische Revier von der verkehrsgünstigen Rheinflanke in die westlich anschließenden Räume von Neukirchen-Vluyn und Kamp-Lintfort hinein.

Insgesamt gesehen, zeichnet sich im heutigen Ruhrgebiet der Trend zu einer wachsenden Heterogenität ab, d. h. sowohl in sozialer als auch in ökonomischer Sicht. Vor allem im demographischen Geschehen wird dieser Prozeß deutlich sichtbar, indem die Entwicklung der Bevölkerungzahlen in den Ballungsrandgebieten infolge der Zuwanderungsgewinne positiv verläuft, während in den altindustriellen Ballungskernen durchweg ein gegenteiliger Trend zu verzeichnen ist. Die verbliebenen Zweige der Montanwirtschaft konzentrieren sich mehr und mehr auf bestimmte Produktionsräume, so vor allem auf Duisburg (Abb. 3.12). Auf der anderen Seite profilieren sich mehrere Großstädte, insbesondere die beiden Ruhrgebietsmetropolen Dortmund und Essen, immer stärker als Dienstleistungszentren. Sie sind zusammen mit Bochum heute im Ruhrgebiet die dominierenden Verwaltungszentren mit einem Beschäftigungsanteil im Dienstlei-

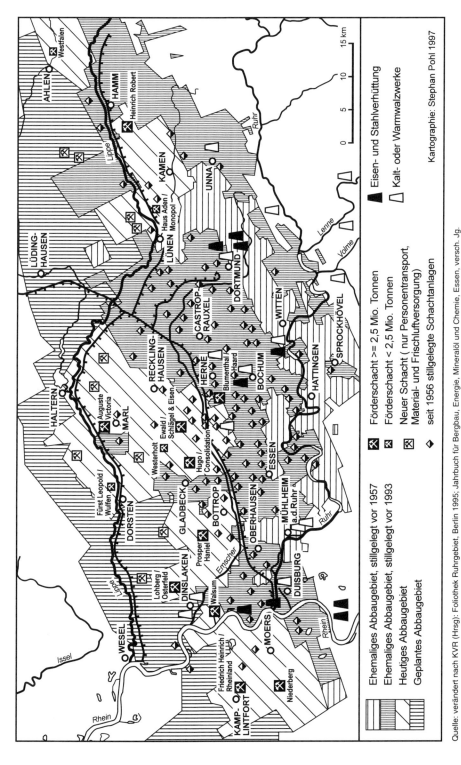

Quelle: verändert nach KVR (Hrsg): Foliothek Ruhrgebiet, Berlin 1995; Jahrbuch für Bergbau, Energie, Mineralöl und Chemie, Essen, versch. Jg.

Abb. 3.12: Steinkohlebergbau sowie Eisen- und Stahlverhüttung im Ruhrgebiet (Stand 1995)

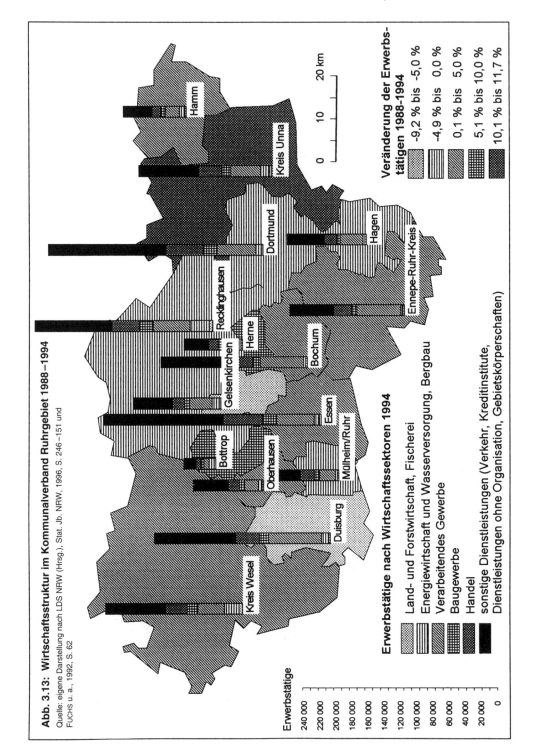

Abb. 3.13: Wirtschaftsstruktur im Kommunalverband Ruhrgebiet 1988–1994

Quelle: eigene Darstellung nach LDS NRW (Hrsg.), Stat. Jb. NRW, 1996, S. 246–151 und FUCHS u. a., 1992, S. 62

Veränderung der Erwerbstätigen 1988–1994

- -9,2 % bis -5,0 %
- -4,9 % bis   0,0 %
- 0,1 % bis   5,0 %
- 5,1 % bis 10,0 %
- 10,1 % bis 11,7 %

Erwerbstätige nach Wirtschaftssektoren 1994

- Land- und Forstwirtschaft, Fischerei
- Energiewirtschaft und Wasserversorgung, Bergbau
- Verarbeitendes Gewerbe
- Baugewerbe
- Handel
- sonstige Dienstleistungen (Verkehr, Kreditinstitute, Dienstleistungen ohne Organisation, Gebietskörperschaften)

Erwerbstätige

Hamm

Kreis Unna

Dortmund

Hagen

Ennepe-Ruhr-Kreis

Recklinghausen

Herne

Bochum

Gelsenkirchen

Essen

Bottrop

Oberhausen

Mülheim/Ruhr

Duisburg

Kreis Wesel

0   10   20 km

stungssektor von mehr als 60%. Problembehaftet sind vornehmlich die Emscherstädte, und zwar wegen ihrer weniger diversifizierten und modernisierten Wirtschaftszweige sowie ihrer speziellen Umweltsituation infolge vieler Altlasten. Aufgrund dieser und anderer Aspekte läßt sich auch die oben genannte klassische wirtschaftsräumliche Gliederung des Ruhrgebiets heute nur noch bedingt aufrechterhalten.

Andere Industrien neben der Kohle- und Eisenproduktion

Als eine der traditionellen Schlüsselindustrien im Revier muß zuallererst die Eisen- und Stahlverarbeitung genannt werden. Daneben wären zahlreiche andere Verarbeitungszweige hervorzuheben, die wenigstens noch in den 60er und 70er Jahren eine große Bedeutung für das Ruhrgebiet hatten und zum Teil auch heute noch haben. Mit der Inbetriebnahme der Großkokereien in der Emscherzone eröffnete sich z. B. die Möglichkeit, die Nebenprodukte der Verkokung (Gase, Teer, Rohbenzol und Ammoniak) für die Kohlechemie nutzbar zu machen. So profitierte vor allem die Chemie von den Kohlenebenprodukten. Genannt seien hier nur die Chemischen Werke Hüls (CWH) in Marl-Hüls mit ihrem heute sehr vielseitigen Herstellungsprogramm, deren Stammwerk, die 1938 gegründeten „Bunawerke Hüls GmbH", ursprünglich auch auf den Kohlenebenprodukten aufbaute. In den Nachkriegsjahren haben dann die „Nichtkohlechemie" (die bedeutendste dieser Art sind heute die CWH) und die Mineralölindustrie sehr an Bedeutung gewonnen. Darüber hinaus wären hier noch zahlreiche andere Industriezweige zu nennen, so die Elektroindustrie und der Fahrzeugbau sowie in jüngster Zeit zahlreiche innovative Branchen der Umweltschutztechnologie. Insge-

samt gesehen konnte aber dadurch die langjährige Monopolstellung von Steinkohle und Eisen bzw. Stahl nur teilweise beseitigt werden, so daß die jüngsten Krisen in der Kohle- und Stahlproduktion das Revier besonders hart treffen mußten und somit gerade hier zu einer überdurchschnittlich hohen Arbeitslosigkeit führten.

Bevölkerungszustrom und Werkssiedlungsbau

Während noch zu Beginn des 19. Jahrhunderts im Gebiet des KVR weniger als 300 000 Menschen lebten, sind es heute ca. 5,4 Millionen. Diese Bevölkerungsexplosion verlief – wie schon am Beispiel Osterfeld ausgeführt – keineswegs gleichmäßig, sondern entsprechend den industriellen Ausbauphasen und den politisch-historischen Vorgängen in bestimmten Rhythmen. Vor allem nach 1871, also in den sogenannten Gründerjahren, läßt sich ein enormer Bevölkerungsanstieg im Revier feststellen. Während es vorher meist Bergleute aus der näheren Umgebung (Münsterland, Sauerland, Westerwald usw.) waren, die ins Ruhrgebiet zogen, begann nach 1871 eine starke Einwanderung aus den preußischen Ostprovinzen, aus Nieder- und Oberschlesien, aus Ostpreußen und benachbarten Regionen. Danach kamen insbesondere Polen sowie Arbeitskräfte aus dem südosteuropäischen Raum, d. h. Tschechen, Slowaken, Slowenen u. a. m. (vgl. u. a. BREPOHL 1948). 1893 stammten nach WILH. u. WILF. DEGE (1983) rd. 25% der Belegschaft des Ruhrbergbaus aus Oberschlesien, Posen, Ost- und Westpreußen. Nach dem Zweiten Weltkrieg folgten dann schließlich zwei weitere Bevölkerungzuströme, nach Kriegsende zunächst 1,2 Mio. Flüchtlinge und Vertriebene aus dem ostelbischen Raum und anschließend vor allem Gastarbeitergruppen. Der gewaltige Bevölkerungszustrom führte im Revier

Übersicht 3.4: Thyssen und Krupp als Spiegel der deutschen Geschichte

„In Thyssen und Krupp spiegeln sich die Erfolge und Irrwege der deutschen Geschichte wider. Beide Unternehmen stiegen seit dem 19. Jahrhundert mit dem deutschen Nationalstaat auf – und sie fielen mit ihm … Friedrich Krupp, der aus einer Essener Kaufmannsfamilie stammte, gründete 1811 an der heutigen Altendorfer Straße eine kleine Fabrik zur Herstellung von Gußeisen. Der Gedanke lag nahe, da Napoleon die Wirtschaftspolitik des von ihm dominierten europäischen Festlandes unter die Devise „Los von England" (wo die Eisenherstellung bereits fortgeschritten war) gestellt hatte. 1820 hatte der Betrieb nur acht Mitarbeiter und setzte 3400 Taler um. Der Aufschwung kam erst in der Phase der frühen Industrialisierung seit der Jahrhundertmitte. Begünstigt von den Handelserleichterungen im Deutschen Zollverein (seit 1834) und im Norddeutschen Bund (seit 1866/67) und beflügelt vom Stahlbedarf des Eisenbahnbaus (seit 1835), begann das Unternehmen kräftig zu expandieren. Alfred Krupp, der das Unternehmen seit dem Tod seines Vaters (1826) führte, erlangte vor allem mit der Erfindung des nahtlosen Eisenbahnrades Ansehen und konnte das Produkt erfolgreich verkaufen. In die Zeit um die Jahrhundertmitte fällt auch der Beginn eines Produktionszweiges, der danach auf Jahrzehnte mit Krupp wie mit keinem anderen deutschen Unternehmen verbunden war: der Waffenindustrie. Ein Jahr vor der Revolution von 1848 baute die Essener Fabrik das erste Probegeschütz für Preußen. Der Umsatz nahm von 1850 bis 1870 von 0,8 Mio. auf 29 Mio. Mark zu, die Zahl der Arbeiter stieg von 241 auf 8400. Noch vor der Sozialgesetzgebung Bismarcks etablierte Alfred Krupp eine Werkskrankenkasse, eine Pensionskasse, ließ seit 1861 Wohnsiedlungen für seine Arbeiter errichten und baute 1872 ein eigenes Krankenhaus. Als Krupp schon Weltruhm genoß, steckte der Thyssen-Konzern noch in den Kinderschuhen. Aber die gewaltige Nachfrage nach Eisen, Stahl und Kohle für den Eisenbahn- und Schienenbau sowie die wirtschaftlichen Impulse der Reichsgründung von 1871 katapultierten die damals noch in Paris ansässigen Rheinischen Stahlwerke (heute Teil der Thyssen Industrie AG), die Thyssen und Co. (heute Thyssen Stahl AG) und die Zeche Gewerkschaft Deutscher Kaiser in die Spitze der deutschen Montanindustrie. Innerhalb von nur zwei Jahren konnten etwa die Rheinischen Stahlwerke ihr Kapital auf 3 Mio. Franc verdreifachen. Die wirtschaftlichen Erfolge des Deutschen Reiches lassen sich an der Thyssen-Gruppe ablesen. Als der Erste Weltkrieg begann, standen die Betriebe bei der Roheisenerzeugung auf Platz drei, beim Rohstahl auf Platz vier und bei den Walzwerken an zweiter Stelle in Deutschland. Thyssen gab zu dieser Zeit 26 000 Menschen Arbeit, förderte 4,5 Mio. t Kohle, produzierte mehr als 800 000 t Roh- und 755 000 t Walzstahl im Jahr. Im Ersten Weltkrieg konnten Thyssen und Krupp durch die Umstellung auf die Militärproduktion ihren Umsatz erhöhen, und auch die Zahl der Mitarbeiter – viele von ihnen waren jetzt Frauen – nahm zu. Thyssens Mülheimer Maschinenfabrik etwa wuchs von 3000 Mitarbeitern 1913 auf 22 000 im Jahr 1918. Krupp beschäftigte 1915 rund 96 000 Menschen, 1917 waren es schon 151 000. Der verlorene Krieg traf die Schwerindustrie besonders stark … Beide Konzerne (mußten) gemäß dem Versailler Vertrag alle Einrichtungen, die der Kriegsproduktion gedient hatten, vernichten. Die wirtschaftlich schwierige Lage in den zwanziger Jahren zwang die Stahlindustrie – ähnlich wie es die Chemie in der I.G. Farben vormachte – zu Zusammenschlüssen. 1926 entstanden so die Vereinigten Stahlwerke AG, an denen sich auch Thyssen beteiligte und die 40 Prozent des deutschen Stahls herstellten. Doch die begonnene Konsolidierung der Stahlindustrie brach mit der Weltwirtschaftskrise in den dreißiger Jahren zusammen - ebenso wie die Weimarer Republik selbst. In den Jahren bis und im Zweiten Weltkrieg profitierten beide Konzerne wiederum von den Heeresaufträgen. Die August-Thyssen-Hütte AG erhöhte ihre Rohstahlproduktion von 2,5 Mio. t (1934) auf mehr als 4,2 Mio. t (1938/39), der Umsatz stieg von 230 auf 468 Mrd. Reichsmark, die Zahl der Beschäftigten von 15 000 auf 22 000. Krupp verdoppelte die Belegschaft von 1935 bis 1943 auf 200 000 Menschen, den Umsatz schon bis 1940 auf eine Mrd. Reichsmark. 1945 wurde das Unternehmen Krupp, das von Bombenangriffen und der Demontage schwer geschwächt war, teilweise enteignet. Auch die Thyssen-Werke hatte der Krieg stark getroffen, aber von 1953 ging es mit der neugegründeten August-Thyssen-Hütte AG schnell wieder bergauf. Bis zur Stahlkrise in den frühen neunziger Jahren gewannen die Konzerne ihre historische Bedeutung annähernd zurück."

(Frankfurter Allgemeine Zeitung, Nr. 67, vom 20. März 1997)

zu charakteristischen Siedlungsformen, wie sie sich vor allem im Bild der Bergarbeiterorte, der Kolonien bzw. Werkssiedlungen niederschlagen. Unter „Kolonie" ist hier im ursprünglichen Sinne die besitzrechtliche Bezeichnung für Arbeiterwohnsiedlungen eines Betriebes zu verstehen, die im Grundriß geschlossen und in der Physiognomie wie in der sozialen Struktur mehr oder minder gleichförmig sind. Infolge sozialer Umstrukturierungen oder auch durch Privatisierung von Wohneigentum sind jene Merkmale heute meist nicht mehr zutreffend. Für die Standorte der frühen Werkssiedlungen bzw. Kolonien waren nicht etwa irgendwelche städtebaulichen Gesichtspunkte maßgebend, sondern einzig und allein die Nähe zum Arbeitsplatz, d. h. hauptsächlich zu den Schachtanlagen. Schon vor dem Bau der ersten größeren Kolonien, d. h. vor 1860, waren im damaligen Kohlerevier die „Bergmannskotten" angelegt worden, die durchweg noch mit einer Nebenerwerbslandwirtschaft verbunden waren. Bei jenen zugezogenen Bergarbeitern handelte es sich ja in erster Linie um Bauernsöhne aus der näheren Umgebung und den südlich angrenzenden Mittelgebirgen, die im Revier einen Arbeitsplatz fanden, aber auch ihrer ursprünglichen, d. h. landwirtschaftlichen Tätigkeit noch weiter nachgehen wollten. Jene, heute noch hier und da in Resten anzutreffenden „Bergmannskotten" waren relativ kleine Häuser, die von Stallungen und großen Gartenanlagen umgeben waren. Nach 1860 kam es dann zu der planmäßigen Errichtung von Werkssiedlungen bzw. Zechenkolonien, wobei ihrer Entstehungszeit entsprechend verschiedene Grundtypen für das Ruhrgebiet charakteristisch sind. Generell kann man die Aussage treffen, daß mit zunehmendem Bevölkerungsdruck vor allem gegen Ende des 19. Jahrhunderts auch das Bild der Kolonien immer eintöniger und schematischer wurde, und die tristen Mehrfamilienhäuser den einstigen Bezug zum ländlich-agraren Bereich völlig verdrängten. Der Werkswohnungsbau wurde in dieser Zeit praktisch zu einer städtebaulichen Komponente des Ruhrreviers. Als Ausnahmen mögen jene „Gartenkolonien" im Stile der sogenannten englischen Gartenstadtbewegung angesehen werden, wie sie kurz nach 1900 von dem Krupp-Unternehmen in verschiedenen Teilen des Reviers angelegt wurden. Nach dem Ersten Weltkrieg ging der bislang von den jeweiligen Zechen und Hütten getragene Wohnungsbau zurück. Nun wurde die Errichtung von Siedlungen für Bergleute, Hüttenarbeiter, Eisenbahner usw. besonderen Treuhandstellen und zum Teil auch schon gemeinnützigen Wohnungsbaugesellschaften übertragen. Manche der alten Werkssiedlungen sind dann in den letzten Jahren im Zuge unsinniger „Flächensanierungen" abgerissen worden; andere gingen infolge der Zechenstillegungen in Privatbesitz über. Die damit verbundene individuelle Umgestaltung der Häuser hat das ursprünglich einheitliche Bild zu einem großen Teil beseitigt. Andererseits sind in der Nachkriegszeit aber auch zahlreiche neue geschlossene Wohnsiedlungen errichtet worden, und zwar nun meist abseits der Industrieanlagen sowie am Rande der städtischen Ballungskerne. Es entwickelten sich damit vielerorts die sogenannten Schlafstädte, mit denen zugleich eine zunehmende soziale Differenzierung sowie eine abnehmende Berufs- und Firmengebundenheit verknüpft waren.

Strukturpolitische Ansätze und Entwicklungsperspektiven

Im Zuge der Bergbaukrisen seit 1957 standen zunächst die Maßnahmen unter dem Vorzeichen der Wettbewerbsfähigkeit der heimischen Steinkohleförderung (Zechenstillegungen, Gründung der RAG u. a. m.). Das 1968 eingeleitete „Entwicklungsprogramm Ruhr" und das folgende „NRW-Programm 1975" setzten dann neue Prämissen, indem durch den Aufbau einer leistungsfähigen und den modernen Erfordernissen entsprechenden Infrastruktur die Effizienz der Ruhrwirtschaft gesteigert werden sollte. Dieser Zielsetzung dienten u. a. der Ausbau des Straßenverkehrs (Schnellstraßen) sowie die Errichtung von Universitäten und anderen Hochschulen. Im Jahre 1979 wurde das „Aktionsprogramm Ruhr" mit einem Finanzierungsvolumen von rd. 7 Mrd. DM in Angriff genommen, um zum einen die Montanindustrie zu modernisieren und zum andern durch direkte Projektförderungen Innovationen im Umwelt- und Energiebereich zu forcieren.

Als dezentraler Ansatz wurde dann 1987 seitens der Landesregierung in Düsseldorf die „Zukunftsinitiative Montanregionen" (ZIM) ins Leben gerufen, nach der primär die regionalen Informations- und Organisationspotentiale erschlossen werden sollten. Diese strukturpolitische Maßnahme stieß anfangs auf so positive Resonanz, daß sie auf ganz Nordrhein-Westfalen ausgedehnt wurde (ZIN). Hauptziele von ZIM/ZIN sind, eine höhere Zielgenauigkeit und damit eine größere Effektivität der Projekte zu erreichen sowie die Effizienz der eingesetzten Ressourcen zu erhöhen. Hierbei sollen auch nicht-ökonomische Ziele berücksichtigt werden. Die Finanzierung der Programme in den vier ZIN-Zonen des Ruhrgebiets (vgl. KILPER u. a. 1994) erfolgt aus unterschiedlichen Fördertöpfen des Landes, Bundes und der EU. Im Einzelnen sieht die Konzeption von ZIM/ZIN folgendermaßen aus: Zunächst entwickeln die regionalen Akteure Projektvorschläge für die in Frage kommenden Regionen. Diese Vorschläge werden in nächster Instanz durch den jeweiligen Regierungspräsidenten evaluiert und im weiteren durch eine Kommission den einzelnen Aktionsfeldern zugeteilt. Als Aktionsfelder betrachten ZIM/ZIN die Innovations- und Technologieförderung, die weitere Qualifizierung der Arbeitskräfte, die Sicherung und Schaffung von Arbeitsplätzen, die Modernisierung der Infrastruktur sowie die Verbesserung der Umweltsituation in den Regionen. Über die Mittelzuweisung entscheidet schließlich die Landesregierung.

Die oben angesprochenen Initiativen sind ihrer bisherigen Ergebnisse wegen von verschiedenen Seiten kritisiert worden (vgl. u. a. DANIELZYK 1992 und KILPER u. a. 1994). Danach habe sich gezeigt, daß die Akteure aus den Wirtschaftsbereichen den größten Einfluß genommen hätten, wodurch überwiegend ökonomische Aspekte Gehör fänden und sogar traditionelle, strukturkonservierend wirkende Projektvorschläge wieder an Bedeutung gewännen. Weiterhin sei zwischen den Kommunen bisher kaum kooperiert worden, und der Wettbewerb der Interessen stelle in Frage, ob die vorgeschlagenen Maßnahmen dem wirklichen Handlungsbedarf der Region entsprächen.

Ein weiterer Schritt im Zuge der Regionalisierung der Strukturpolitik im Ruhrgebiet erfolgte 1989 mit der Etablierung der „Internationale Bauausstellung Emscher Park" (IBA). Wie der Name sagt, konzentriert sich dieses zweite Programm insbesondere auf die Situation in der Emscherzone. Die IBA soll als leitbild- und prozeßorientierte Initiative die „Selbstkoordination von unten mit kontinuierlicher Begleitung und punktueller Intervention von oben" (KILPER u. a. 1994, S. 151) verbinden. Mit dem Bemühen, vom Wettbewerb zwischen den einzelnen Kommunen abzukehren, wird die Aktivierung innerregionaler Potentiale betont. Dazu zählt auch die Verbesserung der sog. „weichen"

Standortfaktoren. Als Leitprojekte der IBA sind in erster Linie folgende hervorzuheben:
1) Emscher Landschaftspark (von Duisburg bis Hamm reichend),
2) ökologischer Umbau des Emscher-Systems,
3) neue Nutzung für alte Industrieflächen und -gebäude,
4) Arbeiten im Park,
5) Wohnen und integrierte Stadtteilentwicklung.

Eine besonders ehrgeizige Maßnahme im Rahmen der IBA verkörpert das Projekt „Neue Mitte Oberhausen" (Übersicht 3.5).
Eine abschließende Bewertung der gegenwärtigen und zukünftigen Standortpotentiale im Ruhrgebiet könnte wie folgt vorgenommen werden. Zunächst bildet das Ruhrgebiet mit seinen über 5 Mio. Einwohnern und seiner immer noch enormen Wirtschaftskraft ein attraktives Konsumentenpotential. Seine günstige Lage im Zentrum eines nach Osten hin geöffneten gesamteuropäischen Marktes versetzen das Revier in die räumliche Nähe zukunftsträchtiger Wirtschaftsregionen. Die Voraussetzungen der Region zwischen Ruhr und Lippe, an den zukünftigen Entwicklungen aktiv teilzunehmen, sind auch deshalb positiv zu bewerten, weil mit einer Vielzahl von Forschungs- und Entwicklungseinrichtungen ein sehr beachtliches Know-how-Potential im Ruhrgebiet angesiedelt ist. Das betrifft u. a. den Bereich der Umwelttechnik, der in besonderem Maße als Wachstumssektor eingestuft wer-

Die bis in die jüngste Zeit hinein montanwirtschaftlich geprägte Stadt Oberhausen mit 1995 knapp 226 000 Einwohnern hat in den vergangenen Jahrzehnten etwa 40 000 Arbeitsplätze in den Bereichen Kohle und Stahl verloren. Aus dieser Situation erwuchs der Entschluß, auf dem 100 ha großen Gelände des ehemaligen Hüttenwerkes Oberhausen bzw. Thyssen-Stahlwerks das Großprojekt „Neue Mitte" zu realisieren, d. h. ein Einkaufs-, Geschäfts- und Vergnügungszentrum nach dem Vorbild der Meadowhall im englischen Sheffield zu errichten. Nach nur gut zweijähriger Bauzeit wurde im September 1996 der 83 ha große Einkaufs- und Freizeitpark „CentrO" eröffnet. Private und öffentliche Gelder in Höhe von 2 Mrd. DM wurden allein in dieses Projekt investiert, und zwar für ein Einkaufszentrum mit 70 000 m^2 Verkaufsfläche und 10 500 Gratis-Parkplätzen; weiterhin für einen Business-Park und die „Arena" (eine 11 500 Zuschauer fassende Mehrzweck-Veranstaltungshalle) sowie für eine Nahverkehrstrasse, auf der die „Neue Mitte" im 90 Sekunden-Takt angefahren wird. Nun hoffen die britischen Investoren und die Oberhausener Stadtspitze auf den großen Boom. Jedenfalls rechnet das „CentrO"-Management mit bis zu 70 000 Besuchern täglich und 25 Mio. jährlich. Im ersten Jahr erwartet man eine Milliarde, bis zur Jahrtausendwende gar 3 Mrd. DM Umsatz. Weitere Teilprojekte der „Neuen Mitte Oberhausen", die an das „CentrO" angrenzen, sind u. a. ein Jachthafen am Rhein-Herne-Kanal, mehrere Technologiezentren, der Neubau von 700 Wohnungen sowie die Landesgartenschau 1999 mit dem Schwerpunkt auf dem Gelände der ehemaligen Zeche und Kokerei Osterfeld.

Das ehrgeizige Projekt „Neue Mitte Oberhausen" offenbart allem Anschein nach einen Widerspruch zu den Zielen der IBA, nämlich den Konkurrenzdruck zwischen den größeren Ruhrgebietsstädten abzubauen. Während die Stadtverwaltung Oberhausen von nur sehr geringen Umsatzeinbußen für die Nachbarstädte infolge der „Neuen Mitte" ausgeht, befürchten letztere einen enormen Kaufkraftabfluß. Allein für die Stadt Duisburg spricht der Einzelhandelsverband Niederrhein von 110 Mio. DM pro Jahr. Nach einer Kölner Studie (Institut für Handelsforschung an der Universität zu Köln) könnte das „CentrO" dem umliegenden Einzelhandel der Textilbranche (Umkreis von 40 km) sogar mehr als 200 Mio. DM pro Jahr entziehen.

Übersicht 3.5: Die „Neue Mitte Oberhausen" – eine Chance für die Region?

den kann. Damit ergibt sich zugleich eine fortschreitende und dringend notwendige Diversifizierung der Ruhrwirtschaft, die sich nach und nach vom Montansektor und von großbetrieblichen Strukturen löst und Entwicklungsmöglichkeiten auch für Klein- und Mittelbetriebe bietet. Einen sehr wichtigen Faktor verkörpert in diesem Zusammenhang das Image des Ruhrgebiets auch als Wohn- und Lebensregion. So konnte das Vorurteil vom krisengeschüttelten „düsteren Kohlenpott" durch die skizzierten strukturpolitischen Maßnahmen und durch PR-Kampagnen im In- und Ausland doch erheblich modifiziert werden. Trotz eines verhaltenen Optimismus darf nicht übersehen werden, daß der Strukturwandel im Ruhrgebiet noch lange nicht abgeschlossen ist. Man muß auch in nächster Zukunft mit erheblichen Problemen rechnen, z. B. mit weiteren Arbeitsplatzverlusten im montanindustriellen Sektor, so daß der gewünschte Umstrukturierungsprozeß auch auf längere Zeit hin durch Anpassungshilfen begleitet werden muß, um die sozialen Begleiterscheinungen nicht weiter zu verschlechtern.

3.3.2
Die Rheinschiene –
eine Wachstumszone?

Im Gegensatz zum krisengeprägten Ruhrrevier verzeichnete die sog. Rheinschiene schon vor Jahrzehnten eine Reihe von Wachstumsfaktoren, d. h. eine Konzentration im gewerblich-industriellen Bereich und vor allem eine überproportionale Zunahme im tertiären Sektor. Der von der nordrhein-westfälischen Landesplanung geprägte Terminus „Rheinschiene" ist nicht exakt definiert; er steht praktisch synonym mit Begriffen wie „Rheinachse", „Entwicklungslinie Rhein", „Leitlinie Rhein" und ähnlichen Schlagworten. Schon im

Landesentwicklungsplan II von 1970 wird als Charakteristikum der „Rheinschiene" die „klare und eindeutige Bündelung der Bandinfrastrukturen im Bereich des Rheins" herausgestellt. Neben der Wasserstraße Rhein sind darunter die gesamten Verkehrseinrichtungen parallel des Stromes zu verstehen, also auch die Schnellstraßen und Eisenbahntrassen für den Personen- und Güterverkehr. Eine genauere räumliche Abgrenzung dieses dynamischen, großstädtisch zentrierten Wirtschaftsraumes stößt auf Schwierigkeiten. Während die Landesplaner als „Rheinschiene" die gesamte Verkehrs- und Wirtschaftsregion von Bonn bis zur deutsch-niederländischen Grenze bezeichnen, wird sie z. B. von wirtschaftsgeographischer Seite räumlich meist enger gefaßt, d. h. von Bonn nach Norden bis in die Region Duisburg–Wesel bzw. bis in das westliche Ruhrgebiet hinein. Wie tief sich der der Rheinschiene zuzurechnende Raum nach Westen und Osten erstrecken soll, bleibt ebenfalls unklar. Beispielsweise zählen die meisten Autoren auch das Kölner Braunkohlerevier, das ja mittlerweile weit in die linksrheinischen Börden reicht, mit zur südlichen Rheinschiene. Unter Zugrundelegung der einzelnen Verdichtungs- und Ballungszonen sollen hier in statistischer Sicht zu der nördlichen Rheinschiene die kreisfreien Städte Düsseldorf, Duisburg, Krefeld und Mülheim a. d. Ruhr sowie die Kreise Mettmann und Neuss gerechnet werden, zur südlichen Rheinschiene dagegen Köln, Bonn und Leverkusen sowie der Erftkreis und der Rhein-Sieg-Kreis (vgl. Abb. 3.14).

Folgende statistische Grunddaten mögen die Position der so abgegrenzten Rheinschiene untermauern: Mit rd. 12% Anteil an der Gesamtfläche Nordrhein-Westfalens zählte die Rheinschiene 1994 gut 27% der Bevölkerung des Bundeslandes, wobei die durchschnittliche Einwohnerdichte 1662

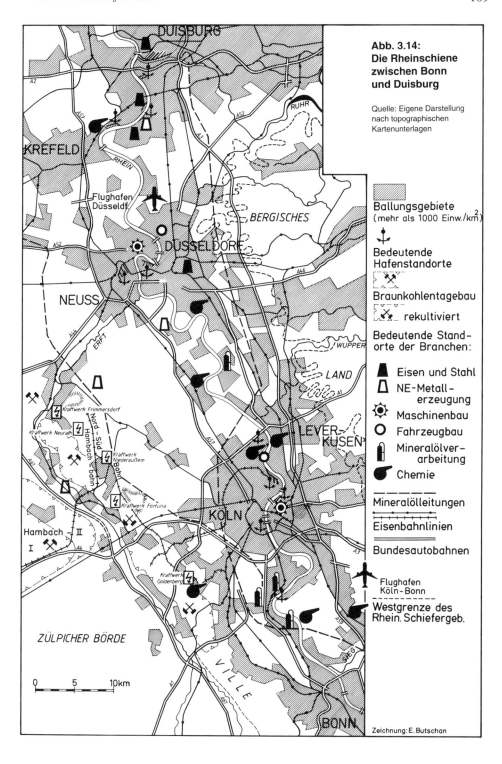

Abb. 3.14:
Die Rheinschiene zwischen Bonn und Duisburg

Quelle: Eigene Darstellung nach topographischen Kartenunterlagen

Ballungsgebiete
(mehr als 1000 Einw./km^2)

Bedeutende
Hafenstandorte

Braunkohlentagebau

rekultiviert

Bedeutende Stand-
orte der Branchen:

Eisen und Stahl

NE-Metall-
erzeugung

Maschinenbau

Fahrzeugbau

Mineralölver-
arbeitung

Chemie

Mineralölleitungen

Eisenbahnlinien

Bundesautobahnen

Flughafen
Köln-Bonn

Westgrenze des
Rhein. Schiefergeb.

Zeichnung: E. Butschan

	Bevölke-rung 31. 12. 94	Bevölke-rung 31. 12.84	Verän-derung 1994 zu 1984 (%)	Bevölkerungsanteil (%) an der Bevölkerung Nord-rhein-Westfalens 1994	1984	Einwohner /km² 1994
Nördliche Rheinschiene						
Düsseldorf	572 638	565 843	1,2	3,2	3,4	2639,0
Duisburg	536 106	522 829	2,5	3,0	3,1	2302,7
Krefeld	249 662	217 276	14,9	1,4	1,3	1815,1
Mülheim a. d. R.	176 513	173 190	1,9	1,0	1,0	1934,0
Kreis Mettmann	504 838	476 036	6,1	2,8	2,8	1240,1
Kreis Neuss	432 932	403 750	7,2	2,4	2,4	751,5
Südliche Rheinschiene						
Bonn	293 072	291 291	0,6	1,6	1,7	2075,1
Köln	963 817	922 286	4,5	5,4	5,5	2379,0
Leverkusen	161 832	155 411	4,1	0,9	0,9	2052,4
Erftkreis	438 760	402 479	9,0	2,5	2,4	622,5
Rhein-Sieg-Kreis	538 610	476 403	13,1	3,0	2,9	467,0
Rheinschiene	*4 868 780*	*4 606 794*	*5,7*	*27,3*	*27,6*	*1661,7*
Nordrhein-Westfalen insgesamt	*17 816 079*	*16 703 875*	*6,7*	*100,0*	*100,0*	*522,8*

Quelle: Statistisches Jahrbuch Nordrhein-Westfalen 1995

Tab. 3.8: Die Rheinschiene – Bevölkerung 1984–1994

Menschen pro km² (Nordrhein-Westfalen insgesamt 523 Einw./km²) betrug (vgl. auch Tab. 3.8). Im Zeitraum 1950–1994 haben sich die Einwohnerzahlen in einigen Kreisen der Rheinschiene mehr als verdoppelt, so vor allem in Neuss, Mönchengladbach, Krefeld und Duisburg, während sie in manchen Ruhrgebietsstädten 1994 unter dem Wert des Jahres 1950 lagen. Um die Jahresmitte 1993 waren über 2,2 Mio. bzw. rd. 30% aller Erwerbstätigen Nordrhein-Westfalens im Gebiet der Rheinschiene tätig, davon allein 5,5 bzw. 6,6% in Düsseldorf und Köln (berechnet nach Stat. Jb. NRW 1995). Der Beschäftigtenanteil im Produzierenden Gewerbe lag bei knapp 38% (1984 noch gut 50%) und der der Dienstleistungen bei über 61% (1984 49%), wobei der tertiäre Sektor verständlicherweise in den großen Verwaltungszentren Köln, Düsseldorf und Bonn mit 75,5%, knapp 77% bzw. 86% eine führende Position einnahm. Über 20% aller nordrhein-westfälischen Unternehmen (Betriebe ab 20 Beschäftigte) im Bergbau und im Verarbeitenden Gewerbe entfielen 1994 auf die Rheinschiene; 1984 waren es etwas mehr als 21%. Mit 30% (1984 rd. 35%) am Gesamtumsatz aller oben genannten Betriebe in Nordrhein-Westfalen waren die Unternehmen entlang der Rheinschiene überdurchschnittlich vertreten. Legt man nur den Auslandsumsatz zugrunde, dann ergibt sich ein noch höherer Wert, und zwar 33% in 1994 gegenüber 35% in 1984 (Tab. 3.9). Aus diesen und weiteren statistischen Daten läßt sich die Schlußfolgerung ziehen, daß die Rheinschiene – hier bezogen auf die Dekade 1984–1994 – zwar immer noch eine

	Veränderung der Beschäftigtenzahl (%)	Anteil am nordrhein-westfälischen Gesamtumsatz (%)		Anteil Auslandsumsatz am Gesamtumsatz (%)	
	1994 zu 1984	1984	1994	1984	1994
Nördliche Rheinschiene					
Düsseldorf	−31,1	4,7	4,0	36,0	26,9
Duisburg	−29,6	3,8	3,1	33,4	27,2
Krefeld	−16,8	2,2	2,1	46,7	48,1
Mülheim a. d. R.	−24,8	0,8	1,0	48,3	38,2
Kreis Mettmann	1,4	2,5	2,9	19,7	23,0
Kreis Neuss	−13,0	3,3	3,0	42,5	43,3
Südliche Rheinschiene					
Bonn	−12,1	0,7	0,7	26,8	42,9
Köln	−29,3	8,3	6,5	32,3	27,8
Leverkusen	−13,4	2,9	2,6	54,7	57,8
Erftkreis	−15,2	4,1	2,8	23,3	23,6
Rhein-Sieg-Kreis	− 5,9	1,5	1,7	33,8	31,0
Rheinschiene	*−19,9*	*34,8*	*30,3*	*35,0*	*33,1*
Nordrhein-Westfalen insgesamt	*−11,3*	*100,0*	*100,0*	*28,9*	*26,7*

Quelle: Statistisches Jahrbuch Nordrhein-Westfalen 1995

Tab. 3.9: Die Rheinschiene – Bergbau und Verarbeitendes Gewerbe 1984 und 1994

überdurchschnittliche Leistungskraft aufweist, aber andererseits relative Verluste gegenüber anderen Landesteilen Nordrhein-Westfalens hinnehmen mußte. Das zeigt sich u. a. im Bevölkerungszuwachs (Rheinschiene 5,7%, Nordrhein-Westfalen insgesamt 6,7%) oder in der Zunahme der Erwerbstätigenzahl (Rheinschiene 6,1%, Nordrhein-Westfalen insgesamt 10,3%). Im Verarbeitenden Gewerbe hat die Rheinschiene sogar 10,8% der Erwerbstätigen verloren, während der entsprechende Wert in ganz Nordrhein-Westfalen um 3,5% zunahm.

Verkörpert die nördliche Rheinschiene wenigstens noch teilweise das Bild der Steinkohleindustrie und Metallverhüttung, so präsentiert sich die südliche Rheinschiene als eine nicht montanwirtschaftlich geprägte Agglomeration (mit Ausnahme des Kölner Braunkohlereviers), deren

Wachstumsimpulse vornehmlich von der überragenden Ausstattung im tertiären Sektor ausgehen. Die gesamte Rheinschiene gilt darüber hinaus als Wirtschaftsraum mit einer sehr günstigen Kombination von Standort- und Strukturvorteilen. Sie läßt sich neben den angeführten Strukturdaten auch kennzeichnen „durch einen überdurchschnittlichen Verbrauch an Energie, Wasser und Rohstoffen. Chemie und Mineralölverarbeitung stehen in ihrer absoluten Bedeutung an der Spitze, gefolgt von der Stahlerzeugung, dem Fahrzeugbau, dem Maschinen- und Apparatebau und der Elektrotechnik" (FUCHS 1992, S. 89).

Nördliche Rheinschiene

Die so abgegrenzte und charakterisierte Wirtschaftsregion „Rheinschiene" läßt sich in mehrere, meist durch städtische Knotenpunkte gekennzeichnete Teilräume mit durchaus eigenen funktionalen und sozio-ökonomischen Zügen gliedern. Zunächst muß ein großer Teil der nördlichen Rheinschiene dem Rheinisch-Westfälischen Industriegebiet bzw. dem westlichen Ruhrrevier zugeordnet werden, dessen Problematik schon in Kapitel 3.3.1 erörtert wurde. So ist der Raum Duisburg innerhalb der Rheinschiene ein Sonderfall, indem hier noch die klassischen, heute krisenbehafteten Montanindustrien Bergbau und Metallverhüttung eine besondere Rolle spielen. Beispielsweise entfielen 1994 noch knapp 64% aller im sekundären Sektor Beschäftigten auf die Grundstoff- und Produktionsgüterindustrie und nur 3,5% auf das Verbrauchsgüter produzierende Gewerbe. Bekanntlich hat gerade der Raum Duisburg mit seiner verkehrsgünstigen Rheinfront und seinen Binnenhafenanlagen (vgl. auch Kap. 6.3.3) von dem Verlagerungsprozeß der metallerzeugenden und -verarbeitenden Großkonzerne – man denke nur an Thyssen, die Duisburger Kupferhütte oder an Mannesmann – lange Zeit profitiert.

Duisburgs Ruf als „Montanstadt" bzw. als „Stadt der Stahlindustrie" ist bereits auf die sogenannte Gründerzeit und maßgeblich auf Pionierfamilien wie Haniel und Thyssen zurückzuführen. August Thyssen legte mit seinen Firmengründungen seit Anfang der 50er Jahre des 19. Jahrhunderts den Grundstein für die spätere Weltgeltung des gleichnamigen Konzerns, der die gesamte Wirtschaftsstruktur Duisburgs bis heute nachhaltig beeinflußt hat. Anfang der 1990er Jahre wurden in Duisburg pro Jahr knapp 15 Mio. t Roheisen (= 79% der Ruhrgebietsproduktion) und über 15 Mio. t Rohstahl (= 75% der Ruhrgebietsproduktion) erzeugt.

Die industrielle Entwicklung der einst fast monostrukturierten Textilzentren Kre-feld und Mönchengladbach nahm hinsichtlich der Produktionsvielfalt und Strukturierung einen gegensätzlichen Verlauf. Wie der Raum Mönchengladbach–Rheydt–Viersen verdankt Krefeld, einst eine Exklave der Grafen von Moers, den Aufstieg dem Textilgewerbe, insbesondere der von mennonitischen Familien (u. a. von der Leyen) eingeführten Samt- und Seideherstellung. Der Zwang bzw. die Einsicht, die krisenanfällige Textilindustrie durch weitere Industriezweige zu ergänzen und hierfür die verkehrsmäßigen Voraussetzungen zu schaffen, ließ Krefeld durch die Eingemeindung Linns im Jahre 1906 und den Zusammenschluß mit Uerdingen 1929 zum Rhein streben. Die bis dahin städtebaulich dominierende Nord-Süd-Achse wurde infolge Siedlungserweiterungen sowie der Anlage von Industriebereichen vor allem in unmittelbarer Rheinnähe durch eine West-Ost-Achse abgelöst. So bestimmen heute hauptsächlich die in Uerdingen beheimateten Unternehmen der Großchemie (Bayer-Werke AG) sowie des Stahl-, Maschinen- und Fahrzeugbaus (u. a. Thyssen, Waggonfabrik Talbot) das Wirtschaftsleben einer Stadt, die mit ihrem Industriebesatz und einer hohen Exportquote in der Spitzengruppe der deutschen Industriestädte rangiert. Um 1990 waren in Krefeld etwa 12 000 Personen in der Chemieindustrie sowie 5600 im Maschinen- und Fahrzeugbau beschäftigt. Überdurchschnittlich hohe Arbeitsplatzverluste hat das Textil- und Bekleidungsgewerbe hinnehmen müssen, indem die Zahl der dort Beschäftigen von 1980 bis 1992 um knapp 2100 Mitarbeiter auf ein Niveau von rd. 3500 Arbeitsplätzen sank.

Enge sozio-ökonomische Verflechtungen, man denke nur an die täglichen Pendlerströme zwischen der Landeshauptstadt und den Umlandgemeinden, lassen eine großräumigere Abgrenzung des Wirtschaftsraumes Düsseldorf durchaus sinnvoll erscheinen. Dementsprechend werden zum Wirtschaftsraum Düsseldorf neben der Landeshauptstadt und dem benachbarten Neuss die Gemeinden Kaarst, Meerbusch, Erkrath, Hilden, Ratingen und Mettmann gerechnet. Für die Entwicklung der Region Düsseldorf–Neuss zum Standort einer vielseitigen Gewerbe- und Industriestruktur waren in der Hauptsache die günstige Verkehrslage am Rhein, das Streckennetz der Bundesbahn sowie die räumliche Nähe wichtiger Beschaffungs- und Absatzmärkte verantwortlich. Der industrielle Besatz ist jedoch nur ein Charakteristikum dieses Raumes. Vielmehr zogen die bereits zur Zeit der Herzöge von Berg begründeten und später durch Franzosen und Preußen (1815 Sitz des Regierungspräsidenten in Düsseldorf) ausgeweiteten Residenz- und Hauptstadtfunktionen zahlreiche zentrale Einrichtungen administrativer, wirtschaftlicher, kultureller und politischer Art nach sich. Düsseldorf verdankt seinen Aufstieg also neben den industriellen Impulsen vor allem auch jenen Wirtschaftsgruppen, die zum tertiären Sektor zählen und heute das Bild der Innenstadt so maßgeblich prägen, nämlich Handel, Banken, Versicherungen, Interessengemeinschaften der Wirtschaft u. a. m. Der internationale Großflughafen Rhein-Ruhr, die Universität sowie das modern ausgestattete Messeunternehmen runden das Bild Düsseldorfs als wichtiges Dienstleistungszentrum ab. Insbesondere in den 60er Jahren wurde Düsseldorf zudem der Ausgangspunkt für umfangreiche japanische Direktinvestitionen in ganz Europa.

Von den rd. 350 000 in Düsseldorf beschäftigten Arbeitnehmern waren 1994 etwa 77% im Dienstleistungsbereich tätig. Die etwa 55 000 Arbeitsplätze im Sektor Bergbau und Verarbeitendes Gewerbe verteilen sich auf ein recht breites und teilweise innovatives Branchenspektrum. Hierbei ragen vor allem die Chemische

Industrie (Henkel) sowie der Maschinen- (Demag-Mannesmann) und Fahrzeugbau (Daimler-Benz) heraus. Weitere wichtige Branchen sind die Elektrotechnik, Glas- und Papierindustrie. Für Neuss ist insbesondere die Verarbeitung heimischer und importierter Nahrungsgrundstoffe kennzeichnend.

Südliche Rheinschiene

Die südliche Rheinschiene wird vom Raum Köln–Bonn eingenommen, der sich vom nördlichen Ende des Mittelrheintales bis Dormagen–Worringen sowie zumindest vom Villerücken im Westen bis zum Rand des Bergischen Landes erstreckt. Teilweise deckt sich dieser Raum mit dem 1992 gegründeten Initiativbereich „Regio Rheinland", der die Städte Köln, Bonn und Leverkusen sowie den Rhein-Sieg-Kreis, den Rheinisch-Bergischen Kreis, den Oberbergischen Kreis und den Erftkreis umfaßt. Die äußerst gemischt strukturierte südliche Rheinschiene läßt sich bei einer differenzierten Betrachtungsweise in die industriellen Teilbereiche a) das städtische Wirtschaftsgebiet Kölns, b) den Kölner Chemiering, c) das städtische Wirtschaftsgebiet Bonns und d) das Kölner Braunkohlerevier untergliedern.

Die Faktoren, die für die rapide sozioökonomische Entwicklung Kölns in der Vergangenheit ursächlich waren und auch heute noch die wirtschaftliche Attraktivität der Stadt wesentlich mitbestimmen, sind zweifellos in den verkehrsgeographischen Gegebenheiten der Rheinschiene zu suchen. Denn gerade von der günstigen Lage der rheinischen Metropole in der Nähe der wichtigsten Verkehrstrassen gingen bereits im Mittelalter die entscheidenden Impulse für die gewerbliche Entwicklung der einstigen Freien Reichsstadt aus. Ähnlich wie in Düsseldorf hat diese ausgesprochene Verkehrsgunst die Ansiedlung von gewerblich-industriellen Betrieben begünstigt. Letztere wurden jedoch, sofern sie flächenintensiv waren, überwiegend in den Kölner Außenbezirken angesiedelt (vgl. Abb. 3.15). Linksrheinisch konnten sich vor allem in den schon vor 1900 eingemeindeten Vororten wie Riehl, Nippes oder Ehrenfeld industrielle Verdichtungen mit allen positiven wie negativen Folgeerscheinungen herausbilden. Ergänzt wurde dieses heute noch deutlich faßbare frühindustrielle Verteilungsbild durch die nachkriegszeitlichen Anlagen der Chemischen Industrie und Mineralölverarbeitung im Kölner Norden und Süden.

Auffallend ist die vielseitige Produktionspalette der 1994 rd. 350 Kölner Industriebetriebe (1984 noch 400), die etwa 75000 Menschen einen Arbeitsplatz im Verarbeitenden Sektor bieten. Als beschäftigungspolitisch nachteilig hat sich in jüngster Zeit die Dominanz der rd. 20 Großbetriebe erwiesen, die einen großen Teil der Arbeitnehmer auf sich vereinigen. Vor allem im Fahrzeug- und Maschinenbau ist u. a. infolge der zunehmenden Automatisierung weiterhin mit Arbeitsplatzverlusten zu rechnen. Gleichermaßen zeichnet sich die Mineralölverarbeitung, einst als die Zukunftsindustrie apostrophiert, eher durch Stagnation als durch Umsatzsteigerungen aus. Die städtische Wirtschaftsförderung beklagt seit Jahren ein Defizit an Betrieben mit innovations- und forschungsintensiver Produktion. Dabei hat gerade Köln als ein wichtiges Zentrum von Wissenschaft und Forschung (allein die Universität zählt über 60000 Studierende) in diesem Bereich einen guten Ruf zu verteidigen. In Köln gemachte Erfindungen, man denke nur an die Konstruktion des Viertaktmotors durch Nikolaus Otto im Jahre 1876 oder an die Nutzbarmachung des Ohmschen Gesetzes, waren richtungweisend für das spätere industrielle Zeitalter.

Bedeutend sind auch die Funktionen, die Köln im Handel, Verkehr und vor allem im Bereich der Banken und privaten Versicherungswirtschaft ausübt. Stadtwirtschaftlich von enormer Bedeutung sind – ähnlich wie in Düsseldorf – die jährlich über 20 Messeveranstaltungen am Rheinufer in Deutz, von denen der größere Teil internationalen Charakter hat. Schließlich entwickelt sich Köln immer mehr zu einem Medienzentrum, dessen vielseitige Sparten schon Anfang der 1990er Jahre rd. 50 000 Arbeitsplätze boten.

Mit seiner Ernennung zur vorläufigen Bundeshauptstadt 1949 hat Bonn zweifellos eine weltweite Bedeutung erlangt. Nun werden sich mit der Verlagerung der Hauptstadtfunktionen nach Berlin einschneidende Veränderungen im Wirtschafts- und Zentralitätsgefüge ergeben (allein der Kaufkraftverlust soll 750 Mio. DM betragen), und es gilt, für den gesamten Bonner Raum neue, zukunftsorientierte Funktionsbereiche bzw. Ersatzeinrichtungen zu schaffen. So soll Bonn nicht nur Standort für Informationstechnologien und Telekommunikation, sondern auch Sitz möglichst vieler internationaler Organisationen und Wissenschaftszentren werden. Neben den Dienstleistungsaufgaben wird auch der sekundärwirtschaftliche Sektor von Bedeutung bleiben; 1994 waren im Produzierenden Gewerbe Bonns 24 000 Personen tätig, besonders in der Chemieindustrie, der Metallverarbeitung und der Elektrotechnik.

Der Kölner Chemiering

Ein strukturprägendes Element des Großraumes Köln–Bonn ist die chemische bzw. petrochemische Industrie, die sich nahezu ringförmig um die städtisch-industrielle Agglomeration Köln legt. Als ausgesprochenes Chemiezentrum ist nicht nur die junge Stadt Leverkusen zu nennen, sondern auch der Kölner Norden um Dormagen und Worringen sowie vor allem der Kölner Süden um Godorf, Rodenkirchen

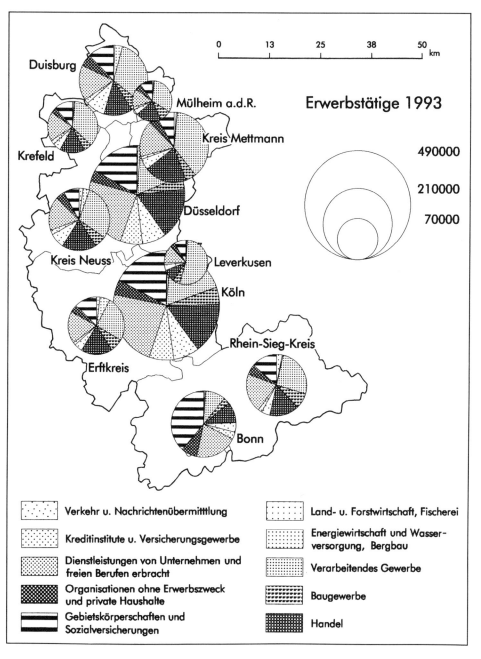

Quelle: Zahlen nach Stat. Jb. NRW, 1995, S. 43

Abb. 3.15: Erwerbstätigkeit im Bereich der Rheinschiene nach Verwaltungsbezirken 1993

und Wesseling sind fast untrennbar mit der Petrochemie verbunden. Weitere bedeutende Chemiewerke befinden sich in Troisdorf und Lülsdorf (Feldmühle Nobel AG) sowie im unmittelbaren Einzugsbereich des Rheinischen Braunkohlereviers in Hürth, wo vom Hoechst-Konzern die Knapsack-Werke betrieben werden.

Die für nordrhein-westfälische Verhältnisse einmalige Massierung der Großchemie im Kölner Raum ist neben einer guten Absatzlage in erster Linie auf folgende Gründe zurückzuführen: Im Raume Köln konnten bereits frühzeitig vorhandene Fühlungsvorteile genutzt werden, die sich aus dem Betrieb einer ersten Anlage zur Benzindestillation aus Braunkohle seitens der Union Rheinische Braunkohlen Kraftstoff AG (heute: DEA Mineraloel AG) in Wesseling ergaben. Darüber hinaus wird in den zahlreichen Kraftwerken des Rheinischen Braunkohlereviers relativ billige Energie erzeugt, die vor allem von den stromintensiven Chemieunternehmen wie Knapsack oder Bayer genutzt wird, was im übrigen auch für die elektrolytischen Prozesse der Aluminiumerzeugung aus Bauxit bzw. Tonerde in den Werken der Vereinigten Aluminiumwerke (VAW) vor allem in Neuss-Norf gilt. Andererseits scheint in den letzten Jahren der Großraum Köln als Chemiestandort wenigstens partiell in Gefahr zu geraten. Seit 30 Jahren hat sich hier kein größerer Chemiebetrieb mehr angesiedelt. Weiterhin ging der Gesamtumsatz der Chemie in der zweiten Hälfte der 1980er Jahre um gut 10% zurück, während er andernorts anstieg. Von wirtschaftlicher Seite werden als Hauptgründe für die stagnative bzw. regressive Entwicklung vor allem in der Grundstoffproduktion die überdurchschnittlich langen Genehmigungsverfahren, das hohe regionale Lohnniveau und die erheblichen Entsorgungskosten genannt. Zu Beginn der 1990er Jahre schwankte der Umsatz der

Chemiebetriebe extrem und mit ihm auch die Gewerbesteuereinnahmen der Kommunen.

Das zwischen Köln und Düsseldorf gelegene Mittelzentrum Leverkusen mit 1995 rd. 162 000 Einw. ist untrennbar mit dem Chemiegiganten Bayer verbunden. Dort nahm nicht nur die Entwicklung des chemischen Großkonzerns den industriellen Anfang, sondern die gesamte sozioökonomische Struktur der Stadt ist zweifellos auf wesentliche Impulse seitens der Bayer-Werke zurückzuführen. Selbst die City, die vielerorts als ein Beispiel für die moderne Stadtplanung gilt, steht auf vielfältige Weise mit dem Konzern in Verbindung. Im Jahre 1863 entstanden die Farbenfabriken Bayer AG zunächst aus einer kleinen Anilinfarbstoffabrik, nachdem der Betrieb aus der Enge des Wuppertales in das heutige Leverkusen am rechten Rheinufer übersiedelte und dort größere Werksanlagen errichtete. Im Zuge dieser Betriebsverlagerung wurde 1891 die Ultramarinfabrik der Familie Leverkus aufgekauft, die der späteren Stadt den Namen geben sollte. Nach neuen Investitionen vor allem durch Carl Duisberg wurden bald weitere Produkte hergestellt, z. B. Klebstoff und Pharmazeutika. Innerhalb weniger Jahrzehnte entstand aus der relativ kleinen Farbenfabrik ein riesiger Konzern mit zahlreichen Zweigniederlassungen, der längst in die Spitzengruppe der Weltchemieindustrie einzustufen ist (vgl. zu diesem Kapitel auch Kap. 7.2 und Übersicht 7.3).

3.3.3
Das linksrheinische Braunkohlegebiet

Einige Grunddaten zum rheinischen Braunkohlebergbau und zu den darauf basierenden Veredlungsformen wurden bereits

1. Braunkohleförderung und -verwendung				8. Mitarbeiter der Rheinbraun AG	
Deutschland		197,1	Mio.t	Gruppe Tagebaue	9561
Rheinbraun		100,7	Mio.t	Gruppe Fabriken	1954
davon zur Stromerzeugung an RWE Energie		86,3	Mio.t	Hauptverwaltung (incl. Abstellungen)	1729
davon zur Veredlung		14,4	Mio.t	Insgesamt	13244
2. Strom aus Braunkohle				davon Auszubildende	373
Installierte Leistung und Braunkohlekraftwerke RWE Energie AG		9556	MW	9. Forschung und Entwicklung – Schwerpunkte	
Erzeugung RWE Energie AG		72,3	Mrd.kWh	Kombikraftwerk für Braunkohle mit integrierter HTW-Vergasung	
Erzeugung Rheinbraun-Veredlungsbetrieb		1,9	Mrd.kWh	Wirbelschicht-Trocknung mit interner Abwärmenutzung	
3. Braunkohleprodukte				Hochtemperatur-Winkler-Vergasung (HTW)	
Briketts		1,6	Mio.t	Einsatz von Braunkohlekoks im Umweltschutz	
Braunkohlestaub		2,2	Mio.t	Kontinuierliche Meßverfahren zur Qualitätssicherung	
Wirbelschichtbraunkohle		0,4	Mio.t	Biotechnologie, Veredlung von Braunkohle	
Braunkohlekoks		0,2	Mio.t	Brennstoffzellen	
4. Abraum				Satellitengestützte Tagebauvermessung	
Abraumbewegung		543,3	Mio.m³	10. Wesentliche Beteiligungen	
Förderverhältnis Abraum zu Kohle		5,4:1	m³:t	Lausitzer Braunkohle AG, Senftenberg Braunkohlebergbau und -veredlung	
5. Tagebau				RV Rheinbraun Handel und Dienstleistungen GmbH, Köln Handel und Dienstleistungen	
Fortuna/Bergheim	Abraum	32	Mio.m³	RSB LOGISTIC GmbH, Wesseling Spedition und Lagerung	
	Kohle	17,2	Mio.t		
Garzweiler	Abraum	156	Mio.m³	Consol Energy Inc., Wilmington/Delaware, USA Steinkohle	
	Kohle	31,8	Mio.t		
Hambach	Abraum	234,2	Mio.m³	Uranerzbergbau GmbH, Wesseling Hürtherberg Steine und Erden GmbH, Köln Sande, Kiese, Tone	
	Kohle	30,3	Mio.t		
Inden	Abraum	121,1	Mio.m³	Rheinbraun Engineering und Wasser GmbH, Köln Engineering und Trinkwasser	
	Kohle	21,4	Mio.t		
6. Großgeräte				KAZ Bildmess GmbH, Leipzig Luftbildvermessung	
Schaufelradbagger		24	Stück		
Absetzer		20	Stück		
Tagesleistung je Gerät bis zu		240000	t/m³		
7. Rekultivierung					
Gesamtfläche		16978	ha		
davon landwirtschaftlich		7568	ha		
forstlich		6774	ha		
Wasserflächen		639	ha		
Sonstige		1079	ha		

Quelle: Rheinbraun AG

Übersicht 3.6: Daten zum rheinischen Braunkohlegebiet und zur Rheinbraun AG
       (Stand Mitte 1995)

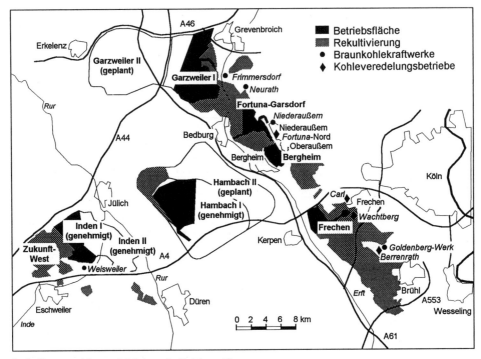

Quelle: Zusammenstellung nach Unterlagen der Rheinbraun AG

Abb. 3.16: Das Rheinische Braunkohlerevier (Stand 1995)

in Kapitel 2.1 genannt. Danach handelt es sich bei diesem Revier mit seiner Ausdehnung von rd. 2500 km² um das größte zusammenhängende Braunkohlevorkommen Europas. An der hohen Primärenergieversorgung Deutschlands ist die Braunkohle derzeit mit 15% beteiligt, wobei 70% der geförderten Braunkohle (85% in den alten Ländern, d. h. hier hauptsächlich im linksrheinischen Revier, und 55% in den neuen Ländern) zur Verstromung in Kraftwerken eingesetzt werden. Mit einem Anteil an der Stromversorgung Nordrhein-Westfalens von 40% gilt die Braunkohle – rein ökonomisch gesehen – als Garant für eine weitgehend krisensichere und autonome Energiebereitstellung. Eine relativ kostengünstige Strombereitstellung gilt als enorm wichtiger Faktor für die gewerblich-industrielle Standortfrage. Denn mehr

als die Hälfte der Energiekosten der deutschen Industrie von 50 Mrd. DM entfällt auf den Einsatz von Elektrizität, und hier spielt die Braunkohle als nicht subventionierter heimischer Energieträger eine wichtige Rolle. So argumentiert verständlicherweise auch der Bergbautreibende im linksrheinischen Revier, die Rheinbraun AG, ein Unternehmen des RWE-Konzerns (Rheinisch-Westfälische Elektrizitätswerke). Die Rheinbraun AG zählte Mitte der 1990er Jahre rd. 13250 Mitarbeiter, davon knapp 9600 in den Tagebauen, etwa 1950 in den angeschlossenen Fabriken und rd. 1700 in den Verwaltungseinrichtungen.

Der großmaßstäbige Bergbau in den drei Tagebaurevieren zwischen Köln, Aachen und Mönchengladbach ist somit unter volkswirtschaftlichen Erwägungen als eine ökonomische Notwendigkeit sicher zu

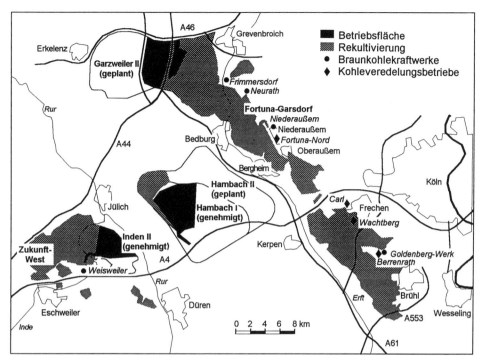

Quelle: Zusammenstellung nach Unterlagen der Rheinbraun AG

Abb. 3.17: Das Rheinische Braunkohlerevier (potentieller Stand 2020)

rechtfertigen. Seine weitflächigen und tiefgreifenden Umgestaltungen des gesamten Landschaftsbildes, die sich immer schärfer abzeichnenden Arealkonflikte zwischen einzelnen Flächennutzungen (z. B. Wohnen, Agrarproduktion, Wasserwirtschaft, Bergbau) und vor allem ökologische Negativfolgen (man denke nur an die Grundwasserabsenkungen) haben unvermeidlich zu gravierenden Interessenkollisionen geführt. So spricht man heute vielerorts vom Glanz und zugleich Elend des „braunen Goldes". Denn auch die in vieler Hinsicht als vorbildlich anzusehenden Rekultivierungsmaßnahmen des Bergbautreibenden können nicht über zahlreiche Probleme hinwegtäuschen, die sich insbesondere mit der großflächigen Ausweitung der Tieftagebaue in der Nachkriegszeit ergeben haben und sich noch ergeben werden.

Räumliche Gliederung
des Bergbaugebietes

Das linksrheinische Braunkohlerevier kann bei einer räumlich differenzierten Betrachtung in drei Teilregionen untergliedert werden, nämlich
a) den Villerücken (das sog. Erftrevier),
b) den ca. 8500 ha umfassenden Aufschlußbereich Hambach I inmitten der Jülich-Zülpicher Börde sowie
c) das zum Aachener Wirtschaftsraum zählende Westrevier an der Inde (vgl. Abb. 3.16).

Weitere Abbaubereiche sind seitens des Bergbautreibenden vorgesehen. Bedingt wird die räumliche Anordnung der großen Tagebaue im wesentlichen durch die geologischen Voraussetzungen. Denn infolge der tektonischen Prozesse am Nordrand der Eifel sind die tertiären Sedimente durch zahlreiche Verwerfungen in Horste und Gräben (z. B. Villehorst und Erftgraben) zerlegt worden. Durch die heute noch nicht abgeschlossenen tektonischen Bewegungen zerbrach die Niederrheinische Bucht in drei Großschollen, nämlich die Kölner Scholle mit dem Villehorst im Osten, die Erftscholle im Zentrum und die Rurscholle im Westen. Wo das produktive Tertiär, die Braunkohle, relativ oberflächennah ansteht, haben wir natürlich auch die großen Tagebaue, d. h. in der Ville (im Norden bis etwa Grevenbroich), der Erftscholle (Hambach) und der Rurscholle (Tagebau Inden).

Die von der Köln-Bonner-Rheinebene sowie der Erft-Swist-Grabenzone klar abgegrenzte Ville, welche als ein herausgehobenes Teilstück der rheinischen Hauptterrasse einzustufen ist, wurde also durch den Braunkohlebergbau und die damit verbundenen Kraftwerk- und Industriekomplexe entscheidend umgestaltet. Den naturräumlichen Voraussetzungen, der heutigen Physiognomie und den wirtschaftlichen Aktivitäten entsprechend, läßt sich eine räumliche Untergliederung des Villehorstes
a) in eine nördliche Braunkohle-Ville,
b) eine südliche Wald-Ville und
c) in das Vorgebirge (südöstlicher Villeteil) durchführen.

Von Interesse ist in diesem Zusammenhang die Braunkohle-Ville, die den Höhenrücken von etwa Liblar-Walberberg im Süden bis zum Erftdurchbruch im Norden umfaßt. Hier stellen der Braunkohlebergbau (im Raum Bergheim erreicht das Hauptflöz eine Maximalmächtigkeit bis zu 100 m) und die darauf aufbauenden Industrien die dominanten Gestaltungskräfte im Landschaftsbild. Nur einige kleinere Flächen, wie etwa der flözleere Königsdorfer Wald, sind nicht vom Bergbau erfaßt worden. Nach dem heutigen Kohleabbau- und

Rekultivierungsbild sowie nach der Entwicklungsgeschichte des wie im Ruhrgebiet von Süden nach Norden vorgerückten Bergbaus lassen sich drei verschiedene Teilgebiete der Braunkohle-Ville unterscheiden, nämlich
a) ein südlicher, mittlerweile rekultivierter Bereich als heutiges Wald-Seen-Gebiet etwa zwischen Brühl und Erftstadt-Liblar sowie Hürth-Berrenrath und Erftstadt-Kierdorf;
b) ein mittlerer Teil bis etwa Frechen und Kerpen-Horrem, wo die Rekultivierungsarbeiten in vollem Gange sind;
c) ein nördlicher Bereich, der derzeit durch große Tieftagebaue und entsprechende Hochkippen (von Bergheim bis Grevenbroich) gekennzeichnet wird.

Braunkohleverwendung

Aufgrund des hohen Ballastanteils der Rohbraunkohle, eines Wassergehalts von 40–60% und eines Ascheanteils von ca. 5% erweist sich der Kohletransport über weite Strecken als unwirtschaftlich (Gewichtsverlustmaterial). Daher wird der größte Teil der Rohkohle in Nähe ihrer Gewinnung in den sog. Verbundindustrien weiterverarbeitet. Zu letzteren zählen neben den vier Wärmekraftwerken auf der Ville (Niederaußem mit 2700 MW, Frimmersdorf 2600 MW, Neurath 2100 MW, Goldenberg 813 MW) sowie Weisweiler mit 2300 MW im Aachener Wirtschaftsraum alle anderen kohleveredelnden Industrien (vgl. Kap. 2.1). Zahlreiche Folgeindustrien, vor allem die stromintensive Aluminiumverhüttung und die Metallurgische sowie Chemische Industrie, basieren auf dem Energieträger Braunkohle. Für die Zukunft erhofft man sich insbesondere von der Kohlevergasung bzw. von der Synthesegasherstellung, die im Vergleich zur Kohlefeuerung in Wärmekraftwerken die

Einzelne Hinweise auf Braunkohleabbau reichen bis in das 18. Jahrhundert zurück. Seinerzeit wurden z. B. für den Raum Brühl „Klüttenkaulen" genannt, in denen Braunkohlematerial für die Herstellung von in der Sonne getrockneten „Klütten" (spätere Briketts) geschürft wurde. Aber erst kurz vor 1900 stieg mit der Mechanisierung der Förderung, der fabrikmäßigen Herstellung von Braunkohlebriketts sowie der nun einsetzenden Erzeugung von Elektrizität auf Braunkohlebasis der rheinische Braunkohlebergbau über den lokalen Bereich hinaus auf zu einem überregional bedeutenden Energielieferanten. Ein entscheidender Schritt in Richtung Revierbildung erfolgte 1877 mit der Einführung der Braunkohlebrikettpresse auf der „Roddergrube" westlich Brühl. Um die Jahrhundertwende entstand dann im damaligen Südrevier eine Reihe von Brikettfabriken (z. B. Gruhlwerk, Donatus, Fortuna, Vereinigte Ville u. a. m.), die zugleich die großmaßstäbige und maschinelle Braunkohlegewinnung forcierte. In die selbe Zeit fällt der Beginn der Stromerzeugung aus Braunkohle in Wärmekraftwerken, und zwar in dem E-Werk „Berggeist" bei Brühl, das 1898 in Betrieb genommen wurde. Damit war zugleich der Grundstein für den Zuzug stromintensiver Industriezweige gelegt.

Als ein dritter technisch-industrieller Innovationsschub ist die um die Mitte der 20er und Anfang der 30er Jahre einsetzende Verwendung der Braunkohle in der Kohlenwertstoff- und Kohlenchemieindustrie zu nennen. Erinnert sei hier nur an die Entwicklung der Großchemie in Hürth-Knapsack oder an die Gründung der „Union Rheinische Braunkohlen Kraftstoff AG" (UK) in Wesseling (vgl. Kap. 3.3.2, 7.2 und Übersicht 7.3). Mit diesen und ähnlichen Gründungen begann das Braunkohlerevier als Rohstoff- und Energielieferant in erheblichem Maße auch auf die benachbarte Rheinschiene und schließlich auf das gesamte Rheinisch-Westfälische Industriegebiet einzuwirken. Die nachkriegszeitliche Entwicklung des Braunkohlebergbaus mit seiner zunehmenden Bedeutung für die Stromerzeugung wurde dann entscheidend geprägt durch den Ende der 50er Jahre erfolgten Übergang zum Groß- und Tieftagebau in der nördlichen Ville und seit Ende der 1970er Jahre im Hambachbereich. Mit der Schaffung großer Abbaufelder – für den Tagebau Inden im Aachener Wirtschaftsraum trifft dieses gleichermaßen zu – und den daraus resultierenden technischen und ökologischen Problemen erwuchs zugleich die Notwendigkeit der Betriebs- und Kapitalkonzentration. Demzufolge entstand aus den einst 12 Bergbaugesellschaften, die in 23 Tagebauen tätig waren, ein einziges Großunternehmen, nämlich die Rheinbraun AG.

Übersicht 3.7: Bergbaugeschichtliche Grundzüge

wesentlich emissionsärmere ist, ein großes Nutzungspotential.

Die mit Beginn des Tieftagebaus einhergehenden Veränderungen der Betriebsökonomie und Produktionstechniken sollen hier durch einige Zahlenangaben verdeutlicht werden. Mit dem erstmaligen Einsatz von Großschaufelradbaggern im Jahre 1955 im Tagebau Fortuna-Garsdorf begann der neue Zeitabschnitt im rheinischen Braunkohlebergbau. Heute bewältigen derartige Gewinnungsmaschinen eine Tagesleistung bis zu 240 000 m³ Abraum bzw. Kohle. Wenn man eine solche Tagesfördermenge auf ein Fußballfeld verteilen würde, dann ergäbe sich eine Aufschüt-

tung von ca. 24 m Höhe. Der Transport des Fördergutes geschieht über Bandanlagen. Darüber hinaus verfügt die Rheinbraun mit einem Streckennetz von rd. 400 km über eine der größten privaten Eisenbahnen in der Bundesrepublik Deutschland. Eine der wichtigsten dieser bergbaueigenen Strecken ist die über 30 km lange Nord-Süd-Bahn, die als Sammelschiene die im Villerevier gelegenen Tagebaue, Kraftwerke und Fabrikbetriebe miteinander verbindet. Seit 1983 ist die Nord-Süd-Strecke zudem mit der über 20 km langen Hambach-Bahn verbunden, wobei letztere also den Tagebau Hambach mit dem Villerevier verbindet.

Umstrittene Zukunftsprojekte

Das derzeit umstrittenste und in weiten Bevölkerungskreisen heftigst diskutierte Zukunftsprojekt ist der Anschlußtagebau Garzweiler II (vgl. Abb. 3.17) mit einer ursprünglich konzipierten Abbaufläche von 66 km² und einem Kohlevorrat von 1,6 Mrd. t. Nach den Vorstellungen der Rheinbraun AG soll dieser Anschlußtagebau ab dem Jahre 2006 Kohle fördern und den dann auslaufenden Tagebau Garzweiler I ersetzen. Bei einer voraussichtlichen Förderung von rd. 50 Mio. t/a könnte er bis zum Jahr 2045 betrieben werden. Bereits 1991 hat die Landesregierung Nordrhein-Westfalens mit einer politischen Leitentscheidung die Abbaufläche von Garzweiler II durch eine „wasserwirtschaftlich-ökologische Schutzlinie" um knapp 30% verkleinert, was einer Reduzierung der gewinnbaren Kohlemenge um nahezu 20% auf 1,3 Mrd. t gleichkommt. Damit ist nach Auffassung des Bergbautreibenden aber auch die Grenze der Wettbewerbsfähigkeit für die Braunkohle aus Garzweiler II erreicht, so daß eine weitere Verkleinerung nicht akzeptabel wäre. Gleichfalls wäre eine Genehmigung in einzelnen Abschnitten, wie sie manche Kritiker aus Politik und Gesellschaft fordern, für den Bergbautreibenden nicht annehmbar. Und zwar werden diesbezüglich vor allem Gründe in puncto Planungssicherheit und Investitionsprogramme (moderne, emissionsärmere Kraftwerke u. a. m.) angeführt. Auf der anderen Seite ist die Situation so, daß neben den befürchteten ökologischen Negativfolgen von Garzweiler II weitere 7600 Menschen aus elf Orten umgesiedelt werden müssen. Die heikle und hochsensibilisierte Diskussion um Garzweiler II berührt zweifellos den Kern im Auseinandersetzungsprozeß zwischen Ökonomie und Ökologie. Vielerorts sind die Fronten so verhärtet, daß zu einer

sachlichen Abwägung der ökonomisch-ökologischen Belange nur noch wenig Spielraum bleibt. In dieser Situation ist auch ein weiteres Zukunftsprojekt, nämlich der Anschlußtagebau Hambach II östlich des jetzigen Tieftagebaus Hambach I, scheinbar in Vergessenheit geraten. Allerdings konzentrieren sich die derzeitigen Planungen für dieses Projekt erst auf den Zeitraum nach 2040.

Ökologische Probleme

Eine der Hauptvoraussetzungen für die Kohlegewinnung im Tagebau ist die heftig diskutierte Absenkung des Grundwasserspiegels. Ganze Brunnengalerien (Tauchmotorpumpen mit Förderleistungen bis zu 32 000 l/min) entwässern die Tieftagebaue und deren Grundwassereinzugsbereiche. Die Wasserableitung erfolgt durch das vorhandene Flußsystem, insbesondere die Erft, und den über 20 km langen Kölner Randkanal, der das Revier direkt mit dem Rhein verbindet. Anfang der 1980er Jahre wurden im linksrheinischen Braunkohlerevier pro Jahr ca. 1,2 Mrd. m³ Grundwasser gehoben (1992 ca. 800 Mio. m³). Von diesen abgepumpten Wassermengen wurden leider rd. 80% ohne weitere Nutzung zum Rhein gelenkt, was einem jährlichen Trinkwasserbedarf von 17 Großstädten entsprach. Es ist also nicht von der Hand zu weisen, daß sich mit dem Übergang zum Tieftagebau bedenkliche hydrologische und damit landschaftsökologische Auswirkungen ergeben haben. Besonders im Falle Garzweiler II ist die wasserwirtschaftliche Problematik nahezu eskaliert. Von ökologischer Seite ist immer wieder darauf hingewiesen worden, daß bei Realisierung des Anschlußtagebaus vor allem die Feuchtgebiete des Naturparks Schwalm-Nette zerstört würden. Demgegenüber argumentiert der Bergbautreibende, daß durch gezielte Maßnahmen (u. a. Bau einer künstlichen Wasserscheide zwischen Tagebau und Feuchtzonen) das Schwalm-Nette-Gebiet in seiner ökologischen Wertigkeit erhalten werden könne. Auch die Wasserversorgung von Haushalten und Unternehmen im näheren und weiteren Umkreis des Tagebaus wäre nicht gefährdet. Für den Tagebaubereich Garzweiler wurde bereits vor Jahren ein wasserwirtschaftliches Konzept seitens des Ministeriums für Umwelt, Raumordnung und Landesentwicklung als der obersten Wasserbehörde Nordrhein-Westfalens (sog. MURL-Konzept) entwickelt. Danach verpflichtete sich die Rheinbraun AG aufgrund der Beeinträchtigungen des natürlichen Wasserhaushaltes im Tagebaugebiet zum einen ca. 55 Mio. m^3 Trinkwasser pro Jahr in die Kreise Neuss und Heinsberg sowie in die Stadt Mönchengladbach zu liefern und zum anderen die oben genannten Feuchtgebiete mit Wasser zu versorgen.

Ein weiterer Flächennutzungskonflikt besteht zwischen dem Bergbau und der Landwirtschaft. Einfach zu urteilen, daß vor dem Hintergrund der kostspieligen Überschußproduktion in der EU eine weitere Agrarwirtschaft in den linksrheinischen Börden von sekundärer Bedeutung wäre, ist sicherlich nicht richtig. Denn gerade auf den dortigen Lößböden treffen hervorragende Gunstfaktoren für eine kapitalintensive und marktorientierte Landwirtschaft zusammen (vgl. Kap. 8.3.1). Betriebswirtschaftlich gesehen herrschen leistungsfähige Marktfruchtbetriebe vor, die einen erheblichen Anteil an der Nahrungs- und Genußmittelversorgung der städtischen Bevölkerung Nordrhein-Westfalens und darüber hinaus haben. Tausende von Arbeitsplätzen sind von der Agrarproduktion im Bördenbereich direkt oder indirekt abhängig. Beispielsweise waren in den 1970er Jahren zwischen 20 und 30% aller Beschäftigten der Gemeinden Elsdorf und Titz im Nahrungs- und Genußmittel-

sektor (Zucker- und Konservenfabriken, Brauereien, Brennereien, Mühlen, Betriebe der Milch- und Fleischverarbeitung) tätig.

Nun ist es aber allem Anschein nach so, als würden neben den Betriebsflächen für den Bergbau auch die Rekultivierungsmaßnahmen zu Lasten der Landwirtschaft gehen. Nach Angaben der Landwirtschaftskammer Rheinland wurden der Agrarproduktion durch den Braunkohletagebau bislang über 15 000 ha entzogen und ihr nur etwa die Hälfte wieder zugeführt. Dieses Defizit von rd. 7500 ha sei gerade in den letzten Jahrzehnten stark angestiegen. Daher sehen die Agrarbehörden eine höhere Rekultivierungsquote landwirtschaftlicher Nutzflächen in der Börde als den nachhaltigsten Weg zur Entspannung der Probleme bei den agrar-bäuerlichen Siedlungen. Auch der Braunkohleausschuß und die Rheinbraun AG selbst vertreten heute diesen Standpunkt.

Längere Zeit ging die Agrarkultivierung nach zwei unterschiedlichen Methoden vor sich, nämlich dem Trocken- und dem Naß- bzw. Spülverfahren. Letzteres wird primär aus ökologischen Gründen nicht mehr praktiziert. Bei dem Trockenverfahren wird auf das verkippte Abraummaterial entsprechend dem Braunkohlegesetz eine bis zu 2 m mächtige Lößschicht wieder aufgetragen. Die Übergabe der neugeschaffenen Agrarflächen an private Landwirte geschieht nach einer Zwischenbewirtschaftung durch sog. Rheinbraun-Schirrhöfe von in der Regel mindestens fünf Jahren.

Als Beispiel gegenwärtiger und zukünftiger Rekultivierungsmaßnahmen sei der Großtagebau Fortuna-Garsdorf genannt, der mit einer Fläche von über 2200 ha im Jahre 1955 in Betrieb genommen wurde und nach ersten Rekultivierungen (Wiedenfelder Höhe) endgültig um das Jahr 2005 ein neues Kulturlandschaftsbild erhalten haben wird. Mit mehr als 1700 ha soll die Agrarwirtschaft den Hauptteil an

der zukünftigen Landschaftsgestaltung einnehmen. Aufgeforstete Waldstreifen sollen
mehr oder minder zungenförmig die
Agrarlandschaft durchsetzen. Neben verschiedenen Feuchtgebieten soll eine 30 ha
große Wasserfläche den ökologischen For-
derungen Rechnung tragen (Abb. 3.18).

In den vergangenen Jahrzehnten ist der
größere Teil an Rekultivierungsflächen in
eine Wald-Seen-Platte umgestaltet worden, die internationale Anerkennung gefunden hat. Das Südrevier zwischen Brühl
und Liblar hat etwa 6000 ha neue Waldflächen erhalten, in die 45 größere und
kleinere Seen bzw. Teiche eingestreut
sind. Bei der Waldrekultivierung wird seit
1959/60 eine systematische Aufforstung
mit verschiedensten, z. T. ausländischen
Arten auf sog. „Forstkies" (Gemisch aus
Kies, Sand und Löß) praktiziert. Einige der
Seen sind für den Wassersport geöffnet
worden. So entstand ein stark frequentiertes Naherholungsgebiet, das an manchen
Sommertagen von 20000 und mehr Er-
holungssuchenden des östlich benachbarten Ballungsraumes der südlichen Rheinschiene aufgesucht wird.

Die Umsiedlungsproblematik

Im ökonomisch-ökologischen Konfliktfeld
der Tagebauausweitungen gelten die berg-
baubedingten Umsiedlungen als das wohl
schwierigste Problem. Denn hier geht es
nicht allein um die Entschädigung mate-
rieller Güter und den Verlust historischer
Bausubstanz, sondern – wie der Bergbautreibende selbst betont – um Werte wie
Heimat, Nachbarschaft und Tradition, die
vor allem im ländlichen Raum ein starkes
Gewicht haben. Somit spielen bei der
Umsiedlungsplanung auch die sozialen
und psychologischen Aspekte eine gravierende Rolle. Was die rechtliche Seite der
Umsiedlungsverfahren betrifft, so sind in

den letzten Jahrzehnten mehrere gesetzliche Regelungen getroffen worden, deren
wichtigste das Bundesberggesetz von 1980
und das Landesplanungsgesetz von Nordrhein-Westfalen in der Fassung von 1979
sind. Von 1948 bis 1990 haben etwa
30000 Menschen dem rheinischen Braunkohlebergbau weichen müssen, und in den
nächsten Jahren kann bzw. wird es wie-
teren 15000 Menschen so ergehen (Tieftagebaue Hambach I, Inden II, Garzweiler
II). Bis 1980 sind allein über 40 größere
Ortschaften, meist Dörfer und Weiler,
umgesiedelt worden. Wurden die ersten
Ortsumsiedlungen in den 1950er und
1960er Jahren noch als mehr oder minder
eigenständige Orte umgesiedelt (z. B. Hab-
belrath, Grefrath und Berrenrath in der
Stadtgemeinde Frechen), schließen sich
heute die Neusiedlungen in der Regel an
bestehende zentrale Orte an. Damit will
man einerseits einer Zersiedelung der
Landschaft entgegenwirken und andererseits eine Strukturverbesserung im Zuge
der Umsiedlung schaffen. Man spricht
zwar immer noch von „Dörfern", die auf
der Umsiedlungsfläche wiederentstehen,
jedoch handelt es sich nach Funktion
und Gestaltung deutlich um suburbane
Siedlungsformen (vgl. u. a. DICKMANN
1996).

Um die Interessen der betroffenen Bevölkerung bestmöglich zur Geltung zu
bringen, tritt der aus Bürgern des Ortes
bestehende Umsiedlungsausschuß mit dem
Bergbautreibenden, dem Braunkohleausschuß und den Kommunalbehörden in
einen Dialog. Mit dem Konzept der gemeinsamen bzw. geschlossenen Umsiedlung, „das in den vergangenen 40 Jahren
stets von einer Mehrheit der Umsiedler
mitgetragen wurde, werden z. B. durch die
Einplanung von Möglichkeiten zur Haus-
gruppen- bzw. Nachbarschaftsbildung, von
Kirmes- und Sportplatz sowie eines Ge-
meindezentrums die räumlichen Voraus-

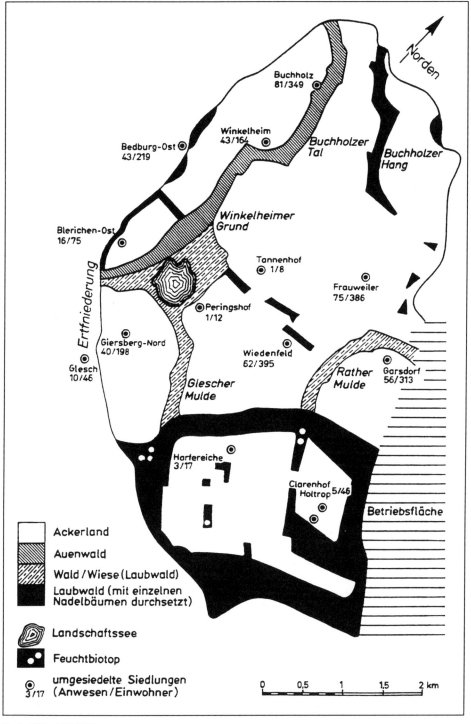

Quelle: Gläßer 1991, S. 98

**Abb. 3.18: Der Braunkohletagebau Fortuna-Garsdorf – gegenwärtige und
zukünftige Rekultivierung**

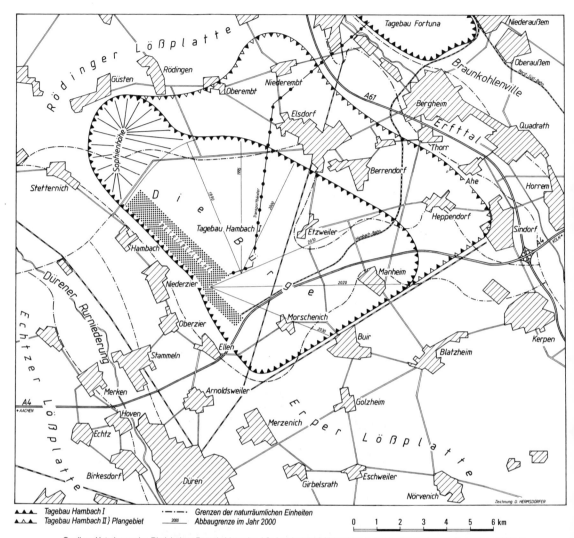

▲▲▲ Tagebau Hambach I
▲▲▲ Tagebau Hambach II } Plangebiet

·—·—· Grenzen der naturräumlichen Einheiten
——2000—— Abbaugrenze im Jahr 2000

0 1 2 3 4 5 6 km

Quellen: Unterlagen der Rheinischen Braunkohlewerke AG; Landesentwicklungsplan V NRW; Geographische Rundschau 1987, 5;
Naturräumliche Gliederung 1:200 000

Abb. 3.19: Der Tagebaubereich Hambach I

setzungen für die Fortsetzung der sozialen Beziehungen am neuen Standort geschaffen" (LÖGTERS 1987, S. 467).

Der Idealfall, daß die umzusiedelnden Bewohner zu 100 % gemeinsam zu dem neuen Ort ziehen, ist natürlich nicht erreichbar. Nach Auffassung der Rheinbraun haben jedoch die Umsiedlungen Königshoven und Lich-Steinstraß gezeigt, daß die erreichbaren Beteiligungsquoten von 50 bis 70 % für den Erhalt einer Dorfgemeinschaft ausreichend sind. Zum Zeitablauf sei hier nur bemerkt, daß etwa 15 Jahre vor Abbaubeginn sowohl der Umsiedlungsstandort wie der Flächenbedarf feststehen sollten (vgl. hierzu BRÜCKNER 1989, GLÄSSER 1989 b, GLÄSSER 1991, GLÄSSER /VOSSEN 1985).

Allein im Tagebaubereich Hambach I (Abb. 3.19) werden rd. 5000 Menschen von der Umsiedlung erfaßt werden. Die alten Dorfsiedlungen Lich-Steinstraß (hier sind die mehr als 1200 Bewohner schon seit Jahren umgesiedelt), Etzweiler, Manheim und Morschenich sowie eine Reihe von Einzelhöfen bzw. Gütern müssen dem Bergbau weichen. Der seit 1977 vorliegenden, von der Landesregierung in Nordrhein-Westfalen ausgesprochenen Verbindlichkeitserklärung für den Tieftagebau Hambach I gingen mehrjährige Verhandlungen im Braunkohleausschuß voraus. Hambach I umfaßt eine Gesamtfläche von rd. 85 km², von denen 47% forstwirtschaftlich (Bürgewälder) und 48% landwirtschaftlich genutzt werden bzw. wurden. Den Kohleinhalt des Abbaugebietes, das bis maximal 500 m Tiefe der tiefste Tagebau der Erde ist, schätzt man auf rd. 2,4 Mrd. t, deren Förderung bereits Ende 1984 begonnen hat. Mit maximal 79 m Flöz-Mächtigkeit steht hier eine der größten zusammenhängenden Braunkohle-Anreicherungen Mitteleuropas an. Zudem gilt die dortige Kohle als qualitativ außergewöhnlich gut, so daß sie in Zukunft besonders für die bereits skizzierten neuen Veredelungstechniken herangezogen werden soll. Von den geschätzten 14,5 Mrd. m³ Abraum wurden ca. 1 Mrd. m³ Aufschlußabraum in Form der „Sophienhöhe", die mit weit über 160 m Höhe bereits heute wie ein Gebirge in der Bördenzone entgegentritt, aufgeschüttet. Eine weitere Milliarde m³ soll zur Verfüllung des Ville-Tagebaus Fortuna-Garsdorf dienen. Die restliche Abraummenge wird die Tagebauöffnung Hambach I dann wieder vollständig aufnehmen. Für die Gesamtleistung von Abraum und Kohle von zusammen etwa 350 Mio. m³/Jahr ist der Einsatz riesiger Schaufelradbagger und Absetzgeräte mit einer Tagesleistung bis 240 000 m³ nötig. Nach Beendigung der Abbauzeit in ca. 40 Jahren wird neben land- und forstwirtschaftlichen Rekultivierungen ein Restloch von ca. 35 km² übrig bleiben, das als Wasserreservoir und teilweise als Erholungsgebiet dienen soll.

Übersicht 3.8: Umsiedlung wegen des fortschreitenden Braunkohleabbaus –
Das Beispiel Hambach I

3.3.4
Der Aachener Wirtschaftsraum

Mehr in entwicklungsgeschichtlicher Sicht umfaßt der Aachener Wirtschaftsraum folgende Teilgebiete:
1) Die Stadt Aachen (1995 knapp 250 000 Einw.) mit ihren bedeutenden zentralen Funktionen im Dreiländereck.
2) Das traditionsreiche Bergbau- und metallverarbeitende Gebiet an der Vicht und oberen Inde. Hierzu zählen einmal mehrere historische Zentren auf der Venn-Fußfläche sowie zum andern das Blei-Zink-Bergbaugebiet mit dem damit verbundenen Messinggewerbe besonders im Raum Stolberg.
3) Das ehemalige Steinkohlerevier um Eschweiler (sog. Inderevier, dessen letzte Grube allerdings schon 1944 stillgelegt wurde).

4) Das nördliche Steinkohlerevier in der Wurmmulde und im Raum Alsdorf–Hückelhoven (hier Bergbau bis 1997).
5) Das Braunkohlerevier nördlich Eschweiler–Weisweiler (sog. Westrevier an der Inde).

Im wirtschaftsgeographischen Sinne umfaßt der Raum Aachen das heutige Stadtgebiet Aachen (mit der letzten kommunalen Neugliederung kamen zu diesem die Orte Laurensberg, Richterich, Haaren, Eilendorf, Brand, Kornelimünster und Walheim), den Kreis Aachen sowie mehrere Gemeinden in den Kreisen Düren und Heinsberg.

In seiner Geschichte und Tradition fühlt sich der Aachener Raum als einstiges Zentrum des Karolingischen Reiches eng mit den heutigen Nachbarstaaten Belgien und den Niederlanden verbunden. Bis zu

Beginn des 19. Jahrhunderts bildete Aachen zusammen mit den damaligen Territorien Lüttich und Limburg einen in sich nahezu geschlossenen Kultur- und Wirtschaftsraum, der dann als Folge des Wiener Kongresses und der Bildung neuer Nationalstaaten auseinandergerissen wurde. Nun gerieten die betroffenen Teilgebiete in eine vielfach isolierende Grenzlage, die sich nicht gerade günstig auf die gewerblichindustrielle Entwicklung auswirken sollte. Nachdem der Raum Aachen über 100 Jahre mit den Nachteilen dieser peripheren Lage zu kämpfen hatte, wurden dann seit den 1950er Jahren erste Versuche zu einer Wiederbelebung der einstigen Wirtschaftsunion im Rahmen der Europäischen Gemeinschaft unternommen. Mit der Gründung der Euregio Maas-Rhein im Jahre 1976 (vgl. Kap. 9.2) erfolgte ein wichtiger Schritt in Richtung grenzüberschreitende Zusammenarbeit im Dreiländereck Aachen–Maastricht–Lüttich.

Zur aktuellen Situation

Mittlerweile gilt der Raum Aachen als ein erfolgreiches Beispiel für den wirtschaftlichen Strukturwandel, und zwar für den Wandel vom altindustriell geprägten Krisengebiet zur innovativen Aufsteigerregion. Noch Anfang der 1980er Jahre waren rd. 25% aller Industriearbeitsplätze mit der Steinkohleförderung verbunden, doch das weitere Zechensterben bis zur Schließung der letzten Anlage, der Sophia-Jacoba in Hückelhoven, Ende März 1997 brachte das Ende des Steinkohlebergbaus im Aachener Raum. Aber trotz des hohen Verlustes an Arbeitsplätzen (allein im Steinkohlebergbau waren es etwa 20 000) zählte der Wirtschaftsraum Aachen Ende 1995 über 10% mehr Arbeitsplätze als zehn Jahre zuvor. Bereits 1984 wurde im Rahmen der kurz vorher entstandenen „Aachener Gesellschaft für Innovation und Technologie-

transfer mbH" (AGIT) das Technologiezentrum Aachen gegründet, dem bis 1995 neun weitere in der Region folgten. Diese Einrichtungen sollen Existenzgründungen fördern und praktisch unterstützen, durch Werbemaßnahmen im In- und Ausland zu Neuansiedlungen beitragen sowie die Zusammenarbeit von Hochschulen (besonders ist hier an die Rheinisch-Westfälische Technische Hochschule zu denken) und anderen Forschungseinrichtungen (z. B. Kernforschungsanlage Jülich) mit der heimischen Wirtschaft ausbauen. Ein oft zitiertes Beispiel des strukturellen Wandels zeigt sich in der Niederlassung von Mitsubishi Semiconductor Europe GmbH im ehemaligen Bergbauort Alsdorf. Die Ansiedlung des rd. 500 Personen beschäftigenden Micro-Chip-Werks gilt als die höchste japanische Investition der letzten Jahre in ganz Europa. Als weiteres Beipiel sei die Niederlassung des schwedischen Telekommunikationskonzerns Ericsson mit einem Forschungs- und Entwicklungszentrum im Technologiepark Herzogenrath genannt, das etwa 500 Ingenieuren Arbeitsplätze bietet. Im Bereich der Lasertechnik soll keine andere europäische Region ein derartig geballtes Know-how wie der Aachener Raum besitzen. Die Kooperation mehrerer Institute der RWTH, der Fachhochschule und des Fraunhofer-Instituts für Lasertechnik war für die Ansiedlung von zahlreichen Laserfirmen ausschlaggebend. So registrierte die IHK Aachen 1995 in ihrem Kammerbezirk über 40 Firmen und 20 Institute, die sich mit der Lasertechnik befaßten.

Wenngleich auch im Raum Aachen in den letzten Jahrzehnten ein erheblicher Wandel hin zu den Dienstleistungssektoren zu verzeichnen ist, so bleibt doch nach wie vor eine vielfältig strukturierte Branchenzusammensetzung im Produzierenden Gewerbe (vgl. Tab. 3.10). Die wichtigsten Zweige waren 1995 der Maschinenbau mit

	Bergbau		Grundstoff- u. Produktions-gütergewerbe		Investitionsgüter produzierendes Gewerbe		Verbrauchsgüter produzierendes Gewerbe		Nahrungs- u. Genuß-mittelgewerbe		Insgesamt		Umsatz	
	Be-triebe	Beschäf-tigte	Be-triebe	Beschäf-tigte	Be-triebe	Beschäf-tigte	Be-triebe	Beschäf-tigte	Be-triebe	Beschäf-tigte	Be-triebe	Beschäf-tigte	Be-triebe	1000 DM
Stadt Aachen	–	–	15	2759	76	10002	27	4586	10	4421	128	21768	128	4 535 886
Kreis Aachen	2	3173	36	5954	53	8478	30	4605	7	1710	128	23920	128	7 101 398
davon														
Alsdorf	–	–	3	239	9	1677	4	.	1	.	17	2265	.	.
Baesweiler	–	–	1	–	4	197	4	.	–	–	9	312	.	.
Eschweiler	2	.	10	1590	12	1084	3	199	1	–	28	6354	.	.
Herzogenrath	–	–	2	.	1	.	5	2191	–	–	8	3049	.	.
Stolberg	–	–	14	3903	19	2845	10	1246	–	–	43	7994	.	.
Würselen	–	.	1	.	5	.	1	.	5	1358	12	2601	.	.
Aldenhoven	2	.	3	.	1	.	1	.	–	–	7	620	.	.
Inden	–	–	2	.	5	.	3	277	–	–	10	606	.	.
Übach-Palenberg	–	–	2	.	5	.	5	488	–	–	12	2048	.	.
Stadt u. Kreis Aachen ohne Alsdorf, Inden und Übach-Palenberg	2	3173	51	8713	129	18480	57	9191	17	6131	256	45688	256	11637284
Alsdorf, Inden und Übach-Palenberg	2	.	7	.	11	.	9	.	–	–	29	3274	29	.
Wirtschaftsraum Aachen insgesamt	*4*	*.*	*58*	*.*	*140*	*.*	*66*	*.*	*17*	*6131*	*285*	*48962*	*285*	*.*

Quelle: LDS NRW (Hrsg.): Kreisstandardzahlen 1995; LDS NRW (Hrsg.): Die Gemeinden Nordrhein-Westfalens 1995

Tab. 3.10: Bergbau und Verarbeitendes Gewerbe im Aachener Wirtschaftsraum 1994

10 000 Arbeitsplätzen, die Elektrotechnik mit über 8000, die Papier- und Pappeproduktion sowie die Chemische Industrie mit jeweils knapp 7000 Beschäftigten; die traditionsreichen Branchen Textilgewerbe und Glasindustrie waren mit jeweils gut 5000 Arbeitsplätzen vertreten. Eine zentrale Funktion für den regionalen Arbeitsmarkt besitzt der Maschinenbau; er ist eine Art Schlüsselbranche, von der viele andere Betriebe abhängig sind. Durch die Nähe zur RWTH scheint dieser Industriezweig mit seinen mehr als 100 Unternehmen die Möglichkeiten des Technologietransfers besonders intensiv zu nutzen. Die gewerblich-industrielle Vielfalt gerade im Raum Aachen hat eine alte Tradition, auf die im folgenden anhand einiger Beispiele kurz eingegangen sei.

Wirtschaftshistorische Leitlinien

Die Wirtschaftsgeschichte der alten Reichs- und Krönungsstadt Aachen dokumentiert ein vielseitiges Gewerbe- und Industrieleben. Neben der Tuchmacherei war Aachen schon im Mittelalter weithin bekannt durch sein Messinggewerbe. Über letzteres, von dem Familiennamen wie Schleicher, Lynen, Prym, Peltzer u. a. zeugen und das zunächst in Aachen und später in Stolberg Berühmtheit nahezu in ganz Europa erlangte, heißt es im Jahre 1559, daß es in Aachen 68 sogenannte Kupfermeister gäbe, „die bei 100 Öfen mit rund 1000 Knechten 30 000 Ztr. Messing erzeugten" (BRUCKNER 1967, S. 145). Das Messinggewerbe und die gleichzeitig betriebene Eisenverarbeitung fanden eine Fortsetzung in der modernen Nadelindustrie. So gab es z. B. 1930 in Aachen 36 Nadelfabriken, von denen etwa ein Dutzend bevorzugt Nähmaschinennadeln herstellte. Nach den fast totalen Zerstörungen im Zweiten Weltkrieg versuchten die verbliebenen zehn Nadelfabriken durch

Weiterentwicklung der Produktqualität den modernen Anforderungen gerecht zu werden.

Ein anderer und für Aachen ebenfalls charakteristischer Gewerbezweig, nämlich die Tuchmacherei, erreichte bereits im 14. Jahrhundert eine hohe Blütezeit. Beispielsweise werden Aachener Tuche schon im 13. Jahrhundert in rigaischen Stadtbüchern und zu Beginn des 14. Jahrhunderts in Nowgorod genannt. Aachener Tuchkaufleute unterhielten in Antwerpen ein besonderes Stapelhaus. Stark beeinträchtigt wurde diese Sonderstellung der Freien Reichsstadt durch die konfessionellen Gegensätze seit dem 16. Jahrhundert, als im Zuge der Gegenreformation Aachener Tuchmacher und -kaufleute – ähnlich wie bei anderen Gewerbezweigen – die Stadt verlassen mußten und eine neue Heimat im benachbarten Burtscheid und Eupen oder in Düren und Monschau suchten. Um 1812 waren in Aachen dann wieder 93 Tuchmachereien und Färbereien sowie 98 Tuchmachermeister ansässig, die rd. 4500 Personen an 1358 Stühlen und acht englischen Spinnmaschinen beschäftigten. In der benachbarten, 1896 eingemeindeten Abteistadt Burtscheid sollen es 29 Tuchherstellungsbetriebe und 79 Tuchmeister gewesen sein. Für 1871 vermerkt ein Handelskammerbericht, daß in der Tuchindustrie Aachens und Burtscheids etwa 80 größere Fabriken in Betrieb seien, welche mit ebensoviel Dampfmaschinen um die 200 000 Stück Tuch jährlich produzierten und ca. 10 000 Arbeiter beschäftigten. Mit ca. 5000 Webstühlen blieb Aachen bis zum Zweiten Weltkrieg in Mitteleuropa der größte Lieferant von Herrenstoffen aus Kammgarn. Gleichzeitig war die Aachener Tuchindustrie (schwarze Tuche) innerhalb der gesamten deutschen Textilproduktion der Zweig mit der höchsten Exportquote. Nach den Zerstörungen des Zweiten Weltkrieges (von den 5000 Webstühlen waren am Kriegsende nur noch 500 betriebsfähig) war Mitte der 50er Jahre mit 12,5 Mio. m² Tuche die Vorkriegsproduktion wieder erreicht. Rationalisierungsmaßnahmen, Firmenzusammenschlüsse und -aufgaben infolge der wachsenden ausländischen Konkurrenz führten dazu, daß von den 1954 bestehenden 86 Tuchfabriken zehn Jahre später nur noch 35 und 1984 schließlich noch fünf im Aachener Raum produzierten.

Ohne hier auf weitere bedeutende Aachener Industriezweige, wie die Elektrotechnik, die chemische Industrie oder die Herstellung von Spezialglas, näher einzugehen, seien doch noch ein paar Bemerkungen zu den gerade für Aachen charakteristischen Nahrungs- und Genußmittelbranchen erlaubt. Denn es gibt wohl keinen Wirtschaftsraum in der Bundesrepublik Deutschland, der in puncto Vielfältigkeit und Umfang der Süßwarenherstellung mit Aachen zu vergleichen wäre. Über eine der ältesten Traditionen verfügen die Aachener Printen. „Geprentete" Backwaren („prenten" bedeutet soviel wie „pressen" bzw. „aufdrücken") sollen schon zu Zeiten der spätmittelalterlichen Heiligtumsfahrten zum Aachener Dom an die Pilger verkauft worden sein. Im 19. Jahrhundert erwuchs aus dem alten Handwerk eine großbetriebliche Herstellung, die die „süße Branche" in aller Welt bekannt machte. Von den 111 000 t Leb- und Honigkuchen sowie Printen, die 1995 in Deutschland hergestellt wurden, stammten drei Viertel aus dem Raum Aachen. Die wirtschaftlich bedeutendsten Süßwaren in Aachen und Umgebung sind mittlerweile jedoch die Produkte der Schokoladenindustrie, deren Entwicklungsgeschichte seit der Mitte des 19. Jahrhunderts auf den Apotheker Leonard Monheim zurückzuführen und besonders mit den Trumpfwerken verknüpft ist. Schließlich sei noch auf die Herstellung von Marmeladen, Konfitü-

ren u. ä. m. verwiesen, die ihre Aktivitäten seit 1893/94 dem Unternehmer Franz Zentis verdankt.

Das Messinggewerbe im Stolberger Raum

Als zweites Teilgebiet des Aachener Wirtschaftsraumes war das alte Bergbau- und Metallverarbeitungsgebiet an der Vicht und oberen Inde herausgestellt worden, dessen Südteil wenigstens in naturräumlicher Sicht der Vennfußfläche und dem Hohen Venn zugerechnet werden muß. Relikte früherer Bergbau- und Verhüttungsaktivitäten weisen neben Industrieunternehmen und Werkssiedlungen entlang der beiden Talzüge und auf den umgebenden Flächen auf die lange gewerblich-industrielle Traditon dieses Raumes hin. Wasserkraft, Erzreichtum (Brauneisenerze sowie Galmei- bzw. Zinkerz als Rohstoff für die Messingherstellung) und einst große Waldbestände zur Holzkohlegewinnung waren wichtige Voraussetzungen für die Entstehung einer regelrechten Industriegasse in der Stolberger Talung. Schon gegen Ende des 13. Jahrhunderts diente die Wasserkraft der Vicht dem Betrieb von Eisenhütten und -hämmern, deren Mittelpunkt um diese Zeit der Ort Zweifall gewesen sein dürfte, wo um 1300 fünf Eisenhämmer bestanden haben sollen. Für das Aufblühen des Messinggewerbes um Stolberg waren neben den genannten Voraussetzungen aber auch konfessionelle und politisch-territoriale Gründe verantwortlich. Nachdem nämlich im Zuge der Gegenreformation und der überaus harten Zunftbestimmungen zahlreiche protestantische Unternehmer Aachen verließen bzw. verlassen mußten, siedelten sich diese im benachbarten Stolberg (damals zum Herzogtum Jülich gehörend) und weiter vichtaufwärts an. Damit wurden im Stolberger Gebiet so bekannte Unternehmerfamilien wie Schardinel, von Asten, Prym, Peltzer,

Lynen und Schleicher ansässig. Bereits 1575 hatte Leonard Schleicher den ersten sogenannten Kupferhof in Stolberg errichtet. Mehrere dieser burg- bzw. festungsähnlichen Kupferhöfe, die Wohnhaus und Werkstätten miteinander vereinigten, haben sich bis heute erhalten. Ende des 17. Jahrhunderts werden für den Stolberger Raum rd. 40 Kupferhöfe genannt.

Nach OVERBECK (1928) gab es im 18. Jahrhundert kein Gebiet in Europa, das in solcher Güte und Menge Messing lieferte. In rd. 200 Schmelzöfen wurden rd. 60000 Zentner Messing erzeugt, die z. gr. T. in die niederländischen Städte und nach Frankreich exportiert wurden. Die Kupfermengen bezog man seinerzeit u. a. aus der Grafschaft Mansfeld, auch aus Schweden und anderen europäischen Ländern. Gegen die Stolberger Kupferherren konnten sich die eisenproduzierenden Hüttenmeister an der Vicht, vornehmlich die der Familie Hoesch (diese ging später im Zuge der großindustriellen Entwicklung nach Dortmund), auf die Dauer nicht durchsetzen, vor allem hinsichtlich der lebenswichtigen Holzkohlezuteilungen. Ein Zeuge des damaligen Eisengewerbes an der oberen Vicht zeigt sich noch heute in dem Neuenhammer zwischen den Orten Zweifall und Vicht, der zu Beginn des 19. Jahrhunderts von der Familie Hoesch gebaut wurde und von dem u. a. noch zwei etwa 7 m hohe steinerne Öfen erhalten sind. Aber auch das Messinggewerbe in Stolberg, zu dem sich z. B. noch die Tuch- und Glasherstellung gesellten, hat eine sehr wechselvolle Geschichte erfahren. Ein Rückgang vollzog sich besonders um die Mitte des 19. Jahrhunderts aufgrund einer veränderten Rohstoffsituation (u. a. wurden nun Kupferlagerstätten zu Produktionsstandorten von Messing) sowie infolge der nunmehr peripheren Lage im preußischen Staatsgebiet. In der Wilhelminischen Zeit fand die Stolberger Messingindustrie den Anschluß an die moderne Entwicklung. Neben Blechen, Bändern, Drähten aus Messing kamen nun bestimmte Metallwaren auf den Markt. So trat beispielsweise der eben erfundene Druckknopf praktisch einen Siegeszug um die ganze Welt an. Heute sind im Stolberger Raum noch zwei größere Unternehmen in der Messingbranche tätig.

3.3.5
Der Untere Niederrhein

Etwa die Hälfte des von den Kreisen Wesel und Kleve eingenommenen Unteren Niederrheins gehört zu den peripheren ländlichen Regionen, die aufgrund ihrer nationalen Randlage nicht in die Rolle eines dynamischen Wirtschaftsraumes wachsen konnten. Nach 1945, vor allem aber mit der Entwicklung der EG/EU, setzten Infrastrukturverbesserungen ein, die mit der Ausprägung des Verkehrsbandes entlang des Rheins für eine räumliche Aufwertung sorgten. Heute stellt der Untere Niederrhein einen hochentwickelten Wirtschaftsstandort dar, der gleichzeitig als verkehrstechnische Klammer zwischen den Agglomerationen Rhein-Ruhr und Randstad Holland fungiert. Diese zentrale Verkehrslage ist der stärkste Standortfaktor der Region. Gegenüber anderen Landesteilen sind jedoch noch Disparitäten festzustellen. So war 1993 die Bruttowertschöpfung (BWS) zu Marktpreisen je Erwerbstätigen mit 90 bzw. 88 für die Kreise Wesel und Kleve (lt. Landesstatistik, bezogen auf NRW = 100) unterdurchschnittlich. Bemerkenswert sind ferner – wenigstens für den Kreis Kleve – die relativ geringe Bevölkerungsdichte von 233 Ew./km^2 (Kreis Wesel 444 Ew./km^2, beide Werte für 1995) und der nach wie vor hohe Anteil „kritischer Branchen" an der Gesamtwirtschaftsstruktur. Hier sind vor allem die Nah-

rungs- und Genußmittelindustrie, die Le-
der- und Schuhherstellung und der Bergbau im südlichen Weseler Raum zu nennen. Entgegen der auf den ersten Blick
agrar-ländlich erscheinenden Struktur wird
die Region allerdings von einer sehr unterschiedlich ausgeprägten gewerblich-industriellen Wirtschaft bestimmt. Denn dem
fast homogen wirkenden, durchweg dem
agrar-gewerblichen Typus zuzuordnenden
Kreis Kleve steht ein äußerst heterogener
Kreis Wesel gegenüber.

Kreis Wesel

Der flächenmäßig kleinere, bevölkerungsmäßig dagegen deutlich größere Kreis Wesel (1995 rd. 463000 Ew., vgl. Tab. 3.11)
wird vom Rhein, der die Region morphographisch und morphologisch entscheidend
prägte und ihr wichtige Entwicklungsimpulse verleiht, in zwei Teile zerschnitten.
Diese Gebietskonstellation entstand erst
1975 im Zuge der kommunalen Neugliederung. Unter gewerblich-industriellen
Gesichtspunkten können die 13 dem Kreis
zugehörigen Städte und Gemeinden in drei
bemerkenswert klare Wirtschaftsräume
gegliedert werden:
– Von West nach Ost zieht sich nördlich
  der Kreisstadt Wesel fast halbkreisförmig ein Gemeindeband mit überwiegend
  landwirtschaftlichem Charakter bzw. der
  Landwirtschaft nahestehenden Gewerben hin. Es sind dies Sonsbeck, Xanten
  und Alpen linksrheinisch sowie auf der
  gegenüberliegenden Terrassenlandschaft
  die großflächige Retortengemeinde Hamminkeln, Schermbeck und Hünxe.
  Klein- bis mittelständische Betriebe
  diverser Branchen (u. a. Textil, Kunststoffe, Landmaschinenbau) bilden die
  gewerblichen Kernpunkte.
– Dagegen weisen die mehr in direktem
  Kontakt zum Strom stehenden Städte
  Wesel, Voerde, Dinslaken und Rhein-

berg praktisch das gesamte Spektrum
des Verarbeitenden Gewerbes auf, das
von der Chemie über Investitions- und
Verbrauchsgüter bis zur Nahrungsmit-
telherstellung reicht. Hinzu kommen
beträchtliche tertiäre Funktionen, die
namentlich Wesel betreffen.
– Das südliche Kreisgebiet mit Kamp-
  Lintfort, Neukirchen-Vluyn und Moers
  (mit rd. 107000 Ew. größte Stadt im
  Kreis Wesel) wird von den Rohstoffvorkommen Steinkohle und Salz dominiert (vgl. Kap. 2.1) und stellt annähernd
  80% der Kreisbevölkerung. Dieser Teilbereich ist Ballungsrandzone mit einem
  unverwechselbaren individuellen Land-
  schaftsprofil, das u. a. durch dichte Bebauung, Abraumhalden, Zechenanlagen
  und ein großflächiges Entsorgungszen-
  trum geprägt ist. Es steht damit in einem
  harten Kontrast zum übrigen Kreisgebiet.

Von den sozialversicherungspflichtig beschäftigten Arbeitnehmern des Kreises
waren 1995 rd. 14% bzw. etwa 16000
Personen im Bereich Bergbau/Energie gemeldet. Sie stellen etwa in Kamp-Lintfort
44% und in Neukirchen-Vluyn 42% aller
Arbeitnehmer.

1957 betrug die Steinkohleförderung am
linken Niederrhein lediglich 7,8% der
Gesamtleistung des Ruhrgebietes; sie ist
bis 1995 auf fast 30% angestiegen. Die
acht Bergbaubetriebe (einschl. des Borther
Salzbergwerks der Solvay-Gruppe) er-
wirtschafteten 1994 einen Umsatz von rd.
2,3 Mrd. DM (Tab. 3.12). Die Kohle- und
Salzförderung wird auch künftig für diesen
Teil des Unteren Niederrheins strukturbestimmend bleiben und die Region räumlich prägen. Generell zeigt der Kreis Wesel
ein breites und hochwertiges Leistungs-
spektrum, das neben Solvay auch Unternehmen wie Siemens, Steag, Hoogovens,
Underberg u. a. aufweist. Der allgemei-

	Kreis Wesel 1042				Kreis Kleve 1231			
	1984		1995		1984		1995	
Fläche (km²)								
	absolut		absolut		absolut		absolut	
Einwohner am 30. 6.	413 828		463 230		261 208		286 388	
Einwohner/km²	397		444		212		233	
Wanderungsbilanz[1]	-1 399		+2 875		+544		+3 585	
Sozialversicherungspflichtig beschäftigte Arbeitnehmer nach Wirtschaftsgruppen	absolut	%	absolut	%	absolut	%	absolut	%
a) Produzierendes Gewerbe	64 093	60,4	57 562	48,9	28 078	48,9	30 253	41,4
darunter								
– Energie, Bergbau	22 245		16 096		641		491	
– Verarbeitendes Gewerbe	33 067		31 862		21 763		23 676	
– Baugewerbe	8 781		9 604		5 674		6 086	
b) Handel	12 060	11,4	16 329	13,9	7 746	13,5	11 591	15,9
c) Verkehr	2 977	2,8	3 923	3,3	2 211	3,8	2 832	3,9
d) Kreditinstitute und sonstige Dienstleistungen	17 936	16,9	28 312	24,0	11 750	20,4	20 059	27,4
e) Organisationen, Gebietskörperschaften	7 692	7,3	10 068	8,5	5 776	10,1	6 387	8,7
f) Landwirtschaft	1 294	1,2	1 645	1,4	1 907	3,3	2 007	2,7
Gesamt	106 052	100,0	117 839	100,0	57 468	100,0	73 129	100,0

[1] 2. Halbjahr 1983 bzw. 1994 und erstes Halbjahr 1984 bzw. 1995

Quelle: Niederrheinische Industrie- und Handelskammer Duisburg-Wesel-Kleve zu Duisburg, Geschäftsberichte 1985 und 1996

Tab. 3.11: Strukturdaten zum Wirtschaftsraum Unterer Niederrhein (1984 und 1995 im Vergleich)

Bereich	Kreis Wesel							Kreis Kleve						
	Betriebe	Beschäftigte		Umsatz		Auslandsumsatz		Betriebe	Beschäftigte		Umsatz		Auslandsumsatz	
		absolut	%	Mio. DM	%	Mio. DM	%		absolut	%	Mio. DM	%	Mio. DM	%
Steinkohle- und Steinsalzbergbau	8	14875	40,3	2285,0	27,4	72,6	4,6	–	–	–	–	–	–	–
Grundstoff- und Produktionsgüterindustrie (Chemie, Steine, Erden, Keramik u. a.)	42	5233	14,2	2452,8	29,4	891,9	56,7	31	1937	12,7	911,1	17,3	380,0	28,7
Investitionsgüterindustrie (Maschinenbau, Elektrotechnik, Fahrzeugbau usw.)	99	10064	27,3	1704,2	20,5	420,2	26,7	58	6066	40,0	1186,3	22,6	359,8	27,2
Verbrauchsgüterindustrie (Schuh- und Lederwaren, Textil/Bekleidung u. a.)	38	5279	14,3	1232,2	14,8	128,5	8,2	36	3158	20,8	654,2	12,4	171,5	12,9
Nahrungs-/Genußmittelherstellung	17	1437	3,9	662,6	7,9	60,4	3,8	29	4016	26,5	2504,9	47,7	412,5	31,2
Gesamt	*204*	*36888*	*100*	*8336,8*	*100*	*1573,6*	*100²*	*154*	*15177*	*100*	*5256,5*	*100*	*1323,8*	*100³*

¹ Betriebe mit 20 und mehr Beschäftigten einschließlich Handwerk
² Exportquote gemessen am Gesamtumsatz 18,9%
³ Exportquote gemessen am Gesamtumsatz 25,2%

Quelle: Niederrheinische Industrie- und Handelskammer Duisburg-Wesel-Kleve zu Duisburg, 1996

Tab. 3.12: Betriebe¹, Beschäftigte und Umsatz im Bergbau und im Verarbeitenden Gewerbe am Unteren Niederrhein 1994 (Kammerbezirk der Niederrheinischen Industrie- und Handelskammer Duisburg-Wesel-Kleve)

nen Tendenz folgend verzeichnete der tertiäre Sektor in den letzten Jahren deutliche Zunahmen. Mit rd. 32 000 Erwerbstätigen lag 1995 jedoch der Beschäftigungsschwerpunkt beim Verarbeitenden Gewerbe. Von herausragender Bedeutung ist die Investitionsgüterindustrie. Vor allem ist es die Lippemündung mit dem Städteband Wesel-Voerde-Dinslaken, wo dieser Wirtschaftszweig neben den konsumnahen Branchen strukturbestimmend ist. Dies gründet im wesentlichen auf den enormen Bedarf spezifischer Investitionsgüter seitens des räumlich eng verflochtenen Bergbaus, der Hüttenindustrie, der Energiewirtschaft, der Chemie und des Transportwesens, für deren Zulieferer die Rhein-Lippe-Region idealer Standort wurde. Von den fünf Rheinhäfen des Kreises befinden sich allein zwei, nämlich der Städtische Rheinhafen und der Rhein-Lippe-Hafen, in Wesel. Mit den Häfen Voerde-Emmelsum, Rheinberg-Ossenberg und Rheinberg-Orsoy werden hier jährlich bis zu 6 Mio. t umgeschlagen. Ein besonders wichtiger Schwerpunkt industrieller Produktion ist ferner die Sand- und Kiesgewinnung im Auen- und Niederterrassenbereich des Rheins, wie überhaupt die Steine- und Erdenindustrie am gesamten Niederrhein bedeutende Umsätze erzielt. 1994 wurden im IHK-Bezirk Duisburg-Wesel-Kleve rd. 20 Mio. t Kies und Sand gefördert, dies entsprach 42,4% der Gesamtgewinnung in Nordrhein-Westfalen (Tab. 3.13).

Kreis Kleve

Der ebenfalls 1975 aus den Altkreisen Kleve, Geldern und Teilen der Kreise Rees und Moers neugegliederte Kreis Kleve zählte 1995 rd. 286 000 Einwohner. Zum Kreisgebiet gehören 16 Städte und Gemeinden. Neben der traditionsreichen Kreisstadt Kleve, die einstmals neben Ber-

lin und Königsberg zur dritten preußischen Residenzstadt erhoben wurde, sind dies die rechtsrheinischen Uferstädte Emmerich und Rees, die linksrheinische alte Zollfeste Kranenburg, die Gemeinden Bedburg-Hau, Kalkar, Uedem, Issum, Rheurdt, fünf städtische Siedlungen entlang des Niersbandes (Goch, Weeze, Kevelaer, Geldern, Kerken) und im Süden Straelen und Wachtendonk. Schon in der industriellen Aufbauphase etablierten sich zwei später strukturbestimmende Wirtschaftszweige im Klever Raum: Zum einen in Kleve selbst die Schuhindustrie, zum anderen in der ursprünglichen Wollweberstadt Goch die Nahrungsmittelindustrie in Form eines Margarinewerkes. Eisenbahnanschluß, Hafenerweiterungen und der Ausbau des Spoykanals, einer 9,8 km langen Rheinzufahrt (gemeinhin als ältester westdeutscher Kanal bezeichnet), ließen die Kur- und Verwaltungsstadt Kleve bis 1900 in die Rolle des führenden Zentrums der Nahrungs- und Genußmittelproduktion und der Lederverarbeitung am Unteren Niederrhein wachsen. Erst die großen Schrumpfungsprozesse beider Branchen in den letzten Jahrzehnten baute ihre Dominanz ab (Tab. 3.13). Gleichwohl ist die Nahrungs- und Genußmittelherstellung noch immer von großer Bedeutung, denn sie stellt jeden vierten Arbeitsplatz im Kreisgebiet. Neben der Margarineproduktion sind das Brauereiwesen (Issum) und die Tiefkühlkost- und Speiseeisherstellung (Straelen) herausragende Bereiche. Investitionshilfen durch Bund und Land und die angesprochene Verkehrsgunst haben in den letzten Jahren verstärkt zur Ansiedlung innovativer Betriebe der Investitions- und Verbrauchsgüterindustrie geführt. Darunter ist mit der Fuji magnetics in Kleve der bedeutendste japanische Arbeitgeber in Nordrhein-Westfalen. Als einzigartig in Nordrhein-Westfalen kann die traditionell in Kevelaer beheimatete Devotionalien-Her-

Gebiet	Kies und Sand[1] (1000 t)	Schuhe (t)	Margarine[2] (1000 t)
Kammerbezirk[3]	19 804	1 834	114,8
Nordrhein-Westfalen	46 696	7 222	175,0
Bundesgebiet[4]	252 039	46 085	648,0
Anteil Kammerbezirk an Nordrhein-Westfalen (%)	42,4	25,4	65,6
Anteil Kammerbezirk am Bundesgebiet (%)	7,9	4,0	17,7

[1] Betriebe mit 10 und mehr Beschäftigten, nach Angaben des LDS NRW
[2] einschließlich Halbfettmargarine
[3] Verwaltungsbezirke Duisburg, Kreis Wesel, Kreis Kleve
[4] altes Bundesgebiet und neue Bundesländer

Quelle: Niederrheinische Industrie- und Handelskammer Duisburg-Wesel-Kleve zu Duisburg, Geschäftsbericht 1995

Tab. 3.13: Baustoff- und Verbrauchsgüterproduktion am Unteren Niederrhein 1994 (Kammerbezirk der Niederrheinischen Industrie- und Handelskammer Duisburg-Wesel-Kleve)

stellung angesehen werden, deren Artikel (Kerzen, Heiligenbilder usw.) auf die Wallfahrten abgestellt sind, die mit jährlich über einer halben Million Pilger und Touristen ein beträchtliches Wirtschaftspotential bilden. Diesem Traditionshandwerk steht konträr nur wenige Kilometer nördlich auf einem Areal von rd. 300 000 m² die Bauruine des Atomkraftwerks Kalkar gegenüber. Der im Ortsteil Hönnepel errichtete Prototyp eines „Schnellen Brüters" war Ursache heftiger öffentlicher Auseinandersetzungen und letztendlich eine in Deutschland beispiellose energiepolitische Fehlinvestition. Das einst umkämpfte Symbol deutscher Kernkraftwerks-Technologie ist derzeit auf dem Weg, zu einem Freizeitpark umgebaut zu werden (vgl. Übersicht 3.9). Von der bisher skizzierten Gewerbestruktur des Kreises Kleve weicht die der Hafenstadt Emmerich (1995 rd. 29 000 Ew.) ab. Die Grenzlage bewog hier schon früh eine Reihe niederländischer Unternehmen zur Gründung von Zweigwerken. Mittelstandsbetriebe der Branchen

Chemie, Metall, Holz- und Kunststoffverarbeitung bilden die Schwerpunkte innerhalb des Verarbeitenden Gewerbes. Einen beschäftigungspolitischen Rückschlag erlitt Emmerich im Zuge der Vollendung des EU-Binnenmarktes. Der Zoll, der an zwei Hauptzollämtern und sieben Grenzzollstellen über 500 Personen beschäftigte, verlor seine einst regional wichtige Arbeitgeberfunktion fast gänzlich. Auch spezialisierte Zollspeditionen und -agenturen mußten im Zuge dieser Entwicklung schließen. Dagegen mißt die Flußschiffahrt der alten Zollstelle Emmerich mit steigender Tendenz die Funktion eines logistischen Dienstleistungszentrums zu. Von dem im Hafen liegenden Containerterminal, der nach Erweiterungen 1996 zu den modernsten am Rhein gehört (vgl. auch Kap. 6.5) und der aufgrund der günstigen Fahrwasserverhältnisse quasi den Status eines „Übersee-Terminals" hat, fertigen namhafte Speditions-, Transport- und Handelshäuser Containerdirektverkehre nach Zielen in ganz Europa ab.

Seit Planungsbeginn war der Bau des natriumgekühlten „Schnellen Brüters" vom Typ SNR 300 (geplante Leistung: 300 Megawatt) heftig umstritten. Das Kraftwerk, in dem nie eine einzige Kilowattstunde Strom produziert wurde, berührte nicht nur die energiewirtschaftlichen Interessen des Landes Nordrhein-Westfalen und der Bundesrepublik Deutschland, sondern in großem Umfang auch die europäischer Nachbarstaaten.

1965/1966
Auf Initiative und in Verantwortung des Bundes arbeitet das Kernforschungszentrum Karlsruhe detaillierte Pläne aus. Der Bau soll ohne Landesbeteiligung erfolgen.

1972 (26. Januar)
Die „Schnell-Brüter-Kernkraftwerksgesellschaft" (SBK) wird gegründet. Beteiligt sind die RWE (Rheinisch-Westfälische Elektrizitätswerke AG) mit 70% sowie die N.V. Samenwerkende Electriciteits-Productiebedrijven Arnheim (Niederlande) und die Synatom S.A. Brüssel (Belgien). Die Anlage soll 1979 startbereit sein.

1972 (18. Dezember)
Die erste Teilerrichtungsgenehmigung wird durch das Bundeswirtschaftsministerium und das Gesundheitsministerium Nordrhein-Westfalen vergeben.

1973 (24. April)
Baubeginn. Die Baukosten werden mit 940 Mio. DM veranschlagt.

1973 (30. Oktober)
Ein in Kalkar-Hönnepel ansässiger Landwirt reicht die erste Klage gegen die Baupläne ein. Der Landwirt wird in den folgenden Jahren zu einer Symbolfigur des Widerstandes gegen das geplante Atomkraftwerk.

1977 (24. September)
Rund 35 000 Kernkraftgegner demonstrieren in Kalkar gegen den Kraftwerksbau.

1978 (8. Dezember)
Das Bundesverfassungsgericht entscheidet, daß der Brutreaktor gebaut werden kann.

1981 (15. Oktober)
Die vorletzte Teilerrichtungsgenehmigung liegt vor.

1982 (21. September)
Nach neuen Kalkulationen wird mit Baukosten von 6,5 Mrd. DM gerechnet. Die Inbetriebnahme wird für Mitte 1987 erwartet.

1984 (12. Februar)
Vor dem Düsseldorfer Verwaltungsgericht unterliegt der Landwirt im Prozeß gegen die Betreiber. Das Atomkraftwerk wird als ausreichend sicher bewertet.

1986 (10. Juli)
Die SPD-Mehrheit im nordrhein-westfälischen Landtag beschließt, auch unter Eindruck des Reaktorunglücks in Tschernobyl, eine Wende in der Energiepolitik. Die Brüter-Technologie wird abgelehnt. Im selben Monat teilt der Hersteller Interatom mit, daß das Kraftwerk betriebsbereit ist. Die für 1986 vorgesehene Einlagerung der Brennelemente und die Betriebsgenehmigung werden verschoben.

1988 (Januar)
Die Brüter-Betreiber ziehen ihren Antrag auf Einlagerung atomarer Brennelemente zurück.

1990 (November)
Lokalpolitiker in Kalkar schlagen die Umrüstung der Brüteranlage in ein Erdgaskraftwerk vor.

1991 (22. März)
Das offizielle Ende des „Schnellen Brüter" wird bekanntgegeben. Die Baukosten liegen bis zu diesem Zeitpunkt bei über 7 Mrd. DM.

1993 (28. August)
Bundesweites Aufsehen erregt eine Entscheidung des Kalkarer Stadtrates. Danach soll der Baukomplex abgerissen und das Gelände in eine landwirtschaftliche Fläche umgewandelt werden, wenn die RWE als Eigentümer keine vernünftige Nutzung vorschlägt.

1995 (4. November)
Ein niederländischer Investor und Freizeitpark-Betreiber kauft die milliardenschwere Bauruine für einen vermuteten Kaufpreis von 3 Mio. DM. Mit Investition von rd. 50 Mio. DM soll die Anlage zu einem Freizeitpark („Kernwasser-Wunderland") und einem 2000 Betten umfassenden Hotel-betrieb umgebaut werden.

Übersicht 3.9: Chronik einer Fehlinvestition –
          Zahlen und Fakten zur Geschichte des „Schnellen Brüters" in Kalkar

Abb. 3.20: Neue Gewerbe- und Technologieparks am Unteren Niederrhein

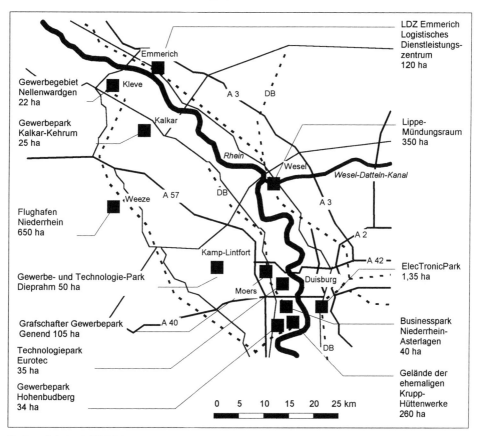

Quelle: verändert nach IHK Duisburg, Kleve, Wesel zu Duisburg, 1995

Insgesamt betrachtet zeigt sich der Untere Niederrhein (einschließlich der Agglomeration Duisburg) mit Blick auf den EU-Binnenmarkt nicht nur als Verkehrsdrehscheibe mit ausgezeichneter logistischer Infrastruktur, sondern auch als eine mit Standortvorteilen ausgestattete Technologieregion der Zukunft. In 12 neu ausgewiesenen Gewerbe-, Technologie- und Businessparks mit einer Gesamtfläche von 1691 ha (Abb. 3.20) wird die gezielte Ansiedlung von High-Tech-, Service- und Logistikunternehmen verschiedenster Art verfolgt. Als eines der herausragenden Projekte gilt dabei die Überführung des 1999 frei werdenden hochmodernen Nato-Flughafens Weeze in eine zivile Nutzung (Flughafen Niederrhein). Konzeptionell soll der Flughafen langfristig als Ergänzung der bestehenden Airports in Nordrhein-Westfalen und den Niederlanden dienen. Er ist integraler Bestandteil der deutsch-niederländischen Entwicklungsplanung zum weiteren Ausbau der Logistikinfrastruktur am Unteren Niederrhein.

3.3.6
Die rheinisch-westfälischen Textilzentren

Traditionell ist Nordrhein-Westfalen einer der bedeutendsten Standorte für die deutsche Textil- und Bekleidungsindustrie und damit im weiteren Sinne auch für die Modebranche. In den Landesgrenzen waren 1994 in 702 Unternehmen 26,8% bzw. 24,8% aller bundesweit gemeldeten Erwerbstätigen dieser zwei Industriezweige beschäftigt. Mit einem Umsatz von über 19 Mrd. DM betrug ihr Anteil am jeweiligen deutschen Gesamtumsatz ca. ein Drittel (Tab. 3.14).

Elf der 40 führenden deutschen Textilproduzenten sowie die größten deutschen Bekleidungsunternehmen haben ihren Sitz in Nordrhein-Westfalen. Die heutigen Standorte dieser beiden eng verflochtenen Branchen sind überwiegend historisch begründet. Als Kernräume gelten (vgl. Abb. 3.21):
– Das West- und Nordmünsterland von Bocholt bis Rheine. Wegen der ehemals dominierenden Baumwolle lange Zeit

		1991	1992	1993	1994	Veränderung 1994 zu 1991 (%)[1]
Textilgewerbe	Betriebsanzahl	407	399	379	359	−11,8
	Beschäftigte[2]	57 847	54 435	49 323	44 824	−22,5
	Gesamtumsatz (Mrd. DM)[3]	12,828	12,343	11,020	10,418	−18,8
Bekleidungs- gewerbe	Betriebsanzahl	493	455	396	343	−30,4
	Beschäftigte[2]	41 845	38 760	34 103	30 970	−26,0
	Gesamtumsatz (Mrd. DM)[3]	9,432	9,054	8,863	8,544	− 9,4

[1] Prozentsätze gerundet
[2] im Monatsdurchschnitt
[3] Zahlen gerundet

Quelle: Zusammengestellt nach Angaben des Verbandes der Nord-Westdeutschen Textilindustrie, Münster 1995

Tab. 3.14: Strukturdaten der Textil- und Bekleidungsindustrie in Nordrhein-Westfalen (1991–1994)

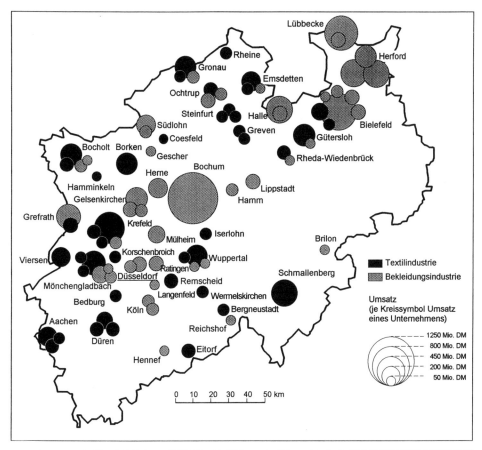

Quelle: Gesellschaft für Wirtschaftsförderung NRW, Düsseldorf / Hoppenstedt-Firmendatenbank, 1996 (Umsatzzahlen der bedeutend-sten Unternehmen, z. T. Gruppenumsatz, bezogen auf den Stammsitz)

Abb. 3.21: Standorte und Umsätze der Textil- und Bekleidungsindustrie in Nordrhein-Westfalen 1995

volkstümlich „Baumwollstraße" genannt, ist die Region auch heute ein Zentrum der deutschen Baumwollindustrie. Von Bedeutung ist ferner die Herstellung von Strümpfen, Bodenbelägen und Pol-sterstoffen.

– Ostwestfalen mit Bielefeld, Gütersloh, Herford, Lübbecke und Halle. In Nord-rhein-Westfalen ist es der bedeutendste Produktionsraum für Oberbekleidung und Frottierwaren. Im Gegensatz zur sonst klein- bis mittelständischen Be-

kleidungsindustrie arbeiten hier auch einige Großbetriebe.

– Das Bergische Land mit seiner Veredel-ungsindustrie (z. B. Bleicherei, Färbe-rei) sowie der alten Bandweberei von Wuppertal. Über die Hälfte der deut-schen Fertigung von Bändern, Litzen, Spitzen, Gurten u. ä. erfolgt hier. Bedeu-tend ist ferner die Produktion von Schnüren, Seilen, Schläuchen und tech-nischen Geweben aller Art. Im östlich angrenzenden Sauerland ist Schmallenberg ein Zentrum der Feinstrumpfwirkerei.

- Das Eifelrandgebiet mit Aachen und Düren. Die schon im Mittelalter überragende Tucherzeugung Aachens (vgl. Kap. 3.3.4) hat sich bis heute dort den führenden Standort in Nordrhein-Westfalen für hochwertige Tuche auf der Streich- und Kammgarnbasis erhalten. Düren erlangte vor allem durch die Teppichherstellung eine beachtliche Marktstellung.
- Der linke Niederrhein mit den alten Textilstädten Mönchengladbach, Krefeld und Viersen. In Krefeld konzentrieren sich etwa 90% der deutschen Seidenfabrikation und -veredelung. Viersen und Grefrath sind Standorte der Samt- und Plüschherstellung und der Produktion von textilen Bodenbelägen. In Mönchengladbach, das noch in den 1920er Jahren als „rheinisches Manchester" bezeichnet wurde, ist neben der Weberei auch die Konfektion von Bedeutung.

Strukturwandel

Von einer textilen Monostruktur, die wenigstens bis in die 50er Jahre die meisten der genannten Städte oder Regionen kennzeichnete, kann jedoch schon lange nicht mehr gesprochen werden. Denn wie kaum ein anderer Wirtschaftszweig in Deutschland schrumpfte die Textil- und Bekleidungsindustrie innerhalb von 40 Jahren im Zuge mehrerer schwerer Struktur- und Konjunkturkrisen dramatisch. Im Vergleich zu anderen Krisenindustrien des Landes, man denke hier an den Montan- und Stahlsektor, war es jedoch eher ein „stilles Sterben" ohne große Resonanz in der breiten Öffentlichkeit. In Nordrhein-Westfalen wurde der Beschäftigungshöchststand 1957–1963 mit über 360000 Arbeitnehmern verzeichnet. 1995 waren es dagegen nur noch knapp 76000 Beschäf-

tigte, dies entspricht einem Rückgang von fast 80% (Verband der Nord-Westdeutschen Textilindustrie 1996). Die regressive Entwicklung dieser einstigen Schlüsselindustrien, die selbst Motor von Industrialisierungsprozessen waren, hält seit 1991 unvermindert an, was sich u. a. auch am Index der Nettoproduktion ablesen läßt (Tab. 3.15).

Zwar findet sich in den ehemaligen Weberei-, Färberei- und Konfektionshochburgen noch eine Reihe von Betrieben dieser Zweige, doch ihr prozentualer Anteil am industriellen Umsatz ist auf geringe Zahlen gesunken. Dies zeigt sich z. B. sehr deutlich im IHK-Bezirk Mittlerer Niederrhein mit seinen einst herausragenden Textilzentren (Tab. 3.16).

Der Umschwung setzte etwa 1965 mit dem Importdruck aus Niedriglohnländern ein, der sich in einer Überschwemmung der Märkte mit Billigprodukten niederschlug. Dies hatte für die exportstarken Textilbetriebe Nordrhein-Westfalens drastische Folgen: Alteingesessene Unternehmen liquidierten, Kapazitäten wurden ver-

Jahr	Textil-gewerbe	Bekleidungs-gewerbe
1985	100	100
1986	100,2	101,5
1987	97,3	97,6
1988	96,8	96,4
1989	97,4	97,1
1990	98,2	99,3
1991	98,0	99,3
1992	92,2	85,8
1993	83,2	80,2
1994	81,4	72,9

Quelle: LDS NRW, Statistisches Jahrbuch NRW 1995, Düsseldorf 1995

Tab. 3.15: Index der Nettoproduktion für das Textil- und Bekleidungsgewerbe in Nordrhein-Westfalen 1985–1994 (1985 = 100)

Bereich	Betriebe	Beschäftigte	Umsatz (Mio. DM)	Anteil am industriellen Umsatz (%)
Stadt Krefeld	19	1 855	299	0,8
Stadt Mönchengladbach	26	3 067	546	1,4
Kreis Neuss	3	359	77	0,2
Kreis Viersen	28	3 509	834	2,2
Kammerbezirk	76	8 790	1 765	4,6
Nordrhein-Westfalen insgesamt	*359*	*44 824*	*10 418*	*2,1*

Quelle: IHK Mittlerer Niederrhein, Krefeld 1996; Verband der Nord-Westdeutschen Textilindustrie, Münster 1995

Tab. 3.16: Textilindustrie im Bezirk IHK Mittlerer Niederrhein 1994

ringert bzw. ins Ausland verlagert und Tausende von Arbeitskräften entweder zu Kurzarbeit gezwungen oder entlassen. Die folgende Rationalisierungsphase kostete noch einmal eine große Zahl von Arbeitsplätzen. Neben dem weltweiten Wettbewerbsdruck verschärften weitere ungünstige Umstände die Situation. So etwa die Umstellung auf Synthetikfasern, die einen Nachfrageeinbruch bei Baumwoll- und Wollerzeugnissen zur Folge hatte, die steigenden Ölpreise und die heimische Marktsättigung. Allein 1970–1980 gingen dem Textil- und Bekleidungsgewerbe in Nordrhein-Westfalen über 120 000 Arbeitsplätze verloren. Gegenwärtig stehen beide Industrien erneut unter großem Anpassungsdruck. Als Ursachen werden der international scharfe Verdrängungswettbewerb, die schwache Auslandsnachfrage aufgrund von DM-Aufwertungen und die in Westeuropa existierenden Überkapazitäten genannt. Bei den Konfektionären hat darüber hinaus die Konsumzurückhaltung für starke Nachfrageeinbrüche und eine Verschlechterung der Beschäftigungslage gesorgt. Liquidationen, verstärkter Import oder das Ausweichen auf passive Veredelungsverkehre (z. B. in Form von Lohnfertigung im Ausland) bestimmten gerade im Bekleidungssektor in den letzten Jahren das Bild. Ein Grund ist im Lohnkostengefälle zu suchen, das zur globalen Produktion zwingt und die historischen deutschen Standortvorteile an Bedeutung verlieren läßt. Während im heimischen Bereich 1994/95 die branchenspezifischen Lohnkosten 33,04 DM je Arbeitstunde betrugen, waren z. B. in Portugal mit 6,40 DM nur knapp ein Fünftel des deutschen Niveaus zu zahlen. In Rumänien, Ungarn, Polen oder Tschechien lagen die Arbeitskosten je Industriearbeiter und Stunde sogar nur zwischen 1,34 DM und 4,70 DM.

Modeland Nordrhein-Westfalen

Der skizzierte Schrumpfungsprozeß hat auf der anderen Seite jedoch auch dazu beigetragen, daß beide Wirtschaftszweige heute weltweit zu den produktivsten und modernsten ihrer Art gehören. So gilt Deutschland nicht nur als größter Textil- und Bekleidungsimporteur, sondern auch als einer der größten Exporteure. Allein die Unternehmen Nordrhein-Westfalens erwirtschaften jährlich im Durchschnitt rd. 30% ihres Umsatzes über Exporte. Sie nehmen auch bundesweit eine Schlüssel-

stellung ein, denn 29% aller textilindu-
striellen Erzeugnisse und 28% der Bekleidung und konfektionierten Textilien
stammten 1994 aus Nordrhein-Westfalen.
Branchenführer in der Bekleidungsindustrie ist die Unternehmensgruppe Steil-
mann in Bochum-Wattenscheid. Sie gilt
als Europas größter Konfektionär und läßt
über Lizenzverträge und Kooperationen
mit internationalen Designern und Herstel-
lern weltweit produzieren.

Die Rolle des Landes als einer der führenden deutschen Bekleidungs- und damit
Modestandorte wird vielfältig sichtbar. Herausragend sind die periodischen Modemes-
sen. In Düsseldorf sind dies vor allem die
Collections-Premiere (CPD) und die IGE-
DO (Interessengemeinschaft Damenober-
bekleidung), die zu den wichtigsten Beklei-
dungsmessen der Welt gehören. Ferner sind
die der Modebranche zugehörige weltgrößte
Schuhmesse GDS (Gemeinschaft Deutscher
Schuhhersteller) und die Fachmesse „Euro-
Tuch" hervorzuheben. Große Bedeutung
haben daneben in Köln die „Herrenmode-
woche/Interjeans". An zahlreichen Forschungsstätten und Hochschulen werden
branchenspezifische Innovationen entwik-
kelt sowie technische und kreative Nach-
wuchskräfte geschult. Beispiele hierfür sind:
1) das Textilforschungszentrum Nord-
   West in Krefeld, das der Universität
   Duisburg angegliedert ist;
2) das 1996 mit EU- und Landesmitteln in
   Wattenscheid gegründete erste deutsche Technologiezentrum für „ökolo-
   gieorientierte Textilindustrie" (ECO-
   TEXTIL);
3) die Fachhochschule Niederrhein in
   Krefeld/Mönchengladbach, auf die sich
   die gesamte textile Ausbildung von Ingenieuren aus dem nordwestdeutschen
   Raum konzentriert;
4) das „Design-Zentrum NRW" in Essen
   für experimentelle Entwicklungen und
   Produktgestaltungen.

Letztlich ist in diesem Kontext auch die
in der deutschen Wirtschaftslandschaft
einzigartige Konzentration von Textilhan-
delshäusern, Vertretungen und Niederlassungen im Raum Düsseldorf/Neuss zu
sehen. Hierzu zählen in Düsseldorf die
Modezentren Fashion-House I und II und
in Neuss Imotex und Euromoda. Mit allein
über 250 Unternehmen ist das Neusser
Euromoda eines der größten europäischen
Bekleidungshandels- und Modezentren.

Die Textil- und Bekleidungsindustrie
im historischen Rückblick

Auf dem Weg zur Industrialisierung war
für alle Länder die Textil- und Beklei-
dungsfertigung eine der tragenden Säulen.
Dies galt für das Deutschland des 19.
Jahrhunderts ebenso wie später für Japan
und Südkorea und seit gut einem Jahrzehnt
für Staaten wie u.a. China, Indonesien oder
Thailand. Um den einstigen Stellenwert
dieser Industriezweige für Nordrhein-
Westfalen zu verdeutlichen, sei an dieser
Stelle ein historisch-genetischer Rückblick
eingeflochten. Die Wurzeln beider Gewerbe reichen weit in die vorindustrielle Zeit
zurück. Schon im 14. Jahrhundert waren
Köln und Aachen mittelalterliche Tuch-
gewerbezentren. Krefelds berühmte Sei-
denverarbeitung geht auf das Jahr 1656
zurück, als durch Ansiedlung geflüchteter
Mennoniten die erste Seidenfabrik in der
Stadt gegründet wurde. Ein auf Flachs-
und Hanfanbau gründendes Leinengewerbe entwickelte sich im frühen Mittelalter
am Niederrhein, im Münsterland, im Min-
den-Ravensberger Raum sowie entlang des
Hellweges. In Westfalen wurde die Lei-
nenweberei wichtigster Wirtschaftszweig,
der als städtisches Gewerbe u. a. für Coesfeld, Herford und Lemgo belegt ist.
Durchweg waren jedoch das Spinnen von
Flachs und das Weben von Leinen, später
auch von Baumwolle, bis zur Einführung

Sehr eng mit der westfälischen Landes- und Kulturgeschichte ist das fahrende Händlertum des Münsterlandes verbunden, das bis in das 11. Jahrhundert zurückreicht und gegen Ende des 19. Jahrhunderts zur Gründung moderner Textilhandelsketten in den Niederlanden und Deutschland führte. Gewerbeträger waren die „Tödden" (auch Tüötten oder Packenträger genannt), die im Hausierhandel mit selbstgefertigtem Leinen einen Zuerwerb fanden. Einer der Ausgangsräume des Töddenwesens war die Obergrafschaft Lingen mit den Orten Hopsten, Mettingen und Recke. Ihre Packenträger rekrutierten sich aus Bauern und Handwerkern, die im Sommer ihre häusliche Produktion in der Fremde verkauften. Die Handelsartikel bestanden u. a. aus Woll- und Leinenprodukten, wovon das Löwendlinnen (ein qualitativ hochwertiges Mischgewebe aus Flachs und Hanf, das vorwiegend im Tecklenburger Land hergestellt wurde) den Ruf Westfalens als Stofflieferant festigte. Im 19. Jahrhundert entwickelten sich aus diesem Haus-Haus-Handel das Verlagssystem sowie das feste Familiengeschäft. Dieser Wandel wurde von den kapitalkräftigen Händlern vollzogen, die sich, bedingt durch steuerliche, politische wie religiöse Motive, oft in ihren Absatzgebieten niederließen. In den Niederlanden wurden vor allem Tödden aus dem Tecklenburger Raum ansässig. Aus diesen Töddengeschäften gingen Handelshäuser und -ketten hervor, die bis heute einen Großteil des Bekleidungsverkaufs beherrschen. Bekannte Händlernamen sind in diesem Zusammenhang Brenninkmeyer, Peek, Cloppenburg und Hettlage, deren Ursprünge im Töddenwesen zu suchen sind.

Das Verlagssystem als Weiterentwicklung des ambulanten Handels konnte sich besonders dort entfalten, wo die Heimarbeitsplätze weit verstreut lagen. Ambulante Händler, die bis dahin nur als Aufkäufer der Hausgewerbeprodukte auftraten, übernahmen die Rohstoffversorgung und oft auch die Vorfinanzierung. In Faktoreien, die meist zentral in den Kirchdörfern errichtet wurden, erfolgten Rohstoffausgabe und Fertiggewebeabnahme. Damit ging eine erste örtliche Konzentration bestimmter Arbeitsprozesse einher, gleichsam als Vorstufe der industriellen Massenfertigung. Eindrucksvolles Beispiel ist hier die Eifelstadt Monschau, im 18. Jahrhundert ein bedeutender Mittelpunkt der Feintuchherstellung. Die Monschauer Unternehmerfamilie Scheibler beschäftigte 1762 mittels des Verlagssystems in der gesamten Eifel rund 6000 Arbeitskräfte in textiler Heimarbeit. Nur spezielle Arbeiten, wie z. B. das Färben, wurden zentral im „Roten Haus" in Monschau vorgenommen.

Übersicht 3.10: Hausierhandel und Verlagssystem

der Textilmaschinen flächenhaft verteilte Erwerbszweige für ländliche Heimarbeiter. Sie setzten sich hauptsächlich aus den sog. agrar-sozialen Minderklassen, insbesondere den Heuerlingen, zusammen. Als Arbeiter-Pächter verfügten sie meist nur über wenig Pachtland, das oft noch aus unergiebigen, d. h. podsolierten, vernäßten oder vermoorten Böden bestand. Zwangsläufig wandte sich diese Schicht, wenn sie nicht auswanderte oder später in die aufstrebenden Industriegebiete zog, einem existenzsichernden Nebenerwerb zu. Am Niederrhein und im Münsterland fand sich dieser Zuerwerb in der „Hollandgängerei", einem saisonalen Pendeln in die Niederlande, wo die Kolonialwirtschaft für einen hohen Arbeitskräftebedarf sorgte. Daneben bot die Heimarbeit auf der lokalen Flachs-/ Leinenbasis eine zusätzliche Einkommensquelle. Sie entwickelte sich z. B. im Münsterland zu einem Hauptwirtschaftszweig mit einer eigenen, neben dem Vollbauerntum stehenden Bevölkerungsschicht. In anderen Gebieten war das Textilgewerbe zweitwichtigster Erwerbszweig nach der Metallverarbeitung, so etwa im vom Eisen beherrschten Märkischen Raum. Am linken Niederrhein bildete sich eine vom „Leinenbauerntum" geprägte Zone mit stofflich unterschiedlichen Fertigungen, die Ende des 18. Jahrhunderts unter der Führung einzelner Städte (z. B. Mönchengladbach, Rheydt) zu einem fast homogenen Wirtschaftsraum zusammenwuchs. Die Flachsverarbeitung, an die im übrigen noch heute die Farben der Stadt Mönchengladbach erinnern (goldgelbes Flachsstroh und blaue Flachsblüte), wurde jedoch Mitte des 18. Jahrhunderts in dieser Region gänzlich durch die Baumwolle verdrängt.

Der entscheidende Strukturwandel in der textilen Fertigung setzte 1783/84 mit der Einführung der ersten wasserkraftgetriebenen Spinnerei Deutschlands ein, die von dem Elberfelder Kaufmann Johann Gottfried Brüggelmann in Cromford bei Ratingen nach englischem Vorbild errichtet wurde. Von hier aus nahm die mechanische Herstellung von Textilien, also die industrielle Fertigung, schnell zu. Begünstigt durch den Einsatz von Dampfmaschinen, die Erweiterung der Absatzgebiete durch den Zollverein, den Maschinenimport aus England und die wesentliche Verbilligung der Baumwolle sowie die Verkehrserschließung durch die Eisenbahn kam es bis 1875 zur Herausbildung der für einige Regionen typischen textilen Monostruktur.

Die Initiatoren der maschinellen Fertigung waren die Verleger, die als Standorte zumeist die alten Faktoreiplätze wählten, vorzugsweise jene, die durch einen frühen Eisenbahnanschluß eine günstige Verkehrsanbindung besaßen. Mit dem Zusammenziehen der Heimarbeiter in Fabriken setzte auch ein deutlicher sozialer Wandel ein: Der nebenberufliche Hausweber wurde zum Fabrikarbeiter, der ehemalige Verleger zum Fabrikanten. Hauptrohstoff wurde die Baumwolle, die das alte Leinengewerbe in Rheinland-Westfalen fast völlig zum Erliegen brachte, da die maschinelle Flachsspinnerei technisch lange Zeit nicht wirtschaftlich betrieben werden konnte. Mit der Verlagerung der ländlichen Heimarbeit zur städtischen Massenproduktion wurde das Textilgewerbe zu jener Grundindustrie, die neben der Metallverarbeitung

die industrielle Durchdringung des heutigen Nordrhein-Westfalen maßgeblich trug. Denn mit der oft stürmischen Aufwärtsentwicklung des Textilgewerbes veränderten sich Marktflecken und Dörfer zu Städten im funktionalen Sinne, nachdem ihre Wirtschaftsstruktur jahrhundertelang vom Nebeneinander der agraren und gewerblichen Tätigkeit ihrer Einwohner geprägt war. Die textile Massenfertigung hatte landesweit auch schon früh die Entwicklung von Folgeindustrien ausgelöst. Auf der Grundlage des Leinengewerbes nahm z. B. in Bielefeld die Wäsche- und Konfektionsindustrie einen großen Aufschwung, insbesondere nach der Erfindung der Nähmaschine. Ab 1862 wurden dort selbst Nähmaschinen und später auch Spinn- und Webmaschinen gebaut, um 1886 begann die Fertigung von Fahr- und Motorrädern. Am Niederrhein konnten sich Veredelungsbetriebe für Wolle und Baumwolle mit oft sehr speziellen Verfahren zu einem Wirtschaftsfaktor von hohem Stellenwert entwickeln. Die Textilindustrie gab auch hier früh den Anstoß für den Bau von Textilmaschinen, der etwa ab 1870 in Krefeld und Mönchengladbach einen steilen Aufstieg nahm. Um 1860 kam dort auch die Bekleidungsindustrie hinzu. Gerade dieser Wirtschaftszweig erwies sich landesweit als ideales Pendant zu der seinerzeitigen Industrie- und Gewerbestruktur, und zwar zum einen wegen der nahen Materiallieferanten, z. B. den Webereien, zum anderen wegen des enormen weiblichen Beschäftigungspotentials in den von männlichen Arbeitskräften dominierten Montanräumen.

Das Fallbeispiel Bocholt:
Von der textilen Monostruktur
zum diversifizierten Industriestandort

Im vorwiegend agrar-strukturierten südwestlichen Münsterland bildet Bocholt (1996 rd. 70 000 Einw.) einen attraktiven urbanen Schwerpunkt. Die Grenzstadt, größte Kommune im Kreis Borken, verlor erst mit der Gebietsreform 1975 ihren kreisfreien Status. Trotz der relativ ungünstigen geographischen Lage – W. MÜLLER-WILLE (1981, S. 7) spricht vom Bocholter Zipfel am Rande der Westfälischen Bucht – ist die Stadt heute Mittelzentrum. Da die Stadtentwicklung eindeutig auf das Textilgewerbe zurückzuführen ist, kann Bocholt exemplarisch für viele alte Textilgewerbestandorte und deren charakteristische Strukturwandlungen angesehen werden, die letztlich zu einer fast völligen Umschichtung der Beschäftigungsstruktur geführt haben.

Schon für das 9. Jahrhundert sind um Bocholt der Flachs- und Hanfanbau sowie die ländliche Leinenverarbeitung in Heimarbeit belegt, die sich bis zum Mittelalter hielten. Die Vergabe des Weichbildrechts („wicbilethe", 1201) und das frühe Stadtrecht (1222) ließen Bocholt bald zu einer bedeutenden Ansiedlung im Bistum Münster werden. Um 1550 führten flämische Glaubensflüchtlinge die Verarbeitung von „Baumseide", einem Mischgewebe aus leinener Kette und baumwollenem Schuß, ein. Mit dieser neuen Fabrikationstechnik waren ein finanzieller Aufschwung und eine beträchtliche städtische Blütezeit verbunden. Schon 1569 erfolgte die Gründung eines Baumseidenamtes, dem Zunftrecht verliehen wurde. Als Hanse-Schutzgenosse (1560–1577) baute Bocholt Handelsbeziehungen nach Hamburg, in den Ostseeraum und nach Böhmen auf. Vorrangig waren es jedoch die engen Absatzverflechtungen mit den Niederlanden, die der Stadt die Voraussetzungen für eine großmaßstäbige Textilherstellung schufen. Der frühen Blüte folgten aber mehr als zwei Jahrhunderte, in der das Textilgewerbe durch Kriegswirren, die Aufhebung der Kontinentalsperre und holländische Zolltarifänderungen keine Entwicklungsimpulse erhielt. Erst durch die Umstellung auf die mechanische Baumwollspinnerei und -weberei 1850, die später einsetzte als im Rheinland oder entlang der Wupper, kam die eigentliche Expansion der Textilwirtschaft in Gang. Gleichzeitig spezialisierten sich die Maschinenwebereien, so daß schon sehr früh vom „Bocholter Artikel" (Bettuchbiber, gerauhte Qualitäten) gesprochen wurde.

Mit der Industrialisierung wurden die Physiognomie des Stadtbildes und die sozio-ökonomische Situation grundlegend verändert: Die Bevölkerung nahm fast sprunghaft von etwa 5000 Einwohnern (1850) auf rund 25 000 Einwohner im Jahre 1905 zu und mußte in neuen Siedlungen in der Feldmark außerhalb des alten Stadtkerns angesiedelt werden. Die Textilbetriebe wählten ihre Standorte zunächst entlang des Flusses Aa, später auch entlang der Eisenbahnstrecke, die erst 1878 verlegt worden war. Diese späte Bahnanbindung war auch die Ursache für die klein- bis mittelständische Unternehmensstruktur in Bocholt zu dieser Zeit. In westfälischen Orten mit früherem Bahnanschluß hatten sich dagegen sehr früh auch dominierende Großbetriebe etabliert, wie z. B. in Rheine und Gronau. Nach dem Zweiten Weltkrieg wurde die Monostruktur zunächst gefestigt. 1951 stellte das Textil- und Bekleidungsgewerbe mit rd. 46% aller Beschäftigten fast jeden zweiten Arbeitsplatz. Die Spitze wurde 1958 erreicht: Die Textilindustrie zählte 9209 Arbeitnehmer, die höchste Zahl in der Stadtgeschichte, im Bekleidungsgewerbe waren 674 Arbeitnehmer tätig. In jenen Boomjahren waren die Textilarbeiter Bocholts auf 67 Unternehmen verteilt, während zum selben Zeitpunkt in der vergleichbaren Stadt Rheine rd. 7000 Arbeiter in nur 11 Textilbetrieben beschäftigt waren.

Die mit Beginn der 1960er Jahre einsetzenden strukturell-konjunkturellen Textil-

Wirtschaftsgruppen	1976		1980		1990		1994	
	absolut	%[2]	absolut	%	absolut	%	absolut	%
Textilindustrie	3557	28,9	3341	25,7	2932	20,9	2330	18,0
Bekleidungsindustrie	837	6,8	876	6,7	978	7,0	669	5,2
Maschinenbau	2764	22,4	2674	20,6	3777	27,0	3122	24,1
Elektroindustrie	2418	19,6	2971	22,8	2924	20,9	2859	22,1
Gesamt[3]	12322	100,0	13008	100,0	14004	100,0	12956	100,0

[1] sozialversicherungspflichtig Beschäftigte am 30.6. eines jeden Jahres
[2] in % aller Beschäftigen des Verarbeitenden Gewerbes
[3] alle Wirtschaftsgruppen des Verarbeitenden Gewerbes

Quelle: Stadt Bocholt, Amt für Stadtentwicklung, Statistische Informationen 1995

Tab. 3.17: Beschäftigte[1] im Verarbeitenden Gewerbe in Bocholt (1976–1994)

krisen sollen in ihren Auswirkungen kurz für Bocholt verdeutlicht werden. Von 6244 textilen Arbeitsplätzen in 1965 gingen bis 1976 43% oder 2687 Plätze verloren, d. h. fast jeder zweite Arbeitsplatz wurde innerhalb von 11 Jahren gestrichen. Mitte 1994 waren nach städtischen Angaben noch 2330 Personen im Textilgewerbe gemeldet, dies war gegenüber 1976 noch einmal ein Rückgang von rd. 35% (vgl. Tab. 3.17).

Die dominante Stellung der Textilindustrie wurde somit immer deutlicher abgebaut; ihr Anteil an der Gesamtbeschäftigung sank bis 1994 auf 18% (einschließlich Bekleidungsindustrie 23,2%). Zeuge dieses einstmals so wichtigen Wirtschaftszweiges ist heute das Westfälische Industriemuseum/Textilmuseum in Bocholt, das Exponate und funktionstüchtige Anlagen aus der textilen Blütezeit des 19. Jahrhunderts enthält.

Die immensen Strukturwandlungen konnten nur durch Beschäftigungsausweitungen in anderen Branchen ausgeglichen werden. Zur entscheidenden Diversifizierung der Wirtschaftsstruktur trugen im wesentlichen zwei Unternehmen bei. Zum einen handelte es sich um die 1910/1917 von Düsseldorf nach Bocholt verlegten Flender-Werke (Antriebstechniken). Zum anderen wurde die kriegsbedingte Verlage-

rung von Teilen der ehemaligen Siemens & Halske AG (1941) von Berlin nach Bocholt strukturbestimmend. Die Siemens AG produziert jährlich in Bocholt mehrere Millionen Telefone für zahlreiche Anwendungsgebiete. Nach 1945 kam es zu weiteren Ansiedlungen von Betrieben des Maschinenbaus und der Elektrotechnik. Über die Hälfte aller Arbeitsplätze des Verarbeitenden Gewerbes entfällt derzeit auf diese Sparten sowie den Fahrzeug-, Stahl- und Leichtmetallbau und das Nahrungs- und Genußmittelgewerbe. Vor allem aber konnte die Stadt ihre Attraktivität als Einkaufszentrum, dessen Einzugsbereich bis in die Niederlande reicht, ausbauen. Mit rd. 4300 Beschäftigen, das waren 1995 15,5% aller Arbeitnehmer, nimmt dieser Tertiärbereich nach dem Verarbeitenden Gewerbe bereits Rang zwei ein.

3.3.7
Rechtsrheinisches Schiefergebirge: Bergisches Land, Märkisches Sauerland, Siegerland

Vor der Industrialisierungsphase lagen die Schwerpunkte des gewerblichen Lebens in den rohstoff- und energiereichen Mittelgebirgsräumen. Die entscheidenden Kräfte, unter deren Einfluß das Bergische Land, das Märkische Sauerland und das Siegerland aus wenig erschlossenen Gebieten zu den gewerbereichsten Regionen der Rheinlande und Westfalens heranwuchsen, sind somit einerseits in den Primärpotentialen sowie andererseits in speziellen wirtschaftshistorischen und sozialen Entwicklungen zu suchen.

Natürlich bietet die in diesen Räumen bereits frühzeitig ansässige Metallverhüttung und -verarbeitung, die sich im Siegerland bis in die La-Tène-Zeit (um 500 v. Chr.) zurückverfolgen läßt, einen ersten Erklärungsansatz für die mittelalterliche Gewerbeentwicklung. Weitere wichtige Anstöße gingen von dem damaligen Wirtschaftszentrum Köln aus, wo sich schon im hohen und späten Mittelalter ein exportorientiertes Metall- und Textilgewerbe entwickeln konnte. Diese Betriebe hatten es sich zur Gepflogenheit gemacht, etwa nach den Bedingungen des Verlagssystems, die unteren Produktionsstufen den Bewohnern des nahegelegenen Schiefergebirges zu überlassen, die auf einen lukrativen Nebenerwerb angewiesen waren.

So kauften finanzstarke Kölner Kaufleute Textilrohstoffe ein, aus denen vor allem im Bergischen Land in Heimarbeit Stoffe hergestellt wurden, für die in der Regel eine Abnahmegarantie bestand. Eine finanzielle, z. T. auch unternehmerische Beteiligung Kölns fand auch im Metallgewerbe statt, so daß die energie- und waldreichen Täler des bergisch-märkischen Raumes bald von Gebläseöfen (Rennfeuer), Hammerwerken und Schleifkotten durchsetzt waren.

Die wirtschaftlichen Abhängigkeiten zwischen der Rheinmetropole Köln und den Gewerbezentren des Schiefergebirges wurde dann im Zuge der Gegenreformation und der damit verbundenen Abwanderung von protestantischen Handwerkern hauptsächlich nach Solingen, Remscheid, Elberfeld und Barmen beendet. In der Folgezeit übernahm der bergisch-märkische Raum in der Textil- und Metallerzeugung das Erbe Kölns. Und zumindest in der Metallverarbeitung hat sich diese Dominanz, sei es durch Produktspezialisierungen oder Anpassung der Organisationsformen, bis heute halten können. Nachdem die örtlichen Erzvorräte zur Bedarfsdeckung nicht mehr ausreichten, mußten auf beschwerlichen Wegen die sogenannten Stahlkuchen oder -luppen aus dem Siegerland beschafft werden. Die „bergisch-märkische Eisenstraße" zum „Müsener Stahlberg" nach Siegen wurde somit für Jahrhunderte zur Lebensader der bergisch-märkischen Wirtschaft.

Bergisches Land

Heute tritt das Bergische Land, das seinen Namen den Grafen und späteren Herzögen von Berg verdankt, als ein recht diversifizierter Industrieraum entgegen. Allerdings haben sich die persistenten Wirtschaftsräume im bergischen Städtedreieck Wuppertal, Solingen, Remscheid unter Voraussetzungen entwickelt, die ihnen mittlerweile keine Vorteile mehr verschaffen (vgl. auch Kap. 7.4.5). Die in Tab. 3.18.1–3 aufgelisteten Strukturdaten für den Kammerbezirk Wuppertal, Solingen und Remscheid, vor allem die drastischen Veränderungen der Beschäftigtenzahlen im Verarbeitenden Gewerbe, unterstreichen diese Aussage. Trotzdem spielen die traditionellen Industriesparten mit ihren weit verzweigten Branchen noch heute eine gewichtige Rolle. So war 1995 in Remscheid jeder zweite Erwerbstätige im Verarbeitenden Gewerbe tätig. Innerhalb Nordrhein-Westfalens hatte diesbezüglich nur die Chemiestadt Leverkusen mit 53,4% einen höheren Wert. Auch Solingen verzeichnete 1995 mit 44% einen sehr hohen Anteil im Ver-

Tab. 3.18: Strukturdaten zum Kammerbezirk Wuppertal, Solingen, Remscheid

Tab. 3.18.1: Sozialversicherungspflichtig Beschäftigte im Kammerbezirk Wuppertal, Solingen, Remscheid

	30. 06. 1980		30. 09. 1991		31. 03. 1995	*'95 gegen '80*
Wuppertal	148 480	3,1%	153 093	−12,5%	133 959	*−9,8%*
Solingen	58 317	−0,3%	58 172	−10,0%	52 349	*−10,2%*
Remscheid	52 032	8,9%	56 660	−9,9%	51 064	*−1,9%*
IHK-Bezirk	258 829	3,5%	267 925	−11,4%	237 372	*−8,3%*
darunter:						
Verarbeitendes Gewerbe[1]	135 539	−2,5%	132 206	−21,1%	104 351	*−23,0%*
Dienstleistungen[2]	52 339	26,9%	66 408	−1,7%	65 258	*24,7%*
Handel[3]	36 913	−9,1%	33 545	−4,6%	31 999	*−13,3%*
Nordrhein-Westfalen	*5 648 763*	*9,0%*	*6 156 005*	*−5,2%*	*5 852 345*	*3,6%*

[1] ohne Baugewerbe   [2] Verkehr und Nachrichtenübermittlung, Kreditinstitute, Versicherungsgewerbe, sonstige Dienstleistungsunternehmen und freie Berufe   [3] Groß- und Einzelhandel, Handelsvermittlung

Quelle: LDS NRW, aus: IHK Wuppertal, Solingen, Remscheid

Tab. 3.18.2: Verarbeitendes Gewerbe und Bruttowertschöpfung in Wuppertal, Solingen und Remscheid

	Bergbau und Verarbeitendes Gewerbe 1995[1]					Bruttowertschöpfung 1993	
	Betriebe[2]	Tätige Personen[2]	Gesamt-umsatz[3]	Export-quote[4]	Industrie-dichte[5]	(Mio. DM)	je Erwerbs-tätigen (DM)
Wuppertal	291	43 963	11 229	26,0%	115	15 171	91 990
Solingen	173	16 355	4 080	27,4%	99	4 977	75 652
Remscheid	168	24 026	5 509	41,5%	195	5 557	97 871
IHK-Bezirk	632	84 344	20 818	30,4%	125	25 705	89 413
Nordrhein-Westfalen	*10 492*	*1 624 327*	*515 157*	*27,9%*	*91*	*683 221*	*92 283*

[1] Betriebe von Unternehmen mit 20 und mehr Beschäftigten, einschließlich produzierendes Handwerk   [2] im Dezember   [3] ohne Umsatzsteuer; in Mio. DM   [4] Anteil des Auslandsumsatzes am Gesamtumsatz   [5] tätige Personen im Bergbau und Verarbeitenden Gewerbe je 1000 der Wohnbevölkerung

Quelle: LDS NRW, aus: IHK Wuppertal, Solingen, Remscheid

Tab. 3.18.3: Arbeitslosenquoten (%) in Wuppertal, Solingen und Remscheid

	1980	1990	1995
Wuppertal	4,2	7,6	10,8
Solingen	3,6	6,4	9,3
Remscheid	2,5	5,1	8,8
IHK-Bezirk	3,7	6,9	9,9
Nordrhein-Westfalen	*4,4*	*8,4*	*10,5*
Alte Bundesrepublik	*3,5*	*6,6*	*9,0*

Quelle: IHK Wuppertal, Solingen, Remscheid

arbeitenden Gewerbe. Wuppertal erreichte gut 34%, was für eine Stadt dieser Größe relativ hoch ist, zumal Wuppertal eine Reihe von Dienstleistungsfunktionen für große Teile des Bergischen Landes zu übernehmen hat.

Besonders Remscheid und Solingen sind seit langem durch die Metallverarbeitung geprägt. Die klassischen Sparten sind die „Werkzeuge" im Remscheider Raum und die „Schneidwaren" in Solingen. Demgegenüber besitzt der Textilbereich in Wuppertal, dem sogenannten „deutschen Manchester", längst nicht mehr den Stellenwert vergangener Jahre. Lediglich einige spezialisierte Betriebe, z. B. die der Garnherstellung, konnten dem Konkurrenzdruck aus dem In- und Ausland Rechnung tragen (vgl. auch Kap. 3.3.6).

Eine wirtschaftsräumliche Gliederung des bergischen Industriegebiets kann von folgenden Teilbereichen ausgehen: dem Niederbergischen Land mit der lange Zeit herausragenden Beschlägeindustrie (Hauptort Velbert) sowie dem Mittelbergischen Land mit den Zentren Wuppertal, Solingen und Remscheid. Industriell weniger durchsetzt ist das Oberbergische Land. Hier konzentrieren sich die gewerblichen Ansätze mehr auf kleinere Industriegassen entlang der Flüsse, und zwar besonders des Aggertals. Noch um 1900 bestimmte die Textilindustrie weitgehend das Wirtschaftsgeschehen im Oberbergischen. Heute sind Orte wie Gummersbach (Kreisstadt mit 1996 gut 53 000 Einw.), Bergneustadt, Bielstein, Wiehl oder Engelskirchen durch eine mehr oder minder diversifizierte, auf kleineren bis mittleren Betrieben basierende Industrie gekennzeichnet.

Märkisches Sauerland

Den Namen verdankt das Märkische Sauerland oder einfach nur die „Mark" (heutige Verwaltungsbereiche Stadt Hagen,

Ennepe-Ruhr-Kreis, Märkischer Kreis) der einstigen Zugehörigkeit zur Grafschaft Mark, bevor diese 1614 an Brandenburg fiel. Die Nordgrenze der Region bilden die Ruhr und das Ardeygebirge, im Süden das Ebbegebirge. Der Unterlauf der Hönne und die Lenne begrenzen die Mark im Osten, wohingegen im Westen die Wasserscheide zwischen Ennepe und Wupper eine kaum sichtbare Abgrenzung zum Bergischen Land darstellt. Gerade mit letzterem weist das Märkische Sauerland große Gemeinsamkeiten auf. Wie im Bergischen Land entwickelte sich auch im Märkischen auf der Grundlage der lokalen Erzförderung und -verhüttung bereits im Mittelalter ein reges eisenverarbeitendes Gewerbe, das auch heute noch nach den vorgenommenen Produktspezialisierungen auf den entsprechenden Märkten von Bedeutung ist. Welche beschäftigungspolitische Bedeutung die Metallindustrie im Märkischen noch immer einnimmt, verdeutlicht allein die Tatsache, daß Ende der 1980er Jahre rd. 80% aller Beschäftigten auf diesen Zweig entfielen.

Aus den frühindustriellen Hütten- und Hammerwerken entlang der Ennepe, Volme und Lenne erwuchsen im Zuge der Industrialisierung regelrechte Industriebänder mit Hüttenbetrieben, Walzwerken, Gießereien und dergleichen mehr. Vor allem der Raum Witten, Wetter, Herdecke und Syburg (heute Ortsteil von Dortmund), d. h. eine Region, wo das kohleführende Karbon oberflächennah anstand, entwickelte sich zu einem Zentrum der eisenschaffenden Industrie. Inzwischen haben jedoch die eisenschaffenden Unternehmen dieses Raumes (Klöckner, Stahlwerke Südwestfalen) den veränderten Produktionsbedingungen Tribut zollen müssen und ihre Betriebsstätten verlagert bzw. umstrukturiert. Weder die Kohle, noch die Erzbasis waren nach der Nordwärtswanderung der Zechen bzw. der Schließung der

Siegerländer Erzgruben als standortprä-
gender Faktor übriggeblieben.

Die höchste Attraktivität der märkischen Region, und dies um so mehr seit
dem Eisenbahnanschluß im Jahre 1850,
weist die Stadt Hagen mit 1996 rd. 212000
Einw. auf, die mehr zufällig zum Standort

großindustrieller Anlagen wurde, während
die Mark ansonsten ja eher klein- bis mittelständisch geprägt ist (vgl. auch Tab.
3.19.1 u. 2). Die Verbreitung der Großindustrie in Hagen ist in erster Linie der
Eigeninitiative der Gründerpersönlichkeit
Friedrich Harkort zuzuschreiben. Harkort

Tab. 3.19.:   Strukturdaten zum Märkischen Sauerland

Tab. 3.19.1:   Bevölkerung und sozialversicherungspflichtig beschäftigte Arbeitnehmer 1994
(IHK-Bezirk Hagen = Kreisfreie Stadt Hagen, Märkischer Kreis und Ennepe-Ruhr-Kreis)

	Bevölkerung			Sozialversicherungspflichtig beschäftigte Arbeitnehmer am 30.06.1994[1]			
	1994	1984 zu 1994	Ew. je km²	Insgesamt	Produzierendes Gewerbe	Dienst-leistungen[2]	Arbeits-lose
Ennepe-Ruhr-Kreis	352622	5,0%	864	103835	54,0%	46,0%	11,1%
Stadt Hagen	213747	2,9%	1333	75994	42,0%	58,0%	6,8%
Märkischer Kreis	455310	10,4%	430	157888	63,0%	37,0%	9,2%

[1] wegen statistischer Geringfügigkeit keine Berücksichtigung des Primärsektors
[2] Handel, Verkehr, Nachrichtenübermittlung, Kreditinstitute und Versicherungen, Dienstleistungen, a. n. g.
sozialversicherungspflichtig beschäftigte Arbeitnehmer am 30. 09. 1994

Quelle: verändert nach LDS NRW (Hrsg.): Kreisstandardzahlen 1995; LDS NRW (Hrsg.): Die Gemeinden Nordrhein-Westfalens 1995

Tab. 3.19.2:   Bergbau und Verarbeitendes Gewerbe 1994

	Stadt Hagen			Ennepe-Ruhr-Kreis			Märkischer Kreis		
	Be-triebe	Beschäf-tigte	Um-satz[1]	Be-triebe	Beschäf-tigte	Um-satz[1]	Be-triebe	Beschäf-tigte	Um-satz[1]
Grundstoff- und Produktionsgüter-gewerbe	45	7679	·	48	7239	·	121	15878	·
Investitionsgüter produzierendes Gewerbe	106	11006	·	223	29459	·	472	52974	·
Verbrauchsgüter produzierendes Gewerbe	23	1528	·	44	4683	·	88	6085	·
Nahrungs- und Genußmittel	11	·	·	5	143	·	9	581	·
Industrie gesamt	*185*	*20213²*	*5814*	*320*	*41524*	*9336*	*690*	*75518*	*18015*

[1] Umsatz in Mio. DM ohne Umsatzsteuer
[2] Beschäftigte ohne Nahrungs- und Genußmittelgewerbe
· Zahlenwert unbekannt oder geheimzuhalten

Quelle: Verändert nach LDS NRW (Hrsg.): Kreisstandardzahlen 1995; LDS NRW (Hrsg.): Die Gemeinden Nordrhein-Westfalens 1995

ließ die Erzeugung sogenannter Breitwaren (Sensen, Schaufeln, Spaten u. ä. m.) auf eine mechanische Produktion umstellen, woraus sich später im Zuge einer Ausweitung des Eisenbahnnetzes die Herstellung von Eisenbahnbedarf (Schienen, Waggons usw.) und Verkehrsausrüstungen (Hebezeuge) ergab. An der starken Ausrichtung der Industrie auf die metallverarbeitenden Branchen hat sich bis heute wenig geändert, wenn man von einigen Angebotserweiterungen (z. B. Kunststofferzeugnisse und elektrotechnische Produkte) absieht.

Im mittleren Lennetal entstand auf der Basis der traditionellen Drahtherstellung die Industrieachse Lüdenscheid, Altena und Iserlohn, die einen stetig sich verfeinernden Produktionsfluß von der Herstellung von Osemundeisen bis hin zur Feindrahtproduktion in Iserlohn umfaßte. Zu den mehr oder weniger starken Produktionsdifferenzierungen traten recht bald technische Neuerungen. Dieses wird vor allem am Beispiel der Aluminiumerzeugung in Lüdenscheid deutlich, die erst aus der Kenntnis im Umgang mit Nichteisen-Metallen und deren Verwendungsmöglichkeiten erwuchs. Lüdenscheid entwickelte sich nach und nach über Sukzessionen zu einem selbstverstärkenden Gewerbezentrum, das von hochspezialisierten eisen- und nichteisenverarbeitenden Industrien in vorwiegend klein- und mittelbetrieblichen Strukturen geprägt wird. Eine andere, weniger diversifizierte wirtschaftliche Entwicklung nahmen Iserlohn sowie die Zentren des mittleren Lennetales, d. h. Altena, Werdohl und Plettenberg. In Altena konnte lediglich die Herstellung von Nadeln, Federn, Ketten, Bürsten und dergleichen mehr eine gewisse Bedeutung erlangen, wohingegen in Werdohl der Maschinenbau in Form der Pumpenherstellung und in Plettenberg die Gesenkschmieden auf der Basis der alten Ham-

merwerke eine wirtschaftlich wichtigere Rolle spielen.

Somit wird deutlich, daß das Märkische Sauerland ebenso wie das Bergische Land durch Flexibilität und insbesondere durch Spezialisierung seiner vorwiegend klein- und mittelständisch strukturierten Betriebe gekennzeichnet ist.

Im Gegensatz dazu weist das „Kölnische Sauerland" eine wesentlich geringere Siedlungsdynamik und industrielle Durchsetzung auf. Kleinere Industriebereiche sind lediglich in Neheim-Hüsten, heute Ortsteil von Arnsberg, (Lampen- und Kochgeräteherstellung), in Meschede (Leichtmetall- sowie Holz- und Kunststoffverarbeitung), in Arnsberg und aufgrund der räumlichen Nähe des Siegerlandes in Attendorn und Olpe lokalisiert. Arnsberg (1996 rd. 79 000 Einw.) ist schon seit Jahrhunderten der Verwaltungsmittelpunkt des „Kölnischen Sauerlandes" und besitzt heute als Sitz der Bezirksregierung eine überregional zentralörtliche Bedeutung.

Das Siegerland

Lange Zeit nahm das Siegerland aufgrund seiner wirtschaftsräumlichen und historischen Eigenständigkeit eine besondere Stellung ein. Vor allem die vielzitierten wirtschaftlichen Eigeninitiativen, wie sie sich in den traditionsreichen Bergbauaktivitäten oder auch in der genossenschaftlich betriebenen Haubergwirtschaft manifestierten, haben das Siegerland zu einem weithin bekannten Wirtschaftsraum gemacht. Zu Recht weist der preußische Fabrikantenkommissar Eversmann 1804 darauf hin, daß „die Metallindustrie zwischen Lahn und Lippe als eine Einheit und das Siegerland als das Kernland" zu betrachten sei.

Der Name „Siegerland" war als Siedlungs- und Wirtschaftseinheit schon im Mittelalter geläufig und bezog sich auf die im Durchmesser 25 km breite Quellmulde

der Sieg innerhalb der zertalten Mittelgebirgslandschaft des Süderberglandes. Begrenzt wird das Siegerland im Osten von
den Ausläufern des Rothaargebirges, im
Süden von den Basaltplateaus des Westerwaldes sowie im Westen und Norden
von den Höhenzügen des Mittelsiegbergl-
landes und des Biggehochlandes. Legt
man administrative Abgrenzungen zugrunde, dann zählen neben dem alten Zentrum Siegen die nordrhein-westfälischen
Gemeinden Burbach, Freudenberg, Hil-
chenbach, Kreuztal, Netphen, Neunkirchen
und Wilnsdorf zum einstigen Kernbereich
des Siegerlandes. Aus wirtschaftsräum-
licher und kulturhistorischer Sicht ist diesem außerdem der rheinland-pfälzische
Kreis Altenkirchen zuzuordnen.

Der Eisenbergbau und die Eisenverhüttung haben die Struktur des Siegerlandes
seit altersher geprägt, und zwar derart, daß
alle anderen Wirtschaftsformen und -zweige
hiervon direkt oder indirekt beeinflußt wurden. Die Grundlage der jahrhundertealten

Eisenerzeugung bildeten die phosphorar-
men, manganhaltigen Eisenerze (Fe-Gehalt
40 bis 50%), die ursprünglich unter der
Ausnutzung des Windes in recht einfachen
Öfen auf den Höhen und später unter Zuhil-
fenahme der Wasserkraft an den Flußläufen
verhüttet wurden. Sorgte der Erzreichtum
zunächst für eine Ausweitung der Sied-
lungs- und Wirtschaftsaktivitäten, so zwang
andererseits die Knappheit an landwirtschaftlichen Gütern die Bewohner des Siegerlandes zu speziellen genossenschaftlich
organisierten Wirtschaftsformen, unter denen die bereits erwähnte Haubergwirtschaft
eine herausragende Rolle spielte.

Eine weitere wirtschaftshistorische Besonderheit des Siegerlandes war die durch
die Wasserbautechnik des Bergbaus beeinflußte Wiesenbewässerung an der oberen und mittleren Sieg. Die über einen
langen Zeitraum gewachsenen Wirtschafts-
strukturen des Siegerlandes unterlagen
dann seit der Anbindung an das Eisenbahnnetz im Jahre 1861 stetigen Wandlungen.

Die Siegerländer Haubergwirtschaft als eine Niederwald-Feld-Weide-Wechselwirtschaft entwik-
kelte sich vor Jahrhunderten als eine sinnvolle Landnutzung in Anpassung an das alte Eisengewerbe an der oberen Sieg und ihren Nebenflüssen. Es handelte sich bei der Haubergwirtschaft
um ein streng genossenschaftliches System, das folgendermaßen funktionierte: In einem
15–20jährigen Turnus wurden Teile der Hauberge, die sogenannten Haue, abgeschlagen, wobei man die Wurzelstücke der größtenteils als Eichen-Niederwälder ausgeprägten Haue stehen
ließ. Das Holz selbst wurde in unterschiedlicher Weise als Brennholz, zur Loheherstellung oder
zur Holzkohleproduktion für die Eisenverhüttung verwandt. Nach dem Holzschlag erfolgte ein
Abbrennen der Haubergfläche, und in die Asche wurde in der Regel Winterroggen eingesät. Das
Korn selbst schnitt man im nächsten Sommer mit Sicheln, da die Benutzung von Sensen wegen
der nachwachsenden Eichenstockausschläge verboten war. Übrigens war der Siegerländer
Haubergroggen in ganz Deutschland als Saatgut sehr begehrt, da dieses Korn fast unkrautfrei
war. Nach der Roggenernte hatte der junge Haubergschlag eine mehrjährige Schonzeit. Erst
vom sechsten Jahr nach dem Abschlag bis zum Ende des etwa 20jährigen Turnus diente die
betreffende Haubergfläche als Viehhude bzw. Viehweide. Die intakte Haubergwirtschaft bestand
bis ca. 1860; danach haben sich auch hier tiefgreifende Veränderungen vollzogen. In den letzten
Jahrzehnten ist ein großer Teil der einstigen Hauberge in Hochwälder, d. h. hauptsächlich in
ortsfremde Nadelforsten, überführt worden. Allerdings existieren im Siegerland auch heute noch
Haubergenossenschaften, die die Holzgewinnungsrechte an ihre Mitglieder jährlich neu vergeben. Nach KELLERSOHN (1968) gab es in den 60er Jahren im Siegerland noch 225 Hauberg-
genossenschaften mit etwa 11 000 Mitgliedern.

Übersicht 3.11: Die Siegerländer Haubergwirtschaft

Die Holzkohle wurde von der Steinkohle aus dem Ruhrgebiet als hauptsächlicher Energieträger abgelöst, was gleichzeitig einen erheblichen Anstieg der Erzförderung bewirkte. Doch die neue Blütezeit des Siegerlandes war nur von kurzer Dauer. Der Höhepunkt des Bergbaus und der Eisen- bzw. Stahlgewinnung lag bei einer Gesamtförderung von rd. 60 Mio. t Erz in den Jahren zwischen 1901 und dem Ersten Weltkrieg. Danach spürten die Siegerländer Gruben bald die wachsende Konkurrenz der qualitativ überlegenen Auslandserze aus Schweden und Elsaß-Lothringen, die mit dem Aufkommen von neuen Transportmitteln zunehmend den Markt beherrschten und den Siegerländer Bergbau in arge wirtschaftliche Schwierigkeiten brachten. Versuche der Montanunion an Rhein und Ruhr, den angeschlagenen Erz-

Tab. 3.20: Strukturdaten zum Siegerland

Tab. 3.20.1: Bevölkerung und sozialversicherungspflichtig beschäftigte Arbeitnehmer 1994
(IHK-Bezirk Siegen = Kreis Siegen-Wittgenstein, Kreis Olpe)

	Bevölkerung			sozialversicherungspflichtig beschäftigte Arbeitnehmer am 30. 06. 1994[1]			
	1994	1984 zu 1994	Ew. je km² 1994	Insgesamt	Produzierendes Gewerbe	Dienstleistungen[2]	Arbeitslose
Siegen-Wittgenstein	298602	7,2%	264	105884	50,0%	50,0%	8,6%
Kreis Olpe	136927	12,0%	193	44647	63,0%	37,0%	6,8%
Summe	*435529*	*8,6%*	*236*	*150531*	*53,9%*	*46,1%*	*8,1%*

[1] wegen statistischer Geringfügigkeit keine Berücksichtigung des Primärsektors
[2] Handel, Verkehr, Nachrichtenübermittlung, Kreditinstitute und Versicherungen, Dienstleistungen a. n. g.
Quelle: Verändert nach LDS NRW (Hrsg.): Kreisstandardzahlen 1995; LDS NRW (Hrsg.): Die Gemeinden Nordrhein-Westfalens 1995

Tab. 3.20.2: Bergbau und Verarbeitendes Gewerbe 1994

	Siegen-Wittgenstein			Kreis Olpe		
	Betriebe	Beschäftige	Umsatz[1]	Betriebe	Beschäftige	Umsatz[1]
Grundstoff- und Produktionsgütergewerbe	64	7619	·	33	2453	·
Investitionsgüter produzierendes Gewerbe	234	26960	·	123	15151	·
Verbrauchsgüter produzierendes Gewerbe	46	3557	·	21	2000	·
Nahrungs- und Genußmittel	11	1375	·	8	1026	·
Industrie gesamt	*355*	*39511*	*10600*	*185*	*20630*	*4990*

[1] Umsatz in Mio. DM ohne Umsatzsteuer
· Zahlenwert unbekannt oder geheimzuhalten

Quelle: Verändert nach LDS NRW (Hrsg.): Kreisstandardzahlen 1995; LDS NRW (Hrsg.): Die Gemeinden Nordrhein-Westfalens 1995

bergbau des Siegerlandes durch Unternehmenszuschüsse zu sanieren, schlugen fehl. Im Jahre 1965 schlossen sich die Pforten des letzten Siegerländer Bergwerks.

Die Liquidation des Bergbaus zwang die Siegerländer Wirtschaft zu erheblichen Umstrukturierungen, d. h. der sich abzeichnende Standortnachteil mußte durch Betriebskonzentrationen bzw. Spezialisierungen in der Metallverarbeitung ausgeglichen werden. Schon im Laufe der 1960er und 1970er Jahre wurden die Hüttenwerke und die Massenstahlproduktion stillgelegt.

Anderseits ist die hochspezialisierte Metallverarbeitung immer noch tragender Wirtschaftsfaktor im Siegerland.

Das gegenwärtige Strukturbild der Siegerländer Industrie läßt sich wie folgt kennzeichnen (vgl. auch Tab. 3.20.1 u. 2): Neben dem Maschinenbau prägen insbesondere die EBM-Warenherstellung und die elektrotechnische Industrie das Beschäftigungsbild. Wenigstens zu Beginn der 1990er Jahre war der Wirtschaftsraum Siegerland, d. h. hier der IHK-Bezirk Siegen (Kreis Siegen-Wittgenstein und Kreis

Abb. 3.22: Die Region „Mitte-West"
Quellen: Leitfaden zum Technologietransfer der IHK's in der Region
Mitte-West; Frankfurter Allgemeine Zeitung, Nr. 54 vom 4. 3. 1996

Kartographie: Stephan Pohl 1997

Olpe), nach wie vor durch Branchen geprägt, die sich schwerpunktmäßig an der
Eisen- und Stahlerzeugung orientierten.
Getragen wurde und wird der weitere
Strukturwandel durch eine Vielzahl klein-
und mittelständischer Familienbetriebe,
die zum Ausgleich von Wettbewerbsnach-
teilen sich mehr und mehr diversifizieren
und spezialisieren. Der Strukturwandel im
Siegerland läßt sich an folgenden Zahlen
verdeutlichen: Laut Jahresbericht der IHK
Siegen war im dortigen Kammerbezirk im
Zeitraum 1992–1995 ein Verlust von rd.
11 000 Industriearbeitsplätzen zu verkraften. Von diesen entfielen 4100 auf den
Stahl-, Maschinen- und Fahrzeugbau, 3900
auf die Metallerzeugung bzw. Stahlverformung sowie 2600 auf die Sparten Elektronik und Feinmechanik. Andererseits war ein
Gewinn von etwa 4000 Arbeitsplätzen im
Dienstleistungssektor zu verbuchen.

Das Siegerland wie auch das Märkische
Sauerland sind heute Teil der Region
„Mitte-West" (Abb. 3.22). Diese ist als
Gemeinschaftsinitiative der Industrie- und
Handelskammern aus dem Länderdreieck
Nordrhein-Westfalen, Hessen und Rhein-
land-Pfalz hervorgegangen. Sie erstreckt
sich von Limburg, Wetzlar und Gießen bis
Hagen, Arnsberg und Soest; vom Wester-
wald und Siegen-Olpe bis nach Waldeck-
Frankenberg und Marburg-Biedenkopf.
Hauptzielsetzung der Gemeinschaftsinitia-
tive der insgesamt 15 Kreise und kreisfreien
Städte mit ihrer relativ homogenen Wirt-
schaftsstruktur ist, im „Wettbewerb der
Regionen" eine bessere Ausgangsposition
zu erlangen. Denn immerhin ist „Mitte-
West" von drei dominierenden Wirtschaftsräumen umgeben, nämlich dem Ruhrgebiet,
der Rheinschiene und dem Rhein-Main-
Gebiet. Die Region „Mitte-West" fordert
in diesem Zusammenhang eine größere
Aufmerksamkeit für ihre speziellen Belange als mittelständische Industrieregionen
„im Grünen".

3.3.8
Ostwestfalen-Lippe

Gekennzeichnet durch ihre Lage zwischen
den Ballungsräumen des Rheinisch-Westfälischen Industriegebietes und der niedersächsischen Landesmetropole Hannover
erscheint die Wirtschaftsregion Ostwestfalen-Lippe (OWL) nur auf den ersten Blick
auch heute noch als ein marginaler, mehr
ländlich-agrar geprägter Raum. Dieser Eindruck täuscht zweifellos. Denn gerade seit
den 1980er Jahren vollzieht sich in Ostwestfalen-Lippe ein sehr bemerkenswerter
wirtschaftlicher Strukturwandel. Die Diversifizierung im industriell-gewerblichen Bereich mit einer breiten Produktionspalette
hat zu einem gesunden Branchenmix mit
vorwiegend mittelständisch geprägten Unternehmen geführt. Darüber hinaus hat die
Region in besonderer Weise von der deutschen Wiedervereinigung und der Öffnung
im östlichen Europa profitiert: Während
sie in der alten Bundesrepublik zwischen
den wichtigeren, in Nord-Süd-Richtung
verlaufenden Achsen lag, ist sie heute in
eine deutsche und europäische Zentrallage
gerückt. Sie liegt inmitten einer Haupt-
entwicklungsachse, die von den belgischen und niederländischen Nordseehäfen
über das Ruhrgebiet und Hannover bis
nach Berlin und Warschau oder über Leipzig nach Prag verläuft. Neben der industriellen Vielfalt kommen der Region ihre
Anziehungskraft als touristisches Erholungsgebiet und als „Heilgarten Deutschlands" mit einer Häufung von bekannten
Heilbädern und Kurorten zugute.

In landesgeschichtlicher Sicht läßt sich
die Region Ostwestfalen-Lippe mit den
Zentren Bielefeld, Gütersloh, Herford,
Höxter, Minden und Paderborn in vier
Teilgebiete untergliedern. Diese sind:

a) Die einstige Grafschaft Ravensberg mit
   den alten Zentren Bielefeld und Herford, die Anfang des 17. Jahrhunderts

an Brandenburg fiel und schon unter dem Einfluß des Großen Kurfürsten eine weit überregionale Bedeutung durch die Leinenherstellung bekam.

b) Der Raum Minden (Fürstbistum Minden), der nach der geistlichen Grundherrschaft 1648 ebenfalls in brandenburgischen Besitz überging.

c) Der Großraum Paderborn-Höxter (Bistum Paderborn), dessen östlicher Teil, also der Kreis Höxter, auch heute noch als relativ strukturschwach (geringste Bruttowertschöpfung im Regierungsbezirk) angesehen werden muß.

d) Das einstige Fürstentum, später Freistaat bzw. Land Lippe, das rd. 800 Jahre seine Selbständigkeit behielt und erst 1947 in das neue Bundesland Nordrhein-Westfalen einbezogen wurde. Dem alten Zentrum Detmold blieb als eine Art „Trostpflaster", daß danach der Sitz des Regierungspräsidenten von Minden dorthin verlegt wurde.

Heute umfaßt Ostwestfalen-Lippe, das hier als identisch mit dem Regierungsbezirk Detmold gesehen wird, politisch-administrativ den Stadtkreis Bielefeld, die Landkreise Gütersloh, Paderborn, Höxter, Herford, Minden-Lübbecke sowie Lippe mit der Kreisstadt Detmold. In dem so abgegrenzten Raum lebten 1995 gut 2 Mio. Menschen, d. h. etwa 11% der nordrhein-westfälischen Bevölkerung. Gegenüber 1984 verzeichnet Ostwestfalen-Lippe einen Bevölkerungsanstieg von 11,5% (Nordrhein-Westfalen insgesamt nur 6%). Einen maßgeblichen Anteil am überdurchschnittlichen Bevölkerungswachstum in Ostwestfalen-Lippe hatten Wanderungsgewinne, und zwar vor allem durch Aus- und Übersiedler, die sich in der Region niederließen. Hauptvoraussetzung dafür war wiederum die Schaffung von Arbeitsplätzen. So stieg die Zahl der sozialversicherungspflichtig Beschäftigten seit

1984 um 20% auf insgesamt über 700 000 Ende 1995. Mit dieser Entwicklung konnte auch die Arbeitslosenquote, die Mitte 1995 bei 8,4% lag, unter den Landesdurchschnitt (10,3%) gedrückt werden. Die genannten Zahlen dienen als Beleg dafür, daß Ostwestfalen-Lippe heute nicht mehr als strukturschwacher Raum klassifiziert werden kann. Zwar ist nach wie vor der ländliche Charakter über weite Strecken prägend, und auch die großen Ballungszentren fehlen; aber dies erscheint nicht von Nachteil zu sein.

Obwohl beträchtliche landschaftliche und kulturhistorische Unterschiede bestehen, kann Ostwestfalen-Lippe mehr oder minder als eine wirtschaftsräumliche Einheit angesehen werden, die allerdings bis ins 20. Jahrhundert hinein – trotz der alten West-Ost- und Nord-Süd-Handelswege – relativ isoliert blieb. Andererseits hatte sich schon früh ein bedeutendes Leinengewerbe auf der Basis des einheimischen Flachs- und Hanfanbaus sowie der reichlich vorhandenen Arbeitskräfte in Form der agrar-sozialen Minderklassen (Kötter, Heuerlinge etc.) entwickeln können.

Dadurch erfuhren zum einen die alten Städte z. B. in der Grafschaft Ravensberg (besonders Bielefeld als sog. „Leinweberstadt") einen wirtschaftlichen Aufschwung. Zum anderen entstanden viele ländliche Kleinsiedlungen, in denen neben der Landwirtschaft die textile Heimarbeit als Vorstufe der späteren industriellen Massenfertigung dominierte. Heute kann wie erwähnt von einer gewerblich-industriellen Monostruktur keineswegs mehr die Rede sein; vielmehr zeichnet sich die Produktpalette durch ein weitgefächertes Branchenmix aus (vgl. auch Tab. 3.21.1–5).

Bezüglich der Beschäftigtenstruktur läßt sich für die Mitte der 1990er Jahre die Situation wie folgt skizzieren: Von den rd. 703 000 sozialversicherungspflichtig Beschäftigten waren 1% in der Land- und

Tab. 3.21: Strukturdaten zu Ostwestfalen-Lippe

Tab. 3.21.1: Sozialversicherungspflichtig beschäftigte Arbeitnehmer nach Wirtschaftsabteilungen in Ostwestfalen-Lippe 1984 und 1994

	31. 12. 1984	31. 12. 1994	Veränderung (%)
Land- und Forstwirtschaft, Fischerei	5632	6012	6,7
Energie, Bergbau	5895	6688	13,5
Verarbeitendes Gewerbe	269792	297048	10,1
Baugewerbe	37995	45097	18,7
Handel	81044	99849	23,2
Verkehr, Nachrichtenübermittlung	19610	26421	34,7
Kreditinstitute, Versicherungsgewerbe	16785	20167	20,1
Dienstleistungen von Unternehmern und freien Berufen erbracht	103439	156191	51,0
Organisationen ohne Erwerbscharakter, private Haushalte	8915	14577	63,5
Gebietskörperschaften, Sozialversicherungen	30447	30893	1,5
Summe	*579554*	*702943*	*21,3*
Land- und Forstwirtschaft, Fischerei	5632	6012	6,7
Produzierendes Gewerbe[1]	313682	348833	11,2
Tertiärer Sektor[2]	260240	348098	33,8
Summe	*579554*	*702943*	*21,3*

[1] Produzierendes Gewerbe: Energie, Bergbau, Verarbeitendes Gewerbe, Baugewerbe [2] Tertiärer Sektor: Handel, Verkehr, Nachrichtenübermittlung, Kreditinstitute, Versicherungsgewerbe, Dienstleistungen von Unternehmern und freien Berufen erbracht, Organisationen ohne Erwerbscharakter, private Haushalte, Gebietskörperschaften, Sozialversicherungen

Quelle: LDS NRW (Hrsg.): Ergebnisse der Beschäftigten- und Entgeltstatistik nach Verwaltungsbezirken, versch. Ausgaben

Tab. 3.21.2.: Anteile der sozialversicherungspflichtig beschäftigten Arbeitnehmer (%) an der Gesamtbeschäftigung in Ostwestfalen-Lippe 1984 und 1994

	31. 12. 1984	31. 12. 1994
Land- und Forstwirtschaft, Fischerei	1,0	0,9
Energie, Bergbau	1,0	1,0
Verarbeitendes Gewerbe	46,6	42,3
Baugewerbe	6,6	6,4
Handel	14,0	14,2
Verkehr, Nachrichtenübermittlung	3,4	3,8
Kreditinstitute, Versicherungsgewerbe	2,9	2,9
Dienstleistungen von Unternehmern und freien Berufen erbracht	17,8	22,2
Organisationen ohne Erwerbscharakter, private Haushalte	1,5	2,1
Gebietskörperschaften, Sozialversicherungen	5,3	4,4
Summe	*100,0*	*100,0*
Land- und Forstwirtschaft, Fischerei	1,0	0,9
Produzierendes Gewerbe	54,1	49,6
Tertiärer Sektor	44,9	49,5
Summe	*100,0*	*100,0*

Quelle: LDS NRW (Hrsg.): Ergebnisse der Beschäftigten- und Entgeltstatistik nach Verwaltungsbezirken, versch. Ausgaben

Tab. 3.21.3: Anteile der sozialversicherungspflichtigen Arbeitnehmer (%) an der Beschäftigung im Verarbeitenden Gewerbe in Ostwestfalen-Lippe 1984 und 1994

	31. 12. 1984	30. 06. 1994
Chemische Industrie und Mineralölverarbeitung	2,1	2,2
Kunststoff, Gummi- und Asbestverarbeitung	5,1	6,8
Gewinnung und Verarbeitung von Steinen und Erden, Feinkeramik, Glas	2,1	2,2
Eisen- und Nichteisen-Metallerzeugung, Gießerei und Stahlverformung	6,8	5,9
Stahl-, Maschinen- und Fahrzeugbau	24,6	25,4
Elektrotechnik, Feinmechanik, Optik	13,7	16,7
Holz-, Papier-, Druckgewerbe	24,1	24,0
Leder-, Textil- und Bekleidungsgewerbe	11,1	7,0
Nahrungs- und Genussmittelgewerbe	10,4	9,8
Summe	*100*	*100*

Quelle: LDS NRW (Hrsg.): Ergebnisse der Beschäftigten- und Entgeltstatistik nach Verwaltungsbezirken, versch. Ausgaben

Tab. 3.21.4: Sozialversicherungspflichtig Beschäftigte im Verarbeitenden Gewerbe in Ostwestfalen-Lippe 1984 und 1994

	31. 12. 1984	30. 06. 1994	Veränderung (%)
Chemische Industrie und Mineralölverarbeitung	5 615	6 680	9,0
Kunststoff, Gummi- und Asbestverarbeitung	13 882	20 231	45,7
Gewinnung und Verarbeitung von Steinen und Erden, Feinkeramik, Glas	5 766	6 689	16,0
Eisen- und Nichteisen-Metallerzeugung, Gießerei und Stahlverformung	18 284	17 639	−3,5
Stahl-, Maschinen- und Fahrzeugbau	66 280	75 726	14,3
Elektrotechnik, Feinmechanik, Optik	36 884	49 764	34,9
Holz-, Papier-, Druckgewerbe	64 995	71 463	10,0
Leder-, Textil- und Bekleidungsgewerbe	30 020	20 812	−30,7
Nahrungs- und Genussmittelgewerbe	28 066	28 854	2,8
Summe	*269 792*	*297 858*	*10,4*

Quelle: LDS NRW (Hrsg.): Ergebnisse der Beschäftigten- und Entgeltstatistik nach Verwaltungsbezirken, versch. Ausgaben

Tab. 3.21.5: Die größten Wirtschaftszweige des Verarbeitenden Gewerbes in Ostwestfalen-Lippe am 31. 12. 1995

	Betriebe	Beschäftigte	Umsatz[1]
Maschinenbau	248	40 642	10,01
Herstellung von Möbeln, Schmuck, Musikinstrumenten usw., Recycling	282	37 264	10,67
Herstellung von Büromaschinen, Datenverarbeitungsgeräten, Elektrotechnik usw.	114	26 620	6,85
Metallerzeugung und -bearbeitung, Herstellung von Metallerzeugnissen	190	24 349	6,12
Ernährungsgewerbe und Tabakverarbeitung	151	20 310	9,18
Papier-, Verlags- und Druckgewerbe	144	18 299	5,07

[1] in Mio. DM

Quelle: LDS NRW (Hrsg.): Bergbau u. Verarb. Gewerbe in NRW – Betriebsergebnisse, Jan.–Dez. 95

Forstwirtschaft, 50% im Produzierenden Gewerbe und 49% im tertiären Sektor tätig. Obwohl der Beschäftigtenzuwachs im Dienstleistungsbereich mit fast 50 000 neuen Arbeitsplätzen seit 1984 größer war als im sekundären Sektor (+35 000) und sich damit auch die Relationen innerhalb der großen Sektoren verschoben haben, ist die Ausprägung des Dienstleistungsbereiches immer noch geringer als im Landesdurchschnitt. Die Region wird nach wie vor von ihren industriellen Strukturen dominiert. Allerdings haben sich im Produzierenden Gewerbe bedeutende Wandlungen vollzogen. Die ehemals deutlich führenden Konsumgüterbranchen der Bekleidungs-, Textil- und Möbelindustrie haben, in Bezug auf Beschäftigten- und Umsatzzahlen, zwar nach wie vor eine beachtliche Stellung, wurden aber in ihrer Bedeutung durch die Investitionsgüterindustrie relativiert. Dieser Wandel vollzog sich verstärkt im Verlauf der 1980er Jahre. Daraus ergibt sich für Ostwestfalen-Lippe weiterhin eine relativ starke Abhängigkeit von der konjunkturellen Entwicklung, allerdings wird jene Abhängigkeit durch die zeitversetzten Zyklen der investiven und konsumptiven Nachfrage abgeschwächt. Insofern kann man durchaus von einem ausgleichenden Branchenmix sprechen.

Die 1710 Betriebe des Verarbeitenden Gewerbes (mit mehr als 20 Beschäftigten pro Betrieb) erzielten 1995 einen Gesamtumsatz von gut 65 Mrd. DM. Größte einzelne Branche ist der Maschinenbau, z. B. Werkzeug- und Druckmaschinen im ostwestfälischen Oberzentrum Bielefeld, oder andere Spezialprodukte wie Verpackungsmaschinen u. ä. m, mit 18% der Beschäftigten und 15% Umsatzanteil. Gefolgt wird diese Branche innerhalb der Investitionsgüter von der elektrotechnischen Industrie, die nach wie vor von der Siemens Nixdorf Informationssysteme AG in Paderborn geprägt ist. Darüber hinaus ist Ostwestfalen-Lippe im Bereich der Elektrotechnik bzw. Elektronik auch Sitz zahlreicher weiterer Unternehmen, die mit ihren jeweiligen Produkten z. T. europa- und weltweit zu den Marktführern gehören. Diese Unternehmen haben die Branche innerhalb weniger Jahre zu einem der wichtigsten Wirtschaftszweige in der Region gemacht. Aber auch andere Unternehmen mit weit überregionaler Bedeutung haben ihren Sitz in Ostwestfalen-Lippe. Als Beispiel seien an dieser Stelle nur einer der größten deutschen Autozulieferer, die Benteler AG in Paderborn, sowie die weit über Deutschland hinaus bekannt gewordenen Unternehmen Miele (Waschmaschinen) in Gütersloh und der Landmaschinenhersteller Claas in Harsewinkel aufgeführt.

Spitzenreiter in der Verbrauchsgüterindustrie ist die Möbelindustrie, die in Ostwestfalen-Lippe in einer für Deutschland einmaligen Konzentration auftritt. Die gut 250 Unternehmen hatten 1995 einen Anteil von jeweils 16% an der Beschäftigung und am Umsatz im Verarbeitenden Gewerbe. Die durch Höhen und Tiefen geprägte Entwicklungsgeschichte ist – ähnlich wie im benachbarten, niedersächsischen Süntelgebiet – eng mit dem einstigen Holzreichtum (Buchenwälder) im Weserbergland verknüpft. Überlebenschancen hatten und haben gerade in dieser Branche jene Unternehmen in Paderborn, Gütersloh, Rheda-Wiedenbrück, Herford, Löhne oder Schieder, die sich rechtzeitig zu spezialisieren und auf die veränderten Nachfrage- und Angebotsbedingungen einzustellen vermochten. Denn der Boom nach der deutschen Wiedervereinigung mit einem hohen Nachholbedarf ist vorüber, die langanhaltende Wachstumsphase der Branche vorerst beendet. Immer mehr Hersteller gehen in jüngster Zeit dazu über, die arbeitsintensive Produktion ins östliche Ausland (u. a. Polen) zu verlagern.

Die große Teile von Ostwestfalen-Lippe
einst bestimmende Textil- und Bekleidungsindustrie mit zahlreichen prominen-
ten Unternehmen spielt heute nur noch
eine untergeordnete Rolle. Einen nahezu
beispiellosen Anpassungsprozeß haben
diese Branchen hinter sich: So ist allein in
der Dekade 1984–1994 deren Beschäftigtenzahl um 30% auf rd. 20000 gesunken.
Der Beschäftigten- und Umsatzanteil lag
1995 nur noch bei jeweils 6%. Besonders
betroffen von diesem Wandel ist Bielefeld,
das einstige Zentrum der Bekleidungsindustrie in Ostwestfalen-Lippe.

Einen weiteren industriellen Schwerpunkt setzen die Nahrungs- und Genußmittelbranchen. Die rd. 150 Betriebe hatten
1995 einen Anteil von 9% an der Beschäftigung und von 14% am Umsatz im Verarbeitenden Gewerbe. Allein der Getränke-
und Nahrungsmittelkonzern Oetker mit
Sitz in Bielefeld beschäftigt über 12000
Mitarbeiter und erzielte 1995 einen Umsatz von rd. 5 Mrd. DM. Andere wichtige
Hersteller von Markenartikeln sind in
Minden, Paderborn und Halle/Westf. beheimatet.

Der tertiäre Sektor hat mit +34% den
höchsten Arbeitsplatzzuwachs von 1984
bis 1995 zu verzeichnen. Hier konnten

insbesondere die wirtschaftsnahen Dienstleistungen aufgrund der gegebenen gewerblich-industriellen Strukturen zulegen.
Allein der in Ostwestfalen-Lippe schon
lange bedeutungsvolle Handel stellt 14%
der Arbeitsplätze.

Die Bertelsmann AG mit Sitz in Gütersloh ist weltweit das zweitgrößte Medienun-
ternehmen. Von den mehr als 50000 Mitarbeitern des größten Arbeitgebers der
Region sind rd. 8500 in den regionalen
Firmen in Gütersloh, Rheda und Versmold
beschäftigt. Genannt sei schließlich auch
die „weiße" Industrie in den weit über die
Landesgrenzen hinaus bekannten Heilbädern.

Trotz der teilweise beeindruckenden Entwicklung im Dienstleistungsbereich liegt
Ostwestfalen-Lippe aber noch deutlich
hinter dem Landes- und Bundesdurchschnitt, zum Teil sogar mit geringeren Zuwachsraten, so daß sich die Schere noch
weitet. Da die Region keinen Ballungsraum
mit entsprechender Nachfrage verkörpert,
wird auch in Zukunft kein Schwerpunkt im
Dienstleistungssektor zu erwarten sein. Das
bedeutet aber auch, daß die industriellen
Strukturen den Raum nicht nur weiterhin
dominieren werden, sondern auch entsprechend gepflegt werden müssen.

4 Dienstleistungen – die große Hoffnung des 21. Jahrhunderts?

Nordrhein-Westfalen befindet sich wie andere Bundesländer nach der Industrialisierungsphase auf dem Wege zu einer neuen Gesellschaftsstruktur, die allgemein mit Termini wie „Funktionsgesellschaft", „postindustrielle Gesellschaft", „moderne Dienstleistungsgesellschaft" umschrieben wird. Alle diese Begriffe deuten an, daß infolge einer gewissen Sättigung mit materiellen Industrieprodukten einerseits die Wachstumskraft des produzierenden Sektors nachgelassen und andererseits die Nachfrage nach Dienstleistungen erheblich zugenommen hat.

gekennzeichnet und durch technische Innovationen als nur begrenzt substituierbar gilt, in der „postindustriellen Zeit" auf über 80% aller Beschäftigten zunehmen. Allerdings werden seit den 1980er Jahren auch im Dienstleistungssektor zunehmend menschliche Arbeitskräfte durch Kapital (insbesondere Computer- und Informationstechnik) ersetzt. Trotz einer heftigen Diskussion der Wirtschaftswissenschaftler über die oben genannte These scheint der Trend der letzten Jahre die FOURASTIÉsche Theorie zumindest teilweise zu bestätigen. Es stellt sich somit die Frage, ob der Dienstleistungssektor die große Hoffnung des 21. Jahrhunderts darstellt – insbesondere in puncto Beschäftigungsentwicklung.

4.1 Dienstleistungen als Nachfolger von Industrien

Auf diese Entwicklung hat bereits JEAN FOURASTIÉ in seinem Buch „Die große Hoffnung des 20. Jahrhunderts" Anfang der 1950er Jahre hingewiesen (vgl. FOURASTIÉ 1954, S. 310 ff.). Nach seinen Vorstellungen werden die Beschäftigungszahlen des tertiären Sektors, der ja weitgehend durch einen persönlichen Einsatz (Humankapital)

4.2 Die Auswirkung der Tertiärisierung der Wirtschaft auf die Bevölkerung

Immerhin hat der tertiäre Sektor Nordrhein-Westfalens, abgesehen von der statistisch nicht erfaßten „Tertiärisierung" des Produzierenden Gewerbes, inzwischen derart

Wirtschafts-sektor	Jahr							
	1961		1970		1987		1994	
	absolut	%	absolut	%	absolut	%	absolut	%
Primärsektor	390 185	6,5	241 478	3,5	137 484	2,0	134 570	1,8
Sekundärer Sektor	3 787 803	63,1	3 739 277	53,8	3 019 645	43,5	2 620 087	35,7
Tertiärer Sektor	1 824 869	30,4	2 975 888	42,7	3 775 960	54,5	4 578 197	62,5
Gesamt	*6 002 857*	*100,0*	*6 956 643*	*100,0*	*6 933 089*	*100,0*	*7 332 854*	*100,0*

Quelle: eigene Berechnungen nach Stat. Landesamt NRW 1972, H. 8 c, S. 16–17, u. 1964, H. 3 a, S. 29; LDS NRW, Statistisches Jahrbuch 1996, S. 250–251; LDS NRW 1989, Bd. 1.1, V2, 1987, S. 174–175

Tab. 4.1: Erwerbstätige in Nordrhein-Westfalen 1961–1994 nach Wirtschaftssektoren

zugenommen, daß gegenwärtig in diesem Bereich deutlich mehr Personen erwerbstätig sind als im Produzierenden Gewerbe. So erfolgte in den Jahren von 1961 bis 1994 nahezu eine Umkehrung der Erwerbstätigenanteile im sekundären und im tertiären Sektor (Tab. 4.1). Während 1961 noch 63,1% aller Erwerbstätigen im sekundären und nur 30,5% im tertiären Sektor beschäftigt waren, zeigte sich 1994 das Zahlenverhältnis mit 35,6% aller Erwerbstätigen im sekundären und 62,6% im tertiären Sektor nahezu umgekehrt. So ist mittelfristig ein klarer Trend dahin zu erkennen, daß der tertiäre Sektor sich deutlich über einen 3/4-Anteil an den Erwerbstätigen hin entwickeln wird, der sekundäre Sektor gegen 20% konvergieren und der primäre Sektor beschäftigungsmäßig im Promille-Bereich verharren wird.

Vorerst scheint sich in Nordrhein-Westfalen die FOURASTIÉsche Hypothese zu bestätigen. Da mit dem dringend notwendigen Erwerbstätigenanstieg allenfalls im tertiären Sektor zu rechnen ist, erscheint dieser Sektor tatsächlich als die „große Hoffnung des 21. Jahrhunderts".

In den folgenden Kapiteln werden die wichtigsten Dienstleistungszentren dargestellt sowie ferner die Potentiale und Perspektiven zukunftsträchtiger tertiärer Bereiche eingehender betrachtet.

4.3
Dienstleistungszentren in Nordrhein-Westfalen

Wie rasant sich auch in Nordrhein-Westfalen die Industrie- zur „Informations- und Dienstleistungsgesellschaft" wandelt, kann anhand zweier Indikatoren verdeutlicht werden. So zeigt zum einen die Bruttowertschöpfung (Tab. 4.2) einen kontinuierlich wachsenden Abstand zwischen dem Sekundär- und Tertiärsektor. Letzterer trug 1993 55,5% zur gesamten Bruttowertschöpfung bei (LDS 1996). Legt man zum anderen die 5,846 Mio. sozialversicherungspflichtig Beschäftigten in 1995 als Maßstab zugrunde, so waren davon bereits 56,4% im Dienstleistungsbereich tätig (Tab. 4.3). Rund ein Viertel dieser Beschäftigten entfielen 1995 auf den Handel mit rd. 877000, die Gebietskörperschaften und Sozialversicherungen (279000 bzw. 56000) sowie das Kredit- und Versicherungsgewerbe mit rd. 222000 Arbeitnehmern (die Wirtschaftsgruppen Verkehr, Nachrichtenübermittlung, Gaststätten- und Beherbergungsgewerbe werden an anderer Stelle angesprochen). Ihre räumliche Verteilung unterliegt dabei durchweg gleichen oder ähnlichen Regelhaftigkeiten, wobei der Zentralitätsgrad der Städte die Standortwahl vielfach entscheidend bestimmt.

Wirtschafts-sektor	Jahre							
	1970 Mio. DM	%	1980 Mio. DM	%	1990 Mio. DM	%	1993 Mio. DM	%
Primärsektor	3627	2,2	4812	1,5	5587	1,1	4931	0,8
Sekundärsektor	103480	61,9	178155	53,8	251709	48,9	256215	43,7
Tertiärsektor	59994	35,9	148214	44,7	257192	50,0	324840	55,5
Gesamt	*167101*	*100,0*	*331181*	*100,0*	*514488*	*100,0*	*585986*	*100,0*

[1] ohne Staat, private Haushalte, private Organisationen ohne Erwerbszweck

Quelle: Statistisches Jahrbuch NRW 1996, LDS NRW 1996

Tab. 4.2: Bruttowertschöpfung der Unternehmen[1] in Nordrhein-Westfalen 1970–1993
(zu Marktpreisen, Prozentsätze gerundet)

Wirtschafts-sektor	Wirtschaftsabteilungen bzw. -gruppen	Beschäftigte		
		absolut	Abteilung (%)^2	Sektor (%)^2
Primär	Land- und Forstwirtschaft, Tierhaltung und Fischerei	46 002	0,8	0,8
Sekundär	Energiewirtschaft und Wasserversorgung, Bergbau	179 440	3,1	
	Verarbeitendes Gewerbe	1 951 164	33,4	42,8
	Baugewerbe	370 816	6,3	
Tertiär	Handel	877 440	15,0	
	Verkehr und Nachrichtenübermittlung	281 942	4,8	
	Kreditinstitute und Versicherungsgewerbe	221 645	3,8	
	Gaststätten- und Beherbergungsgewerbe	217 571	3,7	
	Dienstleistungen, soweit anderweitig nicht genannt	1 189 550	20,4	56,4
	Organisationen ohne Erwerbs-charakter, private Haushalte	175 798	3,0	
	Gebietskörperschaften und Sozialversicherungen	334 345	5,7	
	ohne Angaben	25	–	
Gesamt		*5 845 738*	*100,0*	*100,0*

[1] Stand 30. Juni 1995 [2] Prozentsätze gerundet

Quelle: Bundesanstalt für Arbeit; Ergebnisse der Beschäftigten- und Entgeltstatistik; in: Statistisches Jahrbuch NRW 1996, LDS NRW 1996

Tab. 4.3: Sozialversicherungspflichtig Beschäftigte in Nordrhein-Westfalen 1995[1]

So sind auch die seit Jahrzehnten zu beobachtenden Konzentrationsprozesse jener Dienstleister zu verstehen, die nicht primär von Leistungen in ihrem Einzugsbereich abhängig sind und ihre Standortwahl somit anderen Maßstäben unterziehen.

Groß- und Einzelhandel

Die Großhandelsunternehmen (einschließlich des Außenhandels) zeigen eine hohe Konzentration entlang der mittleren und südlichen Rheinschiene. Gut ein Viertel aller Unternehmen dieser Branche mit über 31% aller Beschäftigten in Nordrhein-Westfalen und einem Umsatzanteil von mehr als 40% hat ihren Standort zwischen Duisburg und Köln (Abb. 4.1).

Herausragend ist Düsseldorf mit allein 2013 Arbeitsstätten und über 55,3 Mrd. DM Jahresumsatz in 1992 (LDS 1996). Ursächlich hängt dies mit Düsseldorfs Rolle als internationaler Handelsplatz für Rohstoffe (z. B. Erze) und Investitions- oder Halbwaren (Stahl bzw. Stahlerzeugnisse) zusammen. Dies unterstreicht die enge Verflechtung mit dem Ruhrrevier und erinnert an die alte Charakterisierung der Stadt als „Schreibtisch des Ruhrgebietes". In Verbindung mit den benachbarten Krei-

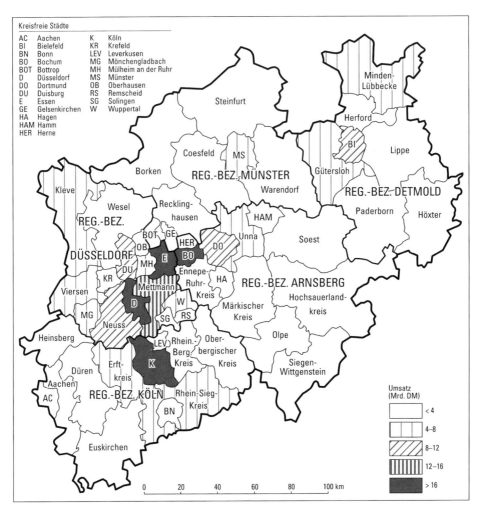

Quelle: Stat. Jb. NRW, 1996, LDS 1996

Abb. 4.1: Großhandelsumsatz und Großhandelsstandorte in Nordrhein-Westfalen 1992
　　　　(nach Verwaltungsbezirken)

sen Mettmann und Neuss fällt die Agglomeration noch höher aus; der Umsatz allein dieser drei Standorte erreicht 25% der Gesamtwerte für Nordrhein-Westfalen (Tab. 4.4).

Dieser hohe Anteil wird nicht zuletzt auch durch die starke Präsenz ausländischer Unternehmen im Raum Düsseldorf beeinflußt, die von keiner anderen deutschen Stadt erreicht wird und diesem Wirtschaftsraum ein markantes Merkmal verleiht: die Internationalität. In Köln wird die Branche vom Maschinen-, Fahrzeug- und Nahrungsmittelhandel dominiert, im Raum Duisburg stehen neben Rohstoffen vor allem Brennstoffe an der Spitze der Handelsgüter. Neben der Rheinschiene treten als weitere wichtige Handelszentren die

Standort	Arbeitstätten[2]		Beschäftigte[3]		Umsatz[4]		Umsatz je Einwohner[5]
	(Anzahl)	(%)	(Anzahl)	(%)	(Mrd. DM[5])	(%)	(DM)
Düsseldorf	2013	6,5	33220	9,6	55,3	18,1	95745
Köln	1939	6,3	24923	7,2	22,9	7,5	23926
Krs. Mettmann	1234	4,0	17162	5,0	13,8	4,5	27270
Krs. Neuss	1185	3,9	9925	3,0	8,2	2,7	19184
Essen	1111	3,6	16646	4,8	19,7	6,5	31335
Dortmund	845	2,7	12122	3,5	11,4	3,7	18981
übrige Standorte	22492	73,0	230547	66,9	174,0	57,0	x
Nordrhein-Westfalen insgesamt	*30819*	*100,0*	*344545*	*100,0*	*305,3*	*100,0*	*17356*

[1] ohne Kraftfahrzeughandel
[2] Stand 30. April 1993, Arbeitsstätten mit ausschließlicher oder überwiegender Großhandelstätigkeit von Unternehmen des Handels und des Gastgewerbes
[3] Stand 30. April 1993
[4] Stand 1992
[5] mittlere Bevölkerung 1992
x Tabellenfach gesperrt, da Aussage nicht sinnvoll

Quelle: LDS NRW (Hrsg.): Stat. Jb. NRW 1996

Tab. 4.4: Führende Standorte und Strukturdaten des Großhandels[1] in Nordrhein-Westfalen

Tab. 4.5: Ausgewählte Standorte und Strukturdaten des Einzelhandels[1] in Nordrhein-Westfalen 1993
(Standorte mit mehr als 750 000 m² Geschäftsfläche und mehr als 2 Mrd. DM Umsatz)

Standort	Geschäfts-fläche (1000 m²)	Arbeits-stätten[2] Anzahl	Beschäf-tigte	Umsatz[3] (Mrd. DM)	Umsatz je Einwohner[4] (DM)
Köln	1818	7015	41124	10,4	10854
Recklinghausen	1195	3956	23062	5,0	7575
Essen	1079	3823	23618	5,7	9043
Düsseldorf	1077	4459	25847	6,8	11714
Dortmund	1076	3354	23163	5,4	8986
Münster	1018	1647	12960	3,5	13042
Krs. Steinfurt	878	2499	14269	2,9	7156
Rhein-Sieg-Kreis	832	2959	15161	3,8	7315
Bochum	818	2385	16969	4,0	10112
Krs. Mettmann	784	2897	15736	4,0	7879
Märkischer Kreis	782	2480	14509	3,3	7444
Krs. Unna	774	2302	14683	3,2	7852
Krs. Wesel	768	2925	16340	3,5	7639
Krs. Herford	759	1586	8261	2,2	8914
andere Standorte	19282	65389	368367	86,1	x
Nordrhein-Westfalen insgesamt	*32940*	*109676*	*634069*	*149,8*	*8513*

[1] ohne Kraftfahrzeughandel; Tankstellen
[2] Arbeitsstätten mit ausschließlicher oder überwiegender Einzelhandelstätigkeit von Unternehmen des Handels und Gastgewerbes
[3] 1992
[4] mittlere Bevölkerung 1992
x Tabellenfach gesperrt, da Aussage nicht sinnvoll

Quelle: LDS NRW (Hrsg.): Stat. Jb. NRW 1996

Hellwegstädte Essen, Bochum und Dortmund hervor. Besonders Dortmund ist im speziellen Segment des Fischhandels mittlerweile nach Paris das zweitgrößte europäische Handelszentrum dieser Art. Mit rd. 345 000 Beschäftigten erzielte der Großhandel Nordrhein-Westfalens 1992 rd. 305,3 Mrd. DM Umsatz und damit doppelt soviel wie der Einzelhandel. Das räumliche Verteilungsbild des Einzelhandels, der 1992 rd. 150 Mrd. Umsatz mit 634 000 Beschäftigten erwirtschaftete, stellt sich dagegen ausgewogen dar. Bekanntlich sind es jedoch gerade die Ballungszentren, die sich als zentrale Einkaufsorte höchster Stufe etabliert haben. Jedoch auch in den eher als Verdichtungs- oder Randregionen zu bezeichnenden Gebieten konnten sich spezialisierte und flächenextensive Großmärkte und Einkaufszentren mit hohen Pro-Kopf-Umsätzen entwickeln. Das gilt namentlich für die Peripherie des Ruhrgebietes und für das Umland der Einkaufsstädte Köln und Düsseldorf, wo es zu mehreren Entwicklungsschüben (vgl. Kap. 7.2.2) bei der Dienstleistungssuburbanisierung kam. Dies wird auch durch neuere Entwicklungen z. B. in Form des „CentrO" in Oberhausen (vgl. Kap. 3.3.1 und 9) unterstrichen. Die Statistikzahlen auf der Grundlage relativ großer Verwaltungseinheiten wie z. B. den Kreisen lassen jedoch nur eine bedingte Interpretation der Einzelhandelszentralität zu. Es zeigt sich allerdings, daß die Konzentration der Dienstleistung „Einzelhandel" nach wie vor primär in den hochverdichteten städtischen oder stadtnahen Regionen erfolgt (Tab. 4.5).

Gebietskörperschaften
und Sozialversicherungen

Die mit einer überragenden administrativen Zentralität ausgestatteten Städte weisen naturgemäß einen besonders hohen Beschäftigungsgrad in diesen Einrichtungen auf, die landesweit 1995 gut 334 000 Arbeitnehmer zählten. Dies spiegelt sich in der räumlichen Ordnung des vierstufigen Verwaltungsgefüges des Landes, bestehend aus der Düsseldorfer Landesregierung, den nachgeordneten zwei rheinischen (Düsseldorf, Köln) und drei westfälischen Bezirksregierungen (Münster, Arnsberg, Detmold), den 23 kreisfreien Städten und 31 Kreisen sowie, auf der unteren Ebene, den kreisangehörigen Gemeinden, wider. So sind allein in Münster 27,8% aller örtlichen Erwerbstätigen, in Köln 17,6% und in Düsseldorf 17,2% für die genannten Bereiche tätig. Sehr hoch ist die Rate ferner in Bonn (38,3%), das aufgrund seiner bundesweiten Aufgaben eine Sonderrolle einnimmt, und in Aachen (25,9%). Erst im Rahmen der Verwaltungsreform 1972 war Aachen als selbständiger Bezirk in den Regierungsbezirk Köln aufgegangen, hat aber seither wichtige administrative Funktionen behalten. Während in den bevölkerungsstarken Regierungsbezirken Düsseldorf und Köln (5,3 bzw. 4,2 Mio. Ew. 1996) die Verwaltungszentren auch jeweils in den hochverdichteten Regionen liegen, verhält es sich im westfälisch-lippischen Raum anders. Münster und Arnsberg liegen außerhalb der großen industriellen und bevölkerungsreichen Kerngebiete, übernehmen aber für diese verwaltungstechnische Aufgaben. Zum Regierungsbezirk Münster (2,6 Mio. Ew.) gehören die nördlichen Ruhrgebietskreise Bottrop, Gelsenkirchen und Recklinghausen, zu Arnsberg (3,8 Mio. Ew.) Teile des zentralen und östlichen Reviers mit Herne, Bochum und Dortmund. Auch für den Regierungsbezirk Detmold (2 Mio. Ew.), dessen Verwaltungsfunktion ähnlich wie in Münster historisch begründet ist, erfolgt die administrative Arbeit abseits der Wirtschaftsachse Gütersloh–Bielefeld–Herford. Dies mag das räumliche Verteilungsmuster für Westfalen erklären, bei dem lediglich Münster als überragendes Verwal-

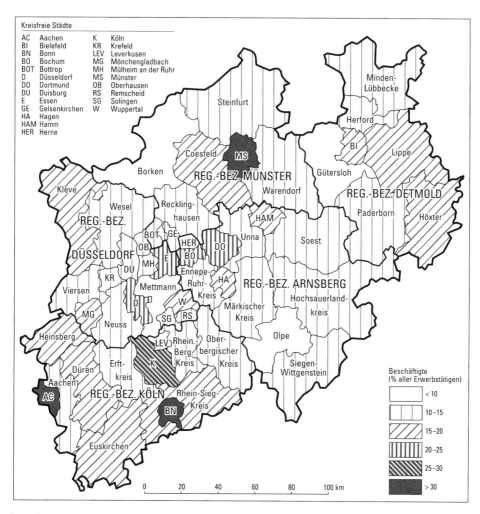

Kreisfreie Städte

AC	Aachen	K	Köln
BI	Bielefeld	KR	Krefeld
BN	Bonn	LEV	Leverkusen
BO	Bochum	MG	Mönchengladbach
BOT	Bottrop	MH	Mülheim an der Ruhr
D	Düsseldorf	MS	Münster
DO	Dortmund	OB	Oberhausen
DU	Duisburg	RS	Remscheid
E	Essen	SG	Solingen
GE	Gelsenkirchen	W	Wuppertal
HA	Hagen		
HAM	Hamm		
HER	Herne		

Beschäftigte
(% aller Erwerbstätigen)

< 10
10–15
15–20
20–25
25–30
> 30

Quelle: Berechnungen nach Stat. Jb. NRW, 1996

Abb. 4.2: Beschäftigte in Kreditinstituten, im Versicherungsgewerbe, in den Gebietskörperschaften und in der Sozialversicherung in Nordrhein-Westfalen 1994 (nach Verwaltungsbezirken)

tungszentrum hervorsticht (Abb. 4.2). Wenn auch das Ruhrgebiet als eines der weltweit größten Industriegebiete über kein eigenes Verwaltungszentrum verfügt, so haben sich doch mit Dortmund und Bochum, aber auch mit Essen bedeutende Dienstleistungszentren mit einem überproportionalen Anteil an Erwerbstätigen in diesem Sektor entwickelt (Tab. 4.6).

Banken und Versicherungen

Aufgrund seiner ökonomischen Stärke ist das Land Nordrhein-Westfalen seit jeher ein bevorzugter Platz für Finanzdienstleister. 1996 war es Sitz von fast 600 Bankinstituten und damit der zweitgrößte deutsche Bankenstandort sowie eines der Bundesländer mit der höchsten Instituts-

Standort	Beschäftigte		
	Beschäftigte absolut	%-Anteil an den örtlichen Erwerbstätigen	%-Anteil Nordrhein-Westfalen kumuliert
Köln	85 488	17,6	8,28
Bonn	70 155	38,3	15,08
Düsseldorf	67 996	17,2	21,67
Münster	43 096	27,8	25,85
Essen	39 869	16,1	29,71
Dortmund	37 902	15,4	33,38
Aachen	33 554	25,9	36,63
Bochum	31 011	18,5	39,63
Recklinghausen	26 651	12,9	42,21
Duisburg	25 465	12,7	44,68
Wuppertal	24 919	15,7	47,08
Bielefeld	23 792	15,3	49,39
übrige Standorte	522 118	x	100,00
Nordrhein-Westfalen insgesamt	*1 032 016*	*14,1[1]*	

[1] Durchschnittswert für Nordrhein-Westfalen; x = Tabellenfach gesperrt, da Aussage nicht sinnvoll

Quelle: LDS NRW (Hrsg.): Stat. Jb. NRW 1996

Tab. 4.6: Wichtige Standorte und Beschäftigte von Gebietskörperschaften und Sozialversicherungen in Nordrhein-Westfalen 1994

dichte. Das ebenfalls sehr dichte Filialnetz mit über 7600 Niederlassungen hat dazu geführt, daß es heute keine Gemeinde Nordrhein-Westfalens gibt, in der nicht eine Bank oder Sparkasse existiert. Allein die bedeutendste dieser Gruppen, die Sparkassenorganisation, verfügt über ein Netz von 146 Instituten mit mehr als 3100 Geschäftsstellen. Die Westdeutsche Landesbank Girozentrale (WestLB), Düsseldorf, ist als Zentralbank der Sparkassen das größte öffentlich-rechtliche Bankhaus Deutschlands. Gemessen am Konzernumsatz nimmt es bundesweit Rang drei ein. Die WestLB entstand erst 1969 aus der Fusion der Landesbank für Westfalen Girozentrale (Münster) und der Rheinischen Girozentrale und Provinzialbank (Düsseldorf). Die historischen Wurzeln beider Institute gehen bis auf die Jahre 1832 bzw. 1854 zurück, in denen sie als „Provinzial-Hülfskasse" gegründet worden waren. Auch in diesem Zusammenhang muß die starke Stellung

Düsseldorfs betont werden, wo sich neben der Rheinisch-Westfälischen Börse (RWB) 160 Kreditinstitute, davon über 50 Auslandsbanken, konzentrieren.

Während das Bankwesen generell einen landesweit flächendeckenden Charakter zeigt, konzentriert sich das Versicherungswesen deutlich auf nur wenige Kernräume. Führende Assekuranzstandorte sind Köln, Düsseldorf, Münster und Aachen. Ein bedeutender regionaler Faktor ist dieser Zweig ferner in den Räumen Dortmund, Bonn, Bielefeld und Wuppertal. Da die meisten Versicherungsgruppen nicht nur national sondern international agieren, bevorzugten sie – ähnlich wie die Großbanken – die wirtschaftsstarken Oberzentren oder die politischen-administrativen Agglomerationen wie etwa die Landeshauptstadt, die Bundesstadt Bonn oder die Verwaltungssitze der Bezirksregierungen. Eine Gesamtschau zeigt, daß sowohl bei den Großbanken als auch Versicherungen

Das Börsengeschäft hat im Rheinland eine lange Tradition. Bereits 1553 wurde in Köln eine Börse gegründet. Die Düsseldorfer Börse geht auf das Jahr 1874 zurück. Sie diente anfänglich als Finanzier für die klassischen Industriezweige rund um den Bergbau. Um die rheinische Position an den Finanzmärkten zu stärken, wurden 1935 die Börsen von Köln, Düsseldorf und Essen zur RWB zusammengeschlossen. 1995 erzielte die RWB einen Umsatz von 705 Mrd. DM. Sie war damit nach Frankfurt/M. der zweitgrößte deutsche Finanzplatz mit einer auch international bedeutenden Stellung. Seit 1995 ist die RWB eine sog. Kooperationsbörse im Verbund mit den Börsen Frankfurt/Main, München und Berlin (Handelsblatt 73/1996). Sie gilt als Heimatbörse besonders für Aktien aus dem Konsum-, Versicherungs-, Maschinenbau- und Kommunikationssektor.

Übersicht 4.1: Rheinisch-Westfälische Börse Düsseldorf (RWB) –
ein Kern des Finanzplatzes Nordrhein-Westfalen

Tab. 4.7: Beschäftigungsverhältnisse in Medienbranchen 1993
(je 1000 sozialversicherungspflichtig Beschäftigte)

Stadt	Beschäftigte insgesamt[1]	Auf 1000 Beschäftigte der Stadt kommen n Beschäftigte in den Branchen			
		Medien	Telematik	Unternehmens-beratung	Branchen gesamt
München	888 989	59	68	20	147
Berlin (West)	880 374	41	33	14	88
Hamburg	783 014	56	18	22	96
Frankfurt	487 372	46	41	25	112
Köln	*443 196*	*60*	*22*	*21*	*103*
Stuttgart	369 768	56	43	22	121
Düsseldorf	*359 270*	*47*	*13*	*32*	*92*

[1] Stand: 30. 6. 1993

Quelle: Bundesanstalt für Arbeit; Stadt Köln, Stabsstelle für Medienwirtschaft 1996

die genannten, mit einer hohen Zentralität ausgestatteten und auf einer hohen Hierarchiestufe stehenden Städte Priorität genießen. Dies läßt sich durch die Intensität der Beschäftigten, gemessen an der gesamten Beschäftigtenzahl, unterstreichen. Danach ist Düsseldorf mit 7,6% (30 325 Beschäftigte) der führende Standort beider Zweige in Nordrhein-Westfalen. Es folgen Köln mit 7,5% (36 747) und Münster mit 7,3% (11 342). In Aachen und Dortmund liegen die Werte bei 5,1 bzw. 4,8%. Für Dortmund, Sitz dreier Großversicherer, ist bemerkenswert, daß sich die dortigen Assekuranzen vor allem auf die Personen- und priva-

ten Krankenversicherungen spezialisiert haben. Bei den Bruttobeitragseinnahmen der privaten Krankenversicherungen rangiert Dortmund bundesweit auf dem vierten Rang nach Köln, München und Koblenz.

4.4
Medien und Telekommunikation

Abseits des traditionellen „Mediendreiecks" Hamburg–Berlin–München vollzog sich in den letzten Jahren eine Entwicklung, bei der Nordrhein-Westfalen

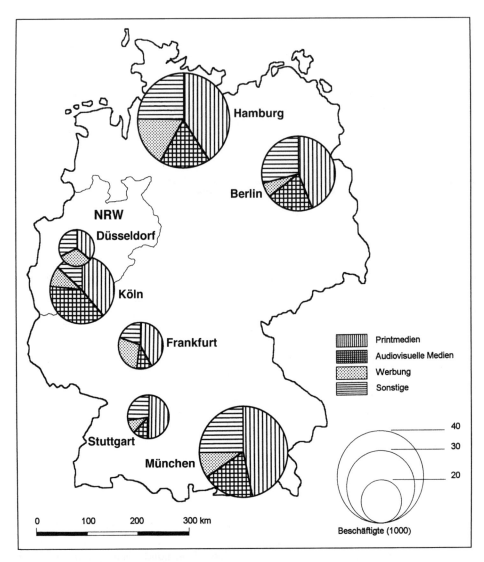

Quelle: Zahlen nach Bundesanstalt für Arbeit 1995, Amt für Statistik und Einwohnerwesen der Stadt Köln 1996

[1] Printmedien: Druckerei und Verlagswesen, Buchbinderei
     Audiovisuelle Medien: Rundfunk- und Fernsehanstalten, Filmproduktion und -vertrieb sowie Filmtheater
     Werbung: Wirtschaftswerbung, Werbegestaltung und -durchführung, Werbeberatung und -vermittlung
     Sonstige: Fotographisches Gewerbe, Nachrichtenbüros, chemigraphisches Gewerbe u. a.

Abb. 4.3: Hauptstandorte und Beschäftigte der Medienbranchen[1] in Deutschland
         (sozialversicherungspflichtig Beschäftigte 1993)

zum vierten bedeutenden Medien- und Kommunikationsstandort in Deutschland und zu einem der innovativsten dieser Art in Europa avancierte (Tab. 4.7 und Abb. 4.3). Hintergründe dieser bemerkenswerten, fast boomhaften Expansion sind die Subventionspolitik des Landes sowie mehrere Landesinitiativen zur Neugründung und Ansiedlung privater medienrelevanter Unternehmen, mit denen ein in Europa beispielloser Aufwärtstrend dieser künftigen Schlüsselbranchen in Gang gesetzt wurde. Das breitgefächerte tertiäre Segment der Medien- und Kommunikationswirtschaft, das spätestens seit 1985/86 als Leitbranche des strukturellen Wandels angesehen wird, wuchs mit 18,5% (1990–1993) deutlich stärker als die Gesamtwirtschaft des Landes. Nach Angaben der Landesregierung (LEB NRW 1994) hat sich der Umsatz im „Branchenkomplex Medien" zwischen 1980 und 1992 von 22 auf rd. 66 Mrd. DM p. a. verdreifacht, das Beschäftigungswachstum betrug über 21%. 1997 wurde davon ausgegangen, daß landesweit rund eine Viertelmillion Menschen in klassischen und „neuen" Medienbereichen sowie den sog. IuK-Techniken (Informations- und Kommunikationstechniken) tätig waren.

Abgrenzung und Struktur des Branchenkomplexes

Die enge Verzahnung von Medienproduktion, -distribution, vor- oder nachgelagerten medienorientierten Diensten und Techniken, die derzeit unter dem Begriff „Branchenkomplex Medien" subsumiert werden, bilden ein äußerst vielschichtiges Branchenkonglomerat. Es weist Querschnittsfunktionen und Multiplikatoreffekte auf, die weit in andere Wirtschaftszweige hineinreichen. Bei der Frage, was unter dem Begriff Medienbranchen zu verstehen ist, stützt sich die folgende Betrachtung auf eine Differenzierung der Kölner Stadtver-

waltung, die diese bereits seit etwa 1986 nutzt und fortschreibt. Wie verschwommen jedoch die Grenzen einzelner Branchen im Mediensektor sind, wird anhand der Telekommunikation und der „neue Medien und Technologien" (z. B. Multimedia, digitales Fernsehen) deutlich. So werden diese beiden Bereiche zwar zum erheblichen Teil dem Tertiärsektor zugeordnet, gleichwohl ist aber die Produktion von Hardware eher dem Produzierenden Gewerbe zuzurechnen. Insgesamt wachsen Computerindustrie, Telekommunikationsunternehmen, Unternehmen der Unterhaltungselektronik und Anbieter von Medieninhalten (Rundfunk, Film, Print) immer stärker zusammen, die Grenzen zwischen Individual- und Massenkommunikation werden durchlässiger.

Trotz aller erkennbarer Abgrenzungs- und Zuordnungsprobleme kann der gesamte Branchenkomplex im wesentlichen in vier Gruppen bzw. Wirtschaftsbereiche strukturiert werden (Tab. 4.8). Anzumerken ist hierbei, daß der bedeutendste Bereich von den klassischen sog. „Medienkernen" gebildet wird, d. h. den Print- und audiovisuellen Medien. Sie werden durch diverse vor- oder nachgelagerte Dienstleistungen ergänzt. Die distanzüberbrückende Verteilung, u. a. mittels Telekommunikation, Elektronik, sowie die Kombination vorhandener Medien- und Kommunikationsformen unter einem Dach („Multimedia") werden unter dem Oberbegriff Telematik erfaßt. Diesem Sammelbegriff unterzuordnen ist ferner die gesamte informationstechnische Industrie (z. B. Mikroelektronik, Informationstechnik, Softwareindustrie, Industrieelektronik). Bei den Unternehmensberatungen handelt es sich insofern um medienrelevante Unternehmungen, da sie als „bedeutender Anwender und Initiator von Medien- und Telematikdienstleistungen bzw. -produkten" (Stadt Köln, Stabsstelle Medienwirtschaft 1996) auftreten.

Wirtschafts- bzw. Medienbereich	Branchen	Beispiele für Mediensektoren
Medien im engeren Sinne („Medienkerne")	Printmedien	Druckmedienproduktion, Druck- und Verlagswesen, Buchbindereien, Nachrichten- und Journalistenbüros u. a.
	audiovisuelle Medien	Fernsehen, Hörfunk, Filmtechnik,-produktion, -vertrieb, -verleih, -theater, Musikverlage
	Werbung	Wirtschaftswerbung, Werbegestaltung, -durchführung, -beratung, -vermittlung, Werbefunk und -fernsehen u. a.
Medien im weiteren Sinne	vor- oder nachgelagerte Einrichtungen bzw. Produktionsstufen der „Medienkerne"	fotografisches und chemigrafisches Gewerbe, Wartung/Herstellung von speziellen Maschinen oder optischen Geräten, Mediendistribution u. a.
Telematik	Imformationsverteilung, Kommunikation, Elektronik	Büromaschinen, EDV-Einrichtungen, Elektrotechnik, Leitungen und Kabel, Meß-, Regel- und Nachrichtentechnik, Mikroelektronik, Telekommunikation, Informationstechnik, Softwareindustrie, Unterhaltungselektronik u. a.
Unternehmensberatung	Unternehmensberatungen	Initiierung und Anwendung von Medien- und Telematikdienstleistungen

Quelle: in Anlehnung an Stadt Köln, Stabsstelle Medienwirtschaft, Köln 1996

Tab. 4.8: Differenzierung des „Branchenkomplexes Medien"

Räumliche Verteilung

Die derzeitige Dimension und räumliche Durchdringung dieser enorm dynamischen Branchen, die vermutlich wie kaum andere die Arbeits- und Lebensbedingungen der Menschen im 21. Jahrhundert bestimmen werden, lassen sich für Nordrhein-Westfalen am Beispiel von fünf Schwerpunkten deutlich machen.

1. Fernsehwirtschaft:
Als Sitz von sechs großen TV-Sendeanstalten (WDR, RTL, VOX, Viva 1 und 2, Super-RTL) ist Köln die unbestrittene Fernsehhochburg Deutschlands. Hinzu kommen die privaten Spartensender Nickelodeon Germany, Wetter- und Reise TV (beide Düsseldorf), Onyx TV, QVC sowie in

Essen der Sender Tele-West. Von zehn bundesweit geplanten neuen TV-Sendern sollen allein sieben ihren Standort künftig in Nordrhein-Westfalen haben. Am gesamten Leistungsumfang der deutschen TV-Wirtschaft hatten 1993–1996 in Nordrhein-Westfalen beheimatete Programmproduzenten und -zulieferer einen Anteil von rd. 25%, vor den Standorten Bayern (16%), Hamburg/Schleswig-Holstein (11%) und Berlin/Brandenburg (7%). Der öffentlich-rechtliche Fernsehkanal des Westdeutschen Rundfunks (WDR) gilt mit seinen Anteilen am Gemeinschaftsprogramm der ARD und den Zulieferungen an die Sender Arte und 3Sat als größte Rundfunkanstalt der ARD und Kontinentaleuropas (MWTV 1995, FAZ Nr. 228/1996). Im Zuge von Dezentralisierungs- und Regionalisierungs-

Quelle: Eigener Entwurf nach Angaben von Stamm Presse- und Medienhandbuch, versch. Ausgaben, Essen 1993–1995 und MWTV 1995

Abb. 4.4: Standorte elektronischer Medien in Nordrhein-Westfalen

bestrebungen hatte der WDR bis 1996 ein Netz von 12 angeschlossenen Landesstudios und Regionalbüros aufgebaut (Abb. 4.4).

2. Film- und Fernsehproduktion:
Nirgendwo in Europa erfuhr die Film- und Fernsehproduktion einen derartigen Aufschwung wie in Nordrhein-Westfalen. Die Studiokapazitäten, die 1989 noch rund

15000 m² umfaßten, wuchsen bis 1995 auf über 40000 m². Allein in Köln hat sich die Studiofläche innerhalb von drei Jahren (1992–1994) verdoppelt. Sechs der 16 größten deutschen Atelierbetriebe mit mehr als 1000 m² Studiofläche hatten 1995 ihren Sitz in Nordrhein-Westfalen. Fast jede dritte deutsche Film- oder Fernsehproduktion wird derzeit im nordrhein-westfälischen Raum erstellt. Dies hängt zweifellos mit der hohen Konzentration privater TV-Sender im Kölner Raum zusammen, die als Nachfrager von Sendungen auftreten. In diesem Zusammenhang muß auch die Filmstiftung Nordrhein-Westfalen genannt werden, die die zweitgrößte Filmförderinstitution in Europa ist (LEB Nordrhein-Westfalen 1996). Als größte je in Deutschland vorgenommene Filminvestition gilt mit einem Investitionsvolumen von 360 Mio. DM der vom US-Medienkonzern Time Warner in Kooperation mit Siemens/Nixdorf in Bottrop-Kirchhellen realisierte Filmpark, dem TV- und Filmstudios angegliedert sind.

3. Hörfunk:

Als Standort von WDR (fünf Radioprogramme), Deutschlandradio und Deutscher Welle, alle mit Sitz in Köln, ist Nordrhein-Westfalen auch bundesweit das Zentrum des öffentlich-rechtlichen Hörfunks. Zu den meistgehörten Funkprogrammen Deutschlands gehören zum Beispiel WDR 2 und WDR 4. Überregional wirkt ferner der sog. Mantelprogrammveranstalter Radio Nordrhein-Westfalen. Mit 50 lizensierten lokalen Privat-Hörfunkstationen (1996) gilt Nordrhein-Westfalen als das Land mit der dichtesten und vielfältigsten Hörfunklandschaft in Mitteleuropa. In den Lokalsendern ist auch eine Landesbesonderheit verankert, der sog. „Bürgerfunk". Bis zu 15% der Sendezeit dieser Stationen werden den Bürgern und Bürgerinnen zur freien Gestaltung eingeräumt.

4. Printmedien:

Täglich erscheinen in Nordrhein-Westfalen etwa 50 Tageszeitungen mit einer Gesamtauflage von durchschnittlich 4,3 Mio. Exemplaren (1996); damit ist das Bundesland der stärkste deutsche Zeitungsraum. Darüber hinaus ist es mit vier nationalen bzw. internationalen Publikationen, die in Düs-

seldorf erscheinen, das Zentrum der deutschen Wirtschaftspublizistik (u. a. Handelsblatt, Wirtschaftswoche). Erweitert wird das Bild durch rund 400 Buchverlage (davon 20 der 100 größten deutschen Verlagshäuser), die, vorwiegend auf Fachliteratur spezialisiert, 1996 bundesweit jedes sechste Buch druckten.

5. Telekommunikation:

Aufgrund der außerordentlich hohen Konzentration von Unternehmungen dieses Medienzweiges ist Nordrhein-Westfalen ohne Zweifel nicht nur der führende Kommunikationsstandort Deutschlands sondern diesbezüglich bereits der stärkste Standort in Europa. Denn die Großunternehmen dieses Marktes haben sämtlich ihren Sitz in den Landesgrenzen, vor allem in der Landeshauptstadt. Es handelt sich um den ehemaligen Monopolisten Deutsche Telekom (Bonn), für den Nordrhein-Westfalen das Stammland ist, die Konkurrenten Thyssen Telecom AG, Vebacom GmbH, Siemens sowie den Mannesmann-Konzern mit den Tochtergesellschaften Mobilfunk und Eurocom. Im Telekommunikationsmarkt vertreten sind ferner die RWE und die Bertelsmann AG (Gütersloh). Letztere wird durch ihre umfangreichen Kooperationen weltweit zu den drei größten Anbietern in dieser Branche überhaupt gerechnet. Beträchtlich sind in diesem Zusammenhang die Synergieeffekte, denn im Umfeld der Branchenriesen hatten sich bis 1996 in Nordrhein-Westfalen über 350 mittelständische Unternehmen des Telekommunikationsmarktes sowie über 1300 Softwarehäuser etabliert.

TV- und Rundfunkzentrum Köln

Wie bereits deutlich wurde, stechen Köln und sein direktes Umland als einer der bedeutendsten nationalen und internationalen audiovisuellen Medienstandorte hervor.

Wirtschaftsbereich	Jahre		Veränderung		Anteil
	1994	1995	absolut	(%)	1995
Medienbranche	25 586	24 956	−630	−2,5	5,8
Telematikbranche	9 181	8 483	−698	−7,6	2,0
Unternehmensberatung	9 816	9 675	−141	−1,4	2,3
Branchenkomplex gesamt	*44 583*	*43 114*	*−1469*	*−3,3*	*10,1*
Alle Beschäftigten	*431 904*	*426 902*	*−5002*	*−1,2*	*100,0*

Quelle: Bundesanstalt für Arbeit; Amt für Statistik, Einwohnerwesen und Europaangelegenheiten der Stadt Köln 1996

Tab. 4.9: **Sozialversicherungspflichtig Beschäftigte in den Wirtschaftsbereichen Medien, Telematik und Unternehmensberatung in Köln 1994 und 1995** (Stand: 30. 6. des jeweiligen Jahres)

Aufgrund der Fühlungsvorteile durch die schon vorhandenen öffentlich-rechtlichen Rundfunk- und Fernsehsender kam es hier in kurzer Folge zur Ansiedlung bedeutender Privatsender. Als Ergebnis zeigte sich 1996 mit über 10 000 sozialversicherungspflichtigen Arbeitsverhältnissen die höchste derartige Beschäftigungsdichte in einer deutschen Stadt. Köln liegt damit deutlich vor München (7900), Hamburg (7800) und Berlin (7500). In der gesamten Medien- und Kommunikationswirtschaft zählte Köln 1995 bei leicht rückläufiger Tendenz rd. 43 000 Beschäftigte, was einem Anteil von 10,1% an den sozialversicherungspflichtig Beschäftigten ausmachte. In Köln ist somit derzeit etwa jeder Zehnte im Medien- und Kommunikationssektor tätig (Tab. 4.9). Unbestritten ist, daß die Beschäftigungswirkung jedoch weitaus höher ist, da gerade die branchentypischen Freiberufler oder Selbständigen statistisch hierbei nicht erfaßt sind. Für den IHK-Bezirk Köln, d. h. einschließlich eines weiten Umlandes, wurden die Medienbeschäftigten 1994 mit über 63 000 Personen gerechnet. Räumlich konzentrieren sich die Medien-Aktivitäten Kölns zum einen in der City (hier sind die öffentlich-rechtlichen TV- und Hörfunksender lokalisiert) sowie zum anderen an der Peripherie im MediaPark/Kalscheuren in Hürth sowie in den Stadtteilen Ossendorf und Bocklemünd („Hollymünd"). Diese Deglomeration resultiert vorrangig aus dem Platzmangel in den Citylagen.

Telekommunikations- und Werbezentrum Düsseldorf

Die Landeshauptstadt ist traditionell die Werbehochburg Nordrhein-Westfalens und bundesweit einer der führenden Standorte dieses Medienzweiges. Ein weiterer Medienschwerpunkt ist die Telekommunikationswirtschaft, die bereits zu einer der tragenden Säulen der städtischen Wirtschaft gehört. Innerhalb weniger Jahre haben sich in Düsseldorf alle derzeit namhaften Netzgesellschaften niedergelassen und Produzenten der Telekommunikation nachgezogen. Die Stadt wurde damit zur Kommunikationsmetropole Deutschlands. Herausragende Namen sind die schon an anderer Stelle genannten Unternehmen Mannesmann Mobilfunk (D2-Netz), Thyssen Telekom AG und Vebacom GmbH (Konsortium E-Plus), Siemens sowie diverse Tochtergesellschaften. Ausländische Unternehmen u. a. aus Finnland (Nokia Data), Schweden (Ericsson) oder Japan (Nippon Telegraph & Telefon Corporation) verfolgen von Düsseldorf aus bereits ihre gesamten deutschen Aktivitäten auf diesem Markt. Mittlerweile gilt das geflügelte Wort: Düsseldorf wandelt sich vom Schreibtisch des Ruhrgebietes zum multimedialen Desktop der Nation. Optisch findet dies eindrucksvoll Ausdruck in der „Medienmeile Hafen". Kernstück dieses rd. 10 ha großen Areals am Düsseldorfer Haupthafen ist die Kaistraße, an der 1992 der WDR sein neues Domizil bezog und seither von dort das komplette landespolitische Hörfunk- und TV-Programm sendet. Im Zuge dieser Entwicklung haben sich weitere Unternehmen aus Kommunikation, Film, Kunst, Werbung, Foto- und TV-Produktion angesiedelt und der ehemals tristen Hafenregion völlig neue Impulse verliehen.

4.5
Nordrhein-Westfalen als Ausbildungsstandort

Mit annähernd 3,2 Mio. Schülern und Studierenden sowie über 300000 Beschäftigten in Lehre, Wissenschaft, Forschung und Verwaltung (LDS 1996) ist der Bereich „Bildung" eine der tragenden Säulen des Dienstleistungssektors in Nordrhein-Westfalen. Aus der Erkenntnis heraus, daß die Vermittlung hoher Qualifikationen als „Investition in die Zukunft" zu sehen ist, hatten die bildungspolitischen Fragen stets einen hohen Stellenwert. Zukunftssichernde Qualifizierung wird von der Landesregierung als „Aufgabe aller Schulformen angesehen, besonders aber der berufsbildenden Schulen" (LEB NRW 1994). Vor diesem Hintergrund erklärt sich auch, daß sich seit Ende der 1960er Jahre die Schul- und Hochschullandschaft in Nordrhein-Westfalen deutlich verändert hat. Mit großer Dynamik wurden neue Schulformversuche eingeleitet und vor allem neue

Hochschulen gegründet. Neugründungen, Reformen bei den allgemein- und berufsbildenden Schulen und das Bestreben, Lehre und Wissenschaft stärker mit den vielfältigen, auch außeruniversitären Forschungseinrichtungen zu verflechten (vgl. Kap. 3.1.3), zielen im Endeffekt darauf ab, eine stärkere Basis für die künftige kulturelle, ökonomische und ökologische Entwicklung des Landes zu schaffen. Bildung im weiteren Sinne ist damit auch in Nordrhein-Westfalen bereits seit fast drei Jahrzehnten zu einem der essentiellen Hoffnungsträger für den Strukturwandel und die zu erwartenden geänderten Bedingungen des 21. Jahrhunderts geworden.

Reformen bei allgemein- und berufsbildenden Schulen

Etwa 2,7 Mio. Schüler- und Schülerinnen besuchten 1995 in Nordrhein-Westfalen Schulen des allgemein- oder berufsbildenden Bereiches, davon über 1 Mio. die Grund- und Hauptschulen (Tab. 4.10). Die generelle Tendenz zum Besuch weiterführender Schulen ist dabei nach wie vor ungebrochen. Dies hat dazu geführt, daß zeitweise trotz geringer werdender Jahrgangsstärken die Schülerzahlen in den weiterführenden Schulformen kontinuierlich gestiegen sind. Die breitgestreute schulische Grundausstattung kann in der Regel als wohnortnah und damit – im Gegensatz zum Hochschulsektor – kaum an raumprägende Pendelbewegungen gebunden charakterisiert werden (vgl. Kap. 7.2).

Hervorzuheben sind in diesem Zusammenhang jedoch zwei Reformprojekte, die mit der oben genannten Tendenz in engster Verbindung stehen. So wird seit 1982/83 in Nordrhein-Westfalen die integrierte Gesamtschule als Angebotsschule und in Konkurrenz zu den klassischen Bildungsangeboten (z. B. Gymnasium) ausgebaut. Mit diesem Reformprojekt wurden die Bil-

Bereich	Anzahl	Insgesamt
Allgemeinbildende Schulen davon:		2 115 812
Grund-und Hauptschulen[1]	1 063 098	
Sonderschulen	87 410	
Realschulen	267 973	
Gymnasien	494 327	
integrierte Gesamtschulen[2]	183 868	
Abendschulen und Kollegs	19 136	
Berufliche Schulen davon:		549 887
Berufsschulen[3]	309 845	
Berufsfachschulen	64 178	
Fachoberschulen	13 666	
Kollegschulen/berufliche Gymnasien/ Fachgymnasien	79 642	
Fachschulen[4]	41 254	
Schulen des Gesundheitswesens	41 302	
Hochschulen[5] davon:		505 904
Wissenschaftliche Hochschulen[6]	273 492	
Gesamthochschulen	123 060	
Kunsthochschulen	5 276	
Fachhochschulen	94 157	
Verwaltungsfachhochschulen	9 919	
Insgesamt		*3 171 603*

[1] einschl. Schulkindergärten und Vorklassen; einschl. schulartunabhängiger Orientierungsstufe
[2] einschl. freier Waldorfschulen
[3] einschl. Berufssonderschulen, Berufsvorbereitungs- und Berufsgrundbildungsjahr
[4] einschl. Fach-/Berufsakademien
[5] Wintersemester 1995/96
[6] Universitäten, Theologische Hochschulen, Technische Hochschulen

Quelle: Statistisches Jahrbuch NRW 1996, LDS NRW 1996

Tab. 4.10: Schüler/-innen und Studierende in Nordrhein-Westfalen
(Beginn Schuljahr 1994/95)

dungsgänge der Haupt- und Realschule und des Gymnasiums zu einem umfassenden Gesamtangebot integriert. Bis 1995 waren, trotz lokaler und teilweise regionaler Widerstände, 198 Schulen dieses Typs mit rd. 181 000 Schülern eingerichtet worden. In der beruflichen Bildung begann Nordrhein-Westfalen 1977 mit dem Schulversuch der Kollegschule, die von 1998 an als Berufskolleg landesweit die berufliche Bildung abdeckt. Dieser Schultyp bietet alle Bildungsgänge und Abschlüsse der Sekundarstufe II an, die von den verschiedenen berufsbildenden Schulen und der gymnasialen Oberstufe vergeben werden. Als Besonderheit ist die Möglichkeit der sog. Doppelqualifikation zu werten, die gleichzeitig den Erwerb eines allgemeinbildenden und eines berufsqualifizierenden Abschlusses in einem Bildungsgang ermöglicht. Räumlich betrafen die Reformen zunächst die Ballungsräume. Mit einer breiteren Streuung von derartigen Schulstandorten, insbesondere der Gesamtschule,

Bis Mitte der 60er Jahre stellte sich die Hochschullandschaft Nordrhein-Westfalens in Relation zu seiner Bevölkerung eher bescheiden dar. Sie bestand aus den vier Traditionsuniversitäten (Aachen, Bonn, Köln, Münster), der Kunstakademie Düsseldorf, den Musikhochschulen Köln und Detmold, zwei medizinischen Einrichtungen in Bonn und Münster sowie mehreren Pädagogischen Hochschulen, die ihre Eigenständigkeit jeweils durch Integration in andere Hochschulen 1980 einbüßten, und diversen Fachschulen. Dabei war, historisch gesehen, der rheinisch-westfälische Raum bis zur Säkularisierung 1803 universitär durchaus gut ausgestattet. Erinnert sei hier an die 1388 erfolgte Gründung der ersten deutschen Stadtuniversität in Köln. Es folgten während der Glaubenskämpfe im 17. Jahrhundert Paderborn (1614) und Duisburg (1655). In der Epoche der Aufklärung kamen Münster (1773) und Bonn (1786) hinzu.

Übersicht 4.2: Die Hochschullandschaft Nordrhein-Westfalens bis Mitte der 60er Jahre

sollen tendenziell die Einzugsgebiete verkleinert und der Mobilitätsaufwand vermindert werden. Bei den meist in größeren Städten lokalisierten beruflichen Schulen werden dagegen die notwendigen Pendelbewegungen eher verstärkt.

Die Hochschuloffensive

Über eine halbe Million Studierende waren 1995 an den 53 Hochschulen Nordrhein-Westfalens eingeschrieben, denen als Dienstleister höchster Zentralität eine besondere Rolle zufällt. In Verbindung mit über 150 außeruniversitären Forschungs- und Transferstellen unterschiedlicher Disziplinen verfügt Nordrhein-Westfalen damit über eine der stärksten Hochschul- und Forschungskonzentrationen in Europa (vgl. Kap. 3.1.3).

Die derzeitige Situation ist das Ergebnis einer konsequenten Neu- und Ausbaupolitik, mit der etwa ab 1965 das räumliche Verteilungsbild der Hochschulen innerhalb Nordrhein-Westfalens grundlegend verändert wurde. Von dieser Hochschuloffensive profitierte zunächst die Ruhrregion, die zu diesem Zeitpunkt fast ein „weißer Fleck" auf der hochschulpolitischen Landkarte war. Im engeren Revier, das als hochverdichteter Raum bis dahin keine Universität aufwies, wurden in schneller Folge die Universitäten Bochum (1965) und

Dortmund (1968) sowie die Universitäten – Gesamthochschulen Duisburg und Essen (beide 1972) eingerichtet. In anderen Landesteilen kamen als neue Einrichtungen hinzu: die Universitäten Bielefeld (1968), Düsseldorf (1966), die Universitäten – Gesamthochschulen Paderborn, Siegen und Wuppertal (alle 1972), die Fernuniversität Hagen und die erste Privathochschule außerhalb des kirchlichen Bereichs in Witten-Herdecke. Heute runden 20 Fachhochschulen, vier Verwaltungsfachhochschulen sowie sieben Kunst- und sechs theologische Hochschulen das Bild der dichten Hochschullandschaft ab. Den Universitäten gleichgestellt sind die Sporthochschule Köln und die Rheinisch-Westfälische Technische Hochschule (RWTH) Aachen, die auf ein preußisches Polytechnikum von 1870 zurückgeht.

Hochschulstreuung und Erschließung peripherer Räume

Im Jahre 1997 waren die 53 Hochschulen auf 33 Standorte verteilt. Wenngleich die Verbreitung dieser Bildungs- und Forschungseinrichtungen deutlich die Bevölkerungsverteilung des Landes widerspiegelt, läßt sie gleichwohl die hochschulpolitische Zielsetzung in Nordrhein-Westfalen erkennen, die seit Jahren eine regional stärkere Streuung z. B. in Form von Hochschulabtei-

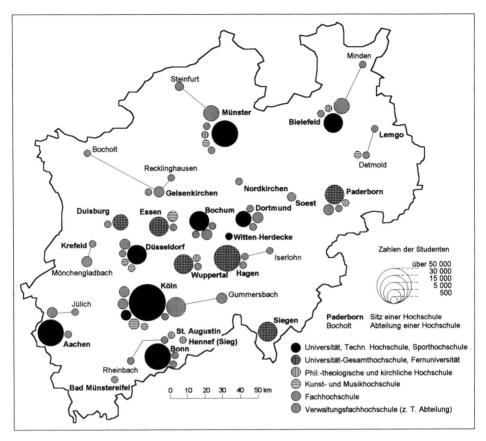

Quelle: Zahlen nach Stat. Jb. NRW, 1996

Abb. 4.5: Hochschulstandorte in Nordrhein-Westfalen 1996

lungen anstrebt (Abb. 4.5). Dies hat dazu geführt, daß fast jede Region über eine Hochschuleinrichtung verfügt.

Die ökonomischen Kerngebiete des Landes sind bereits ausnahmslos Standorte wenigstens einer staatlichen Fachhochschule. Dieser Hochschultyp wird als wichtiger Faktor für die regionale gesellschaftliche und wirtschaftliche Entwicklung angesehen. Von der Konzeption her sollen Fachhochschulen besonders praxis- und handlungsorientierte Forschung bei entsprechenden Kontakten zur Wirtschaft leisten und einen unmittelbaren Forschungs-

transfer ermöglichen (vgl. STELZER-ROTHE 1995). Ihr Ausbau hat daher deutlich Vorrang. Jüngste Beispiele sind die 1992 gegründete Fachhochschule Gelsenkirchen (3200 projektierte Studienplätze) mit Standorten in Bocholt und Recklinghausen und die 1995 gegründete Fachhochschule Rhein-Sieg (2300 Studienplätze) mit Standorten in St. Augustin und Rheinbach. Die Errichtung letzterer Hochschule ist als eine der Ausgleichsmaßnahmen des Bundes für die Region Bonn und deren Hauptstadtverlust anzusehen. Die lokale bzw. regionale Bedeutung der Hochschulen und da-

Hochschulart	Anzahl der Hochschulen	Studierende[2] Deutsche			Ausländer/-innen	Insgesamt	Personal[3] Lehrende[4]	Verwaltungs-personal[5]	Insgesamt
		männlich	weiblich	insgesamt					
Universitäten, Techn. Hochschule, Sporthochschule	10	137 024	112 833	249 857	22 861	272 718	40 887	36 424	77 311
Universitäten– Gesamthochschulen, Fernuniversität	6	72 032	41 055	113 087	9 973	123 060	11 984	8 738	20 722
Phil.-theologische und kirchliche Hochschulen	6	435	238	673	101	774	173	90	263
Kunst- und Musikhochschulen	7	1 978	1 901	3 879	1 397	5 276	1 503	261	1 764
Fachhochschulen	20	58 189	27 836	86 025	8 132	94 157	8 734	3 383	12 117
Verwaltungsfachhoch-schulen	4	5 928	3 990	9 918	1	9 919	499	512	1 011
Insgesamt	*53*	*275 586*	*187 853*	*463 439*	*42 465*	*505 904*	*63 780*	*49 408*	*113 188*

[1] Wintersemester 1995/96
[2] ohne Beurlaubte, Gasthörer/-innen, Besucher/-innen des Studienkollegs und Studierende im Grundkurs Deutsch als Fremdsprache
[3] Personal-Ist-Bestand am 1. Dezember 1995
[4] Professoren/-innen, Dozenten/-innen, hochschulwissenschaftliche Assistenten/-innen, Lehrbeauftragte sowie wissenschaftliche und studentische Hilfskräfte
[5] technisches, Verwaltungs- und sonstiges Personal einschl. Pflegepersonal in Kliniken

Quelle: Statistisches Jahrbuch NRW 1996, LDS NRW 1996

Tab. 4.11: Studierende und Personalbestand an Hochschulen in Nordrhein-Westfalen 1995[1]

mit ihre Zentralität ist je nach Ausstattung, Größe, fachlicher Ausrichtung usw. recht unterschiedlich. Größte Hochschule ist die traditionsreiche Universität zu Köln mit 1996 über 63 000 Studenten (einschließlich Gast- und Zweithörer), vor Münster (rd. 44 000), Bonn und Bochum (jeweils rd. 36 000) und Aachen (34 000). Als größte Gesamthochschule/Fernuniversität tritt Hagen mit etwa 39 000 Studierenden hervor. Bei den theologischen Hochschulen reichten die Zahlen der Studierenden 1996 von 4 (Hochschule Hennef/Sieg) bis 295 (Kirchliche Hochschule Bethel bei Bielefeld).

Der Personalbestand an den Hochschulen betrug Anfang 1996 über 113 000 Beschäftigte (Tab. 4.11). Vor allem an den großen Standorten wie z. B. den Studentenhochburgen Aachen oder Münster hat dieser Tertiärbereich entscheidende Bedeutung für den Arbeitsmarkt, das Kaufkraft- und Steueraufkommen. Neben den Einkommens- und Kaufkraftzugewinnen sowie der kulturellen Bedeutung treten die Hochschulen als Stätten von Lehre, Forschung und damit Wissen als Standortfaktor immer stärker in Erscheinung. Dies zeigt sich u. a. optisch an regionalen Agglomerationseffekten, wie sie sich in Form von Unternehmensansiedlungen im „Dunstkreis" der Hochschulen abzeichnen (vgl. Kap. 3.1.3) sowie an den über die Standorte hinaus wirkenden Innovationseffekten, die sich aus dem Wechselspiel von Wissens- gegen Praxistransfer zwischen Hochschulen und Unternehmen und damit Forschung und Wirtschaft ergeben.

5 Raumansprüche und Raumordnungsprobleme

Unsere heutigen Raumstrukturen sind das Ergebnis wechselseitiger Entwicklungsprozesse, deren Wurzeln weit in die Vergangenheit zurückreichen. Auch das Ausmaß der räumlichen Disparitäten, wie sie u. a. im Gegensatz zwischen den städtisch-industriellen Verdichtungen und den ländlichen Zonen auftreten, ist in erster Linie eine Folge des neuzeitlichen Industrialisierungsprozesses, der die natürlichen und ökonomischen Grundlagen für den wirtschaftenden Menschen entscheidend verändert hat. Vor dem Hintergrund struktureller Benachteiligungen förderungswürdiger Gebiete sowie extremer Arealkonflikte zwischen den Siedlungen, dem Verkehr oder dem Bergbau und den Belangen des Umweltschutzes ist eine übergeordnete Raumordnung und Landesplanung ins Leben gerufen worden. Deren Zielsetzungen sind vor allem die Schaffung in etwa gleichwertiger Lebensbedingungen sowie eine zweckmäßige Koordination der Nutzungsansprüche.

5.1
Konzepte der Landesplanung

Die Ursprünge der Landesplanung reichen in Nordrhein-Westfalen bis in das Jahr 1910 zurück, d. h. bis in das Gründungsjahr eines übergemeindlichen Arbeitsausschusses für den rechtsrheinischen Teil des damaligen Regierungsbezirks Düsseldorf. Von Anfang an waren die seinerzeit vorwiegend regional ausgerichteten Planungen an bestehende Verwaltungseinheiten gekoppelt, was insbesondere an Hand der 1937 eingerichteten Planungsgemeinschaf-

ten Rheinland und Westfalen deutlich wird. Diese Institutionen deckten sich nicht nur räumlich mit den preußischen Provinzialverbänden gleichen Namens, sondern waren darüber hinaus auch organisatorisch und personell mit ihnen eng verbunden. Als dritte regionale Planungsinstanz bestand bereits seit 1920 der „Siedlungsverband Ruhrkohlenbezirk" (SVR), der die stürmische Siedlungs- und Wirtschaftsexpansion des Ruhrgebietes in geordnete Bahnen lenken sollte. Während die Landesplanungsgemeinschaften Rheinland und Westfalen – allerdings mit stark modifizierten Aufgabenbereichen – auch heute noch Bestand haben, ging der „Siedlungsverband Ruhrkohlenbezirk" 1975 in den „Kommunalverband Ruhrgebiet" auf.

Mit der Verabschiedung der Landesplanungsgesetze vollzog sich in den 1960er Jahren ein entscheidender Wandel in der Planungsorganisation. Von nun an wurde im Zuge einer stetig wachsenden Bedeutung der Raumordnung die Landesplanung nicht mehr ausschließlich als eine Aufgabe selbständiger Landesplanungsgemeinschaften angesehen, sondern eher als ein Gemeinschaftsanliegen von Staat und kommunalen Selbstverwaltungen. Diese Auffassung manifestiert sich ausdrücklich im Inhalt des Landesentwicklungsprogramms von 1964 sowie auch in den späteren Novellierungen. Das vielfach als Jahrhundertgesetz bezeichnete Programm bildet seitdem die Basis für eine grundlegend neue Phase der Landesentwicklungspolitik, deren besonderes Merkmal die Parlamentarisierung, also die ausdrückliche Beteiligung des Gesetzgebers ist.

Später wurden die Planungsinhalte erweitert und besondere Vorschriften zu deren Konkretisierung in speziellen Landesentwicklungsplänen verankert.

Während der 1970er und 1980er Jahre standen vor allem entwicklungsbezogene und nutzungsorientierte Ziele im Vordergrund der Landesplanung. Zu den entwicklungsbezogenen Vorgaben gehörten die Festlegung von Entwicklungsschwerpunkten und -achsen sowie die Erarbeitung von Gebietskategorien (Ballungskerne, Ballungsrandzonen, Ländliche Zonen, Fördergebiete), die der Polarität Stadt-Land unter Berücksichtigung spezieller sozioökonomischer Verhältnisse Rechnung tragen sollten.

Den mehr nutzungsorientierten Zielen diente die Abgrenzung bestimmter Räume zur Erfüllung von wirtschaftlichen oder umweltbezogenen Vorrangfunktionen, wobei es bei der räumlichen Zuordnung einzelner Nutzungen als eine vordringliche Aufgabe der Landesplanung angesehen wurde und wird, zur Auflösung potentieller Zielkonflikte beizutragen. Wie etliche Beispiele verdeutlichen, gelang dieses Vorhaben zumindest hinsichtlich der Umsetzung auf der regionalen bzw. kommunalen Planungsebene nicht in allen Fällen.

Selbstverständlich verkörpert die Raum- und Siedlungsstruktur einen grundlegenden Bestandteil der Landesentwicklungspolitik; denn deren spezifischen Eigenschaften muß in einem hochindustrialisierten Land wie Nordrhein-Westfalen besondere Aufmerksamkeit geschenkt werden. Aus diesem Grunde bildete der Landesentwicklungsplan (LEP) I/II die „konzeptionelle Grundlage für den ressortübergreifenden Koordinationsauftrag, durch den eine gezielte Beeinflussung aller raumbedeutsamen Programme, Planungen und Maßnahmen einschließlich des Ausbaus der Infrastruktur angestrebt wird" (Der Ministerpräsident des Landes Nord-

rhein-Westfalen [Hrsg.], Landesentwicklungsbericht 1979, S. 197). Die Vorläufer dieser Darstellung waren die auf einer wissenschaftlichen Untersuchung von G. KLUCZKA (1970a) basierenden Pläne I (Einteilung des Landesgebietes in Zonen) und II (Entwicklungsschwerpunkte und Entwicklungsachsen), deren Überarbeitung und Zusammenfassung aufgrund der veränderten Gesamtentwicklung des Landes notwendig erschien. Als wesentliche Ordnungselemente wurden darstellungsmäßig

1. die Ausweisung der siedlungsräumlichen Grundstruktur, d. h. die Einteilung in Verdichtungsgebiete und Ländliche Zonen (Abb. 2.6, S. 41)

2. eine zentralörtliche Gliederung der Städte nach dem Grad der Ausstattung und der funktionalen Reichweiten sowie

3. in abgestufter Form die Eintragung von Entwicklungsachsen vorgenommen. Die siedlungsstrukturellen und entwicklungsbezogenen Ausweisungen des ehemaligen LEP I/II sowie die Festlegung von Wasserschutzgebieten und von Flächen für die Erholung laut der im Jahre 1985 novellierten Fassung des LEP III beinhalteten somit die wesentlichen Grundlagen für die Landesplanung in Nordrhein-Westfalen.

Demgegenüber implizierten die ehemaligen Pläne IV (Gebiete mit Planungsbeschränkungen zum Schutz der Bevölkerung vor Fluglärm), V (Gebiete für den Abbau von Lagerstätten) und VI (Festlegung von Gebieten für flächenintensive Großvorhaben) lediglich die Zielsetzungen spezieller Fachplanungen.

Im Juni 1995 wurde seitens der Landesregierung nach der Neufassung des Landesentwicklungsprogramms erstmals ein einheitlicher und integrativer Landesentwicklungsplan für Nordrhein-Westfalen (LEP NRW) vorgelegt. Neben der Zusammenfassung und Koordinierung der vorhergehenden und oben genannten Landesentwicklungspläne geht es in dem neuen LEP um die Herausstellung von Schwerpunkten der räumlichen Entwicklung des Landes. Hierbei seien erstmalig „die Belange des Umweltschutzes und der Strukturentwicklung landesplanerisch miteinander abgewogen und in Zielen und Erläuterungen dargestellt worden" (Ministerium für Umwelt, Raumordnung und Landwirtschaft des Landes Nordrhein-Westfalen (Hrsg.), 1995, LEP NRW, S. 3). Im ersten Zielbereich legt der neue Landesentwicklungsplan die Grundzüge der Raumstruktur Nordrhein-Westfalens fest, indem großmaßstäbliche Raumkategorien (zonale Gliederung), Strukturmerkmale des Siedlungsmusters (zentralörtliches Gliederungsystem, Entwicklungsschwerpunkte und -achsen) sowie relevante Raumfunktionen (Siedlungs- und Freiräume, Umweltschutzbelange) herausgestellt werden. Der zweite Zielbereich hat Entwicklungsperspektiven zum Gegenstand, d. h. raumbezogene Anforderungen zur Entwicklung von Industrie- und Wohnbauflächen, von Erholungs- und Freizeitbereichen, von Verkehrsinfrastruktur, Lagerstättensicherung, Energieversorgung und umweltgerechter Abfallwirtschaft. Insgesamt gesehen versteht sich der LEP NRW von 1995 als eine fachübergreifende, integrierte Konzeption für die räumliche Entwicklung Nordrhein-Westfalens über die nächsten zehn Jahre hinaus.

5.2
Grundzüge der Umweltpolitik

Im Rahmen dieses Abschnittes sollen die vielschichtigen und tiefgreifenden Probleme der Umweltsituation und -politik nur knapp angedeutet werden, da sie in anderen Kapiteln (vgl. vor allem 3, 6 und 8) ausführlicher zum Tragen kommen. Gerade im dicht besiedelten Nordrhein-Westfalen haben insbesondere die altin-

dustriell geprägten Regionen ohne eine ökologische Erneuerung denkbar ungünstige Zukunftschancen. Dabei werden ökologische Maßnahmen vornehmlich im Umweltschutzbereich nicht nur gesellschaftlich als absolut notwendig, sondern zunehmend auch als ökonomische Chance verstanden. Beispielsweise boten schon um die Mitte der 1990er Jahre ca. 2300 nordrhein-westfälische Unternehmen, davon mehr als 1000 mit überregionaler Bedeutung, Umwelttechnologien, Umweltprodukte und Umweltdienstleistungen an. In diesem Kontext ist vor allem die Umweltschutztechnik im Entsorgungsbereich hervorzuheben. Ziele und Projekte der Umweltpolitik werden im „Landesentwicklungsbericht Nordrhein-Westfalen" (Dez. 1994) formuliert, worauf im folgenden zurückgegriffen wird.

Zunächst sei das Programm „Natur 2000" genannt, das sich schwerpunktmäßig auf die altindustriell geprägten Verdichtungsräume Ruhrgebiet und Aachener Revier konzentriert. So möchte das Ökologieprojekt „Emscher-Lippe-Raum" (ÖPEL) den ökonomischen Strukturwandel mit der ökologischen Erneuerung dieser Stadtlandschaft verbinden. Vorrangige Programmziele sind:

1. Die Entlastung der Gewässer von Abwässern, die naturnahe Umgestaltung der Gewässer und die Wiederherstellung ehemaliger Auen.
2. Die Schaffung einer grünen Ost-West-Achse in Verbindung mit dem Emscherpark-Radweg.
3. Die Sicherung und Verbesserung der in Süd-Nord-Richtung verlaufenden Grünzüge.

Darüber hinaus wurden Sonderprogramme des Naturschutzes in mehr ländlich-agrar geprägten Räumen ins Leben gerufen, etwa die Feuchtwiesenschutzinitiative, die durch Flächenankäufe und Bewirtschaftungsverträge mit Landwirten gestützt wird. Auf diese Weise sind Schutzflächen entstanden, die 1994 knapp 28 000 ha umfaßten. Weiterhin will das Mittelgebirgsprogramm durch Grünland geprägte Landschaften im Rheinischen Schiefergebirge, d. h. im Bergischen Land, Sauerland und in der Eifel, erhalten.

Andere umweltpolitische Arbeitsfelder

Eine umweltgerechte Abfallwirtschaft, verstärkte Maßnahmen zur Luftreinhaltung, Gewässerschutzstrategien sowie Bodenschutz- und Altlastensanierungsvorhaben sind weitere Inhalte im Rahmen der anvisierten ökologischen Erneuerung des Landes. Bei der ökologischen Abfallwirtschaft verfolgt die Landesregierung das Ziel, wenigstens bei Hausmüll und hausmüllähnlichen Gewerbeabfällen bis zum Jahr 2000 eine Vermeidungsquote von mindestens 15% und eine Verwertungsquote von mindestens 30% zu erreichen. Auch wenn in Zukunft einmal alle Möglichkeiten bei der Vermeidung und Verwertung von Abfällen – wie im Kreislaufwirtschafts- und Abfallgesetz des Bundes von 1994 vorgesehen – ausgeschöpft würden, so bleibt dennoch eine nicht unbeträchtliche Menge an Restabfällen, die umweltgerecht entsorgt werden müssen. Dazu stehen schon aufgrund des sehr knappen Deponieraums vor allem thermische Verfahren zur Verfügung. Mit den bereits betriebenen Müllverbrennungsanlagen war wenigstens um die Mitte der 1990er Jahre in Nordrhein-Westfalen eine thermische Behandlungskapazität von rd. 5 Mio. Jahrestonnen vorhanden. Derzeit können die Anforderungen der auf Bundesebene geltenden „Technischen Anleitung Siedlungsabfall" (TA Siedlungsabfall) nur durch thermische Behandlungsverfahren erfüllt werden. Neben der weitestgehenden Mineralisierung des dabei anfallenden Restmülls

werden – und dafür sprechen die Ergebnisse langjähriger Untersuchungen – die bei der Verbrennung anfallenden Schadstoffe mit den Filterstäuben abgeschieden und durch Einlagerungen untertage der Biosphäre entzogen. Gerade für Müllverbrennungsanlagen bestehen besondere Emissionsauflagen. Genannt sei in diesem Zusammenhang nur die Problematik von Dioxinen und Furanen, für die die „Technische Anleitung zur Reinhaltung der Luft" (TA Luft) strenge Grenzwerte festgelegt hat. Des weiteren existiert in Nordrhein-Westfalen seit 1990 ein Emissionsminderungsplan für Dioxine in Abfallverbrennungsanlagen.

Mit der Neufassung der TA Luft im Jahre 1986 erfuhren die Gesamtanforderungen an die Luftreinhaltung eine Weiterentwicklung. Bis 1994 wurden auf diese Weise ca. 9000 industrielle Altanlagen überprüft, was die Nachrüstung bzw. Stillegung von etwa 3900 derartiger Anlagen zur Folge hatte. Weiterhin spielen in der TA Luft die Maßnahmen zur Reduzierung verkehrsbedingter Schadstoffemissionen eine wichtige Rolle. Ob dabei die auf Bundes- und Länderebene getragene Zielsetzung, nämlich eine stufenweise Verminderung des durchschnittlichen Kraftstoffverbrauches bis zum Jahre 2005 um 50% bei den Pkw und um 20% bei den Lkw zu erreichen, realisiert werden kann, sei dahingestellt.

Eines der gravierendsten Umweltprobleme, und zwar in regionaler wie globaler Sicht, ist mit der Sicherung und Bereitstellung von Trinkwasser verbunden. Die Sicherung dieses wohl wichtigsten Lebensmittels erfordert einen umfassenden Schutz von Grund- und Oberflächenwasser. Im Rahmen des nordrhein-westfälischen Gewässerschutzprogramms wurden laut Landesentwicklungsbericht (1994, S. 160) von 1989 bis 1992 immerhin 113 biologische Abwasserbehandlungsanlagen mit Einrichtungen zur Stickstoffausscheidung in Betrieb genommen. Weitere 370 Anlagen sollen bis zum Jahr 2005 für die Stickstoffelimination umgerüstet werden. Bei der Phosphatverminderung zeigt sich ein ähnliches Bild, indem bis 2005 praktisch alle Abwasserbehandlungsanlagen mit entsprechenden Eliminationseinrichtungen umgerüstet sein sollen. Wie kostenintensiv die notwendigen wasserwirtschaftlichen Maßnahmen sind, mag man schon daraus entnehmen, daß in den kommenden Jahren allein für die Sanierung bestehender Abwasserkanäle ca. 10 Mrd. DM investiert werden müssen.

Schließlich sei noch auf das Altlastenproblem und die damit verbundenen Bodensanierungen z. B. auf Zechen- und Industriebrachen verwiesen. Mit dem neuen Landesabfallgesetz von 1988 wurden auch Spezialregelungen über Altlasten getroffen. Insgesamt waren bei den Staatlichen Umweltämtern für Nordrhein-Westfalen Ende 1993 über 20 000 Altlast-Verdachtsflächen erfaßt, für deren Sanierung das Land besondere Förderungsmöglichkeiten u. a. mit Hilfe des „Lizenzmodells" eröffnet hat. Nach dem Landesabfallgesetz bedarf es einer Lizenz, um Abfälle, die der Nachweispflicht unterliegen, innerhalb der Landesgrenzen zu behandeln oder zu lagern. Das Aufkommen aus diesen Lizenzentgelten wird dem Abfallentsorgungs- und Altlastensanierungsverband Nordrhein-Westfalen zugewiesen, der es zumindest zu 70% für Altlastensanierung einsetzen muß, während die restlichen 30% für die Abfallentsorgung verwendet werden können.

6 Die Verkehrssituation – Motor oder Bremse der Wirtschaftsentwicklung Nordrhein-Westfalens?

Im innerdeutschen wie kontinentaleuropäischen Verkehr ist Nordrhein-Westfalen eine der herausragenden Verkehrsdrehscheiben. Dies erklärt sich sowohl aus der natürlichen Verkehrsgunst des Landes als auch aus seiner zentralen Lage in der als Hauptwachstumsregion und technologisches Rückgrat Westeuropas bezeichneten Megalopoliskette der „Blauen Banane" (BRUNET 1989), gekennzeichnet durch das Nord-Süd-Städteband Liverpool – Florenz (vgl. Abb. 10.3).

Physisch-geographische, ökonomische und historisch-politische Einflüsse bestimmten früh Richtung und Verlauf der bedeutenden Verkehrsachsen. Ihr Grundmuster tritt noch heute in dem insgesamt äußerst engmaschigen Schienen- und Straßennetz deutlich in jeweils drei großen Nord-Süd- und West-Ost-Magistralen zutage. Im gut ausgebauten und umfangreichen Wasserstraßennetz ist der Rhein seit jeher bestimmender Richtungsfaktor und Hauptschlagader des Binnenschiffsverkehrs. An ihm und an den Kanälen liegen neben dem weltweit größten Binnenhafenkomplex von Duisburg zahlreiche weitere multifunktionale Großhäfen. Im Verkehrswesen Nordrhein-Westfalens nehmen ferner drei internationale Großflughäfen, vier Regionalflughäfen und eine außerordentlich leistungsfähige Kommunikationsinfrastruktur Schlüsselfunktionen ein. Die skizzierten Verkehrszentren und -linien bilden quasi den Stamm eines ausgedehnten Netzes aller Verkehrsträger mit einer Reihe von herausragenden und hochbelasteten Knotenpunkten. Ergänzt wird das vielschichtige Verkehrsbild durch umfangreiche Elektrizitätsleitungen und Rohrleitungssysteme entlang der Hauptverkehrsachsen. Bei letzteren sind vor allem die RMR-Produktenpipeline (Rhein-Main-Rohrleitung), die Rotterdam-Rhein-Pipeline (RRP) und die Nordwest-Ölleitung (NWO) Wilhelmshaven – Köln zu nennen (PAGNIA 1995).

Verkehrsreduzierung:
eine Kernfrage des 21. Jahrhunderts

In kaum einem anderen Bundesland sind die Grenzen und Belastungen durch den Verkehr, insbesondere in Form des Pkw- und Lkw-Verkehrs, so früh und schnell deutlich geworden wie in Nordrhein-Westfalen. Zwischen 1990 und 1994 nahm der Kraftfahrzeug-Verkehr auf den außerörtlichen Straßen des Landes beträchtlich zu: Die Zuwachsraten betrugen bei den Autobahnen 5,6%, den Bundesstraßen 3,3%, den Landstraßen 5,2% und den Kreisstraßen 6%. Die Verkehrspolitik des Landes sieht sich seit Jahren erheblich veränderten Rahmenbedingungen gegenüber. Die neuen Herausforderungen resultieren aus der drastischen Zunahme des individuellen Pkw-Verkehrs (die Kraftfahrzeugdichte betrug 1994 bereits im Landesdurchschnitt 555 Kraftfahrzeuge je 1000 Einwohner); ferner aus der weiter steigenden internationalen Arbeitsteilung, aus neuen Produktions- und Logistikkonzepten der Wirtschaft, aus erhöhten Ansprüchen auf schnelle, präzise und individuell abrufbare Vertaktung der Produktionszyklen zwischen den Unternehmen, wie sich dies etwa in der „Just-in-Time-Produktion" zeigt. Einfluß hatten darüber hinaus die politischen Veränderungen zu Beginn der 1990er Jahre. Denn mit der deutschen Wiedervereinigung, der Öffnung der Grenzen nach Osteuropa und der Vollendung des EU-Binnenmarktes ist Nordrhein-Westfalen auf-

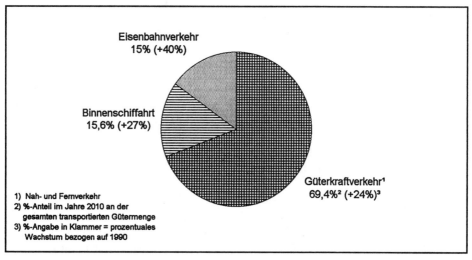

Eigene Darstellung nach: Der Ministerpräsident des Landes Nordrhein-Westfalen (Hrsg.), 1994

**Abb. 6.1: Prognostiziertes Güterverkehrsaufkommen der Verkehrsträger
in Nordrhein-Westfalen im Jahre 2010**

grund seiner Lage in den Schnittpunkten der europäischen Verkehrsachsen zu einem der bedeutendsten Transiträume in Europa geworden. Im Bundesverkehrswegeplan 1992 wird für Nordrhein-Westfalen ein weiter starkes Wachstum des Verkehrsaufkommens bis zum Jahre 2010 prognostiziert (Abb. 6.1). Der Gefahr, daß der Verkehrssektor zum „Flaschenhals" in der Entwicklung zu mehr Wohlstand und Umweltverträglichkeit wird (Landesentwicklungsbericht Nordrhein-Westfalen 1995), will das Land mit einem ausgewogenen Ausbau der Verkehrsinfrastrukturen sowie mit einer Verknüpfung der Verkehrsträger zu einem integrierten System begegnen.

6.1
Der Straßenverkehr – der drohende Kollaps?

Das überörtliche Straßennetz des Landes umfaßte 1996 fast 30 000 km (Tab. 6.1). Besonders das Fernstraßennetz, also Bun-

desautobahnen und -straßen, ist außerordentlich engmaschig. Die Autobahndichte lag 1995 mit 6,3 km je 100 km^2, die der anderen überörtlichen Straßen mit rd. 81 km je 100 km^2 weit über dem Durchschnittswert anderer Bundesländer. Vor allem das Industriedreieck Duisburg – Köln – Hamm gehört zu den am besten mit Autobahnen und Bundesstraßen erschlossenen Wirtschaftsräumen Deutschlands.

Die Straßen heute:
Verkehrsrückgrat und -engstellen

Dennoch steht der Straßenverkehr Nordrhein-Westfalens vor allem in den Ballungsräumen vor einer völligen Überlastung; mehr Straßen sind in diesen Regionen nach Ansicht der Landesregierung (Der Ministerpräsident des Landes Nordrhein-Westfalen [Hrsg.], 1996) kaum vorstellbar. Gleichwohl ist davon auszugehen, daß nach der Jahrtausendwende vermutlich 55,7% des Personenverkehrsaufkommens als motorisierter Individualver-

Straßen des überörtlichen Verkehrs[1]	1960	1980	1991	1996[2]	Entwicklung 1960–1996 (%)
Bundesautobahnen	435	1701	2131	2158	396,1
Bundesstraßen	4340	5546	5199	5128	18,2
Landstraßen	10858	12234	12585	12595	16,0
Kreisstraßen	6398	9900	9963	9937	55,3
Gesamt	*22031*	*29381*	*29878*	*29818*	*35,3*

[1] Betriebsstrecken einschl. Ortsdurchfahrten
[2] Stand 1. Januar 1996

Quelle: LDS NRW (Hrsg.): Stat. Jb. NRW, versch. Jg.

Tab. 6.1: Entwicklung der Straßen des überörtlichen Verkehrs in Nordrhein-Westfalen (km, Werte gerundet)

Tab. 6.2: Höchstbelastete Autobahnabschnitte in Nordrhein-Westfalen (tägliche durchschnittliche Verkehrsstärke in Kfz/24 h 1991/92)

Region	Autobahn-Nummer	Autobahn-abschnitt	Bezeichnung	Durchschnittliche Kfz-Belastung täglich (1000)
Köln/Bonn	A 1	31, 32	Köln West	80–100
	A 3	23–27	Leverkusen – Köln Ost	120–130
	A 565	1, 2	Bonn Nord	90–100
Rheinschiene/ westliches Ruhrgebiet	A 57	16–18	Neuss West	80–100
	A 57	12	Krefeld	80–100
	A 46	27, 28	Düsseldorf – Hilden	80–100
	A 46	35–37	Wuppertal	80–100
	A 40	38–40	Kreuz Duisburg, Kreuz Duisburg-Kaiserberg	100–120
	A 40	6–23	Essen – Bochum (Ruhrschnellweg)	70–110
östliches Ruhrgebiet	A 40	24, 27	Kreuz Bochum – Dortmund	70–100
	A 42	18	Kreuz Herne	80–100
	A 1/A 45	18/8	Westhofener Kreuz	80–100

Quelle: Ministerium für Stadtentwicklung und Verkehr des Landes Nordrhein-Westfalen (Hrsg.), 1992 b

kehr und rd. 70% des Güterverkehrsaufkommens als Lkw-Verkehr die Straßen in Nordrhein-Westfalen belasten werden. Viele Autobahnen, vor allem an der Rheinschiene und im Ruhrrevier, sind bereits täglich mit bis zu 100000 Fahrzeugen, davon 20000 bis 25000 Lkw, hoffnungslos überfüllt (Tab. 6.2).

Ein Teil des enormen Güterkraftverkehrs resultiert dabei aus dem steigenden West-Ost-Transit, der damit die Rolle Nordrhein-Westfalens als „Transitland Nummer 1" in Deutschland weiter verstärkt. Die Landesregierung geht davon aus, daß sowohl beim Personen- als auch beim Güterverkehr langfristig Pkw und Lkw quantitativ die Hauptrolle spielen werden. Für Nordrhein-Westfalen werden bis zum Jahre 2010 folgende Steigerungen bei den Kfz-Fahrleistungen erwartet: Binnenver-

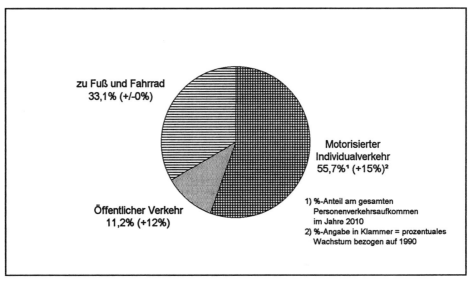

Eigene Darstellung nach: Der Ministerpräsident des Landes Nordrhein-Westfalen (Hrsg.), 1994

Abb. 6.2: Prognostiziertes Personenverkehrsaufkommen nach Verkehrsmitteln in Nordrhein-Westfalen im Jahre 2010

Abb. 6.3: Prognostizierte Fahrleistung des Kraftfahrzeugverkehrs im nordrhein-westfälischen Straßennetz im Jahre 2010

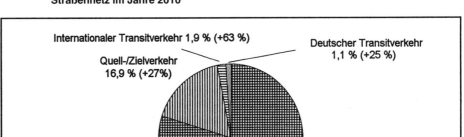

Eigene Darstellung nach: Der Ministerpräsident des Landes Nordrhein-Westfalen (Hrsg.), 1994

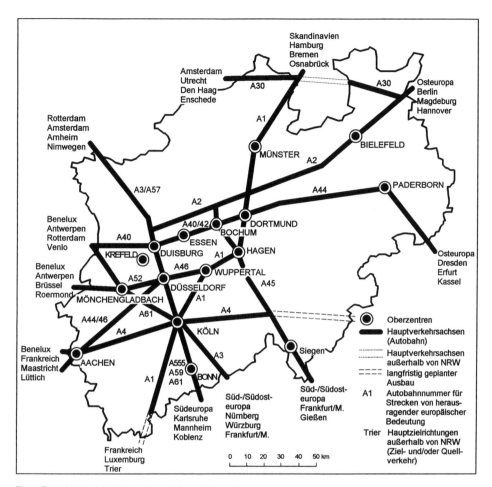

Eigene Darstellung nach: MURL (Hrsg.), 1995, Teil A, Entwicklungsachsen

Abb. 6.4: Großräumige Verkehrsachsen von europäischer Bedeutung in Nordrhein-Westfalen für den Straßenverkehr

kehr +23%, Quell- und Zielverkehr von/nach Nordrhein-Westfalen +27%; deutscher Transitverkehr +25% und internationaler Transitverkehr +63% (Abb. 6.2 und 6.3).

Ausbau statt Neubau

Um den sich abzeichnenden Verkehrskollaps auf den Straßen zu vermeiden, wird zum einen im Güterverkehr die Strategie

der Verlagerung von Verkehren auf Wasserwege und Schiene und zum anderen mit Blick auf den Individualverkehr das Prinzip „Ausbau vor Neubau" verfolgt. Neue Fernstraßen als Problemlösungen kommen in Nordrhein-Westfalen faktisch nicht mehr in Frage, wie die verkehrspolitischen Koalitionsvereinbarungen erkennen lassen. So forderte der Koalitionspartner Bündnis 90/Die Grünen Anfang 1996 bereits ein „Symbol für eine Verkehrswende", in dem

Jahr	Bundesfern-straßen, Ortsumgehungen (km)	Ausbau von Bundesautobahnen (km)
1990	29,0	10,8
1991	7,9	0,8
1992	0,7	6,8
1993	26,6	0,0
1994	44,5	14,4
Gesamt	108,7	32,8

Quelle: Der Ministerpräsident des Landes Nordrhein-Westfalen (Hrsg.), 1994

Tab. 6.3: Bundesfernstraßen in Nordrhein-Westfalen – Fertiggestellte Baumaßnahmen 1990–1994

auf den Bau des nur 2,5 km langen Autobahnabschnitts der A 44 Düsseldorf – Dortmund (sog. DüBoDo-Autobahn) bei Bochum verzichtet werden solle. Die Neubaustrecken nahmen im Zeitraum 1990–1994 nur geringen Umfang ein (Tab. 6.3). Neben der Schließung von Netzlücken und der Beseitigung zahlreicher Engpässe sehen die „Ausbau vor Neubau"-Maßnahmen vor allem die sechsstreifige Erweiterung der Hauptmagistralen im Autobahnnetz vor (vgl. Übersicht 6.1).

Als wichtigster Lückenschluß wird die lange umstrittene Rheinquerung der A 44 bei Ilverich (nördlich von Düsseldorf) an

gesehen. Die Trasse des über 630 Mio. DM teuren Projektes verklammert die links- und rechtsrheinischen Strecken A 57 und A 52/A 3, zerschneidet aber das Naturschutzgebiet Ilvericher Rheinschlinge. Ein Weiterbau der A 44 Düsseldorf – Bochum – Dortmund (DüBoDo-Autobahn) ist ebenso wie der Weiterbau der West-Ost-Achse A 4 (Aachen – Görlitz) zwischen Olpe und dem Hattenbacher Dreieck, der den Naturpark bzw. das geplante Biosphärenreservat Rothaargebirge schneiden würde, mittelfristig nicht zu erwarten. Beide Vorhaben werden, im Gegensatz zum Bundesverkehrsministerium, von der nordrhein-westfälischen Landesregierung abgelehnt. Ihre Realisierung ist auch angesichts der immer knapper werdenden Bundesmittel derzeit nicht denkbar.

Straßen im historischen Rückblick

Das heutige Straßennetz Nordrhein-Westfalens entstand im wesentlichen erst mit der Motorisierung der 1920er Jahre. Es orientiert sich in seiner Grundstruktur an historischen Landverkehrswegen wie etwa den alten Handelsrouten Mainz – Köln – Nimwegen, Köln–Aachen–Boulogne, der Hellweglinie u. a. Bis zum Bau der ersten deutschen Bahnlinie 1835 kam es jedoch in den damaligen Provinzen Rheinland und

Übersicht 6.1: Von Ausbaumaßnahmen betroffene Autobahnstrecken in Nordrhein-Westfalen

Im einzelnen betroffen sind die folgenden Strecken
- die seit der Wiedervereinigung extrem hochbelastete A 2 Ruhrgebiet–Hannover–Berlin – Osteuropa, deren Ausbau von Kamen bis zur Landesgrenze nach Niedersachsen bis zum Jahr 2000 abgeschlossen sein soll;
- die gleichfalls im Zuge der geänderten politischen Rahmenbedingungen aufgewertete A 44 nach Thüringen und Sachsen zwischen Dortmund und Kassel;
- die A 1 vom Kölner Ring über Wuppertal, Dortmund und Münster nach den Seehäfen Bremen und Hamburg;
- das Autobahndreieck A 1, A 2 und A 3 um die Rhein-Ruhr-Agglomeration, das zu den größten jemals in Deutschland durchgeführten Autobahn-Ausbauprogrammen gehört;
- die A 40 zwischen Gelsenkirchen und Bochum-Stahlhausen, die als Verkehrsrückgrat des Ruhrreviers von entscheidender Bedeutung ist; sie wird im Rahmen von Kapazitätsausweitungen gestärkt.

Westfalen zu keinem großräumigen verkehrspolitischen Denken. Lediglich im „General-Wegeplan für Deutschland" (1779) von Christian Friedrich von Lüder nahmen Köln, Paderborn und Münster deutlich zentrale, überregionale Positionen ein. Die ersten bedeutenden Straßenbauprojekte datieren aus den Chausseebaumaßnahmen des frühen 19. Jahrhunderts. In Westfalen ist dies vor allem der Initiative von Ludwig Freiherr von Vincke (1774–1844) zuzuschreiben, der zwischen 1816 und 1844 als Oberpräsident die preußische Provinz Westfalen leitete. Von Vincke sah, noch vor dem Aufkommen der Eisenbahn, im Straßenbau die entscheidende Voraussetzung für die wirtschaftliche Erschließung und Anbindung der einzelnen Landesteile. Wichtige Durchgangslinien wurden, durch Chaussierung alter Fuhrwege oder durch Neubauten, u. a. die Strecke Köln – Berlin über Hagen (1825) entlang des Hellweges, die Strecke Wiedenbrück–Lippstadt–Meschede–Olpe (1825/27), die Chaussee Münster–Hamm–Arnsberg (1827) und die West-Ost-Straße Wesel – Münster – Rheda–Bielefeld (1830). Im märkischen Industriegebiet entstanden entsprechend der Wirtschaftsstruktur „Kohlenstraßen", in anderen Regionen die ersten „Bezirksstraßen" in staatlicher Regie. Neben Landkreisen und Gemeinden beteiligten sich auch Aktiengesellschaften am Straßenbau (sog. „Aktienchausseen"). Im Rheinland wurde das napoleonische Wegenetz ausgebaut, wobei die militärischen Aspekte in den Hintergrund traten. In beiden Provinzen blieb der Straßenbau allerdings Mitte des 19. Jahrhunderts quantitativ und qualitativ von untergeordnetem Rang, da mit dem neuen Verkehrsträger Eisenbahn gewaltige Güterverlagerungen von der Straße auf die Schiene einhergingen. Erst mit der Erfindung des „Benzinkraftwagens" um 1885 Mit dem Fernstraßennetz von 1925 (Reichsfernstraßen) wurden die ersten richtungsgetrennten und kreuzungsfreien Kraftfahrstraßen projektiert. Die daraus hervorgegangene Autobahn Köln–Bonn, eine der ersten europäischen Autobahnen im heutigen Sinne, wurde 1932 eröffnet.

6.2
Der Eisenbahnverkehr zwischen Anspruchsdenken und Realität

Die Landesgeschichte Nordrhein-Westfalens ist auf das engste mit dem Eisenbahnwesen verbunden. Obwohl der westfälische Industrielle Friedrich Harkort schon im März 1825, d. h. im Jahr der Inbetriebnahme der ersten Eisenbahn der Welt in England, auch für Rheinland und Westfalen Eisenbahnen forderte und der Volkswirt Friedrich List sieben Jahre später die Pläne für ein nationales Bahnnetz vorlegte, das zentral auf Berlin als Mittelpunkt ausgerichtet war, kam die Eisenbahnentwicklung im rheinisch-westfälischen Raum erst 1838 in Gang. Mit der beginnenden Industrialisierung war die Eisenbahn auf allen Ebenen der Verkehrsleistungsqualität den bisherigen Verkehrsmitteln weit überlegen. In rasanter Folge wurden nach 1838 innerhalb von rd. 30 Jahren jene Linien gebaut, mit denen das große Konzept des westdeutschen Eisenbahnnetzes geschaffen und die Bahn zum entwicklungstragenden Faktor wurde.

6.2.1
Privater Eisenbahnbau als entwicklungstragender Faktor

Dem Eisenbahnbau lag jedoch nicht eine einmalige großräumige Planung im Harkortschen oder Listschen Sinne zugrunde, er wurde vielmehr durch die Initiative von Privatunternehmern aus primär lokalen und zeitbedingten Erfordernissen heraus geprägt. Dies hatte in den Anfängen eine fast planlose und kaum von verkehrspolitischen Gesichtspunkten bestimmte Gestaltung des Schienennetzes zur Folge. Denn der preußische Staat überließ den Bahnbau, von dem die regionale Wirtschaftsentwicklung gerade der auf der Kohlebasis wachsenden Schwerindustrie an der Ruhr entscheidend bestimmt wurde, jahrelang – bedingt durch die chronische Verschuldung der Staatskasse – der privaten Hand.

Eisenbahnpioniere und -gesellschaften

Planung und Entwicklung von Schienenwegen, Verkehrstechniken und Rechtsgrundlagen, vor allem aber die kommerzielle Schöpfung der Bahngesellschaften sind neben Harkort mit den Namen von vier weiteren Persönlichkeiten eng verflochten. Es sind dies der spätere preußische Finanzminister David Hansemann aus Aachen, der Elberfelder Bankier und späteren Handelsminister August von der Heydt, der Politiker Ludolf Camphausen und der Großkaufmann und Politiker Gustav Mevissen, beide aus Köln. Unter ihrem Einfluß konnten sich von den zahlreichen Eisenbahngesellschaften der Gründerphase bis 1870 vier große Gesellschaften durchsetzen, die zu wichtigen Trägern des Eisenbahnwesens für das spätere Nordrhein-Westfalen wurden:
– Als älteste die Rheinische-Eisenbahn-Gesellschaft von 1837, die sowohl das Arbeitsfeld von Hansemann als auch von Camphausen und Mevissen war.
– Die aus ihr hervorgegangene Cöln-Mindener Eisenbahn-Gesellschaft des Jahres 1843, die als eine Schöpfung Hansemanns gilt.
– Die Bergisch-Märkische Eisenbahn-Gesellschaft unter der Leitung von der Heydts, die 1842 als Rheinisch-Westfälische Eisenbahngesellschaft gegründet und 1843 umbenannt wurde. Ihre Vor-

läufer hatten die erste rheinische Strecke Düsseldorf–Erkrath gebaut.
– Die Westfälische Eisenbahn, die 1845 als private Gesellschaft gegründet und von 1848 an als Staatsbahn weitergeführt wurde.

Diese vier Gesellschaften haben das weitgehend noch heute gültige Bahnnetz in Rheinland-Westfalen gestaltet. Besondere Bedeutung kommt vor allem der Cöln-Mindener Eisenbahn-Gesellschaft zu; sie errichtete die erste große und bis in die Gegenwart bedeutendste West-Ost-Verbindung von Köln über Düsseldorf, Duisburg, Oberhausen, Dortmund und Hamm bis nach Minden, wo sie 1847 auf den Schienenweg Minden-Hannover stieß und eine unmittelbare Verbindung nach Berlin herstellte. Dies bedeutete gleichzeitig die erste durchgehende Bahnverknüpfung zwischen den preußischen West- und Ostprovinzen, was neben dem zweifellos ökonomischen auch beträchtlichen politischen Wert hatte. Noch heute als „Köln-Mindener-Bahn" bezeichnet, umging sie bei ihrem Bau aufgrund der Geländeschwierigkeiten das damalige Industriegebiet an der Ruhr nördlich. Sie war jedoch die erste Bahnlinie, die das Ruhrgebiet im weiteren Sinne erreichte. Ihre Linienführung durch das Emschertal sollte sich später im Zuge der Nordwanderung von Schwerindustrie und Bergbau als förderlich erweisen. Heute nimmt diese West-Ost-Trasse mit der südlicher verlaufenden Bergisch-Märkischen Bahn (Duisburg–Mülheim–Essen–Bochum–Dortmund) den Hauptteil des Fern- und Berufsreiseverkehrs sowie der Gütertransporte auf.

Kontinentaler Bahnknotenpunkt Köln

Schon recht früh zeichnete sich mit den ersten Linien ein Netz ab, das seine markantesten Punkte in dem Raumdreieck

Duisburg–Hamm–Köln fand. Wenngleich das historische Verkehrskreuz Köln trotz seiner Lagegunst von der ersten rheinischen Eisenbahn nicht berührt wurde, wuchs es bis Ende des 19. Jahrhunderts schnell in die Position eines der führenden deutschen und später auch kontinentalen Eisenbahnzentren hinein. Von Köln aus nahmen, durch den Einfluß rheinischer Finanziers unter Hansemann gefördert, in rascher Folge mehrere wichtige Bahnlinien ihren Ausgang; so die Strecke Köln–Aachen (1841), die unmittelbar nach Fertigstellung als erste internationale Linie zum belgischen Seehafen Antwerpen verlängert und als „Eiserner Rhein" bekannt wurde. Ferner sind die Strecken Köln–Bonn–Koblenz (1844/45), die bereits angesprochene von Köln nach Minden (1845/47) und Köln–Neuss–Krefeld (1854/56) zu nennen. 1859 war die rheinparallele Bahnstrecke Emmerich–Köln–Basel fertig und von 1871 an existierten auch vier leistungsfähige durchgehende Verbindungen von Köln bzw. der Rheinregion nach Berlin sowie in die Metropolen der Nachbarländer. Heute stellt Köln als Knotenpunkt von zehn Strecken einen der bedeutendsten kontinentalen Bahnknoten dar. Herausragende Kurse im internationalen Personenfernverkehr sind u. a. die Verbindungen Köln–Aachen–Lüttich–Brüssel/Ostende bzw. Paris (täglich 15 Kurse) und Köln–Duisburg–Amsterdam bzw. Köln–Basel (12 Kurse), vgl. hierzu auch Kap. 6.2.3.

6.2.2
Der Eisenbahnverkehr heute: Personen- und Güterverkehr im Strukturwandel

Bahnpotential

Trotz Streckenstillegungen im Umfang von rd. 1200 km im Zeitraum 1970–1991 und eines weiteren drohenden Netzabbaus von 1023 km (oder 19,1% des Bestandes des Jahres 1997; Tab. 6.4), dessen wirtschaftliche Auswirkungen kaum abzuschätzen sind, verfügte Nordrhein-Westfalen 1997 mit 5361 km Schienenwegen (davon 2937 km zweigleisig und 2424 km eingleisig) über das dichteste und nach Bayern auch umfangreichste Bahnnetz aller Bundesländer. Rund 13,5% aller deutschen Strecken lagen 1997 in Nordrhein-Westfalen, nach weiteren bundesweiten Stillegungen von kaum genutzten Nebenstrecken werden es rd. 15,4% sein.

Sämtliche Hauptverbindungen für den Personen- und Güterverkehr sind in Nordrhein-Westfalen elektrifiziert. Gesamtdeutsch entfallen 12,4 km auf 100 km², Nordrhein-Westfalen liegt mit rd. 15 km je 100 km² deutlich über diesem Wert. Hinzu kommen mit über 5500 km die Strecken von 26 regionalen bzw. privaten Eisenbahnen, die bis zur Bahnreform 1995 als nichtbundeseigene öffentliche oder nicht-öffentliche Eisenbahnen bezeichnet wurden (vgl. Abb. 6.5). Dies ist ebenfalls die größte Zahl in einem Bundesland. Es handelt sich dabei sowohl um bedeutende regionale Werks-, Industrie- und Hafenbahnen, die über 40 Mio. t pro Jahr befördern, als auch um Bahnen des SPNV/ÖPNV (Schienen- und Öffentlicher Personennahverkehr). Vor allem in der Kooperation und engen Verflechtung dieses enormen regionalen und landesweiten Bahnpotentials wird eine Intensivierung des Personen- und Güterverkehrs auf der Schiene erwartet. Das Land fördert die Kooperation beider Bahngruppen, um zu spürbaren Entlastungen des Straßenverkehrs und zu verbesserten flächendeckenden Bahnnetzen zu gelangen.

Strukturelle Änderungen

Zwei bemerkenswerte Entwicklungen verändern gegenwärtig das Bild der Bahnen

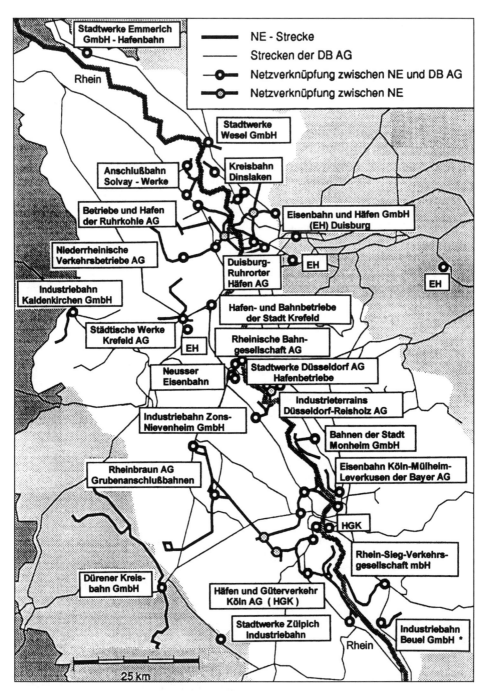

* derzeit außer Betrieb

Quelle: VDV-Handbuch (Verband Deutscher Verkehrsunternehmen), Eisenbahnatlas Deutschland 1994, Fraunhofer-Institut für Materialfluß und Logistik (IML), Dortmund 1996

Bundesland	Gesamtnetz	Unrentable Bahnstrecken			
	(km)	Kategorie B[1] (km)	Kategorie A[2] (km	Summe A+B (km)	% vom Gesamtnetz
Baden-Württemberg	3 885	369	446	815	21,0
Bayern	6 439	916	740	1 656	25,7
Berlin	559	35	4	39	7,0
Brandenburg	3 095	573	647	1 220	39,4
Bremen	133	–	–	–	–
Hamburg	305	–	–	–	–
Hessen	2 655	331	174	505	19,0
Mecklenburg-Vorpommern	1 825	641	507	1 148	62,9
Niedersachsen	3 842	1 058	–	1 058	27,5
Nordrhein-Westfalen	*5 361*	*509*	*514*	*1 023*	*19,1*
Rheinland-Pfalz	2 250	246	211	457	20,3
Saarland	499	13	73	86	17,2
Sachsen	3 041	623	416	1 039	34,2
Sachsen-Anhalt	2 684	435	555	990	36,9
Schleswig-Holstein	1 224	287	–	287	23,4
Thüringen	1 993	713	610	1 323	66,4
Summe	*39 790*	*6 749*	*4 897*	*11 646*	*29,3*

[1] auf Dauer nicht rentabel zu betreiben   [2] sollen kurzfristig abgegeben oder stillgelegt werden

Quelle: Unterlagen der DB AG, in BLÜTHMANN, 1997, S. 41

Tab. 6.4: Von der Stillegung bedrohte Netzstrecken der Deutschen Bahn AG (Stand: Februar 1997)

in Nordrhein-Westfalen. Im Güterverkehr hat nach wie vor fast die Hälfte des gesamten Güteraufkommens der Deutschen Bahn AG (DB AG) seine Quelle oder sein Ziel in Nordrhein-Westfalen; damit ist Nordrhein-Westfalen für die DB AG quantitativ wie qualitativ der bedeutendste Markt. Die Massengüter haben daran einen wesentlichen Anteil. Von großer Bedeutung sind ferner Kombinierte Ladungsverkehre (KLV), die über zehn z. T. bereits überlastete Umschlagbahnhöfe abgewickelt werden (vgl. Kap. 6.5). Der wirtschaftliche Strukturwandel innerhalb Nordrhein-Westfalens wirkt sich dabei deutlich auf die Verkehrsnachfrage aus. Denn den tendenziell rückläufigen Massengutverkehren stehen zunehmende Nachfragen nach Kleingut- und Teilladungsverkehren für sog. Kaufmannsgüter gegenüber. Mit dem Aufbau eines bundesweiten vernetzten Systems von Frachtzentren hat die Bahn auf diese Veränderungen reagiert. In Nordrhein-Westfalen ist die Neuordnung dieses Marktsegmentes durch den Bau von neuen Frachtzentren in Bielefeld, Dortmund, Duisburg, Hagen, Köln, Wuppertal und dem nördlichen Ruhrgebiet abgeschlossen worden.

Die zweite deutliche Veränderung betrifft den äußerst differenzierten Öffentlichen Personennahverkehr (ÖPNV) und den darin eingebundenen Schienenpersonennahverkehr (SPNV). Er ist bundesweit

←

Abb. 6.5: Standorte Nichtbundeseigener Eisenbahnen (NE) entlang der Rheinschiene

| Jahr | Betreiber[1] | Durchschnittliche Fahrgastzahlen pro Tag auf den Strecken | |
		Düren–Heimbach	Düren–Jülich
1992	DB	909	392
1993	DKB	1149	513
1994	DKB	1222	1045
1995[2]	DKB	1453	1124
Zunahme 1992–1995		60%	18%

[1] Deutsche Bundesbahn (DB) und Dürener Kreisbahn (DKB)
[2] Stand Sommer 1995

Quelle: GIRNAU 1996, S. 9

Tab. 6.5: Entwicklung der Fahrgastzahlen am Beispiel der Rurtalbahn

Tab. 6.6: Angebotsverbesserungen auf der regionalisierten Rurtalstrecke (Anzahl täglicher Fahrten)

| Strecke | Fahrplan DB 1991/1992 | | | Fahrplan DKB 1995/1996 | | | Reaktivierte bzw. neue Haltepunkte |
	Mo–Fr	Sa	So	Mo–Fr	Sa	So	
Düren–Heimbach	7	5	5	16	12	7	2(a)
Düren–Jülich	11	0	0	17	13	8	2(b)

(a) Kuhbrücke, Tuchmühle
(b) Forschungszentrum, Selhausen

Quelle: BURMEISTER 1996, S. 19

Übersicht 6.2: Regionalisierung des SPNV/ÖPNV in Nordrhein-Westfalen

Zum 1. Januar 1996 trat das Regionalisierungsgesetz in Kraft, mit dem eine neue Ära des SPNV/ÖPNV begann. Die Verantwortung für den Personennahverkehr ging damit vom Bund auf die Länder über, die dafür entsprechende Finanzmittel erhalten. Die Länder können nach drei Varianten verfahren:
1) die Verantwortung für den SPNV bleibt beim Land (Beispiel Baden-Württemberg, Bayern);
2) der SPNV bleibt für eine Übergangsfrist beim Land (Beispiel Sachsen-Anhalt);
3) das Land gibt die Verantwortung an Kreise und kreisfreie Städte weiter, die zur Organisation des SPNV Zweckverbände bilden müssen.

Die dritte Variante wird sowohl in Nordrhein-Westfalen als auch in Rheinland-Pfalz praktiziert. Als Wettbewerber im SPNV können u. a. auftreten: die DB AG, regionale Eisenbahnen, kommunale und private Nahverkehrsunternehmen, Staats- und Privatbahnen aus Ländern der EU und Kooperationen aus Bahnunternehmen und Fahrzeugindustrie. Länder oder kommunale Zweckverbände schließen mit der DB AG Verträge unterschiedlicher Laufzeiten, in denen die zu erbringenden Verkehrsleistungen und deren Bezahlung geregelt sind. Auf den regionalisierten Bahnstrecken sollen durch Angebotsverbesserungen langfristig deutlich erhöhte Fahrgastzahlen erreicht werden.

mit der Regionalisierung 1996 zu einem der größten Verkehrsmärkte der Welt (MONTADA 1996) geworden. Der jährliche Umsatz aller Unternehmen wird bundesweit auf rd. 30 Mrd. DM, die Anzahl beförderter Personen auf über 8 Mrd. taxiert. In Nordrhein-Westfalen verzeichnet seit der Regionalisierung die Bahn in Verbindung mit neun Zweck- bzw. Verkehrsgemeinschaften deutlich steigende Tendenzen bei der Personenbeförderung. Dies betrifft nicht nur allein die Ballungsräume, sondern auch ländliche Regionen, wie das Beispiel der privaten regionalen Dürener Kreisbahn (DKB) zeigt. Nach Übernahme der Rurtalstrecke 1992 durch die DKB erhöhte sich auf der Strecke Düren–Jülich die Fahrgastzahl bis 1995 um 187% auf täglich 1124 (vgl. Tab. 6.5 und 6.6). Bereits seit der Mitte der 1960er Jahre verfolgt das Land gezielt den Ausbau des SPNV/ÖPNV als wichtiges Element in der infrastrukturellen Grundausstattung. Entscheidende Veränderungen zeigen sich jedoch erst seit der Regionalisierung und den Wettbewerbsveränderungen. Die Fördermittel des Landes für den massiven Ausbau umweltfreundlicher und sicherer Verkehrsmittel auf der Schiene und im öffentlichen Nahverkehr (U-, Stadt- und Straßenbahnen sowie Busse) betrugen 1995 rd. 3,5 Mrd. DM (Der Ministerpräsident des Landes Nordrhein-Westfalen [Hrsg.], 1996).

6.2.3
Moderne Schnellbahnsysteme

Der zu erwartenden wachsenden Verkehrsintensität der kommenden Jahrzehnte wird die bestehende Schienenkapazität des Landes nicht gerecht. Im Rahmen neuer und schneller Schienenverbindungen (Abb. 6.6) ragen in Nordrhein-Westfalen derzeit drei Großprojekte, die sich in Erprobungs-, Bau- oder Planungsphasen befinden, her-

aus. Es bleibt jedoch auffallend, daß das Bundesland Nordrhein-Westfalen wenigstens bis Mitte der 1990er Jahre in den Ausbaukonzepten der DB AG für moderne Schnellstrecken vergleichsweise gering vertreten ist.

ICE-Strecke Köln – Rhein/Main

Wichtigstes und seit Jahren überfälliges Projekt ist die seit 1995 in Bau befindliche ICE-Strecke Köln–Frankfurt, die die völlig überlastete Mittelrheinstrecke ergänzen und entlasten soll. Die 177 km lange neue Bahntrasse entlang der Autobahn A 3 verläuft durch das Siebengebirge, den Westerwald und Taunus und ist, im Gegensatz zu anderen ICE-Verbindungen, eine reine Hochleistungsstrecke für den Reiseverkehr. Als die eigentliche Hochgeschwindigkeitsstrecke für bis zu 300 km/h gilt der 130 km – Abschnitt zwischen Siegburg und dem Maintal. Die Inbetriebnahme wird voraussichtlich im Jahr 2000 erfolgen; die Bahn ist sich sicher, daß sich die neue Verbindung zur „Rennstrecke Nr. 1" der DB AG entwickeln wird. Denn es ist bereits im ersten Betriebsjahr nach Bahnhochrechnungen mit einem Fahrgast-Boom von täglich bis zu 26000, später auch 40000 Reisenden je Richtung zu rechnen, die vom Pkw oder Flugzeug auf die Schnellbahn umsteigen werden. Spätestens bis 2003 soll neben den Airports von Frankfurt/Main und Köln/Bonn (über die zusätzlich erbaute, ökologische umstrittene „Flughafen-Schleife") auch der Flughafen Rhein-Ruhr durch Weiterbau der ICE-Linie nach Düsseldorf an diese Schnellstrecke angebunden werden. Die ICE-Bahntrasse Rhein/Ruhr – Rhein/Main ist gleichzeitig auch eine der bedeutendsten Magistralen im Netz der transeuropäischen Bahn-Hochgeschwindigkeitsverkehre (HGV), von dessen Realisierung wichtige Entwicklungsimpulse für das Land erwar-

Abb. 6.6:
Geplante oder im Bau befindliche Eisenbahn-Hochgeschwindigkeits-strecken in Nordrhein-Westfalen für den Personenverkehr und Fahrzeiten ab Köln

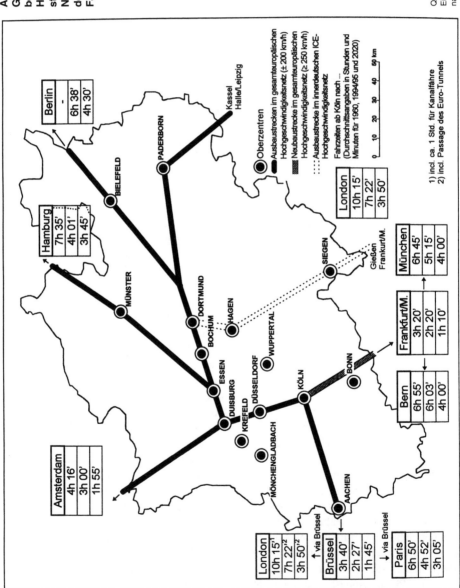

Quelle:
Eigene Darstellung
nach UIC/GEB 1993

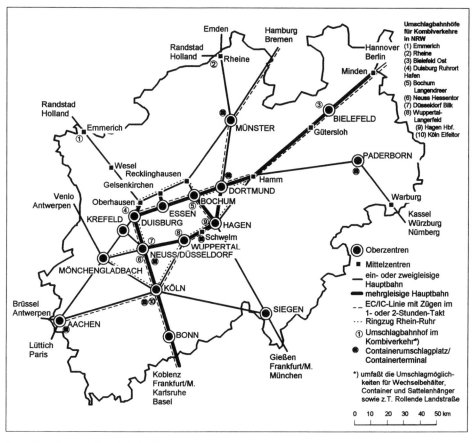

Eigene Darstellung nach Deutsche Bahn AG 1994, Kombiverkehr KG 1995, Transfracht 1995

Abb. 6.7: Elektrifizierte Hauptstrecken der Deutschen Bahn AG in Nordrhein-Westfalen (Personen- und Güterverkehr)

tet werden. Köln, historisch wie neuzeitlich herausragender Bahnknotenpunkt, wird im HGV-Netz die zentrale Rolle in Nordrhein-Westfalen einnehmen. Bis zum Jahr 2002 soll die ICE/TGV-Verbindung Köln, Brüssel, Paris, London in Betrieb gehen. Der Ausbau der Strecken von Köln nach Hamburg und Berlin sowie ggf. über Dortmund/Kassel nach Halle/Leipzig ist im Rahmen der HGV-Netze geplant. Bis 2003 wird ferner mit dem Abschluß der Bauarbeiten auf der HGV-Trasse Köln–Amsterdam (Flughafen Schiphol) gerech-

net. Auf der mit 300 km/h befahrbaren Trasse wird nach Berechnungen der Niederlandse Spoorwegen ein Anwachsen des Passagierverkehrs von jährlich 1 Mio. (1995) auf 4,6 Mio. erwartet.

Ringzug Rhein-Ruhr

Im Güterverkehr ist seit 1996 der aus acht namhaften Privatbahnen gebildete Ringzug Rhein-Ruhr für Kombinierte Verkehre in Betrieb. Ziel des Systems ist einerseits die Verlagerung von Lkw-Verkehren auf die

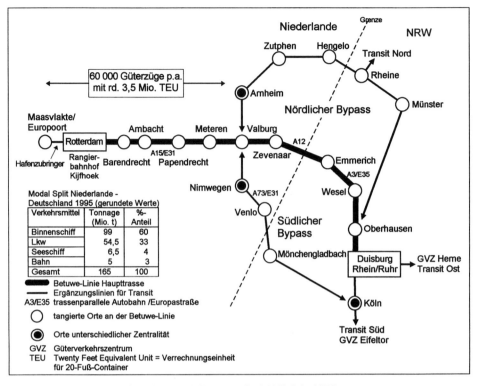

Quelle: Eigene Darstellung; Modal Split – Zahlen nach: Transport en Logistiek Nederland 1995

Abb. 6.8: Schema der Betuwe-Linie und geplanter Ergänzungsstrecken

umweltfreundlichere Bahn sowie andererseits eine schnellere und optimalere Beförderung von Gütern auf Relationen unterhalb von 250 km. Im Ringzug wurden bislang zwei Express- und zwei Regionalzüge eingesetzt, die jeweils zwischen 11 Terminals täglich im und gegen den Uhrzeigersinn verkehren. Das Ringzugsystem erschließt vor allem die hochbelasteten Ober- und Mittelzentren an Rhein und Ruhr (vgl. Abb. 6.7). Eingebunden sind die Terminals für Kombinierte Verkehre in Köln-Eifeltor, Wuppertal-Langerfeld, Hagen, Hamm-Hafen, Dortmund-Obereving, Bochum-Langendreer, Gelsenkirchen-Bismarck, Duisburg, Düsseldorf/Neuss, Mönchengladbach und Köln-Nippes.

Die Betuwe-Linie

Als drittes Großprojekt ist die schnelle Güterbahnverbindung zwischen dem Rotterdamer Hafen und der Rhein-Ruhr-Region anzusehen. Die sog. Betuwe-Linie (Betuwelijn), die in den Niederlanden mehrheitlich das Gebiet Betuwe quert, stellt mit Gesamtkosten von rd. 8,1 Mrd. NLG (rd. 7,3 Mrd. DM, 1997) das größte Projekt in der niederländischen Transportgeschichte dar. Es ist damit für Nordrhein-Westfalens wichtigstem Nachbarland ein ebenso grundlegendes nationales Verkehrsprojekt wie der Bau des Amsterdamer „Nordseekanal" (1876) und des Rotterdamer „Neuen Wasserweg" (1885). Obwohl zwei große

Bahnlinien die ARA-Häfen (Amsterdam, Rotterdam, Antwerpen) mit Nordrhein-Westfalen verbinden, nämlich die Brabant-Linie Rotterdam–Eindhoven-Venlo/Kaldenkirchen–Köln und der traditionsreiche „Eiserne Rhein" Antwerpen–Aachen–Köln/Ruhrgebiet, hält die Rotterdamer Hafenwirtschaft den Bau der Hochgeschwindigkeitsstrecke Betuwe-Linie angesicht einer drohenden Güterlawine von jährlich rund 6 Mio. Containern (1996 3 Mio. Container) für ihr Hinterland als unverzichtbar. Die Fertigstellung bis zur Grenze bei Emmerich/Zevenaar ist frühestens für 2005 vorgesehen. Über die Bahnlinie, die fast parallel zum Rhein und zu den deutsch-niederländischen Autobahnen A 3 bzw. A 12 verläuft, sollen jährlich bis zu 60 000 Hochgeschwindigkeits-Güterzüge rollen. Für den deutschen Streckenteil Emmerich – Wesel – Oberhausen – Rhein/Ruhr werden erhebliche Umwelt- und Lärmbelastungen erwartet. Nordrhein-Westfalen hat daher mit den niederländischen Provinzen Gelderland, Limburg und Overijssel eine alternative siedlungsfernere Trassenführung am Niederrhein sowie zwei Ergänzungslinien (sog. nördlicher und südlicher Bypass; Abb. 6.8) geplant. Mit ihnen sollen eine bessere Verteilung der zu erwartenden Mehrbelastungen im Schienennetz erreicht und eigene Transitachsen in Nordrhein-Westfalen geschaffen werden (Der Ministerpräsident des Landes Nordrhein-Westfalen [Hrsg.], 1996). Gleichzeitig will Nordrhein-Westfalen erreichen, daß der erst für die Zeit nach 2005 von der EU geplante Ausbau der Brabant-Linie forciert wird. Denn für den Schienengüterverkehr über Venlo/Kaldenkirchen wird eine fast 90%ige Steigerung von 3,8 (1996) auf 7,2 Mio. t jährlich erwartet.

6.3
Die Binnenschiffahrt in Nordrhein-Westfalen – Renaissance eines Transportklassikers

Die Entwicklung des rheinisch-westfälischen Wirtschaftsraumes zum größten regionalen deutschen Wirtschaftsschwerpunkt war immer auf das engste mit der Binnenschiffahrt verbunden. Die starken Wechselwirkungen zwischen Schwerindustrie und Massengutströmen, deren dominanter Verkehrsträger nach wie vor das Binnenschiff ist, wurden vielfach beschrieben (vgl. u. a. ACHILLES 1979, FUCHS 1992). Trotz des Strukturwandels im Montan- und Stahlbereich und der daraus resultierenden gravierenden Einschnitte für die Binnenschiffahrt ist sie für die Wirtschaft Nordrhein-Westfalens ein unverzichtbarer Verkehrsträger. Je nach Konjunkturlage werden vom jährlichen Transportaufkommen des Landes (1990 z. B. 560 Mio. t im Versand und Empfang, MWTV 1995), zwischen 30 und 33% von der Binnenschiffahrt übernommen. Auf den für gewerbliche Verkehre ausgebauten 732 km Binnenwasserstraßen (Tab. 6.7) werden jährlich bis zu 60% aller deutschen Binnenschiffstransporte ausgeführt, was den hohen Stellenwert dieses Verkehrsträgers für Nordrhein-Westfalen unterstreicht. Das Schwergewicht des Schiffsverkehrs liegt seit jeher eindeutig auf dem Rhein, gefolgt von den Kanälen. Nur geringe Bedeutung hat er auf den Landesstrecken der Weser (Tab. 6.8).

Insgesamt gilt die Binnenschiffahrt als der Verkehrsträger mit dem größten Ausbaupotential. Wasserwege wie der Rhein gelten trotz der vordergründig hohen Transportintensität als nur zu 50% ausgelastet. Die Binnenschiffahrt zeigt sich zunehmend als ökonomisch und ökologisch interessantes Glied in den modernen in-

Wasserstraßen-gebiet	Wasserstraße	Landesabschnitt		Länge in km	Wasser-straßen-klasse[1]	Stau-stufen in NRW
		von	bis			
Rhein	Rhein	Bad Honnef	Emmerich	226	V[2]	–
	Ruhr	Essen-Rellinghausen	Mülheim	30	I	–
	Ruhrkanal	Mülheim	Duisburg-Ruhrort	13	V	2
	Spoy-Kanal[3]	Rhein-km 864	Kleve	10	II	1
Westdeutsches Kanalgebiet	Dortmund-Ems-Kanal (DEK)	Dortmund	Landesgrenze bei Rheine	121	IV[4]	5
	Wesel-Datteln-Kanal (WDK)	Wesel	Datteln	60	V	6
	Datteln-Hamm-Kanal (DHK)	Datteln	Uentrop/Schmehausen	47	IV	2
	Rhein-Herne-Kanal (RHK)	Duisburg–Ruhrort	Henrichenburg	46	IV[4]	5
Weser und Mittelland-kanalgebiet	Weser	Rinteln	Minden	} 115	III	–
		Minden	Schlüsselburg		IV	–
	Mittellandkanal (MLK)	Bergeshövede/Bevergern	Minden	64	III	–

[1]   Tragfähigkeiten je Schiffseinheit in t
    Klasse I bis 300, II bis 600, III bis 1000, IV bis 1350, V bis 2400
[2]   je nach hydrologischen Verhältnissen bis 4400 t je Schiffseinheit; in Schubverbänden bis 16 000 t je Verband
[3]   andere Bezeichnung: Schiffahrtsweg Rhein-Kleve
[4]   auf ausgebauten Strecken auch Klasse V

Quellen: Wasser- und Schiffahrtsdirektion Münster 1996; LDS NRW (Hrsg.): Stat. Jb. NRW 1996

Tab. 6.7: Wasserstraßen in Nordrhein-Westfalen

Tab. 6.8: Güterverkehr in Nordrhein-Westfalen nach Wasserstraßengebieten
        1991 und 1993 (Güterempfang und -versand in 1000 t)

Wasserstraßengebiet	Empfang		Versand		Gesamt	
	1991	1993	1991	1993	1991	1993
Rheingebiet	54 335	46 269	38 722	34 926	93 057	81 195
Westdeutsches Kanalgebiet	15 902	15 730	12 087	12 641	27 989	28 371
Weser- und Mittellandkanalgebiet	1 181	1 213	1 226	1 125	2 407	2 338
Binnenhäfen insgesamt	*71 418*	*63 212*	*52 035*	*48 692*	*123 453*	*111 904*

Quelle: LDS NRW (Hrsg.): Stat. Jb. NRW, 1995 u. 1996

Güterart	Empfang	Versand	Gesamt
Getreide	1 662	–	1 662
Eisenerze	23 285	80	23 365
Nichteisen-Metallerz, -abfälle, -schrott	1 952	–	1 952
Steinkohle und -briketts	5 272	11 101	16 373
Braunkohle und -briketts	–	139	139
Mineralöle und ähnliche Erzeugnisse	11 600	6 640	18 240
Sand, Kies, Bims, Ton	3 114	13 053	16 167
sonstige Steine und Erden	–	1 363	1 363
Düngemittel	751	–	751
Salz[1]	–	1 373	1 373
Eisen- und Stahlabfälle[2]	910	–	910
Eisen- und Stahlwaren	–	2 857	2 857
sonstige Güter	14 666	12 087	26 753
Gesamt	*63 212*	*48 693*	*111 905*

[1] einschl. Schwefelkies, Schwefel
[2] einschl. Schwefelkiesabbrände

Quelle: errechnet nach LDS NRW (Hrsg.): Stat. Jb. NRW 1996, S. 463

Tab. 6.9: Güterstruktur in Binnenhäfen Nordrhein-Westfalens 1993 (1000 t)

**Tab. 6.10: Güterverkehrsentwicklung führender Binnenhäfen[1]
in Nordrhein-Westfalen (in 1000 t)**

Wasserstraßengebiet	Hafen	1985	1990	1992	1994
Rhein	Duisburg (gesamt)[2]	53 843	48 899	45 113	45 691
	Kölner Häfen[3]	13 347	10 054	9 462	10 190
	Neuss	4 619	4 643	4 449	4 782
	Rheinberg–Ossenberg	4 013	3 511	3 348	1 900
	Krefeld–Uerdingen	3 573	3 601	3 612	3 532
	Düsseldorf	3 126	2 851	2 469	2 901
	Leverkusen	2 359	1 925	1 736	1 794
	Wesseling	2 296	3 410	3 788	3 936
Kanalgebiet	Dortmund	5 181	5 051	5 063	5 397
	Gelsenkirchen	3 550	3 485	5 040	3 252
	Hamm	3 686	3 436	3 137	3 610
	Münster	1 270	1 310	1 174	1 198
	Hamm–Bossendorf	1 658	1 842	1 651	2 156
	Marl–Brassert	1 611	1 590	1 463	1 856
	Herne/Wanne-Eickel	1 690	1 296	1 245	1 201
	Essen	1 301	3 409	3 364	3 100
übrige Häfen[4]		11 530	8 085	8 674	14 387
Gesamtumschlag aller Häfen[5]		*118 653*	*108 398*	*104 788*	*110 883*

[1] Häfen mit mehr als durchschnittlich 1,5 Mio. t Umschlag pro Jahr
[2] darunter: Ruhrorter Häfen AG, Homberg, Huckingen, Rheinhausen, Schwelgern, Walsum
[3] darunter: Ölhafen Niehl, Handelshafen Niehl, Mülheim, Rheinau, Deutz, Godorf
[4] Gesamtumschlag aller Häfen und Umschlagstellen mit weniger als durchschnittlich 1,5 Mio. t Umschlag pro Jahr
[5] Gesamtumschlag aller statistisch erfaßten Häfen in Nordrhein-Westfalen einschl. Weser- und Mittellandkanalgebiet

Quelle: errechnet nach LDS NRW (Hrsg.): Stat. Jb. NRW 1995 und 1996; Bundesverband der Deutschen Binnenschiffahrt 1996

In ihrer Gesamtheit leiden die deutschen Binnenreedereien und Partikuliere (Privatschiffer) allerdings seit Jahren unter den strukturellen Überkapazitäten. Von der rund 3200 Schiffseinheiten umfassenden deutschen Flotte (1996), die etwa 7800 Beschäftigte zählt, werden in den kommenden Jahren 283 Schiffe abgewrackt. Die staatliche Abwrackprämie für diese Aktion liegt bei rund 23 Mio. DM. Darüber hinaus sieht sich die deutsche Binnenschiffahrt einem wachsenden europäischen Konkurrenzdruck sowie einer Reihe von Wettbewerbsverzerrungen gegenüber. Zu letzteren gehören vor allem die in Belgien, den Niederlanden und Frankreich praktizierten Ladungsaufteilungen und Preisfestsetzungen („Tour-de-role-System"), die zu einer Benachteiligung der deutschen Binnenschiffahrt führen.

Übersicht 6.3:   Aktuelle Probleme der deutschen Binnenschiffahrt

termodalen Transportketten, was sich deutlich in Kombinierten Verkehren bzw. in der Containerschiffahrt niederschlägt. Überragend ist in diesem Zusammenhang die Stellung Nordrhein-Westfalens hinsichtlich der Anzahl, Größe und technischen Ausstattung seiner Binnenhäfen. In den 41 Häfen bzw. Hafengruppen wurden 1994 annähernd 111 Mio. t umgeschlagen, überwiegend trockene und flüssige Massengüter (vgl. Tab. 6.9 und Tab. 6.10). Der Hafenraum Duisburg ist dabei nicht nur das Zentrum der deutschen Binnen- und Rhein/See-Reedereien, sondern daneben auch der führende Werftstandort (vgl. Kap. 6.3.3).

6.3.1
Großschiffahrtsweg Rhein und Veränderungen in der Rheinschiffahrt

Europas verkehrsreichste Wasserstraße verzeichnet vor allem auf dem Niederrhein eine enorme Transport- und Umschlagsintensität. Knapp 140 Mio. t passierten 1994 die Grenzdurchgangsstelle Emmerich/Lobith, davon rd. 66 % im Berg- und 34% im Talverkehr (Tab. 6.11).

Als internationaler Großschiffahrtsweg steht der Strom allen Flaggen offen. Dies ist durch die Rheinschiffahrtsakten von Mainz (1816) und Mannheim (1868) gere-

Land	Jahr				
	1970	1980	1990	1992	1994
Deutschland	36 573	37 473	36 123	33 808	31 883
Niederlande	56 603	68 667	87 807	82 550	90 320
Belgien	11 199	9 378	9 319	9 779	8 604
Frankreich	3 784	3 514	2 020	1 465	
Schweiz	3 455	8 647	7 019	5 818	5 436
Sonstige	785	1 350	1 287	1 233	3 506
Gesamt	*112 399*	*129 029*	*143 575*	*134 653*	*139 749[1]*

[1] ohne Frankreich

Quelle: errechnet nach Bundesverband der Deutschen Binnenschiffahrt: 1995 und 1996

Tab. 6.11: Güterverkehr der Binnenschiffahrt bei Emmerich nach Flaggen (1000 t)

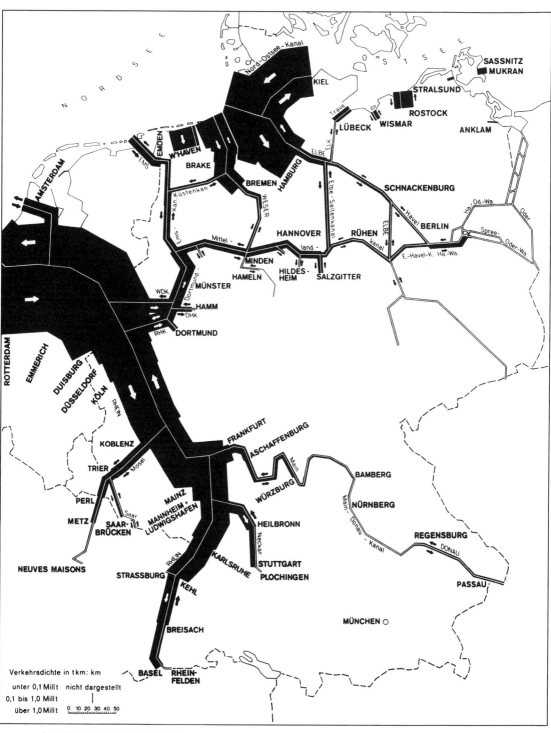

Quelle: Bundesminister für Verkehr 1992

Abb. 6.9: Güterverkehr auf dem Hauptnetz der deutschen Wasserstraßen 1991

gelt. Überwachendes Organ ist die auf dem Wiener Kongress 1816 gegründete „Zentralkommission für die Rheinschiffahrt" (ZKR), die älteste multinationale Einrichtung in Europa. Eine Reihe verkehrsgeographischer Gunstfaktoren hat die Entwicklung des Rheins zu einer Hochleistungswasserstraße begünstigt. Hierzu zählen die Entwässerungsrichtung und die Lage der Rheinmündung, die über den Zugang zur Nordsee eine Verbindung zu allen Weltmeeren ermöglichen. Im Bereich des Mündungsdeltas haben sich die Seehäfen Amsterdam, Rotterdam und Antwerpen (ARA-Häfen) zu „Main-Ports" der EU und zu Kristallisationspunkten des Weltseeverkehrs entwickelt. Da der Binnenschiffahrt hinsichtlich der Hinterlandverbindungen eine bedeutende Rolle zufällt, konnten sich zwischen den Binnen- und den genannten Seehäfen wasserstraßenbedingte Wettbewerbsvorteile herausbilden, die eine starke Orientierung der deutschen Binnenschiffahrt auf den Rheinverkehr zur Folge hatten. Sowohl die ARA-Häfen als auch die sog. Rhein-Seehäfen zwischen Köln und Emmerich, ebenso die Kanalhäfen, haben von dieser Entwicklung kontinuierlich profitiert. Hinzu kommt, daß der Rhein als „verlängerter Arm" des weltweit umschlagstärksten Seehafens Rotterdam die hochverdichteten und industriestarken Regionen der Rheinschiene und des Ruhrreviers über relativ kurze Distanzen erreicht. Dies hat zu einer Dominanz der ARA-Häfen im Zu- und Ablauf von Gütern Nordrhein-Westfalens sowohl bei der massengutorientierten Binnenschiffahrt als auch den Verkehrsmitteln Bahn und Lkw geführt (Abb. 6.9). Das Bild der Rheinschiffahrt hat sich in den letzten Jahrzehnten augenfällig verändert. Ähnlich wie in der Seeschiffahrt ging der Trend zu rationellen Transportformen mit Großschiffen. Diese Entwicklung zeigt sich in der raschen Zunahme der Schubschifffahrt, der expandierenden di-

rekten Rhein-Seeschiffahrt mit speziellen Fluß-Seeschiffen und Spezialverkehren wie den Tank-, Container- und Roll on/Roll off-Fahrten mit Pkw oder Lkw.

Schubschiffahrt dominiert Erzverkehr

Der traditionelle Erzverkehr auf der Relation Rotterdam–Duisburg erfolgt heute fast ausschließlich per Schubschiffahrt. In der sog. Sechserfahrt (6 Schubleichter und ein Schubboot) werden pro Fahrt bis zu 16 000 t bewegt, die Fahrtzeiten betragen zu Berg nur noch 32–34 Stunden. Der Aufstieg dieser Technik, die 1957 erstmals auf dem Rhein praktiziert wurde, beruht vor allem auf den Rationalisierungseffekten. Gegenüber vergleichbaren Schiffsräumen werden Arbeitskräfte eingespart, die Standardbauweisen bedingen geringere Investitionen und durch kontinuierliche Pendeleinsätze (sog. Continue-Fahrt) können sehr günstige Auslastungen erzielt werden. Ein weiterer Vorzug ist der geringere Energieaufwand bei hohen Tragfähigkeiten im Vergleich zu den klassischen Motorgüterschiffen.

Direkter Rhein-Seeverkehr

1994 passierten den Niederrhein rd. 2,5 Mio. t Außenhandelsgüter im direkten Rhein-Seeverkehr. Die großen Häfen Duisburg, Düsseldorf, Neuss und Köln bieten bereits seit Jahren derartige Verkehre an, diese Häfen sind somit nicht nur Binnen- sondern auch Seehäfen. Zu den traditionellen Fahrtgebieten im Rhein-Seeverkehr gehören die Britischen Inseln (Ro/Ro-Verkehre), alle großen Ostseehäfen sowie viele Seehäfen an der Nordsee, der Biscayaküste, in Nord- und Westafrika sowie im Mittelmeerraum. Die Verkehre erfolgen zum Teil in Liniendiensten mit festen wöchentlichen Abfahrtszeiten. Die Güterstruktur weicht dabei deutlich von der Binnenschiffahrt ab.

Großes Rheinschiff	
Länge	105 m
Breite	11,40 m
Tiefgang	3,20–3,70 m
Ladegewicht (Durchschnitt)	3200 t
Containerkapazität max.	208 TEU[1]

Koppelverband	
Länge	185 m
Breite	11,40 m
Tiefgang	3,00–3,40 m
Ladegewicht (Durchschnitt)	5000 t
Containerkapazität max.	368 TEU

[1] TEU = Verrechnungseinheit für den 20-Fuß-Container (Twenty Feet Equivalent Unit)

Übersicht 6.4: Schiffskapazitäten im Rhein-Containerverkehr

Im Rhein-Seeverkehr werden überwiegend hochwertige Fertig- und Halbfertigwaren befördert, wie u. a. Aluminium, Fahrzeuge, Maschinen und Maschinenanlagen, lose oder containerisierte Stückgüter. Die durchgehende Beförderung auf einem für Salz- und Süßwasserrouten gleichermaßen tauglichen Fluß-Seeschiff ist, neben dem Aspekt der Umweltfreundlichkeit, besonders preislich interessant. So sind z. B. Möbeltransporte von Skandinavien nach Duisburg im See-Fluß-Verkehr gegenüber der Straße bis zu 25 % günstiger.

Container- und andere Spezialverkehre

Daß die Binnenschiffahrt mittlerweile auch ein wichtiges Element in den integrierten Logistikketten ist, wird durch den Containerverkehr unterstrichen. Bis zu 600 000 TEU (1 TEU = ein 20-Fuß-Container) werden jährlich über den Rhein befördert, davon rd. 75 % im Zu- bzw. Ablauf nach/von Deutschland. Fast jeder Rheinhafen in Nordrhein-Westfalen verfügt über Containerumschlaganlagen. Die größten Terminals befinden sich in Emmerich,

Duisburg, Düsseldorf, Neuss, Dormagen/Stürzelberg und Köln. Container werden sowohl mit klassischen Motorgüterschiffen (z. B. Typ Europaschiff), als auch mit Schubleichtern bzw. mit Koppelungen beider Formen befördert.

Intensiv hat sich weiterhin der Autotransport entwickelt. Von den Kölner Ford-Werken aus werden seit 1983 Pkw für die Seeverschiffung über den Rhein nach Vlissingen befördert. Seit 1995 besteht auch ein täglicher Schiffsliniendienst zwischen dem Ford-Werk Köln-Niehl und dem Pkw-Distributionszentrum im Hafen Neuss, das mit einem Umschlag von über 550 000 Pkw pro Jahr nach Bremerhaven das zweitgrößte Pkw-Verteilzentrum in Europa ist.

Im Personen- und Reiseverkehr ist die traditionsreiche Kreuzschiffahrt mit der „Weißen Flotte" der Köln-Düsseldorfer Reederei (KD) 1996 eingestellt worden. KD, die größte Fahrgastreederei in Europa, beförderte in Hochzeiten jährlich rd. 1,5 Mio. Passagiere. Preisverfall durch Überkapazitäten, Konkurrenz ausländischer Billigflaggen und der Zusammenbruch der Auslandsmärkte waren die wesentlichen Ursachen für die jahrelang defizitären Rheinkreuzfahrten der KD zwischen Basel und Nimwegen. Beibehalten wird lediglich die Schiffahrt für Tagesausflüge, für die 16 Fahrzeuge (1996/97) unterhalten werden.

6.3.2 Entwicklung und Ausbau der westdeutschen Kanäle

Mit zwei sehr frühen Kanalbauten, dem Spoykanal und heutigen Schiffahrtsweg Rhein – Kleve von 1688 und der Ruhrkanalisierung (1776–1778) wurde der Grundstein für das westdeutsche Kanalnetz (vgl. Abb. 6.10) gelegt. Die eigentliche Kanalbauphase setzte Ende des

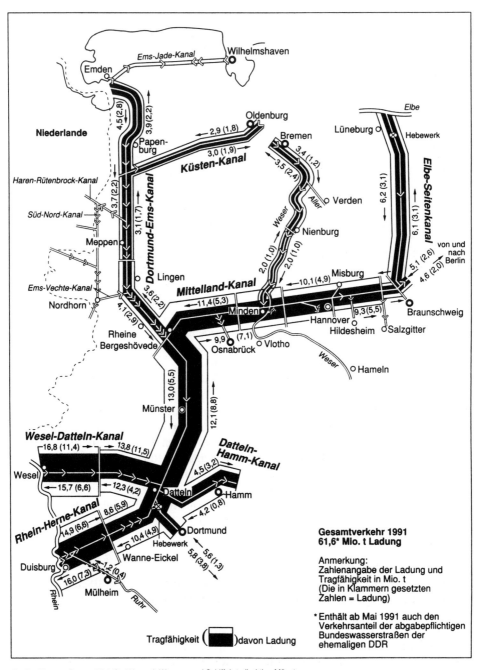

Quelle: WOITSCHÜTZKE 1994, S. 166, nach Wasser- und Schiffahrtsdirektion Münster

Abb. 6.10: Verkehrsdichte auf den westdeutschen Kanälen

19. Jahrhunderts ein, denn trotz des bereits dichten Eisenbahnnetzes bestand ein großes Bedürfnis nach billigen Massenguttransporten, dem die Binnenschiffahrt entsprach.

Kanäle im Ruhrrevier

Räumlich betraf dies vor allem die Rhein-Ruhr-Region. In nur vier Jahrzehnten wurden von acht deutschen Kanalprojekten allein sechs in den aufstrebenden Industriegebieten des heutigen Nordrhein-Westfalen realisiert, mit denen dem zentralen und östlichen Ruhrgebiet ein Zugang zum Rhein und zu den deutschen Nordseehäfen geschaffen wurde. Im einzelnen handelte es sich dabei um:
– den Nord-Süd-verlaufenden Dortmund-Ems-Kanal (DEK) von 1899 zwischen dem Seehafen Emden und dem Kanalhafen Dortmund;
– den westöstlich verlaufenden Rhein-Herne-Kanal (RHK), der 1914 als zentraler Wasserweg des Ruhrgebietes zwischen Duisburg und Henrichenburg in Betrieb ging;
– den Datteln-Hamm-Kanal (DHK) von 1914 zwischen Datteln und Schmehausen bei Hamm, der vorrangig der Wassereinspeisung in die anderen Kanäle diente;
– den 1915 eröffneten Weser-Ems-Kanal von Bergeshövede nach Minden;
– die Ruhrwasserstraße (1927) als Großschiffahrtsweg vom Rhein bis nach Mülheim und
– den Wesel-Datteln-Kanal (WDK) von 1931 zwischen Wesel und dem Kanalkreuz Datteln an der nördlichen Peripherie des Ruhrreviers, der als Transit- und Entlastungsstrecke des RHK dienen sollte.

Grundgedanke beim Bau des ersten Kanals zwischen Dortmund und Emden (DEK) war die Schaffung eines frachtgünstigen Verkehrsweges für die Dortmunder Grubengesellschaften und Hüttenwerke, die durch neue Stahlerzeugungsverfahren auf den Import von Erzen aus England, später auch Skandinavien, angewiesen waren. Letztendlich waren für den Bau aber nicht die lokalen Dortmunder Interessen, sondern andere, überwiegend innenpolitische Erwägungen und Kräfteverhältnisse ausschlaggebend. Der Kanal zur Emsmündung erzwang nämlich gleichzeitig den Ausbau des Hafens Emden, der für Preußen strategische Bedeutung als Kriegs- und Handelshafen gewann. Andererseits mußte die regionalpolitische Balance zwischen Westdeutschland und Ostelbien gewahrt werden, was sich im gleichzeitigen Ausbau der Märkischen Wasserstraßen dokumentiert. Mit dem Bau der West-Ost-Achse RHK, dessen Ausführung zunächst zugunsten des DEK zurückgestellt worden war, nahm das Kanalnetz erste Formen an. Der Schritt zur vollständigen Verbindung Rhein–Ems–Weser, mit der man die lineare Verbindung Dortmund–Emden in eine breit gefächerte Erschließung des westfälischen Raumes umgestaltete, wurde 1915 mit dem Weser–Ems-Kanal, heute westlicher MLK, vollzogen.

In Nordrhein-Westfalen gilt die expansive Phase des Wasserstraßenbaus als abgeschlossen, d. h. neue Kanäle sind nicht geplant. Seit Jahren stehen bei Fragen der Wasserstraßeninfrastruktur die Substanzerhaltung und die Rationalisierung der Verkehrsabläufe (schubverbandsgerechte Ausbauten von Schleusen und Streckenabschnitten, Modernisierungen usw.) auf Flüssen und Kanälen im Vordergrund.

Rang	See- bzw. Binnenhäfen	Umschlagentwicklung (Mio. t)		
		1992	1993	1994[2]
1	Rotterdam	293,4	282,7	294,0
2	Antwerpen	103,6	101,9	109,5
3	Hamburg	65,1	65,9	68,3
4	*Rhein-Ruhr Hafen Duisburg*	*45,2*	*42,1*	*45,9*
5	Dünkirchen	40,7	40,9	37,2
6	Wilhelms- haven	31,7	33,5	34,9
7	Bremische Häfen	29,9	28,4	30,9
8	Amsterdam	33,2	30,5	29,0
9	Karlsruhe	11,1	12,4	11,5
10	Ludwigs- hafen	8,3	7,3	8,2
11	Köln[3]	7,0	6,6	7,5
12	Mannheim	7,5	6,9	7,1
13	Dortmund	4,6	4,0	5,1
14	Neuss	4,5	4,4	4,8

[1] öffentliche und private Häfen Duisburgs
[2] vorläufige Zahlen
[3] mit Hafen Wesseling

Quelle: Duisburg Ruhrorter Häfen AG, Geschäftsbericht 1994, Duisburg 1995

Tab. 6.12: Die Umschlagentwicklung Duisburgs[1] im Vergleich zu bedeutenden See- und Binnenhäfen

6.3.3
Rhein-Ruhr-Hafen Duisburg: Vom Massengutverkehr zu einem europäischen Distributions- und Logistikzentrum

Über rd. 23 Stromkilometer wird der Rhein bei Duisburg in dichter Folge von Häfen und Industrieanlagen gesäumt, die an keinem anderen Punkt des Flusses erreicht werden und der Region deutlich den Charakter einer Industriegasse verleihen. Die Hafenkapazitäten teilen sich auf in die öffentlichen Duisburg-Ruhrorter Häfen und 13 werkseigene Privathäfen bzw. Umschlagstellen. Die multifunktio-

nalen öffentlichen Häfen, mit 20 Hafenbecken, 213 ha Wasserfläche und 43 km Kai- und Uferlängen das Kernstück des Rhein-Ruhr-Hafens, stellen einen Zusammenschluß der drei ehemals selbständigen Hafengruppen Ruhrort, Duisburg und Hochfeld dar. Sie unterstehen der Trägergesellschaft „Duisburg-Ruhrorter Häfen AG" (Hafag), die sich jeweils zu einem Drittel im Besitz des Bundes, des Landes Nordrhein-Westfalen und der Stadt Duisburg befindet. Die räumlich eng verflochtenen Werkshäfen dienen der Versorgung einzelner Unternehmen, ihr Gesamtumschlag übertrifft den der öffentlichen Häfen. Die bedeutendsten sind die Häfen Schwelgern, Walsum Nord (Ruhrkohle Bergbau AG) und Süd, Huckingen (Hüttenwerke Krupp Mannesmann) und Homberg (Ruhrkohle Bergbau AG). Mit gemeinsam durchschnittlich über 40 Mio. t Jahresumschlag sind die Duisburger Häfen, trotz rezessiver Entwicklung aufgrund der Montankrise, nicht nur der weltweit größte Binnenhafenkomplex, sie überflügeln auch eine Reihe europäischer Seehäfen (Tab. 6.12).

Die Kohle- und Erzphasen

Die ersten befestigten Hafenanlagen wurden 1715 in Ruhrort gebaut; der Binnenhafenkomplex steht damit in einer über 280jährigen Tradition. Zwei extreme Blütephasen prägten das Bild Duisburgs als Massenguthafenplatz. Dies waren zunächst die 1920er Jahre, in denen überwiegend Kohle im Umfang von mehr als 27 Mio. t pro Jahr in allen Häfen umgeschlagen wurden. In den 1970er Jahren bestimmte dagegen der Erzumschlag das Bild. 1979 gingen noch über 25 Mio. t Erze – dies waren mehr als die Hälfte des Gesamtumschlags – über die Kais; 1995 stellten Erze und Schrott in den öffentlichen und privaten Duisburger Häfen nur noch knapp

Schiffsgüterumschlag	1994	1995	Veränderung (%)
Massengüter	*13 662*	*13 684*	*+0,2*
davon – Erze/Schrott	5 674	5 230	–7,8
– Kohlen	2 612	3 033	+16,1
– Mineralöle	2 430	2 294	–5,6
– Steine, Salze[1]	1 494	1 571	+5,2
– Chemikalien	640	684	+6,9
– übrige Güter	812	872	+7,4
Stückgüter	*3 365*	*3 560*	*+5,8*
davon – Eisen/Stahl/NE–Metalle[2]	2 510	2 603	+3,7
– Übrige Güter [2]	263	244	–7,2
– Containergut	593	713	+20,2
Gesamtumschlag	*17 028*	*17 244*	*+1,3*
davon Rhein-Seeverkehr	1 926	2 093	+8,7

[1] einschl. Erden und Baustoffe
[2] konventioneller Umschlag

Quelle: Zahlen nach Duisburg-Ruhrorter Häfen AG 1996

Tab. 6.13: Güterumschlag in den öffentlichen Duisburg-Ruhrorter Häfen 1994 und 1995
(1000 t, Zahlen gerundet)

**Tab. 6.14: Umschlagsanteile und Umschlagsentwicklung in den öffentlichen
Duisburg-Ruhrorter Häfen 1980–1995** (Werte gerundet)

Umschlagsanteile (%)							
Gütergruppen	Kalenderjahre						
	1980	1984	1986	1988	1990	1992	1995
Erze, Schrott, Abbrände	36,9	29,3	30,1	36,5	32,2	35,1	30,1
Mineralöle, Chemikalien	19,8	20,5	21,3	18,0	19,9	22,0	17,3
Steinkohlen, Koks	19,8	24,9	21,3	18,0	21,6	14,3	17,3
Eisen, Stahl, NE-Metalle	14,7	16,1	16,4	15,9	15,8	14,3	15,0
alle übrigen Güter	8,8	9,2	10,9	11,6	10,5	14,3	20,3
Gesamt	100	100	100	100	100	100	100

Umschlagsentwicklung nach Gütergruppen (Mio. t)							
Gütergruppen	Kalenderjahre						
	1980	1984	1986	1988	1990	1992	1995
Erze, Schrott, Abbrände	8,0	6,0	5,5	6,9	5,5	5,9	5,2
Mineralöle, Chemikalien	4,3	4,2	3,9	3,4	3,4	3,7	3,0
Steinkohlen, Koks	4,3	5,1	3,9	3,4	3,7	2,4	3,0
Eisen,Stahl,NE-Metalle	3,2	3,3	3,0	3,0	2,7	2,4	2,6
alle übrigen Güter	1,9	1,9	2,0	2,2	1,8	2,4	3,5
Gesamtumschlag	*21,7*	*20,5*	*18,3*	*18,9*	*17,1*	*16,8*	*17,3*

Quelle: Zahlen nach Duisburg-Ruhrorter Häfen AG 1985–1995

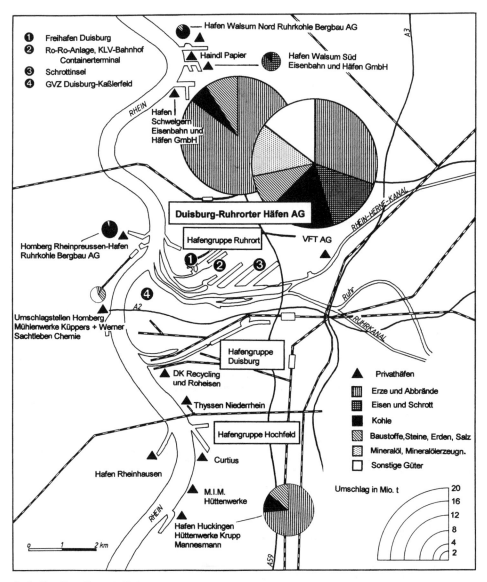

Quelle: Umschlagzahlen nach „Niederrheinische Industrie- und Handelskammer Duisburg, Wesel, Kleve zu Duisburg; Jahresbericht 1995", Duisburg 1996

Abb. 6.11: Die Duisburg-Ruhrorter Häfen und Privathäfen der Industrie 1995

14 Mio. t (30,4%) bei einem Gesamtumschlag von 46 Mio. t (Hafag 1996). In den öffentlichen Häfen betrug der Anteil an Erzen/Schrott 1995 rd. 5,2 Mio. t (Tab. 6.13 u. 14). Zwar werden Schüttgüter wie Erz und

Importkohle ein wesentliches Standbein des „BulkPort Duisburg" bleiben, doch die mit einer höheren Wertschöpfung verbundenen Stück- und Containergüter bestimmen immer mehr das Geschehen des Hafens. Er ist damit ein deutlicher Gradmesser der ökonomischen Veränderungen im Revier und in weiten Teilen Nordrhein-Westfalens.

Neue Perspektiven

Die schrittweise Umgestaltung zu einem europäischen multimodalen Verkehrszentrum mit produktspezifischen Dienstleistungen, wie in den Zukunftsinvestitionsprogrammen Nordrhein-Westfalen und der Ruhrgebietskonferenz 1988 fixiert, ist seit Jahren im Gange. Drei Maßnahmen können als herausragend angesehen werden:
– Die Eröffnung des zollprivilegierten Freihafenareals 1990 („FreePort Duisburg"), dem ersten seiner Art im deutschen Binnenland. Es schafft für Im- und Exporteure zollrechtliche Erleichterungen und unterstellt diesen Hafenteil im wesentlichen den gleichen Zoll-Rahmenbedingungen wie die großen deutschen Seehäfen. Das Dienstleistungangebot des Freihafens umfaßt u. a. die Lagerung, Behandlung und den Umschlag von freihafenaffinen Gütern, die Zwischenlagerung und Kommissionierung hochwertiger importierter elektronischer Geräte und Bauteile sowie die Endbehandlung und europaweite Verteilung importierter Textilien (Textil-Finishing- und Distributionscenter).
– Der Ausbau des Ruhrorter Südhafens zum „CombiPort Duisburg" als Zentrum und Drehscheibe kombinierter Verkehre über Wasser, Schiene und Straße.
– Der Ausbau des Hafens zum Logistik- und Distributionsstandort („Distri-Port Duisburg"), u. a. durch den Bau des Logistikzentrums Kaßlerfeld.
Alle Maßnahmen sind u. a. Teile des Konzeptes DUNI („Dezentrales Güterverkehrszentrum Duisburg/Niederrhein"), dessen Ziel die Optimierung der Güterver-

kehrs- und Logistikprozesse im Verdichtungsraum zwischen Emmerich und Krefeld ist (vgl. hierzu Kap. 6.5).

6.4
Der Luftverkehr im Konfliktfeld zwischen Arbeitsplätzen und Umweltbelastung

Die fortschreitende Globalisierung der Wirtschaft, die starke Ausrichtung auf den Außenhandel und die rasante Entwicklung in der Personenbeförderung, vor allem in Form des Pauschal-Flugtourismus, haben zu einem starken Anwachsen des Flugverkehrs in Nordrhein-Westfalen geführt. So betrug auf den drei Großflughäfen Nordrhein-Westfalens das Fluggastaufkommen 1996 bereits rd. 21 Mio. Passagiere; dies waren 70 % mehr als acht Jahre zuvor (Tab. 6.15). Das Flughafensystem des Landes ist multizentral auf mehrere Schwerpunkte ausgerichtet und für die Standortsicherung von größter Bedeutung. Es umfaßte 1996 insgesamt 48 zivile Flugplätze für den gewerblichen Flugverkehr, dies ist eine in Deutschland einzigartige Dichte.

Charterzentrum Düsseldorf

Im Fluggastverkehr Nordrhein-Westfalens ist Düsseldorf Rhein-Ruhr mit rd. 14,5 Mio. Passagieren (1996), davon rd. ein Drittel im Charter- und zwei Drittel im Linienverkehr, überragendes Zentrum. Für die Tourismusbranche ist der Airport außerordentlich bedeutsam, denn rd. 25% aller deutschen Flugtouristen fliegen ab Düsseldorf ihre Urlaubsziele an. 1996 wurden ab Flughafen Rhein-Ruhr 73 Flugziele im Charterverkehr bedient. Dies ist das größte Charterflugangebot, das es von einem deutschen Flughafen gibt. Zurückzuführen ist dies u. a. auf den rd. 7000 km^2 großen

Die Flughäfen können in die folgenden Gruppen gegliedert werden:
- Internationale Verkehrsflughäfen mit interkontinentalen Verbindungen; hierzu gehören die Großflughäfen Düsseldorf (Rhein-Ruhr) Köln/Bonn (Konrad Adenauer) und Münster/ Osnabrück;
- Regionalflughäfen und -landeplätze für Taxi-/Trampverkehre sowie für nationale und z. T. kontinentale Linienverbindungen (Dortmund-Wickede, Paderborn/Lippstadt, Mönchengladbach, Siegerland, Essen/Mülheim); Verkehrslandeplätze für die Allgemeine Luftfahrt einschließlich Segelfluggeländen (z. B. Bielefeld-Windelsbleiche, Marl-Loehmühle, Aachen-Merzbrück).

Die Flughäfen Mönchengladbach, Essen/Mülheim und Bonn/Hangelar sind gleichzeitig als sog. Satellitenflugplätze ausgewiesen. In dieser Funktion dienen sie aufgrund ihrer unmittelbaren Lage zu den Großflughäfen in unterschiedlichem Umfang zu deren Entlastung.

Übersicht 6.5: Flughafen-Kategorien

Tab. 6.15: Entwicklung des gewerblichen Flugverkehrs in Düsseldorf, Köln/Bonn und Münster/Osnabrück 1988–1996 (Werte gerundet)

Merkmal	Jahre	Flughäfen		
		Düsseldorf	Köln/Bonn	Münster/Osnabrück
Starts/Landungen	1988	124,1	73,4	–
(1000)	1990	137,0	96,5	27,6
	1993	153,1	106,0	20,6
	1996	177,9	139,3	58,3
Fluggäste[1]	1988	10021,8	2306,1	–
(1000)	1990	11558,9	3027,2	263,5
	1993	12873,0	3785,2	489,1
	1996	14422,2	5227,1	1027,3
Fracht[2]	1988	43,0	107,5	–
(1000 t)	1990	46,1	158,3	0,3
	1993	45,4	188,9	0,6
	1996	57,8	281,0	0,5

[1] planmäßiger Linienverkehr, Charter- und Sonderflugverkehr; ohne umgestiegene Fluggäste
[2] ohne umgeladene Fracht; ohne Post, das Postgut betrug 1995 auf allen Flughäfen rd. 45 000 t

Quelle: LDS NRW (Hrsg.): Stat. Jb. NRW 1994 u. 1996; Arbeitsgemeinschaft Deutscher Verkehrsflughäfen (ADV), Stuttgart 1997

Einzugsbereich mit seinen 26 Großstädten, in dem 12 Mio. Einwohner leben. Nach einer Befragung haben allein 63% aller Fluggäste Düsseldorfs ihren Ziel- oder Wohnort innerhalb von nur 50 km um den Airport (Flughafen Düsseldorf 1995). Insgesamt ist das Einzugsgebiet des Rhein-Ruhr-Flughafens durchaus mit denen der Flughäfen London-Heathrow und New York (J. F. Kennedy) vergleichbar, es übertrifft das der Pariser Großflughäfen Orly und Charles de Gaulle. Für Düsseldorf wird, wie auch für die beiden anderen internationalen Flughäfen des Landes, bis zum Jahre

Flughafen	Flugbewegungen Starts/Landungen		Fluggäste An/Ab		Luftfracht[2]	
	(1000)	Veränderung (%)	(1000)	Veränderung (%)	(1000 t)	Veränderung (%)
Düsseldorf	177,9	−3,3	14 422,2	−4,8	58,7[3]	+1,6
Köln/Bonn	139,3	+4,5	5 227,1	+10,3	322,5	+14,7
Münster/ Osnabrück	58,3	−4,5	1 027,4	+11,1	0,7[3]	+31,1
Großflughäfen NRW gesamt	*375,5*	*−0,8*	*20 676,7*	*−0,7*	*381,9*	*+12,5*
zum Vergleich: Frankfurt Rhein/Main	385,0	+1,7	38 761,2	+1,5	1366,4	+2,9

[1] Veränderung zum Vorjahr in Prozent
[2] ohne Luftpost
[3] Das Gesamtaufkommen einschließlich Trucking (Lkw-Beförderung von Luftfrachtgütern nach anderen Großflughäfen) ist höher; es betrug z. B. 1995 in Düsseldorf rd. 103 000 t und in Münster/Osnabrück rd. 11 850 t

Quelle: Arbeitsgemeinschaft Deutscher Verkehrsflughäfen (ADV), Stuttgart 1997

Tab. 6.16: Verkehrsergebnisse und Veränderungen[1] im gewerblichen Flugverkehr von Großflughäfen in Nordrhein-Westfalen 1996 (Werte gerundet)

2010 mit einem Passagierzuwachs von über 50% gerechnet. Durch Ausfälle während des Flughafenbrandes (−4,8% vgl. Tab. 6.16) büßte Düsseldorf allerdings 1996 erstmals seinen traditionellen zweiten Platz bei den Fluggastzahlen unter den deutschen Flughäfen ein. Er rangiert nun hinter Frankfurt und München. Die Flughäfen Nordrhein-Westfalens sind nicht nur herausragende Dienstleistungszentren, sondern auch bedeutende Arbeitgeber. Allein auf dem Rhein-Ruhr-Flughafen waren 1995 über 10 500 Personen in 200 Betrieben und Dienststellen tätig. Hinzu kommen die schwer quantifizierbaren indirekt an den Airport gebundenen Arbeitsplätze.

Frachtdrehkreuz Köln/Bonn

Nach Frankfurt Rhein-Main ist Köln/Bonn mit über 322 000 t Jahresfracht (1996) das bedeutendste Luftfrachtzentrum in Deutschland (Tab. 6.16). Daß der Luftverkehr einer großen Dynamik unterliegt, zeigt Köln/Bonns Weg in die Spitzengruppe deutscher Verkehrsflughäfen. Denn mit einer Steigerung in 1996 von über 10% auf rd. 5,2 Mio. Passagiere gehört der Airport auch zu den großen deutschen Flughäfen im Passagedienst. Seine starke Stellung im Frachtgeschäft geht im wesentlichen auf die Tatsache zurück, daß neben der Lufthansa vor allem weltweit operierende Paket- und Kurierdienste wie UPS oder DHL Köln jeweils zu einem ihrer europäischen Express-Frachtknotenpunkte gemacht haben. Dem trug die Flughafengesellschaft durch den Bau einer 7. Frachthalle und den Ausbau von Lager- und Büroflächen 1994 Rechnung.

Allerdings ist mit der Diskussion um die Einführung eines Nachtflugverbots in Köln/Bonn bei vielen Investoren eine Planungsunsicherheit eingetreten. Fluggesellschaften, vor allem aber die Kurier- und Paketdienste, haben Verlagerungen erwogen. Fehlende Fluglärmregelungen und Nachtflugverbote sowie beträchtliche Investitions- und Ansiedlungshilfen haben dazu beigetragen, daß sich benachbarte Flughäfen wie Maastricht, Brüssel, Lüttich, Luxemburg, aber auch der ehemalige US-Luftwaffenstützpunkt Hahn in Rheinland-Pfalz, zu einer ernsten Konkurrenz im Luftfrachtgeschäft für Köln/Bonn entwickeln. Dies trifft vor allem für den lärmsensiblen nächtlichen Frachtflugbereich zu, der bevorzugt die großen Kurierunternehmen betrifft.

*Flugverkehr contra Umwelt-
und Naturschutz*

Standort- und Arbeitsplatzsicherung wie auch die Erhöhung von Abfertigungs- und Flugkapazitäten kollidieren in immer schärferem Maße mit Fragen des Umwelt- und Naturschutzes. Im Rahmen einer umweltverträglichen Weiterentwicklung des Luftverkehrs (Luftverkehrskonzeption 1991/92) wurden in Nordrhein-Westfalen die Nachtflugbeschränkungen auf den Großflughäfen für laute Flugzeuge erheblich verschärft und die Landegebühren verteuert. Die Anbindung der Flughäfen Düsseldorf und Köln/Bonn an das Bahn-Hochgeschwindigkeitsnetz soll bereits mittelfristig viele Kurzstreckenflüge überflüssig machen und füreine weitere ökologisch wünschenswerte Entlastung beim Fluglärm sorgen.

Das Land verfolgt insgesamt einen behutsamen Ausbau seiner Luftfahrt-Infrastruktur. Ein wichtiger Schritt wurde bereits 1994 durch die Kooperation der Flughäfen Düsseldorf und Köln/Bonn getan, die vorrangig die Abstimmung der Hauptgesellschafter (Bund, Land und die beteiligten Städte) bei Großinvestitionen vorsieht. Der Zielkatalog der Landesregierung umfaßt bis zum Jahr 2000 u. a. die folgenden Maßnahmen:

– Mit einer Lärmkontingentierung als Kompromiß sollen in Düsseldorf künftig in den sechs verkehrsreichsten Monaten die Flugbewegungen von 91 000 auf 120 000 erhöht werden. Gleichzeitig wird konsequent die Entlastung Düsseldorfs durch Verlagerung von Regionaldiensten und Firmenflügen nach Mönchengladbach vorangetrieben. Bereits im Zusammenhang mit der Brandkatastrophe auf dem Rhein-Ruhr-Airport 1996 hatte der attraktive Regionalflughafen Mönchengladbach seine Leistungsfähigkeit deutlich unter Beweis gestellt.

– Eine Begrenzung der Expansion Köln/Bonns, etwa durch ein Nachtflugverbot im Frachtsektor, wird nicht erwogen. Vielmehr erwartet man durch die ICE-Anbindung des Airports zusätzliche Nachfrageimpulse (vgl. Kap. 6.2.3). Langfristig wird für Köln/Bonn durch steigendes Fracht- und Passageaufkommen mit bis zu 16 000 neuen Arbeitsplätzen rund um den Flughafen gerechnet.

– Ausgebaut und verstärkt genutzt werden soll der seit 1989 als dritter Großflughafen etablierte Airport Münster/Osnabrück. Eine Erweiterung der Start-/Landebahn auf 3300 m für Interkontinental-Flüge verursacht auf diesem Flughafen die geringsten Lärmprobleme.

– Aufwertung des Verkehrslandeplatzes Dortmund-Wickede durch Ausbau und Verlängerung der Start-/Landebahn auf 2000 m. Der für das östliche Ruhrrevier, das Sauer- und Siegerland und Ostwestfalen bedeutende Flugplatz, den 1996 bereits 450 000 Fluggäste nutzten, soll den Status eines Flughafens erhalten. Damit könnten künftig verstärkt Regionalflugverkehre dezentral abgewickelt und die Kapazitäten der Großflughäfen deutlich auf interkontinentale Verkehre konzentriert werden.

Dies scheint auch insofern dringend geboten, da die Anbindung Nordrhein-Westfalens an wichtige interkontinentale Strecken vielfach als nicht ausreichend bewertet wird. Führende internationale Carrier konzentrieren ihre Aktivitäten zunehmend auf wenige europäische Zentralairports, die eine günstige Kosten-Nutzen-Relation garantieren. Einige Fluggesellschaften, darunter u. a. für Düsseldorf besonders wichtige aus Ost- und Südostasien, bieten ihre Leistungen nur noch ab Frankfurt Rhein-Main an. Bereits seit Jahren ist im Zuge dieser Entwicklung die Abwanderung von Fluggästen nach Frankfurt, aber auch nach den konkurrierenden Großflughäfen Brüssel und Amsterdam (1995 ca. 300 000 Passagiere) zu beobachten.

6.5
Güterverkehrszentren (GVZ) als verkehrspolitische Hoffnungsträger

In den Ballungsregionen, vor allem aber in den städtischen Kernen, stoßen Individual- und Wirtschaftsverkehre zunehmend an ihre Grenzen. Wesentliche Ursachen sind der wachsende Straßenverkehr bei knappen Verkehrsinfrastrukturen in den Städten, der Trend zu autofreien Innenstädten, mangelnde Verkehrseinrichtungen speziell für den Wirtschaftsverkehr und Flächenengpässe in verkehrsgünstigen Lagen bzw. in der Nähe der Absatzgebiete. Es ist daher naheliegend, die Güterströme in und um die Stadtzentren zu bündeln.

GVZ - Masterplan

In diesem Zusammenhang sind die Güterverkehrszentren (GVZ) die derzeit am häufigsten diskutierten Lösungsversuche. Im Bundesverkehrswegeplan 1992 sind im sog. „Masterplan-GVZ Deutschland" bundesweit 51 GVZ-Standorträume vorgesehen. Davon liegen zehn in Nordrhein-Westfalen; zwei dieser Standorträume sind grenzüberschreitend (GVZ Aachen-Lüttich-Maastricht und Arnheim-Emmerich-

Nimwegen). Entwicklung, Bau und Betrieb der Anlagen werden in der Regel von Städten und Gemeinden in Form von Entwicklungs- bzw. Betreibergesellschaften vorgenommen. Mit den GVZ sollen insbesondere das Zusammenwirken der Verkehrsträger verbessert und Transportketten geschaffen, die Auslastung der Verkehrsmittel erhöht und Leerfahrten reduziert sowie durch „City-Logistikkonzepte" der innerstädtische Verkehr entlastet und optimiert werden. Ferner wird erwartet, daß die GVZ zu einer Minderung der Lärm- und Abgasemissionen und zu einer Erhöhung der Verkehrssicherheit beitragen. Wesentliches Element ist dabei die Verlagerung des Güterfernverkehrs von der Straße auf die Schiene; d. h. konkret Förderung des Kombinierten Verkehrs und Entlastung der Hauptverkehrsstraßen (Standortraumkonzept der Landesregierung 1992).

Standortraumkonzeption in Nordrhein-Westfalen

Die in Nordrhein-Westfalen in der Planungs- bzw. Aufbauphase befindlichen GVZ sind aufgrund konkurrierender Raumansprüche durchweg dezentrale Einrichtungen, in denen die klassischen GVZ-Funktionen auf mehrere Standorte verteilt sind (Abb. 6.12). Während in Bremen und in den Neuen Bundesländern bereits GVZ in Betrieb sind, entsprechen in Nordrhein-Westfalen bislang lediglich die Standorte Rheine/Osnabrück und Duisburg der idealtypischen Beschreibung eines GVZ. In Köln wird auf dem Gelände des Kombi-Umschlagbahnhofes Eifeltor ein kompaktes integriertes GVZ errichtet, das bis Ende 1998 seine Arbeit aufnehmen soll. Berechnungen gehen davon aus, daß allein in Nordrhein-Westfalen nach einem vollen GVZ-Aus-

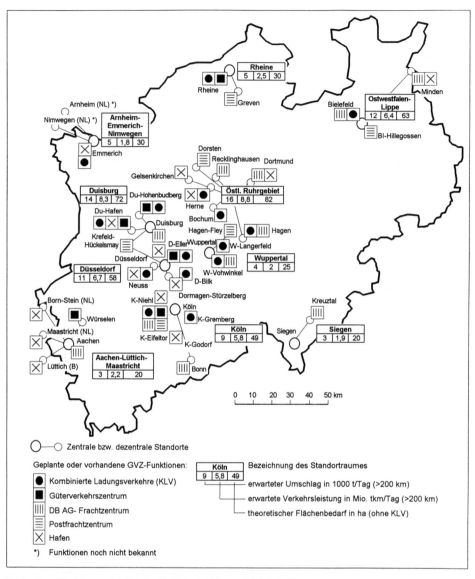

Quelle: eigene Darstellung nach Ministerium für Stadtentwicklung und Verkehr, 1992 a

Abb. 6.12: Standorträume und Funktionen für geplante/vorhandene Güterverkehrszentren (GVZ) in Nordrhein-Westfalen

bau täglich 82 000 t aus Verkehren über 200 km Entfernung auf GVZ-Anlagen konzentriert werden können. Dies entspricht einer Reduzierung um 8200 Lkw-Fahrten pro Tag oder nahezu 2 Mio. Lkw-Fahrten im Jahr. Die das Straßennetz in Nordrhein-Westfalen entlastende Verkehrsleistung in einem europaweiten GVZ-Netz (Versand, Empfang einschl. Binnenverkehr jeweils über 200 km Ent-

> Als GVZ gelten Verkehrsgewerbeflächen, auf denen sich Verkehrsbetriebe unterschiedlicher Ausrichtung (Transport, Spedition, Lagerei, Service, logistische Dienstleistungen, Postfrachtzentren) als selbständige Unternehmen ansiedeln können und die an mehrere, mindestens zwei Verkehrsträger angebunden sind. GVZ enthalten einen Umschlagbahnhof für den Kombinierten Verkehr Straße/Schiene (KLV) oder Binnenschiff/Straße/Schiene, wobei es auch ausreichend ist, wenn der Umschlagbahnhof in unmittelbarer Nähe der Verkehrsgewerbefläche gelegen und organisatorisch mit ihr verbunden ist. Ein GVZ ist auch dann gegeben, wenn mehrere, räumlich getrennte Teilflächen durch organisatorische Vorkehrungen, insbesondere Informationsvernetzung, so miteinander verbunden werden, daß sie wie eine zusammenhängende Fläche bewirtschaftet werden können (dezentrale Lösung).

Quelle: Bundesminister für Verkehr 1991

Übersicht 6.6: Zum Wesen von Güterverkehrszentren (GVZ)

fernung, ohne Transit) soll sich täglich auf 46,5 Mio. tkm bzw. 11,2 Mrd. tkm jährlich belaufen (Standortraumkonzept 1992). Gleichwohl ist in Fachkreisen die Wirkung der GVZ nicht unumstritten. So verstehen die Kommunen nach einer Umfrage des Verkehrsforums Bahn 1991 (KNAUER 1994) die Errichtung derartiger Anlagen vielfach als Instrument der Wirtschafts- und Struktur-förderung sowie als Maßnahme zur Schaffung und zum Erhalt von Arbeitsplätzen. Nachrangig werden von ihnen dagegen die Problemkreise Lkw-Transportverlagerung, Reduzierung von Lkw-Verkehren sowie Umweltentlastung bewertet. Es ist daher nach wie vor fraglich, ob die GVZ maßgeblich zur Lösung der Verkehrs- und Umweltprobleme beitragen werden.

7 Städte – die multifunktionalen Zentren Nordrhein-Westfalens

Das Bundesland Nordrhein-Westfalen wird durch eine relativ große Städtedichte geprägt. Allein fünf Städte, d. h. Köln, Essen, Dortmund, Düsseldorf und Duisburg, zählten 1996 mehr als 500 000 Einwohner; weitere 25 hatten zwischen 100 000 und 500 000 Einwohner (vgl. Tab. A 17 – s. Anhang: Fakten, Zahlen, Übersichten).

Mehr und mehr entwickeln sich die Großstädte Nordrhein-Westfalens zu multifunktionalen Gebilden mit sämtlichen zentralen Funktionen für ein meist weites Umland. Andererseits gibt es zwischen den Städten zahlreiche interdependente Systeme. Letztere sind Ausdruck einer arbeitsteiligen Organisation innerhalb von Städtesystemen, wobei einzelne Zentren bestimmte Leistungen auch für andere Städte (bezogen etwa auf Universitäten, Spezialkliniken, Landesbehörden oder Hafenfunktionen) erbringen. Diese Funktionsspezialisierungen treten naturgemäß besonders häufig in polyzentrischen, großstädtischen Agglomerationen auf, so z. B. im Ruhrgebiet. Nicht selten stellen jene Spezialisierungen den zumindest vorläufigen Endpunkt eines historisch-genetischen Prozesses dar, der im folgenden zunächst für Nordrhein-Westfalen allgemein und später für einzelne Stadtlandschaften analysiert werden soll.

7.1 Phasen der Stadtentwicklung im rheinisch-westfälischen Raum

Wenn heute in dem dicht besiedelten Bundesland Nordrhein-Westfalen zwischenstädtische Beziehungen von großer Intensität – auch zwischen den kulturhistorisch so heterogenen Landesteilen Rheinland und Westfalen – bestehen, dann trifft das zumindest für die vorindustrielle Zeit nicht zu. Denn das rheinische und westfälische Städtesystem in vorindustrieller Zeit stellte im Grunde keine Einheit dar. Schon in mittelalterlicher Zeit bildete der Rhein „die alles bestimmende Leitlinie städtischer Lokalisation wie in einigem westlichen Abstand die Maas; an ihnen reiht sich städtisches Leben auf, je weiter oberhalb gegen die Öffnung der Gebirgsdurchbrüche, desto eindeutiger, wie die Lagen Kölns und Bonns erkennen lassen" (KRAUS 1961, S. 3). Aber auch im Bereich des Rheintales selbst mit seinen flankierenden Terrassensystemen läßt sich stadtgeschichtlich eine räumliche Differenzierung vornehmen. Denn zuerst erhielten die linksrheinischen Gebiete in der Niederrheinischen Bucht und im anschließenden Tiefland eine enge Berührung mit der Stadtkultur in römischer Zeit; im Rechtsrheinischen fehlt dagegen die, wie ENNEN (1956, S. 17) es formuliert, „hochgezüchtete städtische Zivilisation" mittelmeerischer Prägung. Erst in der fränkischen Zeit, d. h. mit der Ausbildung neuer weltlicher und geistlicher Grundherrschaften, verliert allmählich der Rhein seine Grenzfunktion im Stadtwerdungsprozeß. Eine weitere Differenzierung im niederrheinischen Städtebild zeigt sich z. B. auch in dem stromabwärts zunehmenden flandrisch-niederländischen Baueinfluß. Gemeinsam sind dem frühen niederrheinischen Städtesystem die Prinzipien des Steinbaus, der bis auf die römische Zeit zurückreicht und dem sich der Fachwerkbau unterordnet.

Dagegen ist Westfalen trotz seiner frühen Bischofssitze (Münster, Paderborn, Minden und Osnabrück) und seiner späteren Hansezentren (vor allem Soest und Dortmund) nie ein Raum dichter Stadtentwicklung geworden; vielmehr blieben hier die stadtbildenden Kerne „isoliert, individuell in ihrem Wesen und ihrer Entstehung" (SCHÖLLER 1967, S. 52). Gerade im westfälischen Städtesystem zeigt sich ein nord-südlicher Formenwandel. Die unterschiedlichen ökonomischen, demographischen und territorialgeschichtlichen Entwicklungsprozesse zwischen dem Norddeutschen Tiefland und dem südlich anschließenden Bergland waren bestimmend für die Gründung, die Dichte sowie auch die Grundrisse und den Baucharakter der westfälischen Städte. Dennoch gibt es auch in Westfalen mit dem Hellweg eine markante stadtgeographische Leitlinie, deren Fernhandelsfunktionen bekanntlich bis in die vorgeschichtliche Zeit zurückreichen.

Neben den beiden wichtigsten städtischen Siedlungsleitlinien, dem Rheinstrom und dem Hellweg, haben sich auch einige mehr singuläre Zentren frühstädtischer Gebilde entfalten können, so vor allem Aachen und Münster, um die dann später nahezu konzentrische Stadtsysteme niedrigerer Zentralität heranwuchsen. Das Rheinische Schiefergebirge verkörpert hinsichtlich früher Stadtgründungen eher einen Passivraum, dessen mittelalterliche und frühneuzeitliche Stadtbildungen – man denke nur an Iserlohn, Lüdenscheid, Solingen sowie Elberfeld und Barmen – weniger auf verkehrsgeographische oder Residenzfunktionen bzw. politisch-territoriale Ausbaumaßnahmen (z. B. Arnsberg) zurückzuführen sind, sondern vielmehr auf den einstigen Gewerbereichtum im ressourcenreichen Mittelgebirge.

Stark verallgemeinert gesehen, lassen sich von mittelalterlicher Zeit bis zu den modernen Industrialisierungsprozessen folgende Stadtwerdungs- und -entfaltungsphasen im rheinisch-westfälischen Raum herausstellen:

Eine *erste Epoche* reicht bis etwa 1180. In dieser Zeit bildeten sich vor allem im Rheinland schon regelrechte Muster von Städten und stadtähnlichen Siedlungen heraus, die überregional bedeutende Markt- und Handelsfunktionen sowie wichtige geistliche und grundherrschaftliche Aufgaben zu erfüllen hatten. Zu der linksrheinischen Städtereihe mit Bonn, Köln als „der Stadt" schlechthin, Neuss und dem stadtähnlichen Xanten treten nun bald auch im Rechtsrheinischen zentralörtliche Gebilde als Kloster- bzw. Stifts- oder Pfalzgründungen hinzu, so u. a. Siegburg, Kaiserswerth und Essen. Ähnliche Entwicklungsimpulse gingen von der Hellwegstädtereihe aus, und zwar bis weit in den nordwest- und mitteldeutschen Raum hinein.

Eine *zweite Epoche* in der rheinisch-westfälischen Stadtentwicklungsgeschichte umfaßt den von 1180 bis 1350 reichenden Zeitraum, der wiederum unterschiedliche Typen und Muster städtischer Siedlungen impliziert und demzufoge auch in mehrere historisch-genetische Abschnitte untergliedert werden kann (vgl. ausführlicher u. a. AUF DER HEIDE 1977). So kommt es zunächst von 1180 bis ca. 1240 seitens der jeweiligen Territorialgewalten zu einer Vervielfachung des bislang realisierten Stadttypus, was sich in den topographisch-geographischen Lagebeziehungen, in den jeweiligen Grundrißelementen sowie auch in rechtlicher (Transfer spezifischer Stadtrechte) und funktionaler Hinsicht widerspiegelt. Zu nennen wären in diesem Zusammenhang für den rheinischen Raum z. B. die Neugründungen Düren, Jülich, Deutz, Gerresheim, Rheinberg, Wesel, Rees, Geldern und Emmerich sowie für Westfalen Recklinghausen, Coesfeld, Warendorf,

Wiedenbrück, Beckum, Hamm, Ahlen, Lemgo, Bielefeld, Herford, Warburg u. a. m.

In dem folgenden Zeitabschnitt von 1240 bis ca. 1290 werden im Zuge sich häufender Territorialkonflikte und entsprechender Sicherheitsbestrebungen zahlreiche kleinere Stadtsiedlungen (Klein- und Zwergstädte) angelegt, deren Schutzfunktionen (Befestigungen) nun in den Vordergrund treten. Beispiele hierfür sind Brühl, Lechenich, Blankenberg, Herzogenrath, Heinsberg, Uerdingen, Ratingen, Dinslaken, Goch und Kleve. Für die Westfälische Bucht seien die Beispiele Unna, Lünen, Haltern, Dorsten und Lüdinghausen genannt. Entsprechende Gründungen im westfälischen Mittelgebirgsraum sind im Süderbergland Berleburg, Winterberg, Schmallenberg, Menden und Neheim sowie im Weserbergland Driburg, Steinheim, Detmold, Blomberg, Vlotho. In den sechs Jahrzehnten zwischen 1290 und 1350 beginnt dann vor allem in Westfalen, d. h. vornehmlich in der Grafschaft Mark und in den südlich anschließenden Teilen des Sauerlandes, „als Spätblüte der mittelalterlichen Stadtgeschichte die Zeit der Minderstädte, jener Orte, die nicht als Städte im vollen Sinne des Wortes anzusehen sind, sondern nur noch einzelne städtische Züge tragen" (HAASE 1960, S. 105). Beispiele für diese rechtlich geringer ausgestatteten „Minderstädte" bzw. „Freiheiten" sind Blankenstein, Volmarstein, Wetter, Hachen, Sundern sowie in der Westfälischen Bucht Bochum, Billerbeck, Wolbeck und Freckenhorst. Für einen großen Teil der „Minderstädte" ist der unvollkommene Zustand nur ein Durchgangsstadium zur vollen Stadtentwicklung. Was den rheinischen Raum betrifft, so beginnt hier die Gründungszeit der allerdings weniger zahlreich vertretenen „Minderstädte" erst nach 1350.

Der *dritte* große *Abschnitt* der rheinisch-westfälischen Stadtentstehungsgeschichte läßt sich mit dem Zeitraum von 1350 bis zum Reichsdeputationshauptschluß im Jahre 1803 ungefähr umgrenzen. In diesem beinahe halben Jahrtausend wurden weniger neue Städte als in den Jahrhunderten vorher gegründet bzw. Siedlungen mit Stadtrechten versehen. Eine erste Epoche in diesem zeitlich langen Abschnitt reicht von 1350 bis ca. 1520, in der eine Reihe von gewerblichen Siedlungen (Metallgewinnung und -verarbeitung etc.) vor allem im rechtsrheinischen Schiefergebirge Stadtrechte erhält; z. B. Solingen, Elberfeld, Balve, Allendorf, Plettenberg und Drolshagen. Aber auch in den Tiefländern entstehen mehrere neue Städte, im Niederrheingebiet u. a. Geilenkirchen, Zons, Bedburg, Mönchengladbach, Krefeld und Straelen. Die nachfolgende Epoche erstreckt sich bis 1648 und umfaßt damit ungefähr den Zeitraum der Glaubenskämpfe; sie läßt sich durch das nahezu völlige Fehlen von Stadtgründungen charakterisieren.

Dagegen bildet sich in der dritten Epoche, d. h. von 1648 bis 1803, wenigstens in den neuen preußischen Gebieten, in den Grafschaften Mark und Ravensberg, auch in Minden und Tecklenburg, später auch im Herzogtum Kleve, im Zuge des zentralisierten Verwaltungssystems ein auf steuerpolitischen Erwägungen basierender neuer Stadttypus, den man als „Akzisestädte" (HAASE 1960, S. 180) bezeichnen kann. Beispiele in der Grafschaft Mark sind Wattenscheid, Herdecke, Hagen, Altena und Meinerzhagen. Gleichzeitig forcieren besonders im Rheinland die dortigen Herrschaftshäuser den Residenzausbau, wie er sich u. a. in Düsseldorf, Bonn oder Brühl manifestiert. Städtebildende Impulse gehen aber auch von Glaubensflüchtlingen, insbesondere von protestantischen Gruppen, aus, deren Wirtschaftskraft das neuzeitliche Bild zahlreicher Stadtsiedlungen prägt. Zu denken ist hier an entsprechende Entwicklungen etwa in Stolberg und Düren auf Kosten des alten Zentrums Aachen; gleichermaßen betrifft dieses Krefeld oder Mülheim gegenüber der rheinischen Metropole Köln sowie mehrere Zentren im Bergischen Land.

Als *vierter* und letzter *Abschnitt* der hiesigen Stadtentwicklungsgeschichte kann der Zeitraum vom beginnenden 19. Jahrhundert bis zur unmittelbaren Gegenwart herausgestellt werden. Mit der Auflösung des mittelalterlichen Feudalsystems bekommt der Stadtbegriff nun einen neuen Inhalt. Die modernen Staats- und Verwaltungssysteme nehmen der Stadt, auch den einstigen Freien Reichsstädten Aachen, Köln und Dortmund, ihre alten Privilegien. Darüber hinaus bringen die tiefgreifenden sozio-ökonomischen Wandlungsprozesse im Zuge der Industrialisierung neue Stadttypen mit sich, zunächst im Rheinischen Schiefergebirge und dann in den sich bildenden Industriezonen an den Nordrändern des Mittelgebirges. Allerdings verlaufen diese neuen Stadtentwicklungen in den beiden Provinzen Rheinland und Westfalen recht unterschiedlich, was im wesentlichen mit den voneinander abweichenden Gemeinde- und Städteverordnungen zu tun hat. Umgekehrt verlieren mit dem Industrialisierungsprozeß seit der Mitte des 19. Jahrhunderts zahlreiche ältere Stadtsiedlungen ihren bisherigen Status. In der zweiten Hälfte des 19. Jahrhunderts bis zum Ersten Weltkrieg wachsen dann sehr rasch im Rheinisch-Westfälischen Industriegebiet, vor allem in der Emscherzone, reine Industriestädte heran, wie u. a. Hamborn, Oberhausen, Gelsenkirchen, Herne, Castrop. Allerdings steigt die Gesamtzahl der rheinisch-westfälischen Städte kaum noch an, da nun erste Eingemeindungen (z. B. Deutz, Kalk und Mülheim zu Köln, Gerresheim zu Düsseldorf, Linn zu Krefeld oder Ruhrort und Meiderich zu Duisburg) eine völlig veränderte Städtordnung herbeiführen.

Der Zeitabschnitt von 1918 bis ca. 1950 verzeichnet wenigstens in seiner ersten Phase wiederum eine relativ starke Zunahme an Städten, die meist als reine Industriesiedlungen mehr oder minder Neuschöpfungen ohne eine ältere städtische Vergangenheit sind. Dazu gehören im Ruhrgebiet Osterfeld (vgl. Kap. 3.3.1), Bottrop, Gladbeck, Buer, Herten, Marl und Datteln; weitere Beispiele im ländlichen Raum Westfalens sind Erwitte, Hemer, Werdohl, Emsdetten, Borghorst und Greven. Am Rhein und im bergisch-märkischen Industriegebiet entstehen etwa zur gleichen Zeit Leverkusen, Wiesdorf, Bensberg, Langenfeld, Haan, Vohwinkel, Neviges und Heiligenhaus. Viele dieser Neugründungen verlieren jedoch schon nach wenigen Jahren wieder ihren Stadtstatus, vor allem im Zuge der Verwaltungsreformen und Eingemeindungen im Zeitraum 1926–29. Stadtgeschichtlich bedeutsam ist auch das Jahr 1935; denn nun verschwinden mit dem Erlaß „Deutsche Gemeindeordnung" die bisherigen Unterschiede zwischen Stadt- und Landgemeinde. Die Bezeichnung „Stadt" sinkt, wie C. HAASE (1960, S. 212) es formuliert, zu einem bloßen Dekorationselement herab. Nur noch die „kreisfreie Stadt" hebt sich von der gleichmäßigen Masse der Gemeinden ab.

Gegen Ende der 50er Jahre beginnt nach der verheerenden Zerstörung im Zweiten Weltkrieg und der Wiederaufbauphase ein weiterer Entwicklungsabschnitt, der heute noch nicht abgeschlossen ist. Nun erfolgt mit den bereits skizzierten demographischen Umstrukturierungsprozessen die „suburbane Revolution". Die zunehmende Verstädterung auch des ländlich-agraren Raumes läßt ein ganz neues Beziehungs- und Verflechtungssystem im Städtebild entstehen. Begriffe wie „Satelliten-", „Trabanten-" und „Schlafstädte", „Bandstadt-" oder „Achsen- Schwerpunkt-Konzepte" u. a. m. sollen diesen Prozeß

I. Mittelalterliche Städte

1. Fernhandelszentren, die bis ins frühe Mittelalter zurückreichen und mit geistlichen bzw. weltlichen Grundherrschaftsfunktionen ausgestattet sind (im rheinischen Raum zum großen Teil auf römischen Traditionen basierend); ihre Stadtkerne bestehen aus Herrschaftssitzen und Markt- bzw. Kaufmannssiedlungen. Dazu gehören Aachen, Bonn, Köln, Neuss, Duisburg, Essen, Dortmund, Soest, Paderborn, Münster, Höxter und Minden. Teilweise fungieren sie als „Mutterstädte" für spätere „Stadtrechtsfamilien".

2. Nahmarkt- und Gewerbeorte im hohen Mittelalter
Es handelt sich hierbei um abgeleitete Formen der frühmittelalterlichen Städte, die aber selbst noch zum Rechtsvorbild für nachfolgende Stadtgründungen werden. Beispiele für diesen Typ sind im rheinischen Raum z. B. Düren, Deutz, Düsseldorf, Moers, Wesel, Geldern und Kleve. Für Westfalen seien Recklinghausen, Ahlen, Hamm, Lippstadt, Arnsberg, Brilon, Bocholt sowie Herford und Bielefeld genannt.

3. Territorialpolitische Klein- und Zwergstädte im 14. und 15. Jahrhundert
Zu diesen zählen im Rheinischen u. a. Grevenbroich, Mönchengladbach, Krefeld, Zons und Solingen; in Westfalen Bochum, Rheine und Bad Salzuflen.

II. Frühneuzeitliche Städte

Seit ca. 1500 zeigt sich ein Vakuum in der rheinisch-westfälischen Stadtentstehungsgeschichte, das bis in das 19. Jahrhundert andauert. Neben einigen Stadterhebungen (meist „Minderstädte") stehen auch Residenzstadtgründungen. In den zu Brandenburg-Preußen gehörenden Territorien tritt zugleich als neuer Stadttyp die „Akzisestadt" hinzu.

III. Städte im Industriezeitalter

Kennzeichnend für diese Epoche ist nicht so sehr die Gründung von neuen Städten, sondern vielmehr ein tiefgreifender Strukturwandel des bereits bestehenden Städtewesens infolge der gewerblich-industriellen Expansion.

1. Frühindustrielle Gewerbestädte im 19. Jahrhundert
Erfaßt werden hiervon besonders jene Städte, die von traditionellen Wirtschaftszweigen, so von der Textilherstellung oder der Metallverarbeitung, bestimmt werden.

2. Industriell bestimmte Städte im 19. und 20. Jahrhundert
Herauszuheben sind diesbezüglich vor allem die Ruhrgebietsstädte, mehrere Zentren entlang des Rheinstromes, weiterhin der bergisch-märkische sowie der Aachener Wirtschaftsraum.

3. Aktuelle Entwicklungsprozesse von der Stadt zu einem regionalstädtischen Beziehungsfeld
Durch die Suburbanisierung, kommunale Neugliederungen bzw. Stadtzusammenfassungen oder landesplanerische Vorgaben u. a. m, entstehen neue Beziehungs- und Verflechtungssysteme, deren Entwicklung noch nicht abgeschlossen ist.

Quelle: verändert nach AUF DER HEIDE (1977)

Übersicht 7.1: Stadttypen in Nordrhein-Westfalen in historisch-genetischer Sicht

hier nur schlagwortartig verdeutlichen (vgl. Kap. 7.2).

Man unterscheidet bei den nachkriegszeitlichen Städteneugründungen mehrere Planungsstrategien, die in der Grundkonzeption recht stark voneinander abweichen. Wenn auch die einzelnen Aufgabenbereiche dieser neuen Gemeinwesen unterschiedlich zu werten sind, so weisen sie doch durch die ihnen eigene Beton- und Glasarchitektur deutliche Gemeinsamkeiten auf. Und gerade die Uniformität dieser

„Neuen Städte", die sich in vielen Fällen als reine „Wohnsilos" darstellen, hat in den letzten Jahren heftige Kritik hervorgerufen.

7.2
Verstädterungs- und Suburbanisierungsprozesse

In der vorindustriellen Zeit verteilte sich die Bevölkerung Nordrhein-Westfalens relativ gleichmäßig im Raum, da Land- und Forstwirtschaft zu einer räumlichen Streuung der Besiedlung tendieren. Landwirtschaftliche Gunsträume führten zu einer höheren Siedlungsdichte als die reliefmäßig und klimatisch benachteiligten Mittelgebirgsregionen. Aus diesem Verteilungsmuster hoben sich städtische Nahzentren heraus, die die Bevölkerung mit gewerblichen Produkten und Dienstleistungen versorgten. Weitere zentrale Orte bildeten sich an Verkehrsknotenpunkten.

7.2.1
Verstädterungsprozesse in Nordrhein-Westfalen

Im Jahre 1819 ragte Köln mit 56 000 Einwohnern weit über die anderen Städte im heutigen Nordrhein-Westfalen hinaus. Aachen lag aufgrund des Textilgewerbes mit 34 000 Einwohnern an dritter Stelle, noch übertroffen von dem heutigen Wuppertal mit 35 000 Einwohnern. Infolge des früh einsetzenden Textil- und Metallgewerbes und der daraus folgenden Zuwanderungswelle übertraf Wuppertal in der Einwohnerzahl 1871 sogar Köln. Im Zuge der Industrialisierung brachten tiefgreifende sozio-ökonomisch bedingte Wanderungsprozesse einen raschen Anstieg der Bevölkerung im heutigen Nordrhein-Westfalen; eine starke Verstädterung setzte ein. Im Jahre 1852 lebten bereits 3,4 Mio.

Menschen in den heutigen Landesgrenzen, ihre Zahl stieg 1871 auf 4,2 Mio. an. In den Industriezonen entstanden neue Städte aus ehemals ländlichen Siedlungen; bereits bestehende Städte erfuhren ein enormes Wachstum. Dieser Prozeß erfolgte zunächst im Rheinischen Schiefergebirge (Wuppertal, Remscheid, Solingen) aufgrund der dortigen Primärpotentiale Eisenerz, Wasserkraft und Holz, die für die frühindustrielle Phase bestimmend waren; später am Nordrand der Mittelgebirge, was zur Ausbildung des in Deutschland einzigartigen polyzentrischen Verdichtungsraumes „Ruhrgebiet" führte. Zwischen 1871 und 1910 stieg zum Beispiel die Einwohnerzahl in Gelsenkirchen von 8000 auf 170 000, also um mehr als das 20fache. In Herne fand im selben Zeitraum eine Verzehnfachung statt. Die Gesamtbevölkerung im heutigen Nordrhein-Westfalen erreichte 1919 die 10-Mio.-Grenze. Zurückzuführen waren diese enormen Bevölkerungszuwächse überwiegend auf Wanderungsgewinne (vgl. Kap. 2.2).

Als sich die ersten Industrieagglomerationen bildeten, also ab etwa 1870, lebten noch 37,8% der Menschen in Gemeinden mit weniger als 2 000 Einwohnern und nur 17,4% in Gemeinden mit mehr als 20 000 Einwohnern. Während die städtische Bevölkerung stark wuchs, ging sie in den kleinen Gemeinden zurück. Dadurch sank der Anteil der Gemeinden mit weniger als 2000 Einwohnern auf 10,5% im Jahre 1939. Auch die größeren Gemeinden bis 5000 Einwohner mußten relative Bedeutungsverluste hinnehmen. Demgegenüber wuchs der Anteil der Städte mit mehr als 100 000 Einwohnern von 3% im Jahre 1871 auf 16,4% im Jahre 1939; sie waren damit die eigentlichen Wachtumszonen der Industrialisierungsphase. Bei den Gemeinden mittlerer Größe zeigte sich dagegen nur ein leichtes Wachstum. Der Zweite Weltkrieg mit seinen verheerenden

Zerstörungen führte zu einer Unterbrechung dieser Entwicklung. In den Städten mit über 100 000 Einwohnern sank die Bevölkerung von 5,4 Mio. im Jahre 1939 auf 4,13 Mio. im Jahre 1946 um 23,5%, während in anderen Gemeinden die Einwohnerzahl leicht anstieg. Durch den Wiederaufbau und durch die große Zahl von Flüchtlingen und Heimatvertriebenen kam es jedoch schnell zu einem neuen Wachstum der Städte. Dabei zeigte sich, daß die beiden rheinischen Metropolen Köln und Düsseldorf aufgrund der vielseitigen Wirtschaftsstruktur am schnellsten wanderungsbedingt wuchsen.

7.2.2
Suburbanisierungsprozesse in Nordrhein-Westfalen

In den 1960er Jahren setzte mit einer Kern–Rand-Wanderung ein neuartiger demographischer Umstrukturierungsprozeß ein, die sog. Suburbanisierung. Diese bildet das gegenwärtige Endstadium einer großstädtischen Bevölkerungsentwicklung, die mit der zunehmenden räumlichen Trennung der Daseinsgrundfunktionen Arbeiten, Wohnen und Sich-Erholen begann. Sie endete mit einem starken Wachstum ehemals ländlich-agrar geprägter Siedlungen oder mit der Neubildung sogenannter suburbanisierter Gemeinden (auch Suburbes, suburbs oder Vorstädte genannt; z. B. Köln-Chorweiler, Düsseldorf-Garath) oder innerstädtischer Subzentren. Bei Zugrundelegung der modifizierten Zoneneinteilung der Landesplanung in Ballungkerne, Ballungsrandzonen, Solitäre Verdichtungsgebiete und Ländliche Zonen handelt es sich bei den Suburbanisierungsprozessen vor allem um Nahwanderungsströme aus den Kernen in die Ballungsrandzonen sowie in die nahegelegenen Gemeinden der Ländlichen Zone.

Raumwirksame Prozesse

Unter „suburbanem Raum" versteht man also jene Zonen, die im Rahmen eines Dekonzentrationsprozesses von Städten durch einen Zuwachs an Bevölkerung und Arbeitsplätzen gekennzeichnet sind. Dabei bleiben die räumlich-funktionalen Beziehungen zwischen dem Siedlungskern und den Randzonen weitgehend erhalten. Flächenreserven, geringere Boden- und Wohnkosten sowie verminderte Umweltbelastungen waren und sind wesentliche Gründe für die Abwanderung von Haushalten wie auch von Gewerbe- und Industriebetrieben aus der räumlichen Enge des Siedlungskernes. Hierbei kam es jedoch nicht zu einem Gleichgewicht von räumlicher Bevölkerungsverteilung und Arbeitsplätzen, so daß vielfach die Bindung zur Arbeitsstätte im Ballungsraum geblieben ist. Letztere findet ihren Ausdruck in dem stark gestiegenen Pendlerwesen, das die Verkehrslenkung in manchen Städten des Landes zu einem gravierenden Problem hat werden lassen. In den Städten der Rheinschiene wird dies besonders deutlich.

In kleineren Städten und Gemeinden im ländlichen Randgebiet der größeren Städte zeigten sich hohe Wanderungsgewinne auf Kosten der Innenstädte. So stieg der Anteil der Gemeinden mit 20 000–50 000 Einwohnern von 12,8% im Jahre 1950 auf 20,4% (1970) bis auf den Höchststand von 22,1% (1986) an. Im Vordergrund stehen bei der Suburbanisierung die raumwirksamen Prozesse, wobei es zunächst keine Rolle spielt, ob die Suburbanisierung administrative Grenzen überschreitet oder nicht. Damit wird zugleich deutlich, daß diese Prozesse nicht nur die eigentlichen Ballungsrandzonen tangieren, sondern in einem gewissen Umfang auch die bislang ländlich-agraren Gebiete erfaßt haben.

Formen der Suburbanisierung

Der Suburbanisierungsprozeß betrifft drei unterschiedliche Bereiche, und zwar teilweise in zeitlicher Abfolge. Es lassen sich unterscheiden:

- Bevölkerungssuburbanisierung:
  Wanderung der Bevölkerung in die Ballungsrandzonen,
- Industriesuburbanisierung:
  Ansiedlung und Verlagerung von Betrieben in Gewerbe- und Industriegebiete mit guten Verkehrsanbindungen und Flächenbedingungen im Umland der großen Industrie- und Dienstleistungszentren und
- Dienstleistungssuburbanisierung:
  Dezentralisierung der hohen zentralen Funktionen der Kernstädte auf das Umland (z. B. flächenintensive Einkaufszentren in verkehrsgünstiger Lage).

Bevölkerungssuburbanisierung

Das Ausmaß der Bevölkerungssuburbanisierung läßt sich durch die Wanderungsbilanz von 1976 bis 1982 nach Zonen aufzeigen (vgl. Tab. 7.1). Während die Ballungskerne in Nordrhein-Westfalen einen Wanderungsverlust von 5% aufwiesen, erreichten alle anderen Zonen Wanderungsgewinne, wobei die stärksten Zuwächse in den Ballungsrandzonen lagen.

Besonders betroffen durch die Abwanderungen waren die kreisfreien Städte Bonn, Köln und Düsseldorf. Keine Wanderungsverluste verzeichneten Krefeld und Mönchengladbach. Damit steht diese Stadtentwicklungsphase in einem deutlichen Gegensatz zu der beschriebenen Verstädterungsphase des Zeitraumes 1950 bis 1965. Ein stärkerer Bevölkerungsrückgang in den Ballungskernen wurde durch den Zuzug von einkommensschwachen Gruppen oder Angehörigen ethnischer Minderheiten in die alten Wohnquartiere mit einem relativ niedrigen Mietspiegel verhindert. Die neuen Bewohner der Innenstädte bedingten eine weitere Stagnation bzw. einen relativen Rückgang der Mieteinnahmen, so daß notwendige Ersatzinvestitionen an den Gebäuden seitens der Eigentümer verschoben oder nicht durchgeführt wurden. Hierdurch kommt es aber in diesen Stadtgebieten zu besonderen Problemen in der Stadtplanung. Eine ähnliche Situation liegt häufig in relativ zentrumsnahen ehemals stark industriell geprägten Stadtteilen vor. Als Beispiel sei hier Kalk, ein rechtsrheinischer Stadtteil von Köln mit ehemals hohem Industriebesatz, genannt, der im Jahre 1996 einen Ausländeranteil von 37,7% aufwies, gegenüber 18,2% im Kölner Durchschnitt. Inzwischen haben sich jedoch in vielen der riesigen Wohnblocks

	Wanderungsbilanz je 1000 Einwohner 1982 (%)	Wanderungs-bilanz	Zuzüge	Fortzüge
			1976–1982	
Ballungskern	–5,0	–142150	2157050	2299200
Ballungsrandzone	3,4	55600	1359450	1303850
Solitäre Verdichtungsgebiete	1,4	9600	312700	303100
Ländliche Zone	1,7	125500	2014200	1888700

Quelle: verändert nach „Der Ministerpräsident des Landes NRW (Hrsg.): Landesentwicklungsbericht 1982"

Tab. 7.1: Wanderungsbilanz Nordrhein-Westfalens 1976–1982 nach Zonen des früheren LEP I/II

aus den ersten Jahren des Suburbanisierungsprozesses die Lebens- und Wohnverhältnisse nachteilig verändert. Als vermeintliche Ursache, aber gleichzeitig auch Folge dieser Tatsache, gelten im allgemeinen die etwas unglückliche Mischung aus Bevölkerungsteilen ethnischer Minderheiten sowie von Personen mit sehr niedrigen Einkommen, eine hohe Arbeitslosigkeit (insbesondere Jugend- und Langzeitarbeitslosigkeit) und eine überdurchschnittliche Kriminalitätsrate. Die Bevölkerungsumverteilung führte in den Kernstädten zu infrastrukturellen Überkapazitäten (Kindergärten, Schulen der Primarstufe und Sekundarstufe I), im suburbanen Raum kam es dagegen zu Engpässen und zu steigendem Investitionsbedarf.

Berufs- und Ausbildungspendler

Die Bedeutung des suburbanen Raumes für die Kernstadt und umgekehrt wird heute noch durch die Pendlerströme in Nordrhein-Westfalen deutlich, die graphisch an den Beispielen Köln, Düsseldorf und Münster für das Jahr der letzten Volkszählung 1987 dargestellt sind (vgl. Abb. 7.1, 7.2 und 7.3).

Allgemein kann man den Pendelverkehr als jeden regelmäßigen Personenverkehr zwischen zwei Orten betrachten. Bei einer statistischen Analyse des Pendelverkehrs bleibt aber zu beachten, daß der Personenverkehr innerhalb einer Gemeinde (Binnenpendler) in der Regel zwar erhoben, aber nicht ausgewiesen wird, was besonders bei großflächigen und dichtbesiedelten Gemeinden wie Köln erheblich ist. Eine Ausnahme bieten H. EPPMANN und H.-D. HEINRICHS (1990, S. 395, 426) an. So wurden beispielsweise 600 000 Personen in Nordrhein-Westfalen ermittelt, deren Wohnung und Arbeits- bzw. Ausbildungsplatz sich auf der gleichen Grundstücksfläche befinden. Hier handelt es sich

vornehmlich um kleine und mittlere Unternehmen von Freiberuflern (z. B. Architekten, Steuerberater, Ärzte), aber auch um Handwerksbetriebe. Nicht in der Pendelstatistik enthalten sind Verbindungen vom Wohnort zu Einkaufsmöglichkeiten oder zu anderen Dienstleistungen (alles zentrale Funktionen, die keinen Ausbildungscharakter haben). Auch wird nicht nach Tages- und Fernpendlern differenziert. Allerdings lassen sich die ca. 350 000 Personen, die 1987 wohl nicht täglich pendelten, aus der großen Entfernung von Herkunfts- und Zielort schätzen.

Mit der weiteren Entwicklung der Verkehrsträger haben sich die Distanzen, die der Pendelverkehr überwinden muß, tendenziell vergrößert. Diese Tendenz wurde durch die Kommunalplanung der 1960er und 1970er Jahre verstärkt, die damals eine Trennung der Daseinsgrundfunktionen „Wohnen" und „Arbeiten" bevorzugte. Die erhebliche Bedeutungserweiterung des Pendelverkehrs zwischen 1970 und 1987 wird aus folgendenden Zahlen deutlich: Während die Bevölkerungszahl um 1,2% und die Beschäftigtenzahl sogar um 3,1% zurückging, stieg die Berufseinpendlerzahl um fast 60%. Unter den großen Städten erfuhren die multifunktionalen Zentren Münster (+107,2%), Bonn (+84,7%), Düsseldorf (+75,6%) und Köln (+74,3%) die größten Steigerungen. Im Ruhrgebiet dagegen nahmen die Pendelbewegungen fast überall nur unterdurchschnittlich zu.

Bezogen auf die Gesamtzahl der Nordrhein-Westfalen-Pendler 1987 von rund 2,5 Mio. wirkt die Zahl der darin enthaltenen Ausbildungspendler mit ca. 340 000 recht bescheiden. Interessant ist aber, daß die Zunahme der Ausbildungspendler von 1970 zu 1987 sogar 74% beträgt. Dies wurde durch die Schaffung größerer Schulen, die Einrichtung bestimmter Schultypen, die Verminderung der Standorte und die Steigerung der Jahrgangsanteile in den

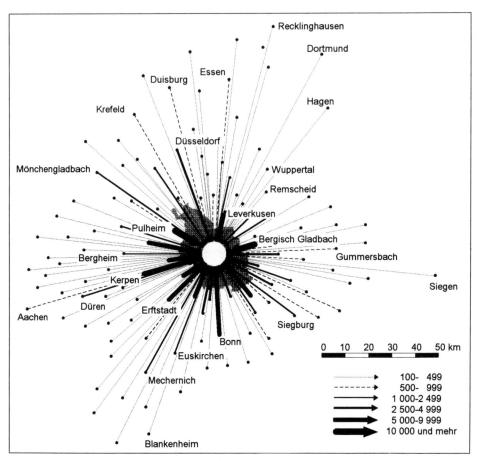

Quelle: Eigene Darstellung nach LDS NRW (Hrsg.), Berufs- und Ausbildungspendler, Bd. 1.3, Volkszählung 1987, Düsseldorf 1990, S. 144–145 und 310–313

Abb. 7.1: Berufs- und Ausbildungseinpendler Kölns 1987 (Darstellung ab 100 Pendler)

Gymnasien und Hochschulen gefördert. Die Errichtung neuer Hochschulstandorte entschärfte zwar die Pendelbewegungen über lange Distanzen, wurde aber zum großen Teil durch Pendeln über kurze Distanzen wieder ausgeglichen, da die Hochschulstandorte immer weniger in der Lage sind, die dringend benötigten Studentenunterkünfte in ausreichender Zahl auf eigenem Gemeindegebiet sicherzustellen.

Die dargestellten Pendelbewegungen führen besonders zur „Rush-Hour" zu einer erheblichen Überlastung bestimmter Verkehrsverbindungen zu und von den Berufs- und Ausbildungszentren. Meistens beschränkt sich diese Überlastung aber derzeit auf den Straßenverkehr, der bei Auftreten größerer Störungen allerdings zu einem „Verkehrsinfarkt" führt.

Eine interessante, aber logische Entwicklung ist auch die erhebliche Steigerung des Pendelverkehrs in die Gegenrichtung des Hauptverkehrsstromes. Ursache hierfür ist die später zu betrachtende Industrie- und Dienstleistungssuburbanisierung, die zu Arbeitsplätzen außerhalb der

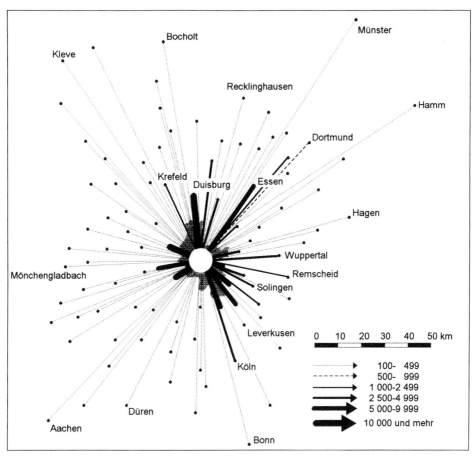

Quelle: Eigene Darstellung nach LDS NRW (Hrsg.), Berufs- und Ausbildungspendler, Bd. 1.3, Volkszählung 1987, Düsseldorf 1990, S. 110 und 272–274

Abb. 7.2: Berufs- und Ausbildungseinpendler Düsseldorfs 1987 (Darstellung ab 100 Pendler)

Kernregions führt. Beispiele sind eine Erhöhung der Auspendlerzahl zwischen 1970 und 1987 in Köln um 62% und in Düsseldorf um 131% (Zahlenangaben nach Stat. Landesamt Nordrhein-Westfalen bzw. LDS).

Siedlungsformen im suburbanen Raum

Durch die Suburbanisierung kam es im städtischen Umland zu starken Zersiedelungserscheinungen aufgrund flächenintensiver Neubauten. Hierbei überwiegen Ein- und Zweifamilienhäuser, die meistens mit einem kleinen eigenen Garten ausgestattet sind. Im Zeitablauf wurden die Grundstücksflächen durch den erheblichen Anstieg der Bodenpreise immer kleiner. Weiterhin entstanden diese Siedlungen in Nachbarschaft zu einstmals ländlich-agraren Orten und führten somit zu einer oft grundlegenden Veränderung des Orts- und Flurbildes auf der einen und der sozialen Gegebenheiten auf der anderen Seite (vgl. Kap. 8.5).

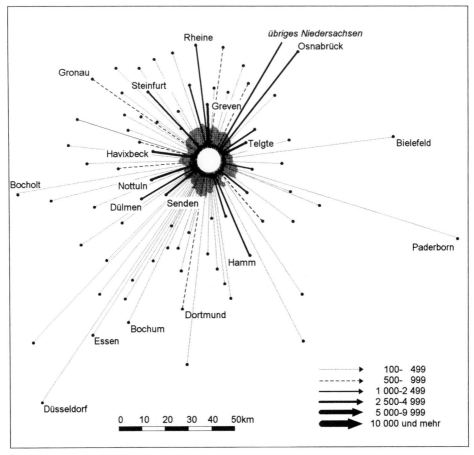

Quelle: Eigene Darstellung nach LDS NRW (Hrsg.), Berufs- und Ausbildungspendler, Bd. 1.3, Volkszählung 1987, Düsseldorf 1990, S. 183–184 und 350–352

Abb. 7.3: Berufs- und Ausbildungseinpendler Münsters 1987 (Darstellung ab 100 Pendler)

Eine Möglichkeit, billigeren Wohnraum außerhalb der alten Bausubstanz der Innenstädte zu schaffen, waren die Großwohnsiedlungen, die seit den 1960er Jahren außerhalb der städtischen Zentren entstanden. Diese Siedlungen tangierten die alten, ehemals ländlich strukturierten Siedlungen nur am Rande. Nicht nur in der Physiognomie, sondern besonders im sozio-ökonomischen Bereich zeigten sich jedoch große Unterschiede zu den alten Siedlungen. Auch erreichten die Groß-

wohnsiedlungen oftmals nicht die geplante Zentralitätsstufe, sondern verkümmerten zu sogenannten „Schlafstädten". In einigen Fällen erwies sich die Anbindung an den ÖPNV als absolut unzureichend, was die Pendlerproblematik erneut verschärfte.

Industriesuburbanisierung

Analog der Bevölkerungssuburbanisierung hatte auch die Industriesuburbanisierung ihren Höhepunkt in der ersten Hälfte der

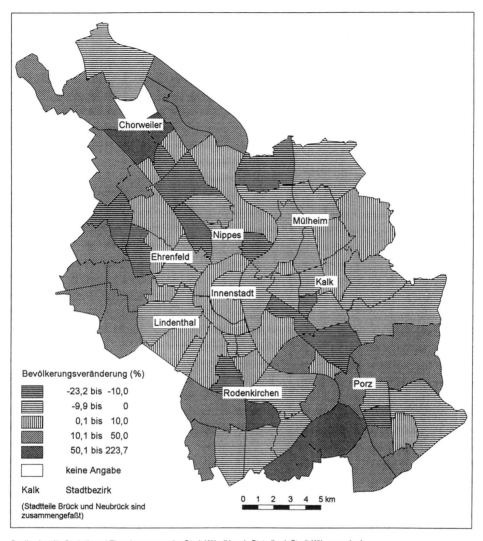

Quelle: Amt für Statistik und Einwohnerwesen der Stadt Köln (Hrsg.): Stat. Jb. d. Stadt Köln, versch. Jg.

Abb. 7.4: Bevölkerungswachstum und -verluste in Kölner Stadtteilen 1977–1996

Die Metropole Köln ist nicht nur ein Teil des mehrkernigen Verdichtungsraumes der Rheinschiene, sondern gleichzeitig der Mittelpunkt eines weiten suburbanen Umlandes. Das einstige Bild der Siedlungsleere im unmittelbaren Vor- und Umland von Köln, das noch in der zweiten Hälfte des 19. Jahrhunderts bestanden hatte, hat sich mittlerweile grundlegend gewandelt. Schon zu Beginn des letzten Jahrhunderts setzte im Raum Köln ein starkes, durch den Industrialisierungsprozeß initiiertes Bevölkerungswachstum ein. In der Zeit von 1816 bis 1995 wuchs die Bevölkerung des Stadtgebietes um fast das Zwanzigfache und die Bevölkerung des heutigen Wirtschaftsraumes Köln um fast das Zwölffache (vgl. SCHMIED 1991, S. 24–54). Die Bevölkerung des nach dem jeweiligen Gebietsstand abgegrenzten Stadtgebietes von Köln stieg von 49 276 Personen im Jahre 1816 auf 963 817 Personen 1995, und die Bevölkerung des Wirtschaftsraumes Köln wuchs im selben Zeitraum von 166 424 auf 1 939 271 Einwohner (nach Angaben des LDS). Für dieses Wachstum waren neben der natürlichen Bevölkerungsbewegung vor allem Wanderungen verantwortlich. Die Bevölkerungszahl des Stadtgebietes wurde außerdem durch Eingemeindungen stark beeinflußt.

Durch hohe Zuwanderungen in den Wirtschaftsraum Köln war besonders der Zeitraum von 1885 bis 1905 gekennzeichnet. Die Wachstumsraten betrugen 2,2% bis 3,2% jährlich. Das hatte seine Ursache in der in diesen zwei Jahrzehnten ausgeprägten Industrialisierung. Die wichtigsten Industriegruppen, die seinerzeit besonders wegen der verkehrsgeographischen Lage, des Absatzmarktes und des Angebots an Arbeitskräften in Köln ihren Standort fanden, waren die Chemische Industrie, der Maschinen- und Metallbau, die Kabelherstellung, die Gummi-Industrie und die Fahrzeugherstellung (vgl. HOTTES 1961, S. 136). Die Standorte für diese Industriebetriebe befanden sich wegen der großen Freiflächen außerhalb der mittelalterlichen Stadt, aber noch in relativ geringer Entfernung zum Zentrum. Industrieballungen entwickelten sich vor allem in Bickendorf, Ehrenfeld, Braunsfeld, Nippes, Riehl, Kalk, Mülheim am Rhein und Deutz. Zur Industrialisierung parallel verlief die Ausdehnung Kölns mit der Entwicklung der sog. Neustadt (vgl. CONRAD 1961, S. 170–171). Bis 1939 hielt das ständige Bevölkerungswachstum Kölns, wenn auch in vermindertem Ausmaß, an. In vier großen Eingemeindungsphasen (1888, 1910, 1914, 1922) wurden die neu besiedelten Gebiete – darunter Deutz, Ehrenfeld, Longerich, Müngersdorf, Nippes und Poll – eingemeindet. Während des Zweiten Weltkrieges sank die Bevölkerung Kölns erheblich, füllte sich aber nach dem Krieg um so stärker wieder auf. Der Wirtschaftsraum Köln hat unter der Berücksichtigung der Gebietsreformen seine Bevölkerungszahl kontinuierlich von 1,149 Mio. Personen im Jahre 1950 auf 1,939 Mio. im Jahre 1994 gesteigert. Dies entspricht einer Zunahme von 68,7% bzw. einer jährlichen Steigerung von 1,56%. Aus diesem deutlich über dem Bundesdurchschnitt liegenden Wert wird ersichtlich, daß Wanderungen erheblich zum Wachstum des Wirtschaftsraumes Köln beigetragen haben. Betrachtet man jedoch die Zeiträume zwischen den Volkszählungen, so differenziert sich das Bild. Betrug das jährliche Wachstum von 1950 bis 1961 noch 3,04%, so sank es von 1961 bis 1970 auf 1,83%, von 1970 bis 1987 auf 0,14% und stieg bis zum fortgeschriebenen Wert von 1994 auf 0,88% jährlich (nach Angaben des Stat. Landesamtes Nordrhein-Westfalen bzw. des LDS Nordrhein-Westfalen). Der Wirtschaftsraum Köln bezog dabei sein relativ großes Wachstum gegenüber anderen Landesteilen aus der Anziehungskraft als bedeutendes Industrie- und Dienstleistungszentrum. Dies traf für das Stadtgebiet von Köln allerdings nur bis 1961 zu.

Ab Mitte der 1960er bis Mitte der 1980er Jahre setzte dann auch in Köln die Suburbanisierung ein. Teils in Anlehnung an ältere Siedlungskerne, aber auch aus Neugründungen heraus wird das Verdichtungszentrum Köln heute von einem Kranz von Mittelzentren umschlossen, der in einem engen sozio-ökonomischen Verbund zur Rheinmetropole steht. Seitdem ufert die städtische Bebauung immer weiter aus, greifen städtische Lebensformen mehr und mehr in das ländlich-agrare Umland über. Das städtische Wachstum der letzten Jahrzehnte erfolgte zwar in konzentrischen Ringen, jedoch mit Schwerpunkten entlang von radialen, teils schon zur Römerzeit und im Mittelalter angelegten Ausfallstraßen bzw. entlang der Haltepunkte der Nahverkehrslinien, die das Umland mit den Kölner Innenstadtbereichen verbinden. Mehrere dieser

Achsen stellen dementsprechend wichtige Entwicklungsleitlinien des Landesentwicklungsplanes dar. Abgesehen von den Achsen beiderseits des Rheins sind vor allem die Verbindungen nach Euskirchen, Düren, Grevenbroich, Wuppertal und Bergisch Gladbach die Ansatzpunkte einer mittelzentralen Siedlungsentwicklung. Zu derartigen Kristallisationspunkten bzw. Mittelzentren sind z. B. Wesseling und Brühl im Süden, Kerpen, Hürth, Frechen und Pulheim im Westen sowie Bergisch Gladbach im Osten Kölns herangewachsen. Da diese zur Ballungsrandzone zählenden Städte bereits seit Jahren wichtige Entlastungs- und Ergänzungsfunktionen für den Verdichtungsraum Köln wahrnehmen, sind auch deren Siedlungs- und Industrieflächenreserven bereits derart geschrumpft, daß in absehbarer Zeit wichtige Funktionen von der Ländlichen Zone übernommen werden müssen. Um dem Bevölkerungsrückgang oder der -stagnation, die fast alle deutschen Großstädte betraf, und den verminderten Steuereinnahmen entgegenzuwirken, wurde erneut verstärkt eingemeindet. Im Jahr 1975 vergrößerte sich das Stadtgebiet u. a. um Rodenkirchen und Porz und damit um 169 223 Personen. Städtebaulich wie auch verkehrsmäßig führte die Bevölkerungszunahme in den Ballungsrandzonen zu zahlreichen negativen Erscheinungen. Die Gemeinden der Randzonen beklagen, von den baulichen Fehlentwicklungen abgesehen, vor allem eine vollständige Überlastung ihres Straßenverkehrsnetzes und ein zu geringes Ausbaustadium des ÖPNV, insbesondere des Schienennahverkehrs. Insgesamt hat der Regierungsbezirk Köln seit 1985 einen extrem hohen Anteil an Berufspendlern von rund 25% zu verkraften.

Was für den Bevölkerungsanstieg in den Ballungsrandzonen ausgeführt wurde, gilt gleichermaßen auch für die Randbereiche des Kölner Stadtgebietes (vgl. Abb. 7.4). Am stärksten nahm die Einwohnerzahl im Stadtbezirk Chorweiler im Kölner Norden zu, wo im Vergleich zum Zählergebnis von 1970 schon Mitte der 1980er Jahre rund 30 000 Menschen mehr wohnten. Allein der Stadtteil Chorweiler hatte hieran einen Anteil von 12 000 Menschen. Weitere bedeutende Einwohnerzunahmen haben in den Randbereichen die Stadtteile Meschenich, Rodenkirchen, Junkersdorf, Weiden, Lövenich, Esch, Pesch, Auweiler, Eil, Porz, Ostheim, Merheim, Brück und Neubrück erfahren. Andererseits verzeichnen neben den Innenstadtbereichen Altstadt, Neustadt und Deutz vor allem die zentralen Bereiche der Vorortzonen, z. B. Klettenberg, Sülz, Ehrenfeld, Nippes, Kalk und Mülheim, starke Einwohnereinbußen.

Im Stadtteil Chorweiler wurde versucht, im Zuge der Städteplanungskonzeption der 1960er und der 1970er Jahre neue Leitbilder des Wohnungsbaus zu verwirklichen. Diese Neugründung sollte insbesondere durch eine betonte kommunale Selbständigkeit einen Kristallisationspunkt innerhalb der Kölner Innenstadt darstellen. In die Grundkonzeption der auf dem Reißbrett geplanten „Neuen Stadt Chorweiler" wurden von vornherein wichtige Funktionen einbezogen. Inzwischen wird die Konzeption der Neuen Stadt jedoch mehr und mehr kritisiert, und sogar von amtlicher Seite schließt man nicht aus, daß im Laufe der Jahre zumindest ein Teil jener „Wohnsilos" aus Beton wieder abgerissen wird.

Eine ähnliche Bevölkerungsentwicklung, wenn auch in abgemilderter städtebaulicher Form, hatten auch zahlreiche junge Wohngebiete im suburbanen Raum Kölns zu verzeichnen. Das teilweise geringe Wachstum oder die deutliche Schrumpfung der Bevölkerung Kölns der 1970er und 1980er Jahre ist damit sowohl auf die natürliche Bevölkerungsverminderung (Sterbeüberhang) als auch auf Wanderungsverluste zurückzuführen. Mittlerweile scheint jedoch der Trend der Stadt–Rand-Wanderung zumindest in Köln gebremst. Denn erstmals seit Jahren hatte Köln 1985 mehr Zu- als Fortzüge zu verzeichnen. Dieser Trend hielt bis 1995 an. Das Bevölkerungswachstum vom Ende der 1980er Jahre bis zum Jahr 1994 ist insbesondere auf Zuwanderungen zurückzuführen. Im genannten Jahr betrug die Einwohnerzahl des Stadtgebietes von Köln 963 817 und des Wirtschaftsraumes 1 939 271 Personen. Die Tendenz ist weiterhin leicht steigend (vgl. SCHMIED 1995, S. 16–25 und Zahlenangaben des LDS).

Übersicht 7.2: Kleinräumige Wanderungen im Wirtschaftsraum Köln

Die Chemische Industrie im Wirtschaftsraum Köln hat seit langem eine herausragende Bedeutung. 1980 bis 1992 wurde ca. ein Drittel des Gesamtumsatzes des Bergbaus und des Verarbeitenden Gewerbes im IHK-Bezirk Köln von der Chemischen Industrie erwirtschaftet. Noch wesentlich höher lag der vergleichbare Anteil am Auslandsumsatz mit Werten zwischen 45% und 50%. Die starke internationale Ausrichtung der Kölner Chemie-industrie ist einerseits ein Indiz für die globale Wettbewerbsfähigkeit des Wirtschaftsraumes Köln als Standort dieses Wirtschaftszweiges. Andererseits zeigt sich jedoch auch, daß der Standort Köln bezüglich der Chemischen Industrie in einem wesentlich schärferen Standortwettbewerb steht als in Branchen, in denen nur für den regionalen oder nationalen Markt produziert wird. Folgende Faktoren waren maßgeblich zur Herausbildung der Kölner Chemiestandorte relevant:

– *Verkehrssituation*: Hier sind zunächst die großzügig ausgebauten, allerdings trotzdem überlasteten Autobahnen A 4, A 3, A 1 und A 59 mit weiteren Anschlußverbindungen zu nennen. Köln ist des weiteren von einem „Spinnennetz" an meist hochrangigen und entsprechend tragfähigen Eisenbahnverbindungen umgeben, deren Zentren der Kölner Hauptbahnhof und das Güterverkehrszentrum „Eifeltor" sind. Der Rhein dient der Chemischen Industrie als Verkehrsweg für ihre Massengüter, was sich in der Unterhaltung von betriebseigenen Häfen ausdrückt. Ferner ist er als Lieferant von Brauch- und Kühlwasser von hoher Bedeutung. Schließlich ist Köln über diverse Rohrleitungen mit Rotterdam und Wilhelmshaven (Rohöl) und in einer Verbindung über Gelsenkirchen erneut mit Rotterdam (Raffinerieprodukte) verbunden.

– *Forschungs- und Entwicklungseinrichtungen*: Eines der wesentlichsten Merkmale der Chemischen Industrie ist ihre hohe Forschungsintensität, die zu 98% von den Unternehmen selber getragen wird. Trotz dieser hohen Eigenforschungsleistung kann der Wirtschaftsraum Köln mit seiner Universität, mehreren Fachhochschulen, Großforschungseinrichtungen und ähnlichen Instituten einen wichtigen Beitrag für die Forschungs- und Entwicklungsabteilungen der Unternehmen leisten.

– *Energie*: Das für einen äußerst energieintensiven Wirtschaftszweig wie die Chemische Industrie sicherlich bedeutendste Primärpotential des Kölner Wirtschaftsraumes sind die Braunkohlevorkommen des westlich von Köln gelegenen Rheinischen Braunkohlereviers. Dieses ist mit einer Ausdehnung von rund 2500 km^2 und einem Lagerstätteninhalt von mehr als 50 Mrd. t Kohle das größte zusammenhängende Braunkohlevorkommen Europas (vgl. Kap. 3.3.3). Zwar entfielen 1990 80,4% des Kohleverbrauchs der Chemischen Industrie in Nordrhein-Westfalen auf Steinkohle, aber die günstige Nutzung des aus Braunkohle hergestellten elektrischen Stroms ist als Standortpotential entscheidend. So war z. B. der Erftkreis mit seinen drei chemischen Großbetrieben (DEA Mineraloel AG in Wesseling, Rheinische Olefin-Werke AG in Wesseling und Köln, Hoechst-Werk in Hürth-Knapsack) 1991 der drittgrößte Stromverbraucher unter allen Verwaltungsbezirken Nordrhein-Westfalens.

– *Gewerbesteuerhebesätze*: Die Gewerbesteuerhebesätze spiegeln ein zentral-peripheres Bild wider. Im Jahre 1992 hatten die Zentren Köln mit 450% und Leverkusen mit 420% die höchsten Sätze. Hürth und Wesseling mit den großen Chemiestandorten des Erftkreises lagen jeweils bei 395%. Periphere und ländlich geprägte Gemeinden wie Rösrath (360%) und Overath (350%) hatten die niedrigsten Sätze.

Als Ergebnis der hier skizzierten Standortbedingungen der Chemischen Industrie im Kölner Raum bleibt die Konzentration auf einige Großbetriebe in Leverkusen, Dormagen (jeweils Bayer AG), Hürth und Wesseling festzustellen. Im Kölner Stadtgebiet befinden sich nur noch wenige kleinere Betriebe oder kleine Betriebsteile der Großunternehmen aus den Nachbargemeinden. Das relativ zentral gelegene Großunternehmen Chemische Fabrik Kalk (CFK) im rechtsrheinischen Köln-Kalk wurde vor einigen Jahren stillgelegt. Daran zeigt sich, daß der optimale Standort zwar weiterhin abhängig von einer gewissen Nähe zum Zentrum ist, jedoch die Kombination der genannten Standortfaktoren eine recht große Entfernung vom Zentrum zuläßt. Die Tendenz geht klar in Richtung der Großbetriebe im suburbanen Raum, so daß die Chemische Industrie im Wirtschaftsraum Köln ein gutes Beispiel für eine Industriesuburbanisierung ist. Im internationalen Standortwettbewerb leiden aber auch die privilegierten Standorte des Wirtschaftsraumes Köln unter den strengen Umweltschutzauflagen und den hohen Arbeitskosten (vgl. zu dieser Fallstudie BAUERSCHMITZ/STIRL 1995, S. 33–62; vgl. Kap. 3.3.2).

1970er Jahre erreicht. Bis in jene Zeit betraf sie vor allem großflächige, stark umweltschädigende Industriekomplexe. Häufig wurde allerdings der Standortfaktor „Grundstücksfläche", der in den Innenstadtlagen nicht genug Erweiterungsraum beinhaltete, auch mit anderen Faktoren wie z. B. Rohstoffen, Verkehrsanbindung, Kühl- und Brauchwasser kombiniert, wie das Beispiel der Chemischen Industrie im Wirtschaftsraum Köln zeigt. Dabei wurde jedoch die Nähe zur Großstadt als Anbieter von Arbeitskräften und Nachfrager von Produkten weiterhin gesucht.

Auf der anderen Seite nutzen besonders seit Mitte der 1980er Jahre weniger flächenintensive, mittelständische Betriebe mit geringen Umweltbelastungen die freiwerdenden Areale in den Innenstädten, die sich durch großflächig angelegte Sanierungen von Wohn- und Gewerbegebieten ergeben. Vielfach wird – im Gegensatz zur Politik der 1960er und 1970er Jahre – bei solchen Projekten seitens der Stadtplanung der Versuch unternommen, eine Funktionsmischung von Wohnen, Arbeiten und Sich-Erholen zu erzielen, um die Innenstädte attraktiver zu machen und die Verkehrsbelastungen zu vermindern.

Dienstleistungssuburbanisierung

Auch im Bereich der Dienstleistungen setzte die Suburbanisierung ab 1965 ein. Dies galt und gilt bis heute, allerdings vorrangig nur für den Groß- und Einzelhandel, die als Paradebeispiele einer Dienstleistungssuburbanisierung angesehen werden können. Der Großhandel folgte im wesentlichen den Gesetzmäßigkeiten der Industrie. Günstige Verkehrsanbindungen an ein leistungsfähiges Schienennetz, vor allem aber an Autobahnen sowie groß-

flächige und erweiterbare Grundstücke standen bei der Standortwahl im Vordergrund. Im Einzelhandel entwickelte sich die Suburbanisierung parallel zur Bevölkerungssuburbanisierung. Zahlreiche Mittelzentren im suburbanen Raum, aber auch verkehrsgünstige Flächen „auf der grünen Wiese" wurden zu modernen Shopping- und Dienstleistungszentren ausgebaut (vgl. hierzu das Beispiel zu den Shopping-Centern und Verbrauchermärkten im Wirtschaftsraum Köln in Übersicht 7.4).

Reurbanisierung

Seit Mitte der 1980er Jahre ist in einigen Großstädten ein gegenläufiger Trend bei der Bevölkerungswanderung (Reurbanisierung) zu beobachten; die citynahen Bereiche erhalten wieder eine verstärkte Wohnfunktion auch für Personen mit höheren Einkommen. Für diese Tendenzen sind folgende sozio-ökonomische Entwicklungen verantwortlich:
1) großflächige Sanierung der alten Bausubstanz, Anpassung an den modernen, gehobenen Wohnkomfort bei hohem bis sehr hohem Mietspiegel,
2) Bildung einer großen Zahl von Ein- und Zweipersonenhaushalten mit hohem Einkommen durch ein geändertes generatives Verhalten,
3) (Wieder-) Besinnung auf einen urbanen Lebensstil der relativ jungen Bevölkerungsgruppen (30–45 Jahre),
4) wachsendes Umweltbewußtsein, Ablehnung des Autos als Beförderungsmittel zur Arbeitsstätte.

Dieser Trend betrifft besonders die großen Metropolen Nordrhein-Westfalens, deren Innenstädte für diese Bevölkerungsgruppen besonders attraktiv sind.

← **Übersicht 7.3: Die Chemische Industrie im suburbanen Raum Kölns**

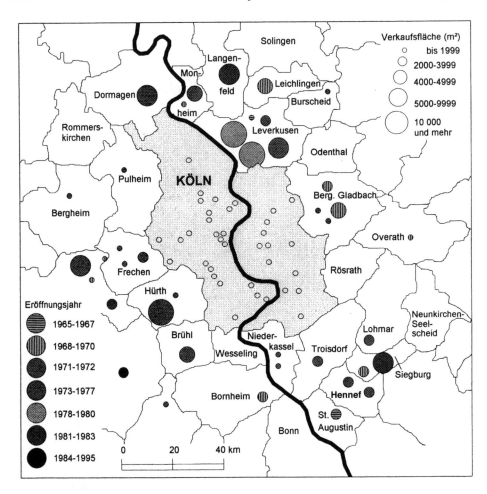

Quelle: Eigene Erhebungen und BRANDENBURG 1985, S. 137

Abb. 7.5: Ausbreitung von Shopping-Centern und Verbrauchermärkten im Wirtschaftsraum Köln (Stand: Dezember 1995)

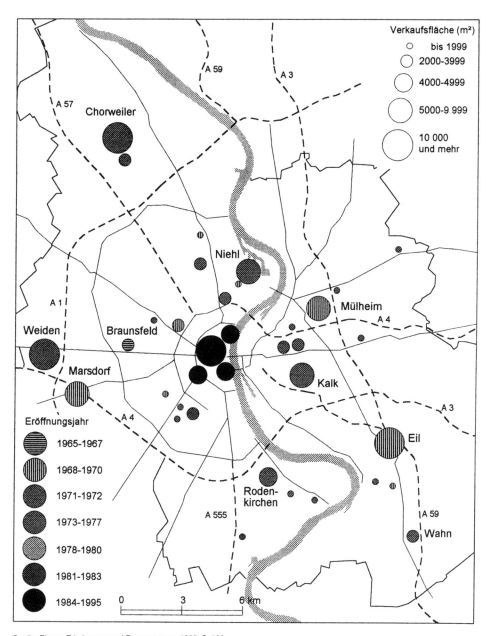

Quelle: Eigene Erhebungen und BRANDENBURG 1985, S. 138

Abb. 7.6: Ausbreitung von Shopping-Centern und Verbrauchermärkten in der Stadt Köln (Stand: Dezember 1995)

Shopping-Center stellen eine als Einheit geplante und errichtete räumliche Zusammenfassung aufeinander abgestimmter selbständiger Einzelhandels- und Dienstleistungsbetriebe dar. Sie werden ergänzt durch handelsorientierte Handwerksbetriebe. Verbrauchermärkte sind großflächige Einzelhandelsbetriebe, die unter Anwendung des Diskontprinzips und unter starker Einschränkung der Serviceleistungen Waren, die für die Selbstbedienung geeignet sind, anbieten. Sie befinden sich häufig in verkehrsgünstiger Lage am Stadtrand und verfügen in der Regel über große Kundenparkplätze. Im Kölner Raum wurde der erste Verbrauchermarkt 1965 in Leverkusen-Opladen errichtet. Erst zwei Jahre später wurden zwei Verbrauchermärkte auf Kölner Stadtgebiet in Braunsfeld und Nippes und ein Markt in St. Augustin-Hangelar eröffnet. Im Jahre 1968 trat dann die erste erhebliche Verbrauchermarktexpansion ein. Diese ließ bis 1972 wieder etwas nach und erstarkte wiederum in den Jahren 1973 bis 1977. Die folgende Stagnation zwischen 1978 und 1980 ist im wesentlichen auf die Novellierung der Baunutzungsverordnung zurückzuführen. Zwischen 1981 und 1983 war eine dritte Expansionsphase zu beobachten, die allerdings nicht so ausgeprägt wie die ersten beiden Phasen war. Das Jahr 1983 stellte einen gewissen Scheitelpunkt der Suburbanisierungstendenzen im Einzelhandel dar. Zwar entstanden auch später noch im Wirtschaftsraum Köln vereinzelt kleinere und mittelgroße Shopping-Center und Verbrauchermärkte, der große Boom ist jedoch bis heute vorläufig beendet.

Wie aus den Abb. 7.5 und 7.6 hervorgeht, beschränkte sich in der Frühphase von 1965 bis 1967 die Ausbreitung der Verbrauchermärkte hauptsächlich auf die beiden Großstädte Köln und Leverkusen. Auch zu Anfang der ersten Expansion (1968–1970), die durch eine starke Zunahme von Betrieben und Verkaufsflächen gekennzeichnet war, konzentrierten sich die Standortgründungen auf die Stadt Köln, wo 1968 in Lindenthal an der Dürener Str. und in Mülheim an der Frankfurter Str. die ersten Großcenter mit über 9000 m² Verkaufsfläche eröffnet wurden. In der Stagnationsphase (1971–1972) und in der zweiten Expansionsphase (1973–1977) konnte das Umland von Köln die größten Wachstumsraten an Betrieben und Verkaufsflächen erzielen. Zudem erfaßte nun der Innovationsvorgang verstärkt ländlich geprägte Gemeinden unter 30000 Einwohnern. Damit folgte die Dienstleistungssuburbanisierung des Kölner Einzelhandels mit einer zeitlichen Verzögerung der Bevölkerungssuburbanisierung. Während die neuerliche Stagnationsphase von 1978 bis 1980 kaum räumliche Effekte hervorbrachte, kam es mit der dritten Expansionsphase von 1981 bis 1983 zu einem weiteren Aufschwung, wobei sich das Wachstum verkaufsflächenmäßig größtenteils auf das Kölner Umland erstreckte. Im Zeitraum von 1984 bis 1995 setzte ein neuer räumlicher Trend ein. Die Kölner City, die bisher noch unterdurchschnittlich mit Shopping-Centern und Verbrauchermärkten besetzt war, wurde durch ein großes und durch drei mittelgroße Shopping-Center aufgewertet. Damit kann festgehalten werden, daß die Ausbreitung von Shopping-Centern und Verbrauchermärkten schwerpunktmäßig ihren Anfang und ihr Ende in der Großstadt Köln fand und sich zwischendurch phasenverschoben in das Kölner Umland fortsetzte. Weiterhin ist festzustellen, daß die Innovation von Verbrauchermärkten und Shopping-Centern zunächst in Orten höchster bzw. hoher Zentralität auftrat und dann verstärkt auch die Mittelzentren betraf. Zusammenfassend kann konstatiert werden, daß die Errichtung der Kölner Shopping-Center und Verbrauchermärkte wohl nicht zu erheblichen Kaufkraftabflüssen im Bereich des hochwertigen Bedarfs der Kölner City geführt hat. Dies gilt trotz der Tatsache, daß Kaufkraftabflüsse im kurz- und mittelfristigen Bedarf auch die Investitionsbereitschaft von Betrieben mit höherwertigem Bedarf häufig negativ beeinflussen. Die Maßnahmen zur Attraktivitätsverbesserung der Kölner City und die hemmenden baurechtlichen Vorschriften zur Schaffung weiterer Verbrauchermärkte und Shopping-Center im Umland führten dazu, daß die Kölner City bis Mitte der 1990er Jahre ihre herausragende Position im Bereich der Versorgung mit Gütern des hochwertigen Bedarfs behauptet hat (vgl. zu dieser Fallstudie BRANDENBURG 1985, S. 13–23, 128–140, 294–298).

Übersicht 7.4: Shopping-Center und Verbrauchermärkte im Wirtschaftsraum Köln

7.3
Aktuelle Planungsprobleme der Stadtlandschaft

Nordrhein-Westfalen ist ein Bundesland, das durch eine große Zahl an Städten aller Zentralitätsstufen geprägt ist (vgl. Kap. 2.2.6). Sie müssen einer Fülle von Anforderungen gerecht werden, wie sie sich in der Bereitstellung von Flächen, in der Unterhaltung und Entwicklung der Infrastruktur oder der Qualität der Lebensbedingungen ihrer Bewohner insgesamt niederschlagen. Zugleich schafft der Strukturwandel im Produzierenden Gewerbe gravierende Probleme für die betroffenen Städte. Davon sind insbesondere die Städte des Ruhrgebietes betroffen. Im Bereich des sozialen Wohnungsbaus ist der Markt zudem bei weitem nicht gesättigt.

Die stadtplanerischen Förderungsprogramme konzentrieren sich auf folgende Schwerpunkte:
- die Bereitstellung von Gewerbe- und Industrieflächen für zukunftssichere Arbeitsplätze (vgl. Kap. 3.2);
- die Vorbereitung und Unterstützung des Wohnungsbaus durch Neubau und Bestandssicherung, Aktivierung von Bauland, Aufbereitung von Brachflächen und Förderung städtebaulicher Entwicklungsmaßnahmen;
- die Verbesserung des Wohnumfeldes und die Schaffung von zusätzlicher sozialer Infrastruktur in hochverdichteten und stark belasteten Stadtquartieren mit einkommensschwacher Wohnbevölkerung zur Vermeidung sozialer Brennpunkte;
- den Abbau ökologischer Defizite in Gebieten mit hohen Umweltbelastungen;
- die Erhöhung der Verkehrssicherheit, Maßnahmen zur Verkehrsentlastung und Programme zur Attraktivitätssteigerung des Umweltverbundes;
- Maßnahmen zur Erhaltung und Rettung des historischen Erbes.

Gewerbe- und Industrieflächenbereitstellung

Die Stadterneuerung soll ihren Beitrag zur Stärkung des Wirtschaftsstandortes durch die Aufbereitung und Erschließung von Brachflächen für neue Arbeitsplätze in Wachstumsbranchen leisten. Vorrang haben und hatten dabei:
- die Wiedernutzung von industriellen Brachflächen für neue Gewerbe- und Industrieflächen,
- die Standortsicherung von Betrieben,
- die Neunutzung von Gebäuden als Gewerbe- und Handwerkerhöfe,
- die Aufwertung älterer Gewerbegebiete.

Darüber hinaus soll mit dem kleinteiligen Flächenrecycling und der Standortsicherung vor allem dem mittelständischen Gewerbe und dem Handwerk geholfen werden, sich auf integrierten nachfragenahen Standorten zu stabilisieren bzw. niederzulassen.

Diese Maßnahmen reichen jedoch bei weitem nicht, um den prognostizierten Bedarf an Gewerbe- und Industrieflächen von 22 881 ha bis zum Jahre 2020 zu decken (vgl. Kap. 3.2). Erfahrungsgemäß sind nur 10–20% des neu zu deckenden Bedarfes aus Flächenrecycling bereits existierender Flächen möglich. Will man das o. g. Ziel ernsthaft verfolgen, ist eine Neuausweisung von Flächen zu Lasten anderer Flächennutzungsformen unausweichlich. Hier sind sozio-ökonomische und ökologische Konflikte vorprogrammiert.

Förderung des Wohnungsbaus

Um genügend Bauland in den Städten zur Verfügung zu stellen, reicht die Auslastung der bisherigen Wohngebiete nicht aus. Ziel muß es sein, die Schaffung neuer Wohnsiedlungen im Rahmen einer maßvollen Wohnbauflächenerweiterung zu erreichen. Förderungsfähig sind jedoch nur Flächen, die bereits über einen Anschluß an den ÖPNV verfügen, oder die mittelfristig durch die Verkehrsunternehmen einen Anschluß erhalten werden. In den Jahren 1994 bis 1996 wurden von der nordrhein-westfälischen Landesregierung sechs Wohnungsbauförderungsgebiete benannt: Bocholt-West, Marl-Mitte, Neuss-Allerheiligen, Radevormwald-Nordstadt III, St. Augustin-Innenstadt und Xanten. Geplant sind 16 Baugebiete, in denen jeweils mehr als 1000 Wohnungen errichtet werden sollen. Auf den Flächen, die Städte und Gemeinden für städtebauliche Entwicklungsmaßnahmen benannt haben, können annähernd 50 000 Wohnungen entstehen. Es bleibt zu hoffen, daß die städtebaulichen Konzepte nicht noch einmal die gleichen Mißstände hervorrufen, die die sogenannten „Jungen Großwohngebiete" der 1960er und 1970er Jahre während der Suburbanisierungsphase verursachten (vgl. Kap. 7.2.2).

Förderung der „weichen Standortfaktoren"

Im Wettbewerb der Wirtschaftsregionen spielen bei vergleichbarer Ausgangslage (z. B. Verkehrsanbindung, Flächenangebot, Lage zu den Absatzmärkten und Zulieferern, Verfügbarkeit qualifizierter Arbeitskräfte) sogenannte „weiche Standortfaktoren" bei unternehmerischen Standortentscheidungen innovativer Betriebe eine immer wichtigere Rolle. Zu diesen Faktoren zählt einerseits ein positives regionales Stimmungsbild für unternehmerische Tätigkeiten. Hierunter versteht man:
- Kooperationsmöglichkeiten mit anderen Unternehmen zu Wissenschaft und Forschung,
- regionaler Konsens der öffentlichen und wirtschaftlichen Akteure,
- Flexibilität und Innovationsbereitschaft bei den Trägern von Politik und Verwaltung,
- Aus- und Weiterbildungsmöglichkeiten.

Andererseits sind attraktive Umfeldbedingungen wichtig. Hierzu zählen:
- eine intakte Umwelt mit sehenswerten Landschafts- und Stadtbildern,
- die gute Erreichbarkeit attraktiver Einkaufsmöglichkeiten oder anderer interessanter Räume (z. B. von Kultur- und Freizeiteinrichtungen),
- ein hoher Freizeitwert mit abwechslungsreichen Naherholungs-, Sport- und Kulturangeboten,
- ein funktionierender Wohnungsmarkt und
- soziale Stabilität.

Zur Verbesserung der Umwelt- und Lebensverhältnisse soll die Stadterneuerung Nordrhein-Westfalens einen wesentlichen Beitrag leisten. Folgende Projekte sollen die „weichen Standortfaktoren" stärken:
- Pflege historischer Stadt- und Ortskerne,
- Internationale Bauausstellung Emscher-Park (IBA),
- Landschaftserneuerung,
- Brachflächenrecycling im Rahmen des Grundstückfonds,
- Arbeitsgemeinschaft fahrradfreundlicher Städte und
- Stabilisierung benachteiligter Stadtteile.

Angesichts leerer Haushaltskassen muß allerdings an der Durchsetzung dieser sicherlich begrüßenswerten Ziele in breiter Form zumindest in naher Zukunft gezweifelt werden. Schon die landespolitischen Strukturen geben kaum einen Spielraum für langfristige wirtschaftsfördernde Maßnahmen.

Räumliche Stadtentwicklungsschwerpunkte

Die Stadterneuerung muß dem regional unterschiedlichen Nachholbedarf und der Entwicklung am Arbeitsmarkt gerecht werden. In den Jahren 1993 und 1994 wurden besonders die Ruhrgebietsstädte, die durch den dortigen Strukturwandel besonders betroffen waren, intensiv gefördert. Hohe Priorität haben Projekte der Internationalen Bauausstellung Emscher-Park GmbH (IBA). So umfaßte beispielsweise das Stadterneuerungsprogramm 1994 23 IBA-Projekte mit einer Förderungssumme von 54 Mio. DM (vgl. Kap. 3.3.1).

Erhaltende Stadterneuerung

Die erhaltende Stadterneuerung konzentriert sich auf zwei Projekte:
- Arbeitersiedlungen und
- Arbeitsgemeinschaft zur Förderung historisch bedeutender Stadt- und Ortskerne.

Die rund 1000 Arbeitersiedlungen in Nordrhein-Westfalen, die sich zumeist im Ruhrgebiet befinden, entstanden in unmittelbarer Nachbarschaft von Steinkohlezechen, Hüttenbetrieben und Fabriken und wurden zum Teil nach den Vorbildern der Gartenstadtbewegung errichtet. Mit ihrem grünen und teilweise hochwertigen Wohnumfeld sind sie je nach Bauzustand attraktive Wohnorte. Ein wichtiger Grund für die Popularität dieser Siedlungen ist die oft noch preiswerte Miete, die dann aber mit erheblichen Instandsetzungsdefiziten und geringem Wohnkomfort einhergeht. In den Jahren von 1990 bis 1995 wurden rund 80 Mio. DM Zuschuß als städtebauliche Ergänzungsförderung bereitgestellt. Diese Förderung stellt allerdings einen ökonomisch-sozialen Spagat dar. Würde die Sanierungshilfe nicht gewährt, verfiel die historische Baustubstanz immer mehr, die Mieten blieben niedrig, die Bewohner kämen aus einkommensschwachen Schichten und der Anteil von ethnischen Minderheiten wäre überdurchschnittlich groß. Wird die Hilfe gewährt, steigen die Mietpreise stark an, so daß die

bisherigen Bewohner in andere Viertel abgedrängt würden. Die neuen Bewohner repräsentieren somit eine völlig andere soziale Gruppe höheren Einkommensniveaus. Als Lösungskonzept aus diesem Dilemma bietet sich eine kombinierte Eigentumserwerbs- und Sanierungsförderung für die bisherigen Bewohner an.

Die Arbeitsgemeinschaft zur Förderung historisch bedeutender Stadt- und Ortskerne hat sich zusammengeschlossen, um an der Erhaltung und Erneuerung des historischen Erbes mitzuwirken, um Erfahrungen auszutauschen und um Lösungen für gleichgelagerte Probleme zu entwickeln. Die historischen Orts- und Stadtkerne genießen in den Förderungsprogrammen des Landes Priorität, weil sie ein wertvolles Kapital für die künftige Entwicklung Nordrhein-Westfalens darstellen. Baudenkmäler und stadtbildprägende Gebäude sollen vor allem durch den Einbau von Wohnungen erhalten werden. Von 1980 bis 1995 wurden für Maßnahmen in den 50 ausgewiesenen historischen Stadt- und Ortskernen rund 450 Mio. DM Städtebauförderungsmittel verbraucht.

Stadtteile mit besonderem Erneuerungsbedarf

In Nordrhein-Westfalen kann man bislang noch nicht von einem Vorhandensein sogenannter Slums sprechen. Dennoch sind einige Kriterien der Slums, wie sie in Südamerika, Afrika aber auch ansatzweise in Südeuropa vorzufinden sind, ebenfalls in Nordrhein-Westfalen feststellbar: z. B. Stadtteile mit extremer Arbeitslosigkeit, einer Bevölkerung mit sehr niedrigem Einkommen und geringem Bildungsstand, einem hohen Ausländeranteil, einer hohen Kriminalität. Um ein Abgleiten dieser extrem struktur- und sozialschwachen Stadtteile in überdurchschnittliche Gefahrenpotentiale zu verhindern, werden auch einzelne Stadtteile besonders gefördert. Da davon auszugehen ist, daß sektorale Förderansätze aufgrund der Vielschichtigkeit der Probleme gerade in solchen Gebieten nicht mehr greifen, werden Instrumente der Wirtschaftsförderung und der Städtebauförderung, der Wohnungs-, Arbeitsmarkt-, Sozial- und Umweltpolitik zu einem integrierten Handlungskonzept gebündelt mit dem Ziel, Synergieeffekte durch eine breite, aber zielgenaue Förderung auszulösen. Mitte der 1990er Jahre wurden folgende Stadtteile gefördert: Dortmunder Norden, Gelsenkirchen-Bismarck, Schalke-Nord, Köln-Kalk, Köln-Chorweiler, Duisburg-Marxloh, Essen-Katernberg und Hamm-Nord. Allein 1994 stellte die Landesregierung Nordrhein-Westfalen diesen Stadtteilen 15,25 Mio. DM zur Verfügung (vgl. zu diesem Kapitel: Der Ministerpräsident des Landes Nordrhein-Westfalen (Hrsg.) 1994, S. 245–263).

7.4
Die Stadtlandschaften und Städtegesellschaften

Mit etwa 520 Einwohnern pro km² gehört Nordrhein-Westfalen zu den dichtbesiedelten Bundesländern. Dieser Durchschnittswert überdeckt jedoch die Streuung der Dichteangaben, die bezogen auf Verwaltungsbezirksbasis, in vier gewerbeärmeren Räumen unter 200 liegt, in einer Gruppe von zwölf Verwaltungsbezirken jedoch 2000 Einwohner je km² übersteigt. In lokaler Sicht klaffen die Dichtewerte noch weiter auseinander.

Als Ursachen besonderer räumlicher Verdichtung sind Tendenzen zur Ballung von zentralen Funktionen mit verhältnismäßig großen Beschäftigtenzahlen auf relativ geringer Fläche zu nennen. Derartige Agglomerations- und Verdichtungsprozesse sind charakteristisch einerseits für Versor-

gungszentren oberen Ranges und andererseits für bestimmte großbetrieblich organisierte, technisch und wirtschaftlich horizontal oder vertikal verbundene Industrien. Die Verdichtung der Bevölkerung wird verstärkt, wenn Versorgungszentralität und industriebetriebliche Standorthäufungen räumlich zusammentreffen, wie dies z. B. in den rheinischen Metropolen Köln und Düsseldorf und im Ruhrgebiet der Fall ist.

Die größte Agglomerationskraft übten im 19. Jahrhundert, also während der Industrialisierungsphase, die Energierohstofflagerstätten aus. So sind das Ruhrgebiet und in geringerem Umfang das Aachener Revier als Industriegebiete entstanden. Einige andere Industriezweige, etwa die Textilindustrie mit ihren zahlreichen ergänzenden Hilfszweigen, neigten ebenfalls zur räumlichen Konzentration, wie das Beispiel der Niederrheinischen Bucht (vgl. Kap. 7.4.1) zeigt. Andere Städte orientierten sich nach überregionalen Verkehrsleitlinien wie z. B. die Hellwegstädte (vgl. Kap. 7.4.2). In den solitären Verdichtungszentren, so vor allem Münster, überwiegt der Versorgungsgedanke an zentralen Funktionen (vgl. Kap. 7.4.3).

Mit zunehmender Spezialisierung der Industrie und Verfeinerung ihrer Produkte gewannen Arbeitskräftepotentiale und mit steigendem Bedarf an Dienstleistungen auch Absatzräume an Attraktion. Es entwickelten sich großstädtische Agglomerationen, in denen sich Industrie- und Versorgungseinrichtungen, zum Teil durch Sonderfunktionen ergänzt, zur Multifunktionalität vermischten. Die bedeutendsten nordrhein-westfälischen Vertreter dieses Typs sind Köln, Düsseldorf, Wuppertal, Essen, Dortmund und Duisburg. Aufgrund der Multifunktionalität dieser Städte sind entsprechende stadtgeographische Gesichtspunkte bereits an anderer Stelle (vgl. Kap. 3.3.1, 3.3.2, 3.3.7, 7.1 und 7.2) angesprochen worden.

7.4.1
Die Städte der Niederrheinischen Bucht und des Niederrheinischen Tieflandes

Für die Niederrheinische Bucht und das anschließende Tiefland war und ist der Rheinstrom die absolut dominierende Leitlinie städtischer Lokalisation, die im südlichen Teil der Rheinschiene von Köln und Bonn geprägt wird.

Köln

Köln in seinem historischen Werdegang und seiner vergangenen wie gegenwärtigen Bedeutung mit wenigen Worten treffend zu skizzieren, erscheint fast unmöglich. Als viertgrößte Stadt Deutschlands, als älteste und größte Stadt Nordrhein-Westfalens mit fast 1 Mio. Einwohner (davon 19,4% Ausländer, LDS 1996) wird sie oft mit Beinamen wie „Domstadt", „Messestadt", „Römerstadt" usw. versehen. Seit der römischen Kolonisation vor 2000 Jahren ist Köln nicht nur für Nordrhein-Westfalen, sondern für den gesamten mitteleuropäischen Raum eines der wichtigsten Wirtschafts-, Verkehrs- und Kulturzentren. Trotz aller Kriegszerstörungen und der nachkriegszeitlichen Hochhausbebauung präsentiert sich auch heute noch eine vieltürmige Silhouette der Innenstadt, deren zahlreiche berühmte Kirchbauten Zeugnis geben von der großen geistlichen Bedeutung der mittelalterlichen Erzbischof- und Kurfürstenstadt. Kölns heutige Stellung im Wirtschaftsleben Nordrhein-Westfalens und darüber hinaus mag man schon indirekt an der Verkehrssituation erkennen: Köln ist eines der verkehrsreichsten Eisenbahnkreuze in Europa mit täglich 1350 Güter- und Reisezugfahrten und durchschnittlich 150 000 Passagieren (1995), ferner Zentrum des nach Duisburg zweitgrößten Binnenhafensystems in Nord-

rhein-Westfalen mit jährlich rd. 9 Mio. t Umschlag und zudem eine der wenigen deutschen Großstädte mit einem geschlossenen Autobahnring mit über einem Dutzend Anschlußstellen. Mehrere Eingemeindungen seit 1883 haben die Städtfläche auf heute 405,13 km^2 (die Landeshauptstadt Düsseldorf umfaßt dagegen „nur" 216,99 km^2) anwachsen lassen und die Stadtgrenzen zunächst nördlich nach Dormagen, dann nach Osten und später auch nach Westen vorgeschoben (vgl. Abb. 7.7). So wurden z. B. rechtsrheinische Gebiete mit den einstigen Städten Mülheim, Deutz und Kalk kurz vor bzw. nach 1900 eingemeindet, während Porz erst im Jahre 1975 Köln zugeschlagen wurde. Die moderne City auf der linken Rheinseite deckt sich größtenteils mit dem Areal der römischen Stadt und den Ausbauten bis gegen Ende des 12. Jahrhunderts, also bis zu den heutigen „Ringen" mit den Relikten der hochmittelalterlichen Stadtbefestigung. Der römische Stadtkern, d. h. ein ca. 1 km^2 großes Viereck, hebt sich durch seine schematische Straßenführung sowie durch Reste der antiken Ummauerung noch deutlich von dem anschließenden halbkreisförmigen Ausbau des Mittelalters ab. Das historische Köln geht also auf eine römische Gründung zurück, die 50 n. Chr. Stadtrechte durch Agrippina die Jüngere, Gattin des Kaisers Claudius, erhielt (Colonia Claudia Ara Agrippinensium). Die Römer wählten übrigens für ihre Stadt eine Stelle aus, an der die natürliche Überschwemmungsebene des Rheins mit nur 600 bis 700 m die geringste Breite aufwies, während die Rheinaue ober- und unterhalb Kölns etwa 2 km mißt. An dieser günstigen Übergangsstelle wurde dann vermutlich um 310 n. Chr. auch eine feste Brücke über den Strom zum römischen Kastell Deutz gebaut.

Kranzförmig umgeben wird der römische Stadtkern Kölns von zahlreichen ro-

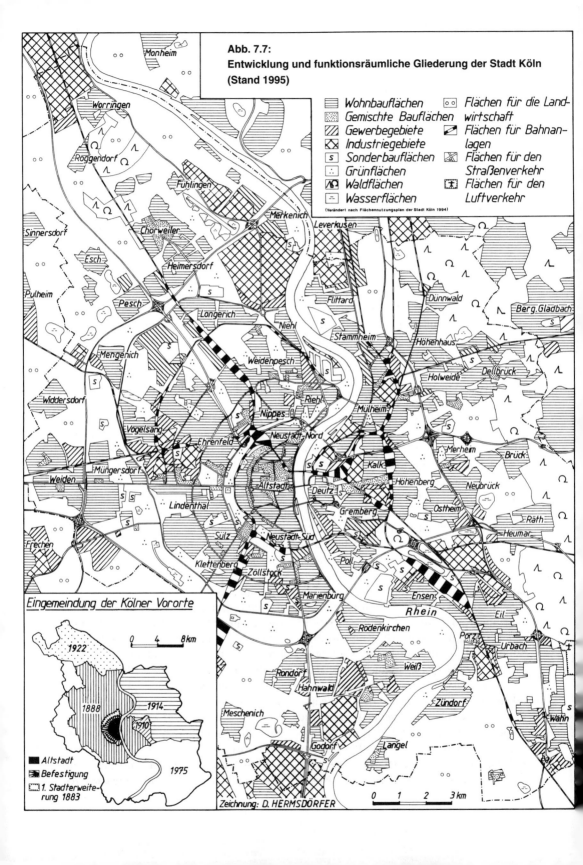

Abb. 7.7:
Entwicklung und funktionsräumliche Gliederung der Stadt Köln (Stand 1995)

Wohnbauflächen
Gemischte Bauflächen
Gewerbegebiete
Industriegebiete
Sonderbauflächen
Grünflächen
Waldflächen
Wasserflächen

Flächen für die Landwirtschaft
Flächen für Bahnanlagen
Flächen für den Straßenverkehr
Flächen für den Luftverkehr

(Verändert nach Flächennutzungsplan der Stadt Köln 1994)

Monheim
Worringen
Roggendorf
Fühlingen
Merkenich
Sinnersdorf
Chorweiler
Leverkusen
Esch
Heimersdorf
Pulheim
Pesch
Flittard
Dünnwald
Berg.Gladbach
Longerich
Niehl
Stammheim
Höhenhaus
Mengenich
Weidenpesch
Holweide
Dellbrück
Widdersdorf
Rieh
Mülheim
Vogelsang
Nippes
Merheim
Brück
Ehrenfeld
Neustadt-Nord
Weiden
Müngersdorf
Kalk
Neubrück
Altstadt
Deutz
Höhenberg
Ostheim
Lindenthal
Gremberg
Räth
Frechen
Sülz
Neustadt-Süd
Heumar
Klettenberg
Poll
Zollstock
Marienburg
Ensen
Rhein
Eil
Rodenkirchen
Porz
Urbach
Weiß
Rondorf
Hahnwald
Meschenich
Zündorf
Wahn
Godorf
Langel
Bay

Eingemeindung der Kölner Vororte

0   4   8 km

1922
1888   1914
1910
1975

■ Altstadt
▨ Befestigung
▥ 1. Stadterweiterung 1883

0   1   2   3 km

Zeichnung: D. HERMSDÖRFER

manischen Kirchen bzw. Klöstern und deren einstigen Immunitätsbereichen, die im Zuge der großen Ummauerung um 1180 in das mittelalterliche Stadtbild einbezogen wurden. Rund 700 Jahre lang wuchs dann Köln als größte deutsche Stadt im Mittelalter nicht über seine Stadtmauern (heutige Ringstraßen) hinaus. Erst Ende des 19. Jhs. begann ein weiteres, nun industriell bedingtes Wachstum, und zwar in mehreren Phasen mit sehr unterschiedlich strukturierten Siedlungs- und Industrievierteln. Zunächst entstand in den Gründerjahren die „Neustadt", ein planmäßig angelegtes Stadtviertel zwischen den „Ringen" und dem ersten Fort-Gürtel der preußischen Zeit (dem späteren Inneren Grüngürtel). Als nächstes Stadtviertel schließen sich die „Kölner Vororte" an, von Marienburg und Bayenthal im Süden über Zollstock, Klettenberg, Sülz, Lindenthal, Braunsfeld, Ehrenfeld bis Nippes und Riehl im Norden. Mit Ausnahme einiger Villenviertel wie besonders in den bereits genannten „Kölner Vororten" entstanden in dieser Zone bedeutende Unternehmen der Großindustrie, u. a. des Maschinen- und Fahrzeugbaus, der Chemie und speziell der Petrochemie in der Nachkriegszeit (vgl. Kap. 3.3.2, 7.2.2 und Übersicht 7.3). Auf die linksrheinischen „Kölner Vororte" folgt zur Peripherie hin der Äußere Grüngürtel (der ehemalige zweite Fort-Gürtel), heute ein stark frequentiertes Naherholungsgebiet mit zahlreichen Freizeiteinrichtungen, das schließlich von einem Autobahnring flankiert wird. Etwa ab 1968 hat sich dann im Kölner Norden die „Neue Stadt Chorweiler", eine als Ganzes geplante Trabantenstadt, entwickelt (vgl. Übersicht 7.2 und Abb. 7.4).

Um das Ballungszentrum Köln konzentriert sich eine Reihe kleinerer und mittlerer Städte, die fast alle im unmittelbaren Einzugsbereich der Rheinmetropole liegen. Diese Randstädte sind vor allem

Brühl, Hürth, Frechen, Pulheim und Dormagen sowie Leverkusen, Bergisch Gladbach, Bensberg und Wesseling. Nur *Brühl* (1996 rd. 43 700 Ew.) kann innerhalb dieses Städtekranzes auf eine alte Stadttradition zurückblicken. Denn zum einen war Brühl seit dem 13. Jahrhundert eine umwehrte Stadt und zum anderen für etwa 100 Jahre im 15./16. Jahrhundert die Residenz der Kölner Kurfürsten, die dann auf Bonn überging. Nördlich Kölns liegt mit *Zons* (das zur jungen Industriestadt *Dormagen* bzw. zum Kreis Neuss gehört) ein weiteres altes Stadtzentrum, dessen mittelalterlicher Grundriß mit Stadtmauern, Wehr- und Zolltürmen in eindrucksvoller Form erhalten geblieben ist. Schon in römischer Zeit soll hier am Rheinstrom zwischen Köln und Neuss eine Befestigungsanlage bestanden haben, die dann im 14. Jahrhundert unter den Erzbischöfen von Köln mit Stadtrechten versehen und zu einer Zollstätte für die Rheinschiffahrt ausgebaut wurde. Nach der Verlagerung des Flußbettes und der Aufhebung des Rheinzolles 1767 verlor Zons dann seine überregionale Bedeutung. Das südöstlich benachbarte Leverkusen (1996 rd. 162 300 Ew.) ist demgegenüber eine sehr junge Stadtgründung, die erst im Jahre 1930 ihre Selbständigkeit erreichte und ihre Entwicklungsimpulse in entscheidendem Maße von den Bayer-Werken erhielt (vgl. Kap. 3.3.2, 7.2.2 und Übersicht 7.3).

Bonn

Mit seiner Ernennung zur Bundeshauptstadt im Jahre 1949 hat Bonn zweifellos für über vier Jahrzehnte eine weltweite Bedeutung erlangt. Die Vereinigung der beiden deutschen Staaten im Herbst 1990 stellte jedoch die Hauptstadtfrage unversehens in den Mittelpunkt der politischen Diskussion. Die im Einigungsvertrag festgelegte Bestimmung, Berlin wieder zur

Die politische Weichenstellung, Bonn zur provisorischen Hauptstadt des neuen deutschen Nationalstaates und damit zu einem „Platzhalter" Berlins zu machen, erfolgte bereits 1948. Denn mit der ersten Sitzung der Verfassungsgebenden Versammlung, des Parlamentarischen Rates, am Tagungsort Bonn war faktisch eine Vorentscheidung über den künftigen Bundessitz und damit auch die Hauptstadt gefallen. Bonn hatte sich als Tagungsort gegen die Bewerber Karlsruhe, Celle, Frankfurt/Main, Düsseldorf, Köln und Koblenz durchgesetzt. Die Wahl Bonns, die am 3. November 1949 mit einer 12-Stimmen-Mehrheit erfolgte, wurde dabei durch zwei Überlegungen gestützt. Zum einen favorisierte die britische Besatzungsmacht eine kleinere, traditionsreiche und weniger zerstörte Stadt innerhalb ihrer Zone. Zum anderen war das junge Land Nordrhein-Westfalen bemüht, in dem mit schweren Aufbauproblemen belasteten Rhein-Ruhr-Raum neben wirtschaftlichen auch politische Zeichen zu setzen. Bonn als historisch und kulturell bedeutende Stadt mit einer demokratischen Tradition entsprach diesen Grundgedanken. Gefestigt wurde die Wahl nicht zuletzt auch durch die Haltung des Präsidenten des Parlamentarischen Rates und späteren ersten Bundeskanzlers Konrad Adenauer. Im Rahmen seiner Westbindungspolitik stellte er sich bewußt gegen jedwede Machtansprüche des neuen Staates; für ihn wie für viele Traditionalisten war gerade Berlin der Inbegriff des Zentralismus. Im Widerspruch zu einem 1949 gefaßten Bundestagsbeschluß, der bereits den Umzug von Bonn nach Berlin für den Fall freier Wahlen in der sowjetischen Besatzungszone vorsah, wurde im deutschdeutschen Einigungsvertrag die Frage des Parlaments- und Regierungssitzes zunächst noch offen gehalten. Erst mit der Bundestagsentscheidung vom 20. Juni 1991 wurde, mit 18 Stimmen Mehrheit, der Umzug vom Rhein an die Spree endgültig beschlossen. Um die strukturelle Schwächung der Stadt zu mindern, wurde festgelegt, einige Ministerien in Bonn zu belassen und der Stadt eine Entschädigung in Höhe von 4 Mrd. DM zu zahlen. Seit 1994 hat die ehemalige Bundeshauptstadt gemäß des Berlin/Bonn-Gesetzes den offiziellen Status einer Bundesstadt, von der aus Bundespolitik erfolgt. Durch den avisierten Verbleib von 65% der ministeriellen Arbeitsplätze in Bonn soll die Stadt damit zum Verwaltungszentrum Deutschlands werden. Die weitere Entwicklung Bonns und seiner Region wird sich zukünftig maßgeblich auf den Ausbau der Bereiche internationale Zusammenarbeit (z. B. Ansiedlung zweier UN-Organisationen 1996), Wissenschaft und Forschung, Wirtschaft und Kultur stützen. Für den Strukturwandel soll die Stadt nunmehr 2,81 Mrd. DM aus Bundesmitteln erhalten.

Übersicht 7.5: Bonn – Von der Bundeshaupt- zur Bundesstadt

deutschen Hauptstadt zu machen, war zwar kaum umstritten. Doch sorgt die 1991 getroffene Entscheidung des Bundestages, das Parlament und Teile der Regierung nach Berlin zu verlegen, für ständige Kontroversen. In der Kritik steht hierbei vor allem die konkrete Umsetzung des Beschlusses, die zu einer Aufgabenteilung zwischen beiden Städten und Ausgleichsmaßnahmen für Bonn führen soll.

Die erste städtische Entwicklung der im Südwinkel der Bucht gelegenen, 1996 gut 293 000 Einwohner zählenden ehemaligen Hauptstadt ist wie bei anderen rheinischen Städten, etwa Mainz, Koblenz, Neuss oder Xanten, auf ein römisches Militärlager (Kastell Bonna gegenüber der Siegmün-

dung) sowie eine südlich benachbarte Lagervorstadt namens Verona zurückzuführen. Für die mittelalterliche Geschichte – und damit für die heutige Altstadt Bonns – waren darüber hinaus das geistliche Stift St. Cassius mit der späteren, aus der Stauferzeit stammenden romanischen Münsterkirche und die nördlich benachbarte Marktsiedlung von entscheidender Bedeutung. Um die Mitte des 13. Jahrhunderts erfolgte die Stadtrechtsverleihung durch den Kölner Erzbischof. Die damit zugleich verbundene Ummauerung existierte bis in das 18. und 19. Jahrhundert hinein. Ihr einstiger Verlauf spiegelt sich im heutigen Stadtgrundriß noch deutlich wider. Im späteren Mittelalter erzielte Bonn dann

1991, 20. Juni: Der Bundestag beschließt, seinen Sitz von Bonn nach Berlin zu verlegen.

1992, 3. Juni: Der Vorschlag, zehn Ministerien, das Bundespresseamt und das Kanzleramt nach Berlin zu verlegen, wird vom Bundeskabinett gebilligt. Die restlichen Ministerien mit rund zwei Dritteln der Beamten sollen in Bonn verbleiben.

1992, 26. Juni: Der Umzugszeitraum wird vom Bundestag auf 1998 bis 2002 festgesetzt.

1993, 12. Oktober: Das Bundeskabinett beschließt den Regierungsumzug bis zum Jahr 2000.

1994, 11. Januar: Der Bundespräsident zieht von der Bonner Villa Hammerschmidt in das Berliner Schloß Bellevue um.

1994, 14. Januar: Die Umzugskosten werden von der Bundesregierung auf 20 Mrd. DM festgelegt, davon sollen 4 Mrd. DM als Entschädigung für Bonn verwendet werden.

1996, 27. September: Der Bundesrat widerruft seinen Beschluß vom 5. Juli 1991, vorerst in Bonn zu bleiben. Als künftiger Sitz soll das ehemalige Preußische Herrenhaus in Berlin dienen.

1996, 28. November: Der Bundestag widerruft seinen Beschluß, bereits von 1998 an nach Berlin umzuziehen. Der Umzug wird in das Jahr 2000 verschoben.

1998: Geplante Fertigstellung des Reichstages und Wahlen zum 14. Deutschen Bundestag.

1999, 31. März: Geplante Übergabe des Reichstages an den Bundestag. Erste Plenarsitzungen sollen in Berlin erfolgen, die Ausschüsse verbleiben bis zum Jahr 2000 in Bonn.

1999, 31. Dezember: Geplante Aufnahme der vollen Parlamentsarbeit des Bundestages in Berlin nach Fertigstellung der Abgeordnetenbüros im Alsenblock und den Dorotheenblöcken.

2002: Geplanter Umzug der letzten Bonner Dienststellen nach Berlin.

Übersicht 7.6: Bonns schrittweiser Funktionsverlust

einen weiteren großen Bedeutungszuwachs, nachdem die Erzbischöfe und Kurfürsten von Köln ihre Residenz zunächst nach Brühl und dann nach Bonn verlegt hatten. Vor allem unter den Kurfürsten aus dem Hause Wittelsbach wurde die Stadt nun zu einer stark befestigten Barockresidenz ausgebaut, deren Funktion im Jahre 1794 endete. Unter preußischer Herrschaft erhielt Bonn dann im 19. Jahrhundert neue Impulse, die sich in der Errichtung von Wohnvierteln und kleineren Industriestandorten sowie in dem Bau der linksrheinischen Eisenbahn manifestierten. Die Neugründung der Universität im Jahre 1818 gab der Stadt ein besonderes Gepräge. Als Hochschul- und Rentnerstadt stieg Bonn in den Folgejahren zu einer der wohlhabendsten Städte Deutschlands auf. Schließlich setzte mit der Verlegung von Bundestag und Bundesregierung 1949 nach Bonn eine neue Stadtentwicklungsphase ein. Südlich der Altstadt entlang der Rheinfront und der Koblenzer Straße entstand nun ein Regierungsviertel mit dem Bundeshaus, der Villa Hammerschmidt als Sitz des Bundespräsidenten, dem Palais Schaumburg als Sitz des Bundeskanzlers sowie einzelnen Ministerien und zahlreichen Auslandsvertretungen. Schon bald zwang die Raumenge viele Bundesbehörden zum Ausweichen in die nähere und weitere Umgebung, so daß die städtische Bebauung immer stärker in die einst eigenständigen Nachbargemeinden verlagert wurde. Gleichermaßen entstand eine Reihe zentral geplanter Wohnsiedlungen in den Außenvierteln der provisorischen Bundeshauptstadt, so auf der Hochfläche des Venusberges, im nordwestlichen Gebiet von Tannenbusch oder auch in südlicher Richtung auf Bad Godesberg zu. Somit wurden auch die einst selbständigen Stadtgemeinden Bad Godesberg und Beuel immer stärker in die Hauptstadtfunktion Bonns einbezogen.

Nordöstlich Bonns befindet sich am Austritt des Sieg- und Aggertales aus dem Mittelgebirge in die sich weitende Bucht das alte Zentrum *Siegburg*, und zwar am Fuße eines Vulkankegels, des Michaelsberges mit seiner im Jahre 1064 gegründeten Benediktiner-Abtei St. Michael. Durch seine verkehrsgünstige Lage am Schnittpunkt alter Handelswege (Köln–Frankfurter-Höhenstraße und rechtsrheinische Uferstraße) erwuchs in Anlehnung an den Klosterbereich das mittelalterliche Siegburg zu einer bedeutenden Gewerbe- und Marktsiedlung, die schon um die Mitte des 12. Jahrhunderts Stadtrechte erhielt. Ihre städtische Blütezeit lag in der zweiten Hälfte des 16. Jahrhunderts, als Siegburger Tonwaren („Siegburger Töpfe") bis nach Nord- und Südeuropa exportiert wurden. Als Verwaltungssitz des heutigen Rhein-Sieg-Kreises zählte Siegburg 1996 rund 37 000 Einwohner.

Aachen

Im äußersten Südwesten der Bucht und im Übergangsbereich zur Nordeifel liegt die Grenzstadt Aachen, die infolge ihrer Tradition als alte Reichs- und Krönungsstadt, als Bischofssitz, Hochschulstandort (Technische Hochschule seit 1870), Badestadt und Industriezentrum weit über das Grenzland auch in den südniederländischen und belgischen Raum ausstrahlt. Die im Zweiten Weltkrieg stark zerstörte Altstadt liegt in einem weiten Talkessel, aus dem als geologische Horste der Lousberg mit 264 m Höhe und der vorgelagerte Salvatorberg hervorragen. Von Natur aus war dieser Talkessel aufgrund seines weithin sumpfig-moorigen Charakters durchaus siedlungsfeindlich. Wenn aber trotzdem eine rege Siedlungsentwicklung schon in vor- und frühgeschichtlicher Zeit feststellbar ist, so hängt dies mit den zahlreichen schwefelhaltigen Kochsalz-Thermalquellen zusammen, die zumindest schon in römischer Zeit genutzt wurden. Der Name „Aachen" läßt sich auf die Bezeichnung „Aquae Granni" bzw. „Aquis Granni" zurückführen und soll demnach von den heißen Quellen des keltischen Heilgottes Grannus herstammen. Das heutige Stadtgebiet zählt 38 derartige Thermalquellen, von denen sich 10 in Aachen selbst und 28 in dem einst selbständigen, seit 1897 eingemeindeten Abteiort Burtscheid befinden. Die Gunst jener Quellen war auch dafür ausschlaggebend, daß sich hier seit Ende des 9. Jahrhunderts die Hauptpfalz der Karolinger entwickelte. Auf den Grundmauern der königlichen Pfalz entstand im 14. Jahrhundert das Rathaus und aus der Pfalzkapelle der berühmte Dom mit seinem Herzstück, dem um 800 erbauten Oktogon. Die große zentrale Bedeutung des mittelalterlichen Aachen mag die Tatsache unterstreichen, daß von 936 bis 1531 im Aachener Dom auf dem Throne Karls des Großen nicht weniger als 30 Könige und Kaiser gekrönt worden sind. Die Dom, Rathaus und Römerbäder ringförmig umgebende Altstadt wurde 1175 mit einem ersten geschlossenen Mauerring befestigt, an den sich weiter zur Peripherie hin im 14. Jahrhundert eine zweite Umwallung u. a. mit 11 Stadttoren anschloß, von denen nur noch geringe Reste existieren. In der Flucht der ersten und zweiten Stadtumwallung verlaufen heute die Wall- und Grabenstraßen bzw. Alleen, die damit das mittelalterliche Stadtbild deutlich nachzeichnen. Die gewerblich-industriellen Ausbauten des 19. und 20. Jahrhunderts haben ihre räumlichen Schwerpunkte vor allem im Osten und Nordosten der Altstadt, u. a. entlang der Bahnlinie Aachen–Köln. Nach Westen haben sich inzwischen immer mehr die Einrichtungen der Technischen Hochschule bzw. Universität ausgedehnt, während im Südwesten eine locker bebaute Wohngegend bis an den Aachener

Wald heranreicht. Darüber hinaus haben auch die Kur- und Badeviertel am Rande des Lousberges und besonders im Stadtteil Burtscheid (Landesbad) einen starken Ausbau erfahren. Somit ist Aachen nach den starken Kriegszerstörungen wieder zu einem sehr bedeutenden Kultur- und Wirtschaftszentrum im Dreiländereck mit über 247000 Einwohnern (1996) geworden, das mit seinen zahlreichen überregionalen Funktionen an die historische Tradition anknüpft (vgl. Kap. 3.1.3 und 3.3.4).

Zwischen dem Raum Aachen und den Ballungszentren der südlichen Rheinschiene, d. h. also in der Jülich-Zülpicher Börde, haben sich nur relativ wenige städtische Siedlungen mit höherer Zentralität entwickeln können. Vielmehr konzentrieren sich die älteren Stadtsiedlungen auf die Bördenränder, so entlang der Rurniederung die Brückenorte Düren und Jülich oder das im Norden gelegene Erkelenz sowie die in der südlichen Börde zu verfolgende Städtereihe Zülpich–Euskirchen–Rheinbach. Auch der östliche Bördenrand mit der Erftniederung ist durch ein Siedlungsband kleinerer Städte, vor allem Erftstadt, Kerpen, Bergheim und Bedburg, gekennzeichnet. *Düren* als größte und industriereichste Stadt (1996 über 90200 Ew.) im Bördenbereich kann auf eine lange Geschichte zurückblicken. In fränkischer Zeit bestand hier eine Königspfalz, die sich durch ihre Lage an der alten Aachen-Frankfurter-Handelsstraße bald zu einer bedeutenden Marktsiedlung etablierte und im 13. Jahrhundert Stadtrechte erhielt. Nach den starken Zerstörungen im Zweiten Weltkrieg (das Stadtbild wurde 1944 zu 85% vernichtet) ist Düren modern wieder aufgebaut worden. Dennoch ist das Grundmuster der alten Stadt auch heute noch wenigstens indirekt erkennbar.

Ähnlich katastrophale Kriegszerstörungen hat das alte *Jülich* (1996 ca. 32000 Ew.) erfahren. Das römische Juliacum lag an einem günstigen Rurübergang, an dem sich verschiedene Verkehrswege kreuzten. Hier entwickelte sich im Mittelalter auch die Residenz des Herzogtums Jülich. Die im 16. Jahrhundert errichtete, mächtige Zitadelle inmitten der Stadt und das Festungswerk am Brückenkopf der Rur aus dem beginnenden 19. Jahrhundert erinnern noch heute an den einstigen Festungscharakter, der bis 1860 erhalten blieb.

Wie Jülich verdankt auch *Zülpich* als jetzige Kleinstadt (1996 knapp 19000 Ew.) seine Existenz zumindest seit römischer Zeit der günstigen Verkehrslage. Denn das römische Tolbiacum (Zülpich) war ein wichtiger Verkehrsknotenpunkt im Schnitt der Fernhandelsstraße Neuss-Trier und Köln–Reims. Der mittelalterliche Grundriß von Zülpich ist noch recht eindrucksvoll erhalten.

In der Neuzeit wurde Zülpich allerdings von der Nachbarstadt *Euskirchen* (1996 rd. 52200 Ew.) überflügelt, nachdem hier durch den Anschluß an die Eisenbahnlinie Köln-Trier (1875) gewerblich-industrielle Standortvoraussetzungen gegeben waren. Das gleiche Schicksal wie Zülpich hat das südöstlich benachbarte Städtchen *Rheinbach* (1996 rd. 25000 Ew.) erfahren, das als eine gegen das Herzogtum Jülich gerichtete Stadtgründung der Erzbischöfe von Köln schon im Jahre 1342 Stadtrechte erhalten hatte.

Städte im Niederrheinischen Tiefland

Unter formal-physiognomischen Gesichtspunkten lassen sich im Niederrheinischen Tiefland drei größere Städtegruppen unterscheiden. Zunächst sind hier die Rheinuferstädte zu nennen, deren Schicksal in besonderem Maße mit den verkehrsgeographischen Lagemomenten und den Stromverlagerungen des Rheins in Verbindung stand. Von den alten Römerstädten zwischen Nimwegen und Neuss konnte neben

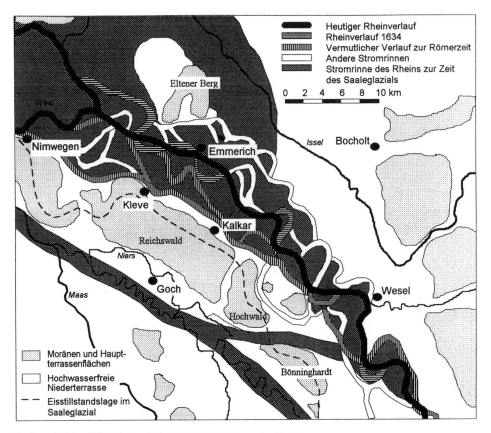

Quelle: verändert nach KNÜBEL, Atlas für die Schulen in NRW, Braunschweig o. Jg.

Abb. 7.8: Flußverlagerungen im Unteren Niederrheingebiet

der letztgenannten lediglich *Xanten* (1996 rd. 19000 Ew.) wenigstens indirekt an die antike Tradition anknüpfen. Xanten, „Ad Sanctos", mit dem mächtigen Victorsdom ist die Nachfolgerin der etwa 80 ha umfassenden römischen Zivilsiedlung Colonia Ulpia Trajana, deren Grundriß unter den Agrarflächen bis heute erhalten geblieben ist und seit 1972 im Bereich des Archäologischen Parks ausgegraben bzw. rekonstruiert wird. Zahlreiche mittelalterliche Stromverlagerungen (Abb. 7.8) haben nicht nur Xanten, sondern auch die alten Handels- und teilweise Hansestädte wie *Rheinberg, Kalkar, Kleve, Duisburg* oder *Neuss*

in ihrer Wirtschaftskraft stark getroffen. Und nur wenige Orte, die in der Nähe wichtiger Rheinübergänge lagen, konnten direkt im Anschluß an die mittelalterlichen Handelsfunktionen im absolutistischen Zeitalter eine neue Bestimmung als Festungsorte erlangen. In diesem Zusammenhang spielte vor allem auch das seit dem 14. Jahrhundert planmäßig angelegte *Düsseldorf* eine besondere Rolle.

Im politischen Kräftefeld der Mächte Kurköln, Jülich und Kleve kam es über Jahrhunderte in der von Niederungen durchzogenen, relativ verkehrsfeindlichen Terrassenlandschaft des Tieflandes lediglich zur Anlage kleinerer Orte im Bereich bevorzugter Übergänge. Diese Situation änderte sich erst im Zuge der gewerblich-industriellen Entwicklung der sog. frühkapitalistischen Zeit. Mit den Textilstädten *Mönchengladbach, Viersen* und *Krefeld* entstanden im 18. Jahrhundert frühindustrielle Agglomerationen, die aus dem abgelegenen Hinterland in das alte Städtesystem entlang des Rheinstromes hineinreichten. Eine überwiegend neuzeitliche Entwicklung hingegen erfuhren Grenzorte wie *Straelen, Geldern,* der Wallfahrtsort *Kevelaer* oder *Goch*, also Städte, die ebenso wie die Rheinuferstädte *Kleve* und *Emmerich* wesentliche wirtschaftliche Impulse sowohl aus einem ländlich-agraren Umland, als auch aus intensiven Beziehungen zu den Niederlanden erhielten und erhalten.

Das am Südrand des Niederrheinischen Tieflandes gelegene Städtepaar Düsseldorf–Neuss weist hinsichtlich der Genese und späteren funktionalen Bedeutung eine recht wechselhafte Geschichte auf. War das in Anlehnung an das befestigte Römerlager Novesium entstandene Neuss schon im Mittelalter eine blühende Handelsstadt, so vollzog sich die Entwicklung Düsseldorfs erst in spätmittelalterlicher Zeit, nachdem das kleine Fischerdorf an der Düssel von den bergischen Grafen und Herzögen im Jahre 1288 zur Stadt und vom 15.–18. Jahrhundert zur Residenz erkoren wurde. Inzwischen muß jedoch das heute rund 150000 Menschen zählende Neuss im Sinne D. BARTELS (1960, S. 110) durchaus als eine Nachbarstadt Düsseldorfs bezeichnet werden, denn abgesehen von den vielfältigen kulturellen Beziehungen der beiden Zentren zueinander verläuft die nordöstliche Neusser Stadtgrenze durch übergreifende und sich funktional ergänzende Industrie- und Wohngebiete. Ansonsten bildet der Rhein eine recht markante, wenn auch mit Hilfe von sechs Brücken und zwei Fähren gut zu überwindende Trennungslinie.

Neuss

Das vom heutigen Stadtkern des Mittelzentrums Neuss etwa 1–2 km südlich entfernte römische Militärlager nahe der Erftmündung stellte lediglich einen wichtigen Bezugspunkt zur zivilen Römer- und späteren fränkischen Siedlung am heutigen Büchel dar. Die weitere Entwicklung zu einem blühenden Handelsort verdankt die Stadt in erster Linie dem Umstand, daß entlang der Niederterrasse der Fernhandelsweg Nimwegen–Köln verlief. In Nachbarschaft dieser Achse, der heutigen Oberstraße, Büchel und Niederstraße, entstand die mittelalterliche Stadt, deren Ausdehnung anhand des Verlaufs der Promenaden bzw. ringförmiger Straßenzüge (Batterie-, Hafen-, Hamtorwall-, Promenadenstraße) faßbar ist. Von den historischen Zeugnissen sind nur noch wenige Relikte erhalten. Die spätromanische Gewölbebasilika St. Quirin mit dem Immunitätsbereich erinnert eindrucksvoll an die einstige Stellung (u. a. kirchliches Zentrum und Zollstätte) im kurkölnischen Territorium. Bescheidene Überreste der mittelalterlichen Befestigungsanlagen (Obertor, Stützbögen, Wehrtürme) zeugen von den Auseinandersetzungen, die Neuss im Verbund mit Köln zu überstehen hatte. Auch von der für Neuss einst so charakteristischen Bausubstanz des 17. und 18. Jahrhunderts (Giebelhäuser) sind nur wenige in der Michael-, Ober- und Niederstraße sowie am Büchel erhalten geblieben.

Nach der bereits angesprochenen Rheinstromverlagerung erlebte die Stadt trotz zahlreicher Gegenmaßnahmen (z. B. wurde die Erft in das alte Rheinbett umgeleitet) einen wirtschaftlichen Niedergang und behielt über lange Zeit den Status einer Ackerbürgerstadt. Erst während der französischen und preußischen Besetzung ergaben sich nach dem Abbruch der Stadtbefestigungen wirtschaftliche und städtebauliche Anstöße. Das rasche Wachstum der Stadt in nördlicher und westlicher Richtung wurde durch die einsetzende Industrialisierung in Verbindung mit dem Eisenbahnbau seit 1852 bzw. dem Hafenausbau seit 1881 erheblich forciert. Weitere starke Modifizierungen erhielt das Stadtgebiet im 20. Jahrhundert durch die Eingemeindung gewachsener, heute städtisch geprägter Dorfstrukturen (1913: Neußerfurt, Vogelsang, Buschhausen; 1929: Grimlinghausen, Uedesheim, Weckhoven; 1975: Holzheim, Norf, Rosellen, Hoisten, Speck, Wehl, Helpenstein, Teile von Kaarst). Die Anlage der südlichen „Vorstädte" Reuschenberg und Gnadental hingegen geht auf die sog. Gartenstadtidee der 30er Jahre zurück. Als relativ junge Stadtausbauten zeigen sich die Trabantenstadt Erfttal sowie das rheinnahe Gewerbegebiet Hammfeld I, das in den kommenden Jahren in großem Stil unter Nutzung angrenzender umfangreicher gewerblicher Reserveflächen erweitert wird (Hammfeld II und III). Damit korrespondiert eine weitere dynamische Entwicklung der Stadt. Bis zum Jahre 2015 wird in drei Bauabschnitten mit einem Investitionsvolumen von ingesamt 1,5 Mrd. DM für Infrastruktur- und Wohnungsbaumaßnahmen der Stadtteil Neuss-Allerheiligen zu einem neuen Wohngebiet für 6 500 Menschen erweitert. Es handelt sich um die derzeit größte Baumaßnahme dieser Art in Deutschland (vgl. Kap. 3.3.2).

Düsseldorf

Zwar stehen dem überwiegend rechtsrheinisch gelegenen Düsseldorf im Vergleich zum vis-à-vis gelegenen Neuss kaum noch derart umfangreiche Industriereserveflächen zur Verfügung, dennoch sind die ökonomischen Perspektiven der Landeshauptstadt kaum schlechter, zumal der Standort Düsseldorf wegen seiner Füh-

lungsvorteile und Verkehrsgunst nach wie vor äußerst gefragt ist. Die Industrie, und hier gerade die Metallverarbeitung, war und ist auch heute noch ein Pfeiler der Düsseldorfer Stadtentwicklung, die zwar mit den Grafen von Berg im 12. Jahrhundert begann, deren Wachstumsschritte jedoch erst im Zuge des Industrialisierungsprozesses erfolgten. Dementsprechend zählen heute auch jene Ortschaften zur Landeshauptstadt, deren Ursprünge sich bereits in das 7. bzw. 8. Jahrhundert zurückverfolgen lassen. In den frühmittelalterlichen Aufzeichnungen finden vor allem die aus einem fränkischen Königshof hervorgegangene Pfalz Kaiserswerth, daneben die Ortsteile Bilk mit der St.-Martins-Kapelle sowie Gerresheim mit dem gleichnamigen Kanonissenstift eine besondere Erwähnung.

Zur Zeit der Stadterhebung Ende des 13. Jahrhunderts gruppierten sich die Häuser der rd. 700 Einwohner Düsseldorfs um die gotische Lambertuskirche. Indes legte die Zoll- und Marktfreiheit, die mit der Ernennung verbunden war, den Grundstein für ein rasches Wachstum, das in der Folgezeit in besonderem Maße von den pfälzischen Kurfürsten gefördert wurde. Erste Stadterweiterungen (Abb. 7.9), die in etwa den Bereich der heutigen Altstadt ausmachen, wurden im 14. Jahrhundert von Graf Wilhelm v. Berg angeordnet. Zur charakteristischen Residenz-, Kunst- und Festungsstadt entwickelte sich Düsseldorf jedoch erst unter den Kurfürsten „Jan Wellem" und Karl Theodor im 17. und 18. Jahrhundert. Förderte „Jan Wellem" schwerpunktmäßig die Kunst und die Wissenschaften, so ließ Karl Theodor neben einigen Prunkbauten (Schloß Jägerhof, Schloß Benrath) südlich der Altstadt die planmäßige Karlstadt sowie umfangreiche Stadtbefestigungen (Bastione, Wälle, Gräben u. ä. m.) anlegen. Der Verlauf der ehemaligen Befestigungsanlagen ist anhand

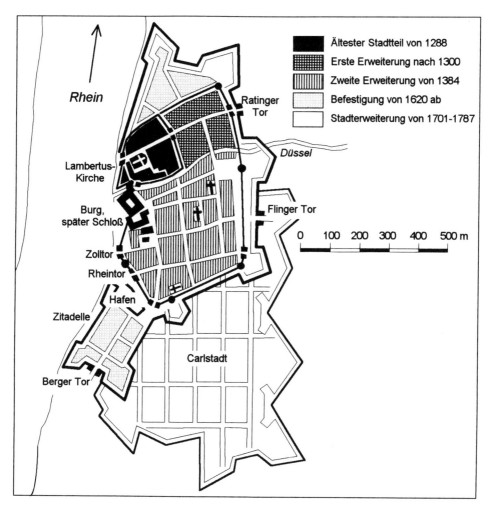

Quelle: verändert nach KELLERSOHN in Topogr. Atlas NRW, 1968

Abb. 7.9: Stadtentwicklungsphasen Düsseldorfs von 1288 bis 1787

eines Kranzes gärtnerischer Anlagen, die im 19. Jahrhundert an deren Stelle getreten waren, deutlich erkennbar. Als Kernstücke der „Gartenstadt" Düsseldorf (Abb. 7.10) entstanden die Grünanlagen und Wasserflächen von Hofgarten, Schwanenspiegel und Königsallee, die mit ihren Promenaden sowie dem Stadtgraben mit seinen Brückenbögen als eine der repräsentativsten Ladenstraßen Deutschlands bezeich-

net werden kann. Der älteste Teil des Hofgartens vor Schloß Jägerhof stößt bis zu dem am Rhein gelegenen Ehrenhof vor, wo er eine Fortsetzung im langgestreckten Rheinpark findet.

Die Renaissancezeit brachte mit ihren geometrischen Mustern jenes neue Ideal der Stadtgestaltung hervor, welches in Düsseldorf vor allem in Form der schachbrettförmigen Struktur der Karlstadt und

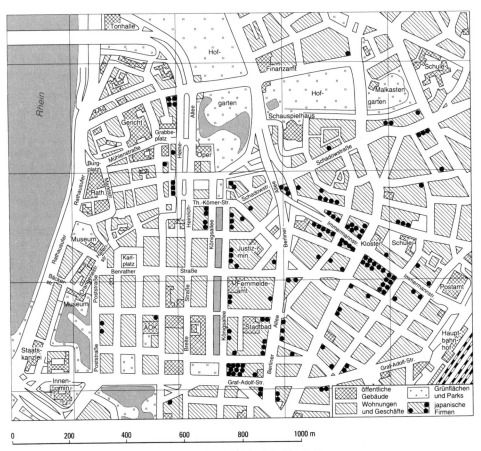

Quelle: Terra, Erdkunde. Arbeitsheft für Nordrhein-Westfalen, 5/6, Lehrerheft, 1996, S. 15

Abb. 7.10: Düsseldorf – Innenstadt, funktionale Gliederung

nach 1855 wiederum in der Konzeption der Friedrichstadt eindrucksvoll entgegentritt. Rein physiognomisch bietet Düsseldorf somit ein Beispiel für eine geordnete Innenstadtbebauung, wie sie in Nordrhein-Westfalen nur in sehr wenigen Städten (z. B. Krefeld) zu finden ist. Erst im Rahmen des neuzeitlichen Verstädterungs- und Industrialisierungsprozesses verlief das weitere Wachstum der Stadt relativ ungeordnet entlang wichtiger Verkehrsleitlinien. Dementsprechend gruppiert sich um den

Kernbereich geplanter Siedlungsstrukturen inzwischen eine heterogene Vielfalt von Grundrißformen einzelner Vororte, die im Zuge mehrerer Eingemeindungen das Stadtgebiet erheblich vergrößerten und das formale Ordnungsgefüge der Landeshauptstadt veränderten. Dem Innenstadtbereich, heute in erster Linie der Standort von Tertiärfunktionen, folgt ein erster Ausbauring. Es handelt sich hierbei vornehmlich um jene Stadtteile, die noch um 1875 als selbständige Siedlungen vor der

Stadt lagen: Golzheim, Mörsenbroich, Derendorf, Düsseltal, Grafenberg, Flingern, Oberbilk, Hamm, Ober- und Niederkassel. Wenn auch diese Stadtteile heute mit der Innenstadt verwachsen sind, so treten doch rein physiognomisch wie auch funktional deutliche Unterschiede hervor, indem sich hier bereits vor 1900 industrielle Schwerpunkte bilden konnten. Den äußeren Ring nehmen die seit 1900 eingemeindeten Stadtteile ein, zu denen die alten Städte Kaiserswerth und Gerresheim, die Vororte Kalkum, Stockum, Lohausen, Wersten und Benrath sowie als moderne Entwicklung die Wohnstadt Garath zählen.

Mönchengladbach und Krefeld

Mit den gestiegenen industriellen und vor allem tertiären Funktionen einer Landeshauptstadt hat sich der Einflußbereich Düsseldorfs auch weit auf das linke Rheinufer ausgedehnt. Nicht nur der benachbarte Kreis Neuss mit den „Schlafstädten" Kaarst und Meerbusch, sondern auch die Industriestädte Mönchengladbach und Krefeld (letzteres selbst zentraler Ort des linksrheinischen Bergbaureviers um Kamp-Lintfort) sind inzwischen funktional stark auf Düsseldorf ausgerichtet. Mönchengladbach und Krefeld, beide industrielle Agglomerationen der Neuzeit, haben eines gemeinsam: Sie verdanken ihre Bedeutung der einstigen Blüte des Textilgewerbes, die vor allem auf die Initiative von Unternehmerfamilien zurückzuführen ist.

Mönchengladbach mit 1996 rund 267 000 Einwohnern wurde im Jahre 1975 durch die kommunale Neugliederung erneut mit dem lange Zeit selbständigen *Rheydt* vereinigt. Diese aus politischen und wirtschaftlichen Gründen durchgeführte Maßnahme stieß verständlicherweise nicht in allen Teilen der Bevölkerung auf Zustimmung, zumal die in der Historie begründeten Gegensätzlichkeiten

beider Gemeinwesen doch recht tiefgreifend sind. Auf der einen Seite das stolze Rheydt, der frühere Eckstein der Monarchie und Hort der Calvinisten, mit seinen Parkanlagen um Schloß Rheydt, und auf der anderen Seite das seit jeher von Industrie und Gewerbe stärker geprägte Mönchengladbach.

Das mittelalterliche Mönchengladbach mit dem heute noch faßbaren Oval des „Alten Marktes" lehnte sich an die im Jahre 972 vom Kölner Erzbischof Gero gegründete Benediktinerabtei St. Vitus an. Die Stadt der Mönche am Gladebach, in deren Umgebung bereits im Mittelalter neben der Landwirtschaft der Flachsanbau und die Leinenherstellung bodenständig waren, entwickelte sich mit dem Beginn der Baumwollverarbeitung zu einem Zentrum der industriellen Textilerzeugung. Die zunehmende Mechanisierung der Textilwirtschaft zog neben Textilfabrikanten vor allem weitere Unternehmen des Maschinenbaus in den Mönchengladbach-Rheydt-Viersener Raum (vgl. Kap. 3.3.6), so daß die Stadt rasch anwuchs und sich über den Altstadtkern hinaus auf den Haupt- und Mittelterrassenbereich ausweitete. Abgesehen von der wirtschaftlichen Ausrichtung auf die Textilindustrie weist Rheydt in seiner Entwicklungsgeschichte kaum Parallelen zu Mönchengladbach auf. Dort, wo die Niers aus der rheinischen Hauptterrasse heraustritt, lag in fränkischer Zeit der Saalhof „Reithe", nach dem das mittelalterliche Ryde oder Reyda, eine lockere Ansammlung von Bauernhöfen, benannt wurde. Erst im Zuge der Industrialisierung im 19. Jahrhundert erwuchs aus mehreren Siedlungskernen die Stadt Rheydt, die bis heute die räumliche Trennung der Stadtteile Giesenkirchen, Odenkirchen und Rheydt selbst nicht hat überwinden können.

Das zweite ehemalige Textilzentrum des Niederrheins ist das etwa 250 000 Ein-

Am 1. August 1946, dreieinhalb Wochen vor der durch die britische Militärregierung mit ihrer „Verordnung Nr. 46" bekanntgegebenen Gründung Nordrhein-Westfalens, wurde in einem britischen Memorandum festgehalten, daß Düsseldorf die Landeshauptstadt werden sollte. Damit begann für die Stadt, die 1996 rd. 574 000 Einwohner zählte, eine Phase, die sie zu einem der führenden Handels-, Dienstleistungs- und Verwaltungszentren Deutschlands und einer auch im europäischen Maßstab hochattraktiven Metropole machen sollte.

Nach der Ernennung zur Hauptstadt etablierten sich ab 1947 in den Citylagen die ersten landespolitischen Einrichtungen, die später zu einer Art Regierungsviertel zusammenwuchsen. Zentrum wurde das im Zweiten Weltkrieg zerstörte Ständehaus am Schwanenspiegel, das ehemalige Parlaments- und Verwaltungsgebäude des rheinischen Provinziallandtages. Es diente 1949–1988 als Sitz des nordrhein-westfälischen Landtages. Seither tagt er in dem modernen neuen Landtagsgebäude an der Rheinfront. In unmittelbarer Nähe konzentrieren sich die Zukunftsbranchen der Stadt, symbolisiert auch durch den Fernmeldeturm am Parlamentsgebäude: Medien, Kommunikations- und Informationstechnologien (vgl. Kap. 4.4).

Mit der Funktion als Landeshauptstadt festigte sich die Rolle Düsseldorfs auch im internationalen Rahmen. Neben Staaten wie den Niederlanden, USA, Großbritannien und Frankreich (die gemeinsam fast 2000 Firmen bzw. Niederlassungen in Düsseldorf unterhalten) übte die Stadt vor allem große Anziehungskraft auf Investoren aus Fernost aus, die sich bis 1996 auf 450 Vertretungen mit über 8000 Mitarbeitern ausweiteten (vgl. Kap. 4.3 und 10.2). Ergänzt wird das internationale Bild durch über 50 Konsulate und ausländische Handelsmissionen.

Bis in die 1960er Jahre konnte Düsseldorf noch als eine Industriestadt bezeichnet werden, die von traditionsreichen Großkonzernen der Branchen Stahl und Chemie geprägt wurde. Erinnert sei hier an den hessischen Kaufmann Fritz Henkel, der seine Waschmaschinenfabrik 1878 von Aachen nach Düsseldorf verlegte und dort 1907 mit dem „ersten selbsttätigen Waschmittel" auf den Markt kam. Der Maschinen- und Anlagenbauer Schloemann-Siemag AG geht auf eine Gründung von 1901 zurück und der Stahlkonzern Thyssen AG hat seinen Sitz und seine Verwaltung seit 1926 ebenfalls in Düsseldorf. Die Remscheider Brüder Max und Reinhard Mannesmann, Erfinder des Walzverfahrens für nahtlose Stahlrohre, verlegten 1912 ihren Standort in die Stadt. Die Mannesmann AG, ehemals ein reiner Montankonzern, ist heute ein diversifizierter Technologiekonzern, dessen Sparten Maschinen- und Anlagenbau sowie Telekommunikation den Strukturwandel stellvertretend für viele andere Unternehmen des Raumes repräsentativ widerspiegeln.

Düsseldorf selbst hat sein Image als Industriemetropole verloren, wenngleich die genannten Konzerne nach wie vor ihren Sitz dort haben. Denn während noch im ersten Jahrzehnt als Landeshauptstadt jeder zweite Arbeitsplatz in Düsseldorf dem Produzierenden Gewerbe zuzuordnen war, sind heute 80% der Beschäftigten im Handel, im Dienstleistungsbereich und in der Verwaltung tätig. Der tertiäre Sektor ist damit in Nordrhein-Westfalens Hauptstadt deutlich stärker ausgeprägt als im Landesdurchschnitt.

Übersicht 7.7: 1996 – 50 Jahre Landeshauptstadt Düsseldorf

wohner (1996) zählende *Krefeld.* Den Wohlstand der Stadt, deren Ursprung ebenfalls auf einen fränkischen Saalhof zurückgeht, begründeten im 18. Jahrhundert die „Seidenbarone" mennonitischer Richtung, die als Emigranten in Krefeld Religions- und Gewerbefreiheit fanden. Wegen der rechtwinkligen Straßenführung (Ausdruck des planmäßigen Siedlungsausbaus der absolutistischen Zeit) wird Krefeld häufig als das niederrheinische Mannheim bezeichnet. Dieser Grundriß trifft jedoch nur für die westlichen Stadtteile zu, denn das heutige Krefeld vereint drei Gemeinwesen mit jeweils eigener Geschichte, nämlich Krefeld, Linn und Uerdingen, die erst seit 1906 bzw. 1929 der Stadt angeschlossen sind. Während Krefeld im Mittelalter eine

Exklave der Grafen von Moers war, gehörten Burg und Stadt Linn wie auch das in der Nähe des Rheins gelegene Uerdingen den Kölner Erzbischöfen. Aufgrund der prosperierenden Seiden- und Samterzeugung zählte Krefeld bereits vor der Industriezeit mit rd. 18000 Einwohnern (1819) zu den größten Kommunen im Rheinland. 1871 war die Stadt mit über 60000 Einwohnern nach Köln, Wuppertal, Aachen und Düsseldorf fünftgrößtes Gemeinwesen. Die wirtschaftlich bedingten Zusammenschlüsse mit Linn und vor allem mit Uerdingen (vgl. Kap. 3.3.2) verschafften Krefeld Zugang zum Rhein, dem eine allmähliche Verlagerung von Gewerbeflächen in Richtung auf den Strom folgte. Dadurch verlor der Altstadtkern Krefelds in wenigen Jahrzehnten seine Mittelpunktlage, zumal insbesondere nach 1950 zahlreiche Wohnsiedlungen und Industrieanlagen zwischen der Krefelder Altstadt und Uerdingen errichtet wurden. Heute begründen vor allem die im Hafengebiet von Krefeld-Uerdingen lokalisierte Großchemie sowie der Stahl- und Maschinenbau die bedeutende wirtschaftliche Stellung der Stadt. Im Hafen werden jährlich durchschnittlich 3,5 Mio. t an Gütern, vorzugsweise für den chemischen Sektor, umgeschlagen.

7.4.2
Die Hellwegstädte

Mögen die Stadtbilder der alten Hellwegzentren, so von Duisburg über Mülheim, Essen, Bochum, Dortmund bis Soest und Paderborn, aufgrund der großindustriellen Expansion vor allem im westlichen Teil heute sehr heterogen erscheinen, weisen sie in ihrem historisch-genetischen Entwicklungsprozeß doch größtenteils verwandte Züge auf. In etwa zwei Wegstunden Abstand etappenartig entlang des alten

Fernhandelsweges Hellweg und der Kornkammer Börde aufgereiht, sind sie in ihrem Ursprung nach fast alle auf einstige fränkische Königshöfe in der fruchtbaren Agrarlandschaft zurückzuführen. In unmittelbarer Nachbarschaft der weltlichen und geistlichen Grundherrschaften entstanden infolge der überragenden Verkehrs- und Handelsfunktionen zeitlich ungefähr parallel überregional bedeutende Marktsiedlungen. Somit existierte bereits in mittelalterlicher Zeit ein Hellwegstädtesystem, das sich trotz der territorialen Aufsplitterung (z. B. wurde Duisburg klevisch, Mülheim bergisch und Bochum märkisch) und der daraus erwachsenen Konkurrenzsituation nur wenig veränderte. Bis zu Beginn der Großindustrialisierung im 19. Jahrhundert, die ja bekanntlich den westlichen Teil bis etwa Dortmund rasch grundlegend veränderte, präsentierten sich die meisten Hellwegstädte (nachdem sie ihre mittelalterliche und frühneuzeitliche Blütezeit längst überschritten hatten) als sogenannte Akkerbürgerstädte inmitten der agrarproduktiven Bördenlandschaft. Im Gegensatz zu den jungen Bergbaustädten in der Emscherzone lehnten sich im Hellwegbereich die Wohnkolonien und die großindustriellen Betriebe, also Zechen und Kokereien sowie die eisen- und stahlschaffenden und -verarbeitenden Werke, an die mittelalterlichen Stadtkerne an. Und zwar bildeten sich die ersten Wachstumsspitzen entlang der Ausfallstraßen der alten Hellwegstädte, d. h. vor allem in westöstlicher Richtung.

Duisburg

Das in den Nachkriegsjahrzehnten als größte Stahlstadt Europas bekannt gewordene Duisburg mit 1996 rd. 535000 Einwohnern umfaßt neben der einstigen Reichs- und Hansestadt Alt-Duisburg u. a. die 1905 eingemeindeten Stadtsiedlungen Ruhrort und Meiderich sowie seit 1929 das bis dahin ebenfalls selbständige Hamborn. Alt-Duisburg als ursprünglich fränkische Königspfalz und bedeutender Handelsplatz, gelegen auf der Niederterrasse und am Westende des Hellweges, befand sich wenigstens bis ca. 1275 unmittelbar am Rheinstrom, dessen damaliger Verlauf durch den heutigen Duisburger Innenhafen markiert wird. Ein genaues Stadtgründungsdatum Duisburgs ist nicht bekannt. Andererseits wird der Königshof „Thusburg" („regalis curtis circa Renum") bereits im Jahre 781 genannt, und ein Privilegienbrief von 1279 zeigt eine weitgehende Selbständigkeit der städtischen Siedlung. Den mittelalterlichen Siedlungskern bildet ein gut 30 ha großes umwehrtes Oval mit Burgplatz, Salvatorkirche (Nachfolgerin der alten Pfalzkapelle) und Markt bzw. Schiffersiedlung. Im Inneren der Kirche erinnert ein Epitaph an Gerhard Mercator, den Begründer der modernen Kartographie, der lange Zeit in Duisburg lebte und hier 1594 starb. Einen entscheidenden Einfluß auf die spätmittelalterliche und frühneuzeitliche Entwicklung Duisburgs nahm – wie übrigens auch bei zahlreichen anderen Siedlungen im Niederrheingebiet – die Rheinverlagerung, hier gegen Ende des 13. Jahrhunderts, indem nun Schiffahrt und Handel nach und nach einem Handwerker- und Ackerbürgertum weichen mußten. Erst in der zweiten Hälfte des 17. Jahrhunderts kam die Handelsschiffahrt, und zwar jetzt verstärkt zu den Rheinmündungshäfen in den Niederlanden, wieder in Gang. Die „industrielle Revolution" an Rhein und Ruhr ließ Duisburg – man denke nur an die Eisen- und Stahlbranchen oder an die Duisburger Häfen – dann rasch zu einer Großagglomeration heranwachsen, wobei vor allem das mit Schwerindustrie besetzte rechte Rheinufer von Huckingen bis Walsum die Stadt weltbekannt machte (vgl. Kap. 3.3.2).

Mülheim a.d. Ruhr

Mülheim a. d. Ruhr (1996 rd. 177 000 Einw.) verzeichnet in seinem industriellen Werdegang viele Parallelen zu Duisburg (Überwiegen der metallerzeugenden und -verarbeitenden Industrie), während es in seinem räumlichen Wachstum größere Ähnlichkeiten mit den östlich benachbarten Hellwegstädten Essen und Dortmund hat. Die Siedlung Mülheim, die erstmals im Werdener Urbar um 1000 n. Chr. erwähnt wird, entwickelte sich am Übergang des Hellwegs über die Ruhr, wobei jene günstige Furtstelle auf dem westlichen Flußufer durch die Herrschaft Broich gesichert wurde. Zu der verkehrsgeographischen Gunst Mülheims kam dann in der frühen Neuzeit ein weiteres Element, nämlich die bereits im 16. Jahrhundert nachweisbare Ruhrkohleschiffahrt in Richtung Rhein. Als altes Kirchdorf verkörperte Mülheim also schon früh einen wirtschaftlichen Mittelpunkt beiderseits des Mülheim-Kettwiger Ruhrtales. Seine städtischzentrale Bedeutung tritt – wenn man von der Industrieagglomeration des 19./20. Jahrhunderts absieht – im Vergleich zur Nachbarstadt Essen jedoch stark zurück.

Essen

Die Großstadt Essen mit 615 000 Einwohnern (1996), die größte ihrer Art im Rheinisch-Westfälischen Industriegebiet, erstreckt sich vom Ruhrtal im Süden über den Hellweg bis in die Emschertalung. Das heutige Stadtareal setzt sich aus mehreren alten Siedlungseinheiten zusammen, die seit Beginn dieses Jahrhunderts nach und nach eingemeindet wurden; so Werden mit seiner berühmten Abtei (796–1803) oder auch Kupferdreh, Heisingen, Holthausen, Steele und schließlich Kettwig. Alt-Essen selbst präsentierte sich wenigstens um 1800, d. h. vor der bergbaulichen und großindustriellen Expansion, wie andere

Hellwegsiedlungen praktisch als Acker-bürgerstadt innerhalb seiner mittelalterli-chen Mauern. In den Jahren um 1850 sol-len im heutigen Stadtgebiet rd. 42000 Menschen, hauptsächlich Bauern und Handwerker, gelebt haben. Hundert Jahre später betrug die Einwohnerzahl Essens bereits 730000 Menschen. Ausgangspunkt der städtischen Entwicklung war ein adeli-ges Damenstift, das um 850 Altfried, der spätere Bischof von Hildesheim, auf sei-nem Besitztum „Astnidi" (= Essen) grün-dete. In Anlehnung an die Stiftsimmunität mit ihrer romanischen Münsterkirche ent-stand als zweiter mittelalterlicher Sied-lungskern eine Marktsiedlung von Hand-werkern und Kaufleuten, und zwar dort, wo sich der Hellweg und zwei Süd-Nord-gerichtete Handelswege (von Werden und Kettwig kommend und weiter zur Emscher und Lippe führend) kreuzten. Der Marktort wurde dann einschließlich der Stiftsim-munität im Jahre 1244 ummauert. Bis zur Säkularisation des geistlichen Damenstif-tes gegen Ende des 18. Jahrhunderts besaß die Äbtissin die Hoheitsrechte in der Stadt. Von der historischen Bausubstanz Alt-Essens blieb im Zweiten Weltkrieg außer der Münster-, Johannis- und Markt-kirche nichts übrig. Der einstige, mittel-alterliche Stadtkern wird heute von einer modernen City bestimmt, die sich zur größten Einkaufsstadt des Ruhrgebietes entwickelte. Unmittelbar südlich der In-nenstadt erwuchs zugleich ein großräumi-ges Verwaltungsviertel, in dem zahlreiche Institutionen und Behörden mit Aufgaben für das ganze Revier und darüber hinaus angesiedelt sind. Auch heute noch ist die Essener Hellwegzone im Gegensatz zur Ruhr- und Emscherzone das am dichtesten bebaute Stadtgebiet. Nur die Namen der Stadtteile Frohnhausen, Holsterhausen, Rüttenscheid, Bergerhausen und Huttrop erinnern an die Existenz früherer Bauer-schaften.

Bochum und Dortmund

Gerade Bochum und Dortmund als west-fälische Hellwegstädte zeigen in ihrer mittelalterlichen und neuzeitlichen Ent-wicklungsgeschichte deutliche Parallelen. Beide sind ihrem Ursprung nach aus karo-lingischen Königshöfen hervorgegangen. In den ersten Jahrzehnten des 19. Jahrhun-derts vermitteln sie gleichfalls das Bild von Ackerbürgerstädten, deren mittelalter-licher, jeweils ovalförmiger und befestig-ter Grundriß auf den Hellweg als die do-minierende West-Ost-Verbindung ausge-richtet ist. Die um die Mitte des 19. Jahr-hunderts einsetzende Abteufung von Tief-bauzechen (Durchstoßen des stark wasser-führenden kreidezeitlichen Deckgebirges) und der Einzug der eisen- und stahlschaf-fenden bzw. -verarbeitenden Industrien haben dann in kurzer Zeit den ländlich-agraren Raum in eine nahezu lückenlose Agglomeration von Siedlungs-, Verkehrs- und Industrieflächen umgewandelt, die schließlich im Zweiten Weltkrieg von starken Zerstörungen heimgesucht wurde. Heute ist *Dortmund* als größte Stadt West-falens mit rd. 599000 Einwohnern (1996) nicht nur ein bedeutender industrieller Schwerpunkt, sondern auch das bedeu-tendste Einkaufszentrum des östlichen Ruhrgebietes. Als einstige Hanse- und Freie Reichsstadt hat Dortmund auch in der Vergangenheit eine durchaus höhere Zentralität als das benachbarte Bochum gehabt. Zusammen mit Köln und Aachen war Dortmund die einzige Stadt im heuti-gen Nordrhein-Westfalen, die ihren Status als Freie Reichsstadt bis zur napoleoni-schen Zeit bewahren konnte. Indirekt ist der alte Kern Dortmunds noch am Verlauf der Ringstraßen im Stadtzentrum faßbar. Darüber hinaus wurden vier mittelalterli-che Kirchen im ursprünglichen Stil wieder aufgebaut, die Reinoldi- und Marienkirche aus dem 13. bzw. 12. Jahrhundert sowie

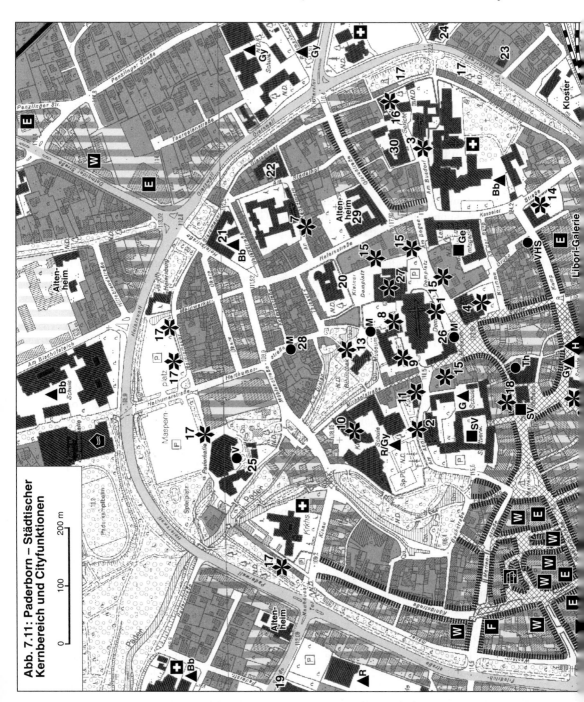

Abb. 7.11: Paderborn – Städtischer Kernbereich und Cityfunktionen

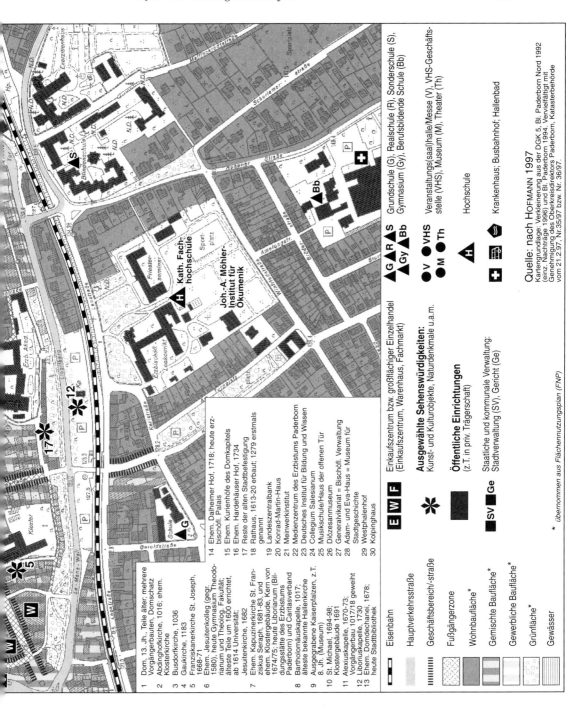

1 Dom, 13. Jh., Teile älter; mehrere Vorgängerbauten, Domschatz
2 Abdinghofkirche, 1016; ehem. Klosterkirche
3 Busdorfkirche, 1036
4 Gaukirche, 1183
5 Franziskanerkirche St. Joseph, 1668-71
6 Ehem. Jesuitenkolleg (gegr. 1580), heute Gymnasium Theodorianum und Theolog. Fakultät; älteste Teile um 1600 errichtet, ab 1614 Universität; Jesuitenkirche, 1682
7 Ehem. Kapuzinerkirche St. Franziskus Seraph, 1681-83, und ehem. Klostergebäude, Kern von 1674/75; heute Liborianum (Bildungsstätte des Erzbistums Paderborn) und Caritasverband
8 Bartholomäuskapelle, 1017; älteste bekannte Hallenkirche
9 Ausgegrabene Kaiserpfalzen, z.T. 8. Jh. (Museum)
10 St. Michael, 1694-98; Klostergebäude 1691
11 Alexiuskapelle, 1670-73; Vorgängerbau 1017/18 geweiht
12 Liboriuskapelle, 1730
13 Ehem. Domdechanei, 1678; heute Stadtbibliothek
14 Ehem. Dalheimer Hof, 1718; heute erzbischöfl. Palais
15 Ehem. Kurienhöfe des Domkapitels
16 Ehem. Hardehäuser Hof, 1734
17 Reste der alten Stadtbefestigung
18 Rathaus, 1613-20 erbaut; 1279 erstmals genannt
19 Landeszentralbank
20 Konrad-Martin-Haus
21 Meinwerkinstitut
22 Medienzentrum des Erzbistums Paderborn
23 Deutsches Institut für Bildung und Wissen
24 Collegium Salesianum
25 Musikschule/Haus der offenen Tür
26 Diözesanmuseum
27 Generalvikariat = Bischöfl. Verwaltung
28 Adam- und Eva-Haus = Museum für Stadtgeschichte
29 Westphalenhof
30 Kolpinghaus

Eisenbahn

Hauptverkehrsstraße

Geschäftsbereich/-straße

Fußgängerzone

Wohnbaufläche*

Gemischte Baufläche*

Gewerbliche Baufläche*

Grünfläche*

Gewässer

E W F Einkaufszentrum bzw. großflächiger Einzelhandel (Einkaufszentrum, Warenhaus, Fachmarkt)

Ausgewählte Sehenswürdigkeiten:
Kunst- und Kulturobjekte, Naturdenkmale u.a.m.

Öffentliche Einrichtungen
(z.T. in priv. Trägerschaft)

SV Ge Staatliche und kommunale Verwaltung: Stadtverwaltung (SV), Gericht (Ge)

* übernommen aus Flächennutzungsplan (FNP)

G A R A S Grundschule (G), Realschule (R), Sonderschule (S), **Gy A Bb** Gymnasium (Gy), Berufsbildende Schule (Bb)

v ● VHS Veranstaltungs(saal)halle/Messe (V), VHS-Geschäftsstelle (VHS), Museum (M), Theater (Th)
M ● Th

H Hochschule

Krankenhaus; Busbahnhof; Hallenbad

Quelle: nach HOFMANN 1997
Kartengrundlage: Verkleinerung aus der DGK 5, Bl. Paderborn Nord 1992 (einz. Nachträge 1996) und Bl. Paderborn 1994. Vervielfältigt mit Genehmigung des Oberkreisdirektors Paderborn, Katasterbehörde vom 21.2.97, Nr.35/97 bzw. Nr. 36/97.

die westlich benachbarte Propsteikirche und die spätgotische Petrikirche. Die Längsachse der „Altstadt" wird auch heute noch vom Hellweg, dem Westen- und Ostenhellweg, gebildet. Umschlossen wird die „Altstadt" mit ihren modernen Cityfunktionen von Großbetrieben der Eisen- und Stahlbranchen, von einem vielseitigen Eisenbahnnetz und neuen Wohnvierteln. Hervorzuheben ist in diesem Zusammenhang auch der Dortmund-Ems-Kanal mit seinen Hafenbecken im Nordwesten. In den Außenvierteln der Stadt liegen auch die für Dortmund charakteristischen weltbekannten Großbrauereien. Das bislang jedoch dominante Element der Dortmunder Wirtschaft, die Eisen- und Stahlindustrie, ist in den letzten Jahren einer besonders harten Situation ausgesetzt. Auf dem Weg der Substitution der klassischen Montanindustrien sind für *Bochum* (ca. 400 000 Einw. in 1996) seit den 60er Jahren die Zweigwerke der Opel AG von ökonomisch großer Bedeutung geworden; mit rd. 17 000 Beschäftigten bilden sie eine tragende Säule des Bochumer Wirtschaftslebens.

Soest

Die bekanntesten und kulturhistorisch bedeutsamsten Städte der östlichen Hellwegbörden sind zweifellos Soest und Paderborn. Am Schnittpunkt Hellweg und einem nordsüdlich verlaufenden Handelsweg entwickelte sich seit frühmittelalterlicher Zeit die einst so mächtige Hansestadt Soest. Salzquellen, wie sie heute noch in benachbarten kleinen Kurorten (z. B. Bad Sassendorf) auftreten, waren wahrscheinlich namengebend für jene Kaufmannssiedlung, die im Jahre 836 als „Sosat" bzw. „Susatum" beurkundet wird. Ausgangspunkt einer städtischen Siedlung, die um etwa 1100 Stadtrechte erhielt, war auch hier ein karolingischer Königshof,

der westlich der Petrikirche lag. Neben dieser ältesten Stadtkirche entstand dann um die Mitte des 10. Jahrhunderts in Verbindung mit einem Kanonikerstift der ebenfalls romanische Kirchbau des Patroklidomes. Nördlich des Kirchzentrums bildete sich bald entlang des Hellweges eine Siedlung der Fernkaufleute, an die sich als weiterer Siedlungsbezirk derjenige der Salzsieder anschloß. Diese unterschiedlichen Siedlungskerne verkörpern mit einigen Ausbauten und Erweiterungen (z. B. Aufstauen der Quellwässer zum „Großen Teich") das mittelalterliche Stadtbild von Soest, welches im 12. Jahrhundert durch eine etwa 4 km lange Mauer befestigt wurde. Als eine der einflußreichsten Hansestädte und als „heimliche Hauptstadt Westfalens" erlebte Soest seine Blütezeit zwischen 1150 und 1350. Beispielsweise wurde das Soester Stadtrecht auf viele andere Städte des norddeutschen Raumes übertragen. Der wirtschaftlichen Blütezeit folgte ein jäher Abstieg; die einst so mächtige Hansestadt zeigt sich um 1820 nur noch als Ackerbürgerstädtchen mit etwa 8000 Menschen. Der langen wirtschaftlichen Stagnation verdankt Soest mit rd. 48 000 Einwohnern (1996) aber auch die weitgehende Erhaltung seines historischen Stadtbildes, was sich im Fremdenverkehrsspektrum deutlich niederschlägt.

Paderborn

Der heute bedeutendste zentrale Ort im Südosten der Westfälischen Bucht ist jedoch Paderborn (1996 rd. 134 000 Einw.), das als östlichste und auch älteste Hellwegstadt klassifiziert werden kann. Die über 200 Quellen der Pader, die in mehreren großen Quellbecken entspringen und sich noch im Stadtbereich zur Pader vereinigen, haben der Stadt ihren Namen gegeben. Somit entwickelte sich die Altstadt Paderborns (in genau derselben Weise auch das nordöstlich benachbarte Bad Lippspringe) am Übergang von der relativ trockenen und teilweise verkarsteten Paderborner Hochfläche zum feuchten Lippeeinzugsgebiet. Die starke Schüttung der Paderquellen von 3000–8000 l/s eignete sich hervorragend zur Anlage von Mühlenwerken und ähnlichen, auf Wasserkraft ausgerichteten Gewerben entlang der Quellteiche. Ein weiteres wichtiges Kriterium für die frühe Entwicklung Paderborns ist in der Tatsache zu sehen, daß auch hier mehrere Fernhandelswege den Hellweg kreuzten, vor allem der Handelsweg Frankfurt–Bremen und die sogenannte Holländische Straße Kassel–Münster. Mit der Errichtung der karolingischen Pfalz und Kirche (Ausgrabungen nördlich der heutigen Domkirche) gegen Ende des 8. Jahrhunderts tritt Paderborn in das Licht der europäischen Geschichte. Karl der Große hielt in Paderborn vier Reichstage ab, nämlich 776, 779, 785 und 799. Sein Treffen mit Papst Leo III. im Jahre 799 wird in der Geschichtsschreibung häufig als die Geburtsstunde des „Heiligen Römischen Reiches Deutscher Nation" angesehen. Schon im Jahre 806 wurde Paderborn Bischofssitz. Der heutige Grundriß des Libori-Domes (die Reliquien des hl. Liborius wurden 836 von Le Mans nach Paderborn überführt) mit seinem mächtigen, das Stadtbild beherrschenden Viereckturm stammt aus dem 11. Jahrhundert. Zur gleichen Zeit wurde die sogenannte Domimmunität ummauert, und auch die im Schutze des Domes entstandene Kaufmannssiedlung erhielt eine massive Befestigung. Auch das dem Dom benachbarte Benediktinerkloster Abdinghof stammt aus dieser Zeit. Neben seinen großen geistlichen Funktionen war das mittelalterliche und frühneuzeitliche Paderborn zugleich eine Handels-, Handwerker- und Ackerbürgerstadt, deren Blütezeit im 16. und 17. Jahrhundert lag, wovon die alte Universität

(von 1616 bis 1819), zahlreiche Patrizierhäuser oder auch das Rathaus im Weser-Renaissance-Stil Zeugnis geben. Allerdings ist von der mittelalterlichen Bürgerstadt nach den Zerstörungen im Zweiten Weltkrieg nicht viel erhalten geblieben. Um die Altstadt (Abb. 7.11) mit ihren sakralen Einrichtungen sowie Verwaltungs- und Geschäftszentren liegen heute mehrere, fast kreisförmige Außenviertel, die im Norden praktisch bis Schloß Neuhaus reichen. Eine größere Industrie- und Gewerbekonzentration hat sich in den letzten Jahrzehnten vor allem im Südwesten der Stadt vollzogen, u. a. aufgrund der verkehrsgünstigen Situation. Dabei handelt es sich um eine sehr gemischte Industriestruktur, von der noch an anderer Stelle (vgl. Kap. 3.3.8) die Rede sein wird.

7.4.3
Münster als Solitärzentrum in der Westfälischen Bucht

Wohl in keinem Landesteil des heutigen Nordrhein-Westfalen besaß und besitzt ein Stadtzentrum eine so beherrschende Stellung wie Münster inmitten der Westfälischen Bucht. Über viele Jahrhunderte hinweg wird die verkehrsgünstig gelegene münsterländische Metropole durch eine Fülle zentraler Einrichtungen und Dienste geprägt, so daß sich die sie umgebenden, zum großen Teil ebenfalls alten Stadtsiedlungen des Kern-, West- und Ostmünsterlandes nur im Schatten des mächtigen Fürstbischofsitzes Münster und maßgeblich beeinflußt von diesem zu entwickeln vermochten. Mit Stichworten wie Bischofs- und Universitätsstadt oder Verwaltungs-, Handels- und Einkaufszentrum läßt sich das 1996 gut 265000 Einwohner zählende Münster nur in etwa umschreiben. Kaum eine andere deutsche Altstadt ist aus den Trümmern des Zweiten Welt-

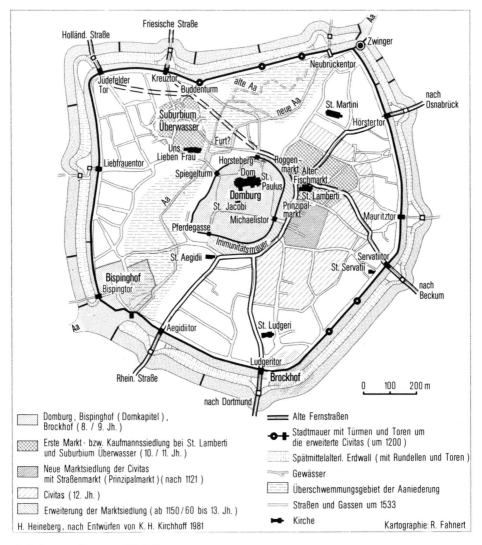

Domburg, Bispinghof (Domkapitel),
Brockhof (8. / 9. Jh.)

Erste Markt- bzw. Kaufmannssiedlung bei St. Lamberti
und Suburbium Überwasser (10. / 11. Jh.)

Neue Marktsiedlung der Civitas
mit Straßenmarkt (Prinzipalmarkt) (nach 1121)

Civitas (12. Jh.)

Erweiterung der Marktsiedlung (ab 1150/60 bis 13. Jh.)

H. Heineberg, nach Entwürfen von K. H. Kirchhoff 1981

Alte Fernstraßen

Stadtmauer mit Türmen und Toren um
die erweiterte Civitas (um 1200)

Spätmittelalterl. Erdwall (mit Rundellen und Toren)

Gewässer

Überschwemmungsgebiet der Aaniederung

Straßen und Gassen um 1533

Kirche

Kartographie: R. Fahnert

Quelle: HEINEBERG/KIRCHHOFF 1993, S. 40

Abb. 7.12: Münster – Mittelalterliche Stadtstruktur

krieges (mehr als 90% der Altstadt wurden zerstört) so traditionsorientiert und auch originalgetreu wiedererrichtet worden wie Münster. So hebt sich die historische Altstadt von Münster mit ihrem mittelalterlichen Kern, der Domburg, ihren Marktsiedlungen und der äußeren Begrenzung (Befe-

stigungsanlagen, heutige Promenade) klar aus jedem Stadtplan heraus (vgl. Abb. 7.12, 7.13 und 7.14).

Ausgangspunkt der Stadtentwicklung war die Domburg auf einem pleistozänen Kiessandrücken am rechten Ufer des einst versumpften Aatales. An dieser verkehrs-

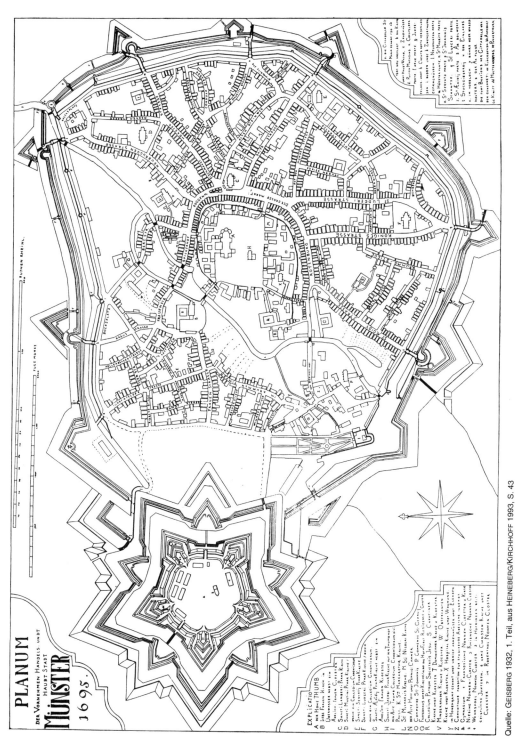

Quelle: GEISBERG 1932, 1. Teil, aus HEINEBERG/KIRCHHOFF 1993, S. 43

Abb. 7.13: Münster in der frühen Neuzeit (1695)

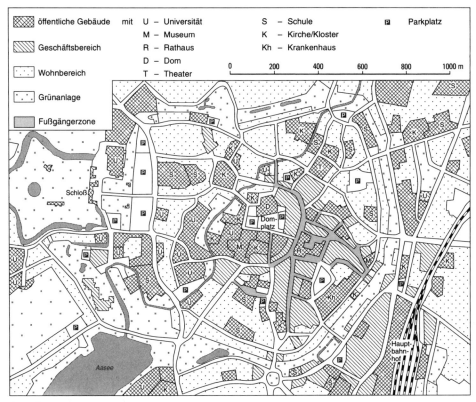

Quelle: Terra, Erdkunde. Arbeitsheft für Nordrhein-Westfalen, 5/6, Lehrerheft, 1996, S. 14

Abb. 7.14: Münster – Innenstadt, funktionale Gliederung heute

günstigen Stelle, einer Furt (sog. Mimi-gernaford), war nämlich der Schnittpunkt zweier alter Handelswege, der Friesischen Straße vom Hellweg (Soest) nach Emden (Alter Steinweg bzw. Salzstraße–Bogen-straße in der Altstadt) und der Rheinischen Straße von Wesel in Richtung Osnabrück (Aegidiistraße – Prinzipalmarkt – Alter Fischmarkt – Hörster Straße). Ein burgar-tiges Kloster (monasterium = Münster) als Ausgangspunkt zur Missionierung der Sachsen soll hier bereits um 780 n. Chr. entstanden sein. Kurz darauf ließ der im Jahre 805 zum Bischof geweihte Liudger (Ludgerus) die erste Domkirche bauen, an die sich ein befestigter Immunitätsbereich

anschloß. Ein kleiner Rest der ehemaligen Immunitätsmauer, die durch die heutige geschlossene Bebauung rund um den Domplatz nachgezeichnet wird, ist an der Domgasse (Durchgang zur Lambertikir-che) erhalten. Am Ostrand des Monasteri-ums und im Schutz der Domburg entwik-kelte sich eine erste Marktsiedlung, die im 12. Jahrhundert erweitert wurde. So ent-stand der einzigartige Prinzipalmarkt. Seine nach dem Kriege wiederaufgebauten, zu-meist spitzgiebeligen Kaufmannshäuser mit ihren vorgeschobenen Oberstockwer-ken und unteren Bogengängen, das be-rühmte Rathaus (eines der Hauptwerke der gotischen Profankunst in Europa) sowie die ebenfalls im gotischen Stil errichtete Stadt- und Marktkirche St. Lamberti vermitteln ein eindrucksvolles Zeugnis jener starken und wohlhabenden Bürgerschaft, die sich in ein jahrhundertelanges Ringen mit dem bischöflichen Landesherrn um die Vormacht in der Stadt verstrickte. Das Patrozinium St. Lamberti, das seinem Ursprung nach auf Lüttich verweist, charakterisiert zugleich die weitreichenden mittelalterlichen Handelsbeziehungen der Münsteraner Kaufleute, deren Einfluß u. a. im Rahmen der Hanse von Frankreich und Flandern bis weit zur Ostseeküste reichte.

Stadtrechte erhielt Münster in den Jahren zwischen 1173 und 1178. Kurz danach werden auch die beiden alten Siedlungskerne, die Domburg als geistliches Zentrum und die Kaufmanns- bzw. Marktsiedlung um den Prinzipalmarkt sowie einige hochmittelalterliche Siedlungsausbauten (z. B. als Suburbium das Stift Liebfrauen oder „Überwasser" auf dem linken Flußufer der Aa) mit Befestigungsbauten umgeben worden sein. Der Verlauf jener Wall- und Grabensysteme, die ein mittelalterliches Stadtareal von ca. 100 ha einschlossen, läßt sich nach der Schleifung der Fortifikation von 1764 an der heutigen Promenade (baumbestandener Grüngürtel) ablesen. Ebenfalls aus der zweiten Hälfte des 18. Jahrhunderts stammt das fürstbischöfliche Schloß im Rokoko-Barockstil unmittelbar westlich der Altstadt, das wie andere westfälische Prachtbauten von dem großen Baumeister Johann Conrad Schlaun entworfen wurde. Das Schloß selbst, das seit 1954 als Verwaltungsgebäude der Westfälischen Wilhelms-Universität dient, wurde auf dem Gelände einer ehemaligen Zitadelle errichtet, die der absolutistische Fürstbischof in der zweiten Hälfte des 17. Jahrhunderts gegen die Münsteraner Bürgerschaft hatte bauen lassen (vgl. Abb. 7.13). Die Gräben um den heutigen Schloßgarten sind noch Relikte der einstigen Zitadelle. Trotz der skizzierten Siedlungsausbauten war Münster im Jahre 1816, als es mit rd. 190 ha Stadtfläche und ca. 15 000 Einwohnern Hauptstadt der preußischen Provinz Westfalen wurde, nur wenig über seine mittelalterlichen Stadtgrenzen hinausgewachsen. Die ersten exakten Kartenaufnahmen des beginnenden 19. Jahrhunderts zeigen auch hier deutlich, wie sich an den mittelalterlichen Stadtkern ein Gartenring anschließt, der in eine offene Feldflur, gekennzeichnet durch die typischen kernmünsterländischen Einzelhöfe sowie kleinere Adelssitze, übergeht. Eine Ausnahme bildet die bis ins 11. Jahrhundert zurückdatierbare Stiftssiedlung St. Mauritz im Osten der Altstadt.

Die städtische Situation änderte sich jedoch grundlegend mit den Industrialisierungsprozessen und Verkehrsausbauten seit der zweiten Hälfte des 19. Jahrhunderts. Bereits 1848 wurde Münster in das sich nun rasch verzweigende Eisenbahnnetz einbezogen. Eine weitere Voraussetzung für die Stadtexpansion war die Eingemeindung einer ringförmigen Stadtumlandzone im Jahre 1875. Besonders entlang der Hauptausfallstraßen entstanden die äußeren Stadtbezirke wie Mauritz, Hafen, Geist, Uppenberg oder Gievenbeck. Später wurden der Dortmund-Ems-Kanal (Eröffnung 1899), die östliche Güter-Umgehungsbahn und schließlich die modernen Autobahntrassen bzw. deren Zubringer Leitlinien der gewerblich-industriellen Entwicklung. Kennzeichnend für die heutigen Gewerbegebiete Münsters ist das weitgehende Fehlen immissionserzeugender Großbetriebe. Vielmehr herrschen mittel- und kleinbetriebliche Unternehmen vor, die zu einem erheblichen Teil Großhandels- und Dienstleistungsfunktionen ausüben. Insgesamt wird Münster im Gegensatz zu vergleichbar großen Städten Nordrhein-Westfalens aber weniger von der Industrie geprägt als von traditionellen

Funktionen im Dienstleistungsbereich, auf den schon in den 1980er Jahren gut 70% aller Beschäftigten entfielen.

Heute umfaßt der oberzentrale Einzugsbereich der kreisfreien Stadt Münster große Teile der Nachbarkreise Coesfeld, Steinfurt und Warendorf. Über diesen Oberbereich hinausgehend bestehen weitere Einflußbereiche, in denen Münster aber zunehmend mit anderen Oberzentren konkurrieren muß. Daraus resultiert, „daß Münster zwar einen herausragenden Rang als Oberzentrum einnimmt, sich diese Funktion z. B. innerhalb Westfalens aber mit Dortmund und Bielefeld teilen muß" (HEINEBERG/KIRCHHOFF 1993, S. 54).

7.4.4 Städtegruppen in Ostwestfalen-Lippe

Für die wirtschaftsräumliche Einheit Ostwestfalen-Lippe (vgl. ausführlicher Kap. 3.3.8) mit den einstigen Territorien Grafschaft Ravensberg, den Fürstbistümern Paderborn und Minden sowie dem Fürstentum bzw. Freistaat Lippe seien hier exemplarisch die alte Städtereihe Bielefeld–Herford–Minden und die lippischen Nachbarstädte Detmold–Lemgo vornehmlich in historisch-genetischer Sicht kurz angesprochen.

Bielefeld

Frühere und moderne Verkehrstrassen vom rheinischen Raum in Richtung Weser bzw. Porta Westfalica folgen im Bereich des Osnings bzw. Teutoburger Waldes als „Paßstraßen" naturräumlich bedingten Durchlässen, den „Dören". An einer solchen, rd. 140 m hohen „Paßstraße" hat sich am Ostabhang des Teutoburger Waldes das heutige Hauptzentrum in Ostwestfalen-Lippe, nämlich Bielefeld, entwickelt

(Abb. 7.15). Gegründet wurde Bielefeld um 1210 von den Ravensberger Grafen, die dem Handelsort das Münsteraner Stadtrecht übertrugen. Zum Schutz der Kaufmannsstadt mit ihrer Nikolaikirche ließ der Landesherr danach bald eine Burg auf einem südlich benachbarten Muschelkalksporn, dem Sparrenberg, bauen. Zugleich entstand am Fuße der Sparrenburg die sogenannte Neustadt, die in die Stadtbefestigungen einbezogen wurde. Wall- und Grabensysteme sind noch in Form eines breiten, das Stadtzentrum hufeisenförmig umgebenden Straßenzuges indirekt erkennbar. Das mittelalterliche Bielefeld bestand praktisch aus einer Doppelstadt, der Altstadt mit ihren Kaufmannshäusern sowie der Neustadt als Handwerker- und Händlersiedlung mit dem gegen Ende des 13. Jahrhunderts gegründeten Marienstift. Durch die Befestigungsanlagen bilden die beiden Siedlungen zwar ein Ganzes; sie hatten jedoch über 200 Jahre hindurch ihre eigenen Verwaltungshoheiten mit Bürgermeister, Rat und Richter, bis schließlich im Jahre 1520 Alt- und Neustadt zu einer Stadt vereinigt wurden. Eine wirtschaftliche Blütezeit begann für Bielefeld in der zweiten Hälfte des 17. Jahrhunderts, nachdem es zusammen mit Ravensberg sowie den Territorien Kleve und Mark an Brandenburg-Preußen gefallen war und der Große Kurfürst in Bielefeld insbesondere den Leinenhandel förderte. Mit der Errichtung der sogenannten Leinenlegge (amtliche Schauanstalt zur Qualitätsprüfung der Leinentuche) erwuchs die Kaufmanns- und Handelsstadt zum Zentrum der ostwestfälischen Textilwirtschaft. Damit überflügelte Bielefeld bezüglich seiner Einwohnerzahl und Wirtschaftskraft zugleich die älteren Nachbarstädte Herford und Minden.

Heute verbinden Wohn- und Industrieviertel entlang der alten Paßstraße quer durch den Teutoburger Wald die kreisfreie Großstadt Bielefeld (1996 gut 324 000 Ew.

und damit größte Stadt Ostwestfalens) mit dem südwestlich vorgelagerten Brackwede, das wie die südlich benachbarte Stadtneugründung Sennestadt im Zuge der kommunalen Neugliederung von 1973 zu Bielefeld kam. *Sennestadt* selbst gilt als Beispiel eines nach wirtschaftlichen, verkehrstechnischen und sozialen Aspekten ausgerichteten modernen Städtebaus, dessen erste Wohnungen in dem lange Zeit fast unbesiedelten Heideland 1958 bezugsfertig wurden. Im Jahre 1965 erhielt es Stadtrecht. Als streng planmäßig angelegte Siedlung umfaßt Sennestadt ein nahezu kreuzungsfreies fiederförmiges Straßennetz mit Wohnvierteln in drei „Nachbarschaften", die durch einzelne Waldgruppen voneinander und von den angeschlossenen Industrievierteln entlang der Autobahn getrennt sind. Kernstück der neuen Stadt ist der nierenförmig angelegte See mit dem Rathaus.

Herford und Minden

Das heute vielseitige Industriezentrum *Herford* (1996 rd. 66 000 Ew.) liegt beiderseits der Werre im Übergangsbereich vom Ravensberger Hügelland zum Lipper Bergland. Die mittelalterliche Siedlung, die auf ein seit 819 bestehendes Frauenstift (später Reichsstift und Vorbild für weitere Gründungen, z. B. Quedlinburg und Gandersheim) im Mündungswinkel der Aa in die Werre zurückzuführen ist, bestand praktisch aus vier Kernen, nämlich dem genannten Stiftsbezirk mit dem Münster, der westlich sich anschließenden Markt- und Kaufmannssiedlung Radewig (alter Wik-Ort), der schon im 13. Jahrhundert errichteten „Neustadt" im Osten und dem Stift Berg als zweitem Frauenstift. Noch im 13. Jahrhundert wurden die einzelnen Stadtkerne mit einer Befestigungsanlage umgeben, deren einstiger Verlauf noch heute durch den Promenadenring erkennbar ist. Das mittelalterliche Herford ist zugleich die City der modernen Geschäfts- und Industriestadt, deren gewerblich-industrielle Schwerpunkte im Westen entlang der Köln-Mindener Eisenbahnstrecke liegen. Während der vergangenen Jahrhunderte spielten auch im Herforder Wirtschaftsleben das Leinengewerbe und der Leinenhandel eine dominante Rolle. Seit der zweiten Hälfte des 19. Jahrhunderts etablierte sich dann eine vielseitige Industrie, vor allem die für Herford typische Möbelfabrikation (vgl. Kap. 3.3.8). Mit der industriellen Entwicklung Herfords konnte die unmittelbar nordwestlich benachbarte alte Siedlung Enger (einstiger Sitz des Sachsenkönigs Wittekind) nicht Schritt halten, was in erster Linie auf die Abseitslage zu den modernen Fernverkehrsstraßen und Eisenbahnstrecken zurückzuführen ist. Somit basiert Engers heutige Bedeutung in der Hauptsache auf der kulturgeschichtlichen Tradition, wie sie sich in seinem historischen Ortsbild niederschlägt.

Etwa 5 km unterhalb der Porta Westfalica entstand das 798 n. Chr. erstmals in den fränkischen Reichsannalen genannte *Minden* (Minda), und zwar an einem Weserübergang im Schutze des von Karl dem Großen gegründeten Bischofssitzes. Im späten 12. Jahrhundert wird das Gemeinwesen, das sich in Ober- und Unterstadt gliederte, Stadtrecht erhalten haben. Minden selbst wurde sehr bald ein bedeutendes geistliches Kulturzentrum, dessen Diözese von Hannover bis Osnabrück und von Celle bis Polle an der Oberweser reichte. Zugleich wuchs Minden als Mitglied der Hanse zu einer mächtigen Handelsstadt und zum Hauptstapelplatz der Weserschiffahrt heran. Mit der Aufhebung des Bistums Minden 1648 fiel sein Territorium an das Kurfürstentum Brandenburg und gehörte so ab 1701 zu Preußen. Ein Jahrhundert später wurde Minden als eine preußische Landesfeste gegen Hannover

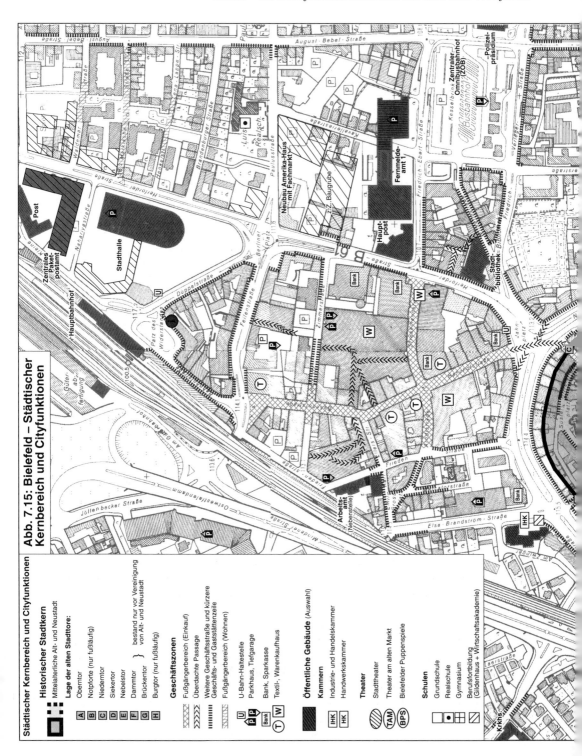

Abb. 7.15: Bielefeld – Städtischer Kernbereich und Cityfunktionen

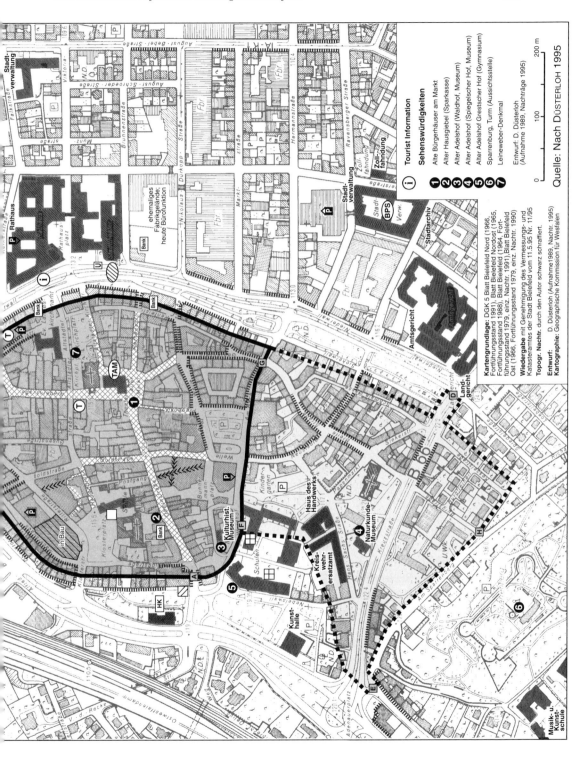

Tourist Information

Sehenswürdigkeiten

❶ Alte Bürgerhäuser am Markt
❷ Alter Hausgiebel (Sparkasse)
❸ Alter Adelshof (Waldhof, Museum)
❹ Alter Adelshof (Spiegelscher Hof, Museum)
❺ Alter Adelshof (Grestscher Hof (Gymnasium)
❻ Sparrenburg, Turm (Aussichtsstelle)
❼ Leineweber-Denkmal

Entwurf: D. Düsterloh
(Aufnahme 1989, Nachträge 1995)

0   100   200 m

Quelle: Nach DÜSTERLOH 1995

Kartengrundlage: DGK 5 Blatt Bielefeld Nord (1966, Fortführungsstand 1991), Blatt Bielefeld Nordost (1965, Fortführungsstand 1988), Blatt Bielefeld (1964, Fortführungsstand 1979, einz. Nachtr. 1991), Blatt Bielefeld Ost (1966, Fortführungsstand 1979, einz. Nachtr. 1990)

Wiedergabe mit Genehmigung des Vermessungs- und Katasteramtes der Stadt Bielefeld vom 11.5.95 Nr. 11/95

Topogr. Nachtr. durch den Autor schwarz schraffiert.

Entwurf: D. Düsterloh (Aufnahme 1989, Nachtr. 1995)
Kartographie: Geographische Kommission für Westfalen

ausgebaut. Entscheidende Bedeutung für die gewerblich-industrielle Entwicklung hatte dann 1847 der Anschluß an die Köln-Mindener Eisenbahn. Schließlich wurde die Stadt, die vorher mehr eine „Beamten- und Rentnerstadt" war, mit der Eröffnung des Mittellandkanals im Jahre 1938 zu einem wichtigen Knotenpunkt im deutschen Binnenwasserstraßennetz. Damit verknüpft war natürlich auch die Errichtung von Industrieanlagen im Norden der Stadt entlang der Hafen- und Schleusenbecken. Im Jahre 1995 zählte Minden 83 000 Einwohner.

Detmold und Lemgo

Die beiden Nachbarstädte Detmold und Lemgo verkörpern typische landesherrliche Gründungen der Grafen bzw. Fürsten zu Lippe, was sich in den regelmäßigen Stadtgrundrissen widerspiegelt. Wie die südlich benachbarte städtische Siedlung Horn liegt die einstige „lippische Hauptstadt" *Detmold* (1996 rd. 73 500 Ew.) an einem alten Handelsweg von Bielefeld nach Bad Driburg und weiter nach Warburg, der hier in der Werretalung von anderen Straßen gekreuzt wird. Anfang des 17. Jahrhunderts wählten die Fürsten zu Lippe die bis dahin recht unbedeutende Ortschaft Detmold zu ihrem ständigen Residenzsitz. So nahm das im Weser-Renaissance-Stil erbaute Schloß fast ein Viertel der alten Stadtanlage ein. Im 18. und 19. Jahrhundert vollzogen sich dann Erweiterungen des Stadtgebietes über die Altstadt mit ihren Befestigungsanlagen hinaus, wobei nun die Funktionen als Verwaltungs- und Kulturzentrum am Osning bzw. Lippischen Wald in den Vordergrund traten. Nicht von ungefähr wurde Detmold dann schließlich im Jahre 1947 mit der Angliederung des ehemaligen Landes Lippe-Detmold an Nordrhein-Westfalen auch der Sitz des Regierungsbezirkes für Ostwestfalen.

Die Gründung *Lemgos* inmitten des Lipper Landes in der Talausweitung der mittleren Bega erfolgte schon gegen Ende des 12. Jahrhunderts. Der regelmäßige, leiterartige Grundriß, der sich durch drei parallele Längs- und kurze Querstraßen auszeichnet, ist noch heute im Altstadtbild klar erkennbar. An den Altstadtkern mit Nikolaikirche, Markt, Rathaus und Kaufmannshäusern im Weser-Renaissance-Stil schließt sich im Süden die noch in der zweiten Hälfte des 13. Jahrhunderts errichtete Neustadt an. Beide Stadtteile wurden im 14. Jahrhundert von einer gemeinsamen Befestigungsanlage umschlossen, die sich auch hier heute als Grüngürtel präsentiert. Infolge seiner Gunstlage an alten Fernhandelswegen wuchs Lemgo zu einem bedeutenden mittelalterlichen Handelsplatz vor allem für Tuche, Garn und Leinwand. So war die Stadt schon gegen Ende des 13. Jahrhunderts ein wichtiges Mitglied der Hanse. Später, d. h. vom 17. Jahrhundert bis gegen Ende des 19. Jahrhunderts, sank Lemgo dann zu einer Ackerbürgerstadt herab. Die Hauptbedeutung des modernen Lemgo mit 1996 rd. 41 500 Einwohnern ist wohl in der Funktion als Verwaltungsmittelpunkt des nördlichen Lipper Landes zu sehen. Außerdem haben das weitgehend erhaltene Ortsbild sowie die waldreiche Umgebung die Stadt zu einem Fremdenverkehrszentrum gemacht. Der planmäßige, schematische Grundriß Lemgos wurde übrigens auch Vorbild für die Anlage anderer lippischer Städte, so für Detmold, Blomberg und Horn.

7.4.5
Das bergische Städtedreieck Wuppertal – Solingen – Remscheid

Der mittelbergische Raum mit den eng benachbarten Großstädten *Wuppertal* (1996 rd. 382 000 Ew.), *Solingen* (166 000 Ew.)

und *Remscheid* (122 300 Ew.) ist die am dichtesten besiedelte und am stärksten industrialisierte Region im rechtsrheinischen Schiefergebirge. Als bedeutendstes Industrie- und Handelszentrum des Bergischen Landes erstreckt sich *Wuppertal* über die variskisch verlaufende Kalksenke des mittleren Wuppertals von Vohwinkel über Elberfeld und Barmen bis Langerfeld. Im Gegensatz zu dieser langgestreckten Talsiedlung herrschen im Bergischen Land ansonsten die Höhensiedlungen vor, so auch Solingen und Remscheid, die sich nahezu spinnennetzartig entlang alter Höhenstraßen zu entwickeln vermochten. Inzwischen ist aber auch Wuppertal, das erst 1929 aus der Vereinigung der bis dahin selbständigen Städte Vohwinkel, Ronsdorf, Cronenberg, Barmen, Elberfeld und dem Ortsteil Beyenburg gebildet wurde, aus der Talsohle der Wupper herausgewachsen. Bei der kommunalen Neugliederung von 1929 handelte es sich um eine zwangsweise Vereinigung seitens des Preußischen Landtages, da Barmen um seine Gleichrangigkeit in der neuen administrativen Einheit fürchtete und zuvor mehrere Versuche eines Zusammenschlusses der mittlerweile siedlungs- und wirtschaftsräumlichen Einheit im Wuppertal am Widerstand Barmens gescheitert waren. Entsprechend der unterschiedlichen Entwicklungsgeschichte der einzelnen Stadtteile Wuppertals präsentiert sich das heutige Siedlungsbild recht unregelmäßig und schwer überschaubar. Kennzeichnend für Wuppertal ist vielmehr, daß es mit dem Kern von Elberfeld zwar ein cityartiges Zentrum besitzt, anderseits aber auch zentrale Funktionen entlang der Mittelachse verteilt sind, so daß man diesbezüglich durchaus von einer „Mehrpoligkeit" sprechen kann. Die Ursprünge der einzelnen Wuppertaler Siedlungskerne gehen teilweise bis in das hohe Mittelalter zurück. So entwickelte sich Elberfeld, das 1176 als

sogenanntes Tafelgut des Erzbischofs von Köln erwähnt wird, in Anlehnung an eine Wasserburg. Im 14. Jahrhundert wird diese prästädtische Siedlung als „Freiheit" beurkundet, und im Jahre 1610 erhielt die „Freyheitt Elverfeldt" das Stadtprivileg. Mit der Stadtrechtsverleihung setzte zugleich eine rege Bautätigkeit ein, die sich nach der schon 1702 erfolgten Teilung der „Gemarke" verstärkte. Die bauliche Entwicklung konzentrierte sich zunächst auf die Talsohle der Wupper, orientierte sich dann ab Mitte des 18. Jahrhunderts besonders nach Norden zu.

Anders verlief die siedlungsgeschichtliche Entwicklung in Barmen, dessen Name erstmalig im Jahre 1070 genannt wird. Barmen ist aus einzelnen Höfen, Weilern und Kirchdörfern zusammengewachsen. Durch das heutige Barmen, dessen Name häufig als „am Walle" gedeutet wird, verlief der Grenzsaum zwischen sächsischem und fränkischem Stammesgebiet und als Grenze selbst eine alte Landwehr. Diese hatte bis ins 17. Jahrhundert hinein eine administrative und kirchliche Trennung zur Folge, so daß man ein bergisches Unterbarmen von einem märkischen Oberbarmen unterschied. Wie in Elberfeld, so verdankt Barmen seinen großen wirtschaftlichen Aufstieg der 1527 gegründeten Garnbleicherei im Tal der Wupper (Privileg der „Garnnahrung"), die die Grundlage der später so bedeutenden und vielseitigen Textilindustrie bildete. Sowohl das Textil- als auch das bis ins frühe Mittelalter hinein zu verfolgende Kleineisengewerbe und die dadurch bedingten Siedlungsausweitungen machten Barmen zu einem städtischen Gebilde, das allerdings erst 200 Jahre nach Elberfeld, nämlich 1808, Stadtrechte erhielt. Zuvor hatte schon im Jahre 1745 das südlich benachbarte Ronsdorf als Gründung einer zionistischen Sekte unter Elias Eller (1737) das Stadtrecht verliehen bekommen. Ronsdorf mit seiner regelmäßigen Bebauung verdankt den wirtschaftlichen Aufstieg im 18. und 19. Jahrhundert im wesentlichen der Bandweberei und den Handelsverflechtungen mit den Niederlanden. Dagegen zählt Cronenberg zu den alten Hochflächensiedlungen im Mittelbergischen, dessen Eisengewerbe schon um 1600 eine überregionale Bedeutung besaß. Seinerzeit war Cronenberg mit seinen zahlreichen Schleifkotten und Hammerwerken der Sitz der Sensenzunft.

Seit der ersten Hälfte des 19. Jahrhunderts bekamen dann Elberfeld und Barmen im Zuge der Industrialisierung Großstadtcharakter. Die Bevölkerungszahlen in beiden Städten stiegen z. B. von 1827 bis 1900 von rd. 28 000 auf 157 000 bzw. von gut 24 000 auf 142 000 Menschen. Um die Mitte des 19. Jahrhunderts war die Doppelstadt Elberfeld-Barmen nach Berlin, Breslau und Köln die viertgrößte Stadtsiedlung Preußens. Im Jahre 1880 lag die Doppelstadt mit rd. 190 000 Einwohnern an 6. Stelle unter den Städten des Deutschen Reiches; sie war bevölkerungsmäßig größer als Köln mit ca. 161 000, Düsseldorf mit 95 000 oder Essen mit 57 000 Menschen. Neben der Großindustrialisierung wirkten auch die Verkehrsausbauten tiefgreifend auf das Stadtbild des heutigen Wuppertal ein. Bereits 1841 wurde die Eisenbahnverbindung von Düsseldorf nach Elberfeld-Steinbeck, die erste im westdeutschen Raum, fertiggestellt. Damit ergab sich zwangsläufig ein Vorsprung vor den Nachbarstädten Remscheid und Solingen. Bald folgten weitere Eisenbahntrassen, so die Elberfeld-Dortmunder Bahn 1849 und 1879 die Linie von Düsseldorf über Mettmann, Elberfeld-Mitte, Barmen nach Hagen. Eine Verkehrsverbindung besonderer Art zwischen Elberfeld und Barmen brachte die 1901–1903 erbaute Schwebebahn, die die Bandstruktur zwischen den beiden Städten in besonderem Maße förderte.

Die benachbarten Höhensiedlungen Solingen und Remscheid waren schon einige Jahre vor der Fertigstellung der Wuppertaler Schwebebahn, nämlich 1897, durch ein ebenfalls spektakuläres Verkehrsobjekt, die über 500 m lange und 107 m über dem Wupperspiegel verlaufende Müngstener Eisenbahnbrücke, miteinander verbunden worden. Damit war die lange Zeit verkehrshemmende Sperrlinie in Form des tief eingeschnittenen Tales der mittleren Wupper wenigstens teilweise aufgehoben. Während Alt-Solingen bereits im Jahre 1374 zur „Freiheit" erhoben wurde und 1424 mit Stadtrechten versehen auftritt, erhielten die Nachbarorte Höhscheid, Merscheid/Ohligs, Wald und Gräfrath erst im 19. Jahrhundert Stadtrechte, bis sie dann 1929 nach Solingen eingemeindet wurden. *Solingen* zeigt wie andere bergische Städte, so auch Remscheid, kein geschlossenes Siedlungsbild. Neben Alt-Solingen und dem damit eng verbundenen Stadtteil Höhscheid lassen sich drei weitere Siedlungskerne herausstellen. Das sind entlang einer Nord–Süd-Achse Gräfrath mit seinem altbergischen Stadtbild, im Nordwesten der Stadtteil Wald und das westlich vorgeschobene, zur sandbedeckten Mittelterrasse reichende Ohligs. Solingen gilt als der Mittelpunkt der deutschen Schneidwaren- und Besteckindustrie, die das Stadtgebiet weltweit bekannt gemacht haben (vgl. auch Kap. 3.3.7). Die traditionelle und vielfältige Metallbe- und -verarbeitung, auf die noch zahlreiche Stauwehre, Schleifkotten u. ä. m. an der Wupper und ihren Seitentälern hinweisen, wird erstmals im Jahre 1312 in Form des Schwertschmiedehandwerks bezeugt. Auch für *Remscheid* war und ist die Metallverarbeitung der wichtigste Impuls für die städtische Entwicklung gewesen. Alt-Remscheid wuchs allerdings erst am Anfang des 19. Jahrhunderts aus Weilern und Hofschaften zu einer städtischen Siedlung heran, die 1808 Stadtrechte erhielt. Demgegenüber kann das 1929 eingemeindete und bis dahin selbständige Lennep auf eine lange städtische Tradition zurückblicken; denn schon kurz nach 1230 war Lennep als Gründung der Grafen von Berg zur Stadt erhoben worden. Das seinerzeit ebenfalls nach Remscheid eingemeindete Lüttringhausen erhielt das Stadtprivileg erst im Jahre 1856. Lennep mit seiner Lage in einer Quellmulde etwa 5 km östlich der Höhensiedlung Alt-Remscheid hat vieles von seinem mittelalterlichen Stadtgrundriß und seinen typisch bergischen, d. h. schieferbeschlagenen Fachwerkhäusern bewahren können, während der Kern von Alt-Remscheid im Zweiten Weltkrieg größtenteils zerstört wurde.

Die vorhandenen traditionellen Industriezweige im bergischen Städtedreieck haben schon deshalb bis heute überleben können, weil sie in ihren Bereichen fast immer ein recht hohes Niveau an Modernisierungsmaßnahmen aufwiesen. Insgesamt gibt aber die Industrie im Vergleich zu anderen Regionen vor den Dienstleistungen immer noch deutlich den Ton an.

Bedingt durch die nicht gerade günstigen Voraussetzungen für einen Strukturwandel wird sich diese Situation auch nicht so leicht ändern lassen. Verbesserungen soll ein regionales Entwicklungskonzept bringen, das die Stadtverwaltungen von Wuppertal, Solingen und Remscheid schon 1990 in Angriff nahmen. Unter dem Titel „Moderne Werkstattregion Europas im Grünen – das bergische Städtedreieck Remscheid, Solingen und Wuppertal" setzte man sich vier Schwerpunktziele in der Zusammenarbeit öffentlicher und privater Akteure in der Region:

1. Kooperative Wirtschafts- und Beschäftigungsförderung,
2. Stadtverträglicher Verkehr,
3. Vorsorgende Umwelterhaltung und Siedlungsflächenentwicklung,
4. Kulturelle Kreativität.

Entwickelten sich die drei Städte in der Vergangenheit weitgehend unabhängig voneinander, so wollen sie in Zukunft ihre Kräfte verstärkt bündeln, um gemeinsam in dem immer schärferen Wettbewerb der Städte und Regionen Europas mithalten zu können.

8 Strukturwandel im ländlich-agraren Raum

In der wissenschaftlichen Diskussion der jüngeren Zeit ist häufiger die Meinung vertreten worden, daß die Kausalitätsbeziehungen zwischen den naturräumlichen Gegebenheiten und der Wirtschaftsraumentwicklung wenigstens in den hochindustrialisierten und -technisierten Staaten keine große bzw. nennenswerte Rolle mehr spielen würden. Auch für die moderne Agrarwirtschaft sei diese Situation charakteristisch, indem Mechanisierungs- und Rationalisierungsprozesse oder der Einsatz hochtechnologischer Produktionsmittel sowie zahlreiche Manipulationsmöglichkeiten in den Anbau- und Viehhaltungsformen die einstigen standortgebundenen Abhängigkeiten von den Primärpotentialen überwunden hätten. Daß dem selbst in den hochentwickelten Industriestaaten keineswegs so ist, zeigen immer wieder die vom generellen physiogeographischen Grundmuster abweichenden Geschehen, wie beispielsweise abnorme Witterungsverhältnisse, die auch die moderne Agrarwirtschaft nicht nur bezüglich ihrer Rentabilität vor große Probleme stellen. Ganz abgesehen davon ergibt sich hier die heute so vieldiskutierte, ökologisch wie ökonomisch äußerst bedeutsame Frage, ob man mittlerweile nicht auch in der Agrarwirtschaft wenigstens bei uns – man denke nur an die enorm subventionierte Überschußproduktion in der EU – an der Grenze der Belastbarkeit des Naturraumpotentials steht. Schlagworte wie z. B. „ökologische Landwirtschaft versus chemische Agrarpoduktion" erweisen sich in diesem Zusammenhang zwar wenig hilfreich, beleuchten aber doch punktuell den aktuellen Diskussionsstand.

8.1 Naturräumliche Gunst- und Ungunstfaktoren für die Agrarproduktion

Neben der Tatsache, daß man schon aus ökologischen Gründen den physischen Voraussetzungen wieder ein angemessenes Gewicht zukommen lassen sollte, ist und bleibt auch die moderne Landwirtschaft in vielen Bereichen eine naturgebundene Wirtschaftsform. Sie ist, wie OTREMBA (1971, S. 106) es formulierte, „mit wenigen Ausnahmen technischer Perfektion flächengebunden und an die natürlichen Eignungsverhältnisse dieser Fläche gebunden, die nur in einem relativ geringen Maße Veränderungen und Verbesserungen unterworfen werden kann". Somit seien im folgenden in der gebotenen Kürze jene Determinanten des Primärpotentials skizziert, die für den nordrhein-westfälischen Agrarwirtschaftsraum von besonderer Bedeutung sind; und das sind vor allem morphographische, bodenkundliche, hydrographische sowie makro- und mikroklimatische Faktoren.

Naturräumliche Gliederung

Eine Höhenschichtenkarte größeren Maßstabes, wie z. B. die von HEMPEL im Deutschen Planungsatlas (Bd. I, NRW, 1976), veranschaulicht am ehesten die morphographische Vielfalt der beiden Großräume Mittelgebirgschwelle und Norddeutsches Tiefland, an denen Nordrhein-Westfalen Anteil hat. Das Tiefland dringt mit der Niederrheinischen und Westfälischen Bucht weit nach Süden und Osten in die

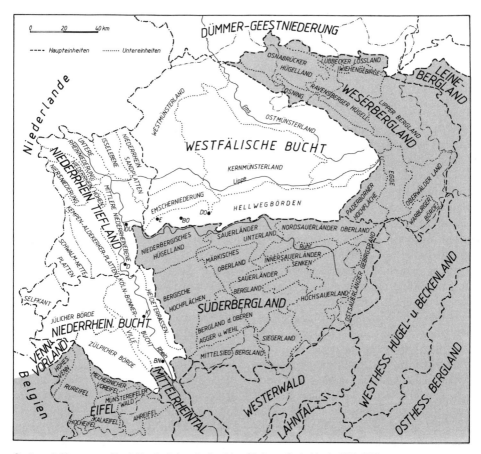

Quelle: nach MEYNEN u. a. (Hrsg.): Handbuch der naturräumlichen Gliederung Deutschlands, 1953–1962

Abb. 8.1: Naturräumliche Gliederung Nordrhein-Westfalens

Mittelgebirge, d. h. das Rheinische Schiefergebirge sowie das Niederdeutsche bzw. Niedersächsische Berg- und Hügelland, vor. Somit liegen etwa zwei Drittel der Landesfläche weniger als 100 m über dem Meeresspiegel. Die höchsten Erhebungen entfallen auf das rechtsrheinische Schiefergebirge, und zwar auf den Langenberg (843 m) und den Kahlen Asten (841 m) im Rothaargebirge. Das linksrheinische Mittelgebirge mit Nordeifel und Hohem Venn erreicht in letzterem wenigstens auf deutschem Boden seine Maximalhöhe mit etwa 600 m NN.

Die Mittelgebirgsräume

Kennzeichnend für das gesamte Rheinische Schiefergebirge sind nicht nur die herauspräparierten quarzitischen Härtlingsrücken mit ihren äußerst ungünstigen Voraussetzungen für die ländlich-agrare Kulturlandschaftsentwicklung, sondern vor allem die in durchschnittlich 400 bis 500 m Höhe liegenden Hochflächen aus Tonschiefern, Grauwacken, Sandsteinen und z. T. Kalken, die von zahllosen Kerbbzw. Kerbsohlentälern zerschnitten werden. Das dieser naturräumlichen Beson-

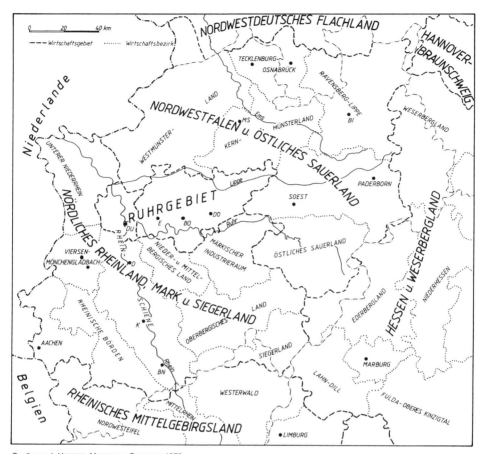

Quelle: nach HOTTES, MEYNEN u. OTREMBA 1972

Abb. 8.2: Wirtschaftsräumliche Gliederung Nordrhein-Westfalens

derheit seit Jahrhunderten angepaßte Verteilungsmuster im Landnutzungsbild, nämlich weithin offene Hochflächen mit kultiviertem Agrarareal neben dicht bewaldeten Taleinschnitten, ist heute noch vielerorts erhalten. Eine besondere Gunst für die landwirtschaftliche Betätigung im Mittelgebirgsraum boten schon in vor- und frühgeschichtlicher Zeit die Kalkzonen, z. B. die sogenannten Eifelkalkmulden, die praktisch ein System von Altsiedelkammern darstellen und die von mittelalterlichen bzw. neuzeitlichen Rodungssiedlungen in der Schiefereifel umgeben werden. Jene

Altsiedelflächen im Mittelgebirge sind wenigstens siedlungsgeschichtlich durchaus mit den wirtschaftshistorisch berühmten Standorten der Erzgewinnung und -verhüttung im Siegerland, im bergisch-märkischen Raum oder in der Nordeifel zu vergleichen.

Das Weserbergland als Teil des Niedersächsischen Berglandes hebt sich auch morphographisch stark von dem alten Gebirgsrumpf des Rheinischen Schiefergebirges ab. Verschieden harte und weiche Kalk-, Sand- oder Mergelgesteine haben hier ein sehr abwechslungsreiches Relief entstehen lassen, das für die räumliche Verteilung von Ort und Flur von maßgeblicher Bedeutung war. So konzentrieren sich die agrarwirtschaftlichen Gunsträume auf die weniger reliefierten, z. T. lößbedeckten Hügel- und Beckenlandschaften, etwa das Tecklenburger Land, das Lipper Land oder die Warburger und die Steinheimer Börde. Demgegenüber treten die schmalen, bis maximal 500 m hohen Bergrücken (sog. Eggen), wie der Teutoburger Wald (oder Osning), das Eggegebirge oder das Wiehengebirge, als mehr oder minder geschlossene Waldzonen hervor.

Westfälische und
Niederrheinische Bucht

Teutoburger Wald und Egge bilden zugleich eine markante Ostgrenze der Westfälischen Bucht. Letztere wird im Süden durch den Abfall des Süderberglandes (Sauerland, Bergisches Land), im Westen durch die Höhen der Rheinhauptterrasse (zwischen Oberhausen und Bocholt) sowie im Nordwesten durch die Rheiner, Ochtruper und Bentheimer Erhebungen mehr oder weniger natürlich abgegrenzt. Durch ihre stärkere Reliefierung hebt sich die Westfälische Bucht deutlich von dem eigentlichen Norddeutschen Tiefland ab. Kreidezeitliche Sedimente, so die Kalksandsteinerhebungen der Baumberge (bis 186 m) und die Kalkmergelplatten der Beckumer Berge (bis 173 m) oder die nährstoffarmen Sandrücken der Hohen Mark, Borkenberge und Haard (bis 157 m), bilden die herausragenden morphographischen Kennzeichen. Ansonsten dominieren flachwellige Höhen um bzw. unter 100 m NN, die zu einem großen Teil auch von jüngeren Ablagerungen der Eis- und Nacheiszeiten überdeckt werden. Im West- und Ostmünsterland sind es vor allem sandige Materialien, während es am Südrand der Bucht, in den altbesiedelten

Hellwegbörden, der nährstoffreiche Löß ist. Untergrund und Bodenarten haben somit auch zu der klassischen Differenzierung der Westfälischen Bucht in das sandige West- und Ostmünsterland, das lehmig-tonige Kern- bzw. Kleimünsterland und die Lößbörden am Übergang der Bucht zum Mittelgebirge geführt.

Die trichterförmig in das Mittelgebirge eingreifende Niederrheinische Bucht wird vom Nordabfall der Eifel und des Vennvorlandes im Westen sowie von den Rändern des Bergischen Landes, des Westerwaldes und des Siebengebirges im Osten umgeben. Nach Norden hin, wo sich die Bucht in das Niederrheinische Tiefland öffnet, fehlt eine markante morphographische Begrenzung. Hier wird gewöhnlich die Lößgrenze als Grenzsaum gegen das mit Sand- und Lehmböden ausgestattete Tiefland angesehen. Denn die Lößverbreitung hat zweifellos eine bedeutsame Rolle in der unterschiedlichen Entwicklung der ländlich-agraren Räume in der Bucht wie im Tiefland gespielt. Die zwischen Maas und Rhein in westöstlicher Richtung über die Flußterrassen ziehende Lößgrenze verläuft von dem niederländischen Sittard über Geilenkirchen, nördlich Erkelenz über Holzheim, südlich Neuss bis nach Düsseldorf-Gerresheim. Eine gewisse morphographische Gliederung erfährt die Niederrheinische Bucht durch die bis heute andauernden Hebungs- und Senkungvorgänge mit Horst- und Grabenbildungen, von denen der in seinem Südteil bis über 150 m hohe Villehorst mit seinen oberflächennahen Braunkohleflözen besonders augenfällig ist. Die Grabenzonen, wie sie u. a. von Rur und Erft durchflossen werden, heben sich schon rein physiognomisch als Grünlandstreifen von den umgebenden, lößbedeckten Ackerplatten ab. Insgesamt gesehen senkt sich die Oberfläche der linksrheinischen Bucht von ca. 200 m NN im Süden auf ca. 80 bis 60 m im Norden ab. Im wesentlichen handelt es sich hierbei um die Rhein-Maas-Hauptterrasse, deren Sande und Schotter von einer bis über 20 m mächtigen Lößdecke überzogen werden. Auch in der Kölner Bucht zwischen Villehorst und rechtsrheinischem Schiefergebirge finden wir jene anbaugünstigen Lößdecken, allerdings mit Ausnahme der Niederterrassen beiderseits des Rheins sowie der rechtsrheinischen Mittelterrassse (sog. Bergische Heideterrassen; vgl Abb. 8.1 und 8.2).

Als natürliche nordwärtige Fortsetzung der Niederrheinischen Bucht jenseits der Lößgrenze weist das naturräumliche Potential des Niederrheinischen Tieflandes doch zahlreiche individuelle Züge auf. Die bestimmenden Elemente im Oberflächenbild des Tieflandes sind die breiten Flußterrassenflächen westlich und östlich des Rheinstroms. So senkt sich die Rheinaue von etwa 35 m Höhenlage im Raum Düsseldorf auf rd. 20 m an der deutsch-niederländischen Grenze. Hohe Grundwasserstände vor allem in den zahlreichen flachen Rinnen etwa der Altrheinarme sind die Folge. Der Rhein selbst wird von immer niedrigeren und flacheren Ufern flankiert, so daß Deichbauten das umgebende tiefliegende Land besonders vor dem Frühjahrshochwasser schützen müssen. In früherer Zeit waren weite Überschwemmungen mit verheerenden Folgen gerade für die agrare Kulturlandschaft keine Seltenheit. Im Gegensatz zu der südlichen Bucht herrschen im Niederrheinischen Tiefland die Niederterrassen vor, die z. B. zwischen der Issel und der unteren Niers eine Breite von ca. 40 km erreichen. Aufgelockert werden diese Sand- und Kiesebenen durch die sog. Stauchmoränen, weiterhin durch einzelne Binnendünenfelder (z. B. Wisseler Dünen) sowie durch eine Fülle einstiger Rheinarme. Letztere sind durchweg als feuchte Auenlandschaften (sog. Kendel) zu charakterisieren, die

seit jeher in erster Linie der Grünland- bzw. Viehwirtschaft dienen. Die von den Feuchtzonen umschlossenen Terrassenplatten (sog. Donken) präsentieren sich dagegen hauptsächlich als Ackerflächen. Ein besonderes siedlungsgeographisches Standortmerkmal sind die Übergänge zwischen relativ trocken und relativ feucht, auf die sich die alten Hofstellen konzentrieren (sog. Auenorientierung).

8.1.1
Der Produktionsfaktor Boden

In erster Linie sind es die Bodentypen, die bei einer Skizzierung der naturräumlichen Gunst oder Ungunst für die Agrarproduktion von Interesse sind. Hinzu kommt die Tatsache, daß zahlreiche Bodentypen in starkem Maße anthropogener Herkunft sind; sie stellen in ihrem gegenwärtigen Zustand gerade in den hochentwickelten europäischen Kulturlandschaften das Ergebnis mehrtausendjähriger Wechselwirkungen zwischen Mensch und Raum dar.

Eine Karte der Bodentypen und Bodengesellschaften Nordrhein-Westfalens (vgl. z. B. MÜCKENHAUSEN/WORTMANN 1958 sowie MAAS/MÜCKENHAUSEN 1971) läßt sich in etwa wie folgt interpretieren: Auf den mittleren Höhen des Rheinischen Schiefergebirges herrschen vorwiegend Braunerden mittlerer und geringer Basensättigung, teilweise auch podsolige Braunerden vor, die sich, vom Bodenwert her gesehen, für den Anbau noch eignen. Inselhaft eingeschaltet sind in der Eifel und im Nordteil des rechtsrheinischen Schiefergebirges die agrargünstigen Rendzinen, die sich arealmäßig mit den bereits genannten Kalk- und Dolomitgesteinen decken. Zumeist schlechte Anbauvoraussetzungen bieten die in den Tälern und Niederungen verbreiteten Auen- und Gleyböden, die zwar einen relativ hohen

Nährstoffreichtum besitzen, aufgrund ihrer Staunässe aber hauptsächlich dem Dauergrünland vorbehalten sind. Weiterhin sind die größeren Erhebungen vor allem im rechtsrheinischen Schiefergebirge mit den dortigen Härtlingsrücken durch Ranker (Bodentyp mit nur geringer Bodenbildung über kalkfreiem Silikatgestein) gekennzeichnet, die durchweg dem Wald vorbehalten sind. Die im gesamten Schiefergebirge ortsfremden Nadelhölzer haben zudem die saure, ungünstige Humusform dieser Böden verstärkt. Im Hohen Venn finden wir darüber hinaus weitflächig organische Naßböden, d. h. Hochmoorböden, die vielfach abgetorft sowie melioriert sind und heute von Grünland oder Forsten eingenommen werden.

Nährstoffreiche Parabraunerden auf Lößlehm bestimmen weite Teile des unteren Weserberglandes. An den umgebenden Gebirgsrändern, so des Teutoburger Waldes und der Egge, haben sich dagegen flachgründige Rendzinen, teilweise auch Braunerden auf Kalk- und Mergeluntergrund sowie im ungünstigeren Falle podsolige und rankerähnliche Böden auf Sandstein entwickelt. In der relativ breiten Weserterrasse sind zum großen Teil Auenböden sowie in den Niederungen des östlichen Ravensberger Hügellandes gleyartige Bodentypen auf staunassen Lehmsubstraten vertreten.

Die Westfälische Bucht läßt sich, bodentypologisch grob gesehen, durch den Gegensatz von nährstoffarmen Podsolböden im West- und Ostmünsterland auf der einen Seite und den nährstoffreichen Rendzinen und Braunerden im Kernmünsterland bzw. den Parabraunerden in den Hellwegbörden charakterisieren. In den Vernässungszonen, so entlang der oberen Ems, aber auch in der Lippe- und Emschertalung sowie in großen Teilen der Merfelder Niederung, bieten Gleye und Pseudogleye schwierige Voraussetzungen für eine in-

tensivere landwirtschaftliche Produktion. Hier und da sind vornehmlich im Westmünsterland auch Moorböden eingeschaltet, z. B. im Weißen Venn und im Amtsvenn.

Ausgeprägte Podsolböden mit deren typischer Ausbleichung in den A-Horizonten und den meist braunschwarzen Ortsteinschichten in den B-Horizonten sind in erheblichem Maße auf frühere Agrarwirtschaftsepochen, insbesondere die Marken- bzw. Allmendwirtschaftsformen in mittelalterlicher und neuerer Zeit, aber auch auf die heutigen Nadelwald-Monokulturen zurückzuführen. Derartige podsolierte Böden, die ja für weite Teile der norddeutschen Geest kennzeichnend sind, stellten lange Zeit ein großen Hemmnis für eine intensivere Agrarproduktion dar. Ein weiterer Bodentyp, der zwar nur kleinräumig in unmittelbarer Nachbarschaft der Altsiedlungen im Münsterland und darüber hinaus in den anschließenden Teilen der sandigen Geest Nordwestmitteleuropas auftritt, ist ganz und gar anthropogener Herkunft. Gemeint sind die Plaggen- oder „Eschböden", die wohl die bekanntesten künstlichen Bodentypen der nordwestdeutschen Altsiedellandschaften verkörpern. Die aus Heidekraut, Gras, Rohhumus u. ä. m. bestehenden Plaggen wurden in den Allmenden bzw. Gemeinen Marken über viele Jahrhunderte bis zu der Aufteilung dieser Gemarkungsflächen im vergangenen Jahrhundert gestochen bzw. abgegraben, um dann über die Viehstallungen – und damit von organischem Dünger durchsetzt – auf das Dauerackerland zu kommen. Die großen Mächtigkeiten dieser Plaggenschichten z. B. in den Altsiedelräumen des westlichen Münsterlandes von oft einem Meter und darüber werden verständlich, wenn man bedenkt, daß jene Plaggenwirtschaftsformen bis in die vorgeschichtliche Zeit zurückdatierbar sind. Im übrigen sind künstliche Bodenaufträge auch in anderen Agrarräumen in unterschiedlicher Weise erfolgt. Erinnert sei in diesem Zusammenhang nur an das sogenannte Mergeln, d. h. den wiederholten Auftrag von Bodenmaterial besonders in den schwerbödigen Anbauregionen. Noch heute geben Reste ehemaliger Mergelgruben in den links- und rechtsrheinischen Bördenlandschaften oder auch im Kern- bzw. Kleimünsterland hiervon Kenntnis.

Die Bodenmuster der Niederrheinischen Bucht und des nördlich anschließenden Tieflandes werden durch den Gegensatz zwischen den vorherrschenden Parabraunerden (vor allem in der Jülich-Zülpicher Börde und am Ostabhang der Ville, aber auch auf einigen östlicher und nördlicher gelegenen Terrassenflächen) und den zum Rheinmündungstrichter hin immer ausgedehnteren Auenböden bestimmt. Letztere entstanden alle aus sandigen Hochflutlehmen des Rheins über den Kiessanden der Niederterrasse. Bei guter Entwässerung bzw. Drainung kommen sie daher durchaus auch als Anbaustandorte in Frage. Daneben gibt es größere Flächen mit stark vergleyten Böden, z. B. in der mittleren Niersniederung oder in dem breiten Auenbereich zwischen Grieth und Düffel nördlich des Reichswaldes. Die Lößauflagen und damit auch die Bodenqualitäten in der Jülich-Zülpicher Börde differieren beträchtlich. Während die Lößmächtigkeit in weiten Teilen der Zülpicher Börde um 2 m und darunter schwankt, steigt sie z. B. in der Aldenhover Platte auf 5 m an und erreicht im Raum Titz ihren maximalen Wert von 26 m. Für den Bereich der Bürgewälder bzw. des Hambacher Forstes werden wiederum nur Lößwerte zwischen 0,1 und 1 m verzeichnet. Hier treten die Terrassenschotter mit z. T. lehmig-tonigen Einschlüssen sozusagen direkt an die Oberfläche. Nur mittel bzw. schwach basenhaltige Pseudogleyböden sind die Folge, was mit ein Grund für die jahrhun-

dertelange Erhaltung jener weiten, naturnahen Bürgewälder inmitten der Börde war, die heute dem Braunkohletagebau weichen müssen.

8.1.2
Die Produktionsfaktoren Klima und Witterung

Klima und Witterung als weitere entscheidende Faktoren für das Pflanzenwachstum sind für die Agrarwirtschaft vor allem in ihrem jahreszeitlichen Ablauf von Interesse. Denn der Rhythmus der Jahreszeiten drückt trotz des unregelmäßigen Wechsels der Wetterlage auch dem nordwestdeutschen Klimabereich, zu dem Nordrhein-Westfalen zu zählen ist, mit seinen ozeanischen Einflüssen seinen Stempel auf. Derartige Grundzüge im jahreszeitlichen Witterungsablauf sind z. B. die vor allem im Winter vorherrschenden Westwetterlagen, die dafür verantwortlich sind, daß die hiesigen Wintertemperaturen zu den mildesten im gesamten deutschen Raum gehören, wenn man von Extremen absieht. Gleichzeitig sind aber auch die Sommer kühler als etwa in Ost- und Süddeutschland. Natürlich treten schon reliefbedingt innerhalb der einzelnen Landesteile erhebliche Differenzierungen im Jahresgang von Temperatur, Niederschlag und anderen Klimaelementen auf. So umspannt z. B. die Mitteltemperatur in Nordrhein-Westfalen mit 10,2 °C in Köln und 4,8 °C auf dem Kahlen Asten einen Temperaturbereich, wie er jahreszeitlich zwischen März und Mai in der Kölner Bucht verzeichnet wird.

Eine für die ländlich-agrare Kulturlandschaft wichtige Erscheinung im regionalen Temperaturablauf und damit zur Bildung örtlicher Sonderklimate ist im Bergland verbreitet, und zwar die Bewegung der durch die nächtliche Strahlungsabkühlung erzeugten Kaltluft im abfallenden Gelände (Temperaturinversion). Die Kaltluftansammlungen in den Tälern und Mulden der Mittelgebirge stellen die dortigen Anbau- und Forstwirtschaftsformen sowie stellenweise auch das Siedlungswesen vor besondere Probleme.

Auch in der räumlichen Niederschlagsverteilung treten starke Variationen auf. So erstreckt sich der sogenannte Wasserturm Westdeutschlands (vgl. SCHIRMER 1976) vom Bergischen Land bis zum Rothaargebirge im Osten und dem Westerwald im Süden. Hier steigen die mittleren Jahresniederschlagshöhen vom Bergischen Land (zwischen 1000 und 1200 mm) auf stellenweise über 1400 mm in den höchsten Teilen des Rothaargebirges an. Eine ebenso extreme Luvlage besitzen die Nordeifel und besonders das Hohe Venn sowie das Eggegebirge, wo ähnlich hohe Niederschlagswerte verzeichnet werden. Die geringsten mittleren Jahreshöhen innerhalb Nordrhein-Westfalens treten im Lee der Eifel, vor allem in der Zülpicher Börde, mit weniger als 600 mm auf. In der Jülicher Börde und in den östlichen Hellwegbörden sind es zwischen 650 und 700 mm sowie im Niederrheinischen Tiefland und in großen Teilen der Westfälischen Bucht zwischen 700 und 800 mm. Bei dem für die Agrarproduktion wichtigen Aspekt des mittleren Jahresganges der Niederschläge lassen sich hier für Nordrhein-Westfalen in regionaler Sicht zwei Hauptgruppen unterscheiden (vgl. u. a. Klima-Atlas von NRW, 1960). Im Flachland bzw. in den Buchten überwiegen die Sommerregen, d. h. mit Maxima der Monatsmittel im Zeitraum Juni bis August. Bei dem zweiten Haupttyp, nämlich dem Mittelgebirgstyp, überwiegen die Winterregen, da sich hier die winterlichen Schlechtwetterlagen gerade im Luv der Höhenzüge in großen Niederschlagsmengen bemerkbar machen. Das Süderbergland, der höhere Westerwald,

die Nordeifel und das Eggegebirge sind hiervon besonders gekennzeichnet.

Die einzelnen Klimafaktoren und -elemente ermöglichen in ihrer Gesamtschau Aussagen über die sogenannte Vegetationszeit, d. h. die Dauer des produktiven Pflanzenwachstums, deren Zeitspanne gewöhnlich durch die Anzahl der Tage mit einem Tagesmittel der Lufttemperatur von 5 °C und mehr gegeben ist. Aufgrund der agrarmeteorologischen Erfahrungen wird heute die Vegetationszeit aber auch häufig definiert als die Anzahl der Tage zwischen dem mittleren Ende der Lufttemperatur von mindestens 5 °C. Als Definitionskriterium wird hier also zusätzlich das mittlere Datum einer phänologischen Phase herangezogen, wie überhaupt die Phänologie, also das Erfassen bestimmter Daten und Phasen des Pflanzenwachstums, des Blühens, der Reife, der Ernte u. ä., hohe Aussagewerte für die regionale Klimadifferenzierung aufweist.

Selbstverständlich ist die jeweilige Dauer der Vegetationszeit entscheidend für die richtige und rationelle Nutzung von Ackerflächen; sie bedingt die richtige Auswahl der anzubauenden Kulturpflanzen oder auch potentielle Mehrfachnutzungen innerhalb eines Jahres. Nach der von SCHNELLE und WITTERSTEIN bearbeiteten Karte der „Dauer des produktiven Pflanzenwachstums" (Deutscher Planungsatlas, Bd. I: NRW, Lfg. 7, 1976) besitzen die längste Vegetationzeit mit mehr als 240 Tagen das Niederrheinische Tiefland sowie die nördlichen Teile der Jülicher Börde und der Kölner Bucht. Im Inneren der Westfälischen Bucht, im nördlichen Weserbergland sowie in der südlichen linksrheinischen Börde sind es 220 bis 230 Tage. Das Bergische Land und die Ränder der Nordeifel verzeichnen immerhin noch 210 bis 220 Tage. Mit zunehmender Höhenlage gehen dann die Werte rasch zurück, und zwar bis auf 170 bis

180 Tage im Rothaargebirge. Damit ergeben sich innerhalb Nordrhein-Westfalens also Unterschiede von 70 bis 80 Tagen bzw. von über zwei Monaten in der Dauer der Vegetationszeit.

8.2
Neue Rahmenbedingungen durch agrar- und umweltpolitische Maßnahmen?

Seit 1990 betrugen die öffentlichen Mittel für den Agrarsektor in Deutschland insgesamt mehr als 30 Mrd. DM pro Jahr. Davon entfielen durchschnittlich etwa 46% auf EU-Mittel und 54% auf nationale Mittel. Aufgrund der wachsenden Agrarüberschüsse sowie der daraus resultierenden Kostensteigerung für Lagerhaltung und Exportsubventionierung lassen sich gerade die 1980er Jahre durch ständig zunehmende Haushaltslasten für die EU im Agrarbereich kennzeichnen. Um diesen mehr und mehr untragbaren Zustand zu beseitigen, nahm die EU 1992 eine weitere Agrarreform in Angriff. Deren Zielsetzung war und ist, die administrativen Preise nach und nach an das Weltmarktniveau heranzuführen, wobei die dadurch entstehenden Einkommensverluste vornehmlich durch flächen- und tiergebundene Transferzahlungen an die Landwirte ausgeglichen werden sollen, so z. B. im Rahmen von Flächenstillegungsprogrammen. Die Agrarreform bezieht sich vor allem auf die Produktionsbereiche Getreide, Ölsaaten, Eiweißpflanzen und Rindfleisch. Für den Milch- und Zuckersektor wurden dagegen die schon seit Jahren bestehenden Quotensysteme bis zum Jahr 2000 festgeschrieben. Nach Meinung mancher Agrarexperten wird die EU-Agrarreform von 1992 aber nicht zu einem gravierenden Strukturbruch in der nordrhein-westfälischen Landwirtschaft führen. Vielmehr dürften

infolge der relativen Bevorzugung von wirtschaftlich weniger erfolgreichen Betrieben (besonders in den Mittelgebirgen) „den Maßnahmen eher eine strukturkonservierende Wirkung zukommen" (KOCH-ACHELPÖHLER und KRÜLL 1996, S. 174).

Die Reform der EU-Agrarpolitik von 1992 bezieht im Rahmen der sog. flankierenden Maßnahmen auch solche ein, die umweltgerechteren Produktionsverfahren dienen. Eine derartige Agrar-Umweltpolitik hat in Nordrhein-Westfalen bereits eine längere Tradition. Erwähnt seien hier nur die in den 1980er Jahren ins Leben gerufenen Feuchtwiesenschutz- und Mittelgebirgsprogramme. Diese gingen nach 1992 in das „Förderungsprogramm für eine umweltgerechte und standortangepaßte Landwirtschaft in Nordrhein-Westfalen" ein. Zu dem Programm gehören weiterhin Maßnahmen zur Förderung von extensiveren Produktionsverfahren, von ökologisch orientierten Anbaumethoden oder auch von Gewässerschutzmaßnahmen. Für diese und ähnliche Zielsetzungen wurden 1995/96 Haushaltsmittel in Höhe von 36,4 Mio. DM zur Verfügung gestellt; 1997/98 sollen es 50,6 Mio. DM sein.

8.3
Agrarwirtschaftsformen und deren Strukturgefüge

Für Nordrhein-Westfalen als dem industriereichsten Land der Bundesrepublik Deutschland mag auf den ersten Blick die Landwirtschaft im Rahmen der Gesamtvolkswirtschaft keine große Rolle spielen, zumal hier 1995 nur noch knapp 2% der erwerbstätigen Bevölkerung in der Land- und Forstwirtschaft gezählt wurden (1950 rd. 23% sowie 1966/67 gut 10%). Auch in den stärker ländlich-agrar geprägten Gebieten, vor allem dem Raum Minden, dem oberen Weserbergland und dem westfälischen Münsterland, bleibt der land- und forstwirtschaftliche Anteil jeweils unter 5%. Gemeinden mit einer relativ hohen Zahl landwirtschaftlicher Erwerbstätiger (mehr als 8%) finden sich mehr vereinzelt, d. h. in den Kreisen Kleve, Borken, Coesfeld, Warendorf, Minden-Lübbecke und Höxter. Insgesamt gesehen spielen die agrarwirtschaftlichen Erwerbstätigen im nördlichen Nordrhein-Westfalen eine größere Rolle als in den südlichen Landesteilen.

Aus den oben genannten Zahlen kann man aber keineswegs eine völlig nebensächliche Rolle der Agrarproduktion im hiesigen Wirtschaftsleben ablesen. Vielmehr wurden 1995 immerhin noch um die 50% der Landesfläche landwirtschaftlich (ohne Forstwirtschaft) genutzt. Ohne Berücksichtigung der Ballungsräume an Rhein und Ruhr liegen diese Werte bedeutend höher. Allerdings ist die landwirtschaftliche Nutzfläche in Nordrhein-Westfalen je Einwohner nur halb so groß wie im Bundesgebiet insgesamt, nämlich 0,12 gegenüber 0,21 ha. Immerhin kann die nordrhein-westfälische Landwirtschaft aber etwa die Hälfte des Nahrungsbedarfs der Bevölkerung dieses Bundeslandes erzeugen, während es im Bundesdurchschnitt rd. 70% sind. Dieses Faktum ist natürlich in erster Linie auf die hohe Betriebs-, Boden- und Kapitalintensität, d. h. den Mechanisierungs- bzw. Technisierungsgrad, den heute so vieldiskutierten Kunstdünger- und Pestizideinsatz, auf Pflanzen- und Tierzüchtungserfolge u. a. m. zurückzuführen. Anfang der 1990er Jahre lag der Beitrag von Land- und Forstwirtschaft mit rd. 5 Mrd. DM bei nur 0,8% der Bruttowertschöpfung in Nordrhein-Westfalen. Man muß allerdings auch berücksichtigen, daß die Agrarproduktion vor allem indirekt zur Wertschöpfung beiträgt, indem zahlreiche Verarbeitungsprozesse im Nahrungs- und Genußmittelbereich dem industriegewerb-

lichen Sektor zugerechnet werden. Von der Landwirtschaftsfläche Nordrhein-Westfalens entfielen 1995 rd. 1,1 Mio. ha auf Ackerland, 455 000 ha auf Dauergrünland sowie 11 000 ha auf Gartenland bzw. Obstanlagen (Sonderkulturen).

Nach den bereits skizzierten naturräumlichen Voraussetzungen, aber auch nach den jeweiligen betriebswirtschaftlichen Strukturmerkmalen oder der Absatzmarktsituation läßt sich auch die nordrhein-westfälische Landwirtschaft räumlich in Aktiv- und Passivzonen gliedern. Als agrarwirtschaftliche Aktivräume sind zweifellos die Jülich-Zülpicher Börde, die rechtsrheinischen Hellwegbörden, die Warburger Börde und andere Lößinseln im ostwestfälischen Raum zu kennzeichnen. Aber auch große Teile des westfälischen Münsterlandes, der Niederrheinischen Bucht und des unteren Niederrheins können hierzu gezählt werden. Allerdings sind gerade diese agraren Gunsträume mehr und mehr großen Arealkonflikten ausgesetzt, indem die städtische Bebauung, überregionale Verkehrstrassen oder gewerblich-industrielle Flächen bzw. Bergbauprojekte (vgl. u. a. Kap. 3.3.3) die landwirtschaftliche Produktion zurückdrängen. In großen Teilen des Rheinischen Schiefergebirges wird demgegenüber auf landwirtschaftlichen Grenzertragsböden gewirtschaftet, auf denen unter heutigen Bedingungen eine rentable Produktion nicht mehr möglich ist.

Betriebsgrößen und -typen

Ein markantes Merkmal im landwirtschaftlichen Strukturwandel ist der seit einer Reihe von Jahren zu beobachtende Rückgang der Anzahl der Agrarbetriebe. So wurden in Nordrhein-Westfalen im April 1995 nur noch 69 572 Betriebe mit mindestens 1 ha landwirtschaftlich genutzter Fläche (LF) gezählt, was einem Rückgang von 22% gegenüber 1986 entspricht.

Bereits im Zeitraum 1960–1986 war eine Abnahme von rd. 50% erfolgt. Weniger stark verlief der Rückgang der LF (1995 gut 1,5 Mio. ha), der sich wenigstens Anfang der 1990er Jahre auf 0,5% pro Jahr belief. Von der Betriebsaufgabe wurden vor allem die kleinen Hofstellen bis zu 10 ha LF erfaßt, während die Betriebe ab 30 ha eine bedeutende Aufstockung erfahren haben, besonders die mit 50 und mehr ha. Auch in regionaler Sicht zeigen sich bei der Betriebsgrößenentwicklung Unterschiede. Betriebsgrößen über dem Landesdurchschnitt sind für die Hellwegbörden, die Niederrheinische Bucht und das anschließende Tiefland sowie für das obere Weserbergland typisch. Diesen Regionen sind in der Regel gute Bodenqualitäten und daher die Möglichkeit zum Marktfruchtanbau gemeinsam. Unterdurchschnittliche Betriebsgrößen konzentrieren sich vor allem auf die links- und rechtsrheinischen Schiefergebirge und große Teile des westfälischen Münsterlandes. Viehhaltungsformen sind hier schon aufgrund der naturräumlichen Voraussetzungen weit verbreitet. Hohe Betriebsabnahmen sind für die Region Eifel/Hohes Venn und Bergisches Land kennzeichnend. Beide Räume sind seit Jahrzehnten von einem Überwiegen der Milchviehhaltung geprägt, was gerade für die dort vorherrschenden kleineren Betriebe schon aufgrund des staatlich geförderten Ausstieges aus der Milchproduktion ein Anreiz zur Betriebsaufgabe war bzw. ist.

Bei der Betriebstypen-Klassifizierung geht die amtliche Statistik in erster Linie von der jeweiligen Höhe der außerbetrieblichen Einkommen aus. So untergliedert die „Agrarberichterstattung Nordrhein-Westfalen" nach Haupt- und Nebenerwerbsbetrieben. Erstere sind solche ohne außerbetriebliche Einkommen der Bewirtschafter oder Betriebe, in denen das landwirtschaftliche Einkommen größer ist als

außerbetriebliche Einnahmen. Nebenerwerbsbetriebe sind dagegen gekennzeichnet durch überwiegend außerbetriebliche Einkommen. 1995 entfielen 47,6% aller Landwirtschaftsbetriebe in Nordrhein-Westfalen auf Haupterwerbs- und 52,4% auf Nebenerwerbsbetriebe, womit letztere weiterhin an Bedeutung gewonnen haben. In der räumlichen Verteilung der Betriebstypen treten wiederum erhebliche regionale Differenzierungen auf. So konzentrieren sich die Haupterwerbsbetriebe vornehmlich auf die Niederrheinische Bucht und das Niederrheinische Tiefland. Hier zählt auch eine größere Zahl kleinerer Betriebe unter 10 ha LF zu den Haupterwerbsbetrieben, was wohl in erster Linie auf die relativ zahlreich vertretenen Sonderkulturgebiete (Vorgebirge, Raum Straelen u. a. m.) zurückzuführen ist. Die Nebenerwerbslandwirtschaft konzentriert sich auf das rechtsrheinische Schiefergebirge und große Teile von Eifel und Hohem Venn. Aber auch im Nordosten des Landes, im Raum Minden, in den Kreisen Paderborn und Gütersloh sowie in den östlichen Gemeinden des Kreises Steinfurt, ist sie relativ zahlreich vertreten.

Zwei weitere sozial-ökonomische Kriterien sind die Landpacht und der Einsatz familienfremder Kräfte. Die Zupacht von Agrarflächen wird heute vor allem von den Haupterwerbsbetrieben als eine wirksame Maßnahme zur Ertrags- und Einkommenssteigerung angesehen. Für 1995 weist die Statistik Betriebe mit Landpacht in einer Größenordnung von 59% aus. In der regionalen Differenzierung der Betriebe mit Pachtland zeigen sich allerdings erhebliche Unterschiede, indem die Pachtfläche im Rheinland weit über dem entsprechenden Durchschnitt in Westfalen-Lippe liegt. Hier kommen u. a. die unterschiedlichen Erbgewohnheiten zum Tragen. So wird im westfälischen Raum seit langem die geschlossene Vererbung, also das Anerbenrecht, praktiziert, während vor allem im südlichen Rheinland auch die Realerbteilung verbreitet ist. Der Einsatz familienfremder Arbeitskräfte ist heute nur noch vereinzelt festzustellen, und zwar in der Hauptsache im Gartenbau oder in großen, auf intensive Viehhaltung eingestellten Betrieben. Im Jahre 1995 waren in der nordrhein-westfälischen Landwirtschaft nur noch 11 800 familienfremde Arbeitskräfte beschäftigt; zehn Jahre zuvor waren es noch 14 300 gewesen.

Betriebssysteme

Die Zusammensetzung der landwirtschaftlichen Produktion gestaltet sich regional sehr unterschiedlich. Vielerorts, vor allem in den Börden und im Kernmünsterland, dominiert der Ackerbau; in anderen Bereichen, so im Mittelgebirgsraum, herrscht das Dauergrünland vor. Stellenweise können aber auch flächenunabhängige Veredlungswirtschaftsformen oder der Gartenbau oder die Forstwirtschaft in den Vordergrund treten. Zur Differenzierung agrarwirtschaftlicher Produktionsschwerpunkte bietet die amtliche Statistik das Instrumentarium der Standarddeckungsbeiträge (StDB). Diese werden je Flächen- und Tiereinheit unter Zugrundelegung bestimmter Leistungs- und Kostenpositionen für folgende fünf Betriebssysteme errechnet: Futterbau-, Marktfruchtbau-, Veredelungs-, Dauerkultur- und landwirtschaftliche Gemischtbetriebe. Ein Betrieb wird einer dieser Sparten zugeordnet, wenn sein Standarddeckungsbeitrag zu mindestens 75% dem entsprechenden Bereich entstammt. Betriebe, auf die keine der genannten Bedingungen zutreffen, gelten als Gemischt- bzw. Kombinationsbetriebe.
Futterbaubetriebe konzentrieren sich besonders häufig dort, wo relativ schlechte Standortvoraussetzungen, vor allem hohe Grünlandanteile, andere Bewirtschaftungs-

formen erschweren. Diese Situation trifft in erster Linie für das links- und rechtsrheinische Schiefergebirge, Teile des nördlichen Niederrheinischen Tieflands sowie des westlichen und östlichen Münsterlands zu (Abb. 8.3). Gerade im Schiefergebirge liegen die Betriebszahlen mit vorherrschendem Futterbau besonders hoch. Marktfruchtbetriebe finden ihre größte Verbreitung auf den naturräumlich gesehen besonders günstigen Standorten; dazu zählen die Niederrheinische Bucht, der südliche Teil des Niederrheinischen Tieflands, die Hellwegbörden sowie auch Teile des Weserberglandes. Der Schwerpunkt des Marktfruchtbaus ist die Niederrheinische Bucht, insbesondere die Jülich-Zülpicher Börde, was maßgeblich auf den gerade hier weit verbreiteten Zuckerrübenanbau zurückzuführen ist.

Veredelungsbetriebe spielen vor allem im nördlichen Teil Nordrhein-Westfalens eine gewichtige Rolle, vorrangig in den Kreisen Steinfurt, Coesfeld und Warendorf, wo relativ günstige Bedingungen für die Schweinefleischproduktion gegeben sind. Auf die damit verbundene ökologische Problematik des mancherorts fast monokulturartigen Maisanbaus und der drohenden Überlastung der Böden mit organischem Dünger (Aufbringen von Gülle) sei an dieser Stelle nicht näher eingegangen. Agrarwirtschaftliche Gemischtbetriebe finden sich zwar in allen Landesregionen, sind aber in stärkerem Maße auf die Westfälische Bucht und das Weserbergland konzentriert. Schon aufgrund des zunehmenden Zwanges zur Spezialisierung in der Landwirtschaft gilt dieser Typ praktisch als eine „aussterbende" Betriebsform. Dauerkulturbetriebe, hier besonders auf den Obstanbau bezogen, spielen in Nordrhein-Westfalen nur eine bescheidene Rolle; sie sind regional eng umgrenzt, und zwar in erster Linie auf die rheinischen Gemeinden Meckenheim, Alfter und Bonn.

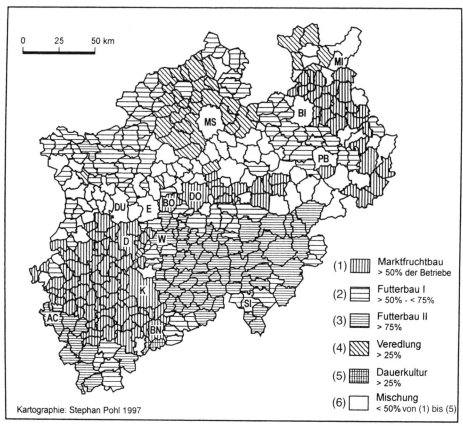

(1) Marktfruchtbau
> 50% der Betriebe

(2) Futterbau I
> 50% - < 75%

(3) Futterbau II
> 75%

(4) Veredlung
> 25%

(5) Dauerkultur
> 25%

(6) Mischung
< 50% von (1) bis (5)

Kartographie: Stephan Pohl 1997

Quelle: nach KOCH-ACHELPÖHLER u. KRÜLL 1996

Abb. 8.3: Vorherrschende landwirtschaftliche Betriebssysteme in den Gemeinden Nordrhein-Westfalens 1991

*Entwicklungstendenzen der nordrhein-
westfälischen Landwirtschaft*

Von den rd. 70 000 Agrarbetrieben Nordrhein-Westfalens um die Mitte der 90er
Jahre werden nach einer Prognose von
KOCH-ACHELPÖHLER und KRÜLL (1996)
im Jahre 2003 nur noch weniger als 50 000
bestehen. Einen besonders starken Aderlaß
soll es in der Eifel, im Bergischen Land
und auch in der Niederrheinischen Bucht
(hier maßgeblich bedingt durch die zahlreichen Flächenkonkurrenzen) geben. Nur
im westfälischen Münsterland wird der

Rückgang relativ gering ausfallen. Weiterhin soll sich die Agrarwirtschaftsfläche
bis zum Jahre 2003 um rd. 104 500 ha auf
1,47 Mio. ha vermindern. Neben den weiteren Landverlusten zugunsten der Sied-
lungs-, Industrie- und Verkehrsausbauten
sind diesbezüglich auch Flächenstillegun-
gen und Brachen im Rahmen der EU-Agrarreform zu berücksichtigen. Da die Still-
legungsprogramme sich aber im wesentlichen auf die Getreideflächen beziehen (nur
hier werden entsprechende Ausgleichszah-
lungen gewährt), ist davon auszugehen,
daß die Stillegung in Mittelgebirgslagen

mit deren hohen Grünlandanteilen keine gravierende Rolle spielen wird. Auch in den Regionen mit intensiver Viehhaltung wird der Flächenstillegung – unter Annahme von konstant bleibenden Rahmenbedingungen – keine große Bedeutung zukommen. Anders verhält es sich mit den vielfach geforderten und unter ökologischen Aspekten auch notwendigen Extensivierungen in den Anbau- und Viehhaltungssystemen. Unter „Extensivierung" ist dabei der Mindereinsatz ertragssteigernder Betriebsmittel zu verstehen, z. B. in puncto Mineraldünger und Pestizide. Gleichermaßen betrifft dies auch die viehhaltungsstarken Regionen mit ihrer Tendenz zur Massentierhaltung, deren Negativfolgen gerade in jüngster Zeit dem Verbraucher bewußt geworden sind. Mittlerweile werden nun die Grenzen einer Ausdehnung der Viehhaltung wenigstens in bestimmten Regionen, z. B. im Münsterland, durch die Umweltgesetzgebung gezogen. So fallen die Bestandsausweitungen in der Schweinemast immer häufiger unter die Genehmigungspflicht nach dem Bundesimmissionsschutzgesetz. Auch die neuen Regelungen der Düngeverordnung (die Limitierung des Stickstoffeinsatzes auf Acker- und Grünland) können entsprechende Auswirkungen auf die Betriebsstrukturen haben.

Ökologische Landwirtschaft

Die wesentlichen Begriffsinhalte einer ökologisch ausgerichteten Agrarwirtschaft können wie folgt definiert werden:
1) Verbot des Einsatzes von chemischsynthetischen Dünge- und Pflanzenschutzmitteln,
2) Begrenzung des Zukaufs konventionell erzeugter Futtermittel,
3) Umstellung des gesamten Betriebes auf umweltgerechte Zweige in der Pflanzen- und Tierproduktion,

4) Obligatorische Kontrollverfahren zur Überprüfung der genannten Vorgaben.

In Nordrhein-Westfalen wurden 1994 insgesamt 878 Betriebe (1,18% aller Betriebe) mit ökologischen Produktionsverfahren gezählt, die knapp 19000 ha (= 1,2% der gesamten LF) bewirtschafteten. Dieser relativ bescheidenen Größenordnung sollte aber auch hinzugefügt werden, daß sich laut Landesentwicklungsbericht Nordrhein-Westfalen die Zahl der ökologisch ausgerichteten Betriebe von 1989 bis 1994 mehr als vervierfacht hat. Räumliche Schwerpunkte des ökologischen Landbaus sind in Nordrhein-Westfalen die Mittelgebirgslagen und Zonen im Einzugsbereich von städtischen Verdichtungsräumen. Interessanterweise liegen seit Beginn der 1990er Jahre die Gewinne im ökologisch ausgerichteten Landbau über denen der konventionell wirtschaftenden Vergleichsgruppen. Festzuhalten ist jedenfalls, daß die ökologisch orientierte Agrarwirtschaft auch in Nordrhein-Westfalen in relativ wenigen Jahren zumindest eine Marktnische erobern konnte. Ob dieser Wirtschaftszweig in den kommenden Jahrzehnten eine linear wachsende Bedeutung erlangen wird, bleibt abzuwarten. Wesentlich bestimmt wird seine Zukunft vom Verbraucherverhalten.

Nachwachsende Rohstoffe

Zu den nachwachsenden Rohstoffen zählen jene pflanzlichen Rohstoffe aus der Agrarproduktion, die nicht zu Ernährungszwecken, sondern zur chemisch-technischen oder energetischen Verwendung angebaut werden. Die „Initiative Agrar 2000", die vom Ministerium für Umwelt, Raumordnung und Landwirtschaft, den Landwirtschaftsverbänden und den Landwirtschaftskammern in Nordrhein-Westfalen getragen wird, sieht u. a. auch die Produktionssteigerung nachwachsender Rohstoffe in Nordrhein-Westfalen vor. Aus Tabelle 8.1 sind die diesbezüglich in Frage kommenden pflanzlichen Rohstoffe zu entnehmen.

Im Jahre 1995 wurden in Deutschland auf etwa 345 000 ha bzw. 3% der gesamten Ackerfläche nachwachsende Rohstoffe angebaut. Während die Höchstwerte mit jeweils über 40 000 ha die Länder Sachsen-Anhalt, Thüringen, Sachsen und Bayern verbuchten, war Nordrhein-Westfalen mit nur 18 400 ha (1,7% der gesamten Ackerfläche) vertreten. Fördernd für den Anbau nachwachsender Rohstoffe ist das Faktum, daß dieser auch auf stillgelegten Flächen im Rahmen der EU-Agrarreform erlaubt ist. Ein nicht unbedeutender Markt für den Absatz nachwachsender Rohstoffe wird vor allem für den Bereich bestimmter Industriepflanzen prognostiziert. So werden die Chancen für Stärke und für pflanzliche Öle gut bewertet. Was den Einsatz nachwachsender Rohstoffe zur energetischen Verwertung betrifft, so hat bisher nur die Herstellung von Rapsölmethylester als Brennstoff für Dieselmotoren (Biodiesel) Praxisreife erlangt. Aus der Vielzahl nachwachsender Rohstoffe, deren zukünftige wirtschaftliche Bedeutung sehr unterschiedlich bewertet wird, sei hier nur noch die uralte Kulturpflanze Hanf hervorgehoben, deren Verwendungsmöglichkeiten vor allem in den Bereichen naturnahe Textilien, Papier und ökologische Dämmmaterialien etwa in der Baubranche liegen.

8.3.1
Die links- und rechtsrheinischen Börden als agrarwirtschaftliche Aktivräume

Der Name „Börde" läßt sich wahrscheinlich vom mittelniederdeutschen „boren" oder „bören" ableiten und wäre demnach mit „tragen", „ertragreich" bzw. „hervorbringen" zu übersetzen. „Börde" kann etymologisch aber auch mit „Bürde" zusammenhängen und würde somit auf die einstigen, hier besonders ausgeprägten Zins- und Steuerpflichten gegenüber den weltlichen und geistlichen Grundherrschaften hinweisen. Heute versteht man unter „Börde" eine fruchtbare, relativ großflächige Anbaulandschaft auf Löß.

In Nordrhein-Westfalen liegen drei derartige Bördenzonen, nämlich die linksrheinische Jülich-Zülpicher Börde, die rechtsrheinischen Hellwegbörden und die

Industriepflanzen für:	Öle und Fette:	Raps, Sonnenblumen, Lein, Senf, Rübsen, Crambe, Leindotter, Kreuzblättrige Wolfsmilch, Mohn, Saflor
	Stärke:	Mais, Kartoffeln, Weizen, Markerbsen
	Heil- und Gewürzpflanzen:	Baldrian, Dill, Fenchel, Kerbel, Pfefferminze, Petersilie, Schnittsellerie, Zitronenmelisse
	Fasern:	Flachs, Hanf
	Farbstoffe:	Waid, Saflor, Wau, Krapp
Energiepflanzen für:	Zucker und Stärke für Ethanol:	Kartoffeln, Zuckerrüben, Topinambur, Zuckerhirse
	Öle als Kraft- und Brennstoffe:	Raps
	Wärme und Strom aus Biomasse:	Schnellwachsende Hölzer, Chinaschilf, Getreide, Mais, Ölpflanzen

Tab. 8.1: Die wesentlichen nachwachsenden Rohstoffe   Quelle: ECKART 1994, S. 1

	Jülich-Zülpicher-Börde*	Soester Börde**	Warburger Börde***
Ackerland	90,6%	90,1%	85,4%
Dauergrünland	7,8%	9,5%	14,4%
Sonstiges	1,6%	0,4%	0,2%

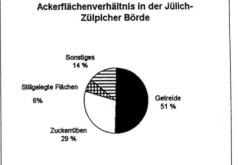

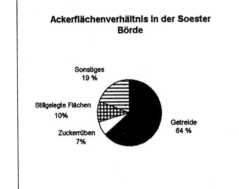

*   Gemeinden Erkelenz, Jüchen, Linnich, Titz, Bedburg, Baesweiler, Aldenhoven, Jülich, Eschweiler, Inden, Niederzier, Elsdorf, Düren, Merzenich, Kerpen, Nörvenich, Vettweiß, Erftstadt, Zülpich, Weilerswist, Euskirchen, Swisttal, Rheinbach und Meckenheim
** Gemeinden Anröchte, Bad Sassendorf, Erwitte, Soest, Welver und Werl
*** Gemeinden Borgentreich und Warburg

Quelle: Eigene Darstellung nach Zahlenangaben der Bodennutzungshaupterhebung 1995, unveröffentlichte Gemeindeergebnisse des LDS NRW

Abb. 8.4: Die landwirtschaftlich genutzte Fläche in den Börden Nordrhein-Westfalens 1995

Warburger Börde im südöstlichen Landesteil. Daneben gibt es zwar noch weitere Gebiete mit Lößablagerungen (z. B. am Nordrand des Weserberglandes), deren Ausbreitung jedoch so gering ist, daß sie in der Regel nicht als Börden bezeichnet werden.

Trotz des vorherrschenden Ackerbaus ist gerade in den nordrhein-westfälischen Börden der Anteil an Dauergrünland mit Werten zwischen knapp 8 und 15% (Abb. 8.4)

relativ hoch vertreten; liegt doch der entsprechende Wert z. B. in der Braunschweig-Hildesheimer Börde bei nur 5%. Die Ursachen hierfür sind in der stärkeren Reliefierung (Flußauen von Rur, Erft usw.), den höheren Niederschlagswerten sowie auch den agrarwirtschaftlichen Absatzstrukturen der nordrhein-westfälischen Börden zu suchen.

Bei einer vergleichenden Betrachtung der Anbauformen innerhalb der Börden

Nordrhein-Westfalens fällt sogleich ein markanter Unterschied im Zuckerrübenanbau auf. Während dieser nämlich in der Jülich-Zülpicher Börde nahezu ein Drittel der Ackerfläche einnimmt, beträgt er in den rechtsrheinischen Börden nur ca. 7%. Das Hervortreten des Zuckerrübenanbaus gerade in der Jülich-Zülpicher Börde, und zwar seit Einführung dieser Kulturpflanze zu Beginn des 19. Jahrhunderts, ist maßgeblich auf die frühe Gründung einer Reihe von Zuckerrübenfabriken im linksrheinischen Raum zurückzuführen. Somit sind auch in diesem Fall entsprechende Vermarktungs- und Veredelungsformen zu einem relevanten Standortfaktor für die Agrarproduktion geworden. Ein Gegenbild im Bördenvergleich zeigt sich nun beim Getreideanbau; denn dieser dominiert in den Hellwegbörden und in der Warburger Börde mit etwa 65% der Anbaufläche.

In allen nordrhein-westfälischen Börden lag wenigstens 1995 der Anteil des Weizens am Ackerland zwischen 35 und 38%.

Die oft vertretene Auffassung, daß die Viehhaltung in der „Kornkammer Börde" keine nennenswerte Bedeutung habe, ist sicher unzutreffend. So spielt gerade in der Jülich-Zülpicher Börde die Rinderhaltung, und zwar insbesondere die Rindviehmast, eine beachtliche Rolle, zumal in diesem Veredelungszweig das silierte Zuckerrübenblatt gut eingesetzt werden kann. In der Soester und Warburger Börde dient der Futtergetreideanbau, heute vor allem die Gerste, ebenfalls zu einem guten Teil der viehwirtschaftlichen Veredelung, d. h. vornehmlich der Schweinemast.

Zusammenfassend läßt sich für die Lößbörden konstatieren, daß es sich hierbei edaphisch, klimatisch und auch verkehrs- bzw. absatzmäßig gesehen um ausgesprochene landwirtschaftliche Gunsträume handelt, wobei die Hellwegbörden mehr als Getreidebaulandschaften und die Jülich-Zülpicher Börde aufgrund des starken Zuckerrübenanbaus als Hackfruchtbörde zu kennzeichnen wären. Die agrarwirtschaftliche Produktionskraft dieser Gunsträume manifestiert sich auch in den zahlreichen intersektoralen Verflechtungen zwischen Landwirtschaft und Industrie, wie sie u. a. in der Standortverteilung bestimmter Nahrungs- und Genußmittelbranchen zum Ausdruck kommen. Allerdings ist die zukünftige agrarwirtschaftliche Entwicklung großer Teile der nordrhein-westfälischen Börden mit einer Reihe von Fragezeichen zu versehen, da andere Wirtschaftsbereiche und die Suburbanisierung immer stärker in eine Flächenkonkurrenz zur Landwirtschaft treten. In der Jülich-Zülpicher Börde ist dieses vor allen durch den Braunkohlebergbau gegeben, der dort zusammen mit seinen Begleitmaßnahmen (Verkehrsausbauten etc.) nicht nur kurzfristig zu entscheidenden Veränderungen führt (vgl. Kap. 3.3.3). Der steigende Verlust an hochwertigem Anbauareal, über das das dicht besiedelte Nordrhein-Westfalen nur begrenzt verfügt, wird nicht nur zu einem ökonomischen, sondern mit den zunehmenden Arealkonflikten auch zu einem ökologischen Problem. Schon rein volkswirtschaftlich gesehen scheint das Zurückdrängen der Landwirtschaft in den hier skizzierten agraren Gunsträumen bedenklich. Beispielsweise werden die Lößbörden in einer vergleichenden Standortuntersuchung der CEA (Confédération Européenne d' Agriculture) als Spitzenstandorte der Nahrungsmittelproduktion in Europa angesehen.

8.3.2
Sonderkulturen im Rheinland

Unter Sonder- bzw. Intensivkulturen sind hier jene speziellen landwirtschaftlichen Produktionsformen zu verstehen, die sich in erster Linie auf Gemüse- und Obstanbau, aber auch auf Baumschulen, Rebflächen, Hopfen- und Tabakanbau sowie vor allem auf Unterglaskulturen beziehen. Da einige dieser Kulturen in Nordrhein-Westfalen nicht mehr oder nur kaum vertreten sind (z. B. zählte man 1995 im Siebengebirge lediglich 18 ha Rebfläche), können sie hier auch unberücksichtigt bleiben. Die wichtigsten Indikatoren zur Kennzeichnung von Sonderkulturen sind ihre hohe Arbeits- und Kapitalintensität, die in der Regel auch mit einem relativ hohen Geldertrag pro Flächeneinheit verbunden sein sollten. Weiterhin sind die starke Marktabhängigkeit, das Erfordernis besonderer Kenntnisse, Gerätschaften und Wirtschaftsgebäude sowie schließlich auch die Ausbildung eigener Absatzformen und Organisationen charakteristisch. Sogenannte Gemischtbetriebe, die also in Verbindung mit Sonderkulturen auch noch eine traditionelle Landwirtschaft betreiben, werden im statistischen Sinne dann als Sonderkulturbetriebe eingestuft, wenn ihr Standarddeckungsbeitrag zu mehr als 50% aus dem Gemüse- bzw. Obstanbau oder ähnlichen Anbauformen stammt.

In Nordrhein-Westfalen hebt sich der rheinische Landesteil durch seine Sonderkulturen von anderen Agrarregionen deutlich ab; allein im Gemüseanbau zählt er mit zu den größten Erzeugern in Deutschland. So beziffert die Centrale Marketing-Gesellschaft der deutschen Agrarwirtschaft in Bonn (CMA) die Jahresproduktion auf 350 000 t im Wert von etwa 250 Mio. DM (zu Erzeugerpreisen). Im Raum Straelen und im Vorgebirge sorgen knapp 3000 Familienbetriebe, davon der größere Teil im Nebenerwerb, mit mehr als 50 Arten für ein ausgesprochen vielfältiges Gemüseangebot. Sechs von den Erzeugern getragene Absatzeinrichtungen für Obst und Gemüse verzeichnen allein bei Gemüse einen Gesamtumsatz von rd. 220 Mio. DM pro Jahr. Davon entfallen auf die UGA in

Straelen (Union Gartenbaulicher Absatzmärkte GmbH), dem ältesten Erzeugergroßmarkt im Rheinland, um die 65 Mio. DM.

Die regionale Konzentration von Sonderkulturen basiert natürlich auf verschiedenen Gunstfaktoren, wobei hier die Absatz- und Verbrauchernähe, die Verkehrserschließung und die Vermarktungsformen, günstige naturräumliche Voraussetzungen sowie weitere ortsspezifische Besonderheiten, z. B. bestimmte historische Wurzeln, eine gewichtige Rolle spielen. Im Rheinland lassen sich vor allem drei größere Sonderkulturgebiete mit Gemüse-, Obst- und Zierpflanzenanbau ausweisen, auf die die oben genannten Faktoren zutreffen, nämlich das Vorgebirge und die östlich anschließenden linksrheinischen Terrassenflächen zwischen Köln und Bonn, dann der Großraum Düsseldorf mit den Ortsteilen Hamm, Vollmerswerth, Flehe u. a. sowie schließlich Teile des Unteren Niederrheins, insbesondere mit dem Raum Straelen. Für Westfalen ist eine stärkere regionale Streuung der dortigen Sonderkulturbetriebe kennzeichnend, wenn sich auch in den letzten Jahrzehnten eine Konzentration gerade von Unterglashauskulturen am Nordrand des Ruhrgebietes vollzogen hat. Lokale Schwerpunkte des Obstanbaus gibt es zudem im Raum Meckenheim, in den Randzonen des Bergischen Landes oder auch in den Beckumer Bergen. Wenn in der Statistik z. B. das Hochsauerland mit einer Reihe solcher Spezialbetriebe ausgewiesen wird, dann liegt das in erster Linie an der Tatsache, daß auch die dortigen Weihnachtsbaumkulturen in die Gruppe der Sonderkulturen miteinbezogen werden.

Das Vorgebirge

Das zwischen Köln und Bonn liegende Gemüse- und Obstanbaugebiet mit dem Kernraum „Vorgebirge" ist in seiner Entwicklungsgeschichte bedeutend älter als andere Sonderkulturgebiete in Deutschland. Die Gemüse- und Obstproduktion ist hier als eine Nachfolgekultur des Weinbaus anzusehen, der noch in den ersten Jahrzehnten des 19. Jahrhunderts in den Gemarkungen der dortigen Dörfer flächenhaft verbreitet war. Mit der Aufgabe des unrentabel gewordenen Weinbaus gingen dann schon im 19. Jahrhundert die kleinen, durch Realerbteilung stark aufgesplitterten Hofstellen im Vorgebirge zu anderen Sonderkulturen über, eben zu Obst- und Gemüseanbau, zumal sich durch das Anwachsen der benachbarten großen Städte entlang der Rheinschiene und infolge der Verkehrsausbauten, z. B. durch die Vorgebirgsbahn, nun günstige Absatzmöglichkeiten in den Verdichtungsräumen ergaben. Die naturräumlichen Voraussetzungen, d. h. die Klima- und Bodengunst am Osthang der Ville, förderten diese Entwicklung. Schon gegen Ende des 19. Jahrhunderts war fast der gesamte Osthang des Vorgebirges zwischen Köln und Bonn mit Obst- und Gemüsekulturen bedeckt. Nach 1900, insbesondere nach dem Ersten Weltkrieg, begannen dann die Sonderkulturen sich auch auf die östlich anschließenden Mittel- und Niederterrassenbereiche auszudehnen. So ist beispielsweise auch auf der Niederterrasse zwischen den Orten Hersel und Urfeld ein intensiver Gartenbaustreifen entstanden.

Als wichtigste Strukturwandlungen des Gartenbaus im Vorgebirge seit dem Zweiten Weltkrieg können folgende Punkte herausgestellt werden:
1) Im Gemüseanbau hat den Markterfordernissen entsprechend eine Entwicklung zu Feingemüse stattgefunden; die Grob- und Feldgemüse (z. B. Kohlarten) sind zurückgegangen.
2) Kennzeichnend ist eine zunehmende Spezialisierung der Betriebe auf wenige Anbauarten, weiterhin eine Intensi-

vierung des Anbaus u. a. durch den Einsatz von Plastikfolien und Gewächshäusern. Im Gegensatz zu den niederrheinischen Anbaugebieten, in denen überwiegend Gemüse und Zierpflanzen unter Glas gezogen werden, ist für das Vorgebirge und die angrenzende Rheinebene aber auch heute noch der Freilandanbau charakteristisch.
3) Die Kleinstbetriebe bis 2 ha LF sind in den letzten Jahrzehnten stark zurückgegangen, während eine Zunahme der mittleren und größeren Gartenbaubetriebe mit 5 bis 10 ha stattgefunden hat. Allerdings verfügt die Mehrzahl auch heute noch über eine Betriebsfläche von 2,5 bis 5 ha.
4) Der weitaus größte Teil der Produktion wird über Versteigerungen durch Absatzgenossenschaften vermarktet, vor allem durch den großen Zentralmarkt Bonn-Roisdorf.
5) Insgesamt gesehen hat sich gerade in den letzten Jahren ein bedenklicher Rückgang der landwirtschaftlichen Nutzfläche vor allem durch die Baulanderschließung vollzogen.

Der Raum Düsseldorf

Die beiden anderen niederrheinischen Regionen mit Sonderkulturen, also das Stadtrandgebiet von Düsseldorf sowie vor allem der Raum Straelen, haben eine jüngere Entwicklungsgeschichte als das Vorgebirge. Sie zeichnen sich außerdem durch einen hohen Anteil an Hoch- und Niedrigglasanlagen aus. In den Sonderkulturgebieten der Düsseldorfer Ortsteile Hamm, Flehe, Vollmerswerth, Niederkassel und Himmelgeist werden neben den Frühgemüsen (Salate, Kohlrabi etc.) auch längerfristige Kulturen, d. h. unter anderem Porree, Sellerie, Blumenkohl, Grünkohl und heute auch Zierpflanzen, wie vor allem Stiefmütterchen, gezogen, da hier strenge

bzw. pflanzengefährdende Fröste nur relativ selten auftreten. Dagegen ist der einst
vorherrschende Anbau von sogenannten
Grobgemüsen (Weißkohl, Wirsing, Rot-
kohl u. a. m.) auch hier zurückgegangen.
Insgesamt gesehen ist das Anbausortiment
im Düsseldorfer Raum jedoch wesentlich
schmaler als im Vorgebirge. Die Düsseldorfer Gartenbauprodukte werden auch
nur z. T. über Genossenschaften vermarktet; vielmehr spielen der Absatz über
Großhandel und Großmarkt sowie der
Direktabsatz auf den Wochenmärkten eine
gewichtige Rolle. Wirft man einen Blick
auf den Großraum Düsseldorf, dann sollte
auch der Feldgemüseanbau u. a. in der
Region Neuss und Langenfeld erwähnt
werden. Es handelt sich hierbei um bäuerliche Betriebe, die insbesondere Kohlge-
müsesorten (vor allem Weißkohl) ziehen,
die in den benachbarten Sauerkrautfabri-
ken verarbeitet werden. Im Gebiet Kem-
pen-Krefeld sind dagegen wieder größere
Anbauflächen von Feingemüse anzutreffen. Auch ist der Obstanbau seit einigen
Jahrzehnten wiederum stärker vertreten,
und als besondere Spezialität wären für
diesen Raum die Champignonkulturen zu
nennen.

Der Raum Straelen

Flächenhafte Gartenbaukulturen um Straelen haben sich erst in diesem Jahrhundert
entwickelt, nachdem dort im Jahre 1914
eine erste Versteigerungs- bzw. Vermark-
tungseinrichtung nach niederländischem
Muster (Venloer Veiling) errichtet worden
war. Der somit in maßgeblicher Weise von
niederländischer Seite beeinflußte Gartenbau (heute über 1000 ha Gemüsefreiland
in einem Umkreis von 20 km um Straelen)
wuchs dann in den letzten Jahrzehnten
zum größten Umschlagplatz für entsprechende Erzeugnisse in der Bundesrepublik
Deutschland heran. Während in der ersten

Zeit der Gemüseanbau sowohl im Freiland
(z. B. die charakteristischen Spargelfelder
in Walbeck) als auch in Glashäusern
(Tomaten, Gurken, Salate) absolut dominierte, wurde seit den 50er Jahren die Kultur von Zierpflanzen mit entsprechenden
Vermarktungseinrichtungen verstärkt aufgenommen. Auch hier kamen die Anregungen aus den Niederlanden, insbesondere aus dem nordholländischen Blumenzen-
trum Aalsmeer. Mittlerweile konzentriert
sich auf den Raum Straelen die bedeutendste Zierpflanzenproduktion Nordrhein-
Westfalens, vornehmlich Schnittblumen
unter Glas sowie Topf- und Beetpflanzen-
kulturen, deren Absatzgebiete weit über
die Ballungsräume an Rhein und Ruhr
hinausreichen.

8.4
Wald- und Forstwirtschaft in produktiver und protektiver Sicht

Die heutige Wald- und Forstwirtschaft
leistet mit der Erzeugung des wertvollen
Rohstoffes Holz nicht nur der Volkswirt-
schaft einen besonderen Dienst, sondern sie
verkörpert in dem dicht bevölkerten und
industriereichen Nordrhein-Westfalen zugleich einen Umweltfaktor höchsten Ranges. Diese Tatsache wiegt umso schwerer,
wenn man sich vor Augen hält, daß nach
dem Waldschadensbericht 1995 rd. 51%
des nordrhein-westfälischen Waldes Schäden aufweisen. Etwa 14% der Baumarten
müssen der Kategorie „deutlich geschädigt"
(Schadstufen 2–4) zugeordnet werden
(Schadstufe 0 = gesund, 1 = kränkelnd,
2 = krank, 3 = sehr krank, 4 = abgestor-
ben). Seit 1992 stagnieren die genannten
Schadenswerte allerdings auf ungefähr
gleichem Niveau, während im Zeitraum
1984–1991 der geschädigte Baumanteil
mit durchschnittlich rd. 40% etwas niedri-

ger lag. Mit dem oben angeführten Wert von 14% liegt Nordrhein-Westfalen im Vergleich zu den anderen Bundesländern noch recht günstig; betragen doch die Anteile der Schadstufen 2–4 in den ostdeutschen Ländern durchschnittlich um die 20% (Thüringen mit anteilig besonders hohen Altbaumbeständen 39%) und in den süddeutschen Ländern 26%.

Generell verbuchen seit mehreren Jahren die Laub- gegenüber den Nadelhölzern eine höhere Schadensquote. Während nach dem Landeswaldbericht 1996 jeder fünfte Laubbaum deutliche Schäden aufzeigte, wird bei den Nadelhölzern jeder elfte Baum dieser Kategorie zugeordnet. Vor allem bei der Buche wurde 1995 mit einem Anteil von 28% eine starke Zunahme an deutlichen Schäden gegenüber den Vorjahren registriert. Von den vier Hauptbaumarten Nordrhein-Westfalens (Fichte, Kiefer, Buche, Eiche) sind derzeit bei den Buchenbeständen die größten Schäden zu verzeichnen, während die Fichte schon seit einer Reihe von Jahren am geringsten von Waldschäden betroffen ist.

Das nordrhein-westfälische Forschungsprojekt „Luftverunreinigungen und Waldschäden", das 1985 ins Leben gerufen und 1993 mit seinen Ergebnissen vorgestellt wurde, nennt als Ursachen der neuartigen Waldschäden das Zusammenspiel unterschiedlicher Einflußfaktoren. Diese sind neben den hinreichend bekannten (Luftschadstoffe, Insektenschäden, Pilzbefall, Sturmschäden u. a.) insbesondere folgende (nach Landeswaldbericht 1996, S. 47): „Streß in höheren Lagen der Mittelgebirge als Folge der Wirkung von Ozon und säurehaltigem Nebel, erhöhter Stickstoffeintrag und dadurch bedingte Störungen im Nährstoffhaushalt und Stoffwechsel der Bäume, Nährstoffarmut, insbesondere auf basenarmen Standorten durch die Einwirkung säurehaltiger Niederschläge und/oder intensiver Formen der Bewirtschaftung

und ungünstige Witterungsverhältnisse, insbesondere längere Trockenphasen im Winter und im Frühsommer."

Wald- und Besitzstrukturen

Ende 1995 betrug die Waldfläche Nordrhein-Westfalens rd. 890000 ha, was einem Anteil an der Landesfläche von 26% (im Bundesdurchschnitt 30%) entspricht. Die durchschnittliche Bewaldung schwankt zwischen den einzelnen Wuchsgebieten sehr; sie reicht von 13% in der Niederrheinischen Bucht bis 58% im Sauerland (vgl. Abb. 8.5). Noch immer überwiegt der Nadelwald- gegenüber dem Laubwaldanteil mit 55 zu 45%. Im Vergleich zu den 1960er Jahren hat sich allerdings eine leichte Verschiebung zugunsten des Laubwaldes vollzogen, was aus ökologischen Gründen sicherlich zu rechtfertigen ist. Erinnert sei in diesem Zusammenhang daran, daß der Raum Nordrhein-Westfalen wie praktisch das gesamte nordwestliche Deutschland ursprünglich eine reine Laubwaldregion war und daß die ortsfremden, aber relativ schnell wachsenden Nadelhölzer erst im Zuge der Großindustrialisierung (u. a. Einsatz als Grubenhölzer im Kohlebergbau, Schwellenhölzer im Eisenbahnbau) eine rasche Verbreitung fanden. Daß die Fichte überwiegend in den höheren Mittelgebirgslagen stockt, hängt auch mit dem dort herrschenden kühlfeuchten Klima zusammen, das sich günstig auf die Wuchsleistungen auswirkt. Dagegen sind die größten Kiefernbestände auf den nährstoffarmen und trockenen Sandböden der Niederrheinischen und Westfälischen Bucht anzutreffen, speziell dort, wo noch bis Anfang des 19. Jahrhunderts weite Allmend- bzw. Heideflächen verbreitet waren. Gute Wuchsleistungen für die Buche bieten die kalkhaltigen Böden vor allem im Weserbergland. Diese Holzressource war einst

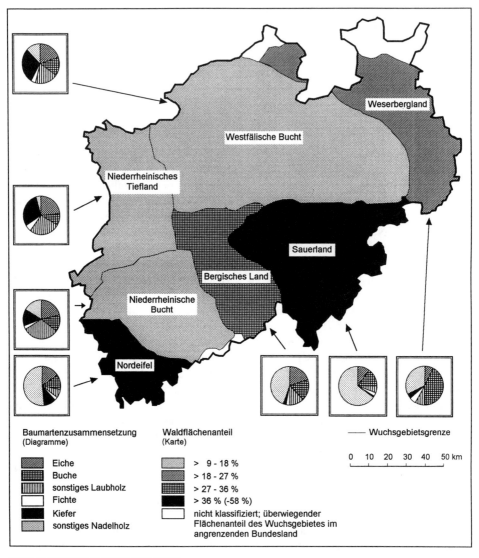

Quelle: verändert nach JUNGKEIT u. HÜTTER 1996

Abb. 8.5: Waldflächenanteil und Baumartenzusammensetzung in den Wuchsgebieten Nordrhein-Westfalens

auch der wichtigste Standortfaktor für die dort einzigartige Konzentration von Möbelherstellern.

Nordrhein-Westfalen hat interessanterweise den geringsten Staatswaldanteil (13%) und den höchsten Privatwaldanteil (67%) aller Bundesländer, was im wesentlichen auf historische Prozesse zurückgeführt wird, so z. B. auf die zahlreichen Marken- und Allmendteilungen in den ersten Jahrzehnten des 19. Jahrhunderts. Bei der räumlichen Differenzierung in die Regionen Rheinland, auf das etwa ein Drittel der nordrhein-westfälischen Waldfläche entfällt, und Westfalen-Lippe, dem zwei Drittel des Waldareals angehören, fällt auf, daß die Besitzverteilung allerdings starke regionale Unterschiede aufweist. Während der durchschnittliche Anteil an Privatwald im Rheinland 56% und der Staatswaldanteil 20% beträgt, hat Westfalen-Lippe 71% Privatwald- und nur 10% Staatswaldanteil. Da nun die meisten Waldbesitzer über eine sehr geringe Holzbodenfläche (1995 bewirtschafteten über 70% der 150000 privaten Waldbesitzer unter 1 ha Wald) verfügen und daraus kein Dauereinkommen erzielbar ist, liegt die ökonomische Bedeutung des Waldes hier mehr in der „Sparkassenfunktion", bei der also höchstens ein gelegentlicher Geldbedarf aus dem Wald gedeckt werden kann.

Ökonomische Aspekte

Die Forstwirtschaft, und damit ist hier im wesentlichen die Holzproduktion gemeint, unterliegt den Gesetzmäßigkeiten eines freien Wirtschaftssystems, das sich nach Angebot und Nachfrage richtet. Anders als bei vielen agrarwirtschaftlichen Produkten, deren Preisentwicklung von den EU-Agrarmarktordnungen beeinflußt wird, orientieren sich sämtliche Preise von Forsterzeugnissen am Weltmarkt. Niedrige Weltmarktpreise oder Waldschäden haben finanzielle Einbußen zur Folge, die vor allem im Privatwaldbereich schwer zu verkraften sind. Angemerkt sei an dieser Stelle, daß innerhalb der einzelnen Besitzsparten schon seit Jahren sehr unterschiedliche Gewinne verzeichnet werden. Während der Privatwald z. B. im Rechnungsjahr 1995 einen durchschnittlichen Gewinn von 48 DM pro ha (133 DM pro ha 1989) aufwies, wurde im Bereich des Staatswal-

des ein durchschnittlicher Verlust von 210 DM pro ha (201 DM pro ha 1989) registriert. Aus Sicht des Staatsforstbetriebs resultieren diese Differenzen vor allem daraus, daß der Staatswald aus Gründen des Naturschutzes (gesteigerte Durchforstungsmaßnahmen zur Erreichung ungleichaltriger und ungleichartiger stabiler Bestandsstrukturen) sowie höhere Lohnausgaben (z. B. durch die Einbindung in das öffentliche Tarifsystem) geringere Einnahmen bzw. höhere Ausgaben hat.

Holzwirtschaft

Mit mehr als 32 Mrd. DM Gesamtumsatz im Jahre 1995 besitzt die Holzwirtschaft Nordrhein-Westfalens eine keineswegs unbedeutende Position. Etwa 110000 Personen waren 1995 in 1227 Meldebetrieben beschäftigt (nach Landeswaldbericht 1996). Von den drei großen Wirtschaftszweigen der Holzindustrie (Holzbearbeitung, Holzverarbeitung sowie Zellstoff, Papier, Pappe) steuerte alleine die Holzverarbeitung (Möbel, Spanplatten, Furniere) in den letzten Jahren jeweils rd. 60% des Gesamtumsatzes bei. Zur räumlichen Verteilung der Holzindustriebetriebe sei lediglich vermerkt, daß allein die Region Ostwestfalen nahezu 50% des Gesamtumsatzes auf sich vereinigt und somit den Schwerpunkt der nordrhein-westfälischen Holzindustrie bildet. In diesem Zusammenhang sollte auch die Arbeitskräfte erhaltende Wald- und Holzwirtschaft gerade im ländlichen Raum, insbesondere in den Mittelgebirgen, nicht übersehen werden.

Generell kann der Holzbedarf der Bundesrepublik schon seit Jahren nur zur Hälfte aus heimischen Wäldern gedeckt werden. In Zusammenhang mit dem hohen Importbedarf stellt sich automatisch die Frage, inwieweit die heimische Rohholzproduktion noch gesteigert werden kann. Prognosen zufolge ließe sich im Sinne der

Gewinnmaximierung der nordrhein-westfälische Holzeinschlag jährlich auf bis zu
6 Mio. Festmeter steigern. Dies würde
nahezu eine Verdoppelung des derzeitigen
Holzeinschlags bedeuten. Inwieweit ein
solches Procedere den angestrebten Zielen
einer naturnahen Wald- und Forstwirtschaft in Nordrhein-Westfalen Rechnung
trägt, sei dahingestellt.

Landschaftsökologische Aspekte

Im Jahre 1990 sprach sich die Landesregierung mit dem Konzept „Wald 2000" für
eine naturnahe Waldwirtschaft für den
Staatswald in Nordrhein-Westfalen aus
und empfahl diese Wirtschaftsweise zugleich den Besitzern von Gemeinde- und
Körperschaftswald sowie von Privatwald.
Naturnahe Waldwirtschaft umfaßt danach
folgende Punkte:
1) Weitestgehende Vermeidung von
   Kahlschlagverfahren,
2) Ausnutzung des Wachstumspotentials
   der einzelnen Bäume,
3) Ausnutzung der natürlichen Verjün-
   gungskraft aller Baumarten,
4) Belassen eines angemessenen Anteils
   an totem Holz im Walde,
5) Grundsätzliche Begünstigung von
   Mischbeständen.

Es versteht sich von selbst, daß der Wald
gerade in einem so dicht bevölkerten Land
wie Nordrhein-Westfalen auch überdurchschnittlich hohe protektive, d. h. also
Schutz- und Erholungsfunktionen zu erfüllen hat. So ergab z. B. eine schon in den
70er Jahren durchgeführte Waldfunktions-
kartierung, daß bei 43% der einheimischen
Waldfläche die Schutz- und Erholungsauf-
gaben die Waldbewirtschaftung erheblich
beeinflussen bzw. maßgeblich bestimmen.
Besonders charakteristisch sind dabei für
Nordrhein-Westfalen die Waldungen mit
Immissionsschutzfunktion, die allein 18%

der gesamten Holzbodenfläche ausmachten (nach GENSSLER in Dt. Planungsatlas,
Bd. I: NRW, 1983). Die Waldflächen mit
Wasserschutzfunktion, bezogen vor allem
auf die Regulierung des Wasserhaushaltes
sowie die biologische und mechanische
Reinigung des Wassers, wurden mit über
20% der gesamten Holzbodenfläche des
Landes angegeben; sie konzentrierten sich
auf die Bereiche der Eifel- und Sauerland-
talsperren sowie auf das Grundwasservor-
ratsgebiet der Halterner Sande im südwestlichen Münsterland. Darüber hinaus
haben zahlreiche Waldflächen wichtige
Funktion für die Luftverbesserung und die
Bodenerhaltung sowie für den Lärm-,
Sichtschutz etc. Schließlich wäre die Erholungsfunktion, sicher eine der wichtigsten
Waldfunktionen in einem dicht besiedelten
Industrieland, hervorzuheben. Etwa 13%
oder 115 000 ha der Gesamtwaldfläche
Nordrhein-Westfalens wurden herausge-
hobene Erholungsfunktionen zugespro-
chen, die sich räumlich vornehmlich auf
die städtischen bzw. stadtnahen und meist
im Besitz der öffentlichen Hand befindlichen Wälder (z. B. Kottenforst-Ville, Kö-
nigsforst, Hohe Mark usw.), aber auch auf
die Nordeifel, das Süderbergland und den
Teutoburger Wald konzentrierten.

Naturparke

Die Wälder mit herausgehobenen Erholungsfunktionen decken sich zu einem
großen Teil mit den in den letzten Jahrzehnten verstärkt ausgewiesenen Naturparken. Bekanntlich umfaßt die Planung
und Gestaltung eines Naturparks nicht nur
einen möglichst umfassenden Schutz von
Naturraumelementen wie etwa Flora, Fau-
na und Gewässer, sondern darüber hinaus
auch die Erhaltung von Kulturdenkmä-
lern oder Formen der traditionellen agrar-
bäuerlichen Kulturlandschaft. Heute sind
zwar rd. 25% der nordrhein-westfälischen

Name	Größe (km²)	Waldanteil (%)
1. Siebengebirge	42	90
2. Kottenforst-Ville	185	60
3. Bergisches Land	1800	45
4. Nordeifel (als Teil des deutsch-belgischen Naturparks)	1340 (mit Rheinland-Pfalz 1740)	50
5. Arnsberger Wald	447	71
6. Nördlicher Teutoburger Wald-Wiehengebirge	210 (mit Niedersachsen 1112)	70
7. Rothaargebirge	1130	65
8. Hohe Mark	1109	34
9. Ebbegebirge	658	51
10. Eggegebirge und südlicher Teutoburger Wald	539	60
11. Homert	400	59
12. Schwalm-Nette (als Teil des deutsch-niederländischen Naturparks)	415	30
13. Diemelsee	124 (mit Hessen 334)	50
14. Dümmer	396 (insgesamt mit Niedersachsen)	20

Quelle: nach BAUER u. a. 1983

Tab. 8.2: Naturparke in Nordrhein-Westfalen

Landesfläche Naturparkareale, davon steht jedoch nur ein kleiner Teil unter Naturschutz. Hinzu kommt, daß nahezu 70% der etwa 270 Naturschutzgebiete in Nordrhein-Westfalen unter 20 ha Größe besitzen.

Von den bislang in Nordrhein-Westfalen ausgewiesenen 14 Naturparken mit einer Gesamtfläche von rd. 8700 km² liegen die meisten nahe den Ballungs- und Verdichtungszonen. So sind die das Rheinisch-Westfälische Industriegebiet umgebenden Parke in weniger als einer Autostunde zu erreichen, was natürlich für den Erholungsverkehr von großer Bedeutung ist. Weiterhin greifen mehrere Naturparke über die nordrhein-westfälischen Landesgrenzen hinaus, so nach Niedersachsen, Hessen, Rheinland-Pfalz sowie nach Belgien und in die Niederlande. Der Naturpark Nordeifel ist z. B. ein Teil des deutsch-belgischen Naturparks Nordeifel-Hohes Venn, während der Naturpark Schwalm-Nette zum deutsch-niederländischen Park Maas-Schwalm-Nette gehört (Tab. 8.2).

Die Naturparke Siebengebirge und Kottenforst-Ville liegen beiderseits der Ballungszone „Südliche Rheinschiene". Das Siebengebirge selbst, also das Kernstück des gleichnamigen Naturparks, ist das älteste deutsche Naturschutzgebiet. Recht heterogene Raumeinheiten bestimmen dagegen das Landschaftsbild des 1959 geschaffenen und 1967 erweiterten Naturparks Kottenforst-Ville, nämlich im Süden das „Drachenfelser Ländchen" (Name nach der einstigen Burggrafschaft Drachenfels), in der Mitte der eigentliche Kottenforst mit sehr alten Waldbeständ sowie im Nordteil das rekultivierte Braunkohlegebiet mit seinen anthropogenen Wald-Seen-Platten. Auch der Naturpark Bergisches Land liegt in enger Nachbarschaft zu den Ballungs- und Industriezentren an Rhein und Ruhr; er ist der größte seiner Art in Nordrhein-Westfalen und bietet mit seiner wald- und seenreichen Mittelgebirgslandschaft ein mannigfaltiges Freizeit- und Erholungsangebot. Etwa 2300 km² mißt der deutsch-belgische Naturpark Nordeifel-Hohes Venn, der 1971 durch einen Vertrag zwischen Nordrhein-Westfalen, Rheinland-Pfalz und dem Königreich Belgien ins Leben gerufen wurde. Der Waldreichtum, die einzigartige Hochmoorlandschaft des Hohen Venns sowie eine Reihe von Talsperren und Staubecken verleihen diesem Park ein charakteristisches Gepräge. Mit etwa 70% Gehölzanteil ist der Arnsberger Wald als Kernstück des gleichnamigen Naturparks eines der wenigen in Deutschland noch vorhandenen zusammenhängenden Waldgebiete. Auch das südlich benachbarte Rothaargebirge, eine von den Oberläufen von Ruhr, Lenne, Eder und Sieg durchschnittene Waldlandschaft, präsentiert sich in ähnlicher Form. Unmittelbar nördlich des Ruhrreviers erstreckt sich der 1963 gegründete Naturpark Hohe Mark, der eine Fläche von rd. 1000 km² umfaßt, welche im Westen und Süden bis an Wesel bzw. Oberhausen sowie im Norden und Nordosten bis an die westmünsterländischen Städte Bocholt, Borken, Coesfeld und Dülmen reicht. Neben dem mehr oder minder geschlossenen Waldanteil von etwa 34% sind für den ländlichen Raum die eingestreuten Gehölzgruppen und Hecken besonders kennzeichnend, die auch heute noch das Bild der sogenannten münsterländischen Parklandschaft vielerorts prägen. Ganz anders präsentiert sich das Landschaftsbild im Naturpark Schwalm-Nette im deutsch-niederländischen Grenzgebiet. Hier zeigen sich die charakteristischen Züge der Nie-

derrheinlandschaft mit ihren Flußauen und altbesiedelten Terrassenplatten, in die Teiche und Seen, Bruchwälder und Forsten eingeschlossen sind.

8.5
Die ländlichen Siedlungen: Veränderungen von Ort und Flur

Die Wandlungsprozesse im nachkriegszeitlichen Bild der ländlich-agraren Siedlungen sind gerade im relativ dichtbevölkerten Nordrhein-Westfalen bis in die letzten Jahre hinein nicht unbedingt positiv zu bewerten. So stand der ländliche Raum jahrzehntelang im Schatten der expandierenden städtischen Siedlungs- und Lebensformen, wobei leider oft genug jene Entwicklungspläne und Ideen auf das sogenannte rückständige Dorf im ländlich-agraren Raum übertragen wurden. Hiervon betroffen waren und sind nicht nur die ländlichen Siedlungen in den Verdichtungsräumen, sondern auch die scheinbar so peripher gelegenen Dörfer abseits der städtisch-industriellen Agglomerationen. Entsprechende Verluste ortsbildprägender Substanz wurden zum einen durch die Aufgabe vieler landwirtschaftlicher Betriebe und die gleichzeitige Errichtung von oft eintönigen Wohnsiedlungen neuer Bevölkerungsschichten beschleunigt, zum andern auch durch die Übernahme „moderner" städtischer Bauweisen, die vielerorts eine Uniformierung und damit eine Zerstörung der dörflichen Individualität zur Folge hatten. Nach amtlichen Schätzungen soll noch in den 80er Jahren die diesbezügliche Verlustrate an überlieferter Bausubstanz ländlicher Siedlungen in der Bundesrepublik Deutschland pro Jahr zwischen 5 und 10% betragen haben.

Seit Mitte der 70er Jahre ist nun eine Neueinschätzung der dörflichen Siedlung zu verfolgen (vgl. hierzu u. a. HENKEL 1982b). Deren Ursachen sind sehr unterschiedlicher Art; sie sind nur teilweise mit der „Unwirtlichkeit" mancher Großstädte, den leichteren Baumöglichkeiten auf dem Lande, der zunehmenden Bereitstellung finanzieller Mittel zwecks Beseitigung von Disparitäten zwischen dörflicher und städtischer Wohnweise, dem wachsenden Interesse an der Erhaltung und Sanierung kulturhistorischer Substanz oder mit der relativen Bedeutungszunahme des ländlichen Arbeitsangebotes aufgrund der gesamtwirtschaftlichen Stagnation und Rezession zu umschreiben. Jene Neueinschätzung manifestiert sich z. B. in den heute so vielzitierten Begriffen „Dorferneuerung", „Dorfsanierung" und „Dorfentwicklung", wobei hier unter Dorferneuerung nicht nur die Erhaltung und Entwicklung des gewachsenen Ortsbildes zu verstehen sind, sondern darüber hinaus sämtliche Maßnahmen (u. a. Verbesserung der Agrarwirtschaft sowie der lokalen und überörtlichen Infrastrukturen), die der Ordnung, Gestaltung und Entwicklung ländlicher Siedlungen dienen.

Mit den Umstrukturierungsprozessen im Orts- und Flurbild haben sich auch die Begriffsinhalte von „Dorf", „ländlicher Siedlung" und „ländlichem Raum" gewandelt. So ist z. B. ein gängiges Definitionskriterium, nach dem in einer ländlichen Siedlung mindestens 50% der ansässigen Erwerbstätigen in der Land- und Forstwirtschaft beschäftigt sein müßten, heute nicht mehr aufrechtzuerhalten. BORN (1974) möchte daher den Begriff „ländliche Siedlung" nicht nur auf die heutigen Agrarsiedlungen bezogen wissen, sondern darüber hinaus auf alle Ortschaften, deren äußere Merkmale, vor allem deren Bausubstanz, noch die früher betriebene Landwirtschaft deutlich erkennbar machen. Im Grunde genommen ist jedoch der Begriffsinhalt gerade der heutigen ländlichen

Siedlung keineswegs klar zu umreißen. Man sollte sich deshalb „zumindest vorläufig mit einer sehr weitgefaßten Formulierung begnügen und alle Siedlungen (bis zur Größenordnung von etwa 5000 Einwohnern) als ländliche Siedlungen bezeichnen, die dem ländlichen Raum zuzuordnen sind" (HENKEL 1982a, S. 2). Als ländlicher Raum bzw. „ländliche Gebiete" werden von den Raumplanungsinstitutionen oft jene Landkreise eingestuft, die weniger als 200 Einwohner pro km² zählen. Danach wären als „ländliche Gebiete" in Nordrhein-Westfalen nur etwa 25% der Landesfläche anzusehen, die auf die Kreise Euskirchen, Coesfeld, Warendorf, Höxter, Paderborn, Hochsauerland und Olpe mit jeweils unter 200 Einw./km² entfallen. Es liegt auf der Hand, daß mit derartigen Definitionskriterien keine befriedigende terminologische und inhaltliche Bestimmung des ländlichen Raumes erzielt werden kann.

Verteilungsmuster
ländlich-agrarer Siedlungsformen

Bei aller Vielfalt und regionaler Differenzierung lassen sich nach der Dominanz dieser oder jener Grundformen dennoch bestimmte Verteilungsmuster von Siedlungstypen herausarbeiten, von denen ein Großteil im Gelände auch heute noch trotz der baulichen Veränderungen und Funktionswandlungen in Erscheinung tritt. Letzteres trifft primär für die Orts- sowie Haus- und Gehöftgrundrisse zu, nicht oder kaum für die Flurformen und andere Gemarkungsteile. Man denke hier nur an die einst weit verbreiteten Allmenden bzw. Gemeinen Marken, ohne die im Mittelgebirge wie auch im Flachland ein bäuerliches Wirtschaften in den vergangenen Jahrhunderten kaum möglich gewesen wäre. So haben Flurbereinigungen und andere Agrarordnungsmaßnahmen z. B. den Ge-

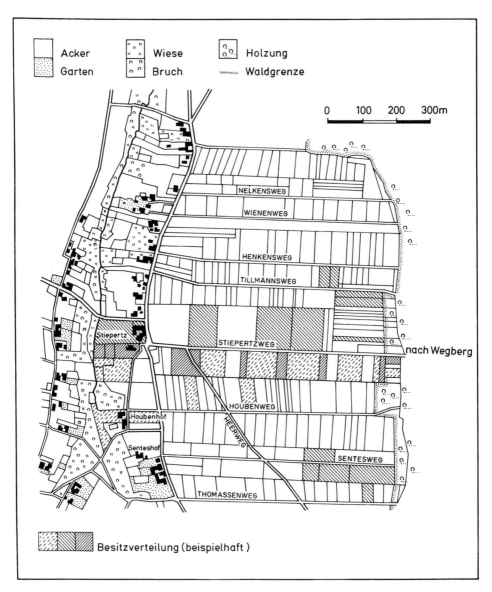

Quelle: verändert nach ZSCHOCKE 1963, aus GLÄSSER und KRÖTZ 1989

Abb. 8.6: Merbeck im Jahre 1826

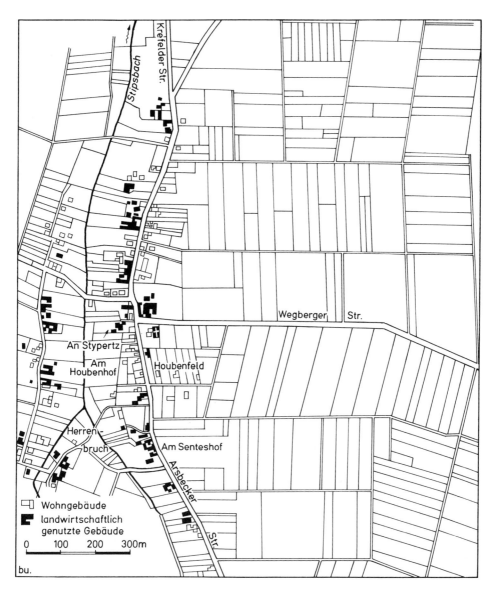

Quelle: verändert nach Zschocke 1963, aus Glässer und Krötz 1989

Abb. 8.7: Merbeck im Jahre 1960

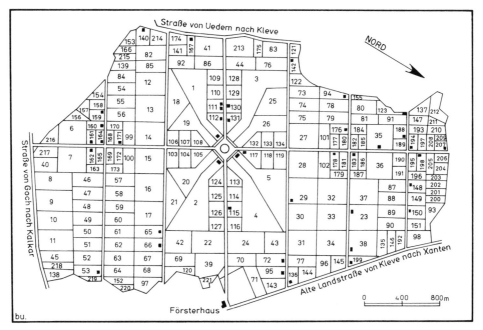

Quelle: nach IMIG 1970, aus GLÄSSER und KRÖTZ 1989

Abb. 8.8: Verteilungsplan von Louisendorf im Jahre 1821

wannflurcharakter eines Haufen- oder Straßendorfes in der Börde, die kleinparzellierte Gemengeflur eines Weilers im Bergischen Land oder etwa den Esch-Langstreifenflurcharakter einer münsterländischen Drubbelsiedlung längst zum Verschwinden gebracht. Regelmäßige, meist blockförmige und arrondierte Parzellen, durchschnitten von einem Netz schematisch verlaufender Wirtschaftswege, bestimmen mittlerweile das Erscheinungsbild nahezu aller ländlich-agraren Siedlungen in den einzelnen Regionen Nordrhein-Westfalens. Am deutlichsten tritt dieses Bild natürlich bei den zahlreichen nachkriegszeitlichen Aus- und Neusiedlerhöfen im Schiefergebirge oder auch in den stadtnahen Agrarzonen in Erscheinung.

Grob gesehen, läßt sich das räumliche Verbreitungsbild der ländlichen Siedlungs-

formen in Nordrhein-Westfalen folgendermaßen skizzieren:

Als größerer Bereich mit dem Einzelhof als vorherrschender Siedlungsform kann das Niederrheinische Tiefland charakterisiert werden, das sich somit von dem Dorfsiedlungsgebiet in der südlich anschließenden Niederrheinischen Bucht abhebt. Auch im Kern- oder Kleimünsterland treten alte Einzelhofsiedlungen, hier oft von Gräften (Wassergräben) umgeben, mit Blockflursystem in den Vordergrund, während sie in den links- und rechtsrheinischen Börden gegenüber den geschlossenen Reihen- und Haufendörfern mit deren einstigen Gewannfluren an Bedeutung verlieren. Kennzeichnend gerade für das rechtsrheinische Schiefergebirge, und zwar vor allem für das Bergische Land, sind die Weilersiedlungen, d. h. Kleinweiler

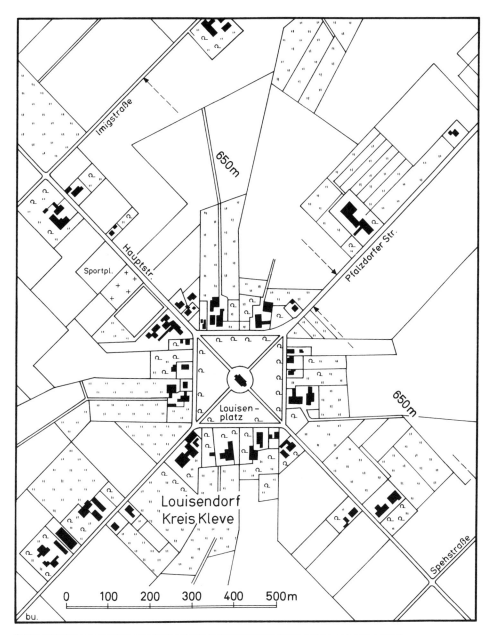

Quelle: verändert nach „Deutsche Grundkarte 1 : 5000", Blätter Louisendorf (1987) und Louisendorf-West (1983),
aus GLÄSSER und KRÖTZ 1989

Abb. 8.9: Louisendorf um 1980

(von drei bis zu etwa 15 Wohnstätten mit bis zu ca. 50 Einwohnern) und größere Weiler mit ca. 50 bis 100 Bewohnern. So verteilen sich z. B. allein im Rheinisch-Bergischen Kreis in seinen Grenzen vor 1976 rd. 700 Kleinweiler und knapp 120 größere Weiler über das ganze Bergland; sie unterstreichen damit den alten und noch heute für große Teile des Kreises gültigen Charakter als Streuweilergebiet.

Das Niederrheinische Tiefland

Verständlicherweise zeigt sich im einzelnen, wenn man neben formal-physiognomischen und funktionalen auch historisch-genetische Gesichtspunkte mit in die Betrachtung einbezieht, ein viel differenzierteres Bild der Ortsformen in den rheinischen und westfälischen Landesteilen. Neben territorialgeschichtlichen und sozioökonomischen Einflüssen der Vergangenheit spielen hierbei auch naturräumliche Leitlinien eine gewichtige Rolle. So finden wir z. B. im Niederrheinischen Tiefland neben dem Einzelhof mit seiner charakteristischen T-Bauweise auch zahlreiche Reihensiedlungen, die sich entlang der Tal- und Terrassenkanten, besonders der Alluvialrinnen der Niederterrassen, erstrecken.

Einen besonderen Typus dieser gereihten Ortsformen verkörpern die Waldhufensiedlungen im linksrheinischen Tiefland, die sich vor allem auf die Schwalm-Nette-Platte (Raum Kaldenkirchen, Waldniel, Wegberg) und auf die Ränder der Aldekerker Platte konzentrieren und deren „Großhufen" nach H. ZSCHOCKE (1963) allem Anschein nach um 1300 angelegt worden sind (vgl. Beispiel Merbeck 1826 und 1960: Abb. 8.6 und 8.7). Man kann also nur bei stark generalisierter Betrachtung das Niederrheinische Tiefland als Einzelhofgebiet typisieren. Die meisten

jener Einzelhöfe stammen sicher schon aus der Zeit der fränkischen Landnahme sowie aus der Epoche des mittelalterlichen Siedlungsausbaus. Es handelt sich dabei heute noch größtenteils um Vollbauernstellen in sogenannter auenorientierter Lage mit einer Großblockflur.

Eine interessante Besonderheit bilden die Agrarkolonien am Unteren Niederrhein, die als sog. Pfälzer-Kolonien im 18. und 19. Jahrhundert in der Gocher Heide bzw. auf dem Pfalzdorfer-Plateau als planmäßige Siedlungskomplexe von Glaubensflüchtlingen angelegt worden sind. Die bekanntesten Beispiele sind Pfalzdorf, Louisendorf und Neulouisendorf. Standorte derartiger Plansiedlungen waren damalige Wald- und Heideländereien (Allmenden), die im Zuge der preußischen Peuplierungspolitik und Binnenkolonisation erschlossen wurden. Die strenge Planmäßigkeit dieser Agrarkolonien spiegelt sich im Verteilungsplan von Louisendorf im Jahre 1821 (Abb. 8.8) und im Gemarkungsausschnitt von 1980 (Abb. 8.9) wider.

Schließlich sei noch auf ein weiteres siedlungsgeographisches Detail im Niederrheinischen Tiefland verwiesen, nämlich auf jene Einzelhöfe und z. T. auch Gruppensiedlungen in der Flußmarsch der Grieth-Klever-Rheinniederung, die auf künstlichen, hochwassergeschützten Erhebungen liegen und somit den Wurt- bzw. Warftsiedlungen zuzurechnen sind.

Die Westfälische Bucht

Auch das schwerbödige Klei- bzw. Kernmünsterland inmitten der Westfälischen Bucht wird von durchweg altbäuerlichen Einzelhofsiedlungen mit umgebenden Blockfluren geprägt. Demgegenüber treten auf den sandigen Böden des West- und Ostmünsterlandes sehr häufig agrarbäuerliche Siedlungstypen auf, die sich als weilerartige, locker gebundene Gruppensiedlungen mit meist drei bis zehn älteren Gehöften zwischen den etwas höher gelegenen Ackerlandinseln („Esche") und dem sich in Mulden bzw. Bachniederungen anschließenden Dauergrünland aufreihen. Dieser für den gesamten nordwestdeutschen Geestbereich charakteristische altbäuerliche Siedlungstyp ist in der wissenschaftlichen Terminologie als „Drubbel" (MÜLLER-WILLE 1944) bzw. „Eschsiedlung" (NIEMEIER 1938) weithin bekannt geworden. W. MÜLLER-WILLE (1944, S. 33) definiert den Drubbel „als eine aus wenigen Höfen bestehende Ortschaft mit unregelmäßig begrenzten blockigen Hofplätzen, nicht aneinander stoßenden Gebäuden mit einer streifigen Gemengeflur, deren Altflur, gekennzeichnet durch Langstreifen, die angrenzenden Ackerlanderweiterungen flächenmäßig übertrifft". Nach G. NIEMEIER (1938, S. 127) sind die Merkmale „volltypischer Eschsiedlungen" (Drubbel) leicht bearbeitbare Böden an kleinen Höheninseln oder Hängen, die schmalparzellierte, meist langstreifige Flurkerne in relativer Trockenlage mit Gemengelage ihrer Parzellen aufweisen und

Übersicht 8.1: Der Dernekämper Esch am Südostrand der Stadt Dülmen als Beispiel für den Siedlungstyp Drubbel (vgl. Abb. 8.10 und 8.11; GLÄSSER 1968 und 1971)

Die Urkatasterkarten von 1825 zeigen den Dernekämper Esch als einen von Bachauen umgebenen, weitflächigen Langstreifenkomplex, der rein formal an die vor allem aus dem mittel- und süddeutschen Raum bekannten Gewannfluren erinnert. Die ältesten Kerne der Langstreifenflur besitzen Plaggenauflagen bis zu 1,5 m Mächtigkeit. Im Nordteil, d. h. im Bereich der jüngeren Eschausbauten, der sogenannten Flagen (meistens mit dem Namen „Kamp" versehen), nehmen die künstlichen Bodenaufträge bis auf wenige Dezimeter ab. Die im Kartenbild schematisch wiedergegebenen Langstreifenparzellen weisen eine Länge von oft mehr als 300 m und eine Breite von ca. 10 bis 50 m auf. Typisch wenigstens für das damalige Flurbild ist die Gemengelage der Parzellen, wobei sich letztere ausschließlich im Besitz der Altbauernstellen befinden. Jene altbäuerlichen Gehöfte konzentrieren sich auenorientiert als sogenannte Reihendrubbel um den Langstreifenkomplex. Die ältesten dieser Reihendrubbel sind allem Anschein nach der Biärmperhook (im Mittelalter Beiringthorp) und der Richters-Hook, deren Hofstellen wenigstens teilweise in den Werdener Urbaren des Hochmittelalters beurkundet werden. Seit dem späten Mittelalter hat dann eine Siedlungsverdichtung zunächst durch die Altkötter stattgefunden, und zwar erst im Grenzsaum zwischen dem intensiver genutzten Land der Altbauern und den Allmendbzw. Markenflächen in der äußeren Peripherie. Später kamen u. a. die Hofstellen der Markenkötter im Allmendland hinzu und nach der Auflösung dieser Gemeinheitsflächen um die Mitte des 19. Jahrhunderts die sogenannten Neukötterschichten. Verallgemeinert gesehen kann gelten: Je weiter ein Kotten in der einstigen Mark liegt, desto kleiner ist seine Betriebsfläche.

Auch wenn die Flurbereinigungen das einstige Langstreifenbild längst zum Verschwinden gebracht haben, so sind doch die alten Drubbelsiedlungen noch heute weitgehend erhalten. Innerhalb des Biärmperhooks sind es noch fünf vollbäuerliche Hofstellen gegenüber neun im Jahre 1825. Die älteren Hofgebäude, d. h. die niederdeutschen Hallenhäuser in Vierständerbauweise, sind heute noch mit ihren großen Deelentoren dem Esch zugewandt. Kennzeichnend für die moderne Agrarlandschaft ist auch der zusammenhängende, allerdings in arrondierte Blöcke aufgeteilte Ackerlandkomplex im Eschbereich und die sich rückwärts an die Hofstellen anschließenden Kampfluren mit ihrem Dauergrünland. Trotz aller Funktionswandlungen spiegelt sich demnach im heutigen Siedlungsbild das über viele Jahrhunderte alte Orts- und Flurbild wider. Selbst die Verlaufsrichtung der alten Langstreifenparzellen ist im frischgepflügten Zustand trotz der Flurbereinigungen anhand kleiner Bodenwellen und leichter Bodenverfärbungen auf den Wölbungsmitten noch erkennbar.

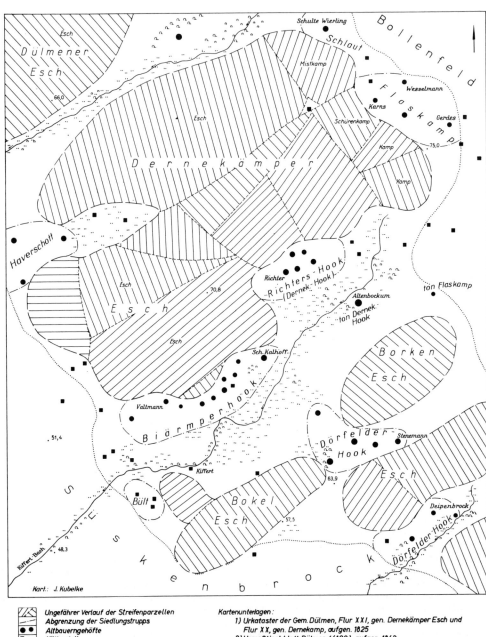

Kart.: J. Kubelke

	Ungefährer Verlauf der Streifenparzellen	Kartenunterlagen:
	Abgrenzung der Siedlungstrupps	1) Urkataster der Gem. Dülmen, Flur XXI, gen. Dernekämper Esch und
	Altbauerngehöfte	Flur XX, gen. Dernekamp, aufgen. 1825
	Kötterstellen	2) Urmeßtischblatt Dülmen (4109), aufgen. 1842
	Ungef. Abgrenzung der Siedlungen	3) Vergrößerung aus dem Meßtischblatt 4109 Dülmen (1897, berichtigt 1953
	gegen die Gemeinen Marken	Maßstab 1:10 000
	Höhe über NN in Meter	4) Abb. „Dernekamp und Dülmen um 1820" von G. Niemeier, in „Erdkunde",
		1950 (S.165)

57,5

5 km

Entwurf: E. Gläßer

Quelle: Glässer 1968

Abb. 8.10: Drubbel und Langstreifenfluren der Bauerschaft Dernekamp um 1820

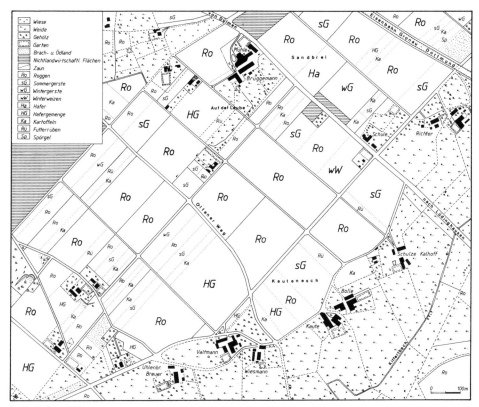

Quelle: Glässer 1968

Abb. 8.11: Flächennutzung des Dernekämper Esches 1968

größtenteils im Besitz der schon im 13. Jahrhundert und früher urkundlich erwähnten Altbauerngehöfte sind.

Derartige Siedlungstypen sind innerhalb Nordrhein-Westfalens also vor allem für das West- und Ostmünsterland kennzeichnend. Sie treten teilweise und in abgewandelter Form aber auch im Kernmünsterland, in den westfälischen Börden sowie in Lößmulden des Weserberglandes auf. Weiterhin ist der Name „Esch", der häufig von dem gotischen Wort „atisk" (= Saatland) abgeleitet wird, nicht nur auf die ehemaligen Langstreifenfluren der Drubbelsiedlungen einzuengen, sondern er bezieht sich auch des öfteren auf andere,

meist blockflurartige Parzellen in unmittelbarer Gehöftnähe.

Auf den schwerbödigen Flächen des Kernmünsterlandes ist auch heute noch das Einzelgehöftprinzip dominant. Häufiger treten aber auch, ähnlich wie im unteren Niederrheingebiet und in den Lößbörden, die sogenannten Paar- bzw. Zweihofsiedlungen auf. Diese bestehen aus zwei, in der Regel eng benachbarten vollbäuerlichen Hofstellen, die zumeist den gleichen Namen tragen, sich jedoch durch Attribute wie „Große-" („Graute-") und „Kleine-" („Lütke-") oder auch „Alt-" und „Nie-" unterscheiden. Allem Anschein nach sind diese Siedlungsformen schon in hoch- und

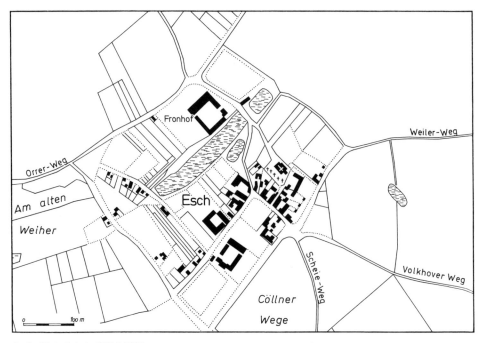

Quelle: Urkatasterkarte 1818, 1 : 2500

Abb. 8.12: Ort und Flur von Esch im Jahre 1818

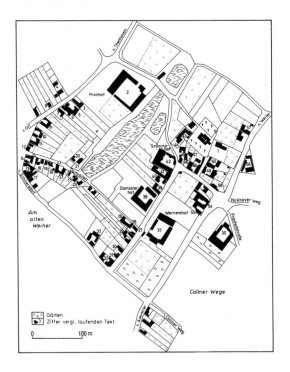

Abb. 8.13:
Ortsplan von Esch im Jahre 1868

Quellen zu Abb. 8.13–8.15
Katasterkarten der Gem. Sinnersdorf,
Flur S, 1868, 1:1250; spätere Ergänzungen,
Befragungen (ehem. Besitzverhältnisse etc.)

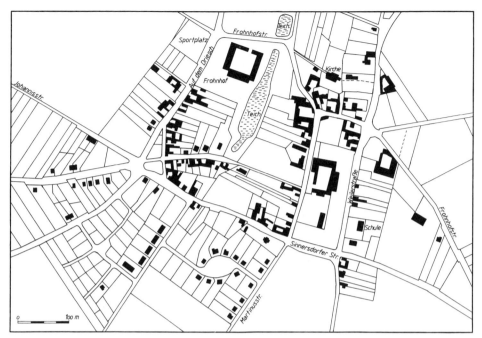

Abb. 8.14: Esch im Jahre 1954

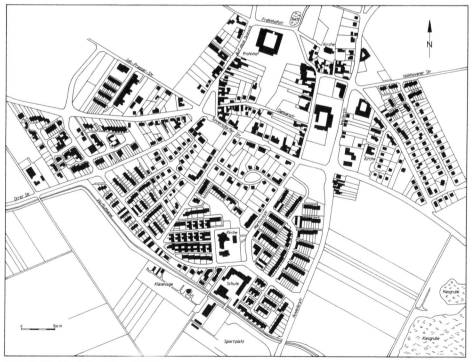

Abb. 8.15: Esch im Jahre 1980

Der Gegensatz zwischen einer Reihe von kleinen und mittleren Hofstellen einerseits und wenigen große Höfen innerhalb des Orts- und Flurbildes schlägt sich für Esch deutlich in den Kartenbildern von 1818 und 1868 nieder. Beiderseits eines ehemaligen Rheinarmes, der den Ortskern in südwest-nordöstlicher Richtung durchzieht, liegen einige große und zahlreiche kleinere Gehöfte. Ins Auge fällt besonders der Fronhof zu Esch als mächtige Vierseiteranlage mit charakteristischer Auenorientierung. Auf dem jenseitigen Ufer der einstigen Stromrinne befindet sich die alte, höchstwahrscheinlich im 11. Jahrhundert errichtete St. Martinskirche. Flankiert wird der Kirchengrund von mehreren in Winkelform erbauten Höfen, die sich aber schon rein physiognomisch von den drei bzw. vier größeren Gehöften abheben. Schließlich sind noch als drittes Siedlungselement kleinere Hausgruppierungen (Häuser mit höchstens einem kleineren Nebengebäude) am westlichen Ortsrand zu nennen. Der Grundrißplan von 1868 zeigt bereits eine gewisse Siedlungsverdichtung im Vergleich zur Urkarte von 1818. So haben vor allem die kleinen Hofanlagen, die sogenannten Häuslerstellen, zahlenmäßig zugenommen. Weiterhin sind zwei größere Betriebe (Nr. 30 und Nr. 56) neu hinzugekommen. Die großen, blockflurartigen Anbauflächen, wie sie die Karte von 1818 wiedergibt, sind den Haupthöfen, insbesondere dem Fronhof, zugehörig, während die schmalen Streifenparzellen den kleinen Betrieben bzw. Häuslerstellen zuzuordnen sind.

Nur eine historisch-genetische Analyse vermag diesen agrar-sozialen Gegensatz zu deuten. Danach wird die Siedlung Esch erstmals als „villa Ascha" in einer Schenkungsurkunde des Kölner Erzbischofs an die Abtei Groß St. Martin aus dem Jahre 989 erwähnt. Mehrere Indizien sprechen dafür, daß mit dem Kirchbau seitens der Abtei Groß St. Martin auch die Errichtung des Fronhofes vorgenommen wurde, woraus sich dann der für das Hochmittelalter charakteristische Fronhofsverband (villicatio) entwickelte. Letzterer war innerhalb der fränkischen Grundherrschaft um einen herrschaftlichen Hof aufgebaut, dem eine größere Zahl von abhängigen Bauern angegliedert war. Diese lebten auf Hufen, die dem Fronhof zugehörig waren. Mit der Zeit lockerten sich jene Abhängigkeiten und das bäuerliche Hufland wurde vererbbar. Der Fronhof selbst wurde ein Pachtgut, das die geistliche Grundherrschaft zunächst auf Lebenszeit, später in Form einer Zeitpacht von meist 12 Jahren ausgab. Das eigentliche Fronhofland blieb somit mehr oder minder vollständig erhalten, während das Hüfner- bzw. Häuslerland in einer Art Realerbteilung immer weiter aufgesplittert wurde. Obwohl schon in spätmittelalterlicher Zeit eine Auflösung der Fronhofsverbände stattfand, blieb das Orts- und Flurbild, d. h. der oben angesprochene agrarsoziale Gegensatz, bis in das 19. und 20. Jahrhundert hinein bestehen. Auch an der Dorfsiedlung Esch läßt sich der hier skizzierte historisch-genetische Prozeß anhand zahlreicher Quellen (Pachtbriefe, Abgabenverzeichnisse etc.) genau verfolgen (vgl. GLÄSSER 1976).

Zugleich exemplifiziert die Siedlung Esch jenen explosionsartigen Wandlungsprozeß im Orts- und Flurbild, der in den letzten Jahrzehnten im Zuge der Kern-Rand-Wanderung nahezu alle Ballungsrandzonen erfaßte und zu einer grundlegenden Umstrukturierung im demographischen und funktionalen Gefüge der einst ländlich-agraren Siedlungen führte. Ein Blick auf die Siedlungsbilder von 1954 und 1980 (Abb. 8.14 und 8.15) verdeutlicht die gewaltigen Veränderungen, in erster Linie die bauliche Entwicklung und damit zugleich den sozio-ökonomischen Wandel. So stammten 1980 rd. 60% aller Wohnungen in Esch aus der Zeit nach 1968 und nur noch 7% aus den Jahren vor 1950. Die Uniformität der Neubauviertel, die sich halbkreisförmig um den alten Dorfkern erstrecken, ist im wesentlichen darauf zurückzuführen, daß verschiedene Wohnbaugesellschaften das reichlich ausgewiesene Bauland aufkauften, durchweg gleichförmig mit Reihenhäusern u. ä. m. bebauten und schlüsselfertig veräußerten. Eine Hochhausbebauung wie in benachbarten Ortschaften wurde in diesem Fall glücklicherweise vermieden. Auch der alte Ortskern mit Fronhof, Martinskirche u. a. ist noch zu einem großen Teil erhalten. Dennoch hat auch hier in den letzten zwei bis drei Jahrzehnten eine zu dichte Bebauung städtischer Prägung stattgefunden, die zum einen einer ausreichenden Versorgung mit infrastrukturellen Einrichtungen nicht nachkam und zum anderen auf den Gesamtcharakter des Ortsbildes im Sinne einer Anpassung an den historisch wertvollen Bestand zu wenig Rücksicht nahm.

Übersicht 8.2: Rheinische Dorfsiedlungen im Wandel – das Beispiel von Esch im Nordwesten des heutigen Stadtgebietes von Köln
(Abb. 8.12 bis 8.15)

spätmittelalterlicher Zeit durch Teilung eines Großhofes entstanden, und zwar in einem Raum, der ansonsten durch das Anerbenrecht gekennzeichnet ist. Diese Teilungen von Großhöfen waren infolge der Flurausweitungsmöglichkeiten und des größeren Nährstoffreichtums am ehesten auf den Kleiböden möglich, weniger in den siedlungsmäßig schon vergrößerten Drubbelkernen der Sandregion.

Die links- und rechtsrheinischen Börden

Die zahlreichen Gemeinsamkeiten im Landschaftsbild der links- und rechtsrheinischen Börden lassen nicht ohne weiteres auch auf eine größere Homogenität an ländlichen Siedlungsformen schließen. Zwar sind für die Jülich-Zülpicher Börde und die z. T. lößbedeckten Terrassenflächen der Köln-Bonner Bucht sowie die Hellwegbörden, die Warburger Börde und die Lößmulden des Weserberglandes vorwiegend größere Dorfsiedlungen kennzeichnend; allerdings weichen die Ortsformen doch erheblich voneinander ab. So dominieren in der Niederrheinischen Bucht die mehr oder minder geschlossenen Reihensiedlungen in Form von Straßen- und Wegedörfern, während besonders im Hellweggebiet der Haufendorftypus stärker in den Vordergrund tritt. Die langgestreckten Reihensiedlungen der rheinischen Börden richten sich entweder nach alten Verkehrswegen oder lehnen sich an Terrassen- bzw. Niederungsränder an. Hin und wieder sind hier auch Platzdörfer anzutreffen. Weiterhin sind Einzelhöfe, oft wasserumwehrt und mit Gutshofcharakter, keine Seltenheit in den nordrhein-westfälischen Börden. Jüngeren Alters sind dagegen jene Einzelhofsiedlungen, die erst im Zuge der Allmendteilungen im 19. Jahrhundert und früher entstanden sind, so z. B. am Rande der Bürgewälder bzw. des Hambacher Forstes inmitten der Jülich-Zülpicher Börde.

Schließlich wären noch die Aussiedlerhöfe zu nennen, die ihre Existenz den nachkriegszeitlichen Flurbereinigungsverfahren verdanken. Recht differenziert zeigt sich auch das ländlich-agrare Siedlungsbild der Warburger Börde und der Steinheimer Börde im südlichen Weserbergland. Neben größeren Haufendörfern treten hier zahlreiche Einzelhöfe auf, d. h. kleinere, aus Allmendteilungen und jüngeren Flurbereinigungsmaßnahmen resultierende Hofstellen sowie größere Gutssiedlungen, wobei letztere überwiegend aus mittelalterlichen und frühneuzeitlichen Wüstungsprozessen hervorgegangen sind.

Sonderformen im rheinischen Raum

Eine genauere Betrachtung gerade der rheinischen Dorfsiedlungen zeigt, daß hier innerhalb des Ortsbildes neben einer Reihe von kleinen und mittleren Hofstellen wenige große Höfe (bisweilen auch nur ein einziger), und zwar meistens in der typischen Drei- oder Vierseiter- bzw. -kanterform, lokalisiert sind. Großmaßstäbige Kartenwerke aus älterer Zeit, besonders die Urkataster aus der ersten Hälfte des 19. Jahrhunderts, bringen diesen Gegensatz im Orts- wie auch im Flurbild sehr deutlich zum Ausdruck. Aber auch im heutigen Siedlungsgrundriß ist dieses Nebeneinander oft noch klar erkennbar. Es handelt sich hierbei um eine agrar-soziale Mischstruktur, deren Wurzeln bis weit in die hochmittelalterliche Zeit zurückreichen (vgl. Übersicht 8.2 u. Abb. 8.12–8.15).

Das Weserbergland

Die ländlichen Siedlungsverdichtungen im Weserbergland konzentrieren sich naturgemäß auf die Gunsträume der dortigen lößbedeckten Mulden und Hügelländer. In dem seit langem dicht besiedelten Ravensberger Land mit seinen sogenannten Feuchtbörden dominieren, wie in anderen

Teilen Nordwestdeutschlands, noch Drubbel- und Einzelhofsiedlungen. Demgegenüber zeigen die im südöstlich benachbarten, lößarmen Lippischen Bergland vorherrschenden Haufendörfer mit ihren einstigen Gewannfluren schon deutliche Anklänge an den mitteldeutschen Siedlungsraum. Auch im Mindener Land überwiegen die größeren Dörfer, wobei diese, wie im Ravensberger Land, stark ins Auge fallende gewerblich-industrielle Komponenten verzeichnen. Auf die Haufendörfer und Einzelhöfe (z. T. Gutssiedlungen) in der Warburger und Steinheimer Börde wurde bereits verwiesen. Eine siedlungsgeographische Besonderheit verkörpern die im Lipper Land und weiter östlich, also in den niedersächsischen Teilen des Weserberglandes auftretenden Hagenhufendörfer. Hierbei handelt es sich um z. T. langgestreckte Reihensiedlungen, z. B. Nieder- und Oberschönhagen sowie Niewald und Nienhagen östlich bzw. nördlich von Detmold, deren Ackerland als Hufenflur in relativ schmalen Streifen mit Hofanschluß noch heute wenigstens teilweise faßbar ist. Die landesherrlich gegründeten Hagendörfer, welche mit dem sogenannten Hägerrecht (persönliche Freiheit der Bauern, erblicher Besitz und vergleichsweise geringe Abgabenlasten) ausgestattet waren, treten seit dem 13. Jahrhundert auf.

Das Rheinische Schiefergebirge

Die ländlich-agraren Siedlungsformen im links- und rechtsrheinischen Schiefergebirge reichen ebenfalls vom Einzelhof (meist Aus- und Neusiedler) über Weiler bis zu größeren Dorfsiedlungen. Letztere haben häufig die Gestalt von regelmäßigen und zugleich mehrkernigen Haufendörfern, so z. B. im Monschauer Heckenland, aber auch von Reihensiedlungen. Die höchsten

---

Der ältere Kern der Reihensiedlung Breinig, wie ihn das Urkatasterbild von 1826 (Abb. 8.16) zeigt, ist auch heute noch weitgehend erhalten. Die Bruchstein- und teilweise Fachwerkbauten, meist Winkelhofanlagen, ordnen sich dicht aufeinanderfolgend in giebelständiger Anordnung beiderseits der Hauptstraße an. Landwirtschaftliche Funktionen im agrar-bäuerlichen Sinn erfüllt die Siedlung heute nicht mehr. Eingehendere Gebäudeuntersuchungen haben ergeben, daß ursprünglich alle Hofstellen eine gleichartige Form hatten. Es waren Einhäuser mit langgestrecktem rechteckigem Grundriß mit dem Eingang an der Längswand (vgl. BARTEL/GLÄSSER 1971). An der Rückseite der meisten Gehöfte schließen sich streifenförmige Parzellen an, die als Kurzhufen zu deuten sind. Weitere Gemarkungsteile von 1826 bilden eine Block-Streifen-Gemengeflur und weiter zur Peripherie hin Allmendflächen (Namen auf -benden, -heide und -driesch). Obwohl es an eindeutigem Quellenmaterial mangelt, deutet alles auf eine regel- bzw. planmäßige Siedlungslage hin. Wie ähnliche Beispiele aus dem bis 1802 reichsunmittelbaren Herrschaftsbereich der karolingischen Abtei Kornelimünster zeigen, so z. B. die benachbarten Reihensiedlungen Oberforstbach und Büsbach, handelt es sich hierbei um geplante Siedlungen, die von Anfang an nicht nur rein agrarische Funktionen erfüllten, sondern ihre Existenz zugleich auch dem Erzabbau (Blei, Galmei, Eisen u. a.) verdanken. Schon vor der geistlichen Grundherrschaft ist in römischer Zeit ein Erzbergbau am Breinigerberg betrieben worden; der Name Breinig wird zudem auf das römische Britiniacum zurückgeführt. Somit mag das Beispiel Breinig nicht nur die Vielfalt der ländlichen Siedlungsformen auch im Mittelgebirge demonstrieren, sondern darüber hinaus zugleich das oft wenig beachtete Faktum, daß schon im Mittelalter und in der frühen Neuzeit in ihren Funktionen gemischte Siedlungsformen, also gewissermaßen Vorformen unserer heutigen Arbeiter-Bauerndörfer, existent waren (vgl. Abb. 8.16).

Übersicht 8.3: Der Typus der Reihensiedlung im Rheinischen Schiefergebirge – das Beispiel der Dorfsiedlung Breinig im Vennvorland östlich Kornelimünster

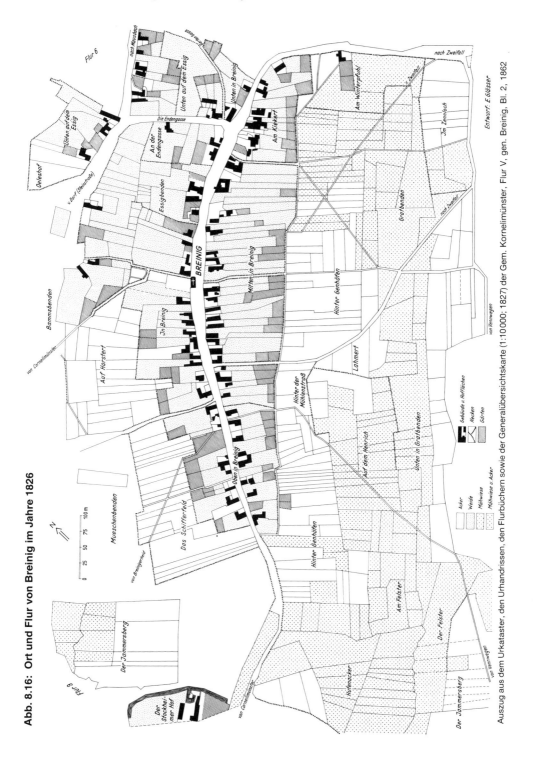

Abb. 8.16: Ort und Flur von Breinig im Jahre 1826

Auszug aus dem Urkataster, den Urhandrissen, den Flurbüchern sowie der Generalübersichtskarte (1:10000; 1827) der Gem. Kornelimünster, Flur V, gen. Breinig, Bl. 2, 1862

Entwurf: E. Glässer

Erhebungen, d. h. die Härtlingsrücken im Süderbergland und das Hohe Venn, bleiben in diesem Zusammenhang als fast unbesiedelte Räume unberücksichtigt. Bereits an früherer Stelle war das Bergische Land als mehr oder minder geschlossenes Weilergebiet herausgestellt worden. Zum überwiegenden Teil handelt es sich bei den Siedlungen auf Schiefer- und Grauwackengesteinen um Gründungen aus den mittelalterlichen und frühneuzeitlichen Rodeperioden (vgl. Namen auf „-rath", „-scheid" etc.), von denen eine ganze Reihe vornehmlich in der spätmittelalterlichen Wüstungsperiode wieder untergegangen ist. Seinerzeit sollen z. B. im ehemaligen Kreis Brilon etwa 50% aller Siedlungen wüstgefallen sein. Viele der dorfartigen Siedlungen im Schiefergebirge präsentieren sich als Höhensiedlungen in sogenannter Nestlage (Quellmulden). Ländlich-agrare Siedlungen in Tallage treten – abgesehen von den älteren Gewerbestandorten der vorindustriellen Zeit – aufgrund der Enge und der einst schwierigen Gangbarkeit der

Taleinschnitte gegenüber den Hochflächenlagen zurück; es sei denn, daß Mündungen von Nebentälern und damit breitere Talböden bessere Siedlungs- und Wirtschaftsvoraussetzungen boten. Überhaupt sind die Grundrißformen der Schiefergebirgssiedlungen in hohem Maße von der Oberflächengestalt und den Gesteinsverhältnissen abhängig. So haben günstige naturräumliche Voraussetzungen, wie sie in den paläozoischen Kalkzonen im Vennvorland, in den Eifelkalkmulden selbst und in entsprechenden Bereichen des nördlichen Sauerlandes gegeben sind, auch historisch ältere Siedlungskammern entstehen lassen. Relativ trockene und nährstoffreiche Anbauböden auf Kalkuntergrund sowie benachbarte Auenbereiche boten diesbezüglich günstige Siedlungsvoraussetzungen. Mitbedingt durch alte Handels- und Verkehrswege hat sich hier häufig der Typus der Reihensiedlung entwickelt, wie er am Beispiel der Dorfsiedlung Breinig im Vennvorland östlich Kornelimünster dargestellt wurde.

9 Fremdenverkehr und Freizeit – ein Wachstumszweig

Im Gegensatz zu Bayern, Baden-Württemberg oder Niedersachsen, also den klassischen Ferienländern mit ihrer „Touristikindustrie", gilt Nordrhein-Westfalen allgemein kaum als Fremdenverkehrsland. Der Ruf, eher ein „klassisches Industrieland" zu sein, verstellte stets den Blick auf den großen Freizeitwert und das günstige natürliche Potential für den Tourismus, das trotz der breitgestreuten Industriestruktur und hohen Bevölkerungsdichte gegeben ist. Die natürlichen Vorzüge zeigen sich etwa in

- der abwechslungsreichen Reliefgestalt,
- den bioklimatischen Gunsträumen für die Luftkurorte mit ihrem Reiz- bzw. Schonklima,
- den Mineral- und Heilquellen für balneologische Therapien, die sich wie ein „Heilgarten" vom Weserbergland bis zur Eifel hinziehen,
- den für den weiter ansteigenden Freizeitsport nutzbaren Wasserflächen,
- den Waldregionen mit ihrer „Sozial- und Erholungsfunktion" und letztlich
- den Naturparken.

Zweifellos ist der größte Prozentsatz der raumbezogenen Freizeitaktivitäten der Landesbevölkerung auf Ziele außerhalb von Nordrhein-Westfalen ausgerichtet, doch ist das touristische Angebot und dessen Inanspruchnahme innerhalb des Landes seit Jahren deutlich gestiegen. Bekanntlich haben erhöhte Mobilität, längere Urlaubszeiten und Kaufkraftsteigerungen diese Entwicklung positiv beeinflußt. Eine weitere Ursache ist ferner in dem gewandelten Begriff von „Freizeit" zu sehen. Denn „Freizeit" ist immer stärker zu einem eigenständigen Lebensbereich mit einer aktiven Erlebnisorientierung geworden, die vor allem in den Ballungsräumen neben den konventionellen, sich an einer intakten Natur orientierenden Erholungs- und Freizeitformen neue Wege sucht. Ausdruck findet dieser Trend in den Varianten der Vergnügungs-, Erlebnis-, Bäder- oder Freizeitparks, die auch in Nordrhein-Westfalen in großer Zahl existieren. Derzeitiger Protagonist dieser neuen, konsumorientierten Freizeitattraktionen ist in Nordrhein-Westfalen das 1996 eröffnete Einkaufs- und Freizeitzentrum „CentrO" in Oberhausen (vgl. Kap. 3.3.1 und 8.6.2)

Wirtschaftsfaktor Tourismus

1995 erzielten Tourismus und Freizeitwirtschaft in Nordrhein-Westfalen einen Jahresumsatz von rund 23 Mrd. DM. Mit fast einer viertel Million Beschäftigten ist diese Wirtschaftsgruppe eine der bedeutendsten im Tertiärsektor nach dem Handel (vgl. Kap. 4.3). Es ist nicht allein das Hotel- und Gaststättengewerbe, das direkt vom Tourismus lebt. Der Branche zuzuordnen ist eine Reihe von vor- und nachgelagerten Wirtschaftssektoren wie Verkehrsunternehmen, Reiseveranstalter, Vergnügungsparks und die vielfältigen Freizeiteinrichtungen sowie auch Handel und Handwerk, die regional deutlich partizipieren. Nordrhein-Westfalen liegt – bezogen auf ganz Deutschland – mit 12 % aller registrierten Übernachtungen nach Bayern und Baden-Württemberg auf Rang drei (Tab. 9.1). Sowohl die Bettenkapazitäten als auch die Zahl der Übernachtungen weisen für Nordrhein-Westfalen seit Jahren leicht steigende

Bundesländer	Betten in Hotels, Gaststätten u. a.[1] (1000)		Zahl der Übernachtungen[1] (Mio.)		Anteil der Übernachtungen (%)		Mittlere Aufenthaltsdauer 1995[1]	Durchschnittliche Auslastung der Betten
	1994[2]	1995[3]	1994[2]	1995	1994	1995	(Tage)	1995[1] (%)
Bayern	523,8	554,3	73,415	72,855	25,2	24,2	3,8	38,5
Baden-Württemberg	274,8	292,4	38,295	38,931	13,1	13,0	3,4	39,3
Nordrhein-Westfalen	*242,8*	*260,6*	*34,677*	*35,982*	*11,9*	*12,0*	*3,0*	*40,3*
Niedersachsen	231,0	255,5	31,593	32,898	10,8	10,9	3,9	40,2
Hessen	172,2	199,8	26,347	26,321	9,1	8,8	3,2	42,3
Schleswig-Holstein	169,9	179,5	21,543	21,988	7,4	7,3	5,5	40,0
Rheinland-Pfalz	149,1	150,1	16,863	17,587	5,8	5,9	3,3	33,4
Sachsen	60,8	85,9	8,388	10,145	2,9	3,4	3,0	38,9
Mecklenburg-Vorpommern	76,5	98,4	8,664	9,936	3,0	3,3	3,7	40,8
Thüringen	55,9	72,3	6,891	7,579	2,4	2,5	3,0	34,7
Berlin	43,4	45,9	7,344	7,530	2,5	2,5	2,4	46,1
sonstige	128,2	161,4	17,080	18,869	5,9	6,2	–	–
Deutschland	*2128,4*	*2356,1*	*291,100*	*300,621*	*100,0*	*100,0*	*3,4*	*39,2*

[1] in Beherbergungsstätten mit 9 und mehr Gästebetten
[2] im August 1994
[3] im Dezember 1995

Quellen: Statistisches Jahrbuch NRW 1996, LDS NRW 1995, Statistisches Bundesamt 1996

Tab. 9.1: Fremdenverkehr in Nordrhein-Westfalen 1994 und 1995 im nationalen Vergleich (Werte gerundet)

Tendenzen auf. In den fast 5700 Beherbergungsbetrieben waren 1995 12,1 Mio. Gäste mit fast 36 Mio. Übernachtungen gemeldet, was im Schnitt einer Aufenthaltsdauer von drei Tagen entspricht. Gegenüber 1994 stieg das Gästeaufkommen um 4,6%, die Zahl der Übernachtungen wuchs um 3,6% (bundesweit 4,8 bzw. 3,2%). Dies bedeutet, daß sich die durchschnittliche Aufenthaltsdauer in beiden Fällen leicht verringerte. Eine bemerkenswerte Entwicklung im Nordrhein-Westfalen-Tourismus zeigte sich 1995. Denn während der Besuch von Ausländern in Deutschland nur um 2,7% anstieg, verzeichnete Nordrhein-Westfalen ein Plus von 9,1% auf fast 2,1 Mio. Gäste mit 5,2 Mio. Übernachtun-

gen (+13,5%). Die Herkunftsländer waren vor allem die Niederlande, Großbritannien, USA, Italien, Frankreich, Belgien, ferner Schweiz, Polen und Japan. Im wesentlichen profitierten hiervon die großen Metropolen am Rhein, die zunehmend attraktive internationale Stadttourismusziele darstellen.

Schwerpunkte des Fremdenverkehrs

Insgesamt hat sich das touristische bzw. freizeitorientierte Angebot in Nordrhein-Westfalen deutlich erweitert, sowohl in den Städten als in auch den landschaftlichen Vorzugsgebieten. Für letztere sind die Grundlagen nicht nur ihre Landschaftsreize und die hervorragende tertiäre Ausstattung, sondern vor allem ihre schnelle Erreichbarkeit. Gerade dies hat dazu geführt, daß neben den Freizeitaktivitäten im Wohnumfeld der kurzfristige Naherholungs- und Reiseverkehr dominiert. Nordrhein-Westfalen ist zu einem typischen Land des Kurzzeit- und Naherholungstourismus geworden mit regional zum Teil ausgeglichenen Besucherfrequenzen in den Sommer- und Winterhalbjahren. Bei der Frage, woher Nordrhein-Westfalen seine hohen Übernachtungszahlen bezieht, fallen drei touristische Segmente auf:

1. Gesundheits- und Erholungstourismus

Landes- bzw. länderübergreifend betrachtet sind es zunächst die auffallend reichen Vorkommen an Solequellen, säurehaltigen Wässern, Sulfat- und Schwefelquellen sowie Moorlagern, die Nordrhein-Westfalen für Millionen von Kurgästen attraktiv machen. In den 43 Heilbädern und Kurorten des Landes hat der Fremdenverkehr eine lange Tradition. Vor allem die „große Bäderkette" im Weserbergland mit den Kurorten Bad Salzuflen, Bad Oeynhausen, Horn-Bad Meinberg, Bad Lippspringe und Bad Driburg bietet eine breite Palette aller für eine Kur, Prävention oder Rekonvaleszenz notwendigen klimatischen, balneologischen und physikalischen Maßnahmen. Doch auch in der „kleinen Bäderkette" östlich von Soest (Bad Sassendorf, Bad Westerkotten, Bad Waldliesborn, Erwitte, Lippstadt) und in den Eifel-Kneipp-Kurorten Bad Münstereifel und Schleiden-Gemünd ist der Fremdenverkehr einer der wichtigsten Wirtschaftsfaktoren.

2. Kultur- und Bildungstourismus

Zu den steigenden Besucherzahlen tragen auch die zahlreichen Kulturgüter bei, die das Ziel von Stadt-, Bildungs- und Kulturtourismus sind. Ferner muß auch der Profisport als ökonomischer Faktor hier genannt werden. Doch gerade Kunst und Kultur zeigen immer deutlicher ihr großes wirtschaftliches und touristisches Gewicht. Abgesehen von Raumschwerpunkten wie Düsseldorf (z. B. Kunstsammlung Nordrhein-Westfalen), Aachen (Dom, Domschatzkammer u. a.), Bonn (z. B. Museumsmeile) oder Köln (Kirchen, Museen, Karneval u. a.) – letztere ist ohne Zweifel eine der führenden Kulturstädte in Europa und „die" Kunststadt Deutschlands – ist Nordrhein-Westfalens Kulturlandschaft eher polyzentrisch. Kaum eine Stadt oder Region wirbt heute, ohne auf ihr Kulturprogramm oder -gut, auf Museen, Theater, Orchester, Bibliotheken u. a. m. zu verweisen.

3. Geschäfts-, Messe- und Kongreßreiseverkehr

Zwischen 1985 und 1995 hat der Fremdenverkehr in Nordrhein-Westfalen beständig zugenommen. Die Gästezahl erhöhte sich in diesem Zeitraum von jährlich 28,6 auf rund 36 Mio. (+25,9%). Die Übernachtungen ausländischer Gäste machten 1985 einen Anteil von 3,97 Mio. oder 13,9% aus; 1995 wurde mit der Rekordzahl von 5,2 Mio. ein Anteil von 14,4% erreicht (Tab. 9.3). Vorwiegend ist dies auf den Geschäfts-, Kongreß-, Messe- und Transitreiseverkehr zurückzuführen. Diese Formen konzentrieren sich als „Großstadtverkehr" eindeutig auf Köln und Düsseldorf, mit Abstand folgen die Revierstädte Essen und Dortmund. Allein der relativ hohe 3%-Anteil japanischer Gäste steht in engem Zusammenhang mit der Rolle Düsseldorfs als Zentrum der japanischen Handelsaktivitäten in Europa. Periodisch nimmt des weiteren die Beherbergung von Messegästen in Düsseldorf, Köln, Essen und Dortmund breiten Raum ein. Von den sechs großen deutschen Mes-

Messeplatz	Umsatz (Mio. DM)	Aussteller (1000)	Besucher (Mio.)	Hallenfläche[3] (1000 m²)
Düsseldorf[2]	*450*	*18,0*	*1,8*	*204*
Frankfurt/Main	420	44,2	2,4	274
Hannover	380	24,0	2,3	474
Köln	*363*	*25,2*	*1,3*	*260*
München	273	27,0	2,3	110
Berlin	211	11,1	1,3	97

[1] Messeplätze mit einem Umsatz über 200 Mio. DM pro Jahr
[2] in Kooperation mit der Messe Essen betrug 1995 unter der Bezeichnung „Messeplatz Rhein-Ruhr" der Umsatz rd. 508 Mio. DM, die Ausstelleranzahl rd. 35 000, die Besucheranzahl rd. 3,3 Mio. und die Hallenkapazität 294 000 m²
[3] Stand 1. 1. 1995

Quelle: nach Angaben von Nowea, Messe Essen und Handelsblatt 16. 1. 1996

Tab. 9.2: Die führenden deutschen Messeplätze 1995[1]

seplätzen hat sich Düsseldorf zum umsatzstärksten entwickelt (Tab. 9.2). In Kooperation mit dem benachbarten Essen (gemeinsam als „Messeplatz Rhein-Ruhr" firmierend) verbuchte die Düsseldorfer Messegesellschaft NOWEA 1995 rd. 35 000 Aussteller und 3,3 Mio. Besucher. Köln, dem das Messerecht erstmals im Jahre 1349 durch Karl IV. verliehen wurde, ist flächenmäßig nach Hannover und Frankfurt der drittgrößte deutsche Messestandort. In beiden Rheinstädten ist die Hotelkapazität zu Messezeiten voll ausgeschöpft, so daß die an Übernachtungen gebundenen Messegäste auf Privatquartiere und Hotels im weiten Umkreis zurückgreifen müssen. Vom Messegeschehen profitieren so etwa auch die Städte Bonn, Mönchengladbach, Duisburg, Neuss, Krefeld oder Oberhausen.

9.1
Die regionale Eigenart der Fremdenverkehrsgebiete

Der Fremdenverkehr hat vor allem in jenen Gebieten Bedeutung erlangt, die als wirtschaftliche Passiväume für eine In-

dustrieansiedlung nicht in Frage kamen oder wo sich die Industrie aufgrund von Standortnachteilen auf Dauer nicht hatte halten können. Nach M. KESSLER (1980) waren es zunächst die industrieschwachen Mittelgebirgsregionen des Landes, die als Hinterland der Agglomerationen in eine freizeitorientierte Ergänzungsfunktion vor allem für die Wochenenderholung hineinwuchsen. Diese Tendenz hat sich in den letzten Jahren auch sichtlich auf ländlich-agrare Gebiete etwa am Niederrhein und im westfälischen Münsterland ausgedehnt. In erster Linie sind es die Übernachtungszahlen, mit denen versucht wird, die Nachfragesituation in den Fremdenverkehrsgebieten zu charakterisieren (Abb. 9.1 u. 9.2), wobei aber die nicht an Übernachtungen gebundenen Freizeit- und Reiseaktivitäten unbeachtet bleiben. Damit drücken die Statistiken das Ausmaß des Fremdenverkehrs nur unzureichend aus, da gerade die nicht an Fremdquartiere gebundene Tages-, Wochenend- oder Kurzzeiterholung an Rhein und Ruhr eine enorme Bedeutung hat. Geht man von den registrierten Übernachtungen als Maß für die Fremdenverkehrsbedeutung aus und läßt etwa andere Aspekte wie die Quartiernahme bei

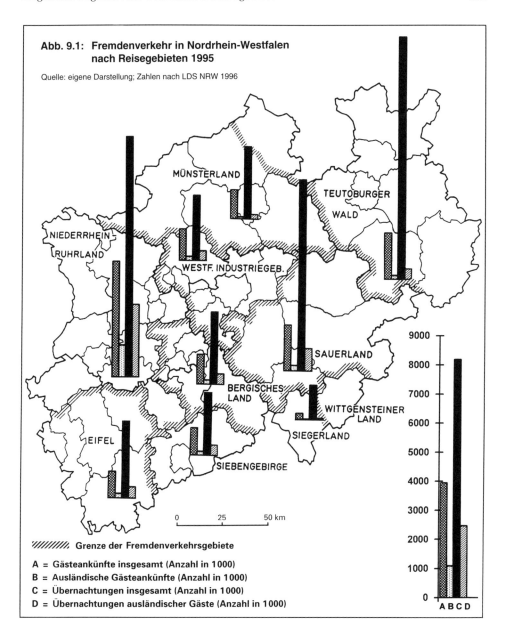

Abb. 9.1: Fremdenverkehr in Nordrhein-Westfalen nach Reisegebieten 1995

Quelle: eigene Darstellung; Zahlen nach LDS NRW 1996

//////// Grenze der Fremdenverkehrsgebiete

A = Gästeankünfte insgesamt (Anzahl in 1000)
B = Ausländische Gästeankünfte (Anzahl in 1000)
C = Übernachtungen insgesamt (Anzahl in 1000)
D = Übernachtungen ausländischer Gäste (Anzahl in 1000)

Verwandten oder in anderen Privatunterkünften außer acht, heben sich in Nordrhein-Westfalen von den neun statistischen Reisegebieten drei deutlich heraus. Es sind dies die Gebiete Teutoburger Wald, Niederrhein-Ruhrland und Sauerland. Auf diese nach formalen und nicht nach naturgeographischen Gesichtspunkten erstellten drei Raumeinheiten konzentrierten sich 1995 fast 64% aller Beherbergungen.

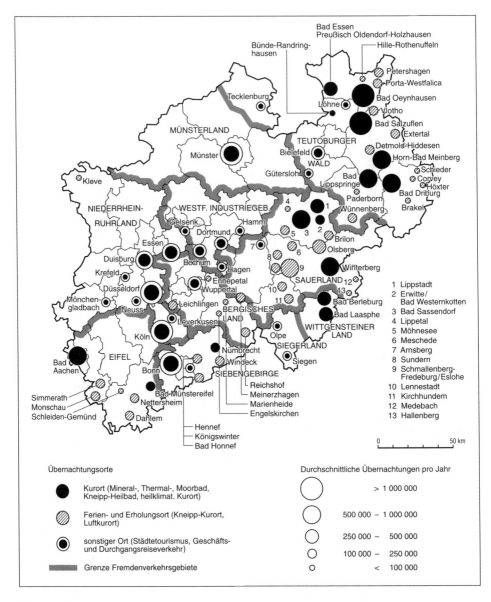

Quelle: verändert nach Klett-Perthes (Hrsg.): Alexander. Kleiner Atlas. Nordrhein-Westfalen, 1994, S. 13

Abb. 9.2: Fremdenverkehrsgebiete und -orte in Nordrhein-Westfalen

Teutoburger Wald

Das übernachtungsstärkste Gebiet ist die Region *Teutoburger Wald*, der auch das Wiehen- und Wesergebirge, das Lippische Bergland, das Eggegebirge sowie das Weser- und Tecklenburger Land zugerechnet werden. Das Gästeaufkommen wird hier vorrangig von den fünf Heilbädern Bad Salzuflen, Bad Oeynhausen, Bad

Lippspringe, Bad Driburg und der 1970 aus 15 Gemeinden neu gebildeten Stadt Horn-Bad Meinberg erbracht. Es handelt sich um durchweg traditionsreiche Badeorte. So geht das heutige „Staatsbad" Oeynhausen auf eine erste Solequelle-Bohrung von 1751 zurück, der eine Gradier- und Siedeanlage unter der Ortsbezeichnung Neusalzwerk angegliedert war. Die von dem Berghauptmann Freiherr von Oeynhausen erschlossene Thermalquelle (25 bis 30 °C) gehört zu den calcium- und kohlesäurereichsten Quellen Deutschlands. 1839 wurde ein erster bescheidener Kurbetrieb aufgenommen, 1848 erfolgte die Umbenennung in das heutige Staatsheilbad. Der Bau des Großen Kurhauses (1905–1908) und die Erbohrung der Jordanquelle (1926) in 725 m Tiefe, die zu den stärksten Thermalquellen der Erde gerechnet wird, förderten die Entwicklung zu einem der führenden westfälischen Kurorte. Die acht Oeynhauser Quellen werden primär als Thermal-, Sprudel- und Gasbäder zur Behandlung von Herz-, Gefäß-, Nervenleiden, Rheumatismus, Gicht u. a. m. verwendet. Zehn Quellen und Brunnen (Sole-, Thermalsole- und Trinkquellen) bringen in Bad Salzuflen die salzhaltigen Wasser aus den rund 1300 m tiefen Zechsteinsalzlagern an die Oberfläche. Die Heilkraft des Wassers wurde 1818 mit der Aufnahme des geregelten Badebetriebes auch hier breiten Bevölkerungsschichten zugänglich gemacht. Bis zu Beginn der 1970er Jahre wurden bis zu 9,3 Mio. Übernachtungen pro Jahr im gesamten Gebiet *Teutoburger Wald* gezählt. Die Zahlen gingen bis Anfang der 80er Jahre auf rd. 7,2 Mio. zurück. In 1995 waren es zwar wieder rd. 8,2 Mio. Gäste, doch die enorm schwankenden Zahlen sind ein Indiz für die spezielle Struktur dieses Raumes. Denn mit der Rezession ab 1975 entwickelte sich das Kurverhalten der Bevölkerung in allen Kurorten rückläufig. Mit starken Bele-

gungsrückgängen wird erneut ab 1997 im Rahmen der sozialen Sparmaßnahmen gerechnet. Besonders betroffen sind stets jene Kurorte, die von Sozialkurgästen leben und weniger auf Privatkurgäste oder gesundheitsbewußte Urlauber eingestellt sind. So wird z. B. für Bad Oeynhausen, das rund 60% seines Wirtschaftsaufkommens aus der „medizinischen Industrie" schöpft, mittelfristig mit einem Abbau von 1000 der 3800 Betten in den 17 Einrichtungen der Stadt gerechnet. Bei den Rehabilitationskliniken zeichneten sich 1997 bereits Entlassungen ab; es wird erwartet, daß die Kurbetriebe eingeschränkt oder z. T. auch eingestellt werden.

Niederrhein-Ruhrland

Das zweite Fremdenverkehrsgebiet, das gemessen an den Gästeankünften mit fast 4 Mio. (1995) eine überragende Stellung in Nordrhein-Westfalen einnimmt, ist das *Niederrhein-Ruhrland*. Die Tourismus-Struktur wird hier vom großstädtisch ausgerichteten Dienst-, Geschäfts- und Kulturreiseverkehr dominiert. Bevorzugte Ziele sind Düsseldorf und Köln mit ihrer international sowohl wirtschaftlichen als auch kulturellen Ausstrahlung. Die Übernachtungen erfolgen vorwiegend in Hotels. Die durchschnittliche Aufenthaltsdauer ist dabei mit zwei Tagen sehr kurz (Tab. 9.3). Das tatsächliche Ausmaß des Fremdenverkehrs ist jedoch auch für diese Region nicht eindeutig zu quantifizieren, da die Naherholung, z. B. an der anthropogenen Seenplatte westlich von Köln, in den Ville-Wäldern und im Kottenforst – beliebte Ziele der Feierabend- bzw. Wochenenderholung –, unberücksichtigt bleibt. Allein der Brühler Freizeitpark „Phantasialand" wird jährlich von rd. 2 Mio. Menschen besucht. Auch das reizvolle Niederrheinische Tiefland nimmt beträchtlichen Ausflugs- und Wochenendverkehr auf. Hier sind vor allem die Stauchmoränenkette vom Reichswald bei Kleve-Materborn bis zur Bönninghardt bei Alpen zu nennen, wie auch die Donken- und Kendellandschaft im Großraum Moers sowie der Wallfahrtsort Kevelaer und Xanten mit seinem Dom und dem Archäologischen Park. Die ehemaligen Rheinmäander, wie etwa das Millinger Meer (Rees), und die Rheinhauptterrassen nördlich Wesel sind schon lange bevorzugte Ziele von Dauercampern aus dem Ruhrgebiet. Die Naherholung in den Wald- und Heideregionen (z. B. Dingdener Heide) sowie an den vielen ausgekiesten Baggerseen wird von den Revierbewohnern auf diese Weise mit der Realisierung eines „Quasi-Zweitwohnsitzes" verbunden. In der Westhälfte der Region sind es u. a. die wasserorientierten Erholungsschwerpunkte um die Krickenbecker Seen bei Kaldenkirchen/Hinsbeck und der Naturpark Maas-Schwalm-Nette, die große und beständige Besucherzahlen auf sich ziehen.

Sauerland

Als dritter Fremdenverkehrsraum tritt deutlich die Region *Sauerland* hervor, die ab Mitte der 60er Jahre in die Rolle eines bedeutenden Touristik-Gebietes („Land der Tausend Berge") aufstieg. Im Unterschied zum Teutoburger Wald konnte sich hier in nur kurzer Zeit eine dynamische touristische Inwertsetzung vollziehen, die größtenteils auf dem gezielten Ausbau der Skisportregion im relativ schneesicheren Hochsauerland basiert. Die Übernachtungszahlen stiegen zwischen 1967 und 1984 von 3,4 auf über 5,5 Mio. jährlich an. Sie überschritten 1995 erstmals die Marke von 6,5 Mio. Eine zentrale Rolle nehmen die Sportzentren und heilklimatischen

Reisegebiete	Gästeankünfte (1000)		Gästeübernachtungen (1000)		Durchschnittliche Aufenthaltsdauer (Tage)	
	insgesamt	ausländische Gäste	insgesamt	ausländische Gäste	aller Gäste	ausländische Gäste
Niederrhein-Ruhrland	3937	1090	8181	2471	2,1	2,3
Teutoburger Wald[2]	1572	131	8236	354	5,2	2,7
Sauerland	1553	191	6507	757	4,2	4,0
Westfälisches Ruhrgebiet	1073	133	2217	329	2,1	2,5
Bergisches Land	1010	146	2461	360	2,4	2,5
Münsterland	972	64	2455	151	2,5	2,4
Siebengebirge[3]	925	131	2135	354	2,3	2,7
Eifel	900	154	2607	378	2,9	2,5
Siegerland-Wittgenstein	211	21	1183	53	5,6	2,5
Nordrhein-Westfalen insgesamt	*12153*	*2061*	*35982*	*5207*	*3,0*	*2,5*

[1] Beherbergungsstätten mit 9 und mehr Gästebetten; ohne Campingplätze
[2] einschließlich Wiehen- und Wesergebirge, Lippisches Bergland, Eggegebirge, Weser und Tecklenburger Land
[3] einschließlich Sieg-, Bröl- und Aggertal

Quelle: Statistisches Jahrbuch NRW 1996, LDS NRW 1996

Tab. 9.3: Fremdenverkehr[1] in Nordrhein-Westfalen nach Reisegebieten
(Stand 1995, Werte gerundet)

Gemeinden Winterberg und Schmallenberg ein, die sowohl auf eine intensive Wintersportsaison als auch einen sommerlich längerfristigen Urlaubstourismus mit heilklimatischem Kurbetrieb bauen. Vor allem Winterberg gilt als einer der exponiertesten und meistbesuchten Touristikorte in Nordrhein-Westfalen. Großen Anteil daran hat die national bedeutende Kunsteis-Bob- und Rodelbahn, neben Königssee, Altenberg und Oberhof die vierte deutsche Sportanlage dieser Art. Auf ihr werden u. a. auch Europa- und Weltmeisterschaftswettbewerbe ausgetragen. Recht extrem verlief die touristische Entwicklung im Teilbereich Südsauerland bei Drolshagen, Olpe und Attendorn, wo sich bis 1980 die Bettenzahl verdreifachte und die Übernachtungen um mehr als das Vierfache anstiegen. Vorzugsweise wird das südliche Sauerland von Sommertouristen in Anspruch genommen, da bis auf wenige Orte im Bilsteiner Bergland (u. a. Oberhundem, Halberbracht) der Wintersport eingeschränkt ist. Von Bedeutung ist für die bioklimatischen Gunsträume des Hoch- und Südsauerlandes auch die Tatsache, daß sie schnell von den klimatisch ungünstiger ausgestatteten Gebieten an Rhein und Ruhr erreichbar sind. Hierzu trugen entscheidend der Bau der Autobahn „Sauerlandlinie" (A 45) und der West-Ost-Achse A 4 von Köln nach Olpe bei, die heute den Hauptstrom des Naherholungsverkehrs aufnehmen. Bezüglich der Tagestourismusziele sei hier stellvertretend für eine Fülle von Besuchspunkten nur auf wenige verwiesen. Zu den Hauptzielen gehören die 21 Talsperren zwischen Hagen, Sundern, Olpe und dem schon im Bergischen liegenden Wipperfürth, die mit ihren Wasserflächen und Campingplätzen für Tausende ein leicht erreichbares Freizeitterrain darstellen. Auch die Attahöhle, eine Tropfsteinhöhle im Massenkalk von Attendorn, ist jährlich für rund eine halbe

Million Menschen das Ziel eines Tagesausfluges; ähnliches gilt für den Wildschutzpark Oberhundem. Im Nordsaum des Sauerlandes, wo eine schneesichere Wintersaison fehlt, hat der sommerliche Fremdenverkehr für Gemeinden wie Sundern, Meschede, den Kneippkurort Olsberg und Brilon an Bedeutung gewonnen. Allerdings ist die starke saisonale Ausrichtung ungünstig für das Wirtschaftsleben der meisten Orte.

Sonstige Fremdenverkehrsgebiete

Von den übrigen nordrhein-westfälischen Reisegebieten durchlief das *Westfälische Münsterland*, dessen touristisches Potential in weiten Teilen als unerschlossen galt, eine außerordentlich bemerkenswerte Entwicklung. Innerhalb von 15 Jahren hat sich die Zahl der jährlichen Übernachtungen von rund 0,9 Mio. (1980) auf gut 2,4 Mio. (1995) fast verdreifacht. Mit dieser enormen Steigerung hat das *Westfälische Münsterland* die Werte der Regionen Eifel und Bergisches Land erreicht und das Siebengebirge bereits übertroffen. Es profitiert dabei eindeutig von seiner Nähe zur den Ballungsräumen, denn 1993 kamen 70% der Gäste aus Nordrhein-Westfalen. Die Region ist überwiegend ein Reiseziel innerhalb des nur schwer quantifizierbaren Ausflugs- und Wochenendverkehrs. Der Charme des *Münsterlands* zeigt sich in der reizvollen Parklandschaft mit den eingestreuten Naturreservaten, einer in Deutschland einmaligen Dichte von Wasserschlössern, Gräftenhöfen und Herrensitzen, vielfältigen kunsthistorischen Sehenswürdigkeiten nicht nur im attraktiven Oberzentrum Münster, sondern auch in vielen Dörfern, Klein- und Mittelstädten sowie in einem breiten Spektrum von Freizeit- und Sportmöglichkeiten. Neben die herkömmlichen und regionaltypischen

Angebote, wie z. B. „Ferien auf dem Bauernhof", Wandern oder die organisierte Radtouristik, für die mehrere tausend Kilometer Radwanderwege ausgewiesen werden, sind neue Freizeitmöglichkeiten getreten. So stehen besonders die auf naturnahe Aktivurlauber abgestimmten Sportformen wie u. a. Golf, Reiten, Ballon- oder Kanufahren in der Werteskala oben. Mit 16 Golfplätzen besteht hier das dichteste Netz dieser Art in Deutschland. Die traditionsreiche Pferdezucht und der Reitsport haben mit dem in Europa einzigartigen Wildpferdeareal im Merfelder Bruch (Dülmen) und dem Nordrhein-Westfälischen Landesgestüt in Warendorf auch zwei nationale Kristallisationspunkte.

Das Reisegebiet *Eifel* zeigt insgesamt ein differenziertes Touristikbild. Im Bereich des Hohen Venns ist der belebteste Besuchspunkt das alte pittoreske Monschau, in dessen Nähe sich bei ausreichenden Schneelagen auch dem Wintersport Perspektiven eröffnen. Langfristiger sommerlicher Erholungsverkehr kennzeichnet die Gemeinden Hellenthal, Kall, Blankenheim, Dahlem, Simmerath und Nettersheim. In Bad Münstereifel mischen sich heilklimatischer Kurbetrieb und Wochenendausflugsverkehr. Letztlich muß auch Aachen (Bad Aachen) in diesem Zusammenhang erwähnt werden, das nicht nur eines der bedeutendsten europäischen Kulturzentren ist, sondern auch als Kur- und Badestadt weltweiten Ruf genießt. Mit 73,9 °C gilt die Schwertbadquelle in Aachen-Burtscheid als die heißeste Quelle Mitteleuropas (vgl. Kap. 7.4.1)

Das *Bergische Land* ist ein nahes und attraktives Ziel für die Bewohner der südlichen Rheinschiene und des südlichen Ruhrreviers. Die Gemeinden Gummersbach, Wiehl, Nümbrecht, Meinerzhagen und Windeck können etwa von Köln aus in weniger als einer Stunde erreicht werden, was ihren Wochenenderholungswert beträchtlich gesteigert hat. Die extremste Entwicklung in dieser Region hat die Gemeinde Reichshof-Eckenhagen durchlaufen, sie gehört vor allem in den Wintermonaten zu den am stärksten frequentierten Ausflugs- und Wintersportzielen im bergischen Raum.

Die Region *Siebengebirge* (einschließlich Sieg-, Bröl- und Aggertal) hat gerade für ausländische Besucher seit langem ein besonderes Gewicht, denn Stadtvisiten in Köln und Bonn werden vielfach mit einer Flußfahrt nach Königswinter und dem Drachenfels verknüpft. Ohne diese vielfach als „Pflichtübung" angesehenen Ausflüge mit romantischem Hintergrund wäre die touristische Bedeutung der malerischen Rheinorte erheblich geringer zu bewerten.

Der Raum *Siegerland* ist vom kurzzeitigen Erholungs- und Wochenendverkehr geprägt. Dagegen verzeichnet das „Wittgensteiner Land", das strukturell eng mit dem Sauerland verflochten ist, aufgrund des Vorhandenseins zweier Kurorte einen beständigen Bäderverkehr. Es sind dies die südlich des geplanten Biosphärenreservates bzw. innerhalb des Naturparks Rothaargebirge gelegenen Gemeinden Bad Berleburg und Bad Laasphe. Das Mittelgebirgsreizklima mit weitgehend staubfreier Luft, Kneipp-Heilverfahren u. a. m. sind hier die Grundlagen für Regenerations- und Vorsorgekuren.

Die Region *Westfälisches Ruhrgebiet* verbucht jährlich rund 2,2 Mio. Übernachtungen bei etwa 1 Mio. ankommenden Gästen. Die Übernachtungen resultieren fast ausschließlich aus dem Großstadtverkehr, der sich hier insbesondere in dem vielfältigen Kulturangebot (Theater, Musik, Musicals), weiterhin in Tagungen, Kongressen oder Messen manifestiert. Räumlich konzentrieren sich diese Veranstaltungen deutlich in den Ruhrgebietsmetropolen Dortmund und Bochum (vgl. hierzu auch Tab. 9.4 und 9.5 am Ende dieses Kapitels).

9.2
Sonderformen der Naherholung und Freizeitgestaltung im Ruhrgebiet

Bis in die jüngste Zeit hinein galt das Ruhrgebiet als trister Ballungsraum ohne größeren Freizeitwert. Dieses Bild stimmt schon lange nicht mehr. Keine vergleichbare Agglomeration in Europa erreicht das breite Spektrum von Sportstätten, Kultur- und regionalen Feizeitangeboten, das sich der Revierbevölkerung darbietet und dessen Anziehungskraft über die Kommunalgrenzen hinaus reicht. Die meisten der heutigen city- oder reviernahen Erholungszentren gehen auf Überlegungen zur Strukturverbesserung aus den 60er Jahren zurück, mit denen später das bis dahin in der Tat wenig attraktive Freizeitangebot grundlegend verändert wurde. Heute sind die vielen Sport-, Erholungs- und Freizeitstätten als „weiche Standortfaktoren" eine Argumentationshilfe bei der Ansiedlung neuer, zukunftweisender Industrien und Dienstleistungen. Sie haben darüber hinaus auch zu einem gewandelten Bewußtsein und Selbstverständnis im Revier geführt, das sich z. B. in den Bewerbungen als Austragungsort von Olympischen Spielen manifestiert. Zwei Entwicklungsschübe können zeitlich getrennt gesehen werden.

Neue Einkaufs- und Freizeitzentren

Der jüngste Entwicklungsschub betrifft den Nordsaum des Reviers. Mit Investitionen von rd. 380 Mio. DM wurde 1996 von dem US-Mediengiganten Warner Brothers

der Vergnügungspark „Movie World" in Betrieb genommen. Die Anlage in Bottrop-Kirchhellen bietet neben Unterhaltung auch Studios für TV- und Kinoproduktionen; mit ihr wurden rund 1000 Arbeitsplätze geschaffen (vgl. Kap. 4.4). Nur wenig westlich wurde gleichfalls 1996 eines der größten Einkaufs- und Freizeitzentren Europas, das „CentrO" in der sogenannten „Neuen Mitte Oberhausen" (Investitionsvolumen: rund 2 Mrd. DM), eröffnet. Mittelfristig sollen hier bis zu 10 000 Arbeitsplätze im Dienstleistungsbereich geschaffen werden. Im Endausbau wird „CentrO" 200 Einzelhändler, einen Freizeit- und Gewerbepark mit Sportanlagen, Multiplex-Kino, Veranstaltungsarena, Musicaltheater, Hotel, Restaurants u. a. m. umfassen (vgl. Kap. 3.3.1).

Frühe multifunktionale Freizeitanlagen

Der Siedlungsverband Ruhrkohlebezirk begann Mitte der 60er Jahre neue Freizeit- und Sportanlagen in dem rund 4600 km^2 großen Verbandsgebiet zu planen und finanziell zu fördern. Auslösendes Moment waren die alarmierenden Abwanderungsverluste aus dem inneren Revier, d. h. vor allem der Emscherzone. Dringlichstes Ziel war es, gerade diese Zone wohnlicher und attraktiver zu gestalten, um das Defizit an naturgegebener Naherholung auszugleichen. Konzipiert wurde ein abgestuftes System von Einrichtungen für die Tages- und Wochenendfreizeit, das 1968 in das „Entwicklungsprogramm Ruhr" der Landesregierung und 1976 auch in den Landesentwicklungsplan III Nordrhein-Westfalen einging.

Das heute abgeschlossene Bauprogramm umfaßt vier Einrichtungstypen (Abb. 9.3):

1. Freizeitzentren:
Diese sind rd. 300 ha umfassende, regional bedeutende Landschaftsteile mit einer

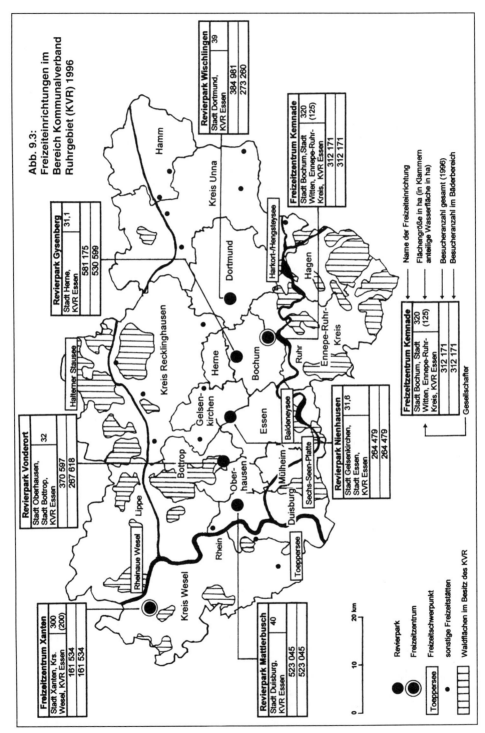

Abb. 9.3:
Freizeiteinrichtungen im
Bereich Kommunalverband
Ruhrgebiet (KVR) 1996

Quelle: Zahlen nach KVR, Essen 1997; eigene Darstellung in Anlehnung an KVR 1995

Wasserfläche von mindestens 100 ha. Um die Gewässer (z. T. Stau- oder Baggerseen) gruppieren sich thematisch unterschiedliche Freizeitschwerpunkte. Die Zentren, deren Träger gemeinnützige Gesellschaften sind, liegen an der Revierperipherie: im Westen das Freizeitzentrum Xanten und im Süden das Freizeitzentrum Kemnade bei Bochum mit dem Kemnader Stausee.

2. Freizeitschwerpunkte:
Sie sind als regional bedeutsame Landschaftsteile von rd. 150 ha Größe definiert. In der Regel liegen diese Areale, die in der Regie der Kommunen stehen, außerhalb der Verdichtungszonen in Gebieten, die aufgrund ihres natürlichen Potentials bereits als Erholungsräume genutzt wurden. Charakteristisch sind mindestens 50 ha große Wasserflächen und diverse Freizeiteinrichtungen. Beispiele sind die Sechs-Seen-Platte bei Duisburg, die Weseler Rheinaue, der Toeppersee (Duisburg), der Baldeneysee (Essen), der Harkortsee (Hagen) und der Halterner Stausee.

3. Revierparks:
Diese regionalen Sport- und Spielparks, die ausnahmslos in der dicht besiedelten Emscherzone liegen, haben eine Größe von 25–35 ha. Mit ihnen wurde schon sehr früh die heute sehr populäre Idee der „Multi-Komplexe" verwirklicht, d. h. alle Nutzungen (Bäder, Solarien, Aktivarien,

Restaurants usw.) sind unter einem Dach zusammengefaßt. Betrieben werden die Revierparks von gemeinnützigen Gesellschaften. Fünf Anlagen sind in Betrieb, und zwar die Revierparks Wischlingen (Dortmund), Gysenberg (Herne), Nienhausen (Gelsenkirchen/Essen), Vonderort (Oberhausen-Osterfeld/Bottrop) und Mattlerbusch (Duisburg).

4. Freizeitstätten:
Sie sind die kleinsten und von den betreffenden Gemeinden bewirtschafteten Einheiten mit einer Größe von etwa 10 ha. Lokalisiert sind sie dergestalt, daß sie als Bindeglieder zwischen den Revierparks und den Freizeitzentren/-schwerpunkten in den Randzonen wirken. Ihre Bedeutung ist somit regional eng begrenzt.
Die fünf Revierparks verzeichnen mit jährlich bis zu 3 Mio. Besuchern eine hohe Akzeptanz. Annähernd 60% der Revierpark-Gäste stammen aus dem engeren Einzugsbereich mit einem Radius von fünf Kilometern. Das regionalplanerische Konzept der Revierparks sah von Anfang an vor, daß jede Anlage im Bereich von 15 Gehminuten von etwa 25 000 bis 50 000 Einwohnern erreicht werden kann; der Einzugsbereich im 20-Minuten-Fahrbereich beträgt je Revierpark zwischen 800 000 und 1 Mio. Einwohner. Der mehr innerstädtische Freizeit- und Erholungscharakter dieser multifunktionalen Spiel- und Sportkomplexe wird damit besonders deutlich.

Betriebsart	Beherbergungsstätten gesamt[1]	Bettenanzahl gesamt	Durchschn. Auslastung aller Betten	Gästeankünfte gesamt	davon ausländische Gäste	Übernachtungen gesamt	davon ausländische Gäste	Durchschn. Aufenthaltsdauer aller Gäste
	(Anzahl)		(%)	(1000)[2]		(1000)[2]		Tage
Hotels	2248	111889	33,0	6815	1338	13394	2994	2,0
Gasthöfe	864	14464	21,1	413	54	1121	187	2,7
Pensionen	765	16378	32,8	295	25	1987	117	6,7
Hotels garnis	866	34951	33,7	1966	456	4227	1183	2,1
Erholungsheime[3]	412	32895	41,1	1295	21	4821	102	3,7
Ferienhäuser und -wohnungen[4]	234	12236	35,8	259	83	1464	449	5,7
Jugendherbergen	182	15306	33,0	855	83	1861	162	2,2
Kurkrankenhäuser[5]	125	22502	87,2	255	1	7107	13	27,9
Nordrhein-Westfalen insgesamt	*5696*	*260621*	*38,2*	*12153*	*2061*	*35982*	*5207*	*3,0*

[1] Beherbergungsstätten mit 9 und mehr Gästebetten, ohne Campingplätze
[2] Werte gerundet
[3] einschließlich Ferien- und Schulungsheime
[4] einschließlich Ferienzentren
[5] einschließlich Sanatorien

Quelle: Statistisches Jahrbuch NRW 1996, LDS NRW 1996

Tab. 9.4: Fremdenverkehr in Nordrhein-Westfalen nach Betriebsarten (Stand 1995)

Gemeindegruppen	Beher-berger-gungs-stätten[1] gesamt	Betten gesamt	Durch-schn. Ausla-stung aller Betten	Gäste-ankünf-te ge-samt	davon auslän-dische Gäste	Über-nach-tungen gesamt	davon auslän-dische Gäste	Durch-schn. Aufent-halts-dauer aller Gäste
	(Anzahl)	(Anzahl)	(%)	(1 000)[2]		(1 000)[2]		(Tage)
Heilbäder	1186	55913	50,1	1491	167	10160	517	6,8
davon Mineral-, Moor-, Sole- und Thermalbäder	556	30490	59,9	747	79	6573	173	8,8
Kneippheilbäder und Kneippkurorte	430	16865	40,5	474	51	2506	200	5,3
heilklimatische Kurorte	200	8558	34,4	270	37	1081	144	4,0
Luftkurorte	423	15151	33,3	472	29	1849	98	3,9
Erholungsorte	334	13680	34,4	453	44	1739	166	3,8
Großstädte[3]	1378	85802	38,4	5613	1354	11881	3104	2,1
Übrige Gemeinden	2375	90075	31,9	4124	467	10353	1322	2,5
Nordrhein-Westfalen insgesamt	*5696*	*260621*	*38,2*	*12153*	*2061*	*35982*	*5207*	*3,0*

[1] Beherbergungsstätten mit 9 und mehr Gästebetten, ohne Campingplätze;
Fortschreibungsergebnisse auf Basis der Kapazitätserhebung vom 1. Jan. 1993
[2] Werte gerundet
[3] mit 100 000 und mehr Einwohnern

Quelle: Statistisches Jahrbuch NRW 1996, LDS NRW 1996

Tab. 9.5: Fremdenverkehr in Nordrhein-Westfalen nach Gemeindegruppen (Stand 1995)

10 Die Außenbeziehungen Nordrhein-Westfalens

Die industriell-wirtschaftliche Kraft der in die heutigen Landesgrenzen eingebundenen Regionen führte bereits im 19. Jahrhundert, vor allem mit dem Fortschreiten der technischen Entwicklung, zu einer immer stärkeren Einbindung in weltwirtschaftliche Zusammenhänge. Dies ist bis heute so geblieben, denn Nordrhein-Westfalen stellt eine der bedeutendsten Außenhandelsregionen der Welt dar. Die internationalen Handelsverflechtungen, zweifelsohne eine wichtige ökonomische Säule, sind aber nur eine Facette in den vielfältigen Außenbeziehungen. Neben der Betrachtung des Außenhandels sollen daher zwei weitere Elemente der Außenbeziehungen Beachtung finden: das Interesse ausländischer Unternehmen am Standort Nordrhein-Westfalen in Form von Direktinvestitionen sowie die grenzüberschreitenden kommunalen und regionalen Initiativen und Kooperationen am Beispiel der Euregio.

10.1 Weltmarktorientierung als wirtschaftliche Grundlage

Die Bundesrepublik Deutschland ist die zweitgrößte Handelsnation der Welt, nach den USA und noch vor Japan. Der enorm wichtige Warenexport betrug 1995 in den USA 837, in Deutschland 726 und in Japan 635 Mrd. DM. Nicht erfaßt sind hierbei Im- und Exporte von Dienstleistungen, die nicht dem Außenhandel zugerechnet werden. Die Bundesrepublik ist volkswirtschaftlich jedoch stärker in die Weltwirtschaft eingebunden, d. h. auch von ihr abhängig, da ihr Exporthandel durchweg

einen Anteil von rd. 25% am BIP einnimmt. In den USA und Japan liegt er dagegen bei rund 10 bzw. 15%. Entsprechend der gesamtwirtschaftlichen Bedeutung im Bund ist Nordrhein-Westfalen ohne Frage in besonderer Intensität mit den Weltmärkten verflochten. Von der Landesregierung wird daher die Fähigkeit der heimischen Unternehmen, ihre Marktanteile und Umsätze auf wichtigen Auslandsmärkten zu sichern und auszubauen, als eminent wichtig für die Stärkung Nordrhein-Westfalens als wirtschaftlicher Hochleistungsraum angesehen (LEB NRW 1994).

Exportland Nordrhein-Westfalen

Jährlich werden rd. 26% des Gesamtumsatzes der Wirtschaft in Nordrhein-Westfalen auf ausländischen Märkten erzielt, wobei Handelsbeziehungen zu über 210 Staaten unterhalten werden. Die bedeutende Weltmarktstellung des Landes wird durch seine Position in der Rangliste der Exportländer unterstrichen. Würde man Nordrhein-Westfalen als Nationalstaat ansehen, hätte das Land 1995 mit einem Export von 160,7 Mrd. DM an 14. Stelle aller Exportnationen gelegen. Dieser Wert übersteigt die jeweiligen Ausfuhrzahlen von Staaten wie Taiwan, Spanien, Schweiz, Schweden, Mexiko, Malaysia und Rußland. Er lag nur wenig unterhalb der Exportzahlen von Südkorea und Singapur. Im Wirtschaftsjahr 1995 umfaßte das Außenhandelsvolumen Nordrhein-Westfalens, also Exporte und Importe zusammen, 331 Mrd. DM; dies waren 24,3% des gesamten deutschen

Außenhandelsvolumens. Die hohe außenwirtschaftliche Verflechtung Nordrhein-Westfalens ist durch ein stetes Ansteigen von Ex- und Import in den letzten zwei Jahrzehnten geprägt, was im wesentlichen in der Verwirklichung des EU-Binnenmarktes begründet ist, dessen Mitgliedsstaaten zu etwa 60% den Aus- und Einfuhrhandel des Landes bestimmen (vgl. Tab. 10.1). Zwischen 1977 und 1995 stieg die gesamte Einfuhr von 74,5 auf 170,3 Mrd. (+128,5%) und die Ausfuhr von 83,3 auf 160,7 Mrd. DM (+92,9%). Während jedoch in den 1970/80er Jahren, mit Ausnahme von 1980, die Exporte die Importe übertrafen, verhält es sich seit 1990 umgekehrt. Der negative Handels-

bilanzsaldo (1995 = 10 Mrd. DM; LDS NRW 1996) wurde dabei weniger von den EU-Ländern als vielmehr von hohen Importen aus Fernost und den Mittel- und Osteuropastaaten verursacht. Die deutlichen Importüberschüsse bei der Ernährungswirtschaft sowie den Rohstoffen und Halbwaren unterstreichen den Status Nordrhein-Westfalens als relativ rohstoffarmen aber hochentwickelten Industrieraum. Gegenwärtig ist jeder vierte Arbeitnehmer in Nordrhein-Westfalen für die Warenausfuhr tätig. Unter Berücksichtigung der Zulieferindustrie kann man davon ausgehen, daß mittlerweile jeder dritte industrielle Arbeitsplatz exportorientiert ist.

Wirtschaftsregionen	Ausfuhr [1]		Einfuhr [1]	
	(Mrd. DM)	(%)	(Mrd. DM)	(%)
Europäische Union	97,2	60,5	100,7	59,1
davon: Frankreich	16,8	10,5	16,1	9,4
Belgien/Luxemburg	14,1	8,8	16,9	9,9
Niederlande	16,8	10,4	23,7	13,9
Italien	11,7	7,3	12,2	7,2
Großbritannien	12,6	7,8	10,7	6,3
sonstige	25,3	15,7	21,1	12,4
EFTA	9,4	5,9	8,3	4,9
Mittel- und Osteuropa (MOE)[2]	10,8	6,7	12,0	7,1
Fernost [3]	14,3	8,9	24,7	14,5
davon: Japan	2,8	1,7	11,7	6,9
übrige Welt	29,0	18,0	24,6	14,4
davon: USA	10,9	6,8	8,6	5,0
gesamt	160,7	100	170,3	100

[1] Unter den Begriffen „Ausfuhr" und „Einfuhr" wird hier der Warenverkehr sowohl mit Ländern der EU (Intrahandel) als auch sogenannten Drittländern (Extrahandel), d. h. Ländern außerhalb der EU, verstanden. Nach Umsatzsteuerrecht umfaßt dagegen der Begriff „Ausfuhr" nur Exporte nach und „Einfuhr" nur Importe aus Drittländern. Warenbewegungen innerhalb von EU-Staaten werden umsatzsteuerrechtlich als Intrahandel bezeichnet. Importseitig spricht man vom „Eingang", exportseitig von „Versendung".
[2] u. a. Polen, Tschechien, Slowakei, Ungarn
[3] China, Hongkong, Indonesien, Japan, Korea (Süd-/Nord-), Malaysia, Philippinen, Singapur, Taiwan, Thailand

Quelle: LDS NRW und Gesellschaft für Wirtschaftsförderung NRW, Düsseldorf 1996

Tab. 10.1: Außenhandel Nordrhein-Westfalens 1995 nach Wirtschaftsregionen
(Aus- und Einfuhrzahlen sowie Prozentsätze gerundet)

	Ernährungs-wirtschaft	Gewerbliche Wirtschaft				Gesamt
		Roh-stoffe	Halb-waren	Fertigwaren		
				Vor-erzeugnisse	End-	
Ausfuhr	5 971	1751	9 900	42 318	101 497	161 437
Einfuhr	17 876	8114	22 626	28 322	95 468	172 406
Handelsvolumen insgesamt	23 847	9865	32 526	70 640	196 965	333 843

Quelle: LDS NRW 1996

Tab. 10.2: Außenhandelsstruktur Nordrhein-Westfalens 1995 (Mio. DM gerundet)

Import- und Exportstruktur

Den Schwerpunkt bei den Ausfuhrgütern bilden chemische Erzeugnisse, Maschinen und Straßenfahrzeuge; sie machten 1995 allein 48,3% der Ausfuhrwerte aus. Bei den eingehenden Warenströmen standen im selben Jahr elektrotechnische und chemische Erzeugnisse, Straßenfahrzeuge, Bekleidung und Textilien mit insgesamt 41,8% an der Spitze (Abb. 10.1, Tab. 10.2). Die Zahlen verdeutlichen jedoch nicht, welchen starken Verschiebungen gerade das Exportgeschäft seit den 1960er Jahren unterlag. So ist zum Beispiel der Exportanteil der klassischen Branchen drastisch zurückgegangen. Im Bergbau betrug er 1960 noch 11,5%, 1983 nur noch 3,3%, und in 1995 lag der Exportwert von Steinkohle bei verschwindet geringen 0,24%. Ein ähnliches Bild zeigt die Eisenschaffende Industrie. Im genannten Zeitraum gingen die Exportanteile bei Eisen und Stahl von 18,3% auf 9% und bis 1995 auf 7,7% zurück. Als eine äußerst wachstumsträchtige Branche entwickelte sich dagegen der Anlagenbau, dessen Exportanteil bis zu 80% reicht. Dieser Sparte kommt insofern große Bedeutung zu, als die Hälfte aller deutschen Anlagenbauer, die z. B. schlüsselfertige Großprojekte in Form von Fabriken, Flughäfen,

Kraftwerken, U-Bahnen u. ä. im Ausland realisieren, zwischen Rhein und Weser beheimatet ist. Vielfach sind es Unternehmen, die erst im Zuge der Strukturwandlungen – vorzugsweise in der Ruhrregion – aus der traditionellen Stahlerzeugung bzw. dem Stahlbau erwuchsen. Als „Know-how-Exporteure" und damit fast als reine Dienstleister haben sie sich auf die Lieferung von Systemwissen, Financial-Engineering, Beratung und Koordination spezialisiert und lassen kostenintensive Arbeiten in den ausländischen Vertragsländern vornehmen.

10.2 Ausländische Direktinvestitionen

Ein weiterer Gradmesser für die Weltmarktstellung ist das Interesse ausländischer Direktinvestoren. In dieser Hinsicht gehört Nordrhein-Westfalen zu den Magneten unter den Bundesländern. Anfang 1995 wurden ausländische Direktinvestitionen im Umfang von 60,8 Mrd. DM registriert. Dies waren zu jenem Zeitpunkt fast 29% aller in Deutschland getätigten Investitionen dieser Art. Damit lag Nordrhein-Westfalen deutlich vor den Bundesländern Hessen (47,1 Mrd. DM), Baden-Württemberg (28,4), Bayern (22,8) Ham-

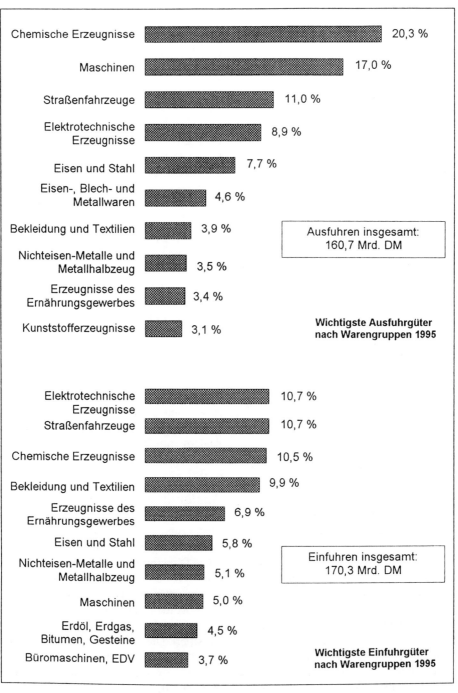

Chemische Erzeugnisse — 20,3 %
Maschinen — 17,0 %
Straßenfahrzeuge — 11,0 %
Elektrotechnische Erzeugnisse — 8,9 %
Eisen und Stahl — 7,7 %
Eisen-, Blech- und Metallwaren — 4,6 %
Bekleidung und Textilien — 3,9 %
Nichteisen-Metalle und Metallhalbzeug — 3,5 %
Erzeugnisse des Ernährungsgewerbes — 3,4 %
Kunststofferzeugnisse — 3,1 %

Ausfuhren insgesamt:
160,7 Mrd. DM

**Wichtigste Ausfuhrgüter
nach Warengruppen 1995**

Elektrotechnische Erzeugnisse — 10,7 %
Straßenfahrzeuge — 10,7 %
Chemische Erzeugnisse — 10,5 %
Bekleidung und Textilien — 9,9 %
Erzeugnisse des Ernährungsgewerbes — 6,9 %
Eisen und Stahl — 5,8 %
Nichteisen-Metalle und Metallhalbzeug — 5,1 %
Maschinen — 5,0 %
Erdöl, Erdgas, Bitumen, Gesteine — 4,5 %
Büromaschinen, EDV — 3,7 %

Einfuhren insgesamt:
170,3 Mrd. DM

**Wichtigste Einfuhrgüter
nach Warengruppen 1995**

Quelle: LDS NRW 1996

Abb. 10.1: Ausfuhr und Einfuhr in Nordrhein-Westfalen 1995

burg (15,8) und Niedersachsen (11,3). Ausschlaggebend ist dabei nicht nur die Tatsache, daß das Land mit 17,8 Mio. Einwohnern und einer Kaufkraft von rd. 508 Mrd. DM der größte Absatzmarkt Deutschlands ist. Die bereits an anderen Stellen hervorgehobenen spezifischen Standortvoraussetzungen, wie u. a. zentrale Verkehrslage, hervorragende Infrastruktur, Konsumentennähe bzw. die unmittelbare Nähe zu konsumstarken Nachbarländern, machen Nordrhein-Westfalen für viele ausländische Produzenten und Handelsunternehmen zu einer strategisch idealen Basis ihrer deutschen oder europaweiten Aktivitäten. Bedeutendster Investor waren (nach Berechnungen der LZB, Düsseldorf 1996) die USA mit 13,031 Mrd. DM in 1995, vor den Niederlanden (12,427) und Japan (6,254). Es folgten die Schweiz (6,161), Großbritannien (5,813) und Frankreich (5,392). Trotz der absolut höchsten Werte war Nordrhein-Westfalen für US-Investoren generell nie ein bevorzugter Standort. Ihr Investitionsvolumen stellt nicht einmal ein Fünftel aller in Deutschland realisierten Direktinvestitionen dar. Als Ursache wird hier ein mentales Verhaltensmuster von US-Firmen gesehen (sog. Nearby-Effekt), die offenbar aus der Besatzungszeit eine

engere Bindung zu Süddeutschland aufgebaut haben (POHL 1993).

Wie auch bei Im- und Export (Tab. 10.1) zeigen die Investitionen (Tab. 10.3) in der Summe eine enge Verflechtung mit EU-Ländern, vor allem mit den unmittelbaren Nachbarn. Denn niederländische und belgische Unternehmen plazieren zwischen 33% und 60% ihrer deutschen Direktinvestitionen ausschließlich in Nordrhein-Westfalen. Ein bemerkenswerter Anstieg fernöstlichen Kapitals in Form von Niederlassungen konnte in den letzten Jahren verzeichnet werden. Mehr als 70 Unternehmen aus Taiwan und über 50 aus Südkorea entschieden sich für einen Standort im stärksten Bundesland. Ein bedeutender außenwirtschaftlicher Schritt ist 1994 in Düsseldorf mit der Gründung des „Ost-West-Haus der Wirtschaft und Industrie" unternommen worden. Im Zuge der von der Landesregierung verfolgten innovativen Strategie der „public-private-partnership" soll sich das Haus zu einer Plattform für Unternehmen aus den GUS-Ländern und den Staaten aus Mittel- und Osteuropa entwickeln. Das stark vom tertiären Sektor geprägte Düsseldorf festigt damit seine Rolle als internationales Handelszentrum. Die Landeshauptstadt ist seit Jahrzehnten nicht nur einer der wichtigsten deutschen Messe- und Bankplätze, sondern daneben auch eine der deutschen Außenhandelshochburgen, die sich längst mit den Metropolen Frankfurt, München, Hamburg oder Köln messen kann. So gilt Düsseldorf nach London als der zweitwichtigste europäische Handelsplatz für Metalle. Abgesehen von jenen Handelsmissionen, die im Großraum Köln/Bonn den dortigen Botschaften angegliedert sind, hat sich Düsseldorf zu einem erstklassigen Standort für export- bzw. importorientierte Institutionen und Unternehmen entwickelt. Hierzu gehören neben den genannten öst- und fernöstlichen Dependancen vor allem Han-

Tab. 10.3: Ausländische Direktinvestitionen in Nordrhein-Westfalen
(Stand Jahresanfang 1995, kumulierte Werte)

Region/Land	Mrd. DM	Anteil (%)
EU-Länder	27,095	44,6
USA	13,031	21,4
Japan	6,254	10,3
übrige Länder	14,433	23,7
gesamt	60,813	100,0

Quelle: Gesellschaft für Wirtschaftsförderung NRW 1996 a

Land	Ungefähre Anzahl ansässiger Unternehmen	Investitionen (Mio. DM)	Beispiele für Unternehmen und Unternehmensgruppen
USA	350	13031	Ford, General Motors, 3M Company, Mars, Kronos Titan, Goodyear, Hewlett Packhard, Procter & Gamble, Warner Brothers
Japan	500	6254	Alps Electric, Denon Nippon, Columbia, Fuji Photo Film, Mitsubishi Electric, JVC, Sony, TDK, Canon, Toshiba Corporation, Ikegami, Yamaha, Nissan, Oki Electric Europe, Wakom, Mitutoyo
Südkorea	50	73	LG Group, Posco Research Center Europe, Sammi Steel, Samick Musical, Korean Air, Hanjin Shipping, Young Chang Akki
Taiwan	70	66	ADI, DTK, Microtec, Mitac, Sampo, Taiwan Trade Center, Taipei Design Center, Taiwan Trade Service, Tatung, Teco

Quelle: Deutsche Bundesbank Frankfurt/Gesellschaft für Wirtschaftsförderung NRW, Düsseldorf 1996

Tab. 10.4: Ausgewählte Investoren in Nordrhein-Westfalen
(Stand Jahresanfang 1995, kumulierte Werte)

Übersicht 10.1: Düsseldorf – Japans Europazentrale

Das trotz tiefgreifender wirtschaftlicher Rezession noch immer außerordentlich dynamische japanische Engagement in Nordrhein-Westfalen begann 1952 mit ersten Niederlassungen japanischer Unternehmen, v. a. des Stahlsektors, in Düsseldorf. Nur wenig später etablierte sich auf Initiative der Landesregierung ebenfalls in Düsseldorf die Bank of Tokyo. Sie wurde bis Beginn der 90er Jahre bei der Realisierung von über 90% aller japanischen Direktinvestitionen in Deutschland tätig. Das japanische Interesse am europäischen „Sprungbrett" Düsseldorf bzw. Nordrhein-Westfalen nahm mit Beginn der 80er Jahre deutlich zu. Von 1,1 Mrd. DM in 1981 stieg das Investitionsvolumen auf 2,1 Mrd. DM in 1985; 1990 waren es bereits fast 4,7 Mrd. DM, 1994 wurde der Höchstwert von rd. 6,5 Mrd. DM verzeichnet. Derzeit sind im Land 500 japanische Unternehmen ansässig, davon allein über 300 im Großraum Düsseldorf. Wenngleich es sich überwiegend um nicht arbeitsplatzintensive Handels- oder Dienstleistungsunternehmen und weniger um produzierende Gewerbe handelt, stärken sie das internationale Gewicht Nordrhein-Westfalens. Etwa die Hälfte aller deutschen Direktinvestitionen Japans erfolgte bislang in Nordrhein-Westfalen. Das Bundesland nimmt 33% aller nach Deutschland eingeführten japanischen Produkte auf und ist mit 15% am gesamten deutschen Exportvolumen nach Japan beteiligt (FAZ 30. 9. 1996). Insgesamt gesehen gilt Nordrhein-Westfalen als größter europäischer Stützpunkt der japanischen Wirtschaftsaktivitäten. Die ansässigen Unternehmen, darunter fast alle namhaften Großkonzerne (vgl. Tab. 10.4), unterhalten von hier aus z. T. ihre Europazentralen. Von den etwa 9000 in Nordrhein-Westfalen gemeldeten japanischen Bürgern (1995) leben rd. 7000 in der japanischen Kolonie Düsseldorfs. Sie stellt damit nach London und Paris eine der größten derartigen Konzentrationen in Europa dar. Die Landeshauptstadt wird deshalb nicht selten – weniger spöttisch als vielmehr anerkennend – als „Klein-Tokio am Rhein" bezeichnet. Dies hat zu einer sehr speziellen lokalen Ausprägung gastronomischer, kultureller oder institutioneller Einrichtungen geführt. Hervorzuheben sind hier die japanische Industrie- und Handelskammer, der Japanische Club, die japanische internationale Schule in Düsseldorf-Oberkassel und das japanische Kulturzentrum mit buddhistischem Tempel in Düsseldorf-Niederkassel.

delshäuser und Wirtschaftsvertretungen aus Frankreich, Italien, Spanien, Irland und den Niederlanden sowie den USA. Umgekehrt darf nicht übersehen werden, daß gerade Unternehmen aus Nordrhein-Westfalen aufgrund ihrer außenwirtschaftlichen Verflechtungen in hohem Maße im Ausland investieren. Die Direktinvestitionen betrugen diesbezüglich 1995 rd. 80 Mrd. DM. Davon gingen rd. 3,2 Mrd. DM in fernöstliche Länder, rd. 1,7 Mrd. DM allein nach Japan. Dieses außenwirtschaftliche Engagement ist von elementarer Bedeutung, denn es zielt in erster Linie auf die Sicherung der ausländischen Märkte und damit letztendlich auf die Erhaltung heimischer Arbeitsplätze. Mit einer Reihe spezieller Maßnahmen unterstützt die Landesregierung die Erschließung weiterer, vor allem „schwieriger" ausländischer Absatzmärkte. Hierzu gehören u. a. die Förderung von Messebeteiligungen, Außenwirtschaftsberatungen oder Aufbauhilfen, wie z. B. beim Deutschen Industrie- und Handelszentrum Singapur.

10.3
Nordrhein-Westfalen im Zentrum eines Europas der Regionen

In den Grenzräumen Nordrhein-Westfalens zu den Nachbarstaaten Niederlande und Belgien existieren bereits seit Jahrzehnten enge grenzüberschreitende Kooperationen. Auslösende Momente für die Zusammenarbeit waren die gemeinsamen Probleme, die durch die trennende Wirkung von Staatsgrenzen hervorgerufen wurden. Im wesentlichen handelte es sich dabei um unzureichende Verkehrserschließungen, industrielle Monostrukturen z. B. im Bereich Textil und Bekleidung sowie um die vielfach zu einseitige Ausrichtung auf die Landwirtschaft. Zunächst aus kommunalen und regionalen Initiativen

entstanden, umfaßt die Zusammenarbeit heute auch zwischenstaatliche Regierungs- und binationale Raumordnungskommissionen. Vor allem die Tatsache, daß im Zuge der europäischen Integration die nationalen peripheren Grenzgebiete von ihrer einstigen Rand- in eine europäische Zentrallage gerieten, hat die Notwendigkeit und Bedeutung grenzüberschreitender Raumordnungskonzepte immer deutlicher werden lassen. Der hohe Stellenwert der interregionalen Zusammenarbeit hat seinen Niederschlag gefunden im Raumordnungspolitischen Orientierungs- und Handlungsrahmen der Bundesregierung, in der Vierten Note und der Vierten Note Extra über die Raumordnung in den Niederlanden sowie im Landesentwicklungsplan Nordrhein-Westfalen (HAUFF/KREFT-KETTERMANN 1996).

Euregio-Gebiete

Zwischen 1958 und 1978 wurden beiderseits der Grenzen Nordrhein-Westfalens zu den Niederlanden und Belgien vier grenzüberschreitende kommunale Arbeitsgemeinschaften unter dem Zentralbegriff Euregio gegründet. Es handelt sich hierbei um die folgenden Arbeitsgemeinschaften:

1. Die offiziell bereits 1958 gegründete EUREGIO im deutsch-niederländischen Grenzraum *Westmünsterland/ Twente/ Oostgelderland.* Sie ist die älteste grenzüberschreitende Kommunalgemeinschaft in Europa. Ihre Entstehung geht ursprünglich auf die Zusammenarbeit der Interessengemeinschaft Rhein-Ems mit der niederländischen T.O.G. (Belangengemeenschap Twente-Oost Gelderland) zurück. Der Begriff EUREGIO wurde dabei erstmals 1965 verwendet. Er bezeichnet heute sowohl die Organisation selbst als auch den Grenzraum dieser Kommunalgemeinschaft, der auch Teile Niedersachsens angehören. Zentrale Orte innerhalb der EUREGIO

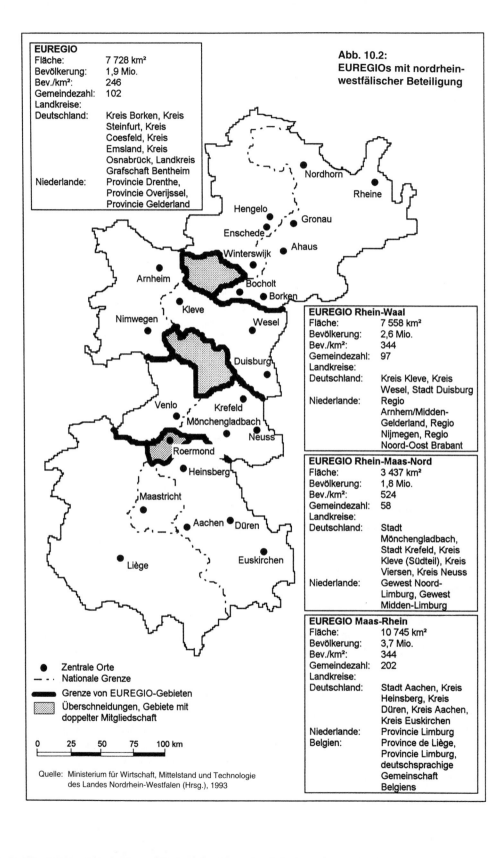

EUREGIO
Fläche:	7 728 km²
Bevölkerung:	1,9 Mio.
Bev./km²:	246
Gemeindezahl:	102
Landkreise:	
Deutschland:	Kreis Borken, Kreis Steinfurt, Kreis Coesfeld, Kreis Emsland, Kreis Osnabrück, Landkreis Grafschaft Bentheim
Niederlande:	Provincie Drenthe, Provincie Overijssel, Provincie Gelderland

Abb. 10.2:
EUREGIOs mit nordrhein-westfälischer Beteiligung

Nordhorn
Rheine
Hengelo
Gronau
Enschede
Ahaus
Winterswijk
Arnheim
Bocholt
Borken
Kleve
Nimwegen
Wesel
Duisburg
Venlo
Krefeld
Mönchengladbach
Neuss
Roermond
Heinsberg
Maastricht
Aachen Düren
Euskirchen
Liège

EUREGIO Rhein-Waal
Fläche:	7 558 km²
Bevölkerung:	2,6 Mio.
Bev./km²:	344
Gemeindezahl:	97
Landkreise:	
Deutschland:	Kreis Kleve, Kreis Wesel, Stadt Duisburg
Niederlande:	Regio Arnhem/Midden-Gelderland, Regio Nijmegen, Regio Noord-Oost Brabant

EUREGIO Rhein-Maas-Nord
Fläche:	3 437 km²
Bevölkerung:	1,8 Mio.
Bev./km²:	524
Gemeindezahl:	58
Landkreise:	
Deutschland:	Stadt Mönchengladbach, Stadt Krefeld, Kreis Kleve (Südteil), Kreis Viersen, Kreis Neuss
Niederlande:	Gewest Noord-Limburg, Gewest Midden-Limburg

EUREGIO Maas-Rhein
Fläche:	10 745 km²
Bevölkerung:	3,7 Mio.
Bev./km²:	344
Gemeindezahl:	202
Landkreise:	
Deutschland:	Stadt Aachen, Kreis Heinsberg, Kreis Düren, Kreis Aachen, Kreis Euskirchen
Niederlande:	Provincie Limburg
Belgien:	Province de Liège, Province Limburg, deutschsprachige Gemeinschaft Belgiens

● Zentrale Orte
— · — Nationale Grenze
▬▬ Grenze von EUREGIO-Gebieten
▨ Überschneidungen, Gebiete mit doppelter Mitgliedschaft

0   25   50   75   100 km

Quelle: Ministerium für Wirtschaft, Mittelstand und Technologie des Landes Nordrhein-Westfalen (Hrsg.), 1993

sind u. a. auf der Seite Nordrhein-Westfalens Ahaus, Bocholt, Borken, Gronau und Rheine, in Niedersachsen Nordhorn und auf niederländischer Seite Hengelo, Enschede und Winterswijk.

2. Die *Euregio Rhein-Waal*, die sich am 21. April 1978 in Kleve konstituiert hat. Zentrale Orte innerhalb dieser Region sind u. a. die deutschen Städte Duisburg, Dinslaken, Wesel, Kamp-Lintfort, Hamminkeln, Kleve, Emmerich sowie die niederländischen Kommunen Arnheim (Arnhem), Zevenaar, Didam, Nimwegen (Nijmegen) und Boxmeer.

3. Die am 13. Dezember 1978 in Roermond gegründete *„euregio rhein-maas-nord"*. Ihr gehören die wirtschaftsstarken Städte Mönchengladbach und Krefeld, die Kreise Viersen und Neuss, der Südteil des Kreises Kleve und die nie-

derländischen Geweste (Kreise) Noord-Limburg und Midden-Limburg mit den Städten Venray, Venlo, Tegelen, Roermond, Maasbracht u. a. an.

4. Die im belgisch-niederländisch-deutschen Dreiländereck liegende *Euregio Maas-Rhein*, gegründet 1976, die mit rund 3,7 Mio. Einwohnern der bevölkerungsreichste Grenzraum in Nordrhein-Westfalen ist. Diesem Kommunalverbund angeschlossen sind die Kreise Aachen, Heinsberg, Düren und Euskirchen sowie die Stadt Aachen. Belgische Mitglieder sind die Provinzen Lüttich (Liège) und Limburg. Ferner ist die gleichnamige niederländische Provinz Limburg (Roermond, Maastricht, Heerlen, Kerkrade) in diese Euregio eingebunden (Abb. 10.2 und 10.3). In einigen Fällen sind Kommunen zwei Euregio-Gebieten angeschlossen.

Aktionsbereich	Anzahl der Maß- nahmen	Gesamt- kosten (1000 Ecu)	Anteil (1000 Ecu)				
			EU	NRW	NdS[1]	NL[2]	Euregio[3]
Netzbildung, Informations-austausch	53	12 392	5 832	809	105	940	4 706
Verkehr, Transport, Infra-struktur	29	6 722	2 434	434	37	390	3 427
Erholung, Tourismus	30	11 927	5 311	1 080	49	2 104	3 383
Arbeitsmarkt, Schulungen	18	10 207	2 737	478	51	1 418	5 523
Umweltschutz, Landwirtschaft	25	11 498	4 575	2 119	126	735	3 943
Innovationen, Technologie-transfer	17	8 717	4 189	1 349	–	1 069	2 110
Forschung, Projektmana-gement	9	3 455	1 668	459	–	470	858
Insgesamt	181	64 918	26 746	6 728[4]	368	7 126	23 950

[1] Anteil des Landes Niedersachsen, [2] Anteil der Niederlande, [3] eigener Anteil aller vier Euregio-Gebiete, [4] Außer den für das Programm INTERREG bereitgestellten Mitteln wurden vom Land Nordrhein-Westfalen noch weitere Mittel, insbesondere aus dem Bereich „Umwelt" zur Verfügung gestellt.

Quelle: Ministerium für Wirtschaft, Mittelstand und Technologie des Landes NRW:
Bilanz der Zusammenarbeit des Landes NRW mit der EG, Belgien und den Niederlanden im Rahmen des INTERREG-Programms, Düsseldorf 1993

Tab. 10.5: Gesamtförderung der Euregios in Nordrhein-Westfalen nach Aktionsbereichen (INTERREG-Programm 1991–1993)

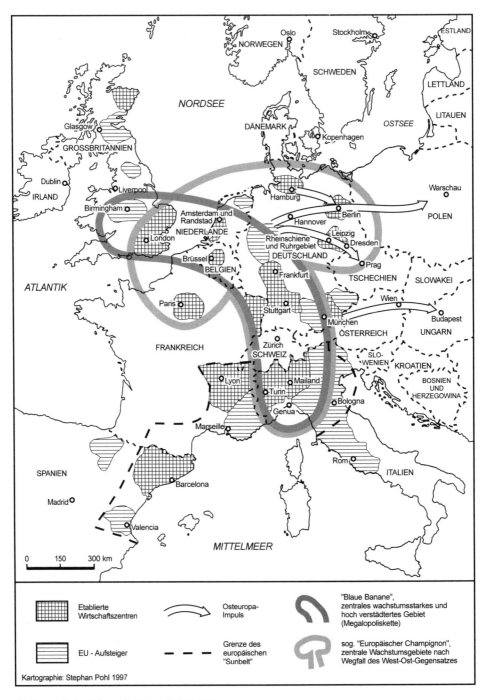

Quelle: verändert nach Geogr. Rundschau 48, 1996, 7–8

Abb. 10.3: Nordrhein-Westfalen und die Wachstumsregionen in Europa

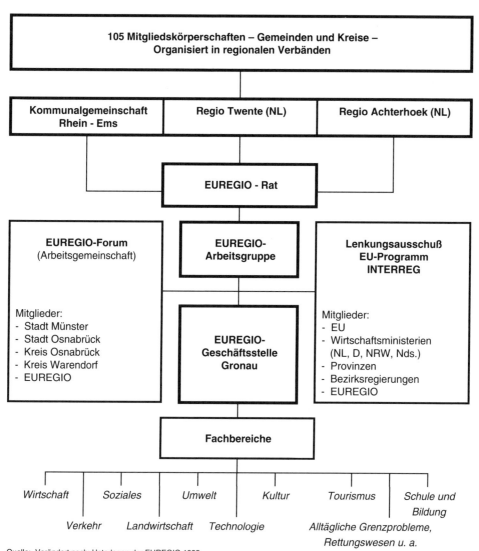

Quelle: Verändert nach: Unterlagen der EUREGIO 1995

Abb. 10.4: Organisationsschema der EUREGIO

INTERREG-Förderprogramme

Die grundlegenden Aufgaben aller genannten Kommunalgemeinschaften sind einerseits in der Förderung grenzüberschreitender Entwicklungen in den Bereichen Infrastruktur, Wirtschaft, Kultur, Freizeit und anderen gesellschaftlich relevanten Bereichen sowie andererseits in der Vertretung regionaler Belange bei den zuständigen Stellen zu sehen. Die positive Bilanz in der Zusammenarbeit der Euregio-Gebiete hat dazu geführt, daß derzeit in über 100 Grenzregionen in Europa in ähnlicher Weise kooperiert wird. Seit 1990 ist die Förderung dieser interregionalen Aktivitäten in den Grenzräumen auch auf eine breite Finanzbasis durch die EU gestellt. Im Rahmen der von der EG-Kommission (1990) verabschiedeten Gemeinschaftsinitiative INTERREG wurden für den Zeitraum 1991–1993 europaweit 1 Mrd. Ecu bereitgestellt. Davon gingen bis 1993 rund 26,7 Mio. Ecu oder umgerechnet etwa 53 Mio. DM an die vier Euregios in Nordrhein-Westfalen. Die Landesregierung unterstützte die operationellen INTERREG-Programme mit weiteren 12,4 Mio. DM. Für die EU-Programm-Phase INTERREG II (Zeitraum 1994–1999) ist europaweit für Initiativen im Rahmen des Euregio-Gedankens ein Finanzvolumen von insgesamt 12,7 Mrd. Ecu bereitgestellt worden.

In Nordrhein-Westfalen werden mit den anteiligen Mitteln vorrangig folgende Aufgabenbereiche gemeinschaftlich bearbeitet:
1. Beseitigung der Unterschiede in den Verwaltungs-und Rechtssystemen;
2. Förderung von grenzüberschreitenden Kooperationen kleiner und mittlerer Unternehmen der gewerblichen Wirtschaft;
3. Weiterentwicklung der Standardisierung von Informationssystemen und des Informationsaustausches;
4. Umsetzung neuer Natur- und Umweltschutzmaßnahmen vor allem vor dem Hintergrund eines wachsenden grenzüberschreitenden Tourismus;
5. Stärkung des schwach entwickelten Dienstleistungssektors in den Grenzregionen.

Organisationsstruktur und Projekte

Die organisatorische Struktur der Euregio-Verbände wird durch den beschlußfassenden Rat, die Arbeitsgruppe als Exekutivorgan und das geschäftsführende Sekretariat geprägt. Diese Organe werden durch Fachausschüsse ergänzt (Abb. 10.4). Herausragende Ergebnisse in der grenzüberschreitenden Kooperation der vier Nordrhein-Westfalen-Euregiogebiete sind unter anderem: das Europäische Abfallwirtschaftsprojekt (eurap) der euregio rhein-maas-nord, das Abwasserreinigungssystem Selfkant/Gangelt (Euregio Maas-Rhein), das Institut für Textile Bau- und Umwelttechnik (EUREGIO), die Technologiebörse im Städtedreieck Aachen, Maastricht, Lüttich und die Entwicklung des Gewerbegebietes Aachen-Heerlen (Euregio Maas-Rhein) sowie das Kooperationszentrum für Arbeitsmarkt und berufliche Bildung (Euregio Rhein-Waal), mit dem die Arbeitsmobilität im Raum Kleve – Nimwegen und die regionale Wirtschaftsentwicklung vorangetrieben werden sollen.

11 Sozio-ökonomische Perspektiven Nordrhein-Westfalens

Nordrhein-Westfalen als einwohnerreichstes Bundesland Deutschlands hatte und hat eine Schlüsselrolle unter den deutschen Wirtschaftsregionen. Aus seiner wirtschaftsgeschichtlichen Entwicklung heraus ist es zu einem ökonomischen und kulturellen Zentrum Deutschlands geworden. Lediglich in politisch-administrativer Hinsicht standen die Landesteile Rheinland und Westfalen längere Zeit im Schatten der preußischen Verwaltungshoheit mit Sitz in Berlin, sieht man einmal von der Teilungsphase Deutschlands ab, in der Nordrhein-Westfalen auch die provisorische Bundeshauptstadt Bonn beheimatete.

Wirtschaftlich und demographisch waren große Teile des heutigen Nordrhein-Westfalen durch ihre hervorragende Lage- und Siedlungsgunst und den dadurch begünstigten Fernhandel schon seit römischer Zeit von herausragender Bedeutung. Diese Faktoren betrafen vor allem die rheinische Metropole Köln, und zwar für die gesamte vorindustrielle Epoche, die auch als erste ökonomisch-historische Phase bezeichnet werden kann. Die vielfach in den vorherigen Kapiteln beschriebenen Erz- und Kohlevorräte sowie die Lagegunst für Land- und Flußverkehre, die sukzessive durch gewaltige infrastrukturelle Maßnahmen zu einem hochleistungsfähigen Verkehrsnetz mit interkontinentalen Verknüpfungen ausgestaltet wurde, waren die Wegbereiter, die Nordrhein-Westfalen zu einem industriellen Zentrum in Deutschland werden ließen. Sie sorgten damit auch in der zweiten ökonomisch-historischen Phase für eine nordrhein-westfälische Dominanz innerhalb der deutschen Wirtschaftslandschaft. Auch im Zeitalter der Deindustrialisierung

und Tertiärisierung der Wirtschaft, also der dritten ökonomisch-historischen Phase, die besonders seit den 1980er Jahren von technischen Revolutionen wie der Computer- und Informationstechnologie begleitet wird, nimmt Nordrhein-Westfalen nicht nur innerhalb Deutschlands sondern auch in Konkurrenz zu anderen europäischen Regionen eine Spitzenstellung ein, wie eine Reihe von speziellen Darlegungen in den Kapiteln verdeutlicht.

Hieraus lassen sich durchaus günstige sozio-ökonomische Perspektiven für das neue Jahrhundert sowie das Charakteristikum ableiten, daß Nordrhein-Westfalen nicht nur einen der geschichts- sondern auch einen der zukunftsträchtigsten Großräume Deutschlands verkörpert. Das sah allerdings vor rund einem Jahrzehnt noch anders aus. Denn in den wirtschaftsgeographischen Diskussionen der 1980er Jahre, in denen ein zunehmendes Nord-Süd-Gefälle der deutschen Industrieregionen gezeichnet wurde, galt Nordrhein-Westfalen vielfach als „schwankender ökonomischer Riese", dessen wirtschaftliches Gefüge, gekennzeichnet durch überkommene Standortgemeinschaften und Produktionsstrukturen, kaum zu einer strukturellen Neuerung fähig war. Die seinerzeitigen Analysen attestierten dem Land u. a. einen starken Attraktivitätsverlust gegenüber süddeutschen Wirtschaftsräumen, eine zu geringe Dynamik bei der Entwicklung intelligenter Technologien und fortschrittlicher Dienstleistungen, eine schwächer ausgeprägte Forschungsintensität und geringere Lebensqualitäten für seine Bevölkerung. Von diesen Bewertungen ist, nicht nur aufgrund der geänderten geopolitischen Rahmenbedingungen, heute nicht mehr die Rede. So rangieren in puncto Lebensqualität allein vier Kommunen Nordrhein-Westfalens unter den ersten 10 der 543 kommunalen Einheiten Deutschlands (KORCZAK 1995). Unter Berücksichtigung der zweifellos diskussionswürdigen Einzelindizes wie Umwelt, Wohlstand, Kultur, Sicherheit, Versorgung und Gesundheit wird Tübingen insgesamt am höchsten eingestuft, vor Bonn (2.) und Münster (3.); hohe Werte verzeichnen auch die nordrhein-westfälischen Kreise Mettmann (9.) und Neuss (10.).

Nicht die Reputation des Standortes Nordrhein-Westfalen steht gegenwärtig zur Debatte. Vielmehr muß Deutschland in toto als „Hochlohnstandort" um seinen Rang als führende Wirtschaftsnation kämpfen und seine Stärken und Schwächen immer deutlicher an internationalen Maßstäben messen lassen. Denn der internationale Standortwettbewerb ist nicht nur das ökonomische Leitmotiv des ausgehenden 20. Jahrhunderts, es wird auch das des nächsten sein. An die großen Herausforderungen mit ihren weltweiten politischen und wirtschaftlichen Umwälzungen, die das sozio-ökonomische Gefüge der gesamten Europäischen Union beeinflussen werden, sei an dieser Stelle nur kurz anhand dreier Beispiele erinnert: Das Zusammenwachsen der EU und die Bildung der Europäischen Währungsunion werden ein neues „monetäres Zeitalter" einleiten; die weitere Öffnung Mittel- und Osteuropas und die Herausbildung neuer dynamischer Wachstumsregionen im pazifischen Raum, in Asien und Lateinamerika wird den internationalen Wettbewerbsdruck verschärfen; die enorm wachsende Mobilität von Kapital und technischem Wissen wird die bereits offenbare Globalisierung der Wirtschaft in ungeahntem Maße weiter vorantreiben.

Vor diesem Hintergrund bietet Nordrhein-Westfalen in vielerlei Hinsicht durchaus hervorragende Standortbedingungen. Denn das Land zeigt sich mit wachsender Intensität als ein vielseitig strukturierter Wirtschaftsraum mit leistungsfähigen klein- und mittelständischen Unternehmen, mit einer zum Teil beispielhaften Infrastruktur, umfassenden Aus- und Weiterbildungsmöglichkeiten (hochwertiges Humankapital) sowie einer international anerkannten Forschungsszenerie. Gleichwohl ist klar, daß der Strukturwandel vom Industrie- zum Dienstleistungsland im Sinne FOURASTIÉS innerhalb Nordrhein-Westfalens noch lange nicht abgeschlossen ist und sogar hinter anderen nationalen Regionen (Württemberg, München, Berlin) zurückbleibt. In einigen Kapiteln konnte deutlich herausgestellt werden, daß günstige sozio-ökonomische Perspektiven für den viertgrößten deutschen Flächenstaat entscheidend davon bestimmt werden, ob es gelingt, langfristig eine internationale Spitzenstellung in den modernen Technologien zu sichern und damit entscheidende Impulse für den weiteren Strukturwandel zu geben. Dabei ist es notwendig, daß die Tertiärpotentiale (politisch-administrative und ökonomisch-ökologische Rahmenbedingungen) langfristig den wirtschaftlichen Anforderungen genügen. Die hierzu unabdingbaren Voraussetzungen, wie zum Beispiel Forschungsergebnisse schnell in marktfähige Produkte und effiziente Produktionsverfahren umzusetzen, Qualitätsverbesserungen und Neuentwicklungen voranzutreiben sowie schnelle Produktivitätsfortschritte zu erzielen, können jene Wachstumsdynamik erzeugen, die die Schaffung wettbewerbsfähiger Arbeitsplätze fördert. Zu den zukunftsträchtigen neuen wirtschaftlichen Feldern sind ohne Zweifel die Telekommunikation und Informationstechnik sowie deren verwandte Bereiche, ferner die Werkstofftechnologie, die Biowissenschaften, Biotechnologie und die Energietechnik zu rechnen. Durchweg handelt es sich hierbei um Wirtschaftsbereiche, die – wie vielfach in den Kapiteln angeklungen ist – eine hohe

Affinität zum Land Nordrhein-Westfalen besitzen und damit als einer der entscheidenden Aktivposten für dessen künftige Weiterentwicklung angesehen werden müssen. Gelingt die Umsetzung dieser Zukunftstechnologien, so kann Nordrhein-Westfalen auch weiterhin eine Schlüsselrolle in der deutschen Wirtschaft behaupten und seiner Bevölkerung verbesserte soziale Lebensbedingungen ermöglichen.

Literaturverzeichnis

Aachener Gesellschaft für Innovation und Technologietransfer mbH, Agit 1997: Technologieregion Aachen, Aachen.

ABELSHAUSER, W., 1984: Der Ruhrkohlenbergbau seit 1945 (Wiederaufbau, Krise, Anpassung), München.

ABS, CHR., 1985: Probleme der Wasserversorgung des Verdichtungsraumes Rhein-Ruhr, Bonn (Arbeiten zur Rheinischen Landeskunde, Heft 52).

ACHILLES, F.-W., 1979: Wasserstraßen und Häfen in Mitteleuropa und Nordrhein-Westfalen. In: Deutscher Planungsatlas, Band 1, Hannover (Veröffentlichungen der Akademie für Raumforschung und Landesplanung, Lieferung 20).

ACHILLES, F.-W., 1983: Dortmund und das östliche Ruhrgebiet, Paderborn.

ADELMANN, G., 1970: Die deutsch-niederländische Grenze als textilindustrieller Standortfaktor. In: Franz-Petri-Festschrift, Bonn.

ADEN, W., 1993: Das Ruhrgebiet aus der Sicht der Wirtschaftsunternehmen und -verbände. In: Erneuerungen des Ruhrgebietes. Regionales Erbe und Gestaltung für die Zukunft, Festschrift zum 49. Deutschen Geographentag, hrsg. von H. DÜRR und J. GRAMKE, Paderborn.

AHNERT, F., u. a. (Hrsg.), 1976: Aachen und die benachbarten Gebiete. Ein geographischer Exkursionsführer, Aachen (Aachener Geographische Arbeiten, Band 8).

Akademie für Raumforschung und Landesplanung (Hrsg.), 1976: Deutscher Planungsatlas, Bd. 1: Nordrhein-Westfalen, Hannover (Veröffentlichungen der Akademie für Raumforschung und Landesplanung, Lieferung 9).

ALLNOCH, N., 1992: Windkraftnutzung im nordwestdeutschen Binnenland, Münster.

ALLNOCH, N., 1995: Zur Lage der Windkraftnutzung in Deutschland. Herbstgutachten 1995/96.

In: Energiewirtschaftliche Tagesfragen, 45. Jahrgang, Heft 10, S. 665–668.

Amt für Statistik und Einwohnerwesen der Stadt Köln (Hrsg.), verschiedene Jahrgänge: Statistisches Jahrbuch der Stadt Köln, Köln.

ANDREAE, B., 1973: Strukturen der deutschen Agrarlandschaft – Landbaugebiete und Fruchtfolgesysteme in der Bundesrepublik Deutschland, Bad Godesberg (Forschungen zur deutschen Landeskunde, Band 119).

Arbeitsamt Brühl (Hrsg.), versch. Jahrgänge: Der Arbeitsmarkt im Bezirk des Arbeitsamtes Brühl, Presseinformationen, Brühl.

Arbeitsgemeinschaft Deutscher Verkehrsflughäfen (ADV), verschiedene Jahrgänge: Jahresstatistik, Stuttgart.

ARENS, H. J., 1992: Die Betuwelíjn – neue Konkurrenz für die Binnenschiffahrt? In: Zeitschrift für Binnenschiffahrt, Nr. 19, S. 1050–1052.

ARNDT, H., 1980: Sozio-ökonomische Wandlungen im Agrarwirtschaftsraum der Jülich-Zülpicher Börde, Köln (Kölner Forschungen zur Wirtschafts- und Sozialgeographie, Band XXVI).

AUF DER HEIDE, U., 1977: Städtetypen und Städtevergesellschaftungen im rheinisch-westfälischen Raum, Köln (Kölner Forschungen zur Wirtschafts- und Sozialgeographie, Band XXIII).

AYMANNS, G., (Hrsg.), 1980: Niederrheinische Studien, Bonn (Arbeiten zur Rheinischen Landeskunde, Heft 46).

BARTEL, J./GLÄSSER, E., 1971: Die Siedlungen im Vennvorland. In: Kölner Geographische Arbeiten, Festschrift für K. KAYSER, Wiesbaden, S. 158–178.

BARTELS, D., 1960: Nachbarstädte. Eine siedlungsgeographische Studie anhand ausgewählter Beispiele aus dem westlichen Deutschland, Bad Godesberg (Forschungen zur deutschen Landeskunde, Band 120).

BARTELS, D., 1989: Köln–Düsseldorf – Niederrheinische Zentralen im Wettbewerb. In: Köln und sein

Umland, hrsg. von K. H. HOTTES u. a., Köln,
S. 24–32.
BAUER, H. J., u. a., 1983:
Ökologische Raumgliederung. Beispiel
„Rheinschiene" und „Ostwestfalen-Lippe".
In: Deutscher Planungsatlas, Band I:
Nordrhein-Westfalen, Hannover
(Veröffentlichungen der Akademie für
Raumforschung und Landesplanung,
Lieferung 39).
BAUERSCHMITZ, C./STIRL, A., 1995:
Entwicklungstendenzen der chemischen
Industrie im Wirtschaftsraum Köln seit
Beginn der achziger Jahre. In: Wirtschafts-
geographische Entwicklungen in Nordrhein-
Westfalen, hrsg. von E. GLÄSSER, zum
65. Geburtstag von G. VOPPEL, Köln
(Kölner Forschungen zur Wirtschafts- und
Sozialgeographie, Band 44, S. 33–62).
BAUMANN, J./WIESE, B., 1986:
Der Erftkreis. Natur-Mensch-Wirtschaft,
Köln (Geostudien, 10/86).
BECKER, G./WEBER, P., 1983:
Südsauerland – Grundzüge der Siedlungs-
entwicklung vom frühen Mittelalter bis zur
Gegenwart. In: Westfalen und angrenzende
Regionen, Festschrift zum 44. Deutschen
Geographentag in Münster 1983, Paderborn
(Münstersche Geographische Arbeiten,
Heft 15, S. 321–339).
BECKER, G., u. a. (Hrsg.), 1989:
Sauerland-Siegerland-Wittgensteiner Land,
Münster.
BECKER, H., 1970:
Die Agrarlandschaft des Kreises Euskirchen
in der ersten Hälfte des 19. Jahrhunderts,
Euskirchen (Veröffentlichungen des Vereins
der Geschichts- und Heimatfreunde des
Kreises Euskirchen, A-Reihe, Heft 13).
BECKMANN, D., 1982:
Ländliche Siedlungstypen im
linksrheinischen Tiefland. In: Beiträge
zur Hochgebirgsforschung und zur allge-
meinen Geographie, Festschrift für
H. UHLIG, Wiesbaden (GZ, Beiheft, Heft 59,
S. 144–159).
BECKMANN, D./KNÜBEL, H., 1981:
Beiträge zur Landeskunde des Bergisch-
Märkischen Raumes, Festschrift für
W. von Kürten, Wuppertal (Wuppertaler
Geographische Studien, Heft 2).
BECKMANN, H., u. a., 1993:
Verkehrskonzepte für das Ruhrgebiet.
Der Beitrag des Kommunalverbandes Ruhr-
gebiet. In: Erneuerungen des Ruhrgebietes.
Regionales Erbe und Gestaltung für die

Zukunft, hrsg. von H. DÜRR und J. GRAMKE,
Paderborn, S. 125–131.
BECKS, F., 1983:
Die Agrarwirtschaft Westfalens und ihre
räumliche Differenzierung. In: Westfalen
und angrenzende Regionen, Festschrift zum
44. Deutschen Geographentag in Münster
1983, Paderborn (Münstersche Geographi-
sche Arbeiten, Heft 15, S. 55–69).
BENTRUP, H.-H., 1992:
Nordrhein-Westfalen im Rahmen der
europäischen Raumstruktur. In: Perspektiven
der Raumentwicklung in Europa, hrsg. von
der Akademie für Raumordnung und
Landesplanung, Hannover (Forschungs- und
Sitzungsberichte 190, S. 5–15).
BIRKENHAUER, J., 1984:
Das Rheinisch-Westfälische Industriegebiet.
Regionen – Genese – Funktionen,
Paderborn–München–Wien–Zürich.
BLOTEVOGEL, H. H., 1975:
Zentrale Orte und Raumbeziehungen
in Westfalen vor der Industrialisierung
(1780–1850), Paderborn (Bochumer
Geographische Arbeiten, Heft 18).
BLOTEVOGEL, H. H., 1983:
Das Städtesystem in Nordrhein-Westfalen.
In: Westfalen und angrenzende Regionen,
Festschrift zum 44. Deutschen Geographen-
tag in Münster 1983, Paderborn, S. 71–103.
BLOTEVOGEL, H. H., 1984:
Kommunale Neugliederung und Landes-
planung. Zur Interdependenz ihrer Ziele
in Nordrhein-Westfalen seit 1967.
In: Auswirkungen der kommunalen
Neugliederung, dargestellt an Beispielen
aus Nordrhein-Westfalen, hrsg. von
P. SCHÖLLER, Bochum (Materialien zur
Raumordnung aus dem Geographischen
Institut der Ruhr-Universität Bochum,
Band XXVIII, S. 1–65).
BLOTEVOGEL, H. H., 1985:
Zentrale Orte im Regierungsbezirk
Düsseldorf. In: Aktuelle Probleme der
Geographie, hrsg. von H. H. BLOTEVOGEL
und M. STRÄSSER, Köln (Duisburger Geo-
graphische Arbeiten, Heft 5, S. 37–66).
BLOTEVOGEL, H. H., 1986:
Aktuelle Entwicklungstendenzen des
Systems der Zentralen Orte in Westfalen.
In: Westfälische Geographische Studien, 42,
S. 461–479.
BLOTEVOGEL, H. H./HOMMEL, M., 1980:
Struktur und Entwicklung des Städte-
systems. In: Geographische Rundschau,
Braunschweig, S. 155–164.

BLOTEVOGEL, H. H., u. a., 1988:
Historische Entwicklung und Regionalbe-
wußtsein im Ruhrgebiet. In: Geographische
Rundschau, 40, S. 8–13.

BLOTEVOGEL, H. H., u. a., 1990:
Zentralörtliche Gliederung und Städtesystem-
entwicklung in Nordrhein-Westfalen,
Dortmund (Duisburger Geographische
Arbeiten, 7).

BLOTEVOGEL, H. H. (Hrsg.), 1991:
Europäische Regionen im Wandel, Dortmund.

BLÜTHMANN, H., 1997:
Unternehmen Kahlschlag. In: Die Zeit
Nr. 12 vom 14. März 1997, S. 41.

BOESLER, K.-A., 1982:
Raumordnung, Darmstadt (Erträge der
Forschung, Band 165).

BOLTE, K. M./KAPPE, D./SCHMID, J., u. a.,
1980:
Bevölkerung – Statistik, Theorie, Geschichte
und Politik des Bevölkerungsprozesses,
Opladen.

BORN, M., 1974:
Die Entwicklung der deutschen Agrar-
landschaft, Darmstadt
(Erträge der Forschung, 29).

BORSCHEID, P., 1981:
Entwicklungsprobleme einer Region.
Das Beispiel Rheinland und Westfalen im
19. Jahrhundert. In: Schriften des Vereins
für Sozialpolitik, Band 119, Berlin.

BOUSTEDT, O., 1960:
Die Stadtregionen in der Bundesrepublik
Deutschland. In: Forschungs- und Sitzungs-
berichte der Akademie für Raumforschung
und Landesplanung,
Band XIV, S. 5 ff, Bremen.

BOUSTEDT, O., 1970:
Stadtregionen. In: Handwörterbuch der
Raumforschung und Raumordnung III,
Hannover.

BÖVENTER, E. v., 1979:
Standortentscheidung und Raumstruktur,
Hannover (Veröffentlichungen der Akade-
mie für Raumforschung und Landesplanung,
Abhandlungen Band 76).

BRANDENBURG, H., 1985:
Standorte von Shopping-Centern und
Verbrauchermärkten im Kölner Raum –
Entwicklung und Auswirkung auf das
Einzelhandelsgefüge, Köln (Kölner
Forschungen zur Wirtschafts- und Sozial-
geographie, Band XXXII).

BRANDENBURG, H., 1989:
Standorte von Shopping-Centern und
Verbrauchermärkten im Kölner Raum –

Entwicklung und Auswirkung auf das
Einzelhandelsgefüge. In: Köln und sein
Umland, hrsg. von K. HOTTES u. a., Köln,
S. 251–256.

BRAUN, W., u. a., 1996:
Braunkohlentagebau und Umsiedlung im
Rheinischen Revier, Köln
(Geostudien, Sonderfolge 3).

BREPOHL, W., 1948:
Der Aufbau des Ruhrvolkes im Zuge der
Ost-West-Wanderung, Recklinghausen.

BREUER, T., 1989:
Zur siedlungsgeographischen Problematik
der aktuellen Ortsumsiedlungen im
Rheinischen Braunkohlerevier.
In: Berichte zur deutschen Landeskunde,
Band 63, Heft 1, S. 125–155.

BRIESEN, D., u. a., 1995:
Gesellschafts- und Wirtschaftsgeschichte
Rheinlands und Westfalens, Köln–Stuttgart
–Berlin (Schriften zur politischen Landeskunde Nordrhein-Westfalens, Band 9,
hrsg. von der Landeszentrale für politische Bildung Nordrhein-Westfalen).

BRONNY, H. M., 1984:
Arbeitersiedlungen im Ruhrgebiet, Münster
(Landschaftsverband Westfalen-Lippe,
Landesbildstelle).

BRUCKNER, C., 1967:
Zur Wirtschaftsgeschichte des
Regierungsbezirks Aachen, Köln
(Schriften zur Rheinisch-Westfälischen
Wirtschaftsgeschichte, Band 16).

BRÜCKNER, M., 1989:
Umsiedlungen als Folge des Braunkohlen-
abbaus im Rheinland. Das Beispiel der
Ortsumsiedlung im Abbaugebiet
Frimmersdorf. In: Geographische Rundschau,
Heft 1, S. 31–37.

BRUNE, R., 1979:
Der Köln-Bonner Raum:
Eine Problemregion. In: Rheinisch-West-
fälisches Institut für Wirtschaftsforschung
(Hrsg.): Mitteilungen 30, S. 151–171.

BRUNE, R., 1980:
Erfolgreiche Anpassung? – Zur wirtschaft-
lichen Entwicklung der ländlichen Regionen
Nordrhein-Westfalens. In: Mitteilungen des
Rheinisch-Westfälischen Instituts für
Wirtschaftsforschung, Band 31, Essen,
S. 111–134.

BRUNE, R./KÖPPEL, M., 1980:
Das Nord-Süd-Gefälle verstärkt sich – Zur
großräumlichen Wirtschaftsentwicklung
in der Bundesrepublik Deutschland.
In: Mitteilungen des Rheinisch-West-

fälischen Instituts für Wirtschaftsforschung, Band 31, Essen, S. 225–247.

BRUNE, R./KÖPPEL, M., 1982:
Wachstumssensibilität und Preisempfindlichkeit – Zur wirtschaftlichen Konstitution Nordrhein-Westfalens.
In: Mitteilungen des Rheinisch-Westfälischen Instituts für Wirtschaftsforschung, Band 33, Essen, S. 239–272.

BRUNET, R. (Hrsg.), 1989:
Les villes „européennes", Montpellier-Paris.

BRUNOTTE, E./IMMENDORF, R./SCHLIMM, E., 1994:
Die Naturlandschaft und ihre Umgestaltung durch den Menschen (Erläuterungen zur Hochschulexkursionskarte Köln und Umgebung), Köln (Kölner Geographische Arbeiten, Heft 63).

BUCHHOLZ, H. J., 1973:
Polyzentrisches Ballungsgebiet Ruhr.
In: Geographische Rundschau, 25, S. 297–307.

Bundesforschungsanstalt für Landeskunde und Raumordnung (Hrsg.):
Naturräumliche Gliederung Deutschlands, Geographische Landesaufnahme 1:200000 (einzelne Ausgaben für Nordrhein-Westfalen), Bad Godesberg.

Bundesminister für Verkehr, 1992:
Bundesverkehrswegeplan 1992, Bonn.
In: KRAFT, K./DEFKE, H./DÖRRIES, W., 1992: Bundesverkehrswegeplan 1992 – Zukunftsorientiertes Infrastrukturprogramm in einem integrierten Gesamtverkehrskonzept. In: Internationales Verkehrswesen, Heft 10, Hamburg, S. 368 ff.

Bundesminister für Verkehr, 1994:
Luftfahrtkonzept 2000. In: Verkehrsnachrichten, Heft 8/9, Bonn.

Bundesministerium für Ernährung, Landwirtschaft und Forsten (Hrsg.), 1980:
Die Flurbereinigung in Zahlen, Münster-Hiltrup (Schriftenreihe B: Flurbereinigung, Sonderheft).

Bundesministerium für Ernährung, Landwirtschaft und Forsten (Hrsg.), o. Jg.:
Waldzustandsbericht der Bundesregierung 1995. Ergebnisse der Waldschadenserhebung, Bonn.

Bundesministerium für Raumordnung, Bauwesen und Städtebau (Hrsg.), 1986:
Stadterneuerung nach dem Städtebauförderungsgesetz, Bonn.

Bundesministerium für Verkehr (Hrsg.), 1991:
Standortkonzept für GVZ und KV-Terminals der Bahnen, Bonn.

Bundesministerium für Verkehr (Hrsg.), 1992:
Güterverkehr auf dem Hauptnetz der deutschen Wasserstraßen 1991, Bonn.

Bundesministerium für Wirtschaft (Hrsg.), 1996:
Energiedaten 1996, Bonn.

Bundesverband der Deutschen Binnenschiffahrt/Verein für europäische Binnenschiffahrt und Wasserstraßen, versch. Jg.:
Binnenschiffahrt in Zahlen, Duisburg.

BURGHARDT, O., 1981:
Die wichtigsten Geopotentiale in Nordrhein-Westfalen, Krefeld (Geologisches Landesamt NRW).

BURKHARD, W., 1977:
Abriß einer Wirtschaftsgeschichte des Niederrheins. Strukturelle Wandlungen in Handel und Industrie in Duisburg und in den Kreisen Wesel und Kleve, Duisburg (Duisburger Hochschulbeiträge, Heft 7).

BURMEISTER, J., 1996:
Regionalisierte Nebenbahnen im Aufwind.
In: Internationales Verkehrswesen (Special) ÖPNV in Deutschland, Heft 5.

BUSSMANN, L. (Hrsg.), 1988:
Die Wirtschaft des Landes Nordrhein-Westfalen, Köln (Schriften zur politischen Landeskunde Nordrhein-Westfalens, Band 4).

BUTZIN, B., 1990:
Regionaler Entwicklungszyklus und Strukturwandel im Ruhrgebiet, Ansätze zur strukturellen Erneuerung? In: Zeitschrift für Wirtschaftsgeographie, Nr 34, S. 208–217.

BUTZIN, B., 1992:
Was alten alte Industrieregionen alt?
Das Beispiel Ruhrgebiet. In: Berichte zur deutschen Landeskunde, Band 67, Heft 2, S. 243–254.

CHRISTALLER, W., 1933:
Die zentralen Orte in Süddeutschland. Eine ökonomisch-geographische Untersuchung über die Gesetzmäßigkeit der Verbreitung und Entwicklung der Siedlungen mit städtischen Funktionen, Jena.

CLEMENT, W., 1996:
Wieviel Mobilität braucht das Land? Alternativen zum Bau neuer Strecken finden.
In: Frankfurter Allgemeine Zeitung, Verlagsbeilage Nordrhein-Westfalen, 30. 9. 1996, S. B15.

CONRAD, R., 1961:
Die Kölner Neustadt und der innere „Grüngürtel". In: Köln und die Rheinlande, hrsg. von K. KAYSER und T. KRAUS, Festschrift zum 33. Deutschen Geographentag 1961 in Köln, Wiesbaden, S. 170–189.

CORDES, G./GLATTHAAR, D. (Hrsg.), 1976:
Nordrhein-Westfalen – neu gesehen. Ein
Luftbildatlas in Farb-Senkrechtaufnahmen,
Berlin.

CRONE-ERDMANN, H. G., 1997:
Kompetenz vernetzt vermarkten. In:
Synergie-Journal, Ausgabe März, S. 8.

DANIELZYK, R., 1992:
Gibt es im Ruhrgebiet eine postfordistische
Regionalpolitik? In: Geographische
Zeitschrift, Jg. 80, S. 84–105.

DÄNZER-VANOTTI, C., 1996:
Neue Perspektive. Umwelttechnik statt
Brache. In: Frankfurter Allgemeine Zeitung,
Verlagsbeilage Nordrhein-Westfalen,
30. 9. 1996, S. B20.

DE LANGE, N., 1983:
Jüngere raumzeitliche Entwicklung
multivariat definierter Städtestrukturen am
Beispiel Nordrhein-Westfalens (1961–1970)
und ihre historischen Einflußfaktoren. In:
Urbanisierung im 19. und 20. Jh. (Städte-
forschung, Reihe A, Band 16), Köln–Wien.

DEENEN, B., u. a., 1982:
Landwirtschaft II (Betriebsstruktur und
Standardbetriebseinkommen). In: Deutscher
Planungsatlas, Band I: Nordrhein-Westfalen,
Hannover (Veröffentlichungen der Akade-
mie für Raumforschung und Landesplanung,
Lieferung 41).

DEENEN, B., u. a., 1983:
Landwirtschaft I. In: Deutscher Planungs-
atlas, Band I: Nordrhein-Westfalen,
Hannover (Veröffentlichungen der Akade-
mie für Raumforschung und Landesplanung,
Lieferung 40).

DEGE, WILF./KERKEMEIER, S., 1993:
Der wirtschaftliche Wandel im Ruhrgebiet
in den 80er Jahren. In: Geographische
Rundschau, Heft 9, S. 503–509.

DEGE, WILH./DEGE, WILF., 1983:
Das Ruhrgebiet, 3. Auflage, Berlin–Stuttgart
(Geocolleg).

DEPENBROCK, J., u. a., 1988:
Grundlagen der Raumordnung und Landes-
planung in Nordrhein-Westfalen, Dortmund
(ILS-Schriften 11).

Der Minister für Ernährung, Landwirtschaft
und Forsten des Landes Nordrhein-Westfalen (Hrsg.), 1981:
Forstwirtschaft in Nordrhein-Westfalen,
Lippstadt.

Der Minister für Landes- und Stadtentwicklung
des Landes Nordrhein-Westfalen (Hrsg.), 1982:
Landesentwicklungsplan V – Gebiete für

den Abbau von Lagerstätten. Zeichnerische
Darstellung und Erläuterungsbericht,
Stand 1982, Düsseldorf.

Der Minister für Landes- und Stadtentwicklung
des Landes Nordrhein-Westfalen (Hrsg.),
1984: Gebiete für die Sicherung von Lagerstätten, Entwurf Stand 1984, Düsseldorf.

Der Minister für Landes- und Stadtentwicklung
des Landes Nordrhein-Westfalen (Hrsg.),
1985: Landesentwicklungsplan III. Umwelt-
schutz durch Sicherung von natürlichen
Lebensgrundlagen (Freiraum, Natur und
Landschaft, Wald, Wasser, Erholung),
Entwurf und Zwischenbericht, Stand 1985,
Düsseldorf.

Der Minister für Wirtschaft, Mittelstand und
Verkehr des Landes Nordrhein-Westfalen
(Hrsg.), 1983:
Zur Wachstumssituation in Nordrhein-West-
falen, Düsseldorf.

Der Minister für Wirtschaft, Mittelstand und
Verkehr des Landes Nordrhein-Westfalen
(Hrsg.), 1984:
Energiepolitik in Nordrhein-Westfalen.
Positionen und Perspektiven, Düsseldorf.

Der Minister für Wirtschaft, Mittelstand und
Verkehr des Landes Nordrhein-Westfalen
(Hrsg.), 1985:
Exportland Nordrhein-Westfalen. Außen-
wirtschaftsbericht, Düsseldorf.

Der Ministerpräsident des Landes Nordrhein-
Westfalen (Hrsg.), versch. Jg.
Landesentwicklungsbericht Nordrhein-
Westfalen, Düsseldorf.

Deutsche Bahn AG, Karten- und Luftbildstelle,
1994: Eisenbahnen in Deutschland,
Streckenkarte, Mainz.

Deutsche Verkehrs-Zeitung, 1991:
Rhein-Ruhr-Hafen Duisburg, Sonderbeilage,
19. 11. 1991, Hamburg.

Deutsche Verkehrs-Zeitung, 1993 a:
Binnenschiffahrt/Binnenhäfen.
Logistik. Beilage, 9. 11. 1993, Hamburg.

Deutsche Verkehrs-Zeitung, 1993 b:
Nordrhein-Westfalen.
Sonderbeilage, Nr. 76, Hamburg.

Deutsche Verkehrs-Zeitung, 1995:
Nordrhein-Westfalen.
Sonderbeilage, Nr. 112, Hamburg.

Deutscher Wetterdienst (Hrsg.), 1960:
Klima-Atlas von Nordrhein-Westfalen,
Offenbach.

DICKMANN, F., 1996:
Umsiedlungsatlas des Rheinischen Braun-
kohlenreviers, Köln (Veröffentlichung des
Landschaftsverbandes Rheinland).

Die deutschen Landkreise (Handbuch für
  Verwaltung, Wirtschaft, Kultur).
  Die Landkreise in Nordrhein-Westfalen,
  Reihe A (einzelne Ausgaben).
DITT, H., 1987:
  Struktur und Wandel westfälischer
  Agrarlandschaften, Münster.
DOERING-MANTEUFFEL, S., 1995:
  Die Eifel. Geschichte einer Landschaft,
  Frankfurt-New York.
DÖHNE, U., u. a., 1980:
  Megalopolis Nordwesteuropa. Strukturelle
  Entwicklungen und Tendenzen – Verdich-
  tungsphänomen, Freiraumfunktionen, Um-
  weltsituation, Dortmund (ILS, Band 1.007).
DÖHRN, R., 1992:
  Der EG-Binnenmarkt und der Standort
  Nordrhein-Westfalen. In: Politische Maßnah-
  men zur Verbesserung von Standortqualitä-
  ten, hrsg. v. P. KLEMMER u. K. SCHUBERT,
  Essen (Schriftreihe des Rheinisch-Westfäli-
  schen Instituts für Wirtschaftsforschung
  Essen, Neue Folgen, Heft 53, S. 49–64).
DOPPELFELD, O., 1961:
  Römisches und Fränkisches Köln.
  In: Köln und die Rheinlande, Festschrift
  zum 33. Deutschen Geographentag 1961 in
  Köln, hrsg. von K. KAYSER und TH. KRAUS,
  Wiesbaden, S. 101–104.
Duisburg Ruhrorter Häfen AG (Hrsg.),
  verschiedene Jahrgänge:
  Geschäftsberichte 1985-1995, Duisburg.
Duisburg-Ruhrorter Häfen AG, 1996:
  Rückblick und Perspektiven:
  Die Duisburg-Ruhrorter Häfen auf
  dem Weg zum europäischen Logistik- und
  Dienstleistungszentrum, Duisburg.
DÜRR, H./GRAMKE, J. (Hrsg.), 1993:
  Erneuerungen des Ruhrgebietes. Regionales
  Erbe und Gestaltung für die Zukunft,
  Festschrift zum 49. Deutschen
  Geographentag, Paderborn.
DÜSTERLOH, D., 1967:
  Beiträge zur Kulturgeographie des Nieder-
  bergisch-Märkischen Hügellandes – Berg-
  bau und Verhüttung vor 1850 als Element
  der Kulturlandschaft (Göttinger Geographi-
  sche Abhandlungen, 38).
DÜSTERLOH, D., 1995:
  Oberzentrum Bielefeld. In: Bielefeld und
  Nordrhein-Westfalen, hrsg. von A. MAYR
  und K. TEMLITZ, Münster, S. 163–180
  (Spieker, 37).
DÜSTERLOH, D. (Hrsg.), 1981:
  Industrie in Bielefeld, Bielefeld
  (Bielefelder Hochschulschriften, 26).

DÜWELL, K./KÖLLMANN, W. (Hrsg.), 1984/85:
  Rheinland – Westfalen im Industriezeitalter,
  4 Bände, Wuppertal.
ECKART, K., 1974:
  Versuch einer agrarökonomischen
  Gliederung von NRW mit Hilfe der
  Faktorenanalyse, Frankfurt a. M. (Zeitschrift
  für Wirtschaftsgeographie, Beiheft 1).
ECKART, K., 1982:
  Die Entwicklung der Landwirtschaft im
  hochindustrialisierten Raum, Paderborn.
ECKART, K., 1994:
  Nachwachsende Energie- und Industrieroh-
  stoffe in der Bundesrepublik Deutschland,
  Duisburg-Bottrop (ASG-Kleine Reihe,
  Nr. 53).
EICHENAUER, H., 1989:
  Das Siegerland als Beispiel wirtschaftsge-
  schichtlicher und wirtschaftsgeographischer
  Harmonie? In: Sauerland–Siegerland–Witt-
  gensteiner Land, hrsg. von G. BECKER,
  A. MAYR und K. TEMLITZ, Münster,
  S. 219–242.
EICHENAUER, H./MAYR, A./TEMLITZ, K.
  (Hrsg.), 1995:
  Der Kreis Siegen-Wittgenstein, Münster
  (Geographische Kommission für Westfalen,
  Reihe: Städte und Gemeinden in Westfalen).
EICHHOLZ, S., 1993:
  Wirtschaftlicher Strukturwandel im Sieger-
  land seit 1950, Köln (Kölner Forschungen
  zur Wirtschafts- und Sozialgeographie,
  Band XL).
EICHHOLZ-KLEIN, S., 1995:
  Der Strukturwandel des Lebensmitteleinzel-
  handels – das Beispiel Nordrhein-Westfalen:
  In: Wirtschaftsgeographische Entwicklungen
  in Nordrhein-Westfalen, hrsg. von
  E. GLÄSSER, zum 65. Geburtstag von
  G. VOPPEL, Köln (Kölner Forschungen zur
  Wirtschafts- und Sozialgeographie,
  Band 44, S. 93–122)
ENNEN, E., 1956:
  Land und Städte im Rheinland.
  In: Deutsches Städtebuch, Band III:
  Nordwest-Deutschland, hrsg. von
  E. KEYSER, Stuttgart, S. 17–28.
EPPMANN, H./HEINRICHS, H.-D., 1990:
  Die Pendelwanderung 1987. In: Statistische
  Rundschau Nordrhein-Westfalens 1990,
  Heft 6, Düsseldorf, S. 393–401, 418–433.
ESSER, H.-A., u. a., 1993:
  Landschaft vom Reißbrett – Braunkohle-
  tagebau im Rheinland (Ein Vorschlag für
  projektorientierte Arbeit in der Sekundar-

stufe I), 3. Auflage, Essen (hrsg. von RWE AG und Rheinbraun AG).

EWRINGMANN, D., u. a., 1986:
Die Gemeinschaftsaufgabe „Verbesserung der regionalen Wirtschaftsstruktur" unter veränderten Rahmenbedingungen. In: Finanzwissenschaftliche Forschungsarbeiten, Band 55, Berlin.

FAUST, A. (Red.) 1993:
Nordrhein-Westfalen. Landesgeschichte im Lexikon, Düsseldorf (Veröffentlichungen der Staatlichen Archive des Landes Nordrhein-Westfalen, Reihe C, Band 31).

FEIGE, W./SCHÜTTLER, A. (Hrsg.), 1985:
Westfalen in Profilen. Ein geographisch-landeskundlicher Exkursionsführer, Münster (Landschaftsführer des Westfälischen Heimatbundes, 10).

FELS, E., 1967:
Der wirtschaftende Mensch als Gestalter der Erde, 2., neubearbeitete Auflage, Stuttgart (Erde und Weltwirtschaft, hrsg. von RUDOLF LÜTGENS, Band 5).

FICKELER, P., 1954:
Das Siegerland als Beispiel wirtschaftsgeschichtlicher und wirtschaftsgeographischer Harmonie. In: Erdkunde, Band VIII, S. 15–51.

FLECKE, B./GRABERT, H./SCHWEDE, D., 1981:
Jülicher Börde und Braunkohletagebau. Strukturanalyse eines Raumes im Umbruch, Berlin (Materialien für die Sek. II, Geographie).

Flughafen Düsseldorf GmbH, verschiedene Jahrgänge: Daten, Zahlen, Fakten. Jahresstatistik, Düsseldorf.

Flughafen Köln/Bonn GmbH, verschiedene Jahrgänge: Daten, Fakten, Zahlen. Jahresstatistik, Köln.

FÖRST, W., 1986:
Kleine Geschichte Nordrhein-Westfalens, Düsseldorf.

FÖRSTER, H., 1979:
Zielkonflikte in der Raumplanung. Dargestellt am Beispiel des Rheinischen Braunkohlenreviers (Hambach). In: Geographische Rundschau, Heft 6, S. 230–235.

FOURASTIÉ, J., 1954:
Die große Hoffnung des zwanzigsten Jahrhunderts, 3. Aufl., Köln.

Fraunhofer-Institut für Materialfluß und Logistik (IML) (1996):
Regionaler Schienengüterverkehrsverbund Rheinschiene, Dortmund; zitiert in: Internationales Verkehrswesen (48), 3/96, S. 18 f.

FUCHS, G., 1992:
Die Bundesrepublik Deutschland, 5. Auflage, Stuttgart-Dresden.

FUCHS, G., u. a., 1992:
Deutschland, Stuttgart–Düsseldorf–Berlin–Leipzig–Gotha (S II Länder und Regionen).

GAEBE, W., 1976:
Die Analyse mehrkerniger Verdichtungsräume. Das Beispiel des Rhein-Ruhr-Raumes, Karlsruhe (Karlsruher Geographische Hefte, 7).

GAEBE, W., 1985:
Industrialisierung in Köln. Bemühungen um eine Modernisierung der Wirtschaftsstruktur. In: Geographische Rundschau, Heft 12, S. 601–606.

GATZWEILER, H.-P., 1975:
Zur Selektivität interregionaler Wanderungen. Bonn (Forschungen zur Raumentwicklung, Band 1).

GATZWEILER, H.-P., 1976:
Die altersspezifische Selektivität von Wanderungen als Folge regional ungleichwertiger Lebensbedingungen. In: Geographische Rundschau, Heft 28, S. 186 ff.

GATZWEILER, H.-P., 1982:
Regionale Disparitäten im Bundesgebiet – ein Dauerzustand? In: Geographische Rundschau, 34, S. 3–12.

GATZWEILER, H.-P., 1985:
Ein Modell zur Prognose der regionalen Bevölkerungsentwicklung in der Bundesrepublik Deutschland. In: Geographie als Sozialwissenschaft, Beiträge zu ausgewählten Problemen kulturgeographischer Forschung, hrsg. von F.-K. KEMPER u. a., Bonn, S. 144-179.

GATZWEILER, H.-P., 1986:
Raumstrukturelle Veränderungen seit Verabschiedung des Bundesraumordnungsgesetzes 1965. In: Geographische Rundschau, 38, Heft 9, S. 441–447.

GATZWEILER, H.-P./RUNGE, L., 1978:
Regionale Disparitäten im Bundesgebiet. In: Informationen zur Raumentwicklung, Heft 8/9, S. 669–693.

GATZWEILER, H.-P./SCHLIEBE, K., 1982:
Suburbanisierung von Bevölkerung und Arbeitsplätzen – Stillstand? In: Informationen zur Raumentwicklung, Heft 11/12, S. 883–912.

GATZWEILER, H.-P., u. a., 1991:
Regionalpolitik als Infrastrukturpolitik. In: Informationen zur Raumentwicklung, Heft 9/10, S. 599–610.

GEBHARDT, H., 1989:
Zur Wahrnehmung industrieller Umweltbe-
lastungen in industrienahen Wohngebieten
Kölns. In: Köln und sein Umland, hrsg. von
K. HOTTES u. a., Köln, S. 205–215.

GENSSLER, H., u. a., 1983:
Forstwirtschaft (Waldverbreitung, forstliche
Wuchsgebiete, Saatgutbestände, Naturwald-
zellen und Baumartenverteilung).
In: Deutscher Planungsatlas,
Band I: Nordrhein-Westfalen, Hannover
(Veröffentlichungen der Akademie für
Raumforschung und Landesplanung, Liefe-
rung 38).

Geographische Kommission für Westfalen und
Landschaftsverband Westfalen-Lippe
(Hrsg.), 1985 ff.:
Geographisch-landeskundlicher Atlas von
Westfalen, Münster.

Geographische Kommission für Westfalen
(Hrsg.) 1986:
Erträge geographisch-landeskundlicher
Forschung in Westfalen, Münster (West-
fälische Geographische Studien, Heft 42).

Geologisches Landesamt Nordrhein-Westfalen
(Hrsg.) 1994:
Lagerstätten in Nordrhein-Westfalen,
4. Auflage, Krefeld.

Geologisches Landesamt Nordrhein-Westfalen
(Hrsg.) 1995:
Tätigkeitsbericht 1992–1994, Krefeld.

Gesamtverband der Textilindustrie in der
Bundesrepublik Deutschland (Hrsg.) 1995:
Jahrbuch der Textilindustrie 1995,
Eschborn.

Gesellschaft für Wirtschaftsförderung Nord-
rhein-Westfalen/Hoppenstedt-Firmendaten-
bank 1996:
Umsätze der Textil- und Bekleidungsindustrie in Nordrhein-Westfalen 1995
(Auswahl), Düsseldorf.

Gesellschaft für Wirtschaftsförderung
Nordrhein-Westfalen 1996 a:
Ausländische Direktinvestitionen und
Investoren in NRW, Düsseldorf.

Gesellschaft für Wirtschaftsförderung
Nordrhein-Westfalen 1996 b:
Statistische Zahlen Außenwirtschaft,
Düsseldorf.

GIERSCH, H., 1997:
Es verwundert, wie gelassen die Misere am
Arbeitsmarkt hingenommen wird.
In: Welt am Sonntag, 2. 2. 1997, S. 43.

GIRNAU, G., 1996:
Der Stand der Regionalisierung – Lösung
und offene Fragen. In: Internationales

Verkehrswesen (Special) ÖPNV in
Deutschland, Heft 5, S. 4 ff.

GLÄSSER, E., 1968:
Der Dülmener Raum. Neuere Untersuchun-
gen zur Frage des ländlichen Siedlungs- und
Wirtschaftswesens im Sand- und Lehm-
münsterland in der Auseinandersetzung mit
dem Naturraumgeschehen, Bad Godesberg
(Forschungen zur deutschen Landeskunde,
Band 176).

GLÄSSER, E., 1971:
Ländliche Siedlungen und Wirtschaft des
Kreises Coesfeld in Vergangenheit und Ge-
genwart, Dülmen (Beiträge zur Landes- und
Volkskunde des Kreises Coesfeld, Band 12).

GLÄSSER, E., 1976:
Zur Entwicklungsgeschichte ländlich-
agrarer Siedlungen im Kölner Norden.
Ein Beitrag zur Orts- und Flurgenese im
Rheinland, Düsseldorf (Düsseldorfer
Geographische Schriften, Heft 4).

GLÄSSER, E., 1989 a:
Die Landwirtschaft im Raum Köln. In: Köln
und sein Umland, hrsg. von K. Hottes u. a.,
Köln, S. 257–271.

GLÄSSER, E., 1989 b:
Etzweiler, Manheim und Morschenich. Eine
sozio-ökonomische Analyse rheinischer
Bördensiedlungen im Tagebaubereich
Hambach I, Köln (Kölner Forschungen zur
Wirtschafts- und Sozialgeographie,
Band XXXVI).

GLÄSSER, E., 1991:
Energiewirtschaft und Planungskonflikte im
Rheinischen Braunkohlerevier. In: Energie-
strukturveränderungen und ihre Raumwirk-
samkeit in den beiden deutschen Staaten,
hrsg. von K. ECKART und J.-U. GERLOFF,
Berlin, S. 91–100.

GLÄSSER, E./ARNDT, H., 1978:
Struktur und neuzeitliche Entwicklung der
linksrheinischen Bördensiedlungen im
Tagebaubereich Hambach unter besonderer
Berücksichtigung der Ortschaft Lich-Stein-
straß, Köln (Kölner Forschungen zur
Wirtschafts- und Sozialgeographie,
Band XXV).

GLÄSSER, E./VOSSEN, K. (unter Mitarbeit von
H. ARNDT und A. SCHNÜTGEN) 1982:
Die Kiessandwirtschaft im Raum Köln.
Ein Beitrag zur Rohstoffproblematik, Köln
(Kölner Forschungen zur Wirtschafts- und
Sozialgeographie, Band XXX).

GLÄSSER, E./VOSSEN, K., 1985:
Aktuelle landschaftsökologische Probleme
im Rheinischen Braunkohlenrevier.

In: Geographische Rundschau, Heft 5,
S. 258–266.

GLÄSSER, E./GLÄSSER, J., 1987:
Oberhausen-Osterfeld. Wachstums-,
Stagnations- und Schrumpfungsprozesse
eines Bergbauortes in der Emscherzone des
Ruhrgebietes. In: Festschrift für
H. KELLERSOHN, Berlin, S. 339–359.

GLÄSSER, E./HERMSDÖRFER, D., 1987:
Ausprägungsformen und Probleme der
städtischen bzw. stadtnahen Landwirtschaft.
Dargestellt am Beispiel des Ballungsraumes
Köln. In: Zeitschrift für Agrargeographie,
Jahrgang 5, Heft 1, S. 64–96.

GLÄSSER, E./VOSSEN, K./WOITSCHÜTZKE,
C.-P., 1987: Nordrhein-Westfalen, Stuttgart.

GLÄSSER, E./VOSSEN, K., 1988:
Siedlungsgeographische Prozesse im Kölner
Norden unter besonderer Berücksichtigung
der Suburbanisierung. In: Wirtschaftsgeo-
graphische Entwicklungen in Köln, hrsg.
von E. GLÄSSER und G. VOPPEL, Köln
(Kölner Forschungen zur Wirtschafts- und
Sozialgeographie, Band XXXV, Köln,
S. 63–98).

GLÄSSER, E./KRÖTZ, W., 1989:
Siedlungsformen 1950 (Karte und Beiheft),
Köln (Geschichtlicher Atlas der Rheinlande,
hrsg. von F. IRSIGLER und G. LÖFFLER).

GLÄSSER, E. (Hrsg.) 1995:
Wirtschaftsgeographische Entwicklungen in
Nordrhein-Westfalen, zum 65. Geburtstag
von G. VOPPEL, Köln (Kölner Forschungen
zur Wirtschafts- und Sozialgeographie,
Band 44).

GLÄSSER, E./VOPPEL, G. (Hrsg.), 1988:
Wirtschaftsgeographische Entwicklungen
in Köln, Köln (Kölner Forschungen zur
Wirtschafts- und Sozialgeographie,
Band XXXV).

GLEBE, G., 1975:
Beobachtungen zur Konzentration ausländi-
scher Firmen in der Innenstadt Düsseldorfs.
In: Zeitschrift für Wirtschaftsgeographie,
Frankfurt, S. 20–24.

GÖB, R., 1987:
Kommunale Wirtschaftspolitik.
In: Archiv für Kommunalwissenschaften,
Heft 1, S. 67–87.

GÖB, R., 1988:
Köln: Neue Dienste einer alten Stadt. In:
Wirtschaftsgeographische Entwicklungen in
Köln, hrsg. von E. GLÄSSER und G. VOPPEL,
Köln (Kölner Forschungen zur Wirtschafts-
und Sozialgeographie, Bd. XXXV,
S. 5–22).

GOMBEL, H., 1996:
Ökologisch fliegen – kein Widerspruch.
Flughafen Köln/Bonn verzeichnet hohe
Zuwachsraten. In: Frankfurter Allgemeine
Zeitung, Verlagsbeilage Nordrhein-West-
falen, 30. 9. 1996, S. B16.

GORKI, H. F., 1966:
Die Städte des Landes Lippe in geogra-
phisch-landeskundlicher Darstellung.
In: Westfälische Forschungen, Band 19,
S. 79–115.

GORKI, H. F., 1993:
Das Städtesystem des Münsterlandes von
1818 bis 1987. In: Münsterland und angren-
zende Gebiete, hrsg. von A. MAYR und
K. TEMLITZ, Münster, S. 111–125
(Spieker, 36).

GRAWE, J./WAGNER, E., 1995:
Nutzung erneuerbarer Energien durch die
Elektrizitätswirtschaft, Umfrage 1994.
In: Elektrizitätswirtschaft, 94. Jahrgang,
Heft 24.

HAAS, U., 1990:
Das Eisen-, Blech- und Metallwarengewerbe
1985–1989 (in Nordrhein-Westfalen). In:
Statistische Rundschau Nordrhein-Westfalen
42, Heft 11, S. 781–789 und 814–815.

HAAS, U., 1991:
Die chemische Industrie 1986–1990 (in
Nordrhein-Westfalen). In: Statistische
Rundschau Nordrhein-Westfalen 43, Heft 9,
S. 549–560.

HAASE, C., 1960:
Die Entstehung westfälischer Städte,
2. Auflage, Münster (Veröffentlichungen
d. Prov.-Inst. für westfälische Landes-
und Volkskunde, R.F., Heft 11).

HAFEMANN, P./HOTTES, K.-H./SCHÖLLER, P.
(Hrsg.) 1965:
Bochum und das mittlere Ruhrgebiet,
Paderborn (Bochumer Geographische
Arbeiten, Heft 1).

HAHN, H./ZORN, W., 1973:
Historische Wirtschaftskarte der Rheinlande
um 1820, Bonn (Arbeiten zur Rheinischen
Landeskunde, 37).

HALVER, W., 1995:
Die Messen in Nordrhein-Westfalen –
Entwicklungen, Strukturen und Standortfaktoren. In: Wirtschaftsgeographische
Entwicklungen in Nordrhein-Westfalen,
hrsg. von E. GLÄSSER, zum 65. Geburtstag
von G. VOPPEL, Köln (Kölner Forschungen
zur Wirtschafts- und Sozialgeographie,
Band 44, S. 137–158).

HAMM, R., 1986/87:
Entwicklungsunterschiede zwischen den
nordrhein-westfälischen Ballungsgebieten.
Befund und Erklärungsansätze.
In: RWI-Mitteilungen, Zeitschrift für Wirt-
schaftsforschung, 37/38, S. 217–237.

Handelsblatt Nr. 11 vom 16. 1. 1996; Beilage
Internationale Messen. S. B 1, Düsseldorf.

HARDT, U., 1996:
Flächenverwendung in agrarwirtschaftlichen
Passivräumen unter Berücksichtigung
ökonomischer, ökologischer und sozialver-
träglicher Ziele in nordrhein-westfälischen
Mittelgebirgen, Diss., Köln.

HARTENSTEIN, R., 1996 a:
Der neue Triebstoff für Wohlstand und
Arbeit ist Wissen. In: Welt am Sonntag,
5. 5. 1996, S. 55.

HARTENSTEIN, R., 1996 b:
Schlagkräftige Innovationstruppen entschei-
den den Wettstreit der Nationen.
In: Welt am Sonntag, 12. 5. 1996, S. 54.

HARTUNG, M., 1995:
Perspektiven der Braunkohlegewinnung,
Köln (hrsg. von der Rheinbraun AG).

HAUFF, T./KREFT-KETTERMANN, H., 1996:
Zusammenarbeit im deutsch-niederländi-
schen Grenzraum. In: Geographische
Rundschau 48, Heft 7–8, S. 412–418.

HEINEBERG, H./DE LANGE, N., 1983:
Die Cityentwicklung in Münster und
Dortmund seit der Vorkriegszeit – unter
besonderer Berücksichtigung des Standort-
verhaltens quartärer Dienstleistungsgruppen.
In: Westfalen und angrenzende Regionen,
Festschrift zum 44. Deutschen Geographen-
tag in Münster, hrsg. von P. WEBER und
F. SCHREIBER, Paderborn
(Münstersche Geographische Arbeiten,
Heft 15, S. 221–285).

HEINEBERG, H./MAYR, A., 1984:
Shopping-Center im Zentrensystem des
Ruhrgebietes. In: Erdkunde 38, S. 98–114.

HEINEBERG, H./MAYR, A., 1986:
Neue Einkaufszentren im Ruhrgebiet.
Vergleichende Analyse der Planung, Aus-
stattung und Inanspruchnahme der 21
größten Shopping-Center, Paderborn
(Münstersche Geographische Arbeiten,
Heft 24).

HEINEBERG, H./MAYR, A., 1988:
Neue Standortgemeinschaften des groß-
flächigen Einzelhandels im polyzentrisch
strukturierten Ruhrgebiet.
In: Geographische Rundschau 40,
Heft 7/8, S. 28–38.

HEINEBERG, H./KIRCHHOFF, K.-H., 1993:
Münster - Entwicklung, räumliche Struktur,
Funktionen und Planungsaspekte. In: Mün-
ster und seine Partnerstädte, hrsg. von
A. MAYR, C. SCHULTZE-RHONHOF und
K. TEMLITZ, 2. Auflage, Münster, S. 39–78
(Westfälische Geographische Studien, 46).

HEINEBERG, H./MAYR, A., 1996:
Jüngere Shopping-Center- Entwicklung in
Deutschland. Beispiele aus dem Ruhrgebiet.
In: Praxis Geographie, 26, Heft 5, S. 12–16.

HEINEBERG, H./MAYR, A. (Hrsg.), 1983:
Westfalen und angrenzende Regionen, Festschrift zum 44. Geographentag in Münster
(2 Teile), Paderborn (Münstersche
Geographische Arbeiten, Heft 16).

HEINZE, R. G./VOELZKOW, H., 1992:
Verbesserung von Standortqualitäten durch
regionalisierte Strukturpolitik.
In: Politische Maßnahmen zur Sicherung
von Standortqualitäten, RWI-Schriftenreihe,
Neue Folge, 53, S. 123–140.

HELMRICH, W., 1960:
Wirtschaftskunde des Landes Nordrhein-
Westfalen, Düsseldorf.

HEMPEL, L., 1976:
Erläuterungen zu den Karten
„Morphographie" und „Höhenschichten".
In: Deutscher Planungsatlas, Band I:
Nordrhein-Westfalen, Hannover
(Veröffentlichungen der Akademie für
Raumforschung und Landesplanung,
Lieferung 9).

HENKEL, G., 1982 a:
Der Strukturwandel ländlicher Siedlungen in
der Bundesrepublik Deutschland, Paderborn
(Reihe „Fragenkreise", Nr. 23 507).

HENKEL, G., 1982 b:
Dorferneuerung, Paderborn
(Reihe „Fragen-kreise", Nr. 23 565).

HENKEL, H.-O., 1996:
Gründungsoffensive. Regierung fördert
Unternehmergeist. In: Frankfurter Allge-
meine Zeitung, Verlagsbeilage Nordrhein-
Westfalen, 30. 9. 1996, S. B14.

HENNING, F.-W., 1978:
Das industrialisierte Deutschland
1914–1976, Paderborn.

HENNING, F.-W., 1981:
Düsseldorf und seine Wirtschaft. Zur
Geschichte einer Region, Düsseldorf.

HENRICHSMEYER, W./SCHMITZ, H.-J./WIGGERS,
P., 1991:
Auswirkungen des EG-Binnenmarktes auf
die Landwirtschaft und die ländlichen
Räume in NRW, Bonn.

HERMES, K. H., u. a., 1974:
Der Rheinisch-Bergische Kreis, Bonn
(Die deutschen Landkreise: Die Landkreise
in NRW, Reihe A, Band 8).

HEROLD, C., 1997:
Der Arbeitsmarkt in Nordrhein-Westfalen:
Situation und Initiativen in der ersten Hälfte
der 1990er Jahre, unveröff. Diplomarbeit,
Köln.

HERZOG, W./TROLL, C., 1968:
Die Landnutzungskarte 1:100000, Blatt 1:
Köln-Bonn, Bonn (Arbeiten zur Rheinischen
Landeskunde, Heft 28).

HESEMANN, J., 1975:
Geologie Nordrhein-Westfalens, Paderborn
(Bochumer Geographische Arbeiten,
Sonderreihe, Band 2).

HEUSER, U. J., 1996:
Lohn der Beweglichkeit.
In: Die Zeit, 14. 6. 1996, S. 17.

HEUSER, U. J., 1997a:
Abenteuer Arbeit. Die Beschäftigten von
morgen werden zu Unternehmern in
eigener Sache. In: Die Zeit, 14. 2. 1997,
S. 15.

HEUSER, U. J., 1997b:
Die Illusion der Bewahrer. Trotz aller
Gewinne werden Großkonzerne nicht mehr
Arbeitsplätze schaffen.
In: Die Zeit, 4. 4. 1997, S. 26.

HÖCKMANN, TH./GRUBER, R./MALCHUS, V.,
Frhr. von, 1985:
Staatsgrenzenüberschreitende Beziehungen
und Planungen im Gebiet der Region
Rhein-Waal, Dortmund (ILS, Band 1.034).

HOFMANN, M., 1997:
Paderborn. In: Geogr. Kommission für
Westfalen (Hrsg.): Städte und Gemeinden
Westfalens, Band 3, Kreis Paderborn,
Münster.

HÖHFELD, T., 1971:
Die Funktion der Steinkohlereviere der
Bundesrepublik im westeuropäischen
Wirtschaftsraum, Köln (Kölner Forschungen
zur Wirtschafts- und Sozialgeographie,
Band XV).

HÖLZ, P., 1996:
Ausbau zum Kommunikationsstandort. Die
Landeshauptstadt feiert ihren 50. Geburtstag
multimedial. In: Frankfurter Allgemeine
Zeitung, Verlagsbeilage Nordrhein-West-
falen, 30. 9. 1996, S. B23.

HOMMEL, M., 1984:
Raumnutzungskonflikte am Nordrand des
Ruhrgebietes. In: Erdkunde, Band 38,
Heft 2, S. 114–124.

HOPPE, C., 1970:
Die großen Flußverlagerungen des
Niederrheines in den letzten zweitausend
Jahren und ihre Auswirkungen auf die Lage
und Entwicklung der Siedlungen, Bonn-
Bad Godesberg (Forschungen zur deutschen
Landeskunde, Band 189).

HOTTES, K. H., 1961:
Köln als Industriestadt. In: Köln und die
Rheinlande, hrsg. von K. KAYSER und
T. KRAUS, Festschrift zum 33. Deutschen
Geographentag 1961 in Köln, Wiesbaden,
S., 129–154.

HOTTES, K. H./MEYNEN, E./OTREMBA, E.
(Hrsg.), 1972:
Wirtschaftsräumliche Gliederung der
Bundesrepublik Deutschland. Geographisch-
landeskundliche Bestandsaufnahme 1960–
1969, Bonn-Bad Godesberg (Forschungen
zur deutschen Landeskunde, Band 193).

HOTTES, K. H., u. a. (Hrsg.), 1989:
Köln und sein Umland, Köln.

Industrie- und Handelskammer Mittlerer
Niederrhein 1995:
Für die Textilindustrie bleibt die Wegstrecke
aus der Krise schwierig. In: Die Kammer
11/1995 S. 18ff, Krefeld.

Industrie- und Handelskammern in Nordrhein-
Westfalen (Hrsg.), verschiedene Jahrgänge:
Statistisches Jahrbuch der nordrhein-west-
fälischen Industrie- und Handelskammern.

Institut für Landes- und Stadtentwicklungs-
forschung des Landes Nordrhein-Westfalen
(ILS) (Hrsg.), 1976:
Die Ausländerbevölkerung in NRW,
Dortmund (Schriftenreihe Landes- und
Stadtentwicklungsforschung des Landes
NRW, Band 1.012).

Institut für Landes- und Stadtentwicklungs-
forschung des Landes Nordrhein-Westfalen
(ILS) (Hrsg.), 1982a:
Tendenzen der Bevölkerungsentwicklung
und Infrastrukturversorgung unter Berück-
sichtigung der Ziele für die Entwicklung der
Siedlungsstruktur gemäß Landesentwick-
lungsplan I/II. Dortmund (Schriftenreihe
Landes- und Stadtentwicklungsforschung des
Landes Nordrhein-Westfalen, Band 4.020).

Institut für Landes- und Stadtentwicklungsforschung des Landes Nordrhein-Westfalen
(ILS) (Hrsg.), 1982b:
Regionale Mobilität in Nordrhein-Westfalen. Dortmund (Schriftenreihe Landes-
und Stadtentwicklungsforschung des Landes
Nordrhein-Westfalen, Band 1.039).

Institut für Landes- und Stadtentwicklungsfor-
schung des Landes Nordrhein-Westfalen
(ILS) (Hrsg.), 1982 c:
Ausländerentwicklung und Nutzung ausge-
wählter Infrastruktureinrichtungen in NRW,
Dortmund (Schriftenreihe Landes- und
Stadtentwicklungsforschung des Landes
NRW, Band 1.035).

Institut für Landes- und Stadtentwicklungs-
forschung des Landes Nordrhein-Westfalen
(ILS) (Hrsg.), 1984:
Staatsgrenzen überschreitende Zusammen-
arbeit des Landes NRW, Dortmund
(Schriftenreihe Landes- und Stadtentwick-
lungsforschung des Landes NRW,
Band 1.036).

Institut für Landes- und Stadtentwicklungsforschung des Landes Nordrhein-Westfalen
(ILS) (Hrsg.), 1986:
Räumliche Planung in Nordrhein-Westfalen,
den Niederlanden und Belgien, Dortmund
(Kurzberichte zur Landes- und Stadtentwicklungsforschung 2/86).

Institut für Landes- und Stadtentwicklungsforschung des Landes Nordrhein-Westfalen
(ILS) (Hrsg.), 1989:
Großräumige Verkehrsachsen in Nordwesteuropa, Dortmund (ILS-Schrift 31).

Institut für Landes- und Stadtentwicklungs-
forschung des Landes Nordrhein-Westfalen
(ILS) (Hrsg.), 1990:
Gutachten zur Beurteilung der Sozial-
verträglichkeit von Umsiedlungen im
Rheinischen Braunkohlerevier. Kernaus-
sagen und Empfehlungen, Fachbeiträge,
Fallstudien, Dortmund (ILS-Schriften 48).

IRSIGLER, F., 1975:
Kölner Wirtschaft im Spätmittelalter.
In: Zwei Jahrtausende Kölner Wirtschaft,
hrsg. von H. KELLENBENZ und K. VAN EYLL,
Köln (Rheinisch-Westfälisches
Wirtschaftsarchiv zu Köln, Band 1,
S. 217–320).

IRSIGLER, F./LÖFFLER, G. (Hrsg.), 1982 ff.:
Geschichtlicher Atlas der Rheinlande, Köln
(Publikationen der Gesellschaft für
Rheinische Geschichtskunde).

ISENBERG, G., 1968:
Entwicklung und Zukunftsaussichten der
Rheinischen Stadtlandschaft, Düsseldorf
(Landesplanungsgemeinschaft Rheinland).

ISENBERG, G., 1970:
Ballungsgebiete in der Bundesrepublik
Deutschland. In: Handwörterbuch der
Raumforschung und Landesplanung,
Hannover.

Jahrbuch Bergbau, Erdöl, Erdgas und Chemie,
verschiedene Jahrgänge, Essen.

JANSEN, P. G./BRO ADVISEURS 1995:
INTERREG-I Projekt: Euregio-Plan; Grenzüberschreitende räumliche Entwicklungsper-
spektive für die Euregio Rhein-Maas-Nord,
hrsg. von Euregio Rhein-Maas-Nord, Köln,
Vught (NL).

JASPER, K., 1977:
Der Urbanisierungsprozeß – dargestellt am
Beispiel der Stadt Köln, Köln (Schriften
zur rheinisch-westfälischen Wirtschaftsgeschichte, Band 30).

JOACHIMSEN, R., 1984:
Landespolitik muß Wirtschafts- und
Umweltinteressen gerecht werden.
In: Die chemische Industrie in Nordrhein-
Westfalen, Sonderveröffentlichung der
Zeitung „Chemische Industrie", Düsseldorf–
Frankfurt, S. 624–628.

JUNGKEIT, R./HÜTTER, M., 1996:
Waldökosysteme Nordrhein-Westfalens.
Ihr Leistungsvermögen als Senke für
atmosphärisches CO_2. In: Die Erde, 127,
S. 23–42.

JUNKERNHEINRICH, M., 1989:
Ökonomische Erneuerung alter Wirtschafts-
regionen. Das Beispiel Ruhrgebiet.
In: Wirtschaftsdienst, Zeitschrift für
Wirtschaftspolitik, Nr. 1, 69. Jahrgang,
S. 28–35.

KAYSER, K./KRAUS, T. (Hrsg.), 1961:
Köln und die Rheinlande, Festschrift zum
33. Deutschen Geographentag 1961 in Köln,
Wiesbaden.

KELLENBENZ, H., 1967:
Die Wirtschaft des Aachener Bereichs im
Gang der Jahrhunderte. In: Zur Wirtschaftsgeschichte des Regierungsbezirks Aachen,
hrsg. von CL. BRUCKNER, Köln (Schriften
zur rheinisch-westfälischen Wirtschaftsgeschichte, Band 16, S. 459–507).

KELLENBENZ, H./EYLL, K. VAN, 1975:
Zwei Jahrtausende Kölner Wirtschaft,
Band 1 und 2, Köln.

KELLERSOHN, H., 1968:
Die Siegerländer Haubergwirtschaft früher
und heute. In: Naturkunde in Westfalen,
Heft 2–3, S. 41–50.

KEMPER, F. J., 1977:
Inner- und außerstädtische Naherholung
am Beispiel der Bonner Bevölkerung.
Ein Beitrag zur Geographie der Freizeit,
Bonn (Arbeiten zur Rheinischen Landes-
kunde, Heft 42).

KERSTING, A., 1958:
Das Textilindustriegebiet des
westfälisch-niederländischen Grenzbezirks.
In: Westfälische Forschungen 11, S. 86–105.

KESSLER, M., 1980:
Fremdenverkehr 1976/77 – Touristisches
Angebot und Fremdenverkehrsfrequenz.
In: Deutscher Planungsatlas, Band 1,
Hannover (Veröffentlichungen der Akade-
mie für Raumforschung und Landesplanung,
Lieferung 24).

KESSLER, M., 1988:
Planung und Wachstum im Kölner Fremdenverkehr – die moderne Hotelentwicklung.
In: Wirtschaftsgeographische Entwicklungen in Köln, hrsg. von E. GLÄSSER
und G. VOPPEL, Köln (Kölner Forschungen
zur Wirtschafts- und Sozialgeographie,
Bd. XXXV, S. 99–136).

KESSLER-LEHMANN, M., 1993:
Die Kunststadt Köln, Köln (Kölner Forschungen zur Wirtschafts- und Sozialgeographie, Bd. 43).

KEYSER, E. (Hrsg.), 1954:
Westfälisches Städtebuch. In: Deutsches
Städtebuch, Stuttgart.

KEYSER, E. (Hrsg.), 1956:
Rheinisches Städtebuch.
In: Deutsches Städtebuch, Stuttgart.

KILPER, H., u. a., 1994:
Das Ruhrgebiet im Umbruch – Strategien
regionaler Verflechtung. In: Schriften des
Instituts für Arbeit und Technik, Band 8.

KLAHSEN, E./ RUHREN, N. VON DER, 1985:
Das Rheinische Braunkohlenrevier.
Teil 1: Braunkohlentagebau und Energiewirt-
schaft, Köln (hrsg. von der Rheinbraun AG).

KLAHSEN, E./ RUHREN, N. VON DER, 1986:
Das Rheinische Braunkohlenrevier. Teil 2:
Braunkohlentagebau und Umwelt, Köln
(hrsg. von der Rheinbraun AG).

KLAHSEN, E./ RUHREN, N. VON DER, 1990:
Das Rheinische Braunkohlenrevier. Teil 3:
Braunkohlentagebau und Umsiedlungen,
Köln (hrsg. von der Rheinbraun AG).

KLEMMER, P., 1982:
Verkehrspolitik und wirtschaftliche
Entwicklung des Ruhrgebietes. Gutachten
im Auftrag des Kommunalverbandes Ruhrgebiet, Essen.

KLEMMER, P., 1990:
Ökonomische und politische Ausgangsbe-
dingungen für einen forschungsgestützten
Strukturwandel im Ruhrgebiet. In: Forschung und Entwicklung als Träger von Innovation und Strukturwandel im Ruhrgebiet,
hrsg. von der Hans-Böckler-Stiftung,
Düsseldorf, S. 15–25.

KLEMMER, P./UNGER, A., 1975:
Analyse der Industriestruktur von Nordrhein-
Westfalen, Dortmund (ILS, Band 1.010).

Klett-Perthes (Hrsg.) 1994:
Alexander. Kleiner Atlas Nordrhein-Westfalen. Stuttgart u. a.

KLUCZKA, G., 1970 a:
Nordrhein-Westfalen in seiner Gliederung
nach zentralörtlichen Bereichen.
Bestandsaufnahme 1964–68.
In: Landesentwicklung, Heft 27,
Düsseldorf.

KLUCZKA, G., 1970 b:
Zentrale Orte und zentralörtliche Bereiche
mittlerer und höherer Stufe in der Bundes-
republik Deutschland, Bonn-Bad Godesberg
(Forschungen zur deutschen Landeskunde,
Band 194).

KLUCZKA, G., 1971:
Südliches Westfalen in seiner Gliederung
nach zentralen Orten und zentralörtlichen
Bereichen, Bonn-Bad Godesberg
(Forschungen zur deutschen Landeskunde,
Band 182).

KNAUER, H.-J., 1994:
Keine spürbare Umweltentlastung.
In: Güterverkehrszentren, Sonderbeilage der
Deutschen Verkehrs-Zeitung, Nr. 115, vom
27. 9. 1994, Hamburg.

KNIOLA, F.-J., 1993:
Wirtschaft ist auf den Lkw angewiesen.
In: Nordrhein-Westfalen. Sonderbeilage der
Deutschen Verkehrs-Zeitung, Nr. 76 vom
29. 6. 1993, S. 13, Hamburg.

KNÜBEL, H. (Hrsg.), o. J. :
Atlas für die Schulen in Nordrhein-Westfalen, Braunschweig.

KOCH-ACHELPÖHLER, V./KRÜLL, H., 1996:
Landwirtschaft in Nordrhein-Westfalen –
Analyse und Projektion des Agrarstruktur-
wandels 1980–2003, Bonn
(Forschungsgesellschaft für Agrarpolitik
und Agrarsoziologie e.V).

KÖHLER, H., 1957:
Das Braunkohlegebiet am linken Niederrhein. In: Berichte zur deutschen Landeskunde, Band 18, Heft 1, Remagen, S. 1–20.

KÖLLMANN, W., 1971:
Struktur und Wachstum des bergisch-
märkischen Raumes 1955–1969, Bochum.

KÖLLMANN, W., 1974:
Bevölkerung in der industriellen Revolution,
Göttingen (Kritische Studien zur
Geschichtswissenschaft, Band 12).

KÖLLMANN, W., u. a. (Hrsg.), 1990:
Das Ruhrgebiet im Industriezeitalter.
Geschichte und Entwicklung,
Band 1 und 2, Düsseldorf.

Kombiverkehr – Deutsche Gesellschaft für
kombinierten Güterverkehr, 1995:
Umschlagbahnhöfe für Kombiverkehr in
Deutschland. Frankfurt/M.

Kommunalverband Ruhrgebiet (KVR) (Hrsg.),
einzelne Jahrgänge a:
Arbeitshefte und Planungshefte Ruhrgebiet,
Essen.

Kommunalverband Ruhrgebiet (Hrsg.),
einzelne Jahrgänge b:
Statistische Rundschau Ruhrgebiet, Essen.

Kommunalverband Ruhrgebiet (Hrsg.), 1995:
Foliothek Ruhrgebiet, Berlin.

Kommunalverband Ruhrgebiet (Hrsg.), 1996:
Bestandsaufnahme der Technologiezentren
im Ruhrgebiet;
KVR-Regionalinformation Ruhrgebiet,
Ausgabe April, Essen.

Kommunalverband Ruhrgebiet (Hrsg.), 1997:
Bericht über die Beteiligung des Kommu-
nalverbandes Ruhrgebiet 1995,
Statistiken: Besucherentwicklung
im Badbereich 1992–1996,
Essen.

KÖNIG, A./KRUSCH, M., 1972:
Nordrhein-Westfalen – Biographie eines
Landes, Düsseldorf.

KOPPER, H., 1993:
Der Standort Ruhrgebiet im Kalkül der
Wirtschaftsunternehmen. In: Erneuerungen
des Ruhrgebietes. Regionales Erbe und
Gestaltung für die Zukunft, Festschrift zum
49. Deutschen Geographentag, hrsg. von
H. DÜRR und J. GRAMKE, Paderborn,
S. 163–168.

KORCZAK, D., 1995:
Lebensqualität-Atlas; Umwelt, Kultur
Wohlstand, Versorgung, Sicherheit und
Gesundheit in Deutschland, Opladen.

KRAUS, T., 1931:
Das Siegerland, ein Industriegebiet im
Rheinischen Schiefergebirge, Stuttgart
(Forschungen zur deutschen Landes- und
Volkskunde, Band 28, Heft 1)

KRAUS, T., 1933:
Der Wirtschaftsraum – Gedanken zu seiner
geographischen Erforschung, Köln.

KRAUS, T., 1953:
Die Altstadtbereiche westdeutscher Groß-
städte und ihr Wiederaufleben nach der
Kriegszerstörung. In: Erdkunde, Band 7,
Heft 2, S. 94–99.

KRAUS, T., 1954:
Köln, Grundlagen seines Lebens in der
Nachkriegszeit. In: „Die Erde", Zeitschrift
der Gesellschaft für Erdkunde zu Berlin,
Band VI.

KRAUS, T., 1961:
Das rheinisch-westfälische Städtesystem.
In: Köln und die Rheinlande, Festschrift
zum 33. Deutschen Geographentag 1961
in Köln, Wiesbaden, S. 1–24.

KRAUS, T., 1971:
Die Gemeinde und ihr Territorium. Fünf
Gemeinden der Niederrheinlande in geogra-
phischer Sicht, Opladen (Arbeitsgemein-
schaft für Forschung des Landes Nordrhein-
Westfalen, Geisteswissenschaften, Heft 171).

KREUS, A./RUHREN, N. VON DER, 1992:
Das Rheinische Braunkohlenrevier. Teil 4:
Braunkohlenabbau und Rekultivierung,
Köln (hrsg. von der Rheinbraun AG).

KROESCHEL, K., 1960:
Stadtgründungen und Weichbildrecht in
Westfalen, Münster (Schriften der Histori-
schen Kommission Westfalens).

KÜRTEN, W. VON, 1973:
Die Wupper-Ennepe-Verdichtungszone im
räumlichen Gefüge, Wuppertal (Wuppertaler Geographische Studien, Heft 5).

KULS, W., 1988:
Bonn als Bundeshauptstadt. In: Bonn – Stadt
und Umland, Festschrift zum 75-jährigen
Bestehen der Gesellschaft für Erd- und
Völkerkunde zu Bonn,
hrsg. von E. MAYER u. a., S. 5–18.

KUSKE, B., 1922:
Die rheinischen Städte. In: Geschichte des
Rheinlandes, Band II, Essen.

KUSKE, B., 1928:
Die Großstadt Köln als wirtschaftlicher und
sozialer Körper, Köln.

KUSKE, B., 1931:
Der Wirtschaftsraum Westfalen.
In: Der Raum Westfalen, Band 1,
hrsg. von H. AUBIN u. a., S. 75–124.

KUTSCHER, S., 1971:
Bocholt in Westfalen. Eine stadtgeographische Untersuchung unter besonderer Berücksichtigung des inneren Raumgefüges,
Bonn-Bad Godesberg (Forschungen
zur deutschen Landeskunde, Band 203).

Landesamt für Datenverarbeitung und Statistik
Nordrhein-Westfalen (LDS) (Hrsg.),
verschiedene Jahrgänge a:
Statistisches Jahrbuch Nordrhein-Westfalen,
Düsseldorf.

Landesamt für Datenverarbeitung und Statistik Nordrhein-Westfalen (LDS) (Hrsg.), verschiedene Jahrgänge b: Statistisches Taschenbuch Nordrhein-Westfalen, Düsseldorf.

Landesamt für Datenverarbeitung und Statistik Nordrhein-Westfalen (LDS) (Hrsg.), verschiedene Jahrgänge c: Die Gemeinden Nordrhein-Westfalens, Düsseldorf.

Landesamt für Datenverarbeitung und Statistik Nordrhein-Westfalen (LDS) (Hrsg.), verschiedene Jahrgänge d: Kreisstandardzahlen – Statistische Angaben für kreisfreie Städte und Kreise des Landes Nordrhein-Westfalen, Düsseldorf.

Landesamt für Datenverarbeitung und Statistik Nordrhein-Westfalen (LDS) (Hrsg.), verschiedene Jahrgänge e: Statistische Rundschau für NRW, Düsseldorf.

Landesamt für Datenverarbeitung und Statistik Nordrhein-Westfalen (LDS) (Hrsg.), einzelne Ausgaben: Statistische Berichte. Bergbau und Verarbeitendes Gewerbe in Nordrhein-Westfalen 1985. Ergebnisse für kreisfreie Städte und Kreise, Düsseldorf.

Landesamt für Datenverarbeitung und Statistik Nordrhein-Westfalen (LDS) (Hrsg.), 1974: Die Wohnbevölkerung nach Alter, Familienstand und Religionszugehörigkeit am 27. Mai 1970 – Landesergebnisse, Ergebnisse der Volkszählung 1970, Düsseldorf (Beiträge zur Statistik des Landes Nordrhein-Westfalen, Sonderreihe Volkszählung 1970, Heft 4 a).

Landesamt für Datenverarbeitung und Statistik Nordrhein-Westfalen (LDS) (Hrsg.), 1980: Kommunale Neugliederung in Nordrhein-Westfalen 1961–1976 – Entwicklung von Fläche und Bevölkerung in den Gemeinden, Düsseldorf (Beiträge zur Statistik des Landes Nordrhein-Westfalen, Heft 430).

Landesamt für Datenverarbeitung und Statistik Nordrhein-Westfalen (LDS) (Hrsg.), 1980 und 1984: Bergbau und Verarbeitendes Gewerbe in Nordrhein-Westfalen. Regionale Branchenstruktur, Düsseldorf.

Landesamt für Datenverarbeitung und Statistik Nordrhein-Westfalen (LDS) (Hrsg.), 1989 a: Arbeitsstätten und Beschäftigte in den Gemeinden Nordrhein-Westfalens am 25. Mai 1987 nach ausgewählten Struktur-

merkmalen – Erste Ergebnisse der Arbeitsstättenzählung, Düsseldorf (Statistische Berichte).

Landesamt für Datenverarbeitung und Statistik Nordrhein-Westfalen (LDS) (Hrsg.), 1989 b: Bevölkerung, Privathaushalte und Erwerbstätige, Gemeindeergebnisse der Volkszählung – für alle Bundesländer vereinbartes Mindestveröffentlichungsprogramm, Düsseldorf (Sonderreihe zur Volkszählung 1987 in Nordrhein-Westfalen, Band 1.1).

Landesamt für Datenverarbeitung und Statistik Nordrhein-Westfalen (LDS) (Hrsg.), 1989 c: Bevölkerung am 30. 9. 1950, 6. 6. 1961, 27. 5. 1970 und 25. 5. 1987, Düsseldorf (Sonderreihe zur Volkszählung 1987, Band 2.1).

Landesamt für Datenverarbeitung und Statistik Nordrhein-Westfalen (LDS) (Hrsg.), 1989 d: Bevölkerung nach Altersjahren, Gemeindeergebnisse, Düsseldorf (Sonderreihe zur Volkszählung 1987 in Nordrhein-Westfalen, Band Nr. 2.2).

Landesamt für Datenverarbeitung und Statistik Nordrhein-Westfalen (LDS) (Hrsg.), 1989 e: Bevölkerung nach Familienstand und Religion, Düsseldorf (Sonderreihe zur Volkszählung 1987 in Nordrhein-Westfalen, Band Nr. 2.3).

Landesamt für Datenverarbeitung und Statistik Nordrhein-Westfalen (LDS) (Hrsg.), 1989 f: Auspendler nach Wohnsitz und Zielort, Düsseldorf (Sonderreihe zur Volkszählung 1987 in Nordrhein-Westfalen, Band Nr. 2.4).

Landesamt für Datenverarbeitung und Statistik Nordrhein-Westfalen (LDS) (Hrsg.), 1989 g: Bevölkerung nach Altersgruppen und Staatsangehörigkeit, Düsseldorf (Sonderreihe zur Volkszählung 1987 in Nordrhein-Westfalen, Band Nr. 2.7).

Landesamt für Datenverarbeitung und Statistik Nordrhein-Westfalen (LDS) (Hrsg.), 1989 h: Die Bevölkerung in Nordrhein-Westfalen 1987 – Bevölkerungsstand, Bevölkerungsbewegung, Düsseldorf (Beiträge zur Statistik des Landes Nordrhein-Westfalen, Heft 617).

Landesamt für Datenverarbeitung und Statistik Nordrhein-Westfalen (LDS) (Hrsg.), 1990 a: Berufs- und Ausbildungspendler, Gemeindeergebnisse der Volkszählung, für alle Bundesländer vereinbartes Mindestveröffentlichungsprogramm. Düsseldorf (Sonderreihe zur Volkszählung 1987, Band 1.3).

Landesamt für Datenverarbeitung und Statistik Nordrhein-Westfalen (LDS) (Hrsg.), 1990 b: Berufs- und Ausbildungspendler, Düsseldorf (Sonderreihe zur Volkszählung 1987 in Nordrhein-Westfalen, Band Nr. 1.3).

Landesamt für Datenverarbeitung und Statistik Nordrhein-Westfalen (LDS) (Hrsg.), 1990 c: Einpendler nach Zielort und Wohnsitz, Düsseldorf (Sonderreihe zur Volkszählung 1987 in Nordrhein-Westfalen, Band Nr. 2.13).

Landesamt für Datenverarbeitung und Statistik Nordrhein-Westfalen (LDS) (Hrsg.), 1990 d: Bevölkerung und Ausbildungsstand, Düsseldorf (Sonderreihe zur Volkszählung 1987 in Nordrhein-Westfalen, Band Nr. 2.6).

Landesamt für Datenverarbeitung und Statistik Nordrhein-Westfalen (LDS) (Hrsg.), 1990 e: Deutsche und ausländische Bevölkerung nach Beteiligung am Erwerbsleben sowie Stellung im Beruf, Düsseldorf (Sonderreihe zur Volkszählung 1987 in Nordrhein-Westfalen, Band Nr. 2.8).

Landesamt für Datenverarbeitung und Statistik Nordrhein-Westfalen (LDS) (Hrsg.), 1990 f: Deutsche und ausländische Erwerbstätige nach Wirtschaftsabteilungen und Stellung im Beruf, Düsseldorf (Sonderreihe zur Volkszählung 1987 in Nordrhein-Westfalen, Band Nr. 2.9).

Landesamt für Datenverarbeitung und Statistik Nordrhein-Westfalen (LDS) (Hrsg.), 1990 g: Deutsche und ausländische Bevölkerung nach überwiegenden Quellen des Lebensunterhalts, Düsseldorf (Sonderreihe zur Volkszählung 1987 in Nordrhein-Westfalen, Band Nr. 2.11).

Landesamt für Datenverarbeitung und Statistik Nordrhein-Westfalen (LDS) (Hrsg.), 1990 h: Arbeitsstätten. Gemeinde-, Kreis- und Landesergebnisse, Düsseldorf (Sonderreihe zur Volkszählung 1987 in Nordrhein-Westfalen, Band Nr. 7.1).

Landesamt für Datenverarbeitung und Statistik Nordrhein-Westfalen (LDS) (Hrsg.), 1990 i: Beschäftigte in den Arbeitsstätten, Düsseldorf (Sonderreihe zur Volkszählung 1987 in Nordrhein-Westfalen, Band Nr. 7.2).

Landesamt für Datenverarbeitung und Statistik Nordrhein-Westfalen (LDS) (Hrsg.), 1991: Bevölkerung und Privathaushalte, Düsseldorf (Sonderreihe zur Volkszählung 1987 in Nordrhein-Westfalen, Band Nr. 3.1).

Landesamt für Datenverarbeitung und Statistik Nordrhein-Westfalen (LDS) (Hrsg.), 1993: Tourismus in Nordrhein-Westfalen. Ergebnisse der Beherbergungsstatistik, Düsseldorf.

Landesamt für Datenverarbeitung und Statistik Nordrhein-Westfalen (LDS) (Hrsg.), 1996: Energiebilanz Nordrhein-Westfalen 1994, Düsseldorf.

Landesamt für Datenverarbeitung und Statistik Nordrhein-Westfalen und Kommunalverband Ruhrgebiet (LDS) (Hrsg.), 1986: Statistische Rundschau Ruhrgebiet, 1985 (18. Jg.), Düsseldorf/Essen.

Landesanstalt für Ökologie, Landschaftsentwicklung und Forstplanung Nordrhein-Westfalen (LÖLF, Hrsg.), verschiedene Jahrgänge:Mitteilungen, einzelne Hefte, Recklinghausen.

Landesarbeitsamt Nordrhein-Westfalen (Hrsg.), 1995 a: Frauen und Arbeitsmarkt, Düsseldorf.

Landesarbeitsamt Nordrhein-Westfalen (Hrsg.), 1995 b: Der Wandel der Berufsstruktur in Nordrhein-Westfalen 1979–1994, Düsseldorf.

Landesarbeitsamt Nordrhein-Westfalen (Hrsg.), 1995 c: Eckdaten des Arbeitsmarktes seit 1948, Düsseldorf.

Landesarbeitsamt Nordrhein-Westfalen (Hrsg.), 1995 d: Der Wandel der Wirtschaftsstruktur in Nordrhein-Westfalen 1979–1994, Düsseldorf.

Landesarbeitsamt Nordrhein-Westfalen (Hrsg.), 1995 e: Sonderuntersuchung über Arbeitslose, Erste Ergebnisse, Stand: Ende September 1994, Düsseldorf.

Landesarbeitsamt Nordrhein-Westfalen (Hrsg.), 1995 f: Sozialversicherungspflichtig Beschäftigte, Berichtsquartal I/1995, Düsseldorf.

Landesarbeitsamt Nordrhein-Westfalen (Hrsg.), 1996: Arbeitslose nach Kreisen, kreisfreien Städten und Regierungsbezirken 1984 bis 1996, Düsseldorf.

Landesarbeitsamt Nordrhein-Westfalen (Hrsg.), verschiedene Jahrgänge a: Presseinformationen, Düsseldorf.

Landesarbeitsamt Nordrhein-Westfalen (Hrsg.), verschiedene Jahrgänge b: Arbeitsmarktbericht, verschiedene Jahrgänge, Düsseldorf.

Landesregierung Nordrhein-Westfalen 1994: Nordrhein-Westfalen. Der „Bauplatz Zukunft" in Bildern und Zahlen, Düsseldorf.

Landesvermessungsamt NRW (Hrsg.), 1968: Topographischer Atlas Nordrhein-Westfalen, Bad Godesberg.

Landeszentralbank (LZB) in Nordrhein-West-
falen 1995: Bericht zur konjunkturellen
Lage der Branchen in Nordrhein-Westfalen;
Teil 8: Textil- und Bekleidungsindustrie,
Düsseldorf, S. 39 ff.

Landtag NRW (Hrsg.), 1996:
Bericht der Landesregierung über Lage und
Entwicklung der Forstwirtschaft
(Landeswaldbericht 1996), Düsseldorf
(Drucksache 12/1576, 3. 12. 1996).

LANKENAU, D., 1984:
Ausbau des westdeutschen Kanalnetzes seit
1965. In: Zeitschrift für Binnenschiffahrt
und Wasserstraßen, Heft 3, S. 96 ff.

LAUNHARDT, W., 1982:
Der zweckmäßige Standort einer gewerblichen Anlage. In: Zeitschrift des Vereins
deutscher Ingenieure, S. 5 – 15.

LAUX, H. D./THIEME, G., 1978:
Die Agrarstruktur der Bundesrepublik
Deutschland. Ansätze zu einer regionalen
Typologie. In: Erdkunde, Band 32,
S. 182 – 198.

LEGEWIE, J., 1995:
Nordrhein-Westfalen als Standort für japani-
sche Produktionsstätten im nationalen und
europäischen Vergleich.
In: Wirtschaftsgeographische Entwicklun-
gen in Nordrhein-Westfalen, hrsg. von
E. GLÄSSER, zum 65. Geburtstag von
G. VOPPEL, Köln (Kölner Forschungen zur
Wirtschafts- und Sozialgeographie,
Band 44, S. 159 – 190).

LETTMANN, A., 1995:
Akzeptanz von Extensivierungsstrategien.
Eine empirische Untersuchung bei Land-
wirten in Nordrhein-Westfalen,
Bonn (Bonner Studien zur
Wirtschaftssoziologie, Band 2).

LICHIUS, W., 1973:
Die Rheinschiene – Entwicklungslinie im
Wirtschaftsraum NRW, Diss., Köln.

LINSSEN, H., 1996:
In den Fortschritt vertrauen. Akzeptanz
neuer Technologien in der Öffentlichkeit
steigern. In: Frankfurter Allgemeine
Zeitung, Verlagsbeilage Nordrhein-
Westfalen, 30. 9. 1996, S. B 23.

LÖGTERS, Chr., 1987:
Umsiedlungen im rheinischen Braunkohlenre-
vier im Spannungsfeld der Bürgerinteressen.
In: Braunkohle, 39, Heft 12, S. 467 – 473.

MAAS, H./MÜCKENHAUSEN, E., 1971:
Böden. In: Deutscher Planungsatlas, Band I:
Nordrhein-Westfalen, Hannover

(Veröffentlichungen der Akademie für
Raumforschung und Landesplanung,
Lieferung 1, Karte und Text).

MAASJOST, L., 1973:
Südöstliches Westfalen, Berlin-Stuttgart
(Sammlung Geographischer Führer, Band 9).

Maas-Rhein Institut für Angewandte Geogra-
phie e.V. (Hrsg.), verschiedene Jahrgänge:
Informationen und Materialien der
EUREGIO Maas-Rhein, Aachen.

MALCHUS, V., Frh. VON 1973:
Strukturwandel in Nordrhein-Westfalen in
jüngster Zeit. In: Raumforschung und
Raumordnung, 31, S. 14 ff.

MALCHUS, V., Frh. VON 1978:
Tendenzen der Bevölkerungsentwicklung
und Verteilung im Lande Nordrhein-Westfalen. In: Veröffentlichungen der Akademie
für Raumforschung und Landesplanung,
Forschungs- und Sitzungsberichte, 126,
Hannover, S. 31 – 69.

MALTHUS, T. R., 1807:
Versuch über die Bedingungen und die
Folgen der Volksvermehrung, Altona.

MAYR, A., 1985:
Die Wirtschaftsräume Westfalens im
Überblick. In: Westfälische Geschichte,
Band b, Düsseldorf, S. 1 – 39.

MAYR, A., u. a., 1985:
Luftverkehr I. In: Deutscher Planungsatlas,
Band 1, Nordrhein-Westfalen, Hannover
(Veröff. der Akademie für Raumforschung
und Landesplanung, Lfg. 43).

MAYR, A., u. a., 1990:
Luftverkehr II. In: Deutscher Planungsatlas,
Band 1, Nordrhein-Westfalen, Hannover
(Veröff. der Akademie für Raumforschung
und Landesplanung, Lfg. 44).

MAYR, A./SOMMER, W., 1993:
Münster als Oberzentrum – Entwicklung
von Ausstattung und Reichweite. In:
Geschichte der Stadt Münster, hrsg. von
F.-J. JAKOBI, Band 3, Münster, S. 231 – 292.

MAYR, A./TEMLITZ, K. (Hrsg.), 1986:
Erträge geographisch-landeskundlicher
Forschung in Westfalen, Festschrift 50 Jahre
Geographische Kommission Westfalen,
Münster (Westfälische Geographische
Studien, 42).

MAYR, A./TEMLITZ, K. (Hrsg.), 1991:
Südost-Westfalen, Münster.

MAYR, A./STONJEK, D./TEMLITZ, K. (Hrsg.),
1994:
Der Kreis Steinfurt, Münster (Geographische Kommission für Westfalen, Reihe:
Städte und Gemeinden in Westfalen).

MAYR, A./TEMLITZ, K. (Hrsg.), 1995:
Bielefeld und Nordost-Westfalen. Entwicklung, Strukturen und Planung im Unteren Weserbergland, Bielefeld (Jahrestagung der Geographischen Kommission für Westfalen), Münster (Spieker, 37).

MAYR, A./SCHÜTTLER, A./TEMLITZ, K. (Hrsg.), 1996:
Der Kreis Höxter, Münster (Geographische Kommission für Westfalen, Reihe: Städte und Gemeinden in Westfalen).

MEICHSNER, I., 1996:
Die Zukunft als große Aufgabe. In: Kölner Stadt-Anzeiger, 31. 8./1. 9. 1996, S. 3.

MEYNEN, E., 1961:
Die Randstädte Kölns. In: Köln und die Rheinlande, hrsg. von K. KAYSER und T. KRAUS, Festschrift zum 33. Deutschen Geographentag 1961 in Köln, Wiesbaden, S. 196–218.

MEYNEN, E., 1975:
Die produktionsgewerblichen Standorte Kölns und seines engeren Umlandes – Entwicklung und Wandel.
In: Der Wirtschaftsraum, Festschrift für Erich Otremba zu seinem 65. Geburtstag, Wiesbaden.

MEYNEN, E., u. a. (Hrsg.), 1953–1962:
Handbuch der naturräumlichen Gliederung Deutschlands, Bad Godesberg.

MEYNEN, E. (Hrsg.), 1961:
Die Städte in Nordrhein in geographisch-landeskundlichen Kurzbeschreibungen, Bad Godesberg (Berichte zur deutschen Landeskunde, Band 26).

MEYNEN, E. (Hrsg.), 1967:
Die Mittelrheinlande, Festschrift zum 36. Deutschen Geographentag 1967 in Bad Godesberg, Wiesbaden.

MEYNEN, E./VOPPEL, G. (Hrsg.), 1959:
Wirtschafts- und Sozialgeographische Themen zur Landeskunde Deutschlands, Theodor Kraus zu seinem 65. Geburtstag gewidmet von Schülern, Freunden und Kollegen, Bad Godesberg.

Ministerium für Arbeit, Gesundheit und Soziales des Landes Nordrhein-Westfalen (MAGS) (Hrsg.), verschiedene Jahrgänge:
Ausländische Arbeitnehmer in NRW. Zahlenspiegel, Düsseldorf.

Ministerium für Stadtentwicklung und Verkehr des Landes Nordrhein-Westfalen (MSV) (Hrsg.), 1992a:
Güterverkehrszentren in Nordrhein-Westfalen, Standortraumkonzept, Bericht an den Landtag vom Juli 1992, Düsseldorf.

Ministerium für Stadtentwicklung und Verkehr des Landes Nordrhein-Westfalen (MSV) (Hrsg.), 1992b:
Autobahnnetz Nordrhein-Westfalen/ Durchschnittliche tägliche Verkehrsstärke (DTV) 1991, Düsseldorf.

Ministerium für Umwelt, Raumordnung und Landwirtschaft des Landes Nordrhein-Westfalen (MURL) (Hrsg.), 1987:
Klima-Atlas von Nordrhein-Westfalen, Düsseldorf.

Ministerium für Umwelt, Raumordnung und Landwirtschaft des Landes Nordrhein-Westfalen (MURL) (Hrsg.), 1992:
Unser Wald in NRW – seine Aufgaben und Funktionen, Düsseldorf (Drucksache des Landtages 11/4419).

Ministerium für Umwelt, Raumordnung und Landwirtschaft des Landes Nordrhein-Westfalen (MURL) (Hrsg.), 1995:
Landesentwicklungplan Nordrhein-Westfalen – Landesentwicklungsprogramm – Landesplanungsgesetz, Ausgabe 1995 o. O.

Ministerium für Wirtschaft, Mittelstand, Technologie und Verkehr des Landes Nordrhein-Westfalen (MWTV) (Hrsg.), 1993:
Euregio – Grenzüberschreitende Zusammenarbeit in Europa; Bilanz der Zusammenarbeit des Landes Nordrhein-Westfalen mit der EG, Belgien und den Niederlanden im Rahmen des INTERREG-Programms, Düsseldorf.

Ministerium für Wirtschaft, Mittelstand, Technologie und Verkehr des Landes Nordrhein-Westfalen (MWTV) (Hrsg.), 1994:
REN-Report, Düsseldorf.

Ministerium für Wirtschaft, Technologie und Verkehr des Landes Nordrhein-Westfalen (MWTV) (Hrsg.), 1995:
Informationsgesellschaft und Medienwirtschaft in Nordrhein-Westfalen, Düsseldorf.

Ministerium für Wirtschaft, Mittelstand, Technologie und Verkehr des Landes Nordrhein-Westfalen (MWTV)/ Gesellschaft für Wirtschaftsförderung Nordrhein-Westfalen mbH (Hrsg.) 1996:
Branchen-Bild „Textilgewerbe in Nordrhein-Westfalen 1996" (Band 11); Branchen-Bild „Bekleidungsgewerbe in Nordrhein-Westfalen 1996" (Band 13), Düsseldorf.

Ministerium für Wirtschaft, Mittelstand, Technologie und Verkehr des Landes Nordrhein-Westfalen (MWTV) (Hrsg.), 1996:
Arbeitsbericht, 3. Tourismustag Nordrhein-Westfalen, 31. August 1995 Königswinter, Düsseldorf.

MOMMSEN-HENNEBERGER, V., 1997:
Arbeitsplätze mit Zukunft. Vor allem im
Dienstleistungs- und Umweltbereich erwar-
ten viele Experten noch Wachstum. In:
Kölner Stadt-Anzeiger, 18. 4. 1997, S. 4.

MONTADA, M., 1996:
Der ÖPNV in Deutschland: Einer der
größten Verkehrsmärkte weltweit.
In: Internationales Verkehrswesen (Special)
ÖPNV in Deutschland, Heft 5, S. 10ff.

MORTSIEFER, H.-J., 1996:
Medien im Aufbruch. Zukunftsmarkt
Multimedia. In: Frankfurter Allgemeine
Zeitung, Verlagsbeilage Nordrhein-
Westfalen, 30. 9. 1996, S. B 23.

MÜCKENHAUSEN, E./WORTMANN, H., 1953:
Bodenübersichtskarte von Nordrhein-Westfalen 1 : 300 000 (mit Erläuterungsheft),
hrsg. vom Amt für Bodenforschung,
Landesstelle NRW, Krefeld, Hannover.

MÜLLER-WILLE, W., 1942:
Die Naturlandschaften Westfalens. Versuch
einer naturlandschaftlichen Gliederung nach
Relief, Gewässer, Klima, Boden und
Vegetation. In: Westfälische Forschungen,
Band 5, S. 1–78.

MÜLLER-WILLE, W., 1944:
Langstreifenflur und Drubbel.
Deutsches Archiv für Landes- und
Volksforschung, VIII. Jg., Heft 1.

MÜLLER-WILLE, W., 1981:
Westfalen. Landschaftliche Ordnung und
Bindung eines Landes, Neuauflage, Münster.

MÜLLER-WILLE, W. /BERTELSMEIER, E., 1983:
Agrare Siedlungsgeographie in Westfalen –
Fragen, Methoden, Ergebnisse und
Deutungen, Münster (Münstersche Geogra-
phische Arbeiten, Heft 15, S. 43–53).

NEIPP, G., 1996:
Strukturwandel als Aufgabe und Chance.
Ein Unternehmen engagiert sich für
Menschen und Region. In: Frankfurter
Allgemeine Zeitung, Verlagsbeilage
Nordrhein-Westfalen, 30. 9. 1996, S. B20.

NEUKIRCH, R., 1975:
Die Entwicklung der Kulturlandschaft im
deutsch-niederländischen Grenzgebiet der
Maas- und Rheinlande unter besonderer
Berücksichtigung des Faktors politische
Grenze, Diss., Köln.

Niederrheinische Industrie- und Handelskam-
mer Duisburg, Wesel, Kleve zu Duisburg
(Hrsg.), 1995:
Standortqualität hoch drei/Standort-Region
Niederrhein, Duisburg.

Niederrheinische Industrie- und Handelskammer Duisburg, Wesel, Kleve zu
Duisburg (Hrsg.), 1996 a: Geschäftsberichte
1985, 1995, 1996, Duisburg.

Niederrheinische Industrie- und Handels-
kammer Duisburg, Wesel, Kleve zu
Duisburg (Hrsg.), 1996 b:
Jahresbericht 1995, Duisburg.

NIEMEIER, G., 1938:
Fragen der Flur- und Siedlungsforschung im
Westmünsterland: In: Westfälische
Forschungen, 1. Band, 2. Heft

NIESSEN, J., 1950:
Geschichtlicher Handatlas der deutschen
Länder am Rhein. Mittel- und Niederrhein,
Köln.

NIPPER, J./NUTZ, M. (Hrsg.), 1993:
Kriegszerstörungen und Wiederaufbau
deutscher Städte, Köln (Kölner Geographische Arbeiten, Heft 57).

NUHN, H., 1994:
Strukturwandlungen im Seeverkehr und ihre
Auswirkungen auf die europäischen Häfen.
In: Geographische Rundschau, 46, Heft 5,
Braunschweig, S. 282ff.

o. V., 1984:
Nordrhein-Westfalen. Eine politische
Landeskunde, Köln
(Schriften zur politischen Landeskunde
Nordrhein-Westfalens, Band 1).

o. V., 1997:
Thyssen und Krupp als Spiegel der
deutschen Geschichte. In: Frankfurter Allgemeine Zeitung, Nr. 67 vom 20. 3. 1997,
Frankfurt.

OLSTHOORN, P., 1995:
Der eiserne Strang soll den Wohlstand
mehren. In: Niederlande, Sonderbeilage der
Deutschen Verkehrs-Zeitung, Nr. 55,
9. 5. 1995, S. 28ff.

OLTERSDORF, B., 1987:
Die Folgen der industriellen Entwicklung für
den ländlichen Raum des Siegerlandes.
In: Lebensräume Land und Meer,
Festschrift für H. KELLERSOHN,
Berlin-Vilseck, S. 177–189.

OLTERSDORF, B., 1988:
Das Siegerland – ein peripherer Wirtschafts-
raum im Wandel. In: Festschrift 50 Jahre
Geographische Kommission für Westfalen,
Münster, S. 99–106.

OTREMBA, E., 1959:
Strukturen und Funktionen im Wirtschafts-
raum. Wirtschafts- und Sozialgeographische
Themen zur Landeskunde Deutschlands,

hrsg. von E. MEYNEN und G. VOPPEL,
THEODOR KRAUS zu seinem 65. Geburtstag
gewidmet von Schülern, Freunden und
Kollegen, Bad Godesberg, S. 15–28.

OTREMBA, E., 1960:
Allgemeine Agrar- und Industriegeographie,
Stuttgart (Erde und Weltwirtschaft, Band 3).

OTREMBA, E., 1969:
Der Wirtschaftsraum – seine geographischen
Grundlagen und Probleme, 2., neubearbeitete Auflage, Stuttgart (Erde und Weltwirtschaft, hrsg. von RUDOLF LÜTGENS, Band 1).

OTREMBA, E., 1970:
Der Agrarwirtschaftsraum der Bundes-
republik Deutschland. Erdkundliches
Wissen/Beihefte zur Geographischen
Zeitschrift, 26.

OTREMBA, E., 1971:
Gunst und Ungunst der Landesnatur für
die Landwirtschaft der Bundesrepublik
Deutschland. In: Geographische Rundschau,
Heft 3, S. 106–108.

OTREMBA, E., 1975:
Voraussetzungen und Auswirkungen
landesplanerischer Funktionszuweisungen
(Einleitung). In: Forschungs- und Sitzungsberichte der Akademie für Raumforschung
und Landesplanung (Hrsg.), Band 104,
Hannover, S. 1–5.

OTREMBA, E., 1976:
Die Güterproduktion im Weltwirtschaftsraum,
3. Auflage, Stuttgart (Erde und Weltwirtschaft,
hrsg. von RUDOLF LÜTGENS, Band 2/3).

OTREMBA, E., 1978:
Handel und Verkehr im Weltwirtschaftsraum, 2. Auflage, Stuttgart
(Erde und Weltwirtschaft,
hrsg. von RUDOLF LÜTGENS, Band 4).

OTREMBA, E., 1980:
Konstanten und Wandlungen im Verkehrs-
wesen. In: Geographische Rundschau, 32,
Heft 4, S. 164–169.

OTREMBA, E. (Hrsg.), 1962:
Atlas der deutschen Agrarlandschaft,
Wiesbaden.

OVERBECK, H., 1928:
Das Werden der Aachener Kulturlandschaft,
Aachen (Aachener Beiträge zur Heimat-
kunde, 4).

PAFFEN, K. H., 1953:
Die natürliche Landschaft und ihre räumliche Gliederung. Eine methodische Untersuchung am Beispiel der Mittel- und
Niederrheinlande, Remagen (Forschungen
zur deutschen Landeskunde, Band 68).

PAFFEN, K. H., 1958:
Natur- und Kulturlandschaft am deutschen
Niederrhein. In: Berichte zur deutschen
Landeskunde, Band 20, Heft 2, Bonn-
Bad Godesberg, S. 177 ff.

PAGNIA, A., 1992 a:
Die Bedeutung von Verkehrsflughäfen für
Unternehmungen, Diss., Köln (Europäische
Hochschulschriften, Reihe V, Volks- und
Betriebswirtschaft, Band 1376).

PAGNIA, A., 1992 b:
Die Wirtschaft fliegt auf Düsseldorf. In:
Unsere Wirtschaft, Jg. 63, Heft 4, S. 32–34.

PAGNIA, A., 1995:
Grundlagen der Entwicklung der Mineral-
ölindustrie in Nordrhein-Westfalen.
In: Wirtschaftsgeographische Entwicklun-
gen in Nordrhein-Westfalen, hrsg. von
E. GLÄSSER, zum 65. Geburtstag von
G. VOPPEL, Köln (Kölner Forschungen
zur Wirtschafts- und Sozialgeographie,
Band 44, S. 63–92).

PÄTZOLD, J., 1991:
Stabilisierungspolitik – Grundlagen der
nachfrage- und angebotsorientierten Wirtschaftspolitik, 4., überarb. und akt. Aufl.,
Bern, Stuttgart.

PETERS, H.-J., 1996:
Den Airport neu erfunden. Der Rhein-Ruhr-
Flughafen Düsseldorf nach dem Brand.
In: Frankfurter Allgemeine Zeitung,
Verlagsbeilage Nordrhein-Westfalen,
30. 9. 1996, S. B16.

PETRI, F., 1973:
Zur Geschichte und Landeskunde
der Rheinlande, Westfalens und ihrer westeuropäischen Nachbarländer. Aufsätze und
Vorträge aus vier Jahrzehnten, Bonn.

PETRI, F./DROEGE (Hrsg.), 1978 ff.:
Rheinische Geschichte, 4 Bände, Düsseldorf.

PETZINA, D., 1988:
The Ruhr Area. Historical Development.
In: Die Erneuerung alter Industrieregionen,
hrsg. von J. HESSE, Baden-Baden.

PETZINA, D., 1992:
Standortprobleme und Standortpotentiale im
Ruhrgebiet. In: Politische Maßnahmen zur
Verbesserung der Standortqualitäten,
hrsg. von P. KLEMMER und K. SCHUBERT
(Schriftenreihe des Rheinisch-Westfälischen
Instituts für Wirtschaftsforschung Essen,
Neue Folge Heft 53, S. 99–112).

PIEPER, B., 1973:
Lagerstätten I – Steine und Erden.
In: Deutscher Planungsatlas, Band I: Nord-
rhein-Westfalen, Hannover

(Veröffentlichungen der Akademie für
Raumforschung und Landesplanung,
Lieferung 5).

PLEITGEN, F., 1996:
Provokant gefragt: Brauchen wir den WDR
noch? In: Frankfurter Allgemeine Zeitung,
Nr. 228 vom 30. 9. 1996; „50 Jahre – von
gestern bis morgen", Verlagsbeilage
Nordrhein-Westfalen, S. B 5, Frankfurt.

POHL, H. (Hrsg.), 1993:
Der Einfluß ausländischer Unternehmen auf
die deutsche Wirtschaft vom Spätmittelalter
bis zur Gegenwart, Stuttgart.

POPP, K., 1994:
Technologiezentren in Europa.
In: Zeitschrift für den Erdkundeunterricht,
46, Heft 9, Berlin, S. 320–352.

RAUEN, S./GLÄSSER, E., 1996:
Regenerative Energien:
BBE-Branchenreport, Köln.

REETTERS, ST., 1987:
Das Baumwollgewerbe in Westfalen von
den Anfängen im 16. Jahrhundert bis
zum Beginn des 19. Jahrhunderts. In:
Westfälische Forschungen 37, S. 105–134.

REHFELDT, K., 1996:
Windenergienutzung in der Bundesrepublik
Deutschland. In: DEWI Magazin Nr. 8, Zeit-
schrift des Deutschen Windenergie-Instituts,
Wilhelmshaven.

REICHMANN, B., 1992:
Ruhrgebiet. Bundesweite Befragung zum
Image des Ballungsraumes. In: Standort.
Zeitschrift für Angewandte Geographie 1,
S. 34–37.

REINERS, H., 1977a:
Braunkohle 1 – Lagerstätten, Betriebsfläche,
Verarbeitungsindustrie, Wiedernutzbar-
machung von Bergbauflächen. In: Deutscher
Planungsatlas, Band I: Nordrhein-Westfalen,
Hannover (Veröffentlichungen der Akade-
mie für Raumforschung und Landesplanung,
Lieferung 10).

REINERS, H., 1977b:
Braunkohle 2 – Feldbesitz, Umsiedlung,
Grundwasser, Flächenbilanz, Kohle-,
Abraum-, Energiewirtschaft, künftige
Entwicklung. In: Deutscher Planungsatlas,
Band I: Nordrhein-Westfalen, Hannover
(Veröffentlichungen der Akademie für
Raumforschung und Landesplanung, Lfg. 11).

REINKING, G., 1996:
Zwei Millionen neue Arbeitsplätze sind
möglich. In: Welt am Sonntag,
11. 8. 96, S. 29.

REUBER, P., 1993:
Heimat in einer Großstadt. Eine
sozialgeographische Studie zu Raumbezug
und Entstehung von Ortsbindungen am Beispiel Kölns und seiner Stadtviertel, Köln
(Kölner Geographische Arbeiten, Heft 58).

ROHLEDER, M., 1992:
Der münsterländische Textilbezirk, Struktur-
probleme in einem ländlichen, altindustria-
lisierten Raum. In: Praxis Geographie,
Heft 10, S. 8ff.

RUTENBERG, C., 1990:
Der Rekultivierungsprozeß im Bereich des
Braunkohlentagebaus Fortuna-Garsdorf.
Unveröff. Diplomarbeit, Köln.

SCHAMP, E. W., 1981:
Persistenz der Industrie im Mittelgebirge –
am Beispiel des Märkischen Sauerlandes,
Köln (Kölner Forschungen zur Wirtschafts-
und Sozialgeographie, Band XXIX).

SCHMIDT, H., 1997:
Der Paragraphenwust tötet den Unterneh-
mergeist. In: Die Zeit, 4. 4. 1997,
S. 3.

SCHMIED, M. W., 1991:
Die Bevölkerungsentwicklung im Wirtschaftsraum Köln unter besonderer Berücksichtigung des Arbeitsmarktes, unveröff.
Diplomarbeit, Köln.

SCHMIED, M. W., 1995:
Die Entwicklung der Bevölkerung Kölns.
In: Wirtschaftsgeographische Entwicklun-
gen in Nordrhein-Westfalen, hrsg. von
E. GLÄSSER, zum 65. Geburtstag von
G. VOPPEL, Köln (Kölner Forschungen zur
Wirtschafts- und Sozialgeographie,
Band 44, S. 9–31).

SCHNEIDER, S. 1961:
Das Braunkohlenrevier im Westen Kölns.
In: Köln und die Rheinlande. Festschrift
zum 33. Deutschen Geographentag 1961 in
Köln, Wiesbaden, S. 341–352.

SCHNELL, P., 1983a:
Der Fremdenverkehr in Westfalen.
In: Westfalen und angrenzende Regionen,
hrsg. von P. WEBER und K. F. SCHREIBER,
Paderborn (Münstersche Geographische
Arbeiten, Heft 15, S. 129–156).

SCHNELL, P., 1983b:
Freizeit- und Erholungsräume der Ruhr-
bevölkerung. In: Exkursionen in Westfalen
und angrenzenden Regionen, hrsg. von
H. HEINEBERG und A. MAYR, Paderborn
(Münstersche Geographische Arbeiten,
Heft 16, S. 151–171).

SCHNELLE/WITTERSTEIN, 1976:
Erläuterungen zu der Karte „Dauer des produktiven Pflanzenwachstums".
In: Deutscher Planungsatlas, Band I: Nordrhein-Westfalen, Hannover (Veröff. der Akademie für Raumforschung und Landesplanung, Lfg. 9).

SCHOLL, M., 1988:
Telekommunikationsnetze als Bestandteil der Verkehrsinfrastruktur im Raum Köln.
In: Wirtschaftsgeographische Entwicklungen in Köln, hrsg. von E. GLÄSSER und G. VOPPEL, Köln (Kölner Forschungen zur Wirtschafts- und Sozialgeographie, Bd. XXXV, S. 137–162).

SCHOLL, M., 1990:
Telekommunikationsmittel als Entscheidungskomponente betrieblicher Standortwahl, Köln (Kölner Forschungen zur Wirtschafts- und Sozialgeographie, Band XXXVIII).

SCHOLL, M., 1995:
Kooperative Wirtschaftsförderung in Nordrhein-Westfalen. In Wirtschaftsgeographische Entwicklungen in Nordrhein-Westfalen, hrsg. von E. GLÄSSER, zum 65. Geburtstag von G. VOPPEL, Köln (Kölner Forschungen zur Wirtschafts- und Sozialgeographie, Band 44, S. 123–136).

SCHÖLLER, P., 1953:
Die rheinisch-westfälische Grenze zwischen Ruhr und Ebbegebirge. Ihre Auswirkungen auf die Sozial- und Wirtschaftsräume und die zentralen Funktionen der Orte, Bad Godesberg (Forschungen zur deutschen Landeskunde, Band 72).

SCHÖLLER, P., 1967:
Die deutschen Städte, Wiesbaden (Beihefte zu Geographische Zeitschrift, Erdkundliches Wissen, Heft 17).

SCHRADER, M., 1995:
Altindustrielle Regionen im Wandel – Hemmnisse und Chancen des Ruhrgebietes nach EU-Integration und Ostöffnung. In: Wirtschaftsgeographische Entwicklungen in Nordrhein-Westfalen, hrsg. von E. GLÄSSER zum 65. Geburtstag von G. VOPPEL), Köln (Kölner Forschungen zur Wirtschafts- und Sozialgeographie, Band 44, S. 209–231).

SCHRÖTER, H. G., 1993:
Ausländische Investoren. In: Nordrhein-Westfalen, Landesgeschichte im Lexikon, Veröffentlichungen der staatlichen Archive des Landes Nordrhein-Westfalen, Band 31, Düsseldorf.

SCHWERZ, J. N. VON, 1836:
Beschreibung der Landwirtschaft in Westfalen und Rheinpreußen, Stuttgart.

SEUFERT, W., 1994:
Beiträge zur Strukturforschung; Gesamtwirtschaftliche Position der Medien in Deutschland 1982–1992, Heft 153, Berlin.

SPETHMANN, H., 1933 a:
Das Ruhrgebiet im Wechselspiel von Land und Leuten, Wirtschaft, Technik und Politik, 2 Bände, Berlin.

SPETHMANN, H., 1933 b:
Das Ruhrgebiet, Berlin.

SPORBECK, O., 1979:
Bergbaubedingte Veränderungen des physischen Nutzungspotentials – dargestellt am Beispiel des linksrheinischen Braunkohlenreviers, Paderborn (Bochumer Geographische Arbeiten, Heft 37).

Stadt Bocholt, Amt für Stadtentwicklung (Hrsg.), 1996:
Statistische Informationen 1995. Bestand, Struktur, Entwicklung. Beiträge zur Stadtentwicklung und Statistik Heft 4/95, Bocholt.

Stadt Köln (Hrsg.), 1994:
Medienstandort Köln im Städtevergleich 1988–1993, Köln.

Stadt Köln (Hrsg.), 1996:
Berufsziel: Medien, Köln.

Stadt Köln, Amt für Statistik, Einwohnerwesen und Europaangelegenheiten 1996:
Statistische Zahlen der Wirtschaftsbereiche Medien, Telematik und Unternehmensberatung, Köln.

Stamm Presse- und Medienhandbuch 1993, 1994, 1995:
Leitfaden durch Presse und Medien. 46., 47. und 48. Ausgabe, Essen.

STARK, K.-D., u. a., 1979:
Flächenbedarfsberechnung für Gewerbe- und Industrieansiedlungsbereiche, GIFPRO, hrsg. vom Institut für Landes- und Stadtentwicklungsforschung des Landes Nordrhein-Westfalen (ILS) im Auftrage des Ministers für Landes- und Stadtentwicklung des Landes Nordrhein-Westfalen. Dortmund (Schriftenreihe Landes- und Stadtentwicklungsforschung des Landes Nordrhein-Westfalen, Materialien, Band 4.029).

Statistik der Kohlenwirtschaft e.V. (Hrsg.), 1995:
Der Kohlenbergbau in der Energiewirtschaft der Bundesrepublik Deutschland im Jahre 1995, Essen-Köln.

Statistisches Bundesamt (Hrsg.), einzelne
Jahrgänge:
Statistisches Jahrbuch für die Bundes-
republik Deutschland, Wiesbaden.

Statistisches Landesamt Nordrhein-Westfalen
(Hrsg.), 1949:
Gemeindestatistik des Landes Nordrhein-
Westfalen. Ergebnisse der Volks- und
Berufszählung vom 29. Oktober 1946 in den
Kreisen, Ämtern und Gemeinden,
Düsseldorf (Beiträge zur Statistik des
Landes Nordrhein-Westfalen, Heft 2).

Statistisches Landesamt Nordrhein-Westfalen
(Hrsg.), 1952 a:
Amtliches Verzeichnis der Gemeinden und
Wohnplätze (Ortschaften) in Nordrhein-
Westfalen. Endgültiges Ergebnis der
Volkszählung vom 13. September 1950,
Düsseldorf (Beiträge zur Statistik des
Landes Nordrhein-Westfalen, Sonderreihe
Volkszählung 1950, Heft 2).

Statistisches Landesamt Nordrhein-Westfalen
(Hrsg.), 1952 b:
Die Wohnbevölkerung in Nordrhein-West-
falen nach Alter, Familienstand, Religion
und Wohnort am 1. September 1939,
Ergebnisse der Volkszählung vom
13. September 1950, Düsseldorf
(Beiträge zur Statistik des Landes
Nordrhein-Westfalen, Sonderreihe Volks-
zählung 1950, Heft 3).

Statistisches Landesamt Nordrhein-Westfalen
(Hrsg.), 1952 c:
Die Pendlerwanderer in Nordrhein-
Westfalen, Landesteil Nordrhein. Ergebnisse
der Berufszählung vom 13. September 1950,
Düsseldorf (Beiträge zur Statistik des
Landes Nordrhein-Westfalen, Sonderreihe
Volkszählung 1950, Heft 8 a).

Statistisches Landesamt Nordrhein-Westfalen
(Hrsg.), 1952 d:
Gemeindestatistik des Landes Nordrhein-
Westfalen. Ergebnisse der Volks-, Berufs-,
Wohnungs- und Arbeitsstättenzählung 1950
und der landwirtschaftlichen Erhebung von
1949/50, Düsseldorf
(Beiträge zur Statistik des Landes
Nordrhein-Westfalen,
Sonderreihe Volkszählung 1950, Heft 15).

Statistisches Landesamt Nordrhein-Westfalen
(Hrsg.), 1953:
Ergebnisse der Volks- und Berufszählung
vom 17. Mai 1939 für Nordrhein-Westfalen
– Gebietsstand 13. September 1950, Düssel-
dorf (Beiträge zur Statistik des Landes
Nordrhein-Westfalen, Heft 28).

Statistisches Landesamt Nordrhein-Westfalen
(Hrsg.), 1962:
Die Wohnbevölkerung in den Gemeinden
Nordrhein-Westfalens. Ergebnisse der
Volkszählung am 6. Juni 1961, Düsseldorf
(Beiträge zur Statistik des Landes Nord-
rhein-Westfalen, Sonderreihe Volkszählung
1961, Heft 1).

Statistisches Landesamt Nordrhein-Westfalen
(Hrsg.), 1963 a:
Amtliches Verzeichnis der Gemeinden und
Wohnplätze (Ortschaften) in Nordrhein-
Westfalen. Wohnbevölkerung, Religions-
zugehörigkeit, Erwerbspersonen und
Pendlerwanderer.
Endgültiges Ergebnis der Volkszählung
vom 6. Juni 1961, Düsseldorf
(Beiträge zur Statistik des Landes
Nordrhein-Westfalen, Sonderreihe
Volkszählung 1961, Heft 2b).

Statistisches Landesamt Nordrhein-Westfalen
(Hrsg.), 1963 b:
Die Wohnbevölkerung in Nordrhein-
Westfalen nach Alter, Familienstand und
Religion. Gemeindeergebnisse, Ergebnisse
der Volks- und Berufszählung am 6. Juni
1961, Düsseldorf
(Beiträge zur Statistik des Landes
Nordrhein-Westfalen,
Sonderreihe Volkszählung 1961, Heft 4 c).

Statistisches Landesamt Nordrhein-Westfalen
(Hrsg.), 1963 c:
Die Erwerbspersonen in Nordrhein-West-
falen nach der wirtschaftlichen Gliederung.
Gemeindeergebnisse, Ergebnisse der
Volks- und Berufszählung
vom 6. Juni 1961, Düsseldorf
(Beiträge zur Statistik des
Landes Nordrhein-Westfalen, Sonderreihe
Volkszählung 1961, Heft 8 c).

Statistisches Landesamt Nordrhein-Westfalen
(Hrsg.), 1964 a:
Gemeindestatistik des Landes
Nordrhein-Westfalen, Bevölkerung und
Erwerbstätigkeit, Gebäude und Wohnungen,
Düsseldorf (Beiträge zur Statistik des
Landes Nordrhein-Westfalen, Sonderreihe
Volkszählung 1961, Heft 3 a).

Statistisches Landesamt Nordrhein-Westfalen
(hrsg.), 1964 b:
Gemeindestatistik des Landes Nordrhein-
Westfalen, Bevölkerungsentwicklung
1871–1961, Düsseldorf
(Beiträge zur Statistik des Landes
Nordrhein-Westfalen, Sonderreihe Volks-
zählung 1961, Heft 3 c).

Statistisches Landesamt Nordrhein-Westfalen (Hrsg.), 1964 c:
Die Wohnbevölkerung in Nordrhein-Westfalen nach Alter, Familienstand und Religion – Landesergebnisse, Ergebnisse der Volkszählung vom 6. Juni 1961, Düsseldorf (Beiträge zur Statistik des Landes Nordrhein-Westfalen, Sonderreihe Volkszählung 1961, Heft 4 a).

Statistisches Landesamt Nordrhein-Westfalen (Hrsg.), 1964 d:
Die Wohnbevölkerung in Nordrhein-Westfalen nach Alter, Familienstand und Religion Kreisergebnisse, Ergebnisse der Volkszählung vom 6. Juni 1961, Düsseldorf (Beiträge zur Statistik des Landes Nordrhein-Westfalen, Sonderreihe Volkszählung 1961, Heft 4 b).

Statistisches Landesamt Nordrhein-Westfalen (Hrsg.), 1964 e:
Die Pendlerwanderer in Nordrhein-Westfalen, Landesteil Nordrhein. Ergebnisse der Berufszählung vom 6. Juni 1961, Düsseldorf (Beiträge zur Statistik des Landes Nordrhein-Westfalen, Sonderreihe Volkszählung 1950, Heft 11 a).

Statistisches Landesamt Nordrhein-Westfalen (Hrsg.), 1966:
Gemeindestatistik des Landes Nordrhein-Westfalen, Bevölkerungsentwicklung 1816–1871, Düsseldorf (Beiträge zur Statistik des Landes Nordrhein-Westfalen, Sonderreihe Volkszählung 1961, Heft 3 d).

Statistisches Landesamt Nordrhein-Westfalen (Hrsg.), 1972 a:
Die Wohnbevölkerung in den Gemeinden Nordrhein-Westfalens 1970 – Ergebnisse der Volkszählung am 27. Mai 1970, Düsseldorf (Beiträge zur Statistik des Landes Nordrhein-Westfalen, Sonderreihe Volkszählung 1970, Heft 1).

Statistisches Landesamt Nordrhein-Westfalen (Hrsg.), 1972 b:
Die Wohnbevölkerung nach Alter, Familienstand und Religionszugehörigkeit am 27. Mai 1970, Gemeindeergebnisse, Ergebnisse der Volkszählung 1970, Düsseldorf (Beiträge zur Statistik des Landes Nordrhein-Westfalen, Sonderreihe Volkszählung 1970, Heft 4 c).

Statistisches Landesamt Nordrhein-Westfalen (Hrsg.), 1972 c:
Die Erwerbstätigen in Nordrhein-Westfalen nach der wirtschaftlichen Gliederung am 27. Mai 1970, Gemeindeergebnisse, Ergeb-

nisse der Volkszählung 1970, Düsseldorf (Beiträge zur Statistik des Landes Nordrhein-Westfalen, Sonderreihe Volkszählung, Heft 8 c).

Statistisches Landesamt Nordrhein-Westfalen (Hrsg.), 1973 a:
Amtliches Verzeichnis der Gemeinden und Wohnplätze (Ortschaften) in Nordrhein-Westfalen 1970. Bevölkerung und Erwerbstätigkeit, Düsseldorf (Beiträge zur Statistik des Landes Nordrhein-Westfalen, Sonderreihe Volkszählung 1970, Heft 2 a).

Statistisches Landesamt Nordrhein-Westfalen (Hrsg.), 1973 b:
Gemeindestatistik 1970 – Bevölkerung und Erwerbstätigkeit, Düsseldorf (Beiträge zur Statistik des Landes Nordrhein-Westfalen, Sonderreihe Volkszählung 1970, Heft 3 b).

Statistisches Landesamt Nordrhein-Westfalen (Hrsg.), 1973 c:
Gemeindestatistik 1970. Arbeitsstätten und Beschäftigte, Düsseldorf (Beiträge zur Statistik des Landes Nordrhein-Westfalen, Sonderreihe Volkszählung 1970, Heft 3 c).

Statistisches Landesamt Nordrhein-Westfalen (Hrsg.), 1973 d:
Die Wohnbevölkerung nach Alter, Familienstand und Religionszugehörigkeit am 27. Mai 1970 – Kreisergebnisse, Ergebnisse der Volkszählung 1970, Düsseldorf (Beiträge zur Statistik des Landes Nordrhein-Westfalen, Sonderreihe Volkszählung 1970, Heft 4 b).

Statistisches Landesamt Nordrhein-Westfalen (Hrsg.), 1973 e:
Die Pendelwanderer in Nordrhein-Westfalen am 27. Mai 1970 – Regierungsbezirke Düsseldorf, Köln, Aachen, Ergebnisse der Volkszählung 1970, Düsseldorf (Beiträge zur Statistik des Landes Nordrhein-Westfalen, Sonderreihe Volkszählung 1970, Heft 11 a).

Statistisches Landesamt Nordrhein-Westfalen (Hrsg.), 1973 f:
Die Pendelwanderer in Nordrhein-Westfalen am 27. Mai 1970 – Regierungsbezirke Münster, Detmold, Arnsberg, Ergebnisse der Volkszählung 1970, Düsseldorf (Beiträge zur Statistik des Landes Nordrhein-Westfalen, Sonderreihe Volkszählung 1970, Heft 11 b).

STEINBERG, H. G., 1967:
Die sozialräumliche Entwicklung und Gliederung des Ruhrgebietes, Bad Godesberg (Forschungen zur deutschen Landeskunde, Band 166).

STEINBERG, H. G., 1982:
Bevölkerungsentwicklung im Ruhrgebiet
1843–1961, Hannover (Veröffentlichungen
der Akademie für Raumforschung und
Landesplanung, Lieferung 32).

STEINBERG, H. G., 1985:
Das Ruhrgebiet im 19. und 20. Jahrhundert.
Ein Verdichtungsraum im Wandel, Münster
(Siedlung und Landschaft in Westfalen.
Landeskundliche Karten und Hefte, 16).

STEINBERG, H. G., 1986:
Die „Geographische Lage" Nordrhein-
Westfalens und ihre Bedeutung
für die Landesentwicklung.
In: Westfälische Geographische Studien,
Heft 42 (Erträge geographisch-landes-
kundlicher Forschung in Westfalen),
Münster, S. 35–47.

STEINBERG, H. G., 1994:
Menschen und Land in Nordrhein-Westfalen. Eine kulturgeographische Landeskunde, Köln (Schriften zur politischen
Landeskunde Nordrhein-Westfalens, 8,
hrsg. von der Landeszentrale für politische
Bildung Nordrhein-Westfalen).

STELZER-ROTHE, T., 1988:
Das Konzept der Wirtschaftsförderung der
Stadt Köln. In: Wirtschaftsgeographische
Entwicklungen in Köln, hrsg. von
E. GLÄSSER und G. VOPPEL, Köln
(Kölner Forschungen zur Wirtschafts-
und Sozialgeographie,
Bd. XXXV, S. 163–178).

STELZER-ROTHE, T., 1995:
Wirtschaftsgeographische Analyse von
Fachhochschulen in Nordrhein-Westfalen.
In: Wirtschaftsgeographische Entwicklun-
gen in Nordrhein-Westfalen, hrsg. von
E. GLÄSSER, zum 65. Geburtstag von
G. VOPPEL, Köln (Kölner Forschungen zur
Wirtschafts- und Sozialgeographie,
Band 44, S. 191–208).

STERNBERG, R., u. a., 1996:
Bilanz eines Booms. Wirkungsanalyse von
Technologie- und Gründerzentren in
Deutschland. Ergebnisse aus 108 Zentren
und 1021 Unternehmen, Dortmund

STIRL, A., 1996:
Entwicklung und Bestimmungsgründe der
Direktinvestitionen der Vereinigten Staaten
von Amerika in Nordrhein-Westfalen. Köln
(Kölner Forschungen zur Wirtschafts- und
Sozialgeographie, Band 47).

STORK, G. H., u. a., 1973:
Lagerstätten II - Kohlen, Erdöl und Erdgas,
Salze, Erze und Minerale.

In: Deutscher Planungsatlas, Band I: Nordrhein-Westfalen, Hannover (Veröffentlichungen der Akademie für Raumforschung
und Landesplanung, Lieferung 6).

STÜRMER, A., 1990:
Planung von Oberflächengestaltung und
Rekultivierung im Rheinischen
Braunkohlenrevier. In: Braunkohle, 12,
S. 4–11.

Technologiezentren im Land Nordrhein- Westfalen e.V., (Hrsg.), 1997: Synergie Journal,
Ausgabe März.

TENGLER, H., 1984:
Der Wirtschaftsraum Köln. Industriewirt-
schaftliche Situationen und Perspektiven,
Informationen zur Mittelstandsforschung,
Band 71, Köln.

Terra, Erdkunde, Arbeitsheft für Nordrhein-
Westfalen, 5/6, Lehrerheft, 1996.

THÜNEN, J. H. VON, 1826:
Der isolierte Staat in Beziehung auf
Landwirtschaft und Nationalökonomie,
I. Teil, Hamburg.

TIETZE, W., u. a. (Hrsg.), 1990:
Geographie Deutschlands, Bundesrepublik
Deutschland, Staat-Natur-Wirtschaft,
Stuttgart.

TIGGEMANN, R., 1977:
Die kommunale Neugliederung in
Nordrhein-Westfalen. Möglichkeiten und
Grenzen der Anwendung landesplanerischer
Entwicklungskonzeptionen und Instrumen-
tarien auf dem Zielsystem der Gebiets-
reform, Meisenheim (Sozialwissen-
schaftliche Studien zur Stadt- und
Regionalpolitik, Band 2).

Topographischer Atlas Nordrhein-Westfalen,
1968.

Transfracht Deutsche Transportgesellschaft
mbH 1995:
Terminalkarte, Frankfurt/M..

Transport en Logistiek Nederland (Hrsg.),
1995:
Transport in cijfers, etitie 1995, Zoeter-
meer/Niederlande.

TRUBE, A., 1996:
Beschäftigungsmaßnahmen sind oft eine
Trumpfkarte – 12 Thesen.
In: Welt am Sonntag, 21. 1. 1996, S. 39.

TUCKERMANN, W., 1923:
Die geographische Lage der Stadt Köln
und ihre Auswirkungen in Vergangenheit
und Gegenwart, Pfingstblätter des
Hansischen Geschichtsvereins, Blatt XIV,
Lübeck.

Union international des chemins de fer (UIC)/Gemeinschaft der Europäischen Bahnen (GEB) verschiedene Jahrgänge: Ein Bahnnetz für Europa, Paris-Brüssel.

VAN DER VELDE, M., u. a., 1997:
Kleve, Nimwegen und das Einkaufszentrum „CentrO". Lebendiger Einzelhandel in einem Grenzgebiet. In: Geographische Rundschau, Heft 3, S. 164–168.

Verband Deutscher Verkehrsunternehmen (Hrsg.), verschiedene Jahrgänge: Handbuch der Verkehrsunternehmen im VDV, Berlin-Bielefeld-München.

VOGEL, I., 1959:
Bottrop. Eine Bergbaustadt in der Emscherzone des Ruhrgebietes, Remagen (Forschungen zur deutschen Landeskunde, Band 114).

VOPPEL, G., 1961:
Die Kölner Vororte. In: KAYSER, K./KRAUS, T. (Hrsg.): Köln und die Rheinlande, Festschrift zum 33. Deutschen Geographentag 1961 in Köln, Wiesbaden, S. 182–195.

VOPPEL, G., 1965:
Die Aachener Bergbau- und Industrielandschaft, Wiesbaden (Kölner Forschungen zur Wirtschafts- und Sozialgeographie, Band 3).

VOPPEL, G., 1988:
Räumliche Potentiale und die Entwicklung der Wirtschaftsstruktur Kölns im Städtevergleich, In: Wirtschaftsgeographische Entwicklungen in Köln, hrsg. von E. GLÄSSER und G. VOPPEL, Köln (Kölner Forschungen zur Wirtschafts- und Sozialgeographie, Band XXXV, S. 23–62).

VOPPEL, G., 1990a:
Die städtischen und industriellen Wirtschaftsräume in der Bundesrepublik Deutschland. In: Geographie Deutschlands, Bundesrepublik Deutschland, Staat-Natur-Wirtschaft, hrsg. von W. TIETZE u. a., Stuttgart, S. 516–532.

VOPPEL, G., 1990b:
Grundlagen und strukturräumliche Entwicklungen der Wirtschaft in der Bundesrepublik Deutschland. In: TIETZE, W., u. a. (Hrsg.): Geographie Deutschlands, Berlin–Stuttgart, S. 351–538 und S. 631–639.

VOPPEL, G., 1993:
Nordrhein-Westfalen. Darmstadt (Wissenschaftliche Länderkunden, hrsg. von W. STORKEBAUM, Band 8, Bundesrepublik Deutschland, Nr. VI).

VOSSEN, K., 1984:
Die Kiessandwirtschaft Nordwesteuropas unter Berücksichtigung der Rohstoffsicherung und deren Anwendung in Raumordnungsplänen, Köln (Kölner Forschungen zur Wirtschafts- und Sozialgeographie, Band XXXI).

Wasser- und Schiffahrtsdirektion Münster verschiedene Jahrgänge: Statistische Zahlen, Münster.

WEBER, P./SCHREIBER, K. F. (Hrsg.), 1983:
Westfalen und angrenzende Regionen, Festschrift zum 44. Deutschen Geographentag 1983 in Münster (2 Teile), Paderborn (Münstersche Geographische Arbeiten, Heft 15).

WEISS, E., 1982:
Zur Entwicklung der ländlichen Bodenordnung im Lande Nordrhein-Westfalen, Hannover (Akademie für Raumforschung und Landesplanung, Beiträge, Band 63).

Westfälische Forschungen, einzelne Jahrgänge: Zeitschrift des Westfälischen Instituts für Regionalgeschichte des Landschaftsverbandes Westfalen-Lippe, hrsg. von K. TEPPE, Münster.

WIEDEMANN, G. M., 1997a:
Je flexibler, desto besser. In: Kölner Stadt-Anzeiger, 27./28. 3. 1997, S. 4.

WIEDEMANN, G. M., 1997b:
Wenn Arbeitslose sich selbst einstellen. In: Kölner Stadt-Anzeiger, 27./28. 3. 1997, S. 4.

WIEDEMANN, G. M., 1997c:
Rezept für den Hausgebrauch. In: Kölner Stadt-Anzeiger, 15. 4. 1997, S. 4.

WIEDEMANN, G. M., 1997d:
„Viel Licht und viel Schatten". In: Kölner Stadt-Anzeiger, 11. 4. 1997, S. 4.

WIESEMANN, J., 1997:
Steinkohlenbergbau um Aachen vom 14. Jahrhundert bis zur napoleonischen Zeit, Aachen (Heimatblätter des Kreises Aachen, 50. Jg.).

WIGGERS, P., 1994:
Entwicklung der nordrhein-westfälischen Landwirtschaft unter dem Einfluß alternativer agrar- und umweltpolitischer Rahmenbedingungen, Bonn (Inst. für Agrarpolitik, Marktforschung und Wirtschaftssoziologie der Universität Bonn).

WIRTH, A., 1990:
Bewahrung lokalen Bewußtseins bei Umsiedlungsmaßnahmen im Rheinischen Braunkohlenrevier. In: Berichte zur deutschen Landeskunde, Band 64, Heft 1, S. 157–173.

Wirtschaft und Standort. Zeitschrift für Strukturpolitik, Wirtschafts- und Infrastruktur, Standortinformationen, Düsseldorf (einzelne Jahrgänge bzw. Ausgaben).

WISSMANN, M., 1995:
Für den öffentlichen Personenverkehr beginnt ein neues Zeitalter. In: Internationales Verkehrswesen (Special) 100 Jahre VDV, Heft 10, S. 5 ff.

WOITSCHÜTZKE, C.-P., 1986:
Der Euregio-Gedanke und die zwischenstaatliche Zusammenarbeit. In: Deutschland – Porträt einer Nation, Band 7, S. 164 ff, Gütersloh.

WOITSCHÜTZKE, C.-P., 1994:
Verkehrsgeographie, Köln.

WOITSCHÜTZKE, C.-P., 1996:
Central Hafen Neuss – Verkehrszentrum am Schnittpunkt von Straße, Wasser und Schiene. In: Verlags-Sonderveröffentlichung „Das Hammfeld", Neuss-Grevenbroicher-Zeitung/Rheinische Post vom 31. 10. 1996, Neuss.

WÖSSNER, M., 1996:
Sind wir noch wettbewerbsfähig? Deutschland auf dem Weg in die Informationsgesellschaft. In: Frankfurter Allgemeine Zeitung, Verlagsbeilage Nordrhein-Westfalen, 30. 9. 1996, S. B4.

WUSCHANSKY, B., 1985:
Regionale Entwicklungsspielräume von Gewerbe- und Industrieflächen – Bestands-

erhebung und Ansatz für eine methodische Bedarfsermittlung, hrsg. vom Institut für Landes- und Stadtentwicklungsforschung des Landes Nordrhein-Westfalen (ILS) im Auftrage des Ministers für Umwelt, Raumordnung und Landwirtschaft des Landes Nordrhein-Westfalen. Dortmund (Schriftenreihe Landes- und Stadtentwicklungsforschung des Landes Nordrhein-Westfalen, Landesentwicklung, Band 1.044).

ZEHNER, K., 1987:
Stadtteile und Zentren in Köln, Köln (Kölner Geographische Arbeiten, Heft 47).

ZIELKE, E., 1982:
Die Japaner in Düsseldorf, Düsseldorf (Düsseldorfer Geographische Arbeiten, 19).

ZIMMERMANN, H., 1996:
In 40 Jahren werden die Firmen Arbeitskräfte suchen. In: Welt am Sonntag, 19. 5. 1996, S. 105–107.

ZSCHOCKE, H., 1963:
Die Waldhufensiedlungen am linken deutschen Niederrhein, Wiesbaden (Kölner Geographische Arbeiten, Heft 16).

ZSCHOCKE, R., 1959:
Siedlung und Flur der Kölner Ackerebene zwischen Rhein und Ville in ihrer neuzeitlichen Entwicklung, Köln (Kölner Geographische Arbeiten, Heft 13).

Nordrhein-Westfalen

Fakten, Zahlen, Übersichten

386

Tab. A 1: Nordrhein-Westfalen im Vergleich zu anderen Bundesländern

Gegenstand der Nachweisung	Einheit	Jahr Monat Stichtag	Deutsch-land	Baden-Württem-berg	Bayern	Berlin West	Berlin Ost	Branden-burg	Bremen
Bevölkerung									
Fläche	km²	31. 12. 1994	356 978,49	35 751,56	70 545,78	889,1		29 480,53	404,2
Bevölkerung[1]	1000	31. 12. 1994	81 539	10 272	11 922	3 472		2 537	680
Einwohner je km²[2][1]	Anzahl	31. 12. 1994	228	287	169	3 905		86	1 682
Lebendgeborene	1000	1994	770	113	128	29		12	6
Gestorbene	1000	1994	885	97	122	41		28	8
Überschuß der Gebore-nen (+) bzw. Gestorbe-nen (−)	1000	1994	−115	+17	+6	−12		−16	−2
Zuzüge über die Grenzen[2]	Anzahl	1994	1 070 037	178 968	170 640	62 928		26 078	7 788
Fortzüge über die Gren-zen[2]	Anzahl	1994	740 526	149 665	142 430	46 071		15 994	5 932
Überschuß der Zu-(+) bzw. Fortzüge (−)[2]	Anzahl	1994	+329 511	+29 303	+27 910	+16 857		+10 084	+1 856
Erwerbstätigkeit									
Erwerbstätige[3]	1000	April 1995	36 048	4 735	5 788	1 594		1 112	285
nach Wirtschafts-bereichen[4]									
Land- und Forstwirt-schaft, Fischerei	1000	April 1995	1 163	130	293	12		55	/
Produzierendes Ge-werbe	1000	April 1995	12 944	2 029	2 158	401		397	80
Handel, Verkehr und Nachrichten-übermittlung	1000	April 1995	8 219	958	1 303	357		246	82
Übrige Wirtschaftsbe-reiche	1000	April 1995	13 722	1 618	2 033	824		414	120
nach der Stellung im Beruf									
Selbständige	1000	April 1995	3 336	469	635	162		76	25
Mithelfende Familien-angehörige	1000	April 1995	482	73	170	/		/	/
Abhängige	1000	April 1995	32 230	4 193	4 983	1 427		1 032	258
Beschäftigte ausländische Arbeitnehmer[5]	Anzahl	30. 06. 1995	•	484 352	417 977	86 202	•	•	18 601
darunter aus:									
Griechenland	Anzahl	30. 06. 1995	•	32 670	22 963	2 645	•	•	366
Italien	Anzahl	30. 06. 1995	•	69 736	30 912	2 580	•	•	495
Jugoslawien[6]	Anzahl	30. 06. 1995	•	126 873	103 490	15 036	•	•	1 780
Türkei	Anzahl	30. 06. 1995	•	114 380	96 271	37 882	•	•	8 022
Arbeitslose	Anzahl	D 1995	3 611 921	328 298,4	355 881	137 822	75 561	164 608	40 343
Arbeitslosenquote	%	D 1995	10,4[7]	7,4	7,0	14,3	12,4	14,2	14,0

1) früheres Bundesgebiet: Fortschreibungsergebnis auf der Basis der Volkszählung vom 25. 5. 1987; neue Länder und Berlin-Ost: Die Ergebnisse basieren auf der Fortschreibung eines Abzugs des früheren „Zentralen Einwohnerregisters" zum 3. 10. 1990

2) ohne Fälle, bei denen das Herkunfts- bzw. Zielland ungeklärt ist oder keine Angaben darüber vorliegen

3) Ergebnis des Mikrozensus

Ham-burg	Hessen	Mecklen-burg-Vor-pommern	Nieder-sachsen	Nordrhein-Westfalen	Rhein-land-Pfalz	Saarland	Sachsen	Sachsen-Anhalt	Schleswig-Holstein	Thürin-gen
755,33	21 114,28	23 170,09	47 609,24	34 075,17	19 845,73	2 570,00	18 411,65	20 445,99	15 738,62	16 171,17
1 706	5 981	1 832	7 715	17 816	3 952	1 084	4 584	2 759	2 708	2 518
2 258	283	79	162	523	199	422	249	135	172	156
16	61	9	82	186	41	10	23	14	28	13
20	63	20	86	193	43	13	58	34	31	29
−4	−3	−11	−4	−7	−2	−3	−36	−20	−3	−16
27 980	88 423	9 891	151 103	184 958	42 446	9 882	32 997	14 439	47 842	13 974
20 793	79 088	3 281	73 893	124 941	29 793	6 157	12 297	5 094	18 392	6 705
+7 187	+9 335	+6 610	+77 210	+60 017	+12 653	+3 725	+20 700	+9 345	+29 450	+7 269
786	2 680	820	3 328	7 300	1 707	418	1 974	1 178	1 248	1 097
6	59	54	149	147	55	/	55	54	47	40
192	900	242	1 119	2 642	640	147	779	447	352	418
227	638	196	761	1 742	370	99	429	256	323	230
360	1 083	328	1 299	2 769	642	168	711	420	525	409
85	265	57	308	629	161	36	146	79	125	79
5	35	/	52	84	21	/	/	/	14	6
695	2 381	762	2 967	6 587	1 526	380	1 823	1 096	1 108	1 013
67 691	242 804	•	117 469	544 415	81 963	29 566	•	•	37 682	•
2 185	12 406	•	5 571	34 081	2 426	190	•	•	1 242	•
2 259	26 258	•	9 017	46 962	9 170	5 735	•	•	1 522	•
11 038	47 185	•	15 690	79 264	13 193	1 184	•	•	3 935	•
19 462	60 647	•	35 319	191 040	21 136	3 032	•	•	13 243	•
77 773	213 222	132 850	346 948	778 946	134 223	49 257	293 699	208 149	102 193	172 149
10,7	8,4	16,1	10,9	10,6	8,5	11,7	14,4	16,5	9,1	15,0

4) Klassifikation der Wirtschaftszweige, Ausgabe 1993, Tiefengliederung für den Mikrozensus
5) Sozialversicherungspflichtig beschäftigte Arbeitnehmer
6) einschl. Arbeitnehmern aus Kroatien, Slowenien, Bosnien-Herzegowina sowie Mazedonien
   die seit 1992 bzw. 1993 selbständige Staaten sind
7) früheres Bundesgebiet: 9,3%, neue Länder und Berlin-Ost: 14,9%

Fortsetzung Tab. A 1

Gegenstand der Nachweisung	Einheit	Jahr Monat Stichtag	Deutsch-land	Baden-Württem-berg	Bayern	Berlin West	Berlin Ost	Branden-burg	Bremen
Produzierendes Gewerbe									
Bergbau und Verar-beitendes Gewerbe[8]									
Unternehmen	Anzahl	D 1994	42 203	7 931	7 100	1 105		749	293
Beschäftigte	1000	D 1995	6 779	1 265	1 238	153		99	70
Baugewerbe									
Unternehmen des Bau-hauptgewerbes[9]	Anzahl	30. 09. 1994	15 125	1 618	2 682	541		709	•
Beschäftigte	1000	D 1995	1 525	174	246	64		75	10
Energie- und Wasserver-sorgung									
Unternehmen	Anzahl	31. 12. 1994	3953	815	1212	9		105	8
Beschäftigte	1000	30. 09. 1994	381	45	54	32		12	5
Außenhandel									
Einfuhr nach Zielländern (Generalhandel)[10]	Mio. DM	1995	644 102	88 101	94 124	8 110		5 391	17 918
Ausfuhr nach Ursprungs-ländern (Spezialhandel)[10]	Mio. DM	1995	727 732	124 006	111 641	11 939		3 542	13 602

8) Ergebnisse für Unternehmen bzw. Betriebe von Unternehmen mit im allgemeinen 20 Beschäftigten und mehr, einschl. Handwerk
9) Unternehmen bzw. Betriebe mit 20 Beschäftigten und mehr
10) einschl. Rückwaren und Ersatzlieferungen. – Vorläufiges Ergebnis

Ham-burg	Hessen	Mecklen-burg-Vor-pommern	Nieder-sachsen	Nordrhein-Westfalen	Rhein-land-Pfalz	Saarland	Sachsen	Sachsen-Anhalt	Schleswig-Holstein	Thürin-gen
556	2 975	471	3 321	9 582	2 004	454	1974	1134	1 286	1268
119	527	50	579	1 650	324	113	208	120	153	111
161	886	553	1 363	2 066	602	167	1354	969	486	884
22	91	52	123	234	57	17	140	99	48	71
9	322	63	268	352	237	63	169	75	132	114
10	25	8	30	90	13	4	23	11	10	10
44 919	69 957	1937	48 100	172 406	28 217	8 850	7363	3715	14 973	3598
16 070	47 887	2557	58 048	161 437	39 064	11 201	6923	4157	13 629	4103

Fortsetzung Tab. A 1

Gegenstand der Nachweisung	Einheit	Jahr Monat Stichtag	Deutsch-land	Baden-Württem-berg	Bayern	Berlin West	Berlin Ost	Branden-burg	Bremen	
Verkehr										
Eisenbahnverkehr										
Beförderte Güter:										
Versand	1000 t	1995	265 694	13 733	18 746	3 888		13 088	3 546	
Empfang	1000 t	1995	276 675	17 331	25 095	6 034		19 380	6 971	
Straßenverkehr										
Straßen des über-örtlichen Verkehrs	km	01. 01. 1995	228 604	27 451	41 591	249		12 656	110	
darunter: Bundesau-tobahnen	km	01. 01. 1995	11 143	1 020	2 162	61		766	46	
Bestand an Kraftfahrzeu-gen[11]	1000	01. 07. 1995	47 486	6 432	7 755	1 400		1 380	329	
darunter:										
Personenkraftwagen	1000	01. 07. 1995	40 404	5 393	6 282	1 223		1 202	291	
Lastkraftwagen	1000	01. 07. 1995	2 215	242	302	86		95	16	
Zulassung fabrikneuer Kraftfahrzeuge[12]	1000	1995	3 820	480	607	100		116	28	
darunter:										
Personenkraftwagen	1000	1995	3 314	421	522	86		98	24	
Beförderte Personen (Linien- und Gelegen-heitsverkehr)[13]	Mio.	1995	7 877	860	1 102	855		174	113	
Binnenschiffahrt										
Beförderte Güter[14]:										
Versand	1000 t	1995	117 277	18 410	5 494	2 333		2 697	2 388	
Empfang	1000 t	1995	173 802	22 007	9 313	6 581		3 230	3 871	
Luftverkehr										
Beförderte Personen:										
Zusteiger	1000	1995	54 892	2 689	8 438	4 467		923	729	
Aussteiger	1000	1995	55 234	2 658	8 438	4 454		921	730	
Beförderte Güter:										
Einladung	1000 t	1995	942	6	51	6		6	1	
Ausladung	1000 t	1995	870	8	48	1		5	1	
Straßenverkehrsunfälle										
mit Personenschaden	Anzahl	1994	392 754	39 262	63 083	17 187		15 827	3 790	
dabei: Getötete	Anzahl	1994	9 814	1 062	1 672	149		802	35	
Verletzte	Anzahl	1994	516 415	52 992	86 516	20 577		20 507	4 542	
Inlandsprodukt[15]										
Bruttoinlandsprodukt[16]	Mrd. DM	1995	3459,6	494,0	581,3	147,8		63,0	39,8	
Bruttowertschöpfung[17]	Mrd. DM	1995	3192,6	455,0	538,6	136,3		60,0	36,5	

11) ohne Kraftfahrzeuge mit Versicherungskennzeichen
12) einschl. Anmeldung fabrikneuer zulassungsfreier Kraftfahrzeuge mit amtlichem Kennzeichen
13) ohne Verkehr der Kleinunternehmen mit weniger als 6 Bussen
14) ohne Durchgangsverkehr
15) Quelle: Arbeitskreis Volkswirtschaftliche Gesamtrechnungen der Länder

Quelle: LDS NRW (Hrsg.) Stat. Jb. NRW 1996, S. 752–799

Ham-burg	Hessen	Mecklen-burg-Vor-pommern	Nieder-sachsen	Nordrhein-Westfalen	Rhein-land-Pfalz	Saarland	Sachsen	Sachsen-Anhalt	Schleswig-Holstein	Thürin-gen
12 352	7 831	3 851	22 742	105 235	6 331	15 847	12 745	19 044	3 248	3 466
9 124	7 357	4 645	28 982	92 239	5 016	16 046	19 663	9 025	3 173	6 594
230	16 365	9 712	28 235	29 858	18 397	2 036	13 696	10 308	9 881	7 829
81	956	237	1 305	2 145	816	226	424	199	448	251
807	3 727	909	4 683	10 036	2 504	660	2 381	1 379	1 644	1 339
714	3 209	794	3 958	8 786	2 103	577	2 090	1 210	1 393	1 166
42	143	60	192	404	97	26	166	91	72	91
72	356	79	370	787	171	54	222	124	122	115
63	320	67	325	686	147	48	193	108	105	110
392	458	147	498	1 815	251	84	502	225	193	207
5 564	2 989	38	9 333	49 486	11 079	600	175	4 369	2 321	–
4 600	13 083	84	14 475	71 603	16 988	3 135	414	2 265	2 154	–
4 036	18 612	24	2 151	10 606	12	170	1 800	5	96	135,0
4 029	18 803	24	2 274	10 639	12	172	1 789	5	96	137
15	692	•	4	161	•	0	1	•	•	0,0
21	601	•	5	168	•	0	3	•	•	0,0
9 336	27 507	10 168	41 572	79 791	17 941	5 231	20 303	14 656	15 463	11 637
55	642	535	1 068	1 346	457	92	689	569	282	359,0
12 144	36 921	13 314	55 058	102 135	24 029	7 091	26 004	18 853	20 182	15 550
134,6	341,1	41,2	307,9	772,7	151,3	43,0	109,3	64,7	109,3	58,7
120,7	318,2	39,3	284,5	702,4	139,3	39,2	104,0	61,6	101,0	55,9

16) Das Bruttoinlandsprodukt ergibt sich aus der Bruttowertschöpfung insgesamt zuzüglich der nichtabziehbaren Umsatzsteuer und der Einfuhrabgaben.

17) Bereinigte Bruttowertschöpfung, das ist die Summe der Bruttowertschöpfung der Wirtschaftsbereiche nach Abzug der unterstellten Entgelte für Bankdienstleistungen.

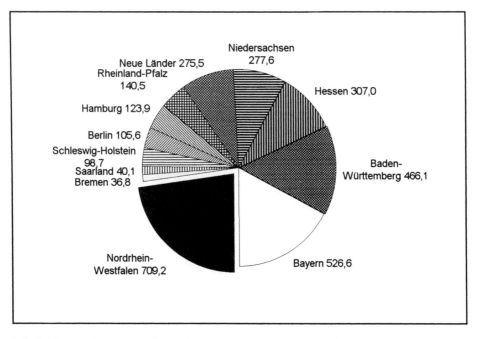

Quelle: Der Ministerpräsident d. Landes NRW (Hrsg.): Landesentwicklungsbericht NRW 1994, S. 35

Abb. A 1: **Bruttoinlandsprodukt Nordrhein-Westfalens 1993 im Vergleich zu anderen Bundesländern (Mrd. DM – nominal)**

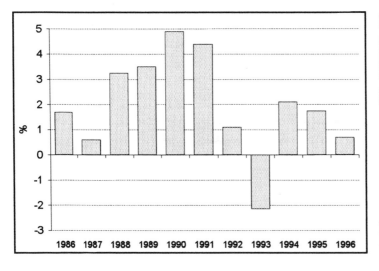

Abb. A 2:
Veränderung des realen Bruttoinlandsprodukts in Nordrhein-Westfalen gegenüber dem Vorjahr 1986–1996

Quelle:
LDS NRW (Hrsg.):
Stat. Rundschau,
Febr. 1997, S. 81

Bezeichnung	Lage	Verwaltungsbezirk	Höhe (m NN)
Langenberg	Sauerland, z. T. im Land Hessen gelegen	Hochsauerlandkreis	843
Kahler Asten	Sauerland	Hochsauerlandkreis	841
Hunau	Sauerland	Hochsauerlandkreis	818
Schloßberg	Sauerland	Hochsauerlandkreis	790
Härdler	Rothaargebirge	Kreis Olpe	756
Weißer Stein	Nordwesteifel	Kreis Euskirchen	690
Oberste Henn	Rothaargebirge	Kreis Siegen	676
Nordhelle	Ebbegebirge	Märkischer Kreis	663
Homert	Sauerland	Hochsauerlandkreis	656
Hohe Bracht	Sauerland	Kreis Olpe	588
Michelsberg	Nordeifel	Kreis Euskirchen	586
Unnenberg	Bergisches Land	Oberbergischer Kreis	506
Köterberg	Lipper Bergland	Kreis Lippe	496
Gr. Ölberg	Siebengebirge	Rhein-Sieg-Kreis	460
Dörenberg	Lipper Bergland	Kreis Lippe	393
Grotenburg	Teutoburger Wald	Kreis Lippe	386
Drachenfels	Siebengebirge	Rhein-Sieg-Kreis	321
Wittekindsberg	Wiehengebirge	Kreis Minden-Lübbecke	277
Baumberge	Münsterland	Kreis Coesfeld	187
Stemweder Berge	Nordd. Geest	Kreis Minden-Lübbecke	181
Beckumer Berge	Münsterland	Kreis Warendorf	173

Quelle: LDS (Hrsg.): Stat. Jb. NRW 1996, S. 22

Tab. A 2: Wichtige Bodenerhebungen in Nordrhein-Westfalen

Fluß	Länge (km)		
	insgesamt	schiffbar	in Nordrhein-Westfalen
Rhein (deutscher Anteil unterhalb Konstanz)	865	716	226
Lippe	213	–	213
Ruhr	214	41	214
Sieg	150	–	109
Weser (bis Bremerhaven)	436	436	115
Ems (bis Eintritt in den Dollart)	331	220	163
Eder	135	–	46
Rur (deutscher Anteil)	131	–	131
Wupper	124	–	124
Niers (deutscher Anteil)	109	–	109
Erft	104	–	104

Quelle: LDS NRW (Hrsg.): Stat. Jb. NRW 1996, S. 23

Tab. A 3: Wichtige Flüsse Nordrhein-Westfalens

Rurtalsperre Schwammenauel (Heimbach, Kreis Düren, und Simmerath, Kreis Aachen)	202,6
Biggetalsperre (Attendorn und Olpe, Kreis Olpe)	171,8
Möhnetalsperre (Möhnesee, Kreis Soest)	134,5
Große Dhünntalsperre (Kürten, Wermelskirchen und Odenthal, Rhein.-Berg. Kreis)	81,0
Sorpetalsperre (Sundern, Hochsauerlandkreis)	70,0
Urfttalsperre (Schleiden, Kreis Euskirchen)	45,5
Wahnbachtalsperre (Siegburg, Rhein-Sieg-Kreis)	41,4
Hennetalsperre (Meschede, Hochsauerlandkreis)	38,4
Versetalsperre (Lüdenscheid, Märkischer Kreis)	32,8
Wiehltalsperre (Reichshof, Oberberg. Kreis)	31,5
Wuppertalsperre (Radevormwald, Oberberg. Kreis)	25,9
Wehebachtalsperre (Hürtgenwald, Kreis Düren, und Stolberg, Kreis Aachen)	25,0
Bevertalsperre (Hückeswagen, Oberberg. Kreis)	23,7
Aabachtalsperre (Wünnenberg, Kreis Paderborn)	19,5
Oleftalsperre (Hellenthal, Kreis Euskirchen)	19,3
Aggertalsperre (Bergneustadt und Gummersbach, Oberberg. Kreis)	19,3
Kerspestalsperre (Wipperfürth, Oberberg. Kreis sowie Halver und Kierspe, Märkischer Kreis)	15,5
Obernautalsperre (Netphen, Kreis Siegen-Wittgenstein)	14,9
Ennepetalsperre (Breckerfeld, Ennepe-Ruhr-Kreis)	12,6

1) In Nordrhein-Westfalen gibt es insgesamt 74 Talsperren mit einem Gesamtfassungsvermögen von rd. 1156 Mio. m³.

Quelle: LDS NRW (Hrsg.): Stat. Jb. NRW 1996, S. 22

Tab. A 4: Wichtige Talsperren[1] Nordrhein-Westfalens (Stauraum in Mio. m³)

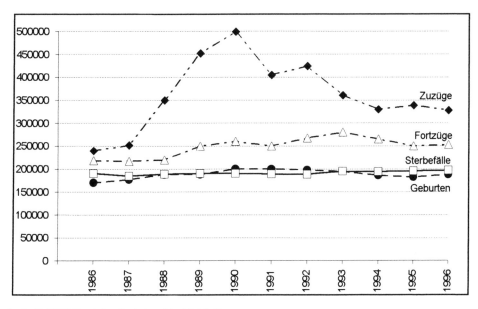

Quelle: LDS NRW (Hrsg.): Stat. Rundschau, Febr. 1997, S. 79

Abb. A 3: Natürliche Bevölkerungsentwicklung und Wanderungen in Nordrhein-Westfalen 1986–1996

Tab. A 5: Mittlere Bevölkerung auf dem Territorium des heutigen Nordrhein-Westfalens 1920–1995* (1000)

Jahr	Mittlere Bevölkerung	Jahr	Mittlere Bevölkerung	Jahr	Mittlere Bevölkerung	Jahr	Mittlere Bevölkerung
1920	10 359	1940[2]	12 059	1960	15 694	1980	17 044
1922	10 620	1942[1][2]	12 299	1962	16 117	1982	17 008
1924	10 829	1944	•	1964	16 463	1984	16 777
1926	11 073	1946	11 273	1966	16 807	1986	16 671
1928	11 259	1948	12 242	1968	16 888	1988	16 801
1930	11 407	1950	12 926	1970	16 914	1990	17 244
1932	11 517	1952	13 489	1972	17 167	1992	17 590
1934	11 671	1954	14 149	1974	17 230	1994	17 783
1936	11 869	1956	14 733	1976	17 096	1995	17 847
1938	11 877	1958	15 304	1978	17 015		

* Quelle: 1920–1943: Veröffentlichungen des Statistischen Reichsamtes. Die Zahlen der Jahre
1946–1956 wurden nach Rückschreibung der anläßlich der Wohnungsstatistik 1956/57
am 25. 09. 1956 ermittelten Bevölkerungszahlen, die der Jahre 1957–1961 nach Rückschreibung der
Volkszählung vom 06. 06. 1961 gewonnen. Sie weichen daher von früheren Veröffentlichungen ab.
1) einschl. Eupen und Malmedy
2) Umrechnung unter Zugrundelegung der durch das Statistische Reichsamt veröffentlichten Verhältniszahlen

Quelle: verändert nach LDS NRW (Hrsg.): Stat. Jb. NRW 1996, S. 29

Jahr	Binnen-wande-rungen (Per-sonen)	Außenwanderungen (Personen)							
		Zuzüge			Fortzüge			Überschuß der Zu- (+) bzw. Fort-züge (−)	
		insgesamt	davon		insgesamt	davon			
			aus dem übrigen Bundes-gebiet[1]	über die Grenzen des Bundes-gebietes[1][2]		nach dem übrigen Bundes-gebiet[1]	über die Grenzen des Bundes-gebietes[1][2]		
1974	690 414	325 600	162 167	163 433	324 889	176 956	147 933	+ 711	
1976	551 787	275 670	139 013	136 657	298 291	147 926	150 365	− 22 621	
1978	544 335	289 111	132 796	156 315	274 575	158 621	115 954	+ 14 536	
1980	552 670	336 930	131 533	205 397	270 435	164 010	106 425	+ 66 495	
1982	529 364	229 119	124 909	104 210	288 076	154 665	133 411	− 58 957	
1984	438 746	200 628	95 299	105 329	303 307	128 127	175 180	− 102 679	
1986	457 601	240 630	99 836	140 794	218 641	128 200	90 441	+ 21 989	
1988	476 100	351 923	94 323	257 600	220 710	129 238	91 472	+ 131 213	
1990	498 201	497 739	162 168	335 571	257 263	129 271	127 992	+ 240 476	
1992	490 553	425 898	161 236	264 662	264 692	138 805	125 887	+ 161 206	
1994	557 669	328 153	143 150	185 003	265 017	140 074	124 943	+ 63 136	
1995	566 731	337 532	145 867	191 665	249 883	137 674	112 209	+ 87 649	

1) 1974 bis 1990 alte Bundesländer einschl. Berlin (West); ab 1991 alte und neue Bundesländer
2) einschl. „ohne Angabe" und „ohne festen Wohnsitz"

Quelle: verändert nach LDS NRW (Hrsg.): Statt. Jb. NRW 1996, S. 80

Tab. A 6: Gesamtwanderungen in Nordrhein-Westfalen 1974–1995

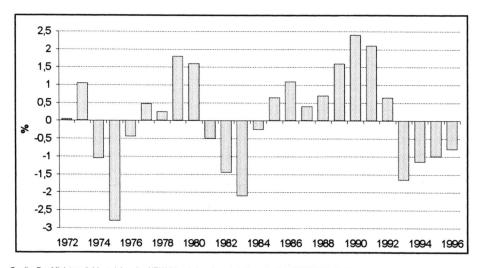

Quelle: Der Ministerpräsident d. Landes NRW (Hrsg.): Landesentwicklungsbericht NRW 1994, S. 81

Abb. A 4: Beschäftigtenveränderung in Nordrhein-Westfalen gegenüber dem Vorjahr 1972–1996

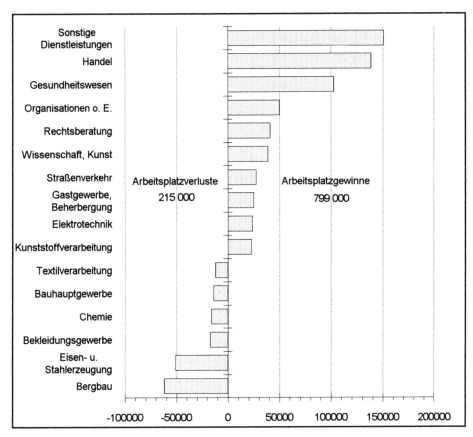

Quelle: Der Ministerpräsident d. Landes NRW (Hrsg.): Landesentwicklungsbericht NRW 1994, S. 23

Abb. A 5: Beschäftigungsentwicklung nach Branchen in Nordrhein-Westfalen
(September 1994 gegenüber September 1993)

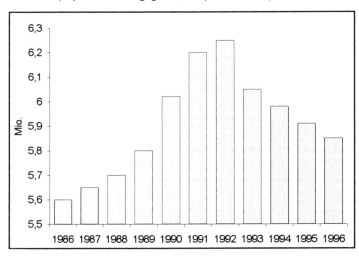

**Abb. A 6:
Sozialversiche-
rungspflichtig
Beschäftigte in
Nordrhein-Westfalen
1986–1996**

Quelle:
LDS NRW (Hrsg.):
Stat. Rundschau,
Febr. 1997, S. 81

Arbeitsamtsbezirk	1990	1996	Arbeitsamtsbezirk	1990	1996
Aachen	9,1	13,0	Iserlohn	6,7	10,8
Ahlen	6,8	8,5	Köln	11,1	13,4
Bergisch Gladbach	6,9	10,5	Krefeld	8,0	12,4
Bielefeld	6,3	10,4	Meschede-Brilon	5,2	8,5
Bochum	11,9	14,1	Mönchengladbach	7,7	10,4
Bonn	6,2	7,7	Münster	8,2	9,1
Brühl	5,9	8,1	Oberhausen	9,9	12,8
Coesfeld	6,6	8,5	Paderborn	8,2	10,6
Detmold	6,8	9,4	Recklinghausen	9,9	13,4
Dortmund	11,9	15,6	Rheine	6,2	8,5
Düren	7,5	10,0	Siegen	5,5	9,8
Düsseldorf	8,3	11,7	Soest	6,6	9,1
Duisburg	11,8	16,3	Solingen	5,8	10,2
Essen	12,2	13,4	Wesel	8,3	10,9
Gelsenkirchen	12,5	15,1	Wuppertal	7,0	10,9
Hagen	8,8	12,5			
Hamm	9,0	12,4	*Nordrhein-Westfalen*	*8,4*	*11,4*
Herford	6,4	9,5			

Quelle: verändert nach LDS NRW (Hrsg.): Stat. Jb. NRW 1996, S. 252 f.

**Tab. A 7: Arbeitslosenquoten (%) in Nordrhein-Westfalen
am 30. September 1990 und 1996 nach Arbeitsamtsbezirken**

**Tab. A 8: Betriebe, Beschäftigte, Arbeiterstunden, Löhne, Gehälter und Umsatz
im Bergbau und Verarbeitenden Gewerbe Nordrhein-Westfalens**

Jahr	Betriebe	Beschäftigte		Geleistete Arbeiter-stunden[1]	Brutto-löhne[2]	Brutto-gehälter[2]	Gesamtumsatz[3]	
		ins-gesamt	darunter Arbeiter[1]				ins-gesamt	darunter Auslands-umsatz
	Monatsdurchschnitt			1000	Mill. DM			
1982	11 191	2 069 790	1 458 756	2 432 344	48 453	31 429	368 122	100 100
1987	10 808	1 951 560	1 355 082	2 215 709	52 778	36 711	408 385	117 751
1992	11 911	1 982 960	1 355 260	2 166 765	65 162	48 166	519 894	134 159
1995[4]	10 587	1 649 688	1 089 764	1 739 532	57 554	46 499	516 048	143 934

1) einschl. der gewerblich Auszubildenden
2) einschl. Vergütung der Auszubildenden
3) ohne Umsatzsteuer (MwSt.)
4) Mit Beginn des Jahres 1995 trat eine neue Klassifikation der Wirtschaftszweige in Kraft.
    Hierdurch wird der direkte Vergleich mit den Vorjahren beeinträchtigt.

Quelle: verändert nach LDS NRW (Hrsg.): Stat. Jb. NRW 1996, S.309

Tab. A 9: Betriebe, Beschäftigte und Investitionen im Bergbau und Verarbeitenden Gewerbe* Nordrhein-Westfalens 1974–1994

Jahr	Betriebe (31.12.)		Beschäftigte (30. 09.)	Bruttoanlageinvestitionen		
	insgesamt	mit Investitionen		insgesamt	davon	
					Maschinen und maschinelle Anlagen, Betriebs- und Geschäftsausstattungen	je Beschäftigten
	Anzahl			1000 DM		DM
1974[1)	3 979	3 792	2 047 371	9 435 229	7 673 645	4 608
1979	11 431	10 131	2 235 369	13 187 737	10 894 933	5 900
1984	10 533	9 209	1 951 071	15 372 567	12 714 213	7 879
1989	10 993	9 652	1 995 494	22 635 933	18 765 284	11 344
1994	10 773	9 228	1 709 339	19 435 675	16 648 650	11 370

* bis 1975: Betriebe mit 100 und mehr Beschäftigten; ab 1979 Betriebe von Unternehmen mit 20 und mehr Beschäftigten

1) ohne Verarbeitendes Handwerk

Quelle: verändert nach LDS NRW (Hrsg.): Stat. Jb. NRW 1996, S.333

Abb. A7: Bruttostromerzeugung der öffentlichen Kraftwerke in Nordrhein-Westfalen 1994–1996 (jeweils Januar– November)

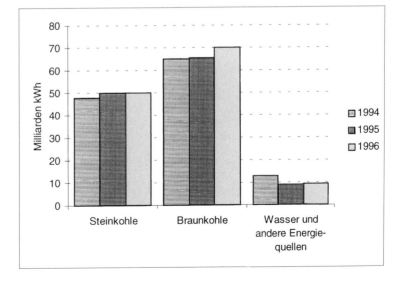

Quelle: LDS NRW (Hrsg.): Stat. Rundschau, Febr. 1997, S. 90

Jahr	Förderung von Steinkohlen	Erzeugung von Zechenkoks	Herstellung von Steinkohlenbriketts	Förderung von Braunkohlen	Herstellung von Braunkohlenbriketts
1963	127201	33717	6353	90141	14163
1964	127544	35946	5410	94605	13856
1965	120880	36692	4544	86462	11348
1966	112291	33858	4005	83556	10574
1967	99631	29250	3578	83041	10002
1968	100751	30131	3692	87871	9290
1969	100554	31407	3907	92709	9323
1970	100717	30294	3725	93034	8497
1971	100118	28421	2716	90517	6987
1972	92041	25382	2427	95727	6101
1973	88164	25042	2271	101733	5893
1974	85946	25509	2249	109507	6123
1975	83419	25035	1697	107426	4984
1976	79974	22419	1357	119103	4390
1977	75253	18756	1305	107820	4104
1978	74263	16817	1453	109238	3889
1979	75911	17435	1673	116363	4752
1980	76446	19275	1455	117652	4446
1981	77086	18898	1332	119471	4169
1982	77434	18105	1283	117229	3944
1983	71654	14571	1244	117391	3533
1984	68609	12707	1437	120571	3758
1985	71129	13590	1511	114503	4009
1986	69834	14014	1199	108651	3576
1987	65133	11510	1001	103614	3135
1988	62955	10000	825	103509	2474
1989	61526	9700	724	104210	2158
1990	60044	9240	756	102181	2397
1991	56706	7816	860	106361	2851
1992	56364	6858	677	107505	2325
1993	49208	4929	585	102096	2217
1994	43729	3992	460	101362	1823
1995	44970	4160	379	100184	1618

Quelle: LDS NRW (Hrsg.): Stat. Jb. NRW 996, S. 331

Tab. A 10: Stein- und Braunkohlebergbau in Nordrhein-Westfalen 1963–1995
(1000 t)

Übersicht A 1: Die Berechnung des Gewerbe- und Industrieflächenbedarfs für Nordrhein-Westfalen bis 2020

Der Gewerbe- und Industrieflächenbedarf ist ein interdisziplinäres Arbeitsgebiet. Daher bieten sich Ansätze aus verschiedenen Wissenschaftsdisziplinen zur Bearbeitung dieser komplizierten Fragestellung an. Bei der vorliegenden Berechnung wird ein nachfrageorientierter statistischer Ansatz gewählt. Unter dem Begriff „Statistische Ansätze" sollen hier Verfahren genannt werden, die aus geodätischen, demographischen und ökonomischen Daten der amtlichen Statistik Prognosen für Gewerbe- und Industrieflächen ermitteln. Der im folgenden dargestellte nachfrageorientierte Berechnungsansatz besteht grundsätzlich aus folgenden Bedarfskomponenten:
– Ansiedlungsbedarf,
– Verlagerungsbedarf,
– Erweiterungsbedarf.

Von der Summe dieser Komponenten werden die Verlagerungs- und Stillegungsflächen abgezogen.

Der realistisch zu erwartende Ansiedlungsbedarf wird auf folgende Art und Weise bestimmt:

Ansiedlungsbedarf = gewerbeflächenbeanspruchende Personen × Ansiedlungsquote × Flächenkennziffer × Planungszeitraum.

Die gewerbeflächenbeanspruchenden Personen werden aus der Summe der gewerbeflächenbeanspruchenden Beschäftigten (100% der Beschäftigten im sekundären + 40% der Beschäftigten im tertiären Sektor) und der arbeitslosen gewerbeflächenbeanspruchenden Personen (Berechnung: gewerbeflächenbeanspruchende Beschäftigte x Arbeitslosenquote : 100) ermittelt. Die Flächenkennziffer gibt an, wieviel Flächenbedarf ein Beschäftigter hat. In Anlehnung an das GIFPRO-Gutachten wird hier eine Flächenkennziffer von 225 m² pro Beschäftigten zugrundegelegt. Die Ansiedlungsquote gibt an, wieviele Beschäftigte je 100 gewerbeflächenbeanspruchende Beschäftigte jährlich in neuangesiedelten Gewerbe- und Industriebetrieben einen Arbeitsplatz finden. Aufgrund von langjährigen bundesweiten Erfahrungswerten wird von einer einheitlichen Ansiedlungsquote von 0,15 Beschäftigten/100 gewerbeflächenbeanspruchenden Beschäftigten pro Jahr ausgegangen. Multipliziert mit der ausgewählten Flächenkennziffer, den gewerbeflächenbeanspruchenden Personen und dem Planungszeitraum in Jahren ergibt sich der Flächenansiedlungsbedarf.

Der realistisch zu erwartende Verlagerungsbedarf wird auf folgende Art und Weise bestimmt:

Verlagerungsbedarf = gewerbeflächenbeanspruchende Personen × Verlagerungsquote × Flächenkennziffer × Planungszeitraum.

Die Verlagerungsquote gibt an, wieviele Beschäftigte je 100 gewerbeflächenbeanspruchende Beschäftigte jährlich in verlagerten Gewerbe- und Industriebetrieben einen Arbeitsplatz finden. Aufgrund von langjährigen bundesweiten Erfahrungswerten wird von einer einheitlichen Verlagerungsquote von 0,7 Beschäftigten/100 gewerbeflächenbeanspruchenden Beschäftigten pro Jahr ausgegangen. Multipliziert mit der ausgewählten Flächenkennziffer, den gewerbeflächenbeanspruchenden Personen und dem Planungszeitraum in Jahren ergibt sich der Verlagerungsbedarf.

Der Erweiterungsbedarf kann grundsätzlich in zwei Fallgruppen unterschieden werden:
1. Beim Erweiterungsbedarf durch Arbeitsplatzwachstum wird davon ausgegangen, daß durch die absolute Zunahme der Beschäftigten ein zusätzlicher Flächenbedarf erzeugt wird.
2. Der Expansionsbedarf an bestehenden Standorten unterstellt, daß zukünftig mehr Fläche je Arbeitsplatz benötigt wird; bei konstanter Beschäftigtenzahl wird somit ein Expansionsdruck erzeugt.

402

In dieser Studie wird ein Vorliegen beider Varianten in einigen Verwaltungsbezirken unterstellt. Allen Verwaltungsbezirken mit 50 000 und mehr Beschäftigten im sekundären Sektor wird ein Erweiterungsbedarf von 2 ha pro Jahr und allen Verwaltungsbezirken mit 80 000 und mehr Beschäftigten im sekundären Sektor wird ein Erweiterungsbedarf von 3 ha pro Jahr Gewerbe- und Industriefläche zugestanden.

Die Freisetzung von Gewerbe- und Industrieflächen kann durch Stillegung, durch Verlagerung von Betrieben oder durch Produktionseinschränkungen erfolgen. Aufgrund des verstärkten Ökologiebewußtseins ist eine maßvollere Inanspruchnahme von Flächen für Gewerbe und Industrie auch in der Stadt- und Regionalplanung immer mehr in den Vordergrund gerückt. Dies hat zur Folge, daß die Beachtung der Gewerbe- und Industrieflächen, die nach einer Stillegung oder Verlagerung wieder zur Nutzung zur Verfügung stehen, immer wichtiger werden. Die verlagerungsbedingten und die stillegungsbedingten Freisetzungen können leider nur aufgrund von Erfahrungswerten geschätzt werden. Eine Freisetzungsquote von 0,7% der Beschäftigten je 100 gewerbeflächenbeanspruchende Beschäftigte erscheint hierbei realistisch. Da aufgrund von Lage-, Verkehrs-, Infrastruktur- und ökologischen Problemen nur ein Teil der freigesetzten Flächen kurz- oder mittelfristig wiederverwendet werden kann, wird in Anlehnung an GIFPRO eine Wiederverwendungsquote von 50% angenommen. Zusätzlich wird die Flächenkennziffer um 50% auf 112,5 m²/Beschäftigten reduziert, da die nur teilweise recycelten Flächen sich durch weniger optimale Flächenbedingungen auszeichnen. Da die Arbeitslosen keinen Einfluß auf die freigesetzten Flächen haben, muß bei ihrer Berechnung von den gewerbeflächenbeanspruchenden Beschäftigten und nicht von den gewerbeflächenbeanspruchenden Personen ausgegangen werden.

Der gesamte Flächenbedarf der hier vorgestellten nachfrageorientierten Flächenbedarfsbestimmung berechnet sich wie folgt:

Nachfrageorientierter Gewerbe- und Industrieflächenbedarf = Ansiedlungsbedarf + Verlagerungsbedarf + Erweiterungsbedarf – Flächenfreisetzung durch Stillegung und Verlagerung

(vgl. K.-D. STARK u. a. 1979, S. 22–75; B. WUSCHANSKY 1985, S. 22–38).

Tab. A 11: Der Gewerbeflächenbedarf Nordrhein-Westfalens bis 2020

Verwaltungs-bezirk	Beschäftigte 1993			Arbeits-losen-quote 1996 (%)[1]	Bedarf an neuen Gewerbe- und Industrieflächen (ha)[2]		
	insge-samt	davon im			bis		
		sekund. Sektor	tertiären Sektor		2000	2010	2020
Düsseldorf	406774	92338	313216	11,6	286,16	694,96	1103,75
Duisburg	205168	82478	121664	16,7	189,74	460,81	731,86
Essen	248590	66125	180725	13,5	186,17	452,13	718,08
Krefeld	111142	46124	64129	12,3	88,13	214,02	339,91
Mönchen-gladbach	107978	41787	65219	10,5	81,70	198,43	315,14
Mülheim a.d. Ruhr	69036	28857	39489	12,7	55,06	133,72	212,39
Oberhausen	82220	29024	52867	12,7	61,87	150,25	238,63
Remscheid	56781	32252	24075	9,8	50,02	121,48	192,93
Solingen	65784	33024	32431	9,8	54,93	133,41	211,89
Wuppertal	164916	65142	98620	10,9	140,45	341,10	541,76
Kleve	100517	30758	61818	11,1	67,23	163,28	259,32
Mettmann	206353	88938	115145	10,8	184,04	446,95	709,85
Neuss	162845	63184	99335	10,5	137,88	334,86	531,83
Viersen	10738	44738	62235	12,3	85,49	207,63	329,76
Wesel	159077	62517	91310	10,7	133,48	270,16	514,86
Aachen	131454	34704	95830	13,1	90,46	219,67	348,89
Bonn	182782	24676	157192	7,8	102,23	248,25	394,29
Köln	495836	119992	374356	13,5	356,51	865,81	1375,11
Leverkusen	82637	48921	33303	10,5	74,92	181,95	288,97
Kreis Aachen	89742	37781	50346	13,1	71,74	174,20	276,76
Düren	94537	36775	54642	10,1	70,26	170,63	271,01
Erftkreis	139351	54295	82419	8,0	116,05	281,91	447,55
Euskirchen	59459	19681	37340	7,9	40,46	98,27	156,08
Heinsberg	79049	30513	45453	13,1	60,31	146,47	232,62
Oberberg. Kreis	108881	52590	53678	10,5	103,15	250,50	397,84
Rheinisch-Bergischer Kreis	94549	32336	60511	10,5	68,06	165,28	262,50
Rhein-Sieg-Kreis	154707	54251	95567	7,8	121,97	296,22	470,10
Bottrop	35342	14243	20604	15,3	28,50	74,23	109,97
Gelsen-kirchen	104728	41996	69208	15,3	88,34	214,57	340,78
Münster	155491	26589	127036	8,9	91,51	222,24	352,97
Borken	144550	64469	71408	8,3	123,24	299,31	475,37
Coesfeld	74524	25934	43746	8,3	51,00	123,86	196,71
Reckling-hausen	208223	85996	118687	14,3	188,44	457,66	726,87
Steinfurt	161663	60947	92633	8,2	128,94	313,15	500,36
Warendorf	108395	48453	53980	8,4	82,34	199,97	317,61
Bielefeld	158036	51096	105726	10,2	125,97	305,93	485,90
Gütersloh	159521	79282	75294	10,2	145,25	393,43	560,23
Herford	101241	48798	50013	9,4	81,81	198,67	315,53

Forsetzung Tab. A 11

Verwaltungs-bezirk	Beschäftigte 1993			Arbeits-losen-quote 1996 (%)[1]	Bedarf an neuen Gewerbe- und Industrieflächen (ha)[2] bis		
	insge-samt	davon im			2000	2010	2020
		sekund. Sektor	tertiären Sektor				
Höxter	55 698	19 996	32 304	10,4	39,59	96,12	152,66
Lippe	141 676	58 512	79 339	9,5	121,43	294,89	468,35
Minden-Lübbecke	139 696	56 577	77 950	9,4	118,34	287,40	456,46
Paderborn	112 034	43 805	64 308	10,4	83,60	203,02	322,45
Bochum	170 276	61 299	108 126	14,2	145,02	352,20	559,38
Dortmund	250 906	71 508	177 642	15,6	195,35	474,90	753,45
Hagen	93 270	35 949	56 668	12,6	72,20	175,35	278,49
Hamm	72 470	28 049	43 264	12,2	55,62	135,08	214,55
Herne	64 459	27 846	36 355	14,2	53,13	129,01	204,90
Ennepe-Ruhr-Kreis	132 828	63 093	67 743	12,6	125,09	303,81	482,52
Hochsauer-landkreis	119 513	53 781	62 027	8,5	106,50	258,63	411,77
Märkischer Kreis	204 574	112 925	88 785	10,7	200,08	485,89	771,71
Olpe	55 214	30 669	23 165	9,7	47,64	115,71	183,76
Siegen-Wittgenstein	134 974	60 873	72 616	9,7	121,27	294,52	467,76
Soest	122 430	49 217	68 683	8,8	90,56	219,95	349,32
Unna	161 436	64 574	94 279	13,9	141,78	344,31	546,80
Nordrhein-Westfalen	*7 417 064*	*2 744 314*	*4 531 826*	*11,4*	*5932,18*	*14 406,75*	*22 881,31*

1) vorläufige Zahlenwerte
2) Der gesamte Flächenbedarf setzt sich aus der Summe von Neuansiedlungs- und Verlagerungsbedarf zusammen, von der der Freisetzungs- und Wiederverwendungsbedarf abgezogen wird. Alle Verwaltungsbezirke mit 50 000 und mehr Beschäftigten im sekundären Sektor erhalten außerdem einen Erweiterungsbedarf von 2 ha/Jahr, alle Verwaltungsbezirke mit mehr als 80 000 Beschäftigten im sekundären Sektor von 3 ha/Jahr.

Quellen: Eigene Berechnungen nach LDS NRW (Hrsg.): Die Gemeinden Nordrhein-Westfalens, versch. Jahrgänge; LDS NRW (Hrsg.): Kreisstandardzahlen, versch. Jahrgänge; Landesarbeitsamt NRW (Hrsg.): Presseinformation Nr. 17/96, 35/96; Arbeitsamt Brühl (Hrsg.): Der Arbeitsmarkt im Bereich des Arbeitsamtes Brühl, Presseinformation; STARK u. a. 1979, S. 22 –75; WUSCHANSKY 1985, S. 22 –38

Tab. A 12: Unternehmen, Beschäftigte und Umsatz im handwerksähnlichen Gewerbe Nordrhein-Westfalens nach Gewerbegruppen

Gewerbegruppe	Unternehmen am 31.3.1996	Beschäftigte am 31.3.1996		Umsatz 1995	
		insgesamt	weiblich		
	Anzahl			Mio. DM	DM je Beschäftigten
Bau- und Ausbaugewerbe	9 501	25 800	4 142	2 613	101 286
Metallgewerbe	965	4 701	894	483	102 800
Holzgewerbe	3 241	8 126	1 598	677	83 261
Bekleidungs-, Textil- und Ledergewerbe	3 846	6 401	4 940	203	31 655
Nahrungsmittel- gewerbe	1 025	4 830	2 174	450	93 248
Gewerbe für Gesundheit	4 947	12 282	10 518	425	40 937
Sonstiges Gewerbe	1 253	5 330	1 896	448	84 089
Handwerksähnliches Gewerbe insgesamt	*24 778*	*68 010*	*26 162*	*5 399*	*7 387*

Quelle: LDS NRW (Hrsg.): Stat. Rundschau, Febr. 1997, S. 90

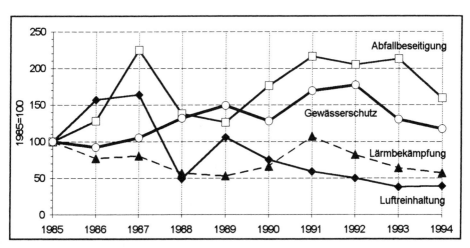

Quelle: LDS NRW (Hrsg.): Stat. Rundschau, Febr. 1997, S. 99

Abb. A 8: Investitionen für den Umweltschutz in Nordrhein-Westfalen 1985–1994

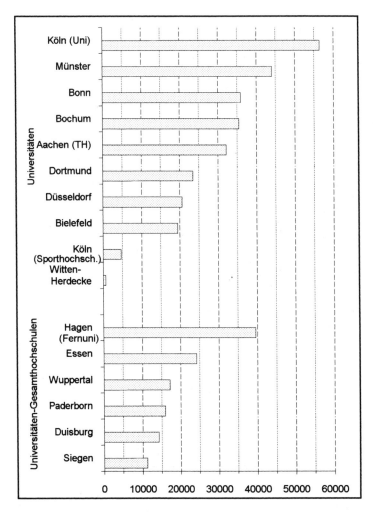

Abb. A 9:
Studentinnen
und Studenten an
den Universitäten
und Universitäten-
Gesamthoch-
schulen Nordrhein-
Westfalens im
Wintersemester
1996/1997

* ohne Zweithörer
und Gaststudenten

Quelle: LDS NRW (Hrsg.):
Stat. Rundschau,
Febr. 1996/1997

Tab. A 13: Schiffahrtskanäle in Nordrhein-Westfalen

Kanal	Länge			Staustufen	
	insgesamt	in Nordrhein-Westfalen	Tragfähigkeit[1]	insgesamt	in Nordrhein-Westfalen
	km		bis n t	Anzahl	
Dortmund-Ems-Kanal (bis Papenburg)	226	121	2400[2]/1350	15	5
Mittelland-Kanal	325	64	2100[2]/1000	2	–
Wesel-Datteln-Kanal	60	60	2400	6	6
Datteln-Hamm-Kanal	47	47	1350	2	2
Rhein-Herne-Kanal	46	46	2400[2]/1350	5	5
Ruhr (von Mülheim bis zum Rhein)	13	13	2400	2	2
Spoykanal (Kleve)	10	10	600	1	1

1) je Schiffseinheit   2) auf ausgebauten Strecken   Quelle: LDS (Hrsg.): Stat. Jb. NRW 1996, S. 23

Wasserstraßengebiet		Güterversand										
		Beladen abgegangene Schiffe	insgesamt	darunter								
				Eisenerze	Steinkohle und Steinkohlenbriketts	Braunkohle und Braunkohlenbriketts	Mineralöle und ähnl. Erzeugnisse	Sand, Kies, Bims, Ton, Schlacken	Sonstige Steine und Erden	Salz, Schwefelkies, Schwefel	Eisen- u. Stahlwaren
		Anzahl	1000 t								
Weser- u. Mittellandkanalgebiet	1992	1 497	1 079	–	171	1	16	386	97	1	37
	1993	1 635	1 125	–	201	1	10	323	115	–	–
Westdeutsches Kanalgebiet	1992	13 838	13 120	5	6 540	2	2437	611	265	11	477
	1993	13 581	12 641	5	5 729	–	1933	421	743	4	682
Rheingebiet	1992	41 535	36 678	142	4 900	142	5455	13 531	399	1518	2084
	1993	40 230	34 926	74	5 171	139	4698	12 309	505	1370	2175
darunter entfiel auf											
Duisburg	1992	12 873	11 718	115	3 805	5	484	1 907	360	31	2026
	1993	14 206	11 836	52	4 232	–	210	1 786	464	33	2123
Binnenhäfen	*1992*	*56 870*	*50 877*	*146*	*11 611*	*145*	*7907*	*14 528*	*761*	*1529*	*2598*
insgesamt	*1993*	*55 446*	*48 693*	*80*	*11 101*	*139*	*6640*	*13 053*	*1363*	*1373*	*2857*

Quelle: LDS NRW (Hrsg.): Stat. Jb. NRW 1996, S. 463

Tab. A 14: Abgang von Schiffen und Versand von Gütern in Nordrhein-Westfalen nach Wasserstraßengebieten 1992 und 1993

Wasserstraßengebiet		Beladen angekommene Schiffe	Güterempfang insgesamt	\multicolumn{darunter} Getreide	Eisenerze	Nichteisen-Metallerze, -abfälle und -schrott	Steinkohle und Steinkohlenbriketts	Mineralöle und ähnl. Erzeugnisse	Sand, Kies, Bims, Ton, Schlacken	Düngemittel	Eisen- u. Stahlabfälle, Schwefelkiesabbrände
		Anzahl	1000 t								
Weser- u. Mittelland-kanalgebiet	1992	1969	1161	20	1	–	74	246	91	107	1
	1993	1870	1213	9	1	–	118	238	114	90	28
Westdeutsches Kanalgebiet	1992	17403	17175	357	2184	352	3289	5315	1791	464	104
	1993	15588	15730	390	1668	419	3667	4395	1791	413	139
Rheingebiet	1992	38556	51520	1220	24444	1954	2019	7628	1150	349	820
	1993	34992	46269	1264	21617	1533	1488	6967	1209	248	742
darunter entfiel auf Duisburg	1992	19926	33395	91	23527	851	832	2997	552	14	732
	1993	17821	29286	91	20903	563	515	2491	612	13	683
Binnenhäfen insgesamt	*1992*	*57928*	*69856*	*1597*	*26628*	*2306*	*5382*	*13189*	*3032*	*921*	*925*
	1993	*52450*	*63212*	*1662*	*23285*	*1952*	*5272*	*11600*	*3114*	*751*	*910*

Quelle: LDS NRW (Hrsg.): Stat. Jb. NRW 1996, S. 463

Tab. A 15: Ankunft von Schiffen und Empfang von Gütern in Nordrhein-Westfalen nach Wasserstraßengebieten 1992 und 1993

Tab. A 16: Fluggäste in Nordrhein-Westfalen 1992–1996

Flughafen	Fluggäste (Ein- und Aussteiger)				
	1992	1993	1994	1995	1996[1]
Düsseldorf	12 075 976	12 872 952	13 794 168	14 920 028	14 313 267
Köln/Bonn	3 418 946	3 785 161	3 887 928	4 645 329	5 317 411
Münster/Osnabrück	398 079	489 104	601 298	845 080	1 039 243
nordrhein-westfälische Flughäfen insgesamt	15 893 001	17 147 217	18 283 394	20 410 437	20 669 921

1) vorläufige Ergebnisse

Quelle: LDS NRW (Hrsg.): Stat. Rundschau, Febr. 1997, S. 98

Tab. A 17: Die Großstädte Nordrhein-Westfalens 1996

Gemeinde	Bevölkerung am Ort der Hauptwohnung
Köln	965 697
Essen	614 861
Dortmund	598 840
Düsseldorf	571 030
Duisburg	535 250
Bochum	400 395
Wuppertal	381 884
Bielefeld	324 066
Bonn	291 413
Gelsenkirchen	291 164
Mönchengladbach	266 702
Münster	265 061
Krefeld	249 606
Aachen	247 923
Oberhausen	224 397
Hagen	212 003
Hamm	183 408
Herne	179 897
Mülheim a. d. R.	176 530
Solingen	165 735
Leverkusen	162 252
Neuss	148 796
Paderborn	133 717
Recklinghausen	127 216
Remscheid	122 260
Bottrop	120 642
Siegen	111 398
Moers	107 095
Bergisch Gladbach	105 478
Witten	104 754

Quelle: LDS (Hrsg.): Stat. Jb. NRW 1996, S. 36

410

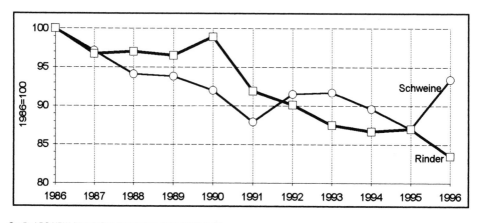

Quelle: LDS NRW (Hrsg.): Stat. Rundschau, Febr. 1997, S. 96

Abb. A 10: Entwicklung des Rinder- und Schweinebestandes in Nordrhein-Westfalen 1986–1996

Tab. A 18: Getreideernte in Nordrhein-Westfalen 1996

Getreideart	Anbaufläche		Erntemenge		Hektarertrag	
	(1000 ha)	Veränderung gegenüber 1995 (%)	(1000 t)	Veränderung gegenüber 1995 (%)	(t/ha)	Veränderung gegenüber 1995 (%)
Getreide insgesamt	*664,4*	*+2,1*	*5004,4*	*+8,1*	*7,53*	*+5,9*
darunter Winterweizen	251,5	+1,8	2159,2	+7,4	8,59	+5,5
Roggen	37,8	−8,1	263,8	+1,4	7,01	+10,4
Wintergerste	175,6	+2,1	1151,5	+2,5	6,56	+0,5
Sommergerste	20,1	−3,0	108,4	+11,4	5,39	+14,9
Hafer	28,2	−8,1	151,4	+13,0	5,38	+23,1
Triticale	60,3	+11,6	423,2	+17,9	7,02	+5,7
Körnermais (einschl. Corn-Cob-Mix)	83,5	+7,6	700,7	+16,3	8,39	+8,1

Quelle: LDS NRW (Hrsg.): Stat. Rundschau, Febr. 1997, S 94

Baumart	Waldfläche insgesamt[1]		Schadensmerkmale					
			ohne	schwache Schäden[2]	deutliche Schäden[3]			
					davon			
					zusam-men	mittlere Schäden	starke Schäden	abge-storben
	(ha)	(%)	Flächenanteil (%)					
Fichte	343100	40,2	62,9	28,1	9,0	8,6	0,3	0,1
Kiefer	84400	9,9	39,8	47,8	12,4	11,8	0,0	0,6
sonstige Nadelbäume	42000	4,9	69,2	26,2	4,5	3,2	0,9	0,5
Nadelbäume zusammen	469500	55,0	59,3	31,5	9,2	8,7	0,3	0,2
Buche	158100	18,5	26,7	45,4	27,9	26,4	1,5	0,0
Eiche	121700	14,2	33,8	46,3	20,0	18,7	1,2	0,0
sonstige Laubbäume	104700	12,3	53,2	35,2	11,7	9,8	1,6	0,2
Laubbäume zusammen	384500	45,0	36,1	42,9	21,0	19,5	1,4	0,1
Baumarten insgesamt	*854000*	*100,0*	*48,9*	*36,6*	*14,5*	*13,5*	*0,8*	*0,1*

*) Ergebnisse der Waldschadenserhebung 1995
1) nach der Waldschadenserhebung 1984
2) Schadstufe 1
3) Schadstufen 2 bis 4

Quelle: LDS NRW (Hrsg.): Stat. Jb. NRW 1996, S. 265

Tab. A 19: Gesundheitszustand des nordrhein-westfälischen Waldes 1995 *)

**Abb. A 11:
Entwicklung der
Waldschäden
in Nordrhein-
Westfalen
1987–1995**
(alle Baumarten)

Quelle: LDS (Hrsg.):
Stat. Jb. NRW (Hrsg.),
1996, S. 265

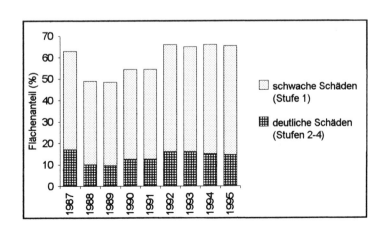

schwache Schäden (Stufe 1)

deutliche Schäden (Stufen 2-4)

412

Fremdenverkehrsregion	Übernachtungen			
	insgesamt		darunter Gäste aus dem Ausland	
	Anzahl	Veränderung gegenüber 1995 (%)	Anzahl	Veränderung gegenüber 1995 (%)
Bergisches Land	2 627 503	+6,9	364 385	+1,2
Eifel	2 646 397	+0,9	388 636	+3,0
Münsterland	2 403 481	−2,1	157 762	+4,3
Niederrhein-Ruhrland	8 231 633	+0,9	2 343 473	−5,1
Sauerland	6 598 986	+1,5	933 871	+23,4
Siebengebirge	2 213 542	+3,7	349 808	−1,3
Siegerland-Wittgenstein	1 151 061	−2,7	54 954	+3,5
Teutoburger Wald	7 725 243	−6,2	354 763	+0,3
Westfälisches Ruhrgebiet	2 419 927	+9,1	362 925	+10,1
Nordrhein-Westfalen insgesamt	36 017 773	+0,1	5 310 577	+2,0

Quelle: LDS NRW (Hrsg.): Stat. Rundschau, Febr. 1997, S. 96

Tab. A 20: Übernachtungen in nordrhein-westfälischen Beherbergungsbetrieben 1995 und 1996

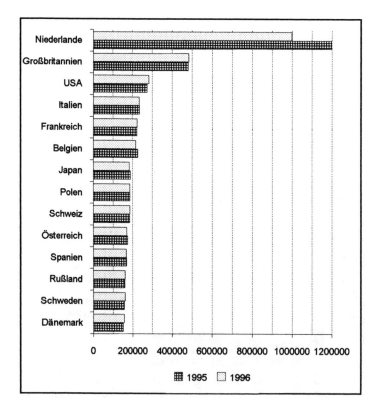

**Abb. A 12:
Übernachtungen ausländischer Fremdenverkehrsgäste in Nordrhein-Westfalen nach Herkunftsländern 1995 und 1996**

Quelle: LDS NRW (Hrsg.):
Stat. Rundschau,
Febr. 1997, S. 96

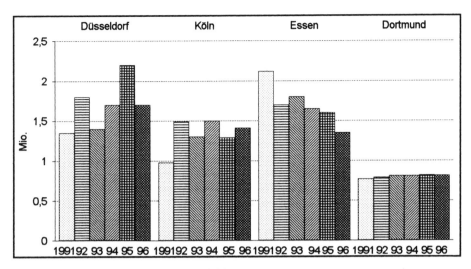

Quelle: LDS NRW (Hrsg.): Stat. Rundschau, Febr. 1997, S. 97

Abb. A 13: Messebesucher in Nordrhein-Westfalen 1991−1996

414

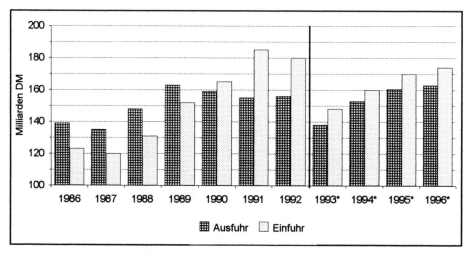

* eingeschränkte Vergleichbarkeit zwischen den Jahren bis 1992 und ab 1993; 1996: vorläufige Ergebnisse
Quelle: LDS NRW (Hrsg.): Stat. Rundschau, Febr. 1997, S. 86

Abb. A 14: Entwicklung des Außenhandels von Nordrhein-Westfalen 1986–1996

Tab. A 21: Ausfuhr aus Nordrhein-Westfalen 1996

Ausfuhr nach .../in die ...	Ausfuhr 1996[1] (Mio. DM)	Veränderung gegenüber 1995 (%)
EU-Länder	*95 715,6*	*–0,6*
Belgien/Luxemburg	13 658,3	–2,0
Dänemark	3 106,9	–4,3
Finnland	1 619,0	+2,4
Frankreich	16 032,8	–1,8
Griechenland	1 024,0	–2,6
Großbritannien	11 718,3	–5,3
Irland	583,4	–5,6
Italien	12 659,7	+9,3
Niederlande	16 484,7	–2,1
Österreich	7 746,6	+1,2
Portugal	1 590,2	+23,4
Schweden	4 045,6	–4,9
Spanien	5 311,0	–1,7
EFTA-Länder	8 939,3	–5,2
Island	63,6	+24,6
Liechtenstein	45,6	+1,8
Norwegen	1 448,9	–6,4
Schweiz	7 381,4	–5,2
Svalbard[2]	0,1	–19,0

1) vorläufige Ergebnisse
2) Spitzbergen und Bäreninsel

Quelle: LDS NRW (Hrsg.): Stat. Rundschau, Febr. 1997, S. 86

Abb. A 15:
Nordrhein-Westfalen –
Handelspartner für die
Welt 1993: Ausfuhr
(Mrd. DM)

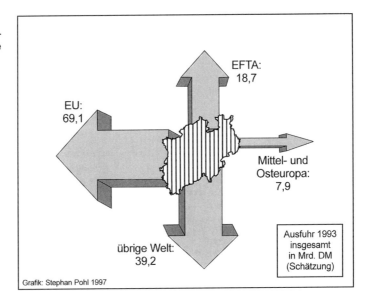

Quelle: LDS NRW (Hrsg.):
verändert nach
Landesentwicklungsbericht
NRW 1994

Abb. A 16:
Nordrhein-Westfalen
– Handelspartner für
die Welt 1993:
Einfuhr (Mrd. DM)

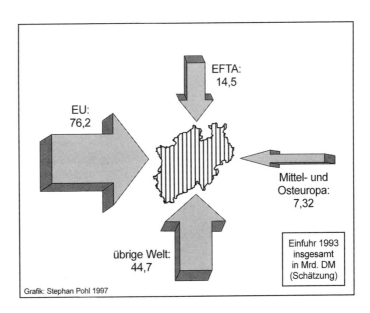

Quelle: LDS NRW (Hrsg.):
verändert nach
Landesentwicklungsbericht
NRW 1994

416

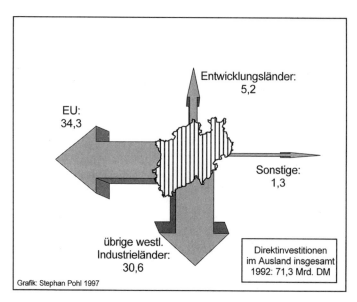

Abb. A 17:
Nordrhein-westfälische
Direktinvestitionen
im Ausland 1992
(Mrd. DM)

Entwicklungsländer:
5,2

EU:
34,3

Sonstige:
1,3

übrige westl.
Industrieländer:
30,6

Direktinvestitionen
im Ausland insgesamt
1992: 71,3 Mrd. DM

Grafik: Stephan Pohl 1997

Quelle: LDS NRW (Hrsg.):
verändert nach
Landesentwicklungsbericht
NRW 1994

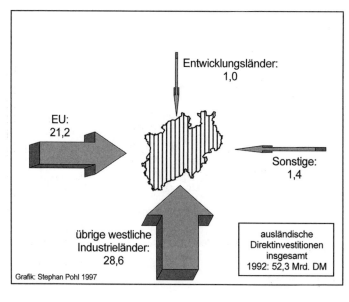

Abb. A 18:
Ausländische
Direktinvestitionen
in Nordrhein-Westfalen
1992 (Mrd. DM)

Entwicklungsländer:
1,0

EU:
21,2

Sonstige:
1,4

übrige westliche
Industrieländer:
28,6

ausländische
Direktinvestitionen
insgesamt
1992: 52,3 Mrd. DM

Grafik: Stephan Pohl 1997

Quelle: LDS NRW (Hrsg.):
verändert nach
Landesentwicklungsbericht
NRW 1994

Register

Länderprofile bei Perthes
Seit 1993 in Hardcover erschienen!
Mit einem Anhang „Fakten, Zahlen, Übersichten"

Algerien/Adolf Arnold
3-623-00665-3, 1995, 224 S.
Berlin und Brandenburg/
Konrad Scherf und Hans Viehrig (Hrsg.)
3-623-00671-8, 1995, 480 S.
Ghana/
Einhard Schmidt-Kallert
3-623-00661-0, 1994, 232 S.
Großbritannien (Neubearbeitung)/
Heinz Heineberg
3-12-928801-5, 1997, 416 S.
Indien/Dirk Bronger
3-623-00667-X, 1996, 526 S.
Kanada/Roland Vogelsang
3-623-00680-7, 1993, 356 S.
Mecklenburg-Vorpommern/
Wolfgang Weiß (Hrsg.)
3-623-00685-5, 1996, 240 S.

Mexiko/Erdmann Gormsen
3-623-00668-8, 1995, 368 S.
Nordrhein-Westfalen (Neubearbeitung)/
Ewald Gläßer, Martin W. Schmied und
Claus-Peter Woitschützke
3-12-928882-1, 1997, 424 S.
Sachsen-Anhalt/Eckhard Oelke (Hrsg.)
3-623-00673-4, 1997, 424 S.
Saudi-Arabien/
Hans Karl Barth und Konrad Schliephake
3-623-00689-0, 1997, ca. 350 S.
Senegal • Gambia/Bernd Wiese
3-623-00664-5, 1995, 160 S.
Tansania/Karl Engelhard
3-623-00662-9, 1994, 295 S.
Türkei/Volker Höhfeld
3-623-00663-7, 1995, 284 S.
Westsamoa/Werner Hennings
3-623-00688-2, 1996, 200 S.

Weiterhin kartoniert lieferbar!

Afghanistan/Dietrich Wiebe
3-12-928861-9, 195 S.
Argentinien/Jürgen Bünstorf
3-12-928905-4, 206 S.
Baden-Württemberg/Siegfried Kullen
3-12-928805-8, 312 S.
Chile/Jürgen Bähr
3-12-928751-5, 204 S.
China/Dieter Böhn
3-12-928892-9, 320 S.
Dänemark/Ewald Gläßer
3-12-928781-7, 180 S.
Frankreich/Alfred Pletsch
ISBN 3-12-928732-9, 256 S.
Die kleinen Golfstaaten/Fred Scholz (Hrsg.)
3-12-928894-5, 240 S.
Hamburg/Ilse Möller
3-12-928891-0, 248 S.
Indonesien/Werner Röll
3-12-928711-6, 206 S.
Kenya/Karl Vorlaufer
3-12-928898-8, 261 S.
Malaysia/Siegfried Kühne
3-12-928771-X, 187 S.
Marokko/Klaus Müller-Hohenstein
und Herbert Popp
3-12-928803-1, 229 S.

Namibia/Hartmut Leser
3-12-928841-4, 259 S.
Norwegen/Rolf Lindemann
3-12-928871-6, 193 S.
Peru/Werner Mikus
3-12-928802-3, 230 S.
Portugal/Bodo Freund
3-12-928761-2, 149 S.
Spanien/Toni Breuer
3-12-928831-7, 259 S.
Tunesien/Peter Frankenberg
3-12-928741-8, 172 S.
USA/Roland Hahn
3-12-928901-1, 287 S.

Letzte Bestandsaufnahme und Ausgangs-
punkt für die heutige Entwicklung!

DDR/Karl Eckart
3-12-928889-9, 246 S.
Bundesrepublik Deutschland/Gerhard Fuchs
3-12-928904-6, 296 S.
Jugoslawien/Herbert Büschenfeld
3-12-928821-X, 264 S.
Polen/Alice Kapala
3-12-928899-6, 260 S.

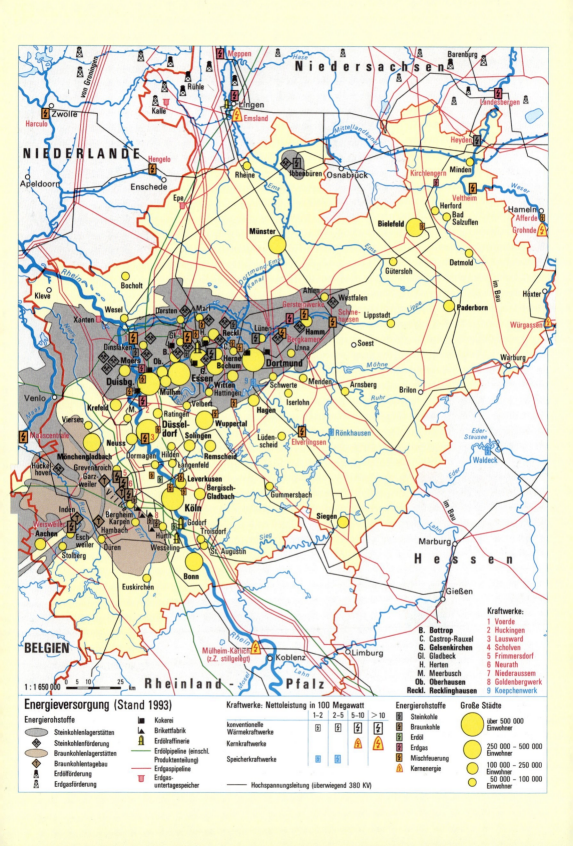

Energieversorgung (Stand 1993)

Energierohstoffe

- ⬭ Steinkohlenlagerstätten
- ⬦ Steinkohlenförderung
- ⬭ Braunkohlenlagerstätten
- ⬦ Braunkohlentagebau
- ⊼ Erdölförderung
- ⌘ Erdgasförderung

- ⬛ Kokerei
- ⛰ Brikettfabrik
- ⛽ Erdölraffinerie
- ——— Erdölpipeline (einschl. Produktenteilung)
- ——— Erdgaspipeline
- ⬛ Erdgas-untertagespeicher

Kraftwerke:

Kraftwerke: Nettoleistung in 100 Megawatt	1–2	2–5	5–10	> 10
konventionelle Wärmekraftwerke	⚡	⚡	⚡	⚡
Kernkraftwerke			⚛	⚛
Speicherkraftwerke	⚡	⚡		

Energierohstoffe

- ⚡ Steinkohle
- ⚡ Braunkohle
- ⚡ Erdöl
- ⚡ Erdgas
- ⚡ Mischfeuerung
- ⚛ Kernenergie

Große Städte

- ⬤ über 500 000 Einwohner
- ⬤ 250 000 – 500 000 Einwohner
- ● 100 000 – 250 000 Einwohner
- • 50 000 – 100 000 Einwohner

——— Hochspannungsleitung (überwiegend 380 KV)

Kraftwerke:

1 Voerde
2 Huckingen
3 Lausward
4 Scholven
5 Frimmersdorf
6 Neurath
7 Niederaussem
8 Goldenbergwerk
9 Koepchenwerk

B. Bottrop
C. Castrop-Rauxel
G. Gelsenkirchen
Gl. Gladbeck
H. Herten
M. Meerbusch
Ob. Oberhausen
Reckl. Recklinghausen

1 : 1 650 000